Matthias Thaden

Migration und Innere Sicherheit

Kroatische Exilgruppen in der Bundesrepublik Deutschland 1945–1980

DE GRUYTER
OLDENBOURG

Dissertation an der Philosophischen Fakultät der Humboldt-Universität zu Berlin, eingereicht von Matthias Thaden, Disputation: 5.3.2021

ISBN 978-3-11-077400-9
e-ISBN (PDF) 978-3-11-077412-2
e-ISBN (EPUB) 978-3-11-077416-0
ISSN 0506-9408

Library of Congress Control Number: 2022933194

Bibliografische Information der Deutschen Nationalbibliothek
Die Deutsche Nationalbibliothek verzeichnet diese Publikation in der Deutschen Nationalbibliografie; detaillierte bibliografische Daten sind im Internet über http://dnb.dnb.de abrufbar.

Titelbild: Standbild aus Panorama-Fernsehsendung vom 29.8.1978 (00:01:41): Wer ist Stefan Bilandszic [Stjepan Bilandžić]? Kroatische Terroristen in der Bundesrepublik
Satz: bsix information exchange GmbH, Braunschweig
Druck und Bindung: CPI books GmbH, Leck

www.degruyter.com

Inhalt

Anhang

I Einleitung

Am 11. Mai 1978 gelang der jugoslawischen Polizei am Zagreber Flughafen ein besonderer Fang. Mit Unterstützung des deutschen Bundeskriminalamts (BKA) setzten die dortigen Beamten vier hochrangige Mitglieder der sogenannten Roten Armee Fraktion (RAF) fest, nach denen in der Bundesrepublik wegen der vermuteten Beteiligung an der Ermordung Jürgen Pontos und der Entführung Hanns Martin Schleyers monatelang gefahndet worden war.[1] Während die Bundesregierung in diesem Ereignis einen Meilenstein bei der Aufklärung der Gewalttaten rund um den „Deutschen Herbst" im Jahr zuvor sah, knüpfte die jugoslawische Regierung die Überstellung der mutmaßlichen Terroristen an Bedingungen und verlangte im Gegenzug die Auslieferung von mehreren in der Bundesrepublik lebenden kroatischen Exilaktivisten.[2] Die bundespolitischen Akteure standen angesichts dieser Situation vor einem Dilemma: So war ihnen einerseits um gute Beziehungen zu Jugoslawien gelegen. Zudem war man seit Jahren um die internationale Zusammenarbeit im Kampf gegen den Terrorismus bemüht.[3] Jugoslawiens Einfluss auf die Bündnisfreien Staaten als führendes Mitglied dieses Zusammenschlusses ließ die Auslieferung der Exilanten insofern als logische Konsequenz einer solchen Politik erscheinen.[4] Andererseits hätte dieses Entscheidung bedeutet, anerkannte politische Flüchtlinge an ein Land zu überstellen, über dessen Rechtsstaatlichkeit erhebliche Zweifel bestanden und dessen Umgang mit politischen Dissidenten von Menschenrechtsakteuren schon mehrfach kritisiert worden war. Viele Kommentatoren sahen hierin geradezu ein Sakrileg für ein bundesrepublikanisches Rechtsstaatsverständnis und forderten von den politischen Entscheidungsträgern vehement den Schutz der Exilkroaten.

Das öffentliche Interesse und die Intensität, mit der Presse, Funk und Fernsehen diese bald als „Terroristenaustausch" bezeichnete Auseinandersetzung begleiteten, war dementsprechend groß und riss auch in den folgenden Wochen und Monaten nicht ab. Als sich ein Einlenken der Bundesregierung auf die jugoslawischen Forderungen abzuzeichnen schien, formierte sich breiter Widerstand, der maßgeblich von exilkroatischen Aktivisten getragen wurde.[5] Insbesondere die vom Oberlandesge-

---

1 BArch, B 106/111314, Auslieferungsersuche, Haftbefehle des Bundesgerichtshofs gegen Mohnhaupt, Hofmann, Wagner und Boock (18.5.1978).

2 Zur Last gelegt wurde ihnen u. a. die Beteiligung an mehreren Sprengstoffanschlägen sowie an der Ermordung des Konsulatsmitarbeiters Edvin Zdovc in Frankfurt am Main zwei Jahre zuvor. Für eine Zusammenfassung der jugoslawischen Vorwürfe vgl. PA BT, 3109, Rechtsausschuss, 8. WP, Bd. 4, Stenographisches Protokoll über die 48. Sitzung des Rechtsausschusses (27.9.1978), TOP 1: Bericht der Bundesregierung über die Entscheidung der Nichtauslieferung der Exilkroaten.

3 Blumenau, United Nations and Terrorism; Oberloskamp, TREVI.

4 Zur herausragenden Position Jugoslawiens gegenüber den Staaten des globalen Südens vgl. etwa Prashad, Darker Nations, S. 95 f.

5 Vgl. etwa BArch, B 136/31451, Maßnahmen gegen extremistische Ausländer, Aufruf der Deutschen Bischofskonferenz.

richt (OLG) Köln für rechtmäßig befundene Auslieferung Stjepan Bilandžićs, einem der wichtigsten Repräsentanten kroatischer Exilpolitik in Westeuropa, hatte ein großes Mobilisierungspotenzial. Sie gab dem politischen Projekt der Emigration erstmals auch jenseits eines engeren Unterstützerkreises ein Antlitz, anhand dessen nicht nur die Auslieferung selbst verhandelt wurde, sondern eine generelle Auseinandersetzung über die kroatische Emigration, ihre Aktivitäten und deren Rechtmäßigkeit stattfand. Über die zivilgesellschaftlichen Initiativen hinaus generierten auch Gewalt und deren Androhung zu dieser Zeit ein langanhaltendes öffentliches Interesse. Auch hier waren es vor allem Exilanten und ihre Unterstützer, die ein Bedrohungsszenario heraufbeschworen und etwa für jeden ausgelieferten Kroaten den Tod zweier deutscher Polizisten ankündigten oder eine Terrorwelle ähnlich der der RAF prophezeiten, falls eine Auslieferung an Jugoslawien erfolgen würde.[6]

Diese Drohgebärden mögen aus der Retrospektive schrill erscheinen und sind vor dem Hintergrund der tatsächlichen Möglichkeiten und des realen Kräfteverhältnisses auch eher dem Wunschdenken von Einzelpersonen zuzuschreiben. Als jedoch exilkroatische Aktivisten als Reaktion auf die drohende Auslieferung Bilandžićs am 17. August 1978 das deutsche Konsulat in Chicago stürmten und die Besucher als Geiseln nahmen, wuchsen in der Bundesrepublik die Befürchtungen vor einer unkontrollierbaren Gewalteskalation. Ein Zeitungskommentar warnte in Anspielung auf die Ereignisse vom Herbst des Vorjahres gar vor einem „zweiten Terrorismus".[7] Inwiefern dieser am Ende ohne Tote und Verletzte ablaufende Überfall zum Sinneswandel der Bundesregierung beitrug, das Auslieferungsverfahren der Exilkroaten zu stoppen,[8] muss vorerst offenbleiben. Entscheidend ist, dass die Gegenreaktion aus Jugoslawien prompt folgte: Das zuständige Gericht befand unzureichende Beweismittel für das deutsche Ansinnen und setzte die RAF-Mitglieder auf freien Fuß, woraufhin diese sich in den Irak absetzen konnten. Eine diplomatische „Eiszeit" zwischen beiden Staaten war die Folge, sodass in weiten Teilen der kroatischen Exilszene die Auslieferungsaffäre auch als Teilerfolg der eigenen Bemühungen zur Diskreditierung des jugoslawischen Staats als „Terroristenschlupfloch" verbucht wurde.[9] In Jugoslawien gab die Auslieferungskontroverse wiederum denen Auftrieb, die in der Bundesrepublik seit jeher die Unterstützer kroatischer Emigrantenverbände am Werk sahen. Diese firmierten in den zeitgenössischen Publikationen und der

6 Jene Drohung war auf einem Plakat bei einer Bilandžić-Solidaritätsdemonstration zu lesen, die im Politmagazin „Monitor" gezeigt wurde. Für die Dokumentation des Ermittlungsverlaufs vgl. BArch, B 136/31668, Jugoslawische Extremisten in der BRD (1978–1980).

7 Peter Quay, Kommentar „Der neue Terrorismus", in: Kölnische Rundschau, 19.8.1978. Zum Tathergang der Geiselnahme vgl. insb. den abschließenden Bericht des BKA (29.9.1978), in: BArch, B 136/32275, Auslieferungsverfahren betr. Exilkroaten.

8 Für diese These vgl. Baković, Hapšenje.

9 Vgl. u. a. HDA, 1561, 10.22-1, RSUP SR Hrvatske, SDS, Zusammenfassung der Rede des Journalisten Hans-Peter Rullman, in der „Informativna zabeleška" (HNV) anlässlich des „II. Hrvatski dan ljudskih prava" (2. Kroatischer Tag der Menschenrechte) im Stuttgarter Kolping Haus (30.6.1979).

Presseberichterstattung Jugoslawiens wahlweise als „Faschisten“, „Terroristen“ oder schlicht als „Feinde“.[10] In der Bundesrepublik zog die neue Aufmerksamkeit für die kroatische Emigration hingegen intensive Überlegungen darüber nach sich, wie viel politischer Freiraum Exilaktivisten generell zugestanden werden könne und in welchem Maße fortan – auch für Emigranten aus Kroatien – eine konsequentere sicherheitspolitische Kontrolle angezeigt sei.

Das Ausmaß der Berichterstattung rund um die „Causa Bilandžić“ und das damit einhergehende Interesse an der „diffusen Kroatenbewegung“[11] war präzedenzlos und muss auch vor dem Hintergrund der dabei zumindest implizit stets mitverhandelten Frage nach der Vergleichbarkeit von „deutschem“ und „kroatischem Terrorismus“ verstanden werden.[12] Zugleich war die Aktivität von Exilkroaten keineswegs ein neues Phänomen, sondern schon in den vorangegangenen Jahrzehnten immer wieder medial thematisiert worden. Letztlich stellte ihre Präsenz eine Folgeerscheinung der Kriegsniederlage 1945 dar, die zur Flucht einer beträchtlichen Zahl von Soldaten in Diensten der kroatischen und deutschen Wehrmachts- bzw. SS-Verbände, Angehörigen von Ustaša-Milizen sowie von Funktionsträgern des faschistischen „Unabhängigen Staats Kroatien“ (*Nezavisna Država Hrvatska*, NDH) in die alliierten Besatzungszonen geführt hatte. Dem *poglavnik* (sinng. „Führer“) Ante Pavelić war, wie vielen weiteren hochrangigen Funktionären nach der Niederlage der Achsenmächte, die Flucht nach Südamerika gelungen. Relativ schnell hatte sich eine weltweit vernetzte kroatische Exilcommunity mit verschiedenen Zeitschriften, Kongressen und transnational operierenden Organisationen entwickelt, die durch Agitation und Lobbyarbeit auf sich aufmerksam machten.[13] Auch die Bundesrepublik war Teil dieses globalen Geflechts und wurde schnell zum wichtigsten europäischen Standort kroatischer Exilpolitik.[14] Hierzu trug neben der geografischen Nähe das bundesdeutsche Wirtschaftswachstum bei, das die Migration für viele Kroaten attraktiv machte. Dass die Auswanderung in Jugoslawien erst ab 1958 sukzessiv liberalisiert

---

10 Für ein besonders drastisches Beispiel jener in diesem Kontext häufig anzutreffenden Verunglimpfungen und kolportierter Verbindungen zwischen deutschen und exilkroatischen Akteuren aus der Feder eines Mitarbeiters des serbischen Innenministeriums vgl. Rebić, Teror, S. 112 f.

11 o. V., Die Auslieferungskontroverse zwischen Bonn und Belgrad. Verstimmung um Exilkroaten, in: Neue Zürcher Zeitung, 24./25.9.1978.

12 Vgl. hierfür explizit den Titel der Reportage „Tausche rechte Terroristen gegen linke Terroristen“, in: Stern, 8.6.1978.

13 Eine Geschichte dieser Vernetzungsprozesse liegt bislang nicht vor. Die Literatur zu einzelnen Ländern ist bezüglich des Umfangs und der Qualität sehr disparat. Als Überblicksdarstellungen vgl. Čizmić/Sopta/Šakić, Iseljena Hrvatska; Hornstein Tomić, Hrvatsko iseljeništvo.

14 Tokić, Landscapes, S. 739. Diese herausragende Bedeutung Deutschlands wurde von jugoslawischer Seite bereits in der unmittelbaren Nachkriegszeit prognostiziert, vgl. HDA, 1561, 1.13, Zapisi Dr. Vladimira Židovca o ustaškoj emigraciji neposredno poslije Drugog svjetskog rata, Referat von Izidor Strmečki Genc, „Razvoj djelovanje i povezivanja emigracije u Njemačkoj“ (o. D., wahrscheinlich 1947/48).

wurde[15] und die sichere Bleibeperspektive in der Bundesrepublik in der Regel an den Nachweis politischer Fluchtgründe geknüpft wurde, machten sich die Emigrantenverbände zunutze. In vielen Fällen unterstützten sie ihre Landsleute aktiv bei der Anerkennung als politischer Flüchtling und konnten über diesen Weg ebenfalls neue Mitglieder akquirieren.

Die Exilkroaten entwickelten sich so zur einzigen nationalen Gruppe innerhalb der sogenannten Ostemigration, die sich im Laufe der Zeit nicht nur vergrößerte, sondern zunehmend auch verjüngte, was weitreichende ideologische Diversifizierungs- sowie Radikalisierungsprozesse mit sich brachte.[16] Seit Anfang der 1960er Jahre machten einzelne Gruppierungen immer wieder durch gewaltsame Aktionen auf sich aufmerksam und zogen auf diese Weise das mediale und politische Interesse auf sich. Sieben Mordattentate auf Diplomaten, 22 Bombenanschläge auf Botschaften, Reisebüros und Personenzüge sowie dutzende bewaffnete Überfälle auf soziale und kulturelle Einrichtungen für jugoslawische Arbeitsmigranten stellten die von radikalisierten Exilkroaten ausgehende Bedrohung scheinbar stets aufs Neue unter Beweis. Die kroatisch-nationalistische Exilpolitik gleich welcher Couleur wurde so zunehmend in ein problematisches Licht gerückt.[17] Vor allem die innen- und sicherheitspolitischen Entscheidungsträger in Jugoslawien sahen in den regimekritischen Exilanten und ihrer stetigen Radikalisierung eine veritable Bedrohung für das multinationale Staatswesen. Dies war insbesondere deswegen der Fall, da der Exilaktivismus vor dem Hintergrund der generellen Migrationsbewegung nach Westeuropa gleichsam unbemerkt nach Jugoslawien „einzusickern" drohte. Diese Sorge bestätigte sich, als im Jahr 1968 in Belgrad drei Bombenattentate mit mehreren Dutzend zum Teil schwer Verletzten und einer Toten verübt wurden. Deren Urheber unterhielten jeweils Verbindungen in die Bundesrepublik, wo die Anschläge geplant worden waren.[18] Im Laufe der Zeit setzten die jugoslawischen Sicherheitsbehörden daher auch immer mehr auf die Unterwanderung und Sabotage der Emigrantengruppen.[19] Einen Aspekt dieser jugoslawischen „Gegenmaßnahmen" stellten die bis heute nur lückenhaft aufgeklärten Morde an Emigranten durch den jugoslawischen

15 Für diesen Prozess vgl. Brunnbauer, Globalizing Southeastern Europe, S. 286–290.

16 In den späten 1970er Jahren hatte der Großteil der politisch aktiven kroatischen Emigranten in der Bundesrepublik den Zweiten Weltkrieg nicht aktiv miterlebt, vgl. BArch, B 136/31451 (1978–1979): Maßnahmen gegen extremistische Ausländer, Statistik in Ergebnissen der AG 1978.

17 Einen vollständigen Überblick über politische Gewalttaten beanspruchen mehrere stark ideologisierte und zum Teil auch klar parteiische jugoslawische Publikationen, vgl. u. a. Bulatović/Spasić, Smrt, S. 74–77.

18 Vgl. die Berichte der deutschen Botschaft anlässlich der Attentate, PA AA, B 42, 165, Deutsche Botschaft an AA, Sprengstoffanschlag in einem Belgrader Kino (19.7.1968); BArch, B 106/91105-91106, Bekämpfung der terroristischen Tätigkeit jugoslawischer Personengruppen und Emigranten, Deutsche Botschaft an AA, Sprengstoffanschlag im Belgrader Bahnhof (31.7.1968).

19 Vgl. u. a. Milivojević, Yugoslav Intelligence; Nielsen, Yugoslav State Security Service.

Geheimdienst dar, denen nach Einschätzung ehemaliger Emigrationsvertreter allein in der Bundesrepublik 35 Personen zum Opfer fielen.[20]

Jenes Netz an Aktivitäten von Exilkroaten und ihren Kontrahenten, die von Demonstrationen und Mahnwachen bis zum politischen Mord reichten, ist Thema der vorliegenden Studie. Wer hierbei konkrete Angaben zu den Todesopfern auf jugoslawischer und exilkroatischer Seite und zu deren Tätern erwartet, wird allerdings enttäuscht werden. Quellenkritisch fundierte Studien auf Grundlage der Geheimdienst- und Polizeiüberlieferungen beider Länder fehlen bislang.[21] Die vorliegende Sekundärliteratur geht zumeist sehr parteiisch oder quellenpositivistisch vor und ist häufig nur wenig hilfreich. Da die meisten Taten nicht aufgeklärt wurden und die Exilgruppen darüber hinaus von unterschiedlichen Stellen unterwandert waren bzw. ihre Protagonisten teilweise als Informanten gleich mehrerer Geheimdienste arbeiteten, wären definitive Aussagen hierzu schlicht unseriös. Diese Einschätzung dürfte Bestand haben, da für eine tatsächliche Ermittlung der Täterschaft die akribische Durchforstung der entsprechenden Akten auf Ebene der Landes- und Bundespolizeien für jeden Einzelfall nötig wäre. Die archivalische Überlieferung im ehemaligen Jugoslawien ist darüber hinaus zum Teil nicht erschlossen, unvollständig oder vorzeitig vernichtet worden.[22] Die Aufklärung einzelner Taten wird somit Sache von Gerichten, die Aufdeckung spektakulärer Fälle die Domäne von Journalisten bleiben, wie der Prozess gegen Zdravko Mustač und Josip Perković eindrucksvoll gezeigt hat, die im August 2016 als ehemalige jugoslawische Geheimdienstmitarbeiter vom Münchener Landgericht des Mordes am Exilanten Stjepan Đureković schuldig gesprochen wurden.[23]

Diese Arbeit mit Fokus auf den Tätigkeiten von Exilkroaten und deren politischen Konsequenzen beansprucht keinesfalls Vollständigkeit oder gar Repräsentativität. Kroatische Exilanten waren nicht die einzige nationale Gruppe, die die Handlungsoptionen in der pluralistischen westdeutschen Gesellschaft für die Herausforderung der Machtverhältnisse in ihren autoritär geführten Heimatländern

---

20 Die Zahlen hierzu sind wohl noch unzuverlässiger als die von der jugoslawischen Gegenseite. Für einen mit entsprechender Vorsicht zu behandelnden Überblick vgl. Čizmić/Sopta/Šakić, Iseljena Hrvatska, S. 422.

21 Auch Mate Tokić, der die erste Monografie zu exilkroatischen Gewaltakteuren vorgelegt hat, will explizit nicht „each individual act of political violence“ auf- oder nacherzählen, sondern Faktoren der Radikalisierung nachvollziehen, vgl. Tokić, Croatian Radical Separatism, S. 5. Gleiches gilt für die kurz darauf erschienene Monografie von Christian A. Nielsen über die Tätigkeiten des jugoslawischen Auslandsgeheimdienstes, vgl. Nielsen, Yugoslavia and Political Assassinations. Die auf Quellenmaterial aus dem slowenischen Nationalarchiv beruhende Studie zu Geheimdienstaktivitäten in Kärnten wiederum ist für den deutschen Kontext wenig hilfreich, vgl. Elste/Wadl, Titos langer Schatten.

22 Vgl. für diese Einschätzung auch Radelić, OZNA/UDBA.

23 Das öffentliche Interesse wurde in diesem Zusammenhang stark durch die am 1.10.2014 ausgestrahlte ARD-Dokumentation „Mord in Titos Namen – Geheime Killerkommandos in Deutschland“ begünstigt.

nutzten.[24] Diplomatische Verwerfungen zwischen der Bundesrepublik und den Herkunftsstaaten und die vor diesem Hintergrund geführten innen- und sicherheitspolitischen Debatten betrafen unterschiedliche nationale Exilgruppierungen und waren keine exklusive Konsequenz kroatischer Emigrantenaktivitäten.[25] Doch die Exilkroaten stachen hervor. Ihre Taten gingen von Akteuren aus, die im Unterschied zu anderen migrantischen Politaktivisten einem nationalistisch-antikommunistischen Spektrum zuzuordnen waren und sich damit von der weitaus größeren Anzahl sozialrevolutionärer und antiautoritärer Gruppierungen abhoben.[26] Abgesehen von diesem politisch-ideologischen Spezifikum wurden Exilkroaten von sicherheitspolitischen Akteuren lange Zeit auch als die politisch relevanteste Gruppe wahrgenommen. Bevor die Verbindungen zwischen arabischen und deutschen Terroristen auch öffentlichkeitswirksam diskutiert wurden und insbesondere bevor die Revolution im Iran auch in der Bundesrepublik zu massiven Auseinandersetzungen zwischen deren Befürwortern und Gegnern führte, waren es Exilkroaten, über die in den Verfassungsschutzberichten am ausführlichsten berichtet wurde und die das Bild des politisch aktiven Ausländers prägten.[27] Nur Akteure aus dem exilkroatischen Spektrum hatten sich schon in den frühen 1960er Jahren so weit radikalisiert, dass sie auf Attentate und bewaffnete Überfälle als Mittel der politischen Auseinandersetzung zurückgriffen und bis weit in die späten 1970er Jahre hinein immer wieder Gewalt ausübten.[28] Exilkroaten waren denn auch die einzige Gruppe politischer Exilaktivisten, die während des gesamten Untersuchungszeitraums ununterbrochen von Polizei und Verfassungsschutz in der Bundesrepublik beobachtet wurde. Keine sechs Monate vor dem Olympiaattentat bezeichnete sie ein hochrangiger Beamter im Bundesinnenministerium gar als das „Ausländerproblem Nr. 1".[29]

24 Inwieweit diese Einschätzung auf Jugoslawien zutrifft, ist freilich sehr unterschiedlich bewertet worden, vgl. zusammenfassend Höpken, Titos Jugoslawien.

25 Vgl. als Überblick die Fallbeispiele bei Clarkson, Fragmented fatherland. Kroaten waren auch nicht die einzige jugoslawische Exilgruppe, vgl. zu anderen antijugoslawischen Exilaktivisten überblicksartig Dragišić, Ko je pucao.

26 Als Ausnahme können hierbei allenfalls die – jedoch ab den 1960er Jahren keine Rolle mehr spielenden – Aktivitäten der russischen und ukrainischen Gruppen sowie der pro-kolonialen französischen Geheimarmee OAS (Organisation de l'armée secrète) genannt werden, vgl. Tromly, Plotting to Free Russia, S. 92–96; Clarkson, Fragmented Fatherland, S. 20–53; Bülow, Algerian War.

27 Schönwälder, Ethnische Pluralität, S. 190 f.

28 Für eine frühe Feststellung dieses Sachverhalts vgl. LAV BW, HStAS: EA 2/203, Bü 126, Politische Betätigung von Ausländern, Niederschrift über die Sitzung des Ministerrates Baden-Württemberg vom 18.10.1966.

29 PA AA, B 42, 299, Vermerk zur Besprechung Referat II 5 mit dem Mitarbeiter von BMI, ÖS 1 (Heuer) und dem Beauftragten für das Konsularwesen der jugoslawischen Regierung (Kljun) (5.5.1972).

1 Akteure und Begriffe

„Die zeitgenössischen Begriffe, die wir dem Gegenstand, den wir studieren, entlehnen“, so der Soziologe Pierre Bourdieu, „[sind] fast immer Einsätze in sozialen Kämpfen.“[30] Die Benennung von Gruppen sowie die hiermit verbundenen Fragen nach Ein- und Ausschlusskriterien sind in der sozialwissenschaftlichen Literatur im Anschluss an diese Einsicht in erster Linie als politisch-identitärer *claim* aufgefasst worden. Als solcher kann im Folgenden auch der Begriff des „Exils“ verstanden werden.[31] Zugleich scheint auf den ersten Blick erklärungsbedürftig, welche Akteure im Folgenden als „Exilanten“ bzw. als „politische Emigranten“ bezeichnet werden.[32] Der „politische Exilant als historische Figur“, so der Historiker Philipp Ther, tauchte erstmals im Kontext der europäischen Revolutionen im 19. Jahrhundert auf.[33] Eine Konsequenz dieser Entwicklung war, dass zunehmend darüber gestritten wurde, in welchem Maße diese Personengruppe als „Flüchtlinge“ von „gewöhnlichen Ausländern“ zu unterscheiden sei und inwiefern sie dabei auch ein Recht auf Schutz und Asyl beanspruchen könne.[34] Die in dieser Arbeit favorisierten Begriffe der *politischen Emigration* und des *Exils* waren also schon zur Zeit der frühen Nationalstaatsbildungen eng mit Fragen nach der Legitimität des Anliegens der Betroffenen verbunden und sind somit in größere Debatten um Flucht und Mobilität eingelassen. Versuche einer klaren Unterscheidung von anderen Formen der Zwangsmigration wurden dennoch immer wieder angestellt: So hat Edward Said etwa auf den Zustand der Wurzellosigkeit verwiesen, zu dem der Exilant im Gegensatz zum Migranten verurteilt sei, dem die Rückkehr in der Regel offenstehe. Der Philosophin Judith Shklar zufolge zeichne sich der „politische Exilant“ zudem dadurch aus, dass ihm politische Straftaten zum Vorwurf gemacht werden im Gegensatz zu „universellen Verbrechen“ wie etwa Mord oder Raubüberfällen.[35]

Diese Annäherungen an den Begriff zeigen, wie sinnvoll Unterscheidungen dieser Art in völkerrechtlicher Hinsicht oder auch in identitätspolitischen Kontexten sind. In der konkreten Praxis zerfasern sie hingegen, da Fluchtmotive sich vielfach überlagern oder im Laufe der Zeit wechseln und eine eindeutige Zuordnung der Betroffenen erschweren.[36] Auch die in dieser Arbeit behandelten Akteure kamen häufig

---

30 Bourdieu/Raphael, Beziehungen, S. 77 f., auch zit. in Hardt, Algerische Migranten, S. 15.

31 Für die zentrale Rolle von *claim making* bei der Konstruktion politischer Identitäten und der Legitimation hiermit verbundener Projekte vgl. grundsätzlich Tilly, Stories, Identities, and Political Change.

32 Diese Begriffe werden im Folgenden als deckungsgleich betrachtet, vgl. hierzu u. a. Pernes, Diskussion über Begriffe.

33 Ther, Außenseiter, S. 179.

34 Vgl. hierfür v. a. die Ausführungen in Noiriels Standardwerk, ders., Tyrannei, S. 24–30.

35 Shklar, Bonds of Exile, S. 57.

36 Für ähnliche Debatten in der aktuellen Forschung zur „Fluchtmigration“ und zu den Problemen einer klaren Abgrenzung der verschiedenen Migrationsformen vgl. Oltmer, Begriffe und Konzepte.

zunächst aus primär „ökonomischen" Motiven, bevor sie sich in der Bundesrepublik einer der unterschiedlichen Emigrantenorganisationen anschlossen.[37] Begriffe wie „Exilant" bzw. „politischer Emigrant" beziehen sich insofern nicht auf ein unveränderliches Merkmal einer *a priori* definierten Akteursgruppe, welche sich dieses Label durch ein Verhalten vor der Flucht erworben hätte. Es geht vielmehr um die aktive Partizipation an exilpolitischen Aktivitäten im Aufnahmeland.[38] Im Folgenden haben wir es deshalb vor allem mit Akteuren zu tun, die ihre Abwesenheit im Herkunftskontext als zeitlich begrenzt erachteten und ihr exilpolitisches Handeln auf die Destabilisierung ihrer Heimatstaaten ausrichteten.[39] Die räumliche Distanz sahen sie primär als eine vorübergehende Zumutung, die es schnellstmöglich zu beenden galt.[40]

In diesem Sinn zielt der Begriff des Exils auch – im Gegensatz etwa zu Ansätzen in der transnationalen Historiografie – vergleichsweise stark auf den Herkunftskontext ab.[41] Der Historiker Yossi Shain sieht in seiner einflussreichen Studie in politischen Exilanten gar eine Antithese zu den Akteuren der transnationalen Migrationsforschung, da diese – mit unterschiedlichen Strategien und variierendem Erfolg – aktiv und durch politische Artikulation auf das Ende ihrer Situation hinarbeiteten.[42] Schon die Formierung von Exilgruppen stellt dabei einen eminent politischen Akt dar, insofern die Rede von „Exil" oder „politischer Emigration" in der Regel eine Eigenbezeichnung darstellt und immer einen politischen *claim* – gegenüber internen Konkurrenten und insbesondere den Entscheidungsträgern des Gastlandes und dessen Öffentlichkeit impliziert und die Repräsentation einer Gruppe für sich in Anspruch nimmt.[43] Diese in der Forschung als Charakteristika des Exils identifizierten Aspekte sind auch in den Praktiken der exilkroatischen Akteure anzutreffen: Nahezu ausschließlich verlegten sie sich auf politische Repräsentationskämpfe verschiedener Ausformungen, formulierten dabei jedoch so gut wie nie soziale Forderungen

---

37 Angesichts dieser Überlagerungen hat auch Overland eine klare bzw. objektive Unterscheidungsmöglichkeit zwischen Emigranten und Exilanten und damit auch zwischen gänzlich freier und gänzlich erzwungener Migration bezweifelt, vgl. Overland, Visions of Home, S. 10.

38 Ich orientiere mich hier an der Definition von Shain, der argumentiert hat, dass „no exiles should be regarded as political unless they participate in exile politics". Vgl. Shain, Frontier, S. 14 f.

39 McConnell, Rehearsing the State, S. 22 f.

40 Vgl. hierzu auch Dufoix, Politiques d'exil, S. 42.

41 Der hier vertretene Exilbegriff grenzt sich insofern auch von Ansätzen ab, die diasporische Projekte und transnationale Identitätsentwürfe v. a. als Handlungsoptionen in einer globalen Welt betrachtet und nicht selten positiv besetzt haben. Derartig „affirmative" Perspektiven auf Diasporaprojekte sind insbesondere in der Kulturanthropologie in den vergangenen Jahren sehr häufig anzutreffen, vgl. paradigmatisch Glick Schiller, Migrationsparadigma; Brettell, Theorizing Migration.

42 Shain, Frontier, S. 8. Vgl. auch Hackl, The Exile, S. 59 f.

43 Repräsentation ist dabei ein stets umkämpfter Prozess, der eine bestimmte Gruppe nicht nur abbildet, sondern diese konstituiert und damit als politischen Akteur erst in Szene setzt. Zur Repräsentation als grundlegenden Akt des Politischen vgl. Bourdieu (Hrsg.), Politik.

oder Ansprüche an Teilhaberechte in der Bundesrepublik. Im Fall der Exilkroaten geschah dies unter Ausnutzung eines global organisierten politischen Raumes, den Stephane Dufoix programmatisch als *exopolitie* konzeptionalisiert hat.[44]

Insofern exilkroatische Akteure in der Bundesrepublik als Problem adressiert wurden, betraf dies in der Regel die nationalistischen und antikommunistischen Organisationen, die aktiv Propaganda gegen das sozialistische Jugoslawien betrieben und sich in ihrer geschichtspolitischen Positionierung grundsätzlich positiv auf die staatsbildende Idee des NDH bezogen.[45] Es scheint deshalb gerechtfertigt, kroatisch-nationalistische Organisationen in der Bundesrepublik als *eine* Bewegung zu begreifen,[46] deren zum Teil erbittert geführte Fraktionskämpfe im Laufe der Arbeit gleichwohl eingehend erörtert werden.[47] Angaben zur Größenordnung der verschiedenen kroatischen Exilgruppen gehen nahezu immer auf das Wissen von Geheimdiensten zurück. Sie widersprechen sich zum Teil bzw. sind mithin selbst Gegenstand von Deutungskämpfen und mit entsprechender Vorsicht zu behandeln. Während exilkroatische Organisationen notorisch übertriebene Mitgliederzahlen proklamierten und ihre Basis und vermeintliche Relevanz so hochzurechnen versuchten, legen die Zahlen der deutschen und jugoslawischen Sicherheitsbehörden eine weitaus kleinere als „problematisch" erachtete Akteursgruppe nahe: So dürfte es sich zu keinem Zeitpunkt um mehr als 2000 Personen gehandelt haben, die sich – ob in einer der offiziellen exilkroatischen Vereinigungen oder in klandestinen Untergrundgruppierungen – aktiv an antijugoslawischen Tätigkeiten unterschiedlicher Art in der Bundesrepublik beteiligten.[48]

Diese Zahlen verschleiern indes, dass wir es in der Praxis nicht so sehr mit einer klar abgrenzbaren Anzahl von Akteuren und Aktionsformen, sondern mit Radikalisierungs*prozessen* und einer vielfältigen Überschneidung an Handlungsrepertoires bei ähnlichen oder gleichen Akteuren über einen längeren Zeitraum und mit wandelnden Opportunitätsstrukturen zu tun haben. So ist mit Recht dafür argumentiert

---

44 Dufoix, Politiques d'exil, S. 27–32.

45 Neben gewichtigen politischen Differenzen blieb ein „Fetisch der Nation" für alle der hier genannten Vereinigungen charakteristisch, die eine offene Auseinandersetzung mit dem NDH und den begangenen Verbrechen für den gesamten Emigrationszeitraum verunmöglichte, vgl. Goldstein, 1941, S. 89.

46 Hier sei auf die Synthese von Mittag und Stadtland verwiesen, die weniger auf ein stabiles Theoriegebäude, sondern v. a. auf ein „Handlungssystem mobilisierender Netzwerke von Gruppen und Organisationen" abstellen, sowie insbesondere auf die „Selbstbeschreibung, eine Bewegung zu sein" und die „Herausbildung einer neuen kognitiven Praxis im Verstehen der sozialen Realität", vgl. Mittag/Stadtland, Soziale Bewegungsforschung, S. 20.

47 Für allgemeine Beobachtungen hinsichtlich der Tendenz ideologischer Fragmentierung bei fortdauerndem Exil vgl. u. a. Conway, Legacies, S. 255 f.

48 Das Auswärtige Amt ging 1976 von insgesamt 25 exilkroatischen Vereinigungen im Bundesgebiet aus, vgl. PA AA, B 83, 1031, Emigranten- und Terroristentätigkeit von Jugoslawen in der BRD (1976), Unterabteilung 51 (AA) an StS, Terroristische Aktivitäten jugoslawischer Emigranten in der Bundesrepublik (10.2.1976).

worden, „politischen Aktivismus" nicht als stabile Analysekategorie zu begreifen, sondern eher als eine von sich wandelnden Kontexten abhängige Spannbreite an Praktiken.[49] Auch die Anthropologin Eva Østergaard-Nielsen hat in ihrer Arbeit zu türkischem Politaktivismus in der Bundesrepublik darauf hingewiesen, dass dessen genaue Spezifizierung wenig zielführend ist, sondern in der Praxis ein „Kontinuum von illegalen Aktivitäten bis hin zur Arbeit innerhalb etablierter Strukturen und Institutionen" mit entsprechend vielen Akteuren anzutreffen ist.[50] Diese Aktivitäten umfassten Gewaltgruppen und ihr unmittelbares Milieu, konnten sich aber auch auf Akteure aus weiteren, national konnotierten Kontexten wie den kroatischen katholischen Missionen oder auch – etwa bei Demonstrationen anlässlich der Niederschlagung des „Kroatischen Frühlings" im Jahr 1972 – auf breitere Kreise sogenannter Gastarbeiter ausdehnen.[51]

Es war gerade diese Offenheit der Milieus und die in der liberalen Demokratie prinzipiell gebotenen Möglichkeiten der Anwerbung und Propaganda, die die Bundesrepublik als Aktionsraum äußerst attraktiv machten.[52] Zugleich lassen die vielschichtigen Motivationen der Akteure die prinzipielle Unterscheidung von „ökonomischen Migranten" und „politischen Flüchtlingen" zweifelhaft erscheinen.[53] Viele Migranten wurden erst als Folge des restriktiven jugoslawischen Grenzregimes zu politischen Flüchtlingen und bewarben sich um politisches Asyl, da erst dieser Status endgültig vor der Auslieferung nach Jugoslawien schützte. Auch für die Folgejahre mit geregelten Aus- und Einwanderungsmöglichkeiten sind vielfältige Überschneidungen der Kategorien belegt. In nicht wenigen Fällen erfolgte der Beitritt in eine Exilorganisation auch erst mit Ablauf des Arbeitsvisums, wodurch ein Flüchtlingsstatus und der fortgesetzte Aufenthalt in der Bundesrepublik angestrebt wurden. Es ist unter anderem jener Wandel staatlicher Anerkennungspraktiken, der Teil des Erkenntnisinteresses dieser Arbeit ist, als deren Aspekt die bis heute andauern-

49 Dedieu/Mbodj-Pouye, Transnational Political Activism, S. 1176.

50 Østergaard-Nielsen, Transnational Politics, S. 24.

51 Das analytische Potenzial dieses Begriffs ist höchst fragwürdig. Im weiteren Verlauf der Arbeit wird er dennoch – und ohne Anführungszeichen – verwendet, um die nationalistisch agierenden Emigranten von der weitaus größeren Zahl derer abzugrenzen, deren Migrationsprojekt als zeitlich begrenzt angelegt war und die an einer Beteiligung an regimekritischen Aktivitäten zunächst kein vordergründiges Interesse hatten. Zur Kritik des Begriffs vgl. Geisen, Vergesellschaftungsprozess. Zum mobilisierenden Potenzial der Ereignisse 1972 vgl. Le Normand, Gastarbajteri.

52 Zur liberalen Demokratie der Bundesrepublik als gutem „Nährboden" für migrantischen Protest vgl. auch Gassert, Bewegte Gesellschaft, S. 251.

53 Vgl. zur Illustration dessen auch die von Katica Ivanda geführten Interviews, in denen sich für 2/3 der Befragten wirtschaftliche nicht von politischen Fluchtmotiven trennen ließen, Ivanda, Die kroatische Zuwanderung, S. 152 f. Für die generelle Problematik, eindeutig zwischen „freier" und „erzwungener" Migration zu unterscheiden, vgl. Hoerder, Arbeitsmigration und Flucht, S. 7 f. Zum Problem der Übernahme der notwendig sehr eng gefassten rechtlichen Definition des „Flüchtlings" für die geschichtswissenschaftliche Forschung vgl. Ballinger, Displacement.

de Vorstellung einer vermeintlich klar zu treffenden Differenzierung von Fluchtursachen als Erbe des frühen Kalten Kriegs selbst der Historisierung bedarf.[54]

Dabei soll nicht unterschlagen werden, dass im Untersuchungszeitraum durchaus auch andere Exilgruppen aus Jugoslawien in der Bundesrepublik tätig waren, deren Aktivitäten vonseiten des Staats intensiv beobachtet wurden. Dies galt im ersten Nachkriegsjahrzehnt vor allem für serbische und slowenische, sowie ab den frühen 1980er Jahren zunehmend auch für albanische Aktivisten.[55] So sehr die Reproduktion nationaler Kategorien im jugoslawischen Kontext zu Recht problematisiert wurde,[56] so irreführend wäre es jedoch, die in dieser Arbeit vorgenommene nationale Eingrenzung auf „Exilkroaten" durch den Begriff der „Exiljugoslawen" aufzugeben. Diese Bezeichnung war zumeist rein administrativer Natur[57] und entsprach in nur wenigen Fällen der Selbstbeschreibung von Emigranten aus dem damaligen Jugoslawien.[58] Insbesondere aufgrund der überproportionalen Anzahl kroatischer Arbeitsmigranten in der Bundesrepublik[59] fiel den anderen nationalen Emigrantengruppen die personelle und ideologische Verjüngung weitaus schwerer, sodass sie für die mit den Radikalisierungstendenzen einhergehenden außen- und innenpolitischen Folgewirkungen ab den frühen 1960er Jahren keine Relevanz mehr entfalten konnten.[60] Es ist deshalb nicht verwunderlich, dass in den seit 1968 publizierten Berichten des Bundesamts für Verfassungsschutz zwar von „nationalistischen Emigranten aus Jugoslawien" die Rede ist, unter diesem Unterpunkt jedoch nahezu ausschließlich exilkroatische Aktivitäten aufgeführt wurden. Exilkroaten zeichneten zudem als einzige Emigrantengruppe aus dem ehemaligen Jugoslawien für politische Gewalt verantwortlich[61] und wurden vonseiten jugoslawischer staatlicher Akteure dementsprechend auch als die bei Weitem größte Bedrohung wahrgenommen.[62]

---

54 Vgl. zur antikommunistischen Stoßrichtung der klaren Trennung von Fluchtursachen u. a. Reinisch, Refugees, S. 4.

55 Zu den jugoslawischen Exilgruppen vgl. zusammenfassend Dragišić, Ko je pucao.

56 Vgl. programmatisch Gagnon, Myth.

57 So wurde in den sicherheits- und innenpolitischen Quellen tatsächlich weitaus häufiger von „jugoslawischen Emigrantengruppen" und „Exiljugoslawen" bzw. „Jugoslovenska neprijateljska emigracija" [„jugoslawische feindliche Emigration"] oder schlicht von „neprijateljsko djelovanje" [„feindliche Tätigkeit"] gesprochen.

58 Für ein Beispiel vgl. Tosić, Alternative.

59 Brunnbauer, Labour Emigration, S. 28.

60 Für diese Einschätzung vgl. auch Ivanović, Jugoslavija i SR Nemačka, S. 185.

61 Unter den Begriff der „politischen Gewalt" fallen im Folgenden und in Anlehnung an die Differenzierungsbemühungen Schrauts physische Gewaltausübungen, die ein staatliches Gewaltmonopol infrage stellen, also per Definition nicht von staatlicher Seite ausgehen, von Gruppierungen und Einzelpersonen ohne Legitimation einer Mehrheit verübt werden und sich „gegen geltendes Recht und/oder geltende gesellschaftliche Normen" richten. Hiermit ist – im Gegensatz zu vorherigen Definitionsbemühungen – auch Gewalt gegen Sachen eingeschlossen, vgl. hierfür Schraut, Terrorismus, S. 18 f.

62 Vgl. hierzu auch Cvetković, Terorizam, S. 196.

Eine weitere Bemerkung scheint nötig hinsichtlich der offensichtlichen, bislang jedoch nicht weiter thematisierten Abwesenheit von Exilakteur*innen*. Die politische Emigration aus Kroatien war eindeutig von Männern dominiert. Dies bedeutet nicht, dass sich nicht auch weibliche Mitglieder in ihren Reihen befunden hätten. Schon die unmittelbare Nachkriegsemigration aus Kroatien bestand auch aus Frauen, die vereinzelt politisch aktiv waren.[63] Auch in der organisierten Exilpolitik lässt sich – selbst in ihren gewaltsamen Ausprägungen – immer wieder die Mitwirkung weiblicher Personen feststellen.[64] Dies galt zum Beispiel für Fälle, in denen sie den „Lockvogel" für das spätere Opfer spielten, wie etwa im Fall Dara Rogić, die vermutlich den jugoslawischen Konsul Andrija Klarić seinen späteren Attentätern zuführte.[65] Zudem tauchen in der Überlieferung immer wieder nicht-kroatische Lebensgefährtinnen auf, die sich aktiv an Anschlägen beteiligten.[66] Mit Lucija Rukavina gelangte in den 1960er Jahren eine *Ustaškinja* der ersten Stunde an die Spitze der Organisation *Hrvatski Domobran* („Kroatischer Heimatverteidiger").[67] Trotz dieser Beispiele aktiver Frauen in den Reihen der politischen Emigration kann insgesamt eine erdrückende männliche Dominanz in den Exilaktivitäten – besonders in ihren radikalen Ausprägungen – festgestellt werden.[68] Dies zeigt unter anderem eines der seltenen weltanschaulichen exilkroatischen Selbstzeugnisse, das unter dem Titel „Freiheit

63 Dies legen die zahlreichen von Frauen gestellten Anträge für Hilfen durch die IRO nahe, vgl. AN, AJ/43/142-143, Décisions du Conseil de Recours, Autriche. Für einen ersten Hinweis auf die Partizipation von Frauen an frühen Exilaktivitäten, wenngleich aus einer männlichen Perspektive, die ihnen lediglich die Rolle der „Kurierin" zugesteht, vgl. HDA, 1561, 1.9-5, RSUP SR Hrvatske, SDS, Ivica Gržeta, O radu žena i emigraciji (August 1948).

64 Die Forschung zu osteuropäischen Exilgruppen hat diesem Aspekt bislang nur wenig Beachtung geschenkt, vgl. für erste Ergebnisse u. a. Petrenko, Unter Männern.

65 Vgl. zu Rogićs Rolle u. a. die Berichterstattung in der Frankfurter Allgemeinen Zeitung: o. V., „Exil-Kroaten die Attentäter von Meersburg", in: FAZ, 11.6.1965, S. 1; o. V., „Stanko Kardum gesteht", in: FAZ, 16.6.1965, S. 1.

66 Hier kann etwa die Deutsche Barbara Plachetka oder die US-Amerikanerin Julienne Bušić (geb. Schultz) genannt werden. Plachetka und ihr Lebensgefährte Vinko Barišić waren im Juni 1975 in Jugoslawien mit insgesamt 40 kg Sprengstoff aufgegriffen worden. Julienne Bušić beteiligte sich an einer Flugzeugentführung und an einem Sprengstoffanschlag im September 1976, wofür sie bis 1989 in den USA inhaftiert war, vgl. BArch, B 106/111314, Savezni sekretarijat zu unutrašnje poslove, Kratak pregled zločinačkih akcija fašističke emigracije jugoslovenskog porekla sa teritorije SRN protiv SFRJ i njenih DKP u inostranstvu (24.11.1978) (inkl. Rohübersetzung durch AA). Zu Bušić und ihrer Rolle sei auf ihren – wenngleich stark glorifizierenden – Erinnerungsbericht verwiesen, vgl. Bušić, Lovers.

67 Vgl. zu Lucija Rukavina und ihrer Organisation u. a. HDA, 1561, 10.10-6, Ujedinjeni Hrvati u Zapadnoj Njemačkoj, Sukobi unutar ustaškog pokreta u zapadnoj Nemačkoj (o. D., wahrscheinlich 1959/Anfang 1960).

68 Eine Auswertung der gegen insgesamt 85 kroatische Aktivisten seit den frühen 1960er Jahre gefällten Urteile durch das BfV kam zu dem Ergebnis, das sich unter ihnen ausschließlich Männer befanden, vgl. Bibliothek des Bundeskriminalamts, 12576, KRILOG 06.26-0008 LVS, Vortrag von Lorenz Bessel-Lorck, Abteilungsleiter für Rechtsextremismus im BfV, Protokoll über das Polizeiseminar (28.1.–1.2.1974), „Bilanz des Terrors ausländischer Extremisten".

oder Tod" („Sloboda ili smrt") um 1963 von der „Kroatischen revolutionären Bruderschaft" (*Hrvatsko revolucionarno bratsvto*, HRB) veröffentlicht wurde – einer der radikalsten und zu diesem Zeitpunkt bereits global vernetzten Gruppen. Hierin wird mit offensichtlichem Bedauern die Rolle, die Frauen im bewaffneten Kampf zukommen müsse (v. a. in Spionageaktivitäten), mit ihrer *de facto* vorherrschenden Marginalisierung kontrastiert.[69] Die immer wieder erwähnten und den Organisationen angeschlossenen Frauengruppen scheinen keine tatsächlichen Aktivitäten entfaltet zu haben.[70] Auch hinsichtlich der medialen Repräsentation kroatischer Exilaktivitäten spielte Gender als Kategorie allenfalls in ihrer Abwesenheit bzw. in der vorausgesetzten männlichen Normativität eine Rolle.[71]

2 Anmerkungen zum Forschungsstand

Forschungen, die einer bestimmten Exilgruppe nicht nur hagiografisch „um ihrer selbst willen" Bedeutung zumessen, sondern die nach den Konsequenzen politischer Emigrantenaktivität fragen, fehlen in der bisherigen Forschungslandschaft weitgehend.[72] Während kroatische Exilaktivitäten zumindest mit Bezug auf Fälle politischer Gewalt noch von der frühen Forschung hierzu als Vertreter eines „internationalen Terrorismus" kursorisch aufgegriffen wurden,[73] hat das Forschungsinteresse spätestens mit Aufkommen des politischen Islams stark nachgelassen.[74] Auch über den engeren Kontext der Exilkroaten hinaus hat eine Beschäftigung mit politischem Aktivismus von Ausländern erst in den letzten Jahren eingesetzt, wobei die Frage nach ihrem historischen Ort innerhalb der Geschichte der Bundesrepublik nur selten gestellt wurde.[75]

In der bundesdeutschen Historiografie können mindestens zwei Forschungsperspektiven als maßgeblich für dieses Desiderat ausgemacht werden, die zugleich mit zeitgenössischen Bedrohungswahrnehmungen korrespondieren: Schon in den 1970er Jahren war es primär die Herausforderung staatlicher Ordnung durch linke

69 Vgl. HDA, 1561, 10.11-1-7, RSUP SR Hrvatske, SDS, „Sloboda ili smrt", Unterpunkt „Uloga žene u gverilskom ratu".

70 Vgl. etwa die Ausarbeitung der kroatischen Staatssicherheit, in: HDA, 1561, 10.10-1, RSUP SR Hrvatske, SDS, Prikaz sistema emigrantske organizacije i grupa HOP-a, Zagreb, 9.11.1959.

71 Für eine solche Perspektive vgl. etwa Patyk, Mädchen. Vgl. auch die Ausführungen hierzu bei Metzler, Konfrontation, S. 274 f.

72 Eine wichtige Ausnahme bildet eine Monografie, die nach dem Einfluss radikaler antikommunistischer Exilstrukturen für aggressive antikommunistische Diskurse in den USA während der 1980er Jahre fragt, vgl. Burke, Revolutionaries.

73 Vgl. u. a. Bowyer Bell, Terror, S. 18–26; Pluchinsky, Terrorism, S. 52–60.

74 Härter und Hannappel haben die Literatur zum Terrorismus „präsentistisch" bezeichnet, welche die historische Gewordenheit des eigenen Objekts zu wenig mitdenke, vgl. Härter/de Graaf/Sälter/Wiebel (Hrsg.), Terrorismus, S. 375.

75 Vgl. etwa Slobodian, Borders.

Gewalt, die als dominant wahrgenommen wurde und die die politischen und medialen Reaktionen auf andere Akteure bei Weitem in den Schatten stellte.[76] In den vergangenen Jahren sind dementsprechend viele zeitgeschichtliche Untersuchungen zu unterschiedlichen Facetten linker Bewegungen in nationalen und transnationalen Zusammenhängen erschienen, während Migranten als politische Akteure nach wie vor unterrepräsentiert sind.[77] Die deutsche Migrationsgeschichte fokussierte lange auf Migranten als Analyseobjekte der Sozial- und Wirtschaftspolitik, wobei in den letzten Jahren, insbesondere unter kulturgeschichtlichen Vorzeichen, auch nach dem Einfluss von Migranten auf verschiedene Aspekte der Alltagskultur gefragt wurde.[78] Die innen- und sicherheitspolitische Rezeption von migrantischem Aktivismus und seine Bearbeitung auf den verschiedenen administrativen Ebenen wurden hierbei mehr oder weniger ausgeklammert. Zwar haben historiografische Annäherungen an die bundesdeutsche Sicherheitspolitik in den letzten Jahren deutlich an Kontur gewonnen und sind dabei zu durchaus kontroversen Urteilen gelangt.[79] Eine historische Studie zum Verhältnis von Migration und Innenpolitik in der Bundesrepublik liegt jedoch bislang nicht vor und die sicherheitspolitischen Herausforderungen durch migrantische Gruppen wurden in den erwähnten Studien höchstens am Rande diskutiert.[80]

Analog hierzu lässt sich in der Forschung zwar ein zunehmendes Interesse an transnationalen sozialen Bewegungen feststellen, vor deren Hintergrund auch migrantische Repräsentationsstrategien und Aspekte sozialer Anerkennung diskutiert wurden.[81] So wurden in letzter Zeit – mit implizit sympathisierendem Gestus – vermehrt antirassistische sowie antikoloniale und antiimperialistische Projekte behandelt, an denen Migranten maßgeblich mitwirkten.[82] Für Akteure, die nur schwer im Sinne eines „Roten Jahrzehnts" (Gerd Koenen) erinnert werden können, ist aller-

---

76 Dies galt etwa sehr lange auch für rassistisch und rechtsradikal motivierte Gewalt, die erst seit Kurzem zum Gegenstand historischer Forschungen wird, vgl. hierfür u. a. Manthe, Bückeburger Prozess. Vgl. auch Hof, Terrorismus.

77 Eine Übersicht über die weitläufige Forschungslandschaft kann hier nicht gegeben werden. Für einen nicht mehr ganz neuen, aber nach wie vor umfassenden Eindruck der Forschungstendenzen vgl. Hanshew, Friend or Foe.

78 Vgl. etwa Möhring, Essen; Hahn/Neumann (Hrsg.), Zuhause.

79 Pointiert hat dies Rigoll skizziert, vgl. Rigoll, Liberalisierung, S. 44 f.

80 Ausnahmen bilden Oberloskamp, Terrorismusbekämpfung; Dahlke, Staat, S. 62–66. Andere wegweisende Studien insbesondere zur Politik der Inneren Sicherheit kommen demgegenüber gänzlich ohne migrantische Einflüsse aus, vgl. u. a. Scheiper, Sicherheit; Rigoll, Staatsschutz; Hanshew, Terror. Für erste Ansätze aus der amerikanischen Geschichtswissenschaft, die jedoch nicht systematisiert oder wieder aufgegriffen wurden, vgl. Weiner, Security.

81 Bojadžijev, Internationale. Vgl. aus der Vielzahl an Forschungen aus dem englischsprachigen Raum grundlegend die Aufsätze in: Ramakrishnan/Bloemraad (Hrsg.), Civic Hopes; Pero/Solomos (Hrsg.), Migrant Politics.

82 Slobodian, Foreign Front; Bülow, Algerian War.

dings offenbar auch in dieser neueren Migrationshistoriografie kein Platz.[83] Mit Bezug auf die exilkroatischen Aktivisten scheinen die von Philipp Gassert konstatierten „blinden Flecken“ der historischen Protestforschung gleichsam zu konvergieren, insofern es sich bei ihnen einerseits um migrantische, andererseits um nationalistische Akteure handelte, die keine progressiv-sozialtransformative Agenda verfolgten.[84]

Ein weiterer Grund für die Abwesenheit exilkroatischer Aktivitäten in historischen Narrativen verweist auf einen Missstand, der in der Forschung bislang kaum registriert wurde und der die bundesdeutsche Migrationsgeschichte generell betrifft. So wurde erst vergleichsweise spät dafür plädiert, deren konventionelle, mit dem deutsch-italienischen Anwerbeabkommen beginnende Periodisierung aufzugeben und stattdessen bereits die Ankunft der deutschen „Vertriebenen“ als Teil dieser Migrationsgeschichte zu erzählen.[85] Diesem Vorschlag ist unbedingt zuzustimmen, auch wenn er die Tatsache unterschlägt, dass nicht nur Deutsche aus den ehemaligen Ostgebieten Zuflucht in den westalliierten Besatzungszonen suchten, sondern auch eine große Zahl von Nichtdeutschen.[86] Gemeinsam mit ehemaligen Zwangsarbeitern, die die Repatriierung verweigerten, war auch die tausendfache Präsenz tatsächlicher oder vermeintlicher Kollaborateure aus den besetzten Gebieten und NS-Satellitenstaaten in der frühen Bundesrepublik ein Erbe einer nationalsozialistischen „Neuen Ordnung“.[87] Kroatische Emigranten stellen insofern eine der vielfältigen Kontinuitäten nationalsozialistischer Expansionspolitik über die Schwelle einer „Stunde null“ hinaus dar.[88]

Diese Kontinuitäten wurden bislang nicht systematisch erfasst – im Gegenteil bildet das Jahr 1945 in so gut wie allen Darstellungen des NDH-Regimes und der Ustaša den Fluchtpunkt der Analyse, ohne den weiteren Werdegang von Funktionären und die ideologischen Entwicklungen und Verwerfungen im Exil auch nur anzudeuten.[89]

83 Damit unterscheiden sich die Exilkroaten etwa von linken Akteuren unter exilgriechischen Studierenden und antifranquistischen Flüchtlingen aus Spanien, vgl. u. a. Papadogianis, Political Songs; Sanz Díaz, Migration aus Spanien.

84 Gassert, Bewegte Gesellschaft, S. 242–249.

85 Pleinen, Ein Europa von Sonderfällen, S. 264 f. Dieses Defizit wird jedoch zunehmend adressiert, vgl. etwa die Beiträge sowie den einleitenden Text in Etzold/Löhnig/Schlemmer (Hrsg.), Migration.

86 Vgl. für diese Beobachtung auch Reinisch, Introduction, S. 14.

87 Mazower, Imperium. Zum Begriff und zur Frage nach imperialen Kontinuitäten und Brüchen vgl. auch Hofmann, New–Old Order.

88 In den letzten Jahren sind viele Studien erschienen, die die Existenz eines klaren Bruchs zwischen den politischen Systemen vor und nach 1945 auf verschiedenen Ebenen bezweifelt haben. Migrationshistorische Ansätze spielen dabei bislang jedoch keine Rolle, vgl. u. a. die Aufsätze in Biess/Moeller (Hrsg.), Aftermath.

89 Vgl. etwa die autoritative Darstellung zum NDH von Korb, in der dieser die Ustaša nach Kriegsende als „historisch bedeutungslos“ bezeichnet und folglich nicht in seine Analyse einbezieht, Korb, Schatten, S. 436.

Dass diese Kontinuitäten in der jugoslawischen Historiografie äußerst stark gemacht wurden, ist wenig überraschend, wobei allerdings auf die Brüche und ideologischen Differenzen nach 1945 nicht ernsthaft eingegangen und eher eindimensional eine faschistische Kontinuität postuliert wurde – kroatische Emigranten blieben in der offiziellen Diktion „Ustaše“ bzw. „Faschisten“.[90] Im heutigen Kroatien spielt – wenngleich natürlich aus anderen Gründen – die Historiografie zur politischen Emigration insgesamt eine marginale Rolle.[91] In Studien zur jugoslawischen Arbeitsmigration werden Exilkroaten in der Regel nicht einbezogen,[92] und es mangelt nach wie vor an Forschungen auf archivalischer Grundlage.[93] Dies steht im auffälligen Kontrast zur regen öffentlichen Debatte zum Thema: Nach der Unabhängigkeit wurde die politische Emigration von rechts-konservativer Seite als Antithese eines vermeintlich serbisch dominierten Jugoslawiens und als Gralshüter eines kroatischen Nationalgedankens konstruiert.[94] Teilweise unter totalitarismustheoretischen Vorzeichen wurde die Dämonisierung des sozialistischen Jugoslawiens dabei mit einer Rehabilitierung des kroatischen NDH-Regimes verbunden, als dessen Verweser die politische Emigration wiederum Legitimität erfuhr.[95] Die Historiografie zur Emigration weist so bisweilen exkulpatorische Momente auf und folgt mitunter der teleologischen Struktur der Befreiungserzählung, bei der die staatliche Unabhängigkeit gleichsam das erfolgreiche Ende der Geschichte der Emigration markiert.[96]

Ungeachtet dieser Leerstellen und Unzulänglichkeiten in der bisherigen deutschen und kroatischen Geschichtsschreibung gibt es eine Reihe von Veröffentlichungen, die sich in den vergangenen Jahren dem Phänomen des exilkroatischen Aktivismus problemorientiert und auf einer quellenbasierten Grundlage genähert haben. Für die folgenden Überlegungen scheint insbesondere die Tatsache relevant, dass die Analyse sich darin in der Regel auf deutsche, jugoslawische oder exilkroatische Akteure beschränkt. Eindeutig in der Unterzahl sind dabei jene Studien, die Einblicke in die Gefahrenwahrnehmungen seitens der staatlichen Akteure aus Jugoslawi-

---

90 Für eine äußerst quellengesättigte und -kritische Annäherung vgl. allerdings den abschließenden Band der NDH-Trilogie Krizmans, der sich ausschließlich mit der Nachkriegszeit beschäftigt, Krizman, Pavelić.

91 Čulo, Ljudska prava, S. 441. Für einen guten Überblick der historiografischen Trends der kroatischen Emigrationshistoriografie vgl. Hrstić/Marinović, Kronologije.

92 Ivanović geht in seiner wichtigen Monografie etwa nur insofern auf die Exilaktivitäten ein, da sie grundlegend für den Beginn einer staatlichen Informationspolitik gewesen seien, vgl. Ivanović, Geburtstag, S. 189 f.

93 Zaradić, Arhivski izvori. Für Gegenbeispiele jüngeren Datums vgl. Žižić, Emigracija; Krašić, Proljeće.

94 Vgl. paradigmatisch Selak, Hrvatska zauvijek.

95 Zum postjugoslawischen Geschichtsrevisionismus gibt es eine Fülle an Forschungsliteratur, vgl. überblicksartig Kuljić, Vergangenheiten. Für den kroatischen Fall vgl. u. a., Radonić, Erinnerung, S. 127 f.; Kasapović, Genocid.

96 Dies ist keineswegs ein kroatisches oder post-jugoslawisches Alleinstellungsmerkmal, vgl. Goddeeris, Temptation, S. 397 f.

en zu geben vermögen. Dies ist bislang allenfalls mit Blick auf die Staatssicherheitsdienste geschehen, wobei diese Arbeiten – von einzelnen Ausnahmen abgesehen[97] – häufig sehr quellenpositivistisch vorgehen. Sie liefern damit zwar Einblicke in die jugoslawische staatliche Überlieferung, deren Kategorien, Statistiken und Bewertungen werden jedoch zumeist reproduziert und nicht in ihre administrativen und diskursiven Entstehungszusammenhänge eingeordnet.

Als ein weiterer Schwerpunkt der Forschungsliteratur lässt sich ein qualitativ und im Erkenntnisinteresse recht heterogener Strang an Publikationen ausmachen, die sich für die Protagonisten und Binnenstrukturen interessieren und hierfür primär die Exilakteure selbst in den Vordergrund rücken. Hierunter fallen etwa biografische Arbeiten, die über einzelne prominente Emigrationsvertreter informieren.[98] Andere Autoren haben Radikalisierungsprozesse unter den Exilakteuren bzw. die Herausbildung von Fraktionen und deren strategische Neuausrichtungen in den Mittelpunkt gerückt.[99] Dieser Ansatz hat zum Teil fruchtbare Thesen und Erklärungsansätze hervorgebracht, so etwa hinsichtlich der sukzessiven Anwendung von Gewalt seitens einiger Gruppen ab Anfang der 1960er Jahre. Diese wurde als Folge schwindender Erfolgsaussichten auf eine kroatische Unabhängigkeit mit zunehmender Konsolidierung des Ost-West-Antagonismus (*Détente*) gedeutet.[100]

Im Einklang mit Forderungen aus der Migrations- und Exilforschung, die zentrale Rolle der Politik des Gastlandes bezüglich der Ermöglichung und der Grenzsetzungen von Exilpolitik ernster zu nehmen,[101] haben mehrere Autoren in den letzten Jahren die Rezeption kroatischer Exilpolitik in der Bundesrepublik untersucht. Insbesondere in den Studien von Alexander Clarkson und Chris Molnar wird dabei auf außenpolitische Entwicklungen vom Antikommunismus als bundesdeutscher Integrationsideologie auf dem Höhepunkt des Kalten Kriegs bis zur *Neuen Ostpolitik* abgestellt. Vor dem Hintergrund dieser größeren Zusammenhänge und einer generellen Imageverbesserung Jugoslawiens in der Bundesrepublik hätten sich die strategischen Optionen der kroatischen Emigrantenverbände bedeutend verschlechtert.[102] Dies habe nicht zuletzt zur Radikalisierung eines Teils des kroatischen Emigranten-

97 Vgl. etwa Baković, Hapšenje; Nielsen, Yugoslav State Security Service; Robionek, State Security.

98 Vgl. u. a. Delić, Concealment; ders., Djelovanje; Ivurek, Život i djelo; Čovo, Dominik Šušnjara; Jandrić, Hrvatska politička emigracija; Jurčević, Politička koncepcija.

99 In den letzten Jahren ist insbesondere Mate Tokić zum profiliertesten Vertreter eines solchen Ansatzes geworden, vgl. v. a. Tokić, Croatian Radical Separatism. Auch Francesco Ragazzi widmet den politischen Exilanten in seiner Analyse kroatischer Diasporaformationen ein eigenes Kapitel, vgl. Ragazzi, Governing Diasporas.

100 Diese Argumentation liegt etwa den Texten Tokićs zugrunde. Eine ähnliche Stoßrichtung verfolgt auch Robionek, Outsiders.

101 Vgl. u. a. Betts, Mobilising, S. 85–91.

102 Dies lässt sich Molnar zufolge v. a. auf Tourismus, die kulinarische Präsenz Jugoslawiens in „Balkan-Restaurants" und auf eine generell wandelnde Jugoslawienwahrnehmung als primär „blockfrei" statt als „sozialistisch" zurückführen. Er beschreibt diesen Wandel als „interpersonal Ostpolitik", vgl. Molnar, Yugoslav Migrations, Kap. 4.

spektrums geführt und in letzter Konsequenz die Hinwendung zu Gewalt als Mittel der Auseinandersetzung begünstigt.[103]

In diesen Forschungen scheinen die Resultate der bundesrepublikanischen Ostpolitik die Entwicklungen innerhalb der kroatischen Exilverbände und vor allem ihre Radikalisierung beinahe vollständig zu determinieren.[104] Während Clarkson diesen interpretativen Vorrang der Außenpolitik explizit macht und in seiner vergleichend angelegten Forschungsperspektive zu durchaus erhellenden Einsichten kommt,[105] geht dieser Ansatz zugleich mit recht statischen Konzeptionen politischer Prozesse einher. Außenpolitische Konstellationen werden zur entscheidenden Grundlage und leitenden Triebfeder staatlichen Handelns generalisiert.[106]

Es soll an dieser Stelle keinesfalls die zentrale Rolle geopolitischer Konstellationen während des Kalten Krieges negiert werden. Diese steckten außenpolitische Handlungsspielräume ab und strukturierten damit maßgeblich politische Entscheidungsfindungen. Sie sind damit ein zentraler Faktor zum Verständnis asylpolitischer Ausrichtungen des Aufnahmestaats, sodass sie auch die politischen Handlungsspielräume von Exilanten maßgeblich beeinflussen.[107] Asyl- und Flüchtlingspolitik erschöpfte sich jedoch nicht in einer Kosten-Nutzen-Kalkulation vor dem Hintergrund des Systemantagonismus des Kalten Kriegs.[108] Dies ist nicht zuletzt auf eine im Vergleich zur Zwischenkriegszeit international und national stärkere Verrechtlichung des Flucht- und Asylregimes zurückzuführen, das bis weit in die 1970er Jahre weitgehend zuverlässigen Schutz vor Ausweisungen bot.[109] Auch vor dem Hintergrund der staatlichen Verfolgungspraktiken während des Nationalsozialismus und dem weitgehend dysfunktionalen internationalen Asylregime der Zwischenkriegszeit war insbesondere in der Bundesrepublik die Unterbindung eines migrantischen Politaktivismus nach politischem Opportunitätsdenken, etwa unter Androhung der Ausweisung der betroffenen Akteure, an Hürden geknüpft.[110] Die

---

103 Clarkson, Fragmented Fatherland, S. 41–47; Molnar, Radicalisation, S. 785 f.

104 Vgl. für eine vergleichbare Abgrenzung zu allein außenpolitischen Erklärungsansätzen für den Fall des Umgangs mit algerischen Aktivisten in der Bundesrepublik: Hardt, Flüchtlinge, Terroristen, Freiheitskämpfer?, S. 396–401.

105 Clarkson, Fragmented Fatherland, S. 142 f.

106 Kaja Shonick betont etwa gleich zu Beginn ihrer Dissertation zur Wahrnehmung von Jugoslawen in der Bundesrepublik, dass die bundesdeutsche Politik gegenüber den kroatischen Emigranten von geopolitischen Weichenstellungen „determiniert" worden sei, vgl. Shonick, Yugoslav Migrants, S. 28 f.

107 Dufoix, Politiques d'exil, S. 116–122.

108 Vgl. für eine ähnliche Kritik an außenpolitischen Imperativen als interpretative „Allzweckwaffe" Bon Tempo, Americans at the Gate, S. 5 f.

109 Vgl. u. a. Joly, Haven or Hell?, S. 11 f. Ausweisungen von politischen Flüchtlingen waren – übrigens auch im Fall der kroatischen Exilkroaten – in der Zwischenkriegszeit keine Seltenheit gewesen, vgl. Jareb, Pokret, S. 199–202; Krizman, Pavelić i ustaše, S. 192 f.

110 Anders als etwa in der Schweiz und in Österreich, wo Migranten die politische Tätigkeit schlicht verboten war, schien sich in der Bundesrepublik die Integrität des liberalen Rechtsstaats

Modalitäten von Asylgewährung und die Rechte für die Betroffenen waren insofern nicht lediglich ein Teil außenpolitischer Erwägungen, sondern stets „mit fundamentalen Fragen nach den politisch-moralischen Grundlagen der deutschen Gesellschaft verbunden" und stellen damit auch eine Konstante im Ringen um den Charakter von Staat und Gesellschaft in Westdeutschland dar.[111]

Besonders schwer wiegt zudem die Tatsache, dass in den erwähnten Arbeiten das Deuten und Handeln der migrantischen Akteure selten in den Erklärungsprozess einbezogen wird.[112] Selbstdeutungen und Gestaltungsmacht migrantischer Akteure werden häufig als Effekt innerhalb eines funktionalistischen Verständnisses außenpolitisch determinierten Regierungshandelns reduziert.[113] Auch der jugoslawische Staat wird als Einflussfaktor für politische Aushandlungsprozesse in der Bundesrepublik in der Regel nicht berücksichtigt. Zwar wird auch diese Arbeit nicht jeder dieser Ebenen gleichermaßen gerecht werden können; indem die Studie allerdings nach Politisierungsprozessen von exilkroatischem Aktivismus in der Bundesrepublik unter punktueller Einbeziehung der jugoslawischen und emigrantischen Rezeptionen und Einflussversuche fragt, versucht sie dennoch, ein komplexeres Bild zu zeichnen.[114]

3 Fragestellungen und methodologische Perspektiven

Diese Arbeit geht der Frage nach, wie und mit welchen Folgen die politischen Aktivitäten kroatischer Emigranten wahrgenommen wurden und welche Folgen dies für die politische und administrative Praxis hatte.[115] Grundlegend gehe ich dabei von der Prämisse aus, dass der konkrete Umgang mit Exilaktivitäten, die Orte, Akteure und Modalitäten ihrer Bearbeitung sowie die grundsätzliche Frage, inwiefern diese überhaupt als eine Herausforderung des Gastlandes verstanden wurden, sich nicht

---

auch anhand der Rechte für Nicht-Deutsche zu messen. Vgl. Bürgisser, Wahlverwandtschaft, S. 515 f.; Rolandi, Escaping Yugoslavia.

111 Poutrus, Umkämpftes Asyl, S. 13.

112 Dies gilt nicht nur für Studien über die Wirkung der Exilkroaten. Selbst die äußerst umfassend recherchierten Arbeiten von Slobodian und von Bülow beziehen keine Quellen in der Muttersprache der von ihnen thematisierten Migranten ein, vgl. Slobodian, Foreign Front; von Bülow, Algerian War.

113 Vgl. für diese Kritik auch Østergaard-Nielsen, Transnational Politics, S. 71 f.

114 Für ein m. E. sehr gelungenes Beispiel in dieser Hinsicht vgl. Kami, Diplomacy Meets Migration.

115 Mit Luhmann verstehe ich Politik und Verwaltung als „spezifizierte und somit getrennt operierende Systeme kommunikativer Informationsverarbeitung". Gleichwohl lassen diese sich „funktional und strukturell als Einheit begreifen", da sie in verschieden gelagerter Form mit der Realisierung und Umsetzung allgemein bindender Problementscheidung befasst sind, vgl. Luhmann, Politische Soziologie, S. 125 f. Vgl. zur Verwaltung und ihrer Rolle innerhalb staatlicher Entscheidungsprozesse grundsätzlich auch Seibel, Verwaltung verstehen.

überzeitlich generalisieren oder durch eine Beschränkung auf ein begrenztes Personen- und Institutionenspektrum erklären lassen. Wenn im vorangegangenen Teil Abstand von geopolitischen Reflexen als Erklärungsmuster für die Beschäftigung mit Exilgruppen und der Politisierung ihrer Aktivitäten genommen wurde, sei an dieser Stelle darauf hingewiesen, dass auch das Recht in der Praxis nur bedingt zur Stabilisierung eines Verständnisses von legitimer und illegitimer Exiltätigkeit beitrug.[116] So wurde etwa durch das Ausländergesetz von 1965 mit dem Verweis auf eine „Verletzung erheblicher Belange der Bundesrepublik" die Möglichkeit zum Verbot der politischen Betätigung von Ausländern grundsätzlich etabliert.[117] Jenseits des normativen Anspruchs von Gesetzgebungen gilt es aber zu prüfen, wie diese Formel konkret Anwendung fand. Dies oblag letztlich den Behörden auf kommunaler Ebene und korrespondierte auch mit öffentlich und medial kommunizierten Problemwahrnehmungen.[118] Auch der Terminus der „politischen Betätigung" ging nicht mit einem fest umrissenen Kriterienkatalog einher, der vom konkreten Einzelfall unabhängige und verbindliche Regelungen lieferte. Zwar stellten Akteure der Legislative und Exekutive Bezüge zur Rechtsprechung her, diese konnte jedoch keine verlässlichen Definitionen, geschweige denn eine zeitlos gültige Blaupause für die politische Interpretation und administrative Bearbeitung bieten.[119] Die Etablierung rechtlicher Kategorien legte eher das ambivalente Verhältnis von staatlichem Kontrollanspruch in Fragen von Migration auf der einen und den liberalen Grundsätzen auf der anderen Seite bloß und öffnete zugleich den Raum für konkurrierende Deutungen dieses Verhältnisses. Die rechtswissenschaftliche Literatur delegierte die konkrete Ausdeutung der juristischen Begriffe denn auch eindeutig an die Entscheidungsträger auf Ebene von Politik und Verwaltung.[120] Politischer Exilaktivismus, so eine – zugegebenermaßen banale – Prämisse dieser Arbeit, ist insofern nicht *per se* problematisch, sondern bedarf einer derartigen Deutung und Bearbeitung.[121]

---

116 Marx, Asylrecht. Zum Verhältnis von Recht und Politik als „different manifestations of the same sphere" vgl. Gusy, Laws, S. 198 f.

117 Grundlegend zum Ausländergesetz vgl. Schönwälder, Liberalisierung.

118 Pleinen, Migrationsregime, S. 92 f.

119 Vgl. die entsprechenden Ausführungen in der Antwort des BMI an Herbert Czaja, der nach den Kriterien gefragt hatte, nach denen eine „politische Tätigkeit von Ausländern" vorliege, BArch, B 106/138943, Einschränkung oder Untersagung der politischen Betätigung von Ausländern, BMI an MdB Czaja (18.1.1979).

120 Schon Tomuschat wies in einem frühen Kommentar des Ausländergesetzes darauf hin, dass die „politischen Belange" stets in einem angemessenen Verhältnis zu den im Grundgesetz fixierten Freiheitsrechten stehen müssten und erteilte damit einer willfährigen Instrumentalisierung dieses Passus eine Absage, vgl. Tomuschat, Zur politischen Betätigung, S. 49.

121 Ich folge hier den instruktiven Ausführungen von de Graaf und Zwierlein zur Historisierung „politischer Kriminalität". Auch diese setzen keine historische Essenz ihres Gegenstands voraus, sondern begreifen ihn als „historisch wandelbares normatives Konstrukt und als diskursive Zuschreibung, die durch das jeweilige Strafrecht, die rechtlichen, juristischen, politischen oder popu-

Die folgenden Ausführungen adressieren somit nicht lediglich die Frage nach den Aktivitäten von Exilkroaten. Es geht vielmehr darum, wie diese problematisiert wurden und sich in der politischen Praxis niederschlugen. Hierbei werden Überlagerungen und Verflechtungen der Innen-, Sicherheits- und Außenpolitik genauso in den Blick genommen, wie deren Interaktion mit anderen staatlichen und nicht-staatlichen Akteursgruppen in Deutschland und Jugoslawien.[122] Mit dieser Perspektive greift die Arbeit zugleich ein Nachdenken über den Staat auf, das seit der Jahrtausendwende in gleich mehreren historiografischen Diskussionssträngen anzutreffen ist. Staatliches Handeln wird zunehmend als heterogenes Geflecht mit einer Vielzahl von Akteuren, Interessen und Handlungslogiken begriffen, das vielfältige Verbindungen zu nicht-staatlichen Institutionen aufweist. In diesem Sinne wurde schon früh nach Wandlungsprozessen des Regierens vor dem Hintergrund gesellschaftlicher Zäsuren seit den 1950er Jahren gefragt und ein Interesse am Zusammenspiel politischer, rechtlicher und wissenschaftlicher Akteure formuliert.[123] Im Vordergrund stehen dabei Diskurse und Praktiken staatlichen Deutens und Handelns, wobei der Staat und seine Administration als Ansammlung heterogener Organisationskulturen zur Herstellung von Handlungsfähigkeit auf institutionalisierte Wissensbestände angewiesen ist. Diese müssen wiederum in Kommunikationsprozessen permanent aktualisiert und abgerufen werden.[124]

Auch in verschiedenen Ansätzen einer reformierten Politikgeschichte nehmen Prozesse von Kommunikation und Deutung zwischen staatlichen und nicht-staatlichen Akteuren einen zentralen Platz ein. Der Historiker Charles S. Maier hat in einem einflussreichen Sammelband schon in den 1980er Jahren das „Politische“ als den Gegenstandsbereich gefasst, bei dem es um kollektiv verbindliche Entscheidungsfindungen geht, deren Einhaltung insbesondere an staatliche „or some other recognized“ Akteure gebunden ist.[125] Insofern für die Beantwortung dieser Fragen also nicht ausschließlich auf staatliche Institutionen als „klassische“ Akteure der Politikgeschichte abgezielt wird, fragt eine derartige Politikgeschichte eher danach, „was ein Gemeinwesen jenseits unmittelbarer parteilicher Konkurrenz um die Ausübung von Macht, tagtäglichen Regierungshandelns und des gewöhnlichen Lebens der Institu-

lären Diskurse sowie durch die Justiz- und Polizei- bzw. sicherheitsdienstliche Praxis erzeugt und appliziert wird“. Vgl. Graaf/Zwierlein, Historicizing Security, S. 4.

122 Vgl. hierzu insbesondere Green/Waldinger, Introduction, S. 3–7.

123 Vgl. etwa Metzler, Konzeptionen, S. 17.

124 Collin/Horstmann, Einleitung, S. 9 f. In einem ähnlichen Sinn wurde die Rolle des Staats innerhalb einer reformierten Sozialgeschichte als Ort des „Durchgangs“ (*passage*) charakterisiert, an dem sich Relationen und Verbindungslinien v. a. mittels bürokratischer und kommunikativer Praktiken verdichten, vgl. hierfür u. a. Joyce, What is Social in Social History?, S. 238–246. Zur Rolle des Staats in einer reformulierten „Kulturgeschichte des Politischen“ vgl. auch die Reflektionen hierzu bei Metzler, Der Staat, S. 274 f.

125 Weidner, Geschichte des Politischen, S. 64.

tionen konstituiert".[126] Diese Abgrenzung gegenüber der Vorstellung von Politik als spezifischer Sphäre mit klar umrissenen Funktionen hat sich in der deutschsprachigen Geschichtswissenschaft unter dem Stichwort einer „Kulturgeschichte des Politischen" bzw. einer „Neuen Politischen Geschichte" etabliert.[127] Da das Politische hier nicht mehr zwingend auf staatliche Institutionen rekurriert, sondern „die politikgeschichtliche Schlüsselfrage nach der Schaffung von kollektiver Verbindlichkeit auf eine abstraktere Ebene [hebt]", kommt potenziell eine Vielzahl an Akteuren, Praktiken und Diskursen in Betracht, die zur Politisierung eines Themas beitragen.[128]

Diese Arbeit fragt also nicht danach, ob die exilkroatischen Aktivitäten „reale Bedrohungen" darstellten.[129] Ihr geht es vielmehr um Problemkonstruktionen in ihrer kommunikativen Aushandlung. Sie versucht dabei, das heterogene Feld zu vermessen, innerhalb dessen verschiedene Akteure aus Staat und Gesellschaft den exilkroatischen Aktivismus bewerteten, deuteten, problematisierten oder einzuschränken versuchten. Von einem einheitlichen „Programm" oder gar von einer zentralen Planung, die bestimmte Denk- und Handlungsvorgaben machte, kann dabei keine Rede sein. Das *framing* und die politische Bearbeitung veränderten sich vielmehr insofern, als dass neue Kontexte auch zu neuen Formen der Politisierung führten.

Der exilkroatische Aktivismus in der Bundesrepublik interessiert nicht zuletzt hinsichtlich der Frage nach demokratischen Anerkennungs- und Teilhabeprinzipien: Welche Form politischer Betätigung wurde als im Rahmen des Legitimen befindlich gedeutet und welches sind die Akteure, Deutungen und Logiken, aufgrund derer sich Wandlungsprozesse dieser Grenzziehungen beobachten lassen? Eine Einbeziehung der Stimmen der Exilanten selbst ermöglicht hierbei auch, ein geradli-

---

126 Maier, Introduction, S. 4. Für darüber hinausgehende, stärker poststrukturalistisch ausgerichtete Überlegungen vgl. Marchart, Politische Differenz, S. 13 f.

127 Frevert, Neue Politikgeschichte; Stollberg-Rillinger, Kulturgeschichte des Politischen; Steinmetz, Introduction; Landwehr, Diskurs – Macht – Wissen. Für eine Kritik dieser Ansätze, v. a. aufgrund ihres vermeintlichen Kulturalismus und unausgegorener Methodik, vgl. u. a. Rödder, Klios neue Kleider. Auch in anderen Disziplinen kam eine Diskussion über Gegenstand und Grenzen des Politikbegriffs in Gang. So ist in der Politikwissenschaft etwa ein *governance turn* konstatiert worden. In der Sozial- und Kulturanthropologie wiederum hat eine „Anthropologie des Politischen" die „Politische Anthropologie" weitgehend abgelöst, vgl. u. a. Risse, The Political; Shore/Wright, Conceptualising Policy.

128 Weidner, Geschichte des Politischen, S. 40. Ein Thema zu politisieren, bedeutet in diesem Sinne zunächst schlicht, es in den Bereich der politischen Kommunikation zu überführen, bei dem es eben um die Schaffung allgemein verbindlicher Entscheidungen geht, vgl. hierzu Steinmetz/Haupt, The Political, S. 21–25.

129 Es sei an dieser Stelle kurz bemerkt, dass sich die Arbeit, trotz struktureller Berührungspunkte mit jenen Forschungen, die sich an einem konstruktivistischem Sicherheitsverständnis orientieren, nicht innerhalb des wachsenden Felds der *securitization theory* verortet. Zwar wurden Exilkroaten zuweilen als „Gefahr" oder „Sicherheitsrisiko" gelabelt, dies wird jedoch eher als ein möglicher – zum Teil auch instrumenteller – Aspekt von Politisierungsprozessen verstanden und nicht als deren notwendige Komponente. Als konzise Zusammenfassung der Diskussionen um den Nutzen des Konzepts für die Geschichtswissenschaften vgl. Conze, Sicherheit, v. a. Kap. 4.

niges Demokratisierungsnarrativ kritisch zu hinterfragen.[130] Eine derartige Perspektivierung der exilkroatischen Aktivitäten kann dabei helfen, den Blick auf bundesrepublikanische Liberalisierungsprozesse zu erweitern und danach zu fragen, welche Formen der Betätigung Migranten zugestanden wurden.[131] Anhand ihrer lassen sich anschließend neue Schlaglichter auf staatliche Gefahrenkonstruktionen und Demokratieschutzvorstellungen werfen. Ob etwa migrantischer Aktivismus überhaupt als ein Beobachtungsobjekt für Polizei- und Verfassungsschutzbehörden aufgefasst wurde, hing wesentlich damit zusammen, inwiefern seine Träger als Bedrohung für Staat und Gesellschaft wahrgenommen wurden.[132] Wie dabei auch außenpolitische Rationalitäten ins Feld geführt wurden, wirft schließlich die Frage auf, inwiefern mit Blick auf Exilaktivisten und ihre politischen Projekte die klare Trennung von Innen- und Außenpolitik als voneinander getrennte „Sphären" analytisch aufrechtzuerhalten ist oder ob diese in der Einwanderungsgesellschaft nicht stets aufeinander bezogen sind.[133]

Diese Perspektiven auf die kroatische Emigration in der Bundesrepublik legen es nahe, die diesbezüglichen Reaktionen nicht nur mit Blick auf deutsche Akteure zu erklären. Vielmehr sind jugoslawische Gefahrenkonstruktionen bzw. die dortigen politischen Rationalitäten in die Analyse einzubeziehen. Kroatische Emigranten, so eine der Ausgangsüberlegungen dieser Arbeit, brachten politisch zuvor disparate Kontexte in Deutschland und Jugoslawien zusammen. Da Exilgruppen mit ihren Aktivitäten in der Regel Ursprungs- *und* Gastland adressierten, kann sich die Analyse nicht nur auf bundesdeutsche Institutionen und Personengruppen verlegen. Hiermit würden die Deutungen jugoslawischer staatlicher Akteure und ihre Versuche, die Bundesrepublik zum Handeln gegen die Exilaktivisten zu bewegen, nur unzureichend einbezogen.[134] Auch die Perspektive der exilkroatischen Akteure selbst sollte als Teil dieses Aushandlungsprozesses ernstgenommen werden, will man sie nicht zum Objekt politischer Entscheidungsprozesse degradieren.[135] Dabei geht es nicht einfach darum, eine staatszentrierte Erzählung um die Erfahrungen und Strategien von Migranten zu ergänzen und sie so in ein bundesdeutsches Narrativ einzuschreiben.[136] Vielmehr ist das Anliegen, die Verflechtung bundesdeutscher, jugoslawi-

---

130 Für ein ähnliches Argument vgl. Eder/Stahl, Apartheid, S. 331 f.

131 Für Liberalisierungsprozesse in der Bundesrepublik, allerdings ohne den Umgang mit Migranten dabei zu thematisieren, vgl. Herbert, Liberalisierung. Zur Heterogenität und Wandel des Begriffs vgl. die Beiträge bei Doering-Manteuffel/Leonhard (Hrsg.), Liberalismus.

132 Zu Demokratie- und Staatsschutzvorstellungen in der Bundesrepublik vgl. u. a. Doering-Manteuffel, Gewaltdiskurs.

133 Vgl. hierzu programmatisch Fahrmeir/Hellman/Vec, Introduction, S. 5.

134 Zur grundsätzlichen Notwendigkeit, das Gastland als Faktor migrationspolitischer Entscheidungen ernstzunehmen, vgl. Waldinger, Cross-Border Connection, S. 84 f.

135 Vgl. für diese Perspektive programmatisch Gatrell, Refugees, S. 184.

136 Für einen solchen Ansatz mit durchaus aktivistischem Impetus vgl. Plamper, Das neue Wir, v. a. S. 326 f. Mit Blick auf eine deutsche Geschichtsschreibung „von den Rändern" hat auch Eley dafür argumentiert, dass es nicht einfach darum gehen könne, marginalisierte Stimmen zu identi-

scher und migrantischer Wissensbestände in den Blick zu bekommen.[137] Zur Analyse dieser Verflechtungen bezieht sich die Arbeit auch auf das in der sozialwissenschaftlichen Bewegungsforschung entwickelte methodologische Instrumentarium zur Erforschung politischer Gelegenheitsstrukturen (*political opportunity structures*), mithilfe dessen sich die Interaktion von Bewegungen und ihrem jeweiligen politischen Umfeld nachvollziehen lässt.[138] Insbesondere kann der Ansatz dafür sensibilisieren, dass staatliches Wissen und Handeln in der Analyse nicht in ein antagonistisches Verhältnis zu den Exilaktivitäten zu rücken sind, sondern sich gegenseitig bedingen und zusammenzudenken sind.

Insofern ich davon ausgehe, dass durch die Rezeption und politische Bearbeitung des kroatischen Exilaktivismus auch Fragen nach demokratischen Grenzziehungen in der Einwanderungsgesellschaft mitverhandelt wurden und hierbei auch nicht-deutsche Akteure involviert waren, teilt die Arbeit grundsätzlich einige der Prämissen und Perspektiven, die seit einigen Jahren innerhalb einer postmigrantischen Gesellschaftsforschung diskutiert werden.[139] Der Begriff zielt darauf ab, nicht Migrationsprozesse um ihrer selbst willen zu thematisieren und sie damit wiederum implizit zu exotisieren,[140] sondern herauszuarbeiten, wie Gesellschaften durch Migration in vielfältiger Art und Weise transformiert werden. Anstelle der Praktiken von Migranten interessiert sich eine derart reformierte „migrantisierte Gesellschaftsforschung" damit eher für den Wandel konkreter Begriffe und Problematiken vor dem Hintergrund von Migrationsprozessen.[141] Zwar wird auch in der deutschen Geschichtswissenschaft schon seit längerer Zeit eine Perspektive angemahnt, die Migration als zentralen Teil gesellschaftlicher Wandlungsprozesse ernstnimmt;[142] eine Rezeption post-migrantischer Thesen hat hier jedoch erst verhältnismäßig spät[143] und insbesondere in der Politikgeschichte noch gar nicht stattgefunden. Die folgen-

---

fizieren, sondern um die Verschränkungen von Macht und Widerstand, vgl. Eley, German History, S. 277–281.

137 Zu Plädoyers einer stärkeren Verschränkung vom migrantischem und staatlichem Wissen über Migration vgl. auch Jureit, Hoffnung auf Erfolg.

138 Della Porta, Political Opportunity/Political Opportunity Structure. Eine nützliche Einführung in die Bewegungsforschung bieten aus soziologischer und politikwissenschaftlicher Perspektive Rucht, Stand der Forschung. Für die geschichtswissenschaftliche Adaption des Ansatzes vgl. Berger/Nehring, Introduction.

139 Zu diesem Ansatz vgl. grundsätzlich Dahinden, Plea; Foroutan/Karakayali/Spielhaus (Hrsg.), Postmigrantische Perspektiven; Yildiz/Hill, Einleitung.

140 Vgl. insbesondere Bojadžijev/Karakayali, Autonomie. Für eine Kritik der potenziell romantisierenden Implikationen des Konzepts der „Autonomie der Migration" und mögliche Weiterentwicklungen vgl. Scheel, Rethinking.

141 Bojadžijev/Römhild, Was kommt, S. 19. Vgl. grundsätzlich auch Foroutan, Gesellschaft, v. a. S. 13 f.

142 Vgl. etwa Jarausch/Geyer, Zerbrochener Spiegel, S. 251 f.

143 Vgl. hierfür besonders Alexopoulous ausführlichen Review-Artikel, in dem sie auf den generellen Mangel an postmigrantischen und rassismuskritischen Perspektiven in der Migrationshistoriografie hinweist, vgl. Alexopoulou, Geschichtsschreibung. Die geschichtswissenschaftliche Dis-

de Arbeit möchte anhand des Einflusses von kroatischem Aktivismus auf staatliche Praktiken und Fragen demokratischer Selbstverständigungsprozesse einen Impuls in diese Richtung geben bzw. einen spezifischen politikgeschichtlichen Beitrag zu einer Art „Archäologie der Einwanderungsgesellschaft" liefern.[144]

4 Quellengrundlage und Analysezeitraum

Die angestrebte Multiperspektivität der Arbeit macht es nötig, ein großes Spektrum an Akteuren und Perspektiven und damit eine breite Grundlage an Literatur und Quellen unterschiedlicher Provenienz einzubeziehen. Vor allem anhand der Überlieferungen der an der Bearbeitung beteiligten Innen- und Justizministerien auf Bundes- und Länderebene, aber auch des Auswärtigen Amts und des Bundeskanzleramts können wesentliche Koordinaten für Prozesse und Zäsuren der Möglichkeiten und Grenzsetzungen politischer Betätigung von Emigranten nachvollzogen werden.[145] Neben der offiziellen bundesdeutschen Überlieferung werden vor allem Printmedien in jedem der zeitlich strukturierten Kapitel herangezogen. Als Vermittlungs- und Deutungsinstanz zwischen Gesellschaft und politischen Entscheidern haben sie durch die Auswahl und diskursive Rahmung entscheidenden Einfluss auf die Politisierung bestimmter Themen.[146] Die Berichterstattung der größten deutschen Tageszeitungen und zahlreicher regionaler Blätter, der seit Mitte der 1970er Jahre produzierten Auslandsausgaben des jugoslawischen „Vjesnik" sowie die Magazine der größten Exilorganisationen wurden deshalb punktuell einbezogen.[147]

---

kussion zusammenfassend, vgl. Möhring, Jenseits des Integrationsparadigmas. Vgl. auch Falk, Mobilitätskritik.

144 Poutrus hat kürzlich eine ähnliche Perspektive formuliert, jedoch ohne dabei Anschluss an postmigrantische Positionen zu suchen, vgl. Poutrus, Umkämpftes Asyl, S. 15.

145 Sie bieten zudem einen (wenn auch partiellen) Einblick in die konkrete Umsetzung auf der Ebene der Länder, Städte und Kommunen. Zugleich muss an dieser Stelle eingeräumt werden, dass die Arbeit nur selten und eher illustrativ die lokale Perspektive aufnehmen wird. Hierfür wäre eine deutliche Einschränkung von Fragestellungen, Zeitraum und geografischem Fokus nötig gewesen und hätte die Einsichtnahme in andere Akten erforderlich gemacht, insbesondere von Polizei und Ausländerämtern. Für überzeugende Plädoyers für Lokalstudien in der Migrationsforschung vgl. Oltmer, Einführung.

146 Zur zentralen Rolle von Medien als „konstruierende und aktionale Gegenstandsbereiche" vgl. Landwehr, Historische Diskursanalyse, S. 107; Hoeres, Außenpolitik und Öffentlichkeit, S. 35. Grundlegend zum Verhältnis von Politik und Medien (und der Schwierigkeit einer klaren Abgrenzung) in zeitgeschichtlicher Perspektive vgl. Daniel, Beziehungsgeschichten.

147 „Hrvatska Država", „Hrvatska sloboda" und „Hrvatska Zora"; zudem die seit 1976 auf Deutsch erscheinenden „Kroatischen Berichte" sowie die eher liberale, aber in der Emigration breit rezipierte „Nova Hrvatska" wurden punktuell erschlossen. Es sei hier der Vollständigkeit halber noch auf die enorm beliebte vom WDR auf Serbokroatisch produzierte Radiosendung verwiesen, deren Inhalte jedoch leider nicht überliefert sind.

Der im kroatischen Staatsarchiv verwahrte und kürzlich erschlossene Bestand zur kroatischen Emigration wiederum bildet einen unverzichtbaren Zugang zu Publikationen, Korrespondenzen und unveröffentlichten Pamphleten aus diversen Nachlässen.[148] Er gewährt Einblicke in die Rezeption staatlicher Politik und die entsprechenden (Gegen-)Strategien innerhalb der Emigrantenverbände und wird daher in jedem Kapitel herangezogen. Die ebenfalls hier verwahrten Dossiers des kroatischen Ablegers der jugoslawischen Staatssicherheit sind darüber hinaus eine wichtige Quelle hinsichtlich der Frage, inwiefern es der politischen Emigration gelang, ein Unterstützermilieu zu generieren und auf welche Widerstände sie dabei stießen. Wie bei kaum einem anderen Quellentyp ist hier der Entstehungskontext zu problematisieren. So wurde kürzlich für die Protokolle der Staatssicherheit der DDR bemerkt, dass es in der Wahrnehmung der Verfasser derartiger Dokumente „von vermeintlichen Spionen, Doppelspionen [oder] Konterrevolutionären [wimmelt]". Geheimdienstliches Wissen kreise häufig um sich selbst und solle nicht ohne Weiteres als Zugang zu einer Außenwelt missverstanden werden. Insofern hier jedoch nach bestimmten Kriterien ein spezifisches „Wissen konstruiert" und damit auch „Wirklichkeit produziert" wird, lassen diese Protokolle zugleich Rückschlüsse auf Gefahrenkonstruktionen jugoslawischer Sicherheitsakteure zu.[149]

Da Innenpolitik und Einwanderungskontrolle bis in die frühen 1950er Jahre in den Händen der Alliierten lagen, lassen sich die ersten Versuche politischer Artikulation nicht anhand der deutschen Quellenüberlieferung nachvollziehen. Um Aussagen über Möglichkeiten und Hindernisse bzw. das politische Umfeld treffen zu können, in dem die ersten – noch nahezu durchweg von Vertretern des NDH dominierten – kroatischen Exilgruppen agierten, wurden Akten von internationalen Hilfsorganisationen (United Nations Relief and Rehabilitation Administration, UNRRA bzw. der International Refugee Organization, IRO sowie des International Tracing Service) und der amerikanischen Besatzungsmacht konsultiert, die bislang noch keinen Eingang in die Forschungsliteratur gefunden haben.[150]

Nur wenige Quellen vermögen es, eine Vorstellung vom Einfluss und dem Ansehen der kroatischen Emigration unter den jugoslawischen Arbeitsmigranten zu ge-

148 Lemić (Hrsg.), Iseljeništvo. Die Überlieferungen kroatischer Exilanten wurden so zugleich zum Bestandteil eines nationalen kroatischen Narrativs erklärt, vgl. hierfür auch und vor dem Hintergrund des „archival turn" Sleiman, Paper Trail, S. 44 f.

149 Für die Zitate vgl. Großbölting/Kittel, Überlegungen, S. 4 f., 11. Zum Ort geheimdienstlichen Wissens in der zeitgeschichtlichen Forschung vgl. programmatisch Bergien, Nachrichtendienste.

150 Zu spezifischen einzelnen Personen wurden zudem die digitalisierten Bestände im Archiv des International Tracing Service in Bad Arolsen herangezogen. Die britische Politik gegenüber Emigranten aus Jugoslawien ist verhältnismäßig gut aufgearbeitet, während die französische Besatzungszone mit ihrer nur sehr geringen Zahl an Kriegsflüchtlingen und osteuropäischen DPs generell keine wichtige Rolle spielt. Für die britische Politik vgl. Spehnjak, Britanski pogled; Robionek, Croatian Political Refugees; Lane, Britain.

ben.[151] Dieser Aspekt ist jedoch nicht nur hinsichtlich der *constituency* der Exilverbände zentral, sondern war auch für die Beurteilung des Verhältnisses zwischen diesen Akteursgruppen auf deutscher wie jugoslawischer Seite von großer Bedeutung, um für oder gegen eine Einschränkung von Exilaktivismus zu argumentieren. Neben den Dossiers der jugoslawischen Geheimdienste wurden für eine Annäherung deswegen die Bestände des deutschen Caritasverbandes, der als Träger der kroatischen katholischen Missionen eine wichtige Rolle im Alltag vieler Migranten spielte, und der Arbeiterwohlfahrt (AWO) als Wohlfahrtsverband für alle nicht-katholischen Jugoslawen ausgewertet. Gegen Ende der Studie werde ich zudem die zunehmenden jugoslawischen staatlichen Kontrollversuche bis hin zur aktiven Verhinderung von Emigrantentätigkeiten in den Blick nehmen, die im Extremfall auch gezielte Tötungskommandos einschlossen. Diese Morde geschahen – so wird die Arbeit zeigen – mit dem Wissen bundespolitischer Akteure, sodass es ab der Mitte der 1970er Jahre exilkroatischen Vertretern immer besser gelang, auch die jugoslawischen Tätigkeiten auf deutschem Boden zu politisieren. Für den Erfolg dieser Versuche sorgte nicht zuletzt die Tatsache, dass die Unionsfraktion diesbezügliche Vorwürfe immer wieder vor parlamentarische Gremien brachte und so auch die mediale Aufmerksamkeit für das Thema förderte. Zur Rekonstruktion dessen werde ich schließlich vor allem für das letzte Kapitel auf die Bestände aus dem Archiv des Deutschen Bundestags zurückgreifen.

Wie bereits mehrfach angesprochen, werden Exilkroaten im Folgenden nicht als autonom agierende Subjekte verstanden. Ihre Aktivitäten waren Teil von Aushandlungsprozessen, an denen bundesdeutsche und jugoslawische politische Akteure maßgeblich teilhatten. Der Untersuchungszeitraum der Arbeit kann somit nicht in erster Linie auf intrinsische Faktoren kroatischer Exilpolitik rekurrieren. Im vorangegangenen Abschnitt wurde zudem auf die Unzulänglichkeit einer allein diplomatiegeschichtlichen Interpretation der kroatischen Exilaktivitäten und der politischen Bewertungen und Konsequenzen hingewiesen. Auch eine primär auf globale Zäsuren abstellende Periodisierung erscheint insofern problematisch. Dessen ungeachtet setzt die Arbeit die Periode des *postwar* als grundsätzlichen zeitlichen Rahmen und den Ost-West-Antagonismus als zentralen politischen Kontext für den kroatischen Exilaktivismus und seine Rezeptionen voraus.[152] Der primäre Untersuchungszeitraum der Arbeit setzt Anfang der 1960er Jahre ein, als politische Akteure in der Bundesrepublik begannen, exilkroatische Aktivitäten aus unterschiedlichen Gründen als problematisch wahrzunehmen und sie einzuschränken versuchten. Das Attentat von Mehlem im November 1962 markierte hierbei eine wichtige Zäsur, die einen neuen Umgang mit dem kroatischen Exilaktivismus einläutete und diesem gleichsam „über Nacht" innenpolitische Relevanz verschaffte.

151 Für erste quellengestützte Thesen basierend auf Meinungsumfragen des Instituts für Migrationsforschung in Zagreb vgl. Le Normand, Citizens, Kap. 7.
152 Judt, Postwar.

Um diesen Bruch und seine Folgewirkungen verstehen zu können, wird ein Vorgriff auf die vorhergegangenen 20 Jahre nötig sein. Die Arbeit hat ihren zeitlichen Ausgangspunkt daher unmittelbar nach dem Untergang des NDH im Mai 1945 und beleuchtet dabei unter anderem die Möglichkeitsbedingungen der Formierung früher Exilpolitik unter alliierter Besatzung sowie in der frühen Bundesrepublik.[153] Dies bedeutet nicht, dass es zuvor keine kroatische Exilpolitik gegeben hätte. Ganz im Gegenteil lässt sich die Geschichte politischer Exilanten aus Kroatien in Deutschland und Europa bis in die 1920er Jahre zurückverfolgen. Nicht zuletzt durch ihre Rolle beim tödlichen Attentat auf den jugoslawischen König Alexander I. im Oktober 1934 in Marseille hatten sie maßgeblichen Einfluss auf den Beginn einer internationalen Auseinandersetzung mit terroristischer Gewalt.[154] Eine systematische Beschäftigung mit der Rolle, die dabei die Ustaša der Zwischenkriegszeit spielten, würde den Rahmen dieser Arbeit jedoch sprengen. Auch wäre es nicht zielführend, fand ihre Bewertung durch politische und gesellschaftliche Akteure nach dem Krieg doch unter gänzlich gewandelten Vorzeichen statt.

Den Schlusspunkt der Darstellung bilden die frühen 1980er Jahre. Der Tod Titos bedeutete nicht nur einen Wendepunkt für die weitere Entwicklung Jugoslawiens, sondern brachte auch neue Dynamiken in der kroatischen Emigration mit sich. Nicht zuletzt war hierfür relevant, dass die politischen Koordinaten, innerhalb derer exilkroatischer Aktivismus in der Bundesrepublik stattfand, sich sukzessive verschoben, sodass dieser nun zum Teil neu beurteilt wurde.[155] Diese Entwicklung war in generelle Wandlungsprozesse während der späten 1970er und frühen 1980er Jahre eingebettet, die kürzlich gar als „Zeitenwende" bezeichnet wurden und auch die westdeutsche Innenpolitik nicht unberührt ließen.[156] In den 1980er Jahren stand die Frage nach den Grenzen legitimer politischer Betätigung unter Migranten denn auch immer mehr zur Disposition.[157] Die hiermit einhergehende Politisierung und der Wandel der Möglichkeitsstrukturen markierten einen Wandel in der Beurteilung der Aktivitäten von Exilkroaten und trugen zu einer Verlagerung ihres radikalen Flügels nach Übersee bei. Wenn sich auch für die kroatischen Exilgruppierungen der Zusammenbruch des sozialistischen Jugoslawiens folgenreicher erweisen sollte als die Ent-

---

153 In den letzten Jahren ist der Zäsurcharakter des Jahres 1945 für viele Bereiche zunehmend angezweifelt worden. Vgl. u. a. Eley, German History, S. 302 f. Für den exilkroatischen Aktivismus der Zwischenkriegszeit und seine politischen Folgewirkungen vgl. u. a. Lewis, Failure; Broszat/Hory, Ustascha-Staat, S. 22 f.

154 Diese These vertritt Ditrych, International Terrorism. Für die politische Gewalt in der Zwischenkriegszeit vgl. auch Tokić, West Balkan Terrorism, S. 6–8.

155 Dabei scheint auch die Auflösung von den im Kalten Krieg tradierten Loyalitäten eine Rolle zu spielen. Zur Abnahme von Ordnungskategorien des Kalten Kriegs in dieser Zeit generell vgl. Hansen, Abschied.

156 Bösch, Zeitenwende.

157 Dies kann als Aspekt einer umfassenderen „Entdeckung" von Migration als Gegenstand gesellschaftlicher Selbstverständigungsprozesse dieser Zeit verstanden werden, vgl. hierfür u. a. Wirsching, Provisorium, S. 296–302.

wicklungen der frühen 1980er Jahre, stellten diese doch einen Wendepunkt für ihre Bewegungsfreiheit und die Rezeption in der Bundesrepublik dar und bilden insofern den Schlusspunkt dieser Arbeit.[158]

158 Für die Rolle des Ost-West-Konflikts für osteuropäische Exilgruppen allgemein, die nach den Umbrüchen zwischen 1989–1993 schlicht ihre „raison d'être" verloren, vgl. Dufoix, Politiques d'exil, S. 201.

II Von Quislingen, Verbündeten und Radikalen. Die Entstehung kroatischer Exilvereinigungen und ihr Umfeld in der frühen Bundesrepublik

Das folgende Kapitel behandelt zum einen die Programmatik und Zusammensetzung exilkroatischer Akteure bis in die frühen 1960er Jahre. Zum anderen werden ihre Versuche in den Blick genommen, Anschluss an deutsche Organisationen und Institutionen zu finden und für ihre Aktivitäten so Gehör in einem breiteren Umfeld zu generieren. Dies zeitigte jedoch eher mangelhafte Resultate, und ein wirkliches Interesse gesellschaftlicher Akteure sollte sich nicht einstellen. Das Auswärtige Amt (AA) positionierte sich zudem schon früh gegen jegliche Unterstützung kroatischer Exilpolitik. Gleichzeitig stellte sich das Bundesvertriebenenministerium (BMVt) als ihr größter Unterstützer dar, das mit einer gezielten Förderpolitik vor allem einer befürchteten Radikalisierung Einhalt gebieten wollte. Dass dies lediglich einer einzigen Organisation zum Vorteil gereichte, darüber hinaus jedoch keine weitergehende staatliche Wissensgenerierung stattfand, ist ein wichtiger Aspekt zum Verständnis der Schritte zu einem Kompetenzgewinn für Polizei und Verfasssungsschutz, die dann im dritten Teil dieser Arbeit eingehend besprochen werden.

Bevor jene ersten etwa 15 Nachkriegsjahre beleuchtet werden, sollen zunächst die mit äußerster Brutalität geführten Kriegshandlungen zwischen kommunistischen und pro-jugoslawischen Partisanen sowie den Anhängern und Angehörigen des faschistischen kroatischen Satellitenstaats auf dem Gebiet des ehemaligen Jugoslawiens und insbesondere im sogenannten Unabhängigen Staat Kroatien (*Nezavisna Država Hrvatska*, NDH) thematisiert werden. Dies ist nicht zuletzt deshalb wichtig, da die Kriegsereignisse eine formative Wirkung für die kroatische Emigration, aber auch für ihre jugoslawischen Widersacher hatten. So bezog sich die jeweilige Erinnerungskultur und historische Legitimation beider Konfliktparteien unmittelbar auf die Gräueltaten des jeweiligen Kontrahenten, sodass dessen Bekämpfung (und ultimativ auch dessen Beseitigung) eine *raison d'être* beider Seiten darstellte.

Prolog. Der „Unabhängige Staat Kroatien" und „Abrechnungsfuror" im Nachkriegsjugoslawien

Der Zweite Weltkrieg auf dem Gebiet Jugoslawiens gestaltete sich nach dem Angriff der Wehrmacht im April 1941 und der anschließenden Zerschlagung des Staats nicht lediglich als eine Auseinandersetzung zwischen deutschem Aggressor und einheimischen Widerstandsgruppen, sondern wurde in nahezu allen Teilen des Landes als Bürgerkrieg unter verschiedenen Parteien geführt. Insbesondere in den mehrheitlich von Serben bewohnten Gebieten waren entvölkerte Landstriche die Folge kollektiver

Gewalt und massenhafter Vertreibungen. Dies war vor allem einer Politik der ethnischen Homogenisierung geschuldet, welche in unterschiedlicher Intensität von der Wehrmacht und ihren Verbündeten in der Region verfolgt wurde und die in ganz Südosteuropa vor allem die Zivilbevölkerung traf.[1] Mit der Ausrufung des NDH am 10. April 1941 wurde unter der Führung der sogenannten Ustaša (Aufständischer) der organisatorische Rahmen für die Homogenisierungspolitik auf dem Gebiet Kroatiens, Bosnien-Herzegowinas und Teilen des heutigen Serbiens gelegt.[2]

Das Programm der Ustaša und die im NDH verübten Gewalttaten stellten in ihrer Radikalität andere NS-Satellitenstaaten und kollaborierende Regime in den Schatten.[3] Trotz des starken Einflusses und der faktischen Aufteilung des Staatsgebiets zwischen dem Deutschen Reich und dem faschistischen Italien (bis zu dessen Kapitulation im Jahr 1943) konnte die Ustaša insbesondere zwischen April 1941 und Herbst 1942 weitaus unabhängiger und mit größerer Zustimmung von Teilen der Bevölkerung handeln und walten, als es die Vorstellung von einem „Marionetten-" oder „Vasallenstaat" vermuten lässt.[4] So wurde ein Terrorregime etabliert, unter dem nach neuesten Schätzungen mehr als 310 000 Serben, ca. 26 000 Juden und 20 000 Roma ermordet wurden und das sich unter dem Eindruck militärischer Erfolge der Partisanen stetig radikalisierte.[5]

Um die Ereignisse nach Kriegsende angemessen einordnen zu können und die Entstehung kroatischer Exilgruppierungen in der Bundesrepublik und ihre politische Ausrichtung zu kontextualisieren, ist es wichtig, einige Aspekte der Situation während und unmittelbar nach Ende des Kriegs zu betrachten. So soll deutlich gemacht werden, warum der Zweite Weltkrieg als Gründungszusammenhang und Erinnerungsort für die politische Emigration so bedeutsam war und weshalb die politische Emigration bis weit in die 1980er Jahre von staatlichen Akteuren in Jugoslawien als eine wesentliche Bedrohung wahrgenommen und entsprechend bekämpft wurde. Die Formierung und Rezeption kroatischer Exilpolitik verwiesen nicht zuletzt auf Gräueltaten während und nach dem Krieg, welche die Freund-Feind-Konstella-

1 Für ein mittlerweile in mehrere Sprachen übersetztes Standardwerk, das die Gewaltdynamiken in Kroatien und Bosnien auf verschiedenen Ebenen analysiert, vgl. Korb, Schatten.

2 Zwölf Jahre zuvor und unter dem Eindruck der Ermordung des Bauernparteichefs Stjepan Radićs und der Ausrufung der jugoslawischen Königsdiktatur hatte sich die Bewegung im Januar 1929 im Wiener Exil unter dem ehemaligen Abgeordneten der nationalistischen Kroatischen Rechtspartei Ante Pavelić formiert und einem bewaffneten antijugoslawischen Kampf verschrieben. Zur Gründung der Ustaša vgl. Jareb, Pokret, S. 199 f. Zur Proklamation des NDH und den Begleitumständen vgl. die minutiöse Darstellung bei Broszat/Hory, Ustascha Staat, S. 51–60.

3 Shepherd, Terror, S. 217.

4 Vgl. für dieses Argument auch Korb, Schatten, S. 257.

5 Zur Umstrittenheit dieser Zahlen und zum Phänomen der Opferkonkurrenz im ehemaligen Jugoslawien vgl. u. a. Höpken, Jasenovac. Zur Massengewalt gegen Juden und Roma, auf die hier nicht näher eingegangen werden kann, vgl. u. a. Goldstein/Goldstein, Holocaust in Croatia; Korb, Violence.

tionen sowie das Deuten und Handeln der Exilanten nach 1945 maßgeblich prägten.[6]

Wichtig ist, dass trotz der relativ autonom verfolgten Vertreibungen und Massenmorde im faschistischen Kroatien zu keinem Zeitpunkt ein flächendeckendes staatliches Gewaltmonopol bestand. Fälle kollektiver Gewalt, die auch unabhängig von zentralstaatlichen Vorgaben verübt wurde, waren neben den Deportationen und der Ermordung in den von der Ustaša selbst betriebenen Konzentrationslagern[7] insbesondere die Massaker an der serbischen Zivilbevölkerung.[8] Im Gegenzug übten die royalistischen Verbände der serbischen Četnik-Bewegung Rache an Regimeangehörigen und terrorisierten ihrerseits die örtliche kroatische und muslimische Zivilbevölkerung.[9] Insofern waren die Gewalttaten häufig mit bürgerkriegsähnlichen Dynamiken verschmolzen und von einer Gemengelage verschiedener Konflikte und Akteure auf der lokalen Ebene geprägt.[10] Vor allem in Bosnien und in den ethnisch gemischten Grenzregionen entgrenzte die Gewalt und es kam zu Massakern an der Zivilbevölkerung.[11] Ähnliches gilt für die als „Partisanenbekämpfung" verbrämten und von kroatischen Soldaten und Milizen gemeinsam mit deutschen Wehrmachtsverbänden ab 1942 im bosnisch-kroatischen Grenzgebiet verübten Massenmorde.[12]

Im neuen kroatischen Staat, der neben der heutigen Republik Kroatien zudem nahezu das komplette Gebiet Bosniens und der Herzegowina umfasste, waren Muslime als „Kroaten muslimischer Konfession" (*Hrvati islamske vjeroispovijesti*) in das Staatsvolk integriert und symbolisch aufgewertet worden.[13] Ab August 1942 wurden,

---

6 Es sei an dieser Stelle darauf hingewiesen, dass diese Arbeit eine auch nur halbwegs vollständige Einführung in das Kriegsgeschehen in Kroatien und im Rest Jugoslawiens oder einen adäquaten Beitrag zur wachsenden Literatur zum NDH nicht wird liefern können. Für Referenzwerke zum Zweiten Weltkrieg im ehemaligen Jugoslawien vgl. u. a. Tomasevich, War and Revolution; Jelić-Butić, Ustaše. Umfassend über den Kriegsverlauf aus der Perspektive der Wehrmacht informiert Schmider, Partisanenkrieg. Für neuere, v. a. kulturgeschichtlich und mikrohistorisch ausgerichtete Ansätze vgl. die Beiträge in Yeomans (Hrsg.), Utopia.

7 Vgl. hierzu u. a. Sundhaussen, Jasenovac; Kolstø, Controversy.

8 Eine genozidale Politik fand v. a. an Orten mit stark ausgeprägter ethnischer Heterogenität Anwendung. Für eine erhellende Lokalstudie zu den Regionen Banja und Kordun vgl. Roksandić, Logics of Violence.

9 Die Gewalt vor Ort wurde häufig auch von externen Akteuren entfacht. Vgl. u. a. Dulić, Utopias.

10 Für derartige Dynamiken und ein allgemeines Plädoyer für die Bedeutung der Peripherie zum Verständnis der Gewalt im NDH vgl. Bergholz, Violence.

11 Vgl. zu diesen Gewaltdynamiken in der Auseinandersetzung mit den *Četnici*, bei denen gleichwohl außer Zweifel steht, dass „the Ustashas were, of course, far more guilty of crimes against humanity than were the Chetniks, though the Chetnik massacres of Moslem people [...] were in essence of the same kind", Tomasevich, War and Revolution, S. 256 f. Vgl. zu den Massakern der *Četnici*, die hier explizit als „genozidal" bezeichnet werden, auch Hoare, Genocide, S. 143–148.

12 Äußerst quellengesättigt zu Propaganda und Praxis der deutschen „Partisanenbekämpfung" vgl. Schmid, Besatzung, S. 354 f.

13 Kisić Kolanović, Muslimani, S. 30 f. Dies waren jedoch wohl eher Lippenbekenntnisse, mit denen ein muslimisches Autonomiestreben im Keim erstickt werden sollte; in der politischen und

zum Teil auf Betreiben lokaler Eliten, muslimische Milizen gegründet, die Unterstützung der deutschen Besatzer erhielten. Die Gründung einer muslimischen Waffen-SS-Division „Handžar“ im Februar 1943 war eine Konsequenz dieser Entwicklung, mit der ein weiterer Gewaltakteur entstand, der unter deutscher Führung insbesondere in Nordbosnien „eine faktische Alleinherrschaft ausübte“ und wiederum brutale Verbrechen an der serbischen Zivilbevölkerung beging.[14] Wie weiter unten noch thematisiert wird, sollten nach dem Krieg auch Angehörige dieser Verbände sowie der muslimischen NDH-Nomenklatura in den kroatischen Exilverbänden aktiv werden. Etwa zeitgleich zur Gründung kroatischer SS-Divisionen wurden Rekruten aus den regulären kroatischen Armeeverbänden (der sogenannten Heimwehr/*Domobranstvo*) zur Bildung von drei kroatischen Einheiten innerhalb der deutschen Wehrmacht ausgehoben.[15] Ursprünglich für die Verwendung an der Ostfront eingeplant, kamen diese „Teufels-, Tiger- und Blaue Division“ getauften Truppen vor allem im Kampf gegen Partisanen und ihre vermeintlichen Unterstützer aus der Zivilbevölkerung zum Einsatz, die dem Staat immer mehr zusetzten.[16] Spätestens ab Mitte des Jahres 1942 entgrenzte die Gewalt vollends, und der „Partisanenkampf“ wurde zunehmend als Vernichtungskrieg gegen die Zivilbevölkerung geführt.[17] Hierbei waren nicht nur deutsche Wehrmachtsverbände und Ustaša-Milizen involviert, sondern es machten sich auch reguläre kroatische Armeeeinheiten und Polizeiverbände an Massakern und Vertreibungen schuldig.[18] Die Brutalität der Übergriffe trieb die Bevölkerung ganzer Dörfer in die Arme der Partisanen, die ab Mai 1943 auch von den Alliierten unterstützt wurden und nach anfänglichen Verlusten immer mehr Boden gutmachen konnten.[19]

Angesichts von Hyperinflation und dem Rückzug der Italiener im September 1943 sowie der direkten militärischen Unterstützung der Partisanen durch die Westalliierten und die Rote Armee zeichnete sich ab Juli 1944 immer mehr die baldige Kriegsniederlage ab und sorgte für einen unaufhaltsamen Macht- und Legitimitäts-

---

militärischen Führung des NDH spielten Muslime eine nur stark untergeordnete Rolle, vgl. Tomasevich, War and Revolution, S. 488 f.

14 Petke, Vergemeinschaftungsversuche, S. 251. Vgl. zur Entwicklung der Division „Handžar“ sehr konzise Bougarel, Islam, S. 139–144. Vgl. seit Neuestem auch ders., Handschar.

15 Wehrmacht und SS standen in Kroatien vielfach in direktem Konkurrenzverhältnis. Für eine Zusammenfassung der unterschiedlichen deutschen Repräsentanten in Zagreb vgl. Broucek, General, S. 15–19.

16 Diese Gründungen schienen nicht zuletzt deshalb geboten, da die italienische Besatzungstruppe sich ab Juni 1942 immer mehr zurückzog, sodass im Laufe der Zeit insgesamt etwa 75 000 kroatische Soldaten in die Verbände von Waffen-SS und Wehrmacht überführt wurden, die v. a. gegen Partisaneneinheiten ins Feld ziehen sollten. Für Zahl und These vgl. Müller, Wehrmacht, S. 112.

17 Zur Praxis der Geiselerschießungen und ihrer späteren rechtlichen Beurteilung vgl. u. a. Dierl/Stiller, Partisanen.

18 Korb, Schatten, S. 264.

19 Zur Hilfe der Alliierten für die Partisanen vgl. u. a. Williams, Partisans and Chetniks, S. 398 f.

verlust des NDH-Regimes.[20] Als Ante Pavelić schließlich Zagreb am 6. Mai 1945 im Gefolge der deutschen Heeresgruppe E verließ, folgte ihm auch ein großer Teil der in Zagreb stationierten Regimevertreter in Richtung Norden.[21] Mit dem Zusammenbruch der Syrmienfront befanden sich seit April 1945 darüber hinaus Domobran-Soldaten, Ustaša-Milizionäre und Teile der ehemaligen SS-Divisionen auf dem Rückzug, von denen allein im Juli 1945 etwa 16 000 von den Partisanen aufgegriffen und entweder direkt hingerichtet oder deportiert wurden.[22] Zudem gesellten sich zu den Flüchtlingszügen auch Zivilisten mit einer „prononciert antikommunistischen Weltanschauung", die aus Furcht vor den Partisanen flüchteten.[23] Der weitere Werdegang dieser Personen ist – insbesondere bei Mitgliedern der Ustaša-Milizen – schwer rekonstruierbar; es lassen sich aus den Akten jedoch zuweilen personelle Kontinuitäten bis in die späteren Exilverbände nachvollziehen.[24] Grundsätzlich war die frühe kroatische Exilpolitik vor allem von denjenigen geprägt, die sich über Slowenien durch britisch besetztes Gebiet in den amerikanischen Sektor Österreichs hatten durchschlagen können.[25] Im Gegensatz dazu endete eine andere Fluchtroute an der Grenze zu Kärnten in der Katastrophe: Am 14. April traf der kilometerlange Flüchtlingstreck aus Kroatien auf die Grenzstadt Bleiburg im britischen Sektor. Die Partisanen im Rücken, verharrte das Gros der Menschenmassen weiterhin auf jugoslawischem Territorium.[26] Nachdem sich die britischen Truppen geweigert hatten, sie in Österreich aufzunehmen und stattdessen eine Entwaffnung von Soldaten und Milizen anordneten und sie auf jugoslawisches Gebiet zurückschickten, wurden sie an unterschiedlichen Orten von Partisanen in Empfang genommen, die zum Teil grausame Rache übten. Wer sich nicht retten konnte oder bereits – wie etwa die verbliebenen Angehörigen der deutsch-kroatischen Einheiten – im Vorfeld eine andere Fluchtroute gewählt hatte, wurde vielfach Opfer von Massakern oder kam auf den anschließenden Gewaltmärschen zu Tode.[27]

---

20 Tomasevich, War and Revolution, S. 703. Zur stetig abnehmenden Moral unter den kroatischen Einheiten, u. a. infolge chronischer Versorgungsengpässe, vgl. auch Schmid, Besatzung, S. 273 f.

21 Pavelić war überzeugt, mit den Alliierten einen Separatfrieden aushandeln zu können, vgl. Cingolani/Adriano, Nationalism and Terror, S. 267 f.

22 Robionek, Bleiburg, S. 285.

23 Rulitz, Tragödie, S. 83.

24 Da Hilfsleistungen – etwa von der IRO oder der UNRRA – für hochrangige NDH-Militärs oder Mitglieder von SS und Ustaša ausgeschlossen waren, wurde dies in den entsprechenden Anträgen zumeist verschwiegen, sodass nur führende Repräsentanten der späteren Emigration wegen ihrer in den Anträgen für Hilfen der IRO getätigten Falschaussagen mit Bestimmtheit überführt werden können, vgl. hierzu mehr weiter unten.

25 Zahlenangaben variieren stark. Die kroatischen Kommandeure sprachen von insgesamt 700 000, was jedoch stark übertrieben sein dürfte, vgl. Krizman, Pavelić u bjekstvu, S. 94.

26 Für eine Rekonstruktion der Geschehnisse basierend aus britischen offiziellen Quellen vgl. Cowgill/Brimelow/Booker, Repatriations, S. 41 f.

27 Diese wurden später als „Kreuzmärsche" mythologisiert. Eine minutiöse Rekonstruktion der Fluchtwege, militärischen Handlungen und der Massengewalt findet sich in der Studie Rulitz',

Die Zahl derer, die der Rache der Partisanen zum Opfer fielen, ist umstritten und bis heute Gegenstand geschichtspolitischer Kontroversen im ehemaligen Jugoslawien.[28] In jedem Fall hatten die Massaker der Partisanen am Ende des Krieges die dramatische Dezimierung einer der potenziell größten osteuropäischen Exilgruppen zur Folge.[29] Unumstritten ist auch, dass „Bleiburg" innerhalb des kroatischen Exils schnell zu einem zentralen Erinnerungsort aufstieg und, aufgrund der dort verübten Grausamkeiten, reich veranschaulicht durch die publizierten Berichte von Überlebenden,[30] zur ultimativen Chiffre des nationalen Leids der Kroaten wurde. Regelmäßige Gedenkfeiern zum Jahrestag der Massaker aktualisierten dabei die alten Feindbilder zuverlässig aufs Neue.[31]

Nicht nur unter den Emigranten wurden jene Feindbilder kultiviert; sie wirkten auch in der von den siegreichen Partisanen etablierten, sozialistischen Gesellschaftsordnung in Jugoslawien fort. Noch während der Kämpfe hatte es der Führungsriege der Partisanen ideologische Schwierigkeiten bereitet, angesichts von Massenmord und Bürgerkrieg ein Integrationsangebot an die muslimische und katholische Zivilbevölkerung auf dem Herrschaftsgebiet des NDH zu formulieren.[32] Ähnlich wie in anderen ehemals besetzten Staaten in Ost- und Westeuropa wurde dies kompensiert durch die moralische Überhöhung und Mythologisierung eines „Volksbefreiungskampfs" (*Narodnooslobodilačka borba*, NOB), womit die reale Komplexität des Gewaltgeschehens durch eine vermeintlich klare Freund-Feind-Dichotomie ersetzt und ein einendes Narrativ konstruiert wurde.[33] Mit jener Einebnung

---

die auf einer breiten Literatur- und Quellenbasis aus verschiedenen Lokal- und Landesarchiven sowie auf zahlreichen Interviews aufbaut. Trotz der mehr als deutlich werdenden antijugoslawischen Positionierung des Autors ist die Arbeit ein zentraler Beitrag zur Erforschung der Geschehnisse, vgl. Rulitz, Tragödie, S. 256 f.

28 Vgl. aus der Fülle an Literatur u. a. Kolstø, Martyrology. Während im Umfeld der Exilzeitschrift „Hrvatska revija" die Zahl von 200 000 Toten kursierte, wird in neueren Forschungen von 70 000–80 000 Toten, unter ihnen etwa 55 000 Kroaten ausgegangen, vgl. Geiger, Tito i likvidacija, S. 29.

29 Für diese Interpretation vgl. ADCV, 380.24+172 Fasz.01, Sozialdienst für Jugoslawen, Referat Jugendsozialarbeit, Statistik: „Die Jugoslaven in der Bundesrepublik Deutschland" (o. D., wahrscheinlich Ende 1962/Anfang 1963). Schon in einem Verhör des Geheimdienstes stellte der ehemalige Gesandte des NDH in Bulgarien, Vladimir Židovec, die These auf, dass es letztlich die Briten gewesen seien, die durch die Auslieferung bei Bleiburg der kroatischen Emigration das Rückgrat gebrochen hätten, da diese ansonsten um rund 100 000 Personen größer gewesen wäre, vgl. HDA, 1561, 1.9-5, Dr. Vladimir Židovec, O demoralizaciji hrvatske emigracije (2.8.1947).

30 Vgl. u. a. die Zusammenstellung in Prčela, Operation Slaughterhouse.

31 Pavlaković/Brentin/Pauković, Commemoration. In den Jahren 2020 und 2021 konnten die jährlichen Gedenkveranstaltungen aufgrund der weltweiten Corona-Pandemie nicht stattfinden, vgl. u. a. Adelheid Wölfl, Schwieriges Erinnern an Massengewalt – Mit und ohne Bleiburg, in: Der Standard, 11.6.2020, https://www.derstandard.de/story/2000118019892/schwieriges-erinnern-an-massengewalt-mit-und-ohne-bleiburg (12.3.2022).

32 Hoare, Genocide, S. 174–277.

33 Ferhadbegović, Vor Gericht. Zu vergleichbaren Einheitskonstruktionen in ganz Europa vgl. die Ausführungen bei Lowe, Kontinent, S. 314–325.

der vielschichtigen Täter- und Opferverhältnisse ging zugleich die Etablierung einer Dichotomie zur Erklärung der begangenen Massengewalt einher, die die von den Partisanen vermeintlich angeführten Volksmassen weitgehend rehabilitierte und sie einer letztlich kleinen Anzahl von Ustaša-Schergen und Kollaborateuren gegenüberstellte.[34] Gepaart mit der Brutalität, mit der während des Krieges auch gegen die Zivilbevölkerung vorgegangen wurde, lieferte diese eindeutige Unterteilung von Tätern und Opfern den Kontext für Rache und Vergeltung, die über das Kriegsende hinaus rücksichtsloser als anderswo in Europa walteten und mit den „Okkupatoren und ihren Helfern" ein vermeintlich eindeutiges Objekt fanden.[35] Ein Beispiel für diese rücksichtslose Vergeltung sind die erwähnten Massentötungen in und um Bleiburg. Auch die in den folgenden Jahren gefällten jugoslawischen Urteile gegen Kriegsverbrecher – sowohl gegen die deutschen Generäle, derer man habhaft werden konnte, als auch gegen Vertreter des NDH-Regimes – folgten dem Schema dieser eindeutigen Rollenzuweisung.[36] Charakteristisch für diese Schnellverfahren der Nachkriegszeit war ihre relative Oberflächlichkeit und die Tatsache, dass mit ihnen primär eine Differenz zwischen „guten" und „bösen" Großgruppen etabliert werden sollte.[37]

Jenseits der vergangenheitspolitischen Implikationen für eine diskursive Grundlage der jugoslawischen Nachkriegsordnung gingen mit den eindeutigen Freund-Feind-Schemata auch Elemente der Herrschaftssicherung der neuen Machthaber gegenüber ihren Feinden einher. Insbesondere der katholische Klerus sowie vermeintliche Repräsentanten der „bürgerlich-kapitalistischen Ordnung" wurden Opfer staatlicher Repressionen,[38] sodass im Laufe der Zeit immer mehr Angehörige dieser Gruppen auswanderten und sich später auch den kroatisch-nationalistischen Gruppierungen anschlossen. Dies galt etwa für die sogenannten Emigrantenpriester und für Opfer der Kollektivierungswellen, die ab 1948 das Land verließen.[39] Überproportional stark waren hiervon zudem die agrarisch geprägten und mehrheitlich von Kroaten bewohnten Gebiete in der Lika und der westlichen Herzegowina betroffen, die in Jugoslawien als ehemalige Ustaša-Hochburgen zudem strukturelle Benachtei-

---

34 Jović, Socialist Yugoslavia, S. 120–129.
35 Vgl. auch Radelić, OZNA/UDBA.
36 Als Überblick vgl. Kisić Kolanović, Vrijeme. Zur frühen jugoslawischen „Vergangenheitspolitik" vgl. auch Ferhadbegović, Division, S. 364 f.
37 Konkrete Fälle von Massengewalt und ihre tatsächlichen Schuldigen spielten – abgesehen von den Hauptkriegsverbrechern – in der Regel denn auch keine Rolle. Sie blieben folglich häufig ungeahndet und auch unerforscht, was wiederum die Geschichtsklitterung und Opferkonkurrenz in den 1980er und 90er Jahren begünstigte. Vgl. für sehr scharfsinnige Überlegungen in dieser Hinsicht Goldstein, 1941, S. 436–441.
38 Vgl. Völkl, Abrechnungsfuror, S. 385.
39 Vgl. hierzu mit Fokus auf die in der Emigration sehr stark vertretenen herzegowinischen Franziskaner Šarac, Metastaze, S. 255 f. Zusammenfassend zum Umgang mit oppositionellen Kräften und den Feinden der sozialistischen Ordnung vgl. u. a. Ramet, Jugoslawien, S. 233–236. Vgl. auch Janjetović, Liberation.

ligung erfuhren und erst spät vom sozialistischen Fortschrittsversprechen profitierten.[40] Hier mischte sich vielfach wirtschaftliche Not mit einer ablehnenden Haltung dem neuen Staat gegenüber. Für die Exilgruppen, die sich in den westlichen Industriestaaten bilden sollten, stellte diese Mischung im Laufe der nächsten Jahre einen guten Nährboden dar.[41]

1 Alliiertes Migrationsmanagement und Antirepatriierungspropaganda in den ersten Nachkriegsjahren

Wenngleich es dem Historiker Jochen Oltmer zufolge schon das Ende des Ersten Weltkriegs war, das ein „Jahrhundert der Massengewaltmigrationen" einläutete,[42] wurde Europa vor allem infolge des von Nazi-Deutschland entfesselten Zweiten Weltkriegs zum Schauplatz massenhafter Vertreibungen und Fluchtbewegungen.[43] Vor allem die Situation der *Displaced Persons* (DPs)[44] in den westlichen Besatzungszonen und der Bundesrepublik hat sich dabei zu einem expandierenden Forschungsfeld entwickelt.[45] Umfassende Analysen zu den Möglichkeitsstrukturen früher Exilpolitik vor dem Hintergrund von Fluchtbewegungen und der humanitären

---

40 Grandits, Herzegowina, S. 172 f. Zu den Vorbehalten vieler Herzegowiner gegenüber den neuen Machthabern trug auch bei, dass viele schon dem ersten jugoslawischen Staat ablehnend gegenübergestanden hatten und der NDH vielerorts entsprechend begrüßt wurde, vgl. Šarac, Kultura, S. 42–47.

41 Gemeinsam mit den „Gastarbeitern" der 1960er, die ebenfalls häufig aus den industriell rückständigen Regionen Dalmatiens und der Herzegowina kamen, sorgten sie nicht zuletzt für eine Verjüngung der Exilverbände und prägten damit das Bild der kroatischen Emigration. Zur Westherzegowina und zu Dalmatien als Schwerpunkte der jugoslawischen Abwanderungsbewegungen in die Bundesrepublik vgl. die Statistiken bei Baučić, Radnici, S. 96 f.

42 Oltmer, Globalgeschichte, S. 20. Vgl. hierfür auch die ausführliche Darstellung bei Kossert, Flucht, S. 71–92.

43 Für eine kompakte Schilderung der Kontexte von Vertreibung und Zwangsmigrationen ab 1944 vgl. Ther, Nationalstaaten, S. 168–173.

44 Die Definition des „DP" war nicht konstant. Vonseiten des Hauptquartiers der Alliierten (Supreme Headquarters Allied Expeditionary Force, SHAEF) war sie zunächst äußerst weit gefasst und umfasste u. a. Kriegsflüchtlinge, politisch Verfolgte, Deportierte, Zwangsarbeiter, ehemalige Kriegsgefangene sowie Angehörige von deutschen Truppenteilen. Später wurden sie definiert als „civilians outside the national boundaries of their country by reason of the war, who are desirous but are unable to return to their home or find homes without assistance", vgl. Wyman, DP, S. 25; Proudfoot, European Refugees, S. 115. Zu den DPs vgl. grundlegend die Studien von Cohen, In War's Wake; Jacobmeyer, Displaced Persons.

45 Für eine beeindruckende Lokalstudie vgl. Seipp, Strangers in the Wild Place. Eine sehr anschauliche, wenngleich eher auf Sekundärquellen basierende Behandlung der DPs im Rahmen der generellen Nachkriegssituation in Westdeutschland liefert Jähner, Wolfszeit, S. 68 f. Immer mehr wird in der Forschung auch thematisiert, dass sich unter den DPs nicht nur Verfolgte des Nationalsozialismus, sondern eine Vielzahl an Tätern und Kollaborateuren befanden. Vgl. u. a. Klemp, NS-Kollaborateure, S. 259 f.; Antons, Umgang.

Situation in der Nachkriegszeit sind bislang jedoch weitgehend ausgeblieben.[46] Im Folgenden soll dies für die frühen exilkroatischen Formierungsversuche in den Lagern der Flüchtlingsorganisationen und der westlichen Alliierten nachgezeichnet werden, die einen wichtigen Entstehungskontext für spätere Exilvereinigungen darstellten. Neben der Rekonstruktion der Orte und Zusammenhänge früher kroatischer Exilpolitik wird dabei gezeigt, wie die von politischen Exilvertretern immer vehementer vorgetragene Antirepatriierungspropaganda und ein vonseiten der Alliierten bald nach Kriegsende verfolgtes *resettlement* der verbliebenen Lagerbewohner gleichsam ineinandergriffen. Dies führte zu einer vergleichsweise starken Position der in der Regel antikommunistischen Lagerräte, die nicht selten aus ehemaligen NS-Kollaborateuren bestanden. Sie bildeten eine Keimzelle späterer kroatischer Exilvereinigungen in der Bundesrepublik.

1.1 Kroaten in den deutschen, österreichischen und italienischen Flüchtlingslagern

Gerade in den Anfangswirren nach Kriegsende gelang es vielen Soldaten und Repräsentanten des NDH, sich trotz Kriegsgefangenschaft und Suchbefehlen durch die Nutzung von Hilfsnetzwerken der Strafverfolgung zu entziehen. Insbesondere auf dem Weg ins lateinamerikanische Exil, in das sich gut 30 000 Kroaten hatten retten können, spielten die Lager in Italien und die zwischen den Ländern entstehenden Netzwerke eine wichtige Rolle.[47] Wichtig war hierfür unter anderem die Verbindung zwischen dem Franziskanerpriester Krunoslav Draganović, der als Sekretär des traditionsreichen vatikanischen kroatischen Kollegs San Girolamo seit 1943 eine humanitäre Mission für die Kroaten unterhielt, und dem ehemaligen Ustaša-Militärkaplan Villim Cecelja, der in Österreich unterschiedliche Posten für die humanitäre Betreuung kroatischer Flüchtlinge bekleidete. Diejenigen, die sich auf Kriegsverbrecherlisten der War Crimes Commission der Vereinten Nationen (UNWCC) befanden und auf die Ausstellung falscher Papiere angewiesen waren, retteten diese Initiativen vor der Auslieferung nach Jugoslawien und somit vor dem sicheren Tod.[48]

46 Für die Exilkroaten vgl. in Ansätzen Molnar, Yugoslav Migrations, S. 26 f. Für andere Nationalitäten ist die Forschungslage etwas besser, vgl. u. a. Antons, Ukrainische Displaced Persons, insbesondere S. 189 f.; Wiaderny, Exilzeitschrift „Kultura“; Stöcker, Bridging the Baltic Sea.

47 Steinacher, Nazis, S. 128–154; Delić, Dijelovanje. Zur Geschichte des kroatischen Exils in Argentinien und zu den erinnerungskulturellen Praktiken vgl. Zidek, Homeland Celebrations.

48 Als Leiter der kroatischen Caritas (*Caritas Croata*) in der amerikanischen Zone und mit Unterstützung des österreichischen Bischofs Alois Hudal schickte Cecelja nach Absprache mit Draganović festgelegte Kontingente kroatischer Kriegsgefangener nach Italien, wo dieser – wiederum mithilfe kroatischer Priester vor Ort – Plätze auf den Ozeanschiffen zur Überfahrt organisierte, vgl. Steinacher, Nazis, S. 28 f. Zu Hudal und seiner Rolle bei der Fluchthilfe für Kroaten vgl. Krišto, Bishop Hudal.

Die Mehrheit derer, die sich nach dem Krieg über die jugoslawische Grenze nach Österreich und Italien hatten retten können, blieb jedoch zunächst dort. Neben mangelndem sozialen und finanziellen Kapital hing dies auch damit zusammen, dass gerade in den ersten beiden Nachkriegsjahren viele ehemalige Ustaša-Kader noch an die Möglichkeit alliierter Unterstützung gegen Tito glaubten und daher in die Organisation eines intellektuellen und bewaffneten kroatischen Widerstands unmittelbar an der österreichisch-jugoslawischen Grenze investierten.[49] Auch für diese Gruppe stellten die Dienste und Kontakte Krunoslav Dragnovićs eine wichtige Ressource dar.[50] Bis zum Bruch Titos mit Stalin im Jahr 1948 konnten die in Österreich organisierten Ustaša zudem noch auf die logistische und materielle Unterstützung der US-Geheimdienste zählen. Hiervon versprachen sich diese einen potenziellen Bündnispartner im Fall einer Destabilisierung des Ostblocks. Ein Verbleib in den Nachbarländern erschien somit für viele Exilkroaten zunächst sinnvoll und erstrebenswert.[51]

Um ein Auskommen sicherzustellen, war die Bemühung um materielle Unterstützung der unterschiedlichen internationalen Hilfsprogramme ein gängiges und häufig auch erfolgversprechendes Verfahren. Dies implizierte in der Regel die Unterbringung in einem der in Italien und Österreich eilig aufgebauten Lager für Flüchtlinge und DPs. Während Flüchtlinge aus Jugoslawien unmittelbar nach Kriegsende noch von den britischen Alliierten ohne Angabe von Gründen zurückgeschickt worden waren, wurde diese Praxis ab Ende Mai 1945 beendet und gleichzeitig beschlossen, Antipartisaneneinheiten zu entwaffnen und sie zunächst in Flüchtlingslagern unterzubringen, wo über ihr weiteres Schicksal entschieden werden sollte.[52] Für ihre Versorgung waren verschiedene Institutionen verantwortlich. Die wichtigste von ihnen war die im Jahr 1943 ins Leben gerufene United Nations Relief and Rehabilitation Administration (UNRRA), die im Juni 1946 die Kontrolle über knapp 800 Lager in Deutschland, Italien und Österreich ausübte.[53] Sie sollte insbesondere die Repatriierung der DPs organisieren und übernahm zudem die Koordinierungsfunktion zwischen zahlreichen privaten Organisationen, die ebenfalls in die Wohlfahrtsinitiativen eingebunden waren. Angaben über die nationale Zusammensetzung der Hilfsberechtigten oder Anerkennungsquoten sind grundsätzlich mit Vorsicht zu behandeln, häufig widersprüchlich und aufgrund hoher Fluktuationszahlen und

49 Hiermit standen die Emigranten durchaus in einer längeren Tradition; schon die Revolutions- und Restaurationsflüchtlinge des 19. Jahrhunderts hatten zumeist Exil in den benachbarten Ländern und nicht in Übersee gesucht, da sie befürchteten, von hier auf die Ereignisse im Heimatland keinerlei Einfluss mehr zu haben, vgl. Ther, Nationalstaaten, S. 198 f.

50 Es wird später noch deutlich werden, dass sich dieser nicht nur um die Organisation von Fluchthilfe verdient machte, sondern bis in die späten 1950er Jahre ein zentraler Akteur und eine Art „Graue Eminenz" der politischen Emigration bleiben sollte.

51 Cingolani/Adriano, Nationalism and Terror, S. 349 f. Dies war zugleich eine gängige Praxis bei vielen antikommunistischen und nationalistischen Exilakteuren in Europa, aber auch darüber hinaus, vgl. hierfür sehr ausführlich zuletzt Burke, Revolutionaries, v. a. Kap. 1.

52 Robionek, Croatian Political Refugees, S. 141 f.

53 Zur UNRRA und zu ihrer Gründung vgl. Woodbridge, UNRRA; Reinisch, Old Wine, S. 148–155.

durch interzonale Migrationsbewegungen bedingte Mehrfachregistrierungen zum Teil sehr unzuverlässig.[54] Eine grundsätzliche Vorstellung vermag die Einschätzung der Historikerin Anna Holian zu geben, die davon ausgeht, dass sich Ende 1945 nach den ersten Repatriierungswellen von anfänglich 7 Millionen insgesamt noch 1,2 Millionen DPs in den ehemaligen Kriegsgebieten befanden.[55] Etwa zum gleichen Zeitpunkt bezifferte eine von der UNRRA erhobene Statistik die Zahl der Jugoslawen in Österreich, Deutschland und Italien auf knapp 68 000, 58 000 bzw. 49 000 Personen.[56]

Der Anteil kroatischer Soldaten (und erst recht von Ustaša- und NDH-Funktionären) war unter den von den internationalen Organisationen unterstützten Personen zunächst eher gering.[57] Ein großer Teil der geflüchteten NDH-Militärs wurde von den Statistiken der Flüchtlingsorganisationen gar nicht erfasst. Da sie zunächst in der Regel als nicht hilfsberechtigt eingestuft wurden oder der gefürchteten Auslieferung an Jugoslawien entgehen wollten, lebten viele von ihnen nicht in den Lagern, sondern siedelten sich in deren Umfeld an.[58] Sie blieben so lange Zeit unter dem Radar der Flüchtlingsorganisationen und der Alliierten.[59] Erst später sollten sie als Akteure bzw. als diplomatische und administrative Herausforderungen relevant werden. Wenn zuvor in den entsprechenden Dokumenten von Jugoslawen die Rede war, waren hiermit vor allem ehemalige Zwangsarbeiter sowie Angehörige verschiedener militärischer Einheiten gemeint, die als Kriegsgefangene nach Deutschland ver-

---

54 Noch 1949 wurde in einem internen Schreiben beklagt, dass viele Antragsteller einfach spurlos verschwänden und sich in einer anderen Zone anmeldeten und hier Hilfen bekämen, vgl. AN, AJ/43/149, Eligibilité, Second Report, IRO Review Board (11.3.1949).

55 Holian, Displaced Persons in Postwar Germany, S. 3 f. Die Repatriierung in die UdSSR geschah häufig unter Zwang und mit Beteiligung des NKWD (*Narodnyj kommissariat wnutrennich del*/Volkskommissariat für innere Angelegenheiten), vgl. Ther, Außenseiter, S. 226 f.

56 AN, AJ/43/46, 1484, Statistiques, F. Gibson (UNRRA), Memorandum: Statistical Information for UNO (3.5.1946).

57 So ist in den entsprechenden Berichten von UNRRA und Militärs in der Regel nie von mehr als einigen Dutzend Kroaten die Rede. Der größte „Fund" nach einem Screeningverfahren betraf das DP-Camp Puch in Österreich, aus dem 194 ehemalige Mitglieder der Ustaša entfernt werden sollten, vgl. NARA, RG 319, A1 134, Intelligence and Investigative Dossiers, Box 67, Ustasha Project, CIC, Salzburg, Memorandum for the Officer in Charge, Subject: Inhabitants of Jugoslav DP Camps Puch, Bezirk Hallein; Screening and Recommended Segregation (28.5.1946).

58 Gleich in den ersten Wochen nach Ende der Kampfhandlungen wurden 12 000 Kroaten ohne nähere Überprüfung ihrer Fälle an Jugoslawien ausgewiesen, vgl. Cowgill/Brimelow/Booker, Repatriations, S. 307.

59 UNA, S-0416-0006-0003, Yugoslav Red Cross Correspondence, UNRRA Austrian Mission to UNRRA HQ DP Operations in Paris (26.2.1947). Im Jahr 1947 wurde generell in Bezug auf Jugoslawen davon ausgegangen, dass allein in der deutschen US-Zone auf 4000 Lagerbewohner etwa 10 000 Personen außerhalb der Lager kämen, vgl. UNA, S-0436-0014-02, Bad Aibling Camp – Team 188 – AT 1069, US Zone HQ Heidelberg to Deputy Zone Director, Department of Field Operations, Subject: Visit to YU DP Centers in U. S. Zone (1.4.1947).

schleppt worden waren.[60] Hinzu kamen Kroaten, die ebenfalls als Zwangsarbeiter festgehalten wurden oder – vor allem gegen Ende des Krieges – ins Reich gekommen waren und hier vor allem in der Rüstungsindustrie eingesetzt wurden.[61] Von ihnen war Einzelnen, wie in einem Memorandum des Counter Intelligence Corps der US-Armee (CIC) beklagt wurde, die Anerkennung als DP gelungen, obwohl früh klar war, dass sie zur Repatriierung nicht infrage kommen würden.[62] Insgesamt hätten sich, so der Historiker Bernd Robionek, in Österreich zu dieser Zeit „mindestens 4100 Kroaten" befunden.[63] Für die amerikanische Besatzungszone in Deutschland wird in einem Dokument des amerikanischen CIC die Zahl von 5000 Kroaten genannt.[64] Auch wenn diese Angabe recht hoch scheint, waren es anfangs nicht die deutschen, sondern vor allem die italienischen Flüchtlingslager, in denen sich so etwas wie ein kroatisches Exilleben formieren konnte. So bestanden an mehreren Orten sowohl die Räte als auch das Sicherheitspersonal nachweislich aus ehemaligen *Ustaše*. Im Camp Modena ging das alliierte Intergovernmental Comitee on Refugees (IGCR) von 2000 Personen aus, die der Ustaša angehört hatten. In etwa die gleiche Anzahl befand sich im Lager Fermo, das sich mit der Zeit zu einem Zentrum früher kroatischer Exilstrukturen entwickelte.[65]

---

60 Zu Kriegsende befanden sich im Reichsgebiet insgesamt 171 000 Kriegsgefangene aus der jugoslawischen Armee, vgl. Karakaš Obradov, Novi mozaici, S. 97.

61 Vgl. hierzu auch Korb, From the Balkans to Germany and Back. Laut offiziellen Angaben der Auswanderungsbehörde im NDH hatten sich bis Ende 1944 insgesamt 244 000 Personen zum „Arbeitseinsatz" im deutschen Reich befunden. Für das Kontinuum aus „freier" und „erzwungener" Migration in diesem Kontext vgl. Grünfelder, Arbeitseinsatz, S. 60 f.

62 NARA, RG 319, A1 134, Intelligence and Investigative Dossiers, Box 108, HQ Counter Intelligence Corps Region IV, Memorandum for the Officer in Charge, Subject: Ustasha (16.2.1948). Einige von ihnen sollten sich Jahre später bei der Gründung erster kroatisch-nationalistischer Exilorganisationen hervortun. Für Aktivisten der Ustaša-Organisation „Vereinigte Kroaten Deutschlands" (UHNj) lässt sich dies für die frühen 1950er Jahre bei gleich mehreren Personen rekonstruieren, vgl. hierzu weiter unten.

63 Robionek, Croatian Political Refugees, S. 148. Eines der seltenen offiziellen Dokumente, das Rückschlüsse auf die nationale Zusammensetzung der Jugoslawen und damit auch auf die Anzahl von Kroaten erlaubt, differenziert die Zahl derjenigen, die aus Jugoslawien kamen und Hilfen der UNRRA in der österreichischen britischen Zone empfingen, auf 2233 Kroaten und 1007 Serben. Vgl. UNA, S-1492-0000-0058, DP-Enemy and Ex-Enemy Displaced Persons in UNRRA Camps – British Zone, DP Sec HQ BTA to PW and DP div Acabrit, Weekly nationalities Signal number 39, DPs held in British Zone less Vienna (5.7.1946).

64 NARA, RG 319, A1 134, Intelligence and Investigative Dossiers, Box 108, HQ Counter Intelligence Corps Region IV, Memorandum for the Officer in Charge, Subject: Ustasha (16.2.1948).

65 AN, AJ/43/26, 163, Réfugiés en Italie. Généralités, Memorandum IGCR (10.9.1946); Robionek, Croatian Political Refugees, S. 158.

1.2 Kategorien der Definition von Kollaborateuren bei UNRRA und IRO

Entgegen ursprünglicher Erwartungen vollzog sich die Repatriierung in die Herkunftsländer der Flüchtlinge und DPs äußerst schleppend. Noch bis zum Herbst/Winter 1945 war die Situation für die Flüchtlingsorganisationen gänzlich unkontrollierbar, was auch daran lag, dass die Lager zwar mit bis zu 3000 Personen belegt waren, in der Regel jedoch nur von 10–20 Personen koordiniert und geleitet wurden. In der Praxis konnte beinahe jeder in den Lagern Aufnahme finden, was bei der ohnehin großen Fluktuation und Interzonenmigration dazu führte, dass kaum ein Überblick über die tatsächlichen Lagerbewohner bestand.[66] Erst ab Ende 1945 wurden vonseiten der zwei Jahre zuvor gegründeten UNRRA erste Schritte unternommen, durch ein standardisiertes Screeningverfahren Kollaborateure und Kriegsverbrecher zu identifizieren, die keinen Anspruch auf Hilfen der Organisationen hatten.[67]

Grob zusammengefasst kollidierten hierbei das theoretisch klar formulierte Anliegen, Personen aus den Lagern zu entfernen, die in feindlichen Truppen gedient oder dem Feind „freiwillige Hilfe geleistet" hatten,[68] mit der Frage, wie genau diese vermeintlich eindeutigen Anerkennungs- und Ablehnungskriterien in der Praxis umgesetzt werden sollten und wie eine flächendeckende und zuverlässige Überprüfung überhaupt erfolgen könne.[69] Für die Flüchtlingspolitik unter dem Mandat der UNRRA war es hinsichtlich der kroatischen Flüchtlinge charakteristisch, dass eine Definition von Kollaboration als Grundlage für die Identifikation und Auslieferung der betreffenden Personen zwar angestrebt wurde; hieraus jedoch keine Konsequenzen folgten, was auch an einer unklaren Kompetenzverteilung und einer generell voneinander abweichenden Politik zwischen UNRRA und den Militärs lag.[70]

---

66 Wyman, DP, S. 113, 57.

67 Zum letztlich manichäischen und aufeinander verweisenden Begriffspaar von „Kollaboration" und „Widerstand" vgl. Tönsmeyer, Besatzungsgesellschaften. Zum genauen Verfahren vgl. UNA, S-0425-0006-17, Administrative – US Zone Germany – History Reports – N.30 – Histories of Individual Camps, Bericht von Rosenblatt (UNRRA-Area Team Director 1069), (Juni 1947); Karakaš Obradov, Novi mozaici, S. 311. Diese Maßnahme war organisationsintern offenbar durchaus umstritten, vgl. UNA, S-0400-0002-32 013.1, Displaced Persons – Correspondence on Eligibility for UNRRA Assistance 23/10/1945 19/03/1946, Manfred Simon (legal advisor) an Lt. General Sir Frederick Morgan (20.2.1946).

68 AN, AJ/43/148, Manuels d'éligibilité, UNRRA, Manual for Eligibility Officers, 3rd District HQ Regensburg (o. D., wahrsch. Ende 1945).

69 Vgl. für die Bemühungen zur Etablierung eindeutiger Anerkennungskategorien grundlegend Holian, Displaced Persons in Postwar Germany, S. 57 f.

70 So bemängelte der Leiter der Repatriierungsabteilung der UNRRA, dass es Lagerleitungen gäbe, die zwar größtenteils aus „Quislingen" bestünden, jedoch trotzdem vielfach mit der Unterstützung der Militärs rechnen könnten, vgl. UNA, S-1415-0000-0049, Repatriation Files – Jugoslav Government – Information for DPs, Zusammenfassung einer UN-Pressekonferenz (10.2.1947).

Nach den großen Repatriierungswellen in die Sowjetunion ab 1946 wurden die „Jugoslawen" zur größten Flüchtlingsgruppe in Österreich und Italien mit 43 700 bzw. 40 000 Personen. Auch in den britischen und amerikanischen Besatzungszonen in Deutschland waren sie mit ca. 39 000 Personen zu einer Gruppe von beachtlicher Größe herangewachsen.[71] Zwar war auch bei der IRO, die im Juni 1947 die UNRRA ablöste, der klare Grundsatz handlungsleitend, dass „no war criminal should receive IRO assistance",[72] im Gegensatz zum klar definierten Ziel der UNRRA, ehemalige NS-Verbündete kollektiv von Hilfen der Organisation auszuschließen, wurde unter der IRO jedoch ein stärker individualisiertes Anerkennungsverfahren angestrebt. Dies geschah nicht zuletzt deswegen, weil mit der Etablierung der IRO die „Furcht vor Verfolgung" als Grund eingeführt wurde, die Repatriierung zu verweigern.[73]

Hierbei ist wichtig zu wissen, dass die Westalliierten nicht mehr allein mit der Koordinierung und Verteilung der Kriegsflüchtlinge konfrontiert waren, sondern zusätzlich immer mehr Personen aus Ost- und Südosteuropa aus wirtschaftlichen Gründen über die noch weitgehend offenen Grenzen nach Italien, Österreich und Deutschland kamen. Dies galt auch für viele Kroaten; vor allem aus den ländlichen Regionen Lika, Dalmatien und dem Kordun flüchteten in den späten 1940er Jahren viele vor Dürre, Armut und Hunger und bemühten sich um Hilfen der IRO.[74] Ein Resultat der Migrationen war einerseits eine zunehmende Überforderung der alliierten Stellen und ein stärkerer Fokus auf die weltweite Ansiedlung der Betroffenen (*resettlement*).[75] Andererseits und hieran anschließend ging mit ihnen eine Differenzierung und teilweise Revision der Richtlinien vonseiten der Organisation einher sowie das Streben nach klaren Unterscheidungskriterien zwischen „wirtschaftlichen" und „politischen Emigranten".[76] Spätestens ab dem kommunistischen Staatsstreich in der ČSSR wurde der Gegensatz zunehmend antikommunistisch ausgedeutet.[77]

Für Flüchtlinge aus Jugoslawien und aus Kroatien hatte dies unter anderem zur Folge, dass vor der IRO Fälle neu aufgerollt wurden, die unter der UNRRA noch keine Chance auf ein Revisionsverfahren gehabt hätten. Häufig reichte nun der Hinweis

---

71 Vgl. AN, AJ/43/46, 1484, Displaced Persons: Dissidents and potentially non-repatriable, including stateless, in Germany and Austria (excluding Russian zones) (January 1946) & PG/GB, Estimate by Countries of total number of certain categories of displaced persons and of probable non-repatriables (März 1946).

72 AN, AJ/43/147, Questions diverses concernant la détermination de l'éligibilité, de Baer, Persons who will not be the concern of the organization (22.10.1947).

73 Salomon, Refugees, S. 60 f.

74 Vgl. Radelić, Hrvatska, S. 204 f.

75 Jacobmeyer, Displaced Persons, S. 168.

76 Reinisch/Frank (Hrsg.), Story, S. 4. Für diese Unterscheidung, die einen „decisive moment in the history of political asylum" im 20. Jahrhundert bedeutete, vgl. u. a. Cohen, In War's Wake, S. 52. Für eine eingehende Diskussion und schlüssige Abwägung des Antikommunismus als Hauptmotiv der Asylpolitik und Flüchtlingsanerkennung nach dem Krieg vgl. Joly, Haven or Hell?, S. 18–21.

77 Vgl. hierzu auch grundsätzlich Stokes, Refugee Crisis, S. 26–30.

auf eine antikommunistische Gesinnung, um sich für Hilfen durch die Organisation zu qualifizieren. Auch die „Kollaboration" wurde unter neuen Kriterien bewertet, wobei häufig Einzelfalleinschätzungen hinsichtlich des Zwangscharakters der Rekrutierung zugunsten des Antragstellers getroffen wurden.[78] Langfristig entpuppte sich dies als Verwässerung des vormals eindeutigen Prinzips, keine Kriegsverbrecher aufzunehmen, und ebnete den Weg für eine immer weitere „Liberalisierung". Diese mündete in der Anweisung des Generaldirektors der IRO an alle Regionalverantwortlichen, in Zukunft ein „Prinzip der Nachsicht" walten zu lassen bei „berechtigten Einwänden" der Antragsteller gegen ihre Repatriierung.[79] Im Gegensatz zu den bei der UNRRA gültigen Kriterien wurde etwa beschlossen, dass Angehörige kroatischer Domobranverbände grundsätzlich in das Mandat der IRO fallen sollten.[80] Nicht einmal die Mitgliedschaft in einer der deutsch-kroatischen Wehrmachtseinheiten wurde noch als notwendiger Ablehnungsgrund für die Unterstützung der IRO befunden, sodass ein wesentliches Ausschlusskriterium der Vorläuferorganisation UNRRA nicht mehr galt.[81] Obwohl diese Gruppen mehrfach als eindeutig außerhalb ihres Mandats liegend definiert wurden, sind sogar Fälle dokumentiert, in denen Mitglieder der Ustaša sowie von Polizeiverbänden im NDH Hilfen der IRO in Anspruch nehmen konnten.[82] Selbst Mitglieder der Waffen-SS-Division „Handžar"

78 So kam der *Reviewer* des Domobransoldaten Vjekoslav Baničević zu dem Schluss, dass dessen Einberufung „compulsory" gewesen sei und dieser damit „innerhalb des Mandats" (within the mandate) der IRO liege. Drei Jahre später wurde dieser als Gründungsmitglied der ersten deutschlandweiten Ustaša-Organisation erneut aktenkundig, vgl. ITS Digital Archive, Bad Arolsen, PCIRO, Application for Assistance, Vjekoslav Baničević (78904136).

79 AN, AJ/43/146, Conseil de Recours. Notes diverses: réfugiés revenus du pays de réinstallation; Volksdeutsche 1; extension de l'éligibilité des femmes juives persécutées à leurs maris non juifs; extension des critères d'éligibilité, Director General to all chiefs of missions, Eligibility policy on „valid objections" (21.6.1951). Der Leiter des Review Boards de Baer räumte ein, dass er bei einer Durchsicht der bislang anerkannten Personen viele Namen entdeckt habe, die auch auf Kollaborateurslisten jüdischer und anderer Organisationen aufgetaucht seien, vgl. AN, AJ/43/144, Conseil de Recours. Politique et procedure, IRO Review Board Linz an de Baer (Chairman Review Board in Genf) (5.4.1949).

80 Vgl. AN, AJ/43/148, IRO Austria, Rome Conference on Yugoslav DPs and refugees to all eligibility officers (23.8.1948); AN, AJ/43/978, 31, Eligibility Yugoslavs, IRO, Manual for Eligibility Officers (o. D., wahrsch. Ende 1947).

81 Eduard Jezić etwa, der mit Anfang 20 zur 392. Division der Wehrmacht gestoßen und in der Lika und im Kordun – also in wesentlichen Gebieten des Partisanenkampfes – eingesetzt worden war, wurde v. a. seines Alters wegen als hilfsberechtigt anerkannt, vgl. AN, AJ/43/141, Décisions du Conseil de Recours. Zone américaine d'Allemagne. Feuilles personnelles classées par ordre alphabétique, lettres H, I, J, Q, R, S, réunies en 6 cahiers, IRO, Decision of the Review Board, E. J. Vgl. grundsätzlich AN, AJ/43/477, Jeunes Croates enrôlés dans la „Division bleue", Croates enrôlés dans la Division du Diable, Musulmans enrôlés dans la Division Handjaï & Membres de l'organisation croate „Krizaris", IRO, Decision of the Review Board, Z. P.

82 AN, AJ/43/978, 31, Notes on Yugoslav Refugees in the British Zone (o. D., wahrsch. Ende 1947).

wurden bei Vorlage individuell entschuldigender Gründe vereinzelt ins Mandat der IRO aufgenommen, was einer praktischen Rehabilitierung gleichkam.[83]

Glaubt man den Angaben einer frühen Organisationsgeschichte, wurden während der gesamten Existenz der IRO insgesamt 6870 Jugoslawen repatriiert und damit lediglich 7,7 Prozent derjenigen, die ursprünglich als „repatriierbar" eingestuft worden waren.[84] Es überrascht nicht, dass die Organisation damit die harsche Kritik der Sowjetunion auf sich zog, deren Vertreter in der IRO ein Instrument zum Schutz von Kollaborateuren und Kriegsverbrechern sahen.[85] Diese Kritik scheint nicht aus der Luft gegriffen: Zwar waren einige hochrangige NDH-Funktionäre, wie etwa der ehemalige Luftwaffenchef Vladimir Kren, an der geplanten Flucht nach Argentinien gehindert und nach Jugoslawien ausgeliefert worden; mehrere führende Generäle und Minister hatten sich aber schon im Mai 1945 den Briten quasi gestellt und damit selbst für ihre Auslieferung gesorgt.[86] Insgesamt, so ein Vorwurf des jugoslawischen Politikers Vladimir Dedijer an die UN, seien seit Kriegsende nur insgesamt 72 gesuchte Kriegsverbrecher tatsächlich nach Jugoslawien überführt worden.[87] In der Regel wurde hierfür die Situation in den Flüchtlingslagern verantwortlich gemacht, in denen sich nach Erkenntnissen der bereits 1944 gegründeten jugoslawischen Kriegsverbrecherkommission zahlreiche ermittelte „Kollaborateure" befänden, die hier mit der impliziten Duldung der Hilfsorganisationen und Alliierten „physischen und moralischen Terror" gegen die Repatriierungswilligen verbreiteten.[88]

1.3 Alles Kalter Krieg? Schleichende Liberalisierung der Anerkennungskriterien

Angesichts der im letzten Abschnitt geschilderten zunehmenden Laissez-faire-Haltung bezüglich der Anerkennung immer weiterer Personengruppen als politisch Verfolgte wurde die Anerkennungspolitik der IRO von weiten Teilen der Forschungsliteratur als Entsprechung der geopolitischen Frontbildung des Kalten Kriegs auf dem Gebiet der Flucht- und Migrationsorganisation gedeutet.[89] Der unter der UNRRA zumindest rhetorisch noch maßgebliche Dualismus von NS-Tätern und Opfern sei zugunsten der alles überschattenden Unterscheidung von Kommunisten und Antikom-

83 Vgl. die sehr aufschlussreiche, zum organisationsinternen Gebrauch zusammengestellte Sammlung von „Grenzfällen", deren Anspruch explizit war, die „menschlichen Aspekte" der Entscheidungen aufzuzeigen, vgl. AN, AJ/43/149, Preliminary Draft of Instructions on IRO Eligibility Volume II: Cases (Oktober 1947).

84 Holborn, The International Refugee Organization, S. 357.

85 Marrus, The Unwanted, S. 340–345.

86 Zu Krens Schicksal vgl. HDA, 1561, 1.1-I, RSUP SR Hrvatske, SDS, UDBA-Befragung von Vladimir Kren (28.8.1948). Zu den Fällen im Mai 1945 vgl. u. a. Spehnjak, Britanski pogled, S. 156.

87 Zit. nach Cingolani/Adriano, Nationalism and Terror, S. 324.

88 Jandrić, Prijepori, S. 463.

89 Vgl. u. a. Noiriel, Tyrannei, S. 104 f.; Gatrell, Modern Refugee, S. 97.

munisten zunehmend ins Hintertreffen geraten.[90] Der beginnende Kalte Krieg erscheint in diesen Ansätzen in gewisser Weise als übergeordnete Struktur, die andere Faktoren des Umgangs mit den Flüchtlingen gänzlich determinierte.[91] Über den Systemantagonismus hinaus, den auch die zeitgenössischen politischen Akteure unter sowjetischem Einfluss – zu denen bis 1948 auch Jugoslawien zählte – als ursächlich für die Abkehr von einer Repatriierungs- hin zur *resettlement*-Politik der IRO ausmachten, verdient jedoch die unmittelbare Situation in den Besatzungszonen der Westalliierten im Allgemeinen und in den Flüchtlingslagern im Besonderen eine stärkere Beachtung, um den Wandel in der Anerkennungspolitik erklären zu können. Neben den bevölkerungspolitischen Argumenten der Alliierten[92] sollen im Folgenden deshalb einige der von Exilanten selbst verfolgten Initiativen gegen die Repatriierung skizziert werden, auf welche die Besatzungsmächte ihrerseits reagieren mussten und die auch als Vorläufer der später aktiven kroatischen Exilgruppen wichtig werden sollten.[93]

Schon andernorts wurde skizziert, wie sich Flüchtlingslager in Italien, aber auch in Deutschland und Österreich zu Brutstätten von „thick networks of anti-Yugoslav organizations" entwickelten,[94] in denen ein Klima der Angst gegen „Abweichler" erzeugt wurde, die sich zur Rückkehr nach Jugoslawien entschlossen hatten und in denen es auch zu Gewaltanwendungen gegen jugoslawische Staatsvertreter und repatriierungswillige Lagerbewohner kam.[95] Es ist zudem darauf hingewiesen worden, wie das Lagerleben den Boden für Narrative einer idealisierten nationalen Gemeinschaft bereiten konnte, die in scharfen Gegensatz zur vermeintlichen kom-

90 So behauptet Schiessl in seiner Studie zur amerikanischen Migrationspolitik in diesem Zusammenhang, dass der „cold war discourse clearly had shifted attention away from Nazi to communist totalitarianism", Schiessl, Alleged Nazi Collaborators, S. 74. Vgl. auch Rashke, Useful Enemies.

91 Vgl. für diese These insbesondere die einflussreiche Studie von Cohen, In War's Wake, v. a. Kap. 2.

92 Insbesondere in Großbritannien wurde ab spätestens 1947 die Ansiedlung von DPs forciert, vgl. ebenda, S. 102 f. Darüber hinaus wurde die verstärkte Ankunft von Nachkriegsflüchtlingen in den westlichen Zonen immer stärker als bevölkerungspolitisches Problem wahrgenommen, sodass Absichten zur Weitermigration von den zuständigen Bearbeitern in der Regel begrüßt und mit einer Aufnahme in das Hilfsprogramm der IRO „belohnt" wurden, vgl. auch Joly, Haven or Hell?, S. 21 f.

93 Dies knüpft indirekt an neuere Forschungen an, die für einen stärkeren Fokus auf die Interaktionen von Besatzern und Bevölkerung und damit auch für eine Relativierung vom Masternarrativ des Kalten Kriegs plädiert haben, vgl. Erlichman/Knowles, Introduction, S. 7 f. Für einen frühen Beitrag zur Theoretisierung des Verhältnisses von Mikro- und Makroprozessen in der Flüchtlingsthematik nach dem Zweiten Weltkrieg vgl. Johansson, Refugee Experience.

94 Rolandi, Escaping Yugoslavia, S. 20.

95 Die Ermordung des Konsuls Glunčić durch ehemalige *Četnici* im Lager Bagnoli bei Neapel ist hierfür sicher das extremste Beispiel; zugleich sind zahlreiche Fälle körperlicher Gewalt gegen Lagerbewohner dokumentiert. Vgl. hierfür AN, AJ/43/407, 50, Réfugiés yougoslaves, Speech delivered by Vladimir Dedijer, Delegate of the FPR of Yugoslavia in the Third Committee on November 8, 1949 (8.11.1949). Zur Antirepatriierungspropaganda in den Lagern generell vgl. u. a. Sjöberg, The Powers and the Persecuted, S. 184–187.

munistischen Fremdherrschaft in den Heimatländern gerückt wurde.[96] Die Rolle der in der Regel national zusammengesetzten Lagerräte ist in diesem Kontext hervorzuheben, da diese den Informationsfluss in die Lager häufig kontrollierten. Angeblich authentische Berichte über die prekären Zustände in den Heimatländern gelangten so entsprechend leicht in die Lager.[97] Vor allem in den Camps in Italien, so eine ausführliche Studie zum Thema, waren die Lagerräte derart tonangebend, dass Repatriierungsbemühungen der jugoslawischen Regierung im Grunde keine Chance hatten, obwohl *de facto* nur eine Minderheit von 20 Prozent der Bewohner sich für einen Verbleib aussprach.[98]

Wie kam es zu dieser dominanten Position der Lagerräte? Zunächst ist zu bemerken, dass zumeist nur wenige Offiziere von UNRRA bzw. IRO überhaupt in den Lagern stationiert waren.[99] In der Regel besaßen diese zudem keinerlei Exekutivgewalt; Letztere oblag den alliierten Militärs, die dieser Aufgabe – wie bereits bemerkt – häufig nur halbherzig nachkamen. So wurde zur Aufrechterhaltung der öffentlichen Ordnung und zur Verhinderung von Revolten angesichts der zum Teil katastrophalen hygienischen Umstände in den Lagern häufig auf deren Belegschaft zurückgegriffen.[100] Es bestanden deshalb – in der Regel hinter dem Rücken der humanitären Akteure – Kontakte zwischen den Militärs und Gruppierungen, die sich in den Lagern auf nationaler Basis gegründet hatten und die ihre eigentlichen Absichten in der Regel als Kultur- oder Traditionspflege tarnten.[101] Zuweilen traten sie jedoch auch mit unverhohlenem politischem Repräsentationsanspruch auf, was die Besatzer teilweise offenbar stillschweigend duldeten.[102]

---

96 Gatrell, Modern Refugee, S. 101 f.

97 Höschler, Repatriierungsstillstand, S. 30 f.

98 Sjöberg, The Powers and the Persecuted, S. 189.

99 Wyman, DP, S. 113.

100 Vgl. etwa die in dieser Hinsicht sehr eindrücklichen Berichte des Lagerleiters in Mattenberg zwischen September und Februar 1945/46, die insgesamt ein trostloses und verwahrlostes Bild vermitteln. Grundsätzlich werde hier ausschließlich mit den „national leaders" verhandelt, die offenbar eine nahezu vollständige Verfügungsgewalt über „ihre" jeweilige nationale Gruppe hatten, vgl. UNA, S-0436-0026-06, US-Zone-Team 77-Miscellaneous. Zum Flüchtlingslager als Raum des Provisoriums und der Schutzlosigkeit vgl. sehr anschaulich auch Kossert, Flucht, S. 242–248.

101 AN, AJ/43/147, PCIRO, Memorandum: Cooperation with DPs' and refugees' national groups (Autor ist A. A. Valdmanis, Planning and Field Service) (31.10.1947). Vgl. für diese Praxis mit Bezug auf ukrainische Gruppierungen in der britischen Zone Antons, Ukrainische Displaced Persons, S. 64 f.

102 So formte sich etwa im Lager Krumpendorf bereits im Mai 1945 eine aus ehemaligen Ministern und hohen Funktionären des NDH bestehende „kroatische Regierung". Diese Gruppierung erwies sich als deckungsgleich mit dem lagerinternen Ausschuss des Roten Kreuzes, der die Verteilung der Hilfsgüter kontrollierte. Zwar erkannten die britischen Besatzer vor Ort den politischen Anspruch dieses Ausschusses nicht an und unterhielten zu diesem auch keine offiziellen Beziehungen, standen jedoch in regelmäßigen Verhandlungen mit den identischen Vertretern des Roten Kreuzes. Vgl. HDA, 1561, 1.3, RSUP SR Hrvatske, SDS, Erfahrungsbericht von Liko Zelimira über Erfahrungen in österreichischen Lagern (Juli 1947).

Auch jenseits der Existenz solcher explizit exilpolitisch ausgerichteten Gruppen waren die Lagerbewohner schon früh durch das Hauptquartier der alliierten Streitkräfte (Supreme Headquarters Allied Expeditionary Force, SHAEF) zu einer möglichst weitreichenden Lagerselbstverwaltung angehalten worden.[103] Die so entstehenden Lagerräte übernahmen vielfach nicht nur administrative Aufgaben, wie etwa das bereits erwähnte Postwesen, womit sie mancherorts die Informationskanäle der Bewohner vollständig kontrollierten. In der Regel ernannten sie auch die Lagerpolizei und konnten zuweilen sogar eine eigene Rechtsprechung etablieren.[104] Da diese Räte in den allermeisten Fällen unmittelbar aus vormaligen Militärs oder den Parteigängern der Quislingregimes hervorgingen, welche die lagerinternen Hierarchien maßgeblich bestimmten, begünstigten sie die Entwicklung national homogener Strukturen, innerhalb derer die Formulierung von Dissens entsprechend schnell sanktioniert wurde.[105] Sie konnten dabei auch davon profitieren, dass sich bereits unmittelbar nach Kriegsende in vielen Lagern nationalisierte Strukturen herausgebildet hatten. Dies war vor allem ein Resultat kaum kontrollierbarer Migrationsbewegungen über Länder und Zonengrenzen hinweg gewesen, infolge derer sich einige Lager und ihr Umland zu regelrechten *hot spots* ehemaliger Ustaša entwickelt hatten.[106] Die Tendenz wurde mit den ersten Screenings der Militärs paradoxerweise noch verstärkt, denn die nicht Hilfsberechtigten wurden vielfach nach nationalen Kriterien zusammengelegt. Hiermit sollte ihre eventuelle Repatriierung offenbar erleichtert werden, da die Betroffenen so besser zu kontrollieren seien. In der Praxis trugen diese Maßnahmen zur zusätzlichen Homogenisierung bei, durch die die Formierung von Hierarchien und Netzwerken entlang alter politischer und militärischer Loyalitäten begünstigt wurde.[107]

Konkret bemerkbar machte sich dies unter anderem an der fortdauernden Verwendung von Symbolen aus der Kriegszeit: In den Camps Modena und Hirt, so beklagte ein jugoslawisches Memorandum an den Wirtschafts- und Sozialrat der Vereinten Nationen, bewegten sich ehemalige Ustaša nach wie vor in Uniform, zierten Portraits Ante Pavelićs die öffentlichen Räumlichkeiten und seien faschistische Parolen an der Tagesordnung.[108] Für Bagnoli und das Lager Fermo wiederum ist ein

103 Wyman, DP, S. 117.

104 Dies ist aus dem Lager Fermo überliefert, vgl. HDA, 1561, 1.13, Niederschrift über Aussagen von Vladimir Židovec (21.11.1947).

105 So die Einschätzung von Rosen (Repatriation Officer) to UNRRA, US Zone HQ Heidelberg (13.6.1947), in: UNA, S-0425-0006-17. Vgl. hierfür auch Antons, Displaced Persons, S. 98 f.

106 Vgl. hierfür etwa die Angaben im Report on Yugoslav Repatriation from Austria (April 1949), in: AN, AJ/43/610, Yougoslavie.

107 NARA, RG 263, ZZ 19, CIA Subject Files, Box 63, Ustasha Activities, Bericht des HQ Intelligence Centers für Österreich: Kroatische Befreiungsbewegung (9.4.1946).

108 UNA, S-0412-0011-0004, Central HQ – Yugoslavia Displaced Persons, UN Economic and Social Council, Special Committee on refugees and Displaced Persons. Fact-Finding Sub-Committee, Subject: Memorandum Yugoslav Delegation to the Working Group A on „Conditions impeding speedy repatriation of Yugoslavs from camps of refugees and displaced persons" (13.5.1946).

reges kulturelles und politisches Leben überliefert, das von Jugendgruppen bis zur politischen Agitation ehemaliger NDH-Minister in Form von Reden und Druckerzeugnissen reichte und ganz in der Tradition des faschistischen Kroatiens stand. Lange nach Kriegsende war hier der Gruß der Ustaša „Za dom spremni" („Für die Heimat bereit") offenbar immer noch regelmäßig zu hören.[109] Diese Umstände waren der Repatriierung natürlich äußerst abträglich, was mancherorts durch die (ordnungs-)politischen Repräsentanten im Lager noch verstärkt wurde.[110] Dazu kam, dass Personen, die sich aufgrund ihres Bekanntheitsgrades gar nicht erst für Leistungen der Hilfsorganisationen beworben hatten und vor den Alliierten untergetaucht waren, sich häufig in unmittelbarer Umgebung dieser Lager ansiedelten. In der Regel waren sie es, die Kontakte zu anderen ehemaligen *Ustaše* aufrechterhielten und die Lager damit in zonen- und länderübergreifende Netzwerke einbanden, was sich auch als förderlich für den Erhalt militärischer Strukturen in den Lagern und alter Referenzrahmen herausstellte.[111]

Hierbei spielte wiederum die Person Krunoslav Draganovićs eine maßgebliche Rolle, der bereits weiter oben bei der Organisation von Fluchthilfen erwähnt wurde. In dem von ihm geleiteten kroatischen Kolleg in Rom gründete sich schon im Oktober 1945 die sogenannte *Zagrebačka menza* (zum Teil auch *Hrvatska menza* genannt [„Zagreber" bzw. „Kroatische Mensa"]) als eine Art Forum, aus dem unter anderem das *Hrvatski odbor* („Kroatisches Komitee", nicht zu verwechseln mit dem später gegründeten *Hrvatski narodni odbor* [HNO]) hervorging. Diese frühe Exilvereinigung adressierte die Emigranten in Form von Flugblättern und bemühte sich um eine Vernetzung zwischen den Lagern.[112] Dafür konnte sie offenbar auf die finanzielle Unterstützung des Vatikans sowie von Emigrantenverbänden in Nord- und Südamerika zählen und mit dieser Hilfe in den Camps ein Netz an Kontaktpersonen etablieren.[113] Schritte zur Herstellung eines Kommunikationsraums über den unmittelbaren Lagerkontext hinaus wurden zudem über die Versorgung mit Druckerzeugnissen un-

---

109 Steinacher, Nazis, S. 147. Vgl. insb. für statistische Angaben zum Lager Fermo auch UNA, S-1481-0000-0032, Fermo.

110 Unter Präsident Dušan Žanko, dem ehemaligen Intendanten des Zagreber Nationaltheaters und späteren Gesandten NDH-Kroatiens in Vichy-Frankreich sowie dem Lagerpolizeileiter Bašić, einem ehemaligen Polizeioffizier im NDH, herrschte etwa im Lager Fermo eindeutig der Geist des alten Regimes, vgl. HDA, 1561, 1.13, Niederschrift über Aussagen von Vladimir Židovec (21.11.1947). Vgl. zu Žanko auch Karakaš Obradov, Saveznički logori, S. 326.

111 Dies war offenbar u. a. bei Ivica Frković, dem Minister für Bergbau im NDH der Fall, der aus der Nähe von Spittal Anweisungen in mehrere Lager gab, vgl. HDA, 1561, 1.1-I, Befragung von Branko Grgić (24.8.1946). Ähnliches wurde wiederum für Spittal sowie für das Lager in Markt Pongau in Österreich dokumentiert, vgl. AN, AJ/43/610, Report on Yugoslav Repatriation from Austria (April 1949).

112 Bericht von Branko Kastro, Rad i djelovanje emigracije na području Austrije, Italije i Francuske (August 1948), in: HDA, 1561, 1.9-5.

113 NARA, RG 263, ZZ 19, CIA Subject Files, Box 63, Report: The Organisation of the Ustashis abroad (30.10.1946).

ternommen.[114] So waren, unter anderem aus der Lagerdruckerei in Fermo,[115] verschiedene Periodika mit antijugoslawischen Inhalten im Umlauf, die etwa über Migrationsmöglichkeiten informierten. Auch mit Exilzeitschriften aus Übersee wurden die Bewohner in vielen Lagern regelmäßig versorgt.[116] Insbesondere verdienen in dieser Hinsicht die kroatischen Pfarrer Erwähnung, die als Seelsorger regelmäßig die Lager besuchten. Viele von ihnen verfügten in dieser Funktion über die Berechtigung, sich frei über Zonen- und Landesgrenzen hinweg zu bewegen, sodass die Publikationen durch sie schnell eine interzonale Verbreitung fanden.[117] Auch für die erste kroatische Exilpublikation aus dem Jahr 1946 zeichneten Akteure aus dem Umfeld des kroatischen Kollegs verantwortlich. Diese setzten offenbar auf eine länderübergreifende kircheninterne Multiplikatorenwirkung: Die zweibändige und in lateinischer Sprache verfasste Abhandlung „Martyrium Croatiae" sollte nicht nur die Behandlung katholischer Geistlicher im sozialistischen Jugoslawien anprangern, sondern zudem den Antikommunismus und Antijugoslawismus und die daraus vermeintlich folgende Unterstützung der kroatischen Bevölkerung für ein unabhängiges Kroatien dokumentieren.[118]

Diese Aktivitäten wurden von den Besatzungsmächten sicher nicht in dem Maße unterstützt, wie es etwa vereinzelt Informanten der jugoslawischen Staatssicherheit kolportierten.[119] Zugleich geht aus den Quellen aber hervor, dass die Antirepatriierungspropaganda und Präsenz von Kollaborateuren in und um die Lager nicht aktiv

---

114 Letzteres wurde von Benedict Anderson als zentrales Kriterium für die Bildung einer *imagined community* identifiziert. Anderson, Imagined Communities, S. 61–65.

115 Paris, Genocide, S. 260.

116 Dies wurde etwa für die Zeitschriften „Danica", „Croatia" und „Hrvatski glas" berichtet, die in den USA, Kanada und Argentinien erschienen und ihren Weg in die Flüchtlingslager in Europa fanden, vgl. HDA, 1561, 1.14-2, RSUP SR Hrvatske, SDS, Referat von Izidor Strmecki Genc, Razvoj djelovanje i povezivanja emigracije u Njemačkoj (o. D. 1947/48). Auch die „Hrvatska riječ" aus Rom wurde in den Lagern verteilt. In größeren Lagern wie Fermo wurden zudem eigene Lagerperiodika gedruckt, vgl. HDA, 1561, 1.1-2, RSUP SR Hrvatske, SDS, Dossier zu exilkroatischen Propagandaerzeugnissen in den Lagern.

117 Als überzeugte Antikommunisten und zuweilen selbst an Kriegsverbrechen beteiligt, standen sie dem neuen jugoslawischen Staat vielfach ablehnend gegenüber und spielten eine zentrale Rolle für die frühe Vernetzungsarbeit in der Emigration. In einem Report der CIA wird darüber hinaus darauf hingewiesen, dass sie in der Regel über ausreichend finanzielle Mittel und gute Netzwerke verfügten, u. a. zu den alliierten Geheimdiensten, somit häufig über anstehende Razzien und Auslieferungsgesuche in den Lagern Bescheid wussten, und die Betroffenen rechtzeitig hierüber informierten, vgl. NARA, RG 263, ZZ 19, CIA Subject Files, Box 63, Report No. F 8666: Jugoslavia (sic), Present Whereabouts of Former Ustashi Officials (11.10.1946).

118 Der Text selbst ist meines Wissens nicht überliefert. Für Existenz und Inhalt der Publikation vgl. HDA, 1561, 1.9-5, Vladimir Kren, Podaci iz Emigracije (29.3.1947). Vgl. auch Katalinić, Povijest, S. 87 f.

119 Vgl. etwa wiederum die Aussagen von Židovec, in: HDA, 1561, 1.13, Moja opazanja o tome, kako Englezi i Amerikanci izigravaju medjunarodne ugovore o izručavanju ratnih zločinaca i sl. (24.5.1947).

bekämpft, sondern eher als eine missliche Begleiterscheinung der Lagerselbstverwaltung gesehen wurden.[120] Auch wenn der politischen Betätigung unter DPs und Kriegsgefangenen insbesondere unter der UNRRA eine klare Absage erteilt worden war und die NDH-Propaganda in den Lagern vereinzelt angeprangert wurde,[121] zeigten sich die amerikanischen und britischen Besatzer letztlich unfähig, das kulturelle Leben in den Lagern einer effektiveren Kontrolle zu unterwerfen. Vor allem mit der Mandatsübernahme der IRO und deren primärer Mission des *resettlements* sah man die nationalen Vereinigungen offenbar häufig notgedrungen als Kooperationspartner. Hierbei half sicherlich, dass von der IRO die politische Betätigung von DPs explizit nicht mehr primär als Störfeuer gesehen, sondern vielmehr als „based on the principle of free speech inherent in a democracy" akzeptiert wurde.[122] Die Auflage, dabei keine Antirepatriierungspropaganda zu verbreiten, war letztlich Augenwischerei: Wer sich zum Zeitpunkt der IRO-Gründung in den westlichen Besatzungszonen befand und sich hier politisch engagierte, tat dies in der Regel innerhalb national organisierter und dezidiert antikommunistisch ausgerichteter Gruppierungen, die keinerlei Interesse an einer Rückkehr hatten und sich der Repatriierung in ihre Heimatländer aktiv widersetzten.

Es bleibt festzuhalten, dass die niedrige Repatriierungsmoral nicht lediglich das Resultat einer alliierten Anerkennungspolitik war, vor deren Hintergrund die ehemaligen kroatischen Kriegsgegner quasi automatisch als hilfsberechtigt anerkannt wurden. Sie war auch das Ergebnis aktiver und transnational vernetzter Exilstrukturen, die die Lager, ihre Bevölkerungen und Repräsentanten miteinander verbanden und eine organisierte Anti-Auslieferungspolitik zu betreiben begannen. Für die Alliierten galt es, sich mit diesen Strukturen zu arrangieren, wobei die in den Lagern schon existenten nationalen Räte und Gruppierungen gefördert wurden, um den sozialen Frieden nicht zu gefährden und um die *resettlement*-Politik der IRO voranzutreiben.

---

120 Die amerikanische und britische Einwanderungspolitik, die Antikommunisten als Einwanderer immer stärker willkommen hieß und dabei der Relativierung alter Feindkategorien Vorschub leistete, dürfte der Entschlossenheit der Antirepatriierungsaktivisten noch zusätzliche Nahrung gegeben haben. Vgl. für dieses Argument Verovšek, Screening.

121 Vgl. etwa UNA, S 0437-0022-31, Field Operations – DP-Racial-Yugoslavs, Bekanntmachung des HQ Eastern Military Disctrict, Subject: Yugoslavian Nationalist Committee (26.10.1945). Vgl. auch einen von Heda Stern mitverfassten Report, deren Autorin als Zagreber Jüdin von den Verfolgungen des Ustaša-Regimes direkt betroffen war und sich im Oktober 1944 nach Italien retten konnte. Als Mitglied der „Public Safety"-Abteilung der Alliierten in Italien reiste sie durch mehrere kroatische Flüchtlingslager in Italien und berichtete von den dort aktiven Personen, die sie als „arrogant fanatics, dangerous propagandists" beschrieb, die daran arbeiteten, ihre Terrorherrschaft wieder zu errichten, NARA, RG 319, A1 134, Intelligence and Investigative Dossiers, Box 67, HQ Allied Military Government, US Army, Emilia Region to Deputy-Assistant Chief of Staff, G-2 US-Army, Report on Fugitive Enemy Officials (25.7.1945). Vgl. zu den Aktivitäten Sterns auch Krišto, Zagrebačka.

122 AN, AJ/43/194, 99, Accords avec la Yougoslavie, PCIRO/Yugoslav Agreement: Notes on Yugoslav Proposals (5.12.1947).

2 Die Entstehung kroatischer Exilpolitik in der Bundesrepublik. Akteure und Aktivitäten

Es war genau jene soeben skizzierte Konstellation von Antirepatriierungskomitees, die in und zwischen den Lagern aktiv waren, und ihre implizite bis offene Duldung durch die Alliierten, die den Grundstein für die späteren Verbände legte. Dabei spielte vor allem die amerikanische Besatzungspolitik eine Rolle, die stärker noch als die der Briten auf die nationale Selbstverwaltung in der Flüchtlingspolitik setzte und Emigrantengruppen aus allen Teilen Osteuropas anzog. Bis in die späten 1950er Jahre war Bayern ihr klares Zentrum.[123] Vor allem München beheimatete schnell die Mehrheit der Flüchtlinge und DPs in Europa und wurde Standort einer ganzen Reihe von Verbänden ost- und südosteuropäischer Emigranten. Noch über zwanzig Jahre später bezeichnete ein Redakteur der „Zeit" die bayerische Metropole als „Hauptstadt der Untergrundbewegungen".[124] Gleich mehrere Flüchtlings- und Wohlfahrtsorganisationen hatten sich in der Stadt angesiedelt[125] und Netzwerke der sogenannten Ostemigration etabliert. Sie trugen dazu bei, dass sich München schnell den Ruf einer „Frontstadt" des Kalten Kriegs erwarb,[126] in der die amerikanische Besatzungsmacht mit dem größten US-Konsulat in Europa ein breites Agentennetz unterhielt.[127] Im Folgenden werden die dortigen Anfänge kroatischer Exilpolitik skizziert und die wesentlichen programmatischen und personellen Gemeinsamkeiten und Unterschiede der zwei in den folgenden Jahren einflussreichsten Organisationen herausgearbeitet. In einem weiteren Abschnitt gehe ich auf Versuche der Allianzbildung mit deutschen Vertriebenenpolitikern ein. Insbesondere die Initiativen des äußerst umtriebigen und gut vernetzten Vorsitzenden des Kroatischen Nationalrats Branimir Jelić sind hierfür hervorzuheben. Geboren im Jahr 1905 im Dorf Donji-Dolac in Dalmatien war er bereits früh im Umfeld von Ante Pavelić aktiv. Nachdem er in den 1930er Jahren kroatische Propagandazentren an verschiedenen Orten weltweit aufgebaut hatte, setzten ihn die Briten auf seiner Rückreise aus den USA im Oktober 1939 fest. Als ranghohes Mitglied der Ustaša verbrachte er den Krieg in einem Internierungslager auf der Isle of Man. In der Nachkriegszeit stieg er zu einem der wichtigsten Protagonisten kroatischer Exilpolitik auf. Durch gezielt lancierte Medienkam-

123 Jacobmeyer, Displaced Persons, S. 164 f. Dies korrespondiert auch mit den Feststellungen Kleßmanns zu einem in der amerikanischen Zone im Vergleich zum britischen Sektor vergleichsweise stark ausgeprägten Föderalismus, vgl. Kleßmann, Staatsgründung, S. 76. In der französischen Zone wurde die politische Organisation von der Besatzungsmacht praktisch nicht toleriert, sodass sie für die folgenden Ausführungen keine Rolle spielt, vgl. Jahn, DP-Problem, S. 108 f.

124 Kilian Gassner, „Jetzt sind's schon sieben", in: Die Zeit, 15.11.1968.

125 Eine frühe Studie zum Thema kam zum Schluss, dass „in the refugee world Munich has something of the atmosphere of a seaport", Kee, Refugee World S. 95.

126 Johnson, Moschee, S. 58.

127 Zu den Geheimdienstkontakten vgl. grundlegend Stöver, Befreiung, S. 285–287, sowie Allen, Interrogation Nation.

pagnen gelang es ihm in den 1950er Jahren mehrfach, den jugoslawischen Staat öffentlichkeitswirksam zu diskreditieren und die Exilkroaten als natürliche Verbündete der bundesdeutschen Revisionspolitik darzustellen.[128]

2.1 Erste exilkroatische Organisationen in Bayern

Einem Memorandum des amerikanischen CIC zufolge befanden sich im Jahr 1947 in der gesamten amerikanischen Zone insgesamt „5000 Ustaša".[129] Von insgesamt 12 000–15 000 Kroaten lebten Stjepan Kukolja zufolge, einem der frühen und äußerst umtriebigen Exilaktivisten, etwa 4000 Kroaten in München und damit mehr als an jedem anderen Ort in Europa.[130] Die Attraktivität hielt an und im Laufe der nächsten zehn Jahre gründeten sich insgesamt fünf exilkroatische Organisationen, die hier ihren Hauptsitz bezogen.[131] Die geografische Nähe zum österreichischen Salzburg, ebenfalls in der dortigen amerikanischen Zone gelegen, wo sich Anfang 1946 mit dem Segen Pavelićs ein „Kroatisches Komitee" (*Hrvatski odbor*) mit einigen ehemaligen NDH-Regierungsmitgliedern formiert hatte, dürfte dabei ein organisationsstrategischer Faktor gewesen sein.[132]

Den ersten Anlass einer Demonstration antijugoslawischer und kroatisch-nationalistischer Gesinnung in der späteren Bundesrepublik lieferte Ende 1946 die drohende Repatriierung im DP-Camp in der Münchener Freimann-Kaserne.[133] Ebenfalls Ende 1946 gründete sich – wiederum in München – mit dem Verein *Akademski klub Stepinac* die erste offizielle explizit exilkroatische Vereinigung in den deutschen Besatzungszonen. Im Andenken an das Schicksal des kurz zuvor wegen Kollaboration

---

128 Zur Biografie Jelićs vgl. u. a. Shonick, Yugoslav Migrants, S. 46–51; Broszat/Hory, Ustascha-Staat, S. 22–29.

129 Die Kriterien, auf welcher Grundlage diese Aussage zustande kam, bleiben jedoch unklar, vgl. NARA, RG 319, A1 134, Intelligence and Investigative Dossiers, Box 108, HQ Counter Intelligence Corps Region IV, Memorandum for the Officer in Charge, Subject: Ustasha (16.2.1948). Für das Zitat vgl. Bauer, Život, S. 255. Auch wenn München der bei Weitem wichtigste Standort war, sei hier der Vollständigkeit halber erwähnt, dass sich auch in Nürnberg unter dem NDH-Gesundheitsminister Janko Tortić eine aktive Gruppe gebildet hatte, vgl. NARA, RG 319, A1 134, Intelligence and Investigative Dossiers, Box 108, HQ Counter Intelligence Corps Region IV, Memorandum for the Officer in Charge, Subject: Ustasha (11.2.1948). Zu Tortić vgl. auch Jareb, Svjedočanstvo.

130 HDA, 1561, 1.14-2, Referat von Izidor Strmečki-Genc, Razvoj djelovanje i povezivanja emigracije u Njemačkoj (o. D. 1947/48). Vgl. zur generellen Rolle Münchens für jugoslawische Einwanderer auch Novinšćak, Gastarbeiter.

131 HDA, 1561, 1.14-2, Rad Hrvatske Emigracije u Z. Njemačkoj (24.6.1957).

132 Krizman, Pavelić u bjekstvu, S. 166–172. Vgl. auch die Schilderungen in Bauer, Život, S. 276 f.

133 Als die Betroffenen infolge eines Screenings ihren DP-Status bei der UNRRA verloren hatten, zogen sie in einem Demonstrationszug durch die umliegenden Straßen und machten mit NDH-Flaggen und Pavelić-Sprechchören auf sich aufmerksam, vgl. NARA, RG 319, A1 134, Intelligence and Investigative Dossiers, Box 108, HQ Counter Intelligence Corps Region IV, Memorandum for the Officer in Charge, Subject: Ustasha (16.2.1948).

verurteilten Zagreber Erzbischofs und angebunden an den katholischen Studierendenverband Unitas knüpfte der Verein, dessen ca. 150 Mitglieder unter anderem Geldsammlungen zugunsten kroatischer Kriegsgefangener abhielten, deutlich an einen katholischen Antikommunismus an und kann als Keimzelle für die spätere organisierte Emigration gesehen werden.[134] Um ehemalige kroatische Militärs auch jenseits der bayerischen Hauptstadt zu erreichen, wurde aus diesem Klub heraus gegen Anfang des Jahres 1948 das „Zentralkomitee der kroatischen politischen Flüchtlinge und DPs" gegründet (*Središnji odbor hrvatskih političkih izbeglica i D. P.*, SOHPI).[135] Einmal mehr unter der Schirmherrschaft der Kirche gewann die Organisation, die den Anspruch einer antikommunistischen exilkroatischen Politik verfolgte, schnell an Mitgliedern und etablierte Kontakte über ideologische und geografische Grenzen hinweg.[136] Sie stellte Mitgliedskarten aus, die vor den Besatzungsbehörden als Ausweis kroatischer Nationszugehörigkeit fungieren sollten.[137]

Binnen kurzer Zeit, so behauptete eines ihrer aktiven Mitglieder, hätten die Münchener Aktivisten ein Netzwerk zwischen kroatischen Exilanten in allen drei Zonen sowie in unterschiedlichen Ländern Europas und der Welt aufbauen und bis zu 3500 Mitglieder rekrutieren können.[138] Auch wenn der Wahrheitsgehalt dieser Aussage nicht überprüft werden kann, scheint die Gruppe tatsächlich recht aktiv gewesen zu sein und – im Kontrast zur exilpolitischen Ausrichtung der Emigrantenverbände in den 1950er Jahren – noch an die Möglichkeit eines bewaffneten Umsturzes in Jugoslawien geglaubt zu haben. So stand die Münchener Gruppe dem Historiker Bogdan Krizman zufolge schon früh in Kontakt mit den in Jugoslawien aktiven Widerstandszellen.[139] Zudem hätten sie sich durch Sammelaktionen hervorgetan, mit denen der Versuch eines bewaffneten Einfalls in Jugoslawien (die sogenannte *Akcija*

---

134 Jandrić, Prijepori, S. 64 f. Zum Argument des geteilten Antikommunismus vgl. Molnar, Yugoslav Migrations, S. 38.

135 Zuweilen wird die Organisation in der Literatur auch unter ihren Vorgängernamen „Hrvatska katolička zajednica u Njemačkoj" bezeichnet, den sie jedoch abgelegt hatte, um die kroatischen Muslime nicht symbolisch zu exkludieren, vgl. HDA, 1561, 1.14-2, Referat Genc, Razvoj djelovanje (1947/48).

136 Die Verflechtungen zu anderen Organisationen und Verbindungen mit anderen Personen waren weitreichend und bestanden zu Maček und Jelić in London, zu Hefer in Argentinien, zu Draganović und in die italienischen Lager sowie zum Ustaša-Pater Srečko Perić in Belgien, der hier über Weihnachten 1947 über 20 000 Franc für bedürftige kroatische Emigranten in Deutschland sammelte, vgl. ebenda.

137 So jedenfalls verwendet in einem Antrag für Hilfen von Filip Karger durch die IRO, vgl. ITS Digital Archive, Bad Arolsen, 3.2.2.1/79263000, Izkaznica/Member card: Hrvatska katolička zajednica (28.10.1948).

138 Vgl. zu dieser Zahl auch Jareb/Jelić, Uspomene, S. 64 f.

139 Krizman, Pavelić, S. 160. Vor Kriegsende hatten sich einzelne Ustaša-Milizen in die Wälder abgesetzt, von wo aus sie als sogenannte *Križari* Guerillaaktionen auf jugoslawische Infrastruktur und Sicherheitsorgane unternahmen, die offenbar auch über Kommunikationskanäle zu ehemaligen Regimeangehörigen in den Flüchtlingslagern verfügten, vgl. hierfür das Pionierwerk von Radelić, Križari. Vgl. auch Jonjić, Organised Resistance.

Kavran) zum Teil finanziert worden und von Bayern aus maßgeblich mitgeplant worden sei.[140]

Ab den späten 1940er Jahren wuchs die Zahl kroatischer Emigranten kontinuierlich. Zu jenen, die während des Krieges mit den Deutschen kollaboriert oder sich anderweitig kompromittiert hatten, gesellten sich immer mehr Personen, die aufgrund politischer Repressionen in Jugoslawien, aber auch aus wirtschaftlicher Not, oder um dem Militärdienst zu entgehen, nach Deutschland kamen. Hier bemühten sie sich dann mit Verweis auf die Genfer Flüchtlingskonvention (GFK) um politisches Asyl.[141] Mit zunehmender wirtschaftlicher Entspannung wurden auch abgelehnte Asylbewerber schnell in Arbeit vermittelt und konnten sich weiterhin im Bundesgebiet aufhalten.[142] Eine sukzessive Besserung der wirtschaftlichen Lage in den Westzonen und eine steigende Konjunktur als Konsequenz des Marshallplans sowie die damit einhergehende sich stetig verschärfende Systemauseinandersetzung griffen dabei gleichsam ineinander.

Für diese Neuankommenden war in der Regel das Bundeserstaufnahmelager in Zirndorf die erste Adresse, wo sie unter anderem auf die bereits etablierten Nachkriegsemigranten trafen. Zudem waren die seit 1948 bestehenden „Kroatischen katholischen Missionen" (*Hrvatske katoličke misije*, HKM) wichtige Anlaufstellen und stellten vielerorts die einzigen Institutionen dar, die ein soziales und kulturelles Angebot in der Muttersprache und Zerstreuung abseits der Wohnunterkünfte boten.[143] Die leitenden Priester der acht Missionen, die im Laufe der 1940er und 50er Jahre im Bundesgebiet entstanden, hatten ein außerordentlich breites Aufgabenfeld. Sie wurden in allen möglichen Lebenslagen konsultiert und ihre Arbeit ging über den blo-

140 Im Verlauf des Jahres 1948 war es mehreren Gruppen aus den österreichischen Flüchtlingslagern gelungen, in Jugoslawien einzusickern. Der ursprüngliche Plan, hier bewaffnete Aktionen durchzuführen, wurde jedoch von den Behörden verhindert. Die Protagonisten wurden gefasst und bis auf wenige Ausnahmen hingerichtet. Der Plan wurde seither von Teilen der politischen Exilanten als „Akcija Kavran" bezeichnet (nach einem ihrer Urheber Božidar Kavran). Vgl. für die diesbezügliche Involvierung der Münchener Gruppe die Aussagen von Stmečki-Genc, in: HDA, 1561, 1.14-2., sowie die Erkenntnisse hierzu des Landgerichts Graz im Urteil gegen ehemalige *Križari* aus dem Flüchtlingslager Trofaiach (17.1.1949), in: AN, AJ/43/978, 31.

141 Für eine Aufbereitung statistischer Angaben aus offiziellen jugoslawischen Quellen vgl. Šarić, Bijeg. Für die Vor- und Nachteile der Asylbemühungen unter Bezug auf die GFK oder das Grundgesetz vgl. Poutrus, Asylum.

142 Ihnen wurde in der Regel vor Ort eine ausländerpolizeiliche Aufenthaltsgenehmigung erteilt, nachdem sie vom Erstaufnahmelager in Zirndorf aus zentral oder durch Anwerbung „in Arbeitsplätze vermittelt" wurden, vgl. die Beschreibung der vorherigen Praxis von Breull (BMI) im Vermerk: Verteilung der in Berlin befindlichen Ausländer, die den Wunsch haben, in das Bundesgebiet überzusiedeln (5.2.1961), in: BArch, B 150/3684, Verteilung ausländischer Flüchtlinge auf die Länder.

143 Zum generell mangelnden Freizeitangebot für Migranten und zu den rassistischen Reaktionen der deutschen Bevölkerung vgl. u. a. Dunkel/Stramaglia-Faggion, Gastarbeiter in München, S. 206 f. Zum Teil öffneten sich die HKMs auch nicht-katholischen Personen aus Jugoslawien, vgl. Stanković, Crkva, S. 204 f. Zu den HKMs generell vgl. Winterhagen, Katholizismus.

ßen Seelsorgeaspekt weit hinaus.[144] Die Präsenz der katholischen Kirche im Leben kroatischer Migranten machte sie zu einem wichtigen Ort der Mitgliederanwerbung, sodass sie bis zur offiziellen Kontaktaufnahme mit der jugoslawischen Bischofskonferenz ein Treffpunkt und Rekrutierungsort für die frühen Exilvereinigungen waren.[145] Hierbei war hilfreich, dass die HKMs zunächst in der Regel von Priestern betrieben wurden, die selbst Emigranten waren und dem sozialistischen Staat entsprechend feindselig gegenüberstanden.[146] Die Rolle der katholischen Kirchengemeinden als Sammelbecken politischer Emigranten aus Osteuropa ist für andere Länder bereits betont worden[147] und lässt sich auch für die Bundesrepublik zeigen, wo sie aufgrund personeller Überschneidungen schon früh Treffpunkte kroatischer Emigrantengruppen darstellten.[148] Für die ersten exilpolitischen Organisationen, die weiter oben bereits angesprochen wurden, war die Nähe zur Kirche ebenfalls charakteristisch: Mit Stjepan Kukolja war eine zentrale Figur früher Münchener Exilvereine und ein späteres Gründungsmitglied der Ustaša-Organisation UHNj (*Ujedinjeni Hrvati Njemačke*, Vereinigte Kroaten Deutschlands) zugleich der erste hauptamtliche Seelsorger für Kroaten.[149] Er und sein Nachfolger Dominik Šušnjara, der im zweiten großen Exilverband (Kroatisches Nationalkomitee, HNO) eine gleichermaßen bestimmende Rolle einnahm und schon in den 1940ern mehrere Jahre im Ustaša-Lager in Fermo als Seelsorger gewirkt hatte,[150] verfügten über ein Dienstfahrzeug, mit dem sie Flüchtlingslager im ganzen späteren Bundesgebiet anfuhren. Die beiden Priester

---

144 Sehr eindrücklich geschildert ist dies im Brief des kroatischen Oberseelsorgeamts (Dominik Šušnjara) an den Deutschen Caritasverband (Konrad Winkler) (22.11.1962), in: ADCV, 380.24+172 Fasz.01.

145 Ivanović, Geburtstag, S. 184 f.

146 Sie und ihre Aktivitäten wurden von den jugoslawischen Staatssicherheitsbehörden entsprechend kritisch beäugt und überwacht. Die jugoslawische Staatssicherheit setzte unter den Priestern gezielt IMs ein, die über deren Aktivitäten berichteten. In den 1950er Jahren existierte bei der damals noch UDBa genannten Behörde ein eigenes Referat für den Klerus, vgl. hierfür insbesondere die Akte HDA, 1561, 1.14-6, RSUP SR Hrvatske, SDS.

147 Hierbei spielte u. a. die „Ostpriester-Hilfe“ in Rom eine wichtige Rolle, in die auch der weiter oben erwähnte kroatische Oberseelsorger Šušnjara involviert war, vgl. hierzu Čovo, Šušnjara, S. 148 f.

148 In München fanden regelmäßige Zusammenkünfte ehemaliger Ustaša unter der Leitung des kroatischen Pfarrers Andrija Kordić statt, den das amerikanische CIC schon unmittelbar nach dem Krieg für einen Verbindungsmann Pavelićs in den italienischen Lagern hielt. Er konnte hierfür auf die Räumlichkeiten des kirchlichen Seniorenheims Vincentinum im Lehel zurückgreifen. Vgl. NARA, RG 319, ZZ, 6, IRR Selected Impersonal Files, Box 19, Ustashi Movement in Italy, CIC, Milan Detachment, Ustachi Movement: Summary of Information (14.4.1947); NARA, RG 319, A1 134, Intelligence and Investigative Dossiers, Box 108, HQ Counter Intelligence Corps Region IV, Memorandum for the Officer in Charge, Subject: Ustasha (11.2.1948).

149 Ab 1953 war er Kaplan der Pfarrei Maria Einsiedel bei München, vgl. PA AA, B 130, 4682A, Flüchtlings-und Vertriebenenfragen, Bericht über kroatische Gedenkfeiern zum 10.4.1953 in München.

150 Čovo, Šušnjara, S. 37.

sorgten somit früh für eine Präsenz kroatisch nationalistischer Positionen weit über Bayern und München hinaus.

Kirchliche Strukturen waren auch deswegen wichtig, da – bei aller Toleranz, die vonseiten der US-Behörden gegenüber den Strukturen der Lagerselbstverwaltung herrschte – eine dezidiert exilpolitische und antijugoslawische Betätigung, wie sie etwa vom weiter oben erwähnten SOHPI betrieben wurde, außerhalb der Lagerkontexte nur unter erschwerten Bedingungen und ausschließlich innerhalb kirchlicher Strukturen möglich war.[151] Sie erhielten von den Alliierten oder IRO keine Unterstützung, die lediglich das „Komitee der DPs und politischen Flüchtlinge aus Jugoslawien" förderten, das sich offiziell übernational gab.[152] Exilkroatische Organisationen blieben unter alliierter Verwaltung insofern noch primär auf die lokale Ebene beschränkt.

Mit der sukzessiven Wiedererlangung deutscher politischer Souveränität ging indessen auch eine Kompetenz- und Zuständigkeitserweiterung für die ehemaligen DPs und Flüchtlinge hinsichtlich asyl- und migrationspolitischer Entscheidungsbefugnisse einher, von der die national organisierten Gruppen profitierten.[153] Ihre Unterstützung in sozialen und kulturellen Anliegen sowie in der „Brauchtumspflege" wurde durch das 1949 gegründete Bundesministerium für Vertriebene, Flüchtlinge und Kriegsgeschädigte (BMVt) übernommen.[154] Generell ging mit dem Autonomiegewinn der bundesdeutschen Politik und Verwaltung eine Marginalisierung der bis dahin dominanten DP-Komitees einher, zu denen auch das oben bereits erwähnte übernationale jugoslawische Nationalkomitee zählte.[155] Jene vor allem als Sprachrohr der IRO fungierenden und in die humanitäre Agenda eingebundenen Gremien wurden Anfang der 1950er Jahre durch Gruppierungen mit nationalistischer und antikommunistischer Ausrichtung herausgefordert. Diese hatten sich im „International Committee of Political Refugees and Displaced Persons in Germany" (INCORPORE) zusammengeschlossen, das mehrheitlich aus nationalen Gruppierungen bestand,

151 Dies entsprach den von den Alliierten festgelegten Grenzen für die Artikulation revisionistischer Positionen, vgl. Herbert, Geschichte Deutschlands, S. 645.

152 Vgl. die Auflistung des US HQ, Relationship with national groups of DPs (15.2.1949), in: AN, AJ/43/807, 31, Dissidents politiques: généralités; relations avec les comités nationaux; groupes nationaux; conférences des officiers de liaison des comités nationaux.

153 So ging die Unterstützung der kulturellen und exilpolitischen Aktivitäten in die Verantwortung der bundesdeutschen Kommunal- und Bundespolitik über. Auch die Versorgung der DPs und Flüchtlinge wurde mit dem Auslaufen der IRO und der Gründung von UNHCR ab Ende 1950 der Bundesregierung überantwortet, vgl. Marrus, The Unwanted, S. 356 f. Zum Souveränitätstransfer vgl. zusammenfassend Benz, Gründung.

154 In der Forschung bleibt häufig unberücksichtigt, dass dieses bis 1969 bestehende Ministerium nicht nur für die Integration der deutschen Vertriebenen, sondern auch für die kulturelle und soziale Unterstützung von Verbänden der „Ostemigration" zuständig war. Das BMVt ist bislang ein nur wenig erforschtes Ministerium. Für einen ersten Überblick vgl. Beer, Symbolische Politik?.

155 Vgl. AN, AJ/43/807, 31, Bericht von Pirkmajer über die Unterredung mit dem BMVt (Oktober 1951).

die die Unabhängigkeit ihrer jeweiligen Nationen in den Mittelpunkt ihrer Arbeit stellten.[156] Dies galt auch für das kroatische SOHPI, das bislang in keinem offiziellen Verhältnis zur IRO gestanden hatte und das ebenfalls INCORPORE beitrat, sodass bei dessen konstituierender Sitzung erstmals nach dem Krieg wieder die kroatische Fahne öffentlich in Deutschland wehte.[157] Unterstützung erfuhr INCORPORE dabei unter anderem von Vertriebenenpolitikern, die begonnen hatten, in der Landes- und Bundespolitik Netzwerke aufzubauen und mit der Förderung des Komitees die Sabotage alliierter Interessenspolitik und den Aufbau neuer Allianzen unter den Exilverbänden zu betreiben.[158]

2.2 Programmatik und Mitgliederstruktur der zwei größten kroatischen Exilverbände

Die anerkennungspolitische Aufwertung national organisierter Interessensgruppen markierte einen Wandel von einer lediglich inoffiziellen Duldung nationalistischer Aktivisten unter der alliierten Besatzung hin zu einer stärkeren Entfaltung mehr oder weniger offen exilpolitisch agierender Organisationen und machte sich auch für exilkroatische Akteure bemerkbar. Zusammen mit dem wirtschaftlichen Aufschwung und einer stetigen Einwanderung kroatischer Arbeitskräfte als potenziellen Mitgliedern bot die neue Anerkennung nationaler Exilvertretungen eine grundsätzlich günstige Gelegenheitsstruktur für Aktivisten, die die Gründung größerer, landesweit operierender Organisationen anstrebten. Eine exponierte Rolle spielten dabei in den 1950er Jahren die „Vereinigten Kroaten Deutschlands“ (UHNj) und das „Kroatische Nationalkomitee“ (HNO).

So war etwa der erwähnte Emigrantenpriester Kukolja im Juli 1952 Gründungsmitglied der Pavelić-treuen UHNj. Bis in die späten 1950er Jahre wirkte er als Vorsitzender dieser Vereinigung, die ab 1956 auch offiziell den in Argentinien ansässigen „Hrvatski oslobodilački pokret“ („Kroatische Unabhängigkeitsbewegung“, HOP) und seinen globalen exilkroatischen Repräsentationsanspruch in der Bundesrepu-

156 Ebenda, Pirkmajer an Sherrard (Operation Officer, IRO Zone HQ Munich) (31.8.1951).

157 Vgl. für diese Feststellung HDA, 1561, 10.7-1, Hrvatski narodni odbor (HNO), Zapisnik, sednice izvršnog i šireg upravnog odbora HNO-a u Minhenu (28./29.12.1953). Generell zum Zusammenschluss vgl. AN, AJ/43/807, 31, INCORPORE, List of International Committees with whom IRO has no Direct Relationship (o. D.).

158 Vgl. hierfür wiederum die Einschätzung im Bericht von Pirkmajer über die Unterredung mit dem BMVt (Oktober 1951), in: HDA, 1561, 10.7-1, Hrvatski narodni odbor (HNO). Zu den Akteuren dieser noch jungen Vertriebenenlobby zählten schon zu diesem Zeitpunkt der Staatssekretär für Flüchtlingsfragen im bayerischen Innenministerium und spätere Vertriebenenminister Theodor Oberländer. Für seine Positionierung zu INCORPORE vgl. ebenda, Pirkmajer an Jamison (Chief, Dept. of Field Operations), General Councils of National Committees' Contact with the federal ministry for Expellees (o. D., wahrsch. Anfang Oktober 1951).

blik vertrat.[159] Auch das ein Jahr zuvor gegründete HNO nahm die Repräsentation der Kroaten außerhalb des Heimatlandes für sich in Anspruch und sah sich dabei in der Rolle einer Art intellektuellen Avantgarde mit Verbindungen in kirchliche Kreise und zum finanzstarken National Catholic Welfare Committee (NCWC), das als Gremium des amerikanischen katholischen Klerus zudem über politische Kontakte verfügte.[160]

Die wesentlichen Unterschiede zwischen HNO und UHNj waren nicht in erster Linie ideologischer Natur. Beide waren zudem international aufgestellt: Das HNO hatte neben Mitgliedern in Belgien und England vor allem in Deutschland und Italien Anhänger, wo mit Pater Krunoslav Draganović ein einflussreicher Vertreter der Emigration tonangebend war; die UHNj wiederum waren Teil der Ustaša-Bewegung Pavelićs, die sich ebenfalls zu einer mitgliederstarken und einflussreichen kroatischen Exilorganisationen in der Bundesrepublik entwickelten, wo sich im Laufe der 1950er Jahre neben Argentinien ein wesentliches Zentrum der antijugoslawischen und kroatisch-nationalistischen Exilgruppen herausbildete.[161] Unterschiede zwischen den Organisationen ergaben sich vor allem hinsichtlich ihrer taktischen Ausrichtung und bezüglich der Frage nach der nötigen politischen Anerkennung im Exil. Schon in der unmittelbaren Nachkriegszeit waren Fraktionsbildungen innerhalb des kroatischen Exils erkennbar gewesen und Konflikte zwischen Jelićs und Pavelićs Gefolgsleuten, etwa bei den Wahlen der Lagerräte im Lager Fermo, offen zutage getreten.[162] Glaubt man den Berichten von Informanten der jugoslawischen Staatssicherheit, ging es dabei – neben omnipräsenten persönlichen Differenzen und Ränkeleien – schon direkt nach dem verlorenen Krieg auch um Fragen der taktischen Ausrichtung. Grundsätzlich spekulierten dabei beide Organisationen während der gesamten 1950er Jahre auf eine offene militärische Auseinandersetzung zwischen den geopolitischen Blöcken und suchten sich als antikommunistische Alternative für ein unabhängiges postjugoslawisches Kroatien in Stellung zu bringen.[163]

Im Gegensatz zu den Pavelić-treuen Vereinigten Kroaten gab man sich beim HNO dabei alle Mühe, das politische Programm der Organisation möglichst öffentlichkeitswirksam im Gastland zu kommunizieren. Bereits ein Jahr vor der Gründung war Branimir Jelić, der spätere Vorsitzende und alle anderen Akteure überragende

159 Das Gründungsdokument der UHNj befindet sich in HDA, 1561, 10.10-6.

160 Zum Einfluss des NCWC für die Ermöglichung von Exilpolitik existieren bislang keine quellenbasierten Studien. Nahegelegt wird dies u. a. bei Čovo, Šušnjara, S. 52.

161 Die Kroatische Bauernpartei (HSS) als anfänglich auch in München noch durchaus ernstzunehmender Akteur, soviel kann an dieser Stelle schon gesagt werden, spielte hierfür keine weitere Rolle. Zwar gab es auch Repräsentanten in Deutschland, die Partei war jedoch vornehmlich in Großbritannien aktiv und kann für die Bundesrepublik insgesamt vernachlässigt werden, vgl. HDA, 1561, 1.14-2, Rad Hrvatske Emigracije u Z. Njemačkoj (24.6.1957). Zur HSS in England vgl. u. a. Spehnjak, Britanski pogled, S. 178 f.

162 Vgl. hierzu auch Robionek, Bleiburg, S. 288.

163 Tokić, Landscapes.

Protagonist jener Organisation, aus London in die neugegründete Bundesrepublik gezogen, um unter den veränderten politischen Bedingungen eine geeinte Exilorganisation aufzubauen.[164] Offenbar rechnete er hier, an der Sollbruchstelle des Kalten Kriegs, und angesichts einer wachsenden Migration aus Kroatien mit einer attraktiveren politischen Ausgangslage als in Großbritannien. Zudem konnte er an Kontakte aus der Zwischenkriegszeit anknüpfen, die er unter anderem im Exil in Berlin und Danzig verlebt hatte.[165] Jelić trat dabei exilpolitisch gleichsam „unkontaminiert" vom Erbe des NDH auf, hatte er den Krieg doch durch einen Zufall in Internierungshaft auf der Isle of Man verbracht. Zugleich verkörperte er als Ustaša der ersten Stunde mit den entsprechenden Netzwerken in hohem Maße politische Glaubwürdigkeit nach innen.[166] Neben den etablierten Polen innerhalb der auf nationale Unabhängigkeit abzielenden kroatischen Exillandschaft konnte er seine Organisation zwischen Bauernpartei (*Hrvatska seljačka stranka*, HSS) und Ustaša als eine Art „dritten Weg" in Stellung bringen.[167] Mit Memoranden an westliche Regierungen und die internationalen Flüchtlingsorganisationen hatte er sich bereits in seiner Londoner Zeit als eine Schlüsselfigur neben Pavelić positioniert, womit seine Rolle als dessen Gegenspieler angelegt war.[168] In den folgenden Jahren wurde er einer der aktivsten und profiliertesten kroatischen Exilpolitiker, dem es durch seine Kontakte gelang, sich als eine Art überparteilicher Anführer der kroatischen Emigranten in Deutschland zu inszenieren.[169]

Die UHNj, die sich auch als radikalere Alternative zum zuvor gegründeten HNO verstanden, leiteten ihre Legitimität vor allem aus dem Anspruch ab, als kompromisslose Anhänger Ante Pavelićs aufzutreten, und gaben sich im Gegensatz zum HNO in der Außenkommunikation eher bedeckt. Abgesehen von eindeutig positiven Bezugnahmen auf den NDH, der bis in die 1980er Jahre die wesentliche inhaltliche Referenz der Organisation darstellte, blieb diese programmatisch weitgehend undefiniert. Eindeutig war indessen die Selbstbezeichnung in Pamphleten und Korrespondenzen als „Ustaša" und damit auch ein ungebrochenes Verhältnis zur jüngeren faschistischen Vergangenheit Kroatiens und der Rolle der eigenen Mitglieder.[170]

---

164 Jandrić, Hrvatska politička emigracija, S. 69 f.

165 Jareb, Pokret, S. 199 f.

166 Bauer, Život, S. 278. Zu Leben und Wirken Jelićs vgl. v. a. Jareb/Jelić, Uspomene.

167 Vgl. für diese Interpretation auch Borić, Hrvat, S. 55 f.

168 So sind im Gegensatz zu den erwähnten Organisationen und Netzwerken, von deren Existenz wir v. a. über Geheimdienstquellen und Memoiren wissen, schon früh Petitionen und Memoranden an Regierungsvertreter und Flüchtlingsorganisationen überliefert, denen zuweilen auch nachgegangen wurde, vgl. AN, AJ/43/566, 1109-86, Eligibilité des Croates en Italie, octobre. Vgl. auch AN, AJ/43/20, 1755, Provisional Central Committee for Protection and Welfare of Croatian Political Refugees, Korrespondenz zwischen PCIRO und Jelić.

169 Es passt hierzu, dass in einer Reportage des „Sterns" gar von „Jelić, dem Kroatenchef" die Rede war, vgl. Klaus Ellrodt, Die Mafia in unserer Mitte, in: Stern, 6.6.1971, S. 62–65.

170 Pavelić wurde nach wie vor als „poglavnik" (sinngemäß: „Führer") bezeichnet, der den Kampf um ein unabhängiges Kroatien weiterhin anführe. Auf ihren Veranstaltungen und Verlautbarungen

Eine Assoziation mit dem Faschismus und gewaltsamen Umsturzplänen wurde im Gegensatz hierzu vom HNO stets zurückgewiesen. Jelić als dessen Vorsitzender versuchte in seinen zahlreichen Reden und Memoranden, die er an Politiker im In- und Ausland verschickte, positive Bezugnahmen auf den kurzlebigen Staat von Hitlers Gnaden zu vermeiden und sich stattdessen als „demokratische" Kraft zu inszenieren.[171] Dies war weniger Resultat eines tatsächlichen Wandlungsprozesses als vielmehr der Einsicht von Teilen der alten NDH-Eliten in neue Kräftekonstellationen geschuldet.[172] Das HNO verpflichtete sich ganz einem antitotalitaristischen Diskurs, der zwar vor allem gegenüber Tito und dem „Serbokommunismus" mit eindeutig rassistischen Elementen aufgeladen war,[173] dabei aber auch Distanz zu den *Ustaše* um Ante Pavelić bzw. zu den UHNj als dessen Vertreter in der Bundesrepublik suchte.[174] Die Distanzierung, die Jelić und sein HNO vom faschistischen Kroatien vollzogen, war jedoch allenfalls halbherzig: Vielmehr wurde versucht, den NDH als einen letztlich gescheiterten Versuch kroatischer Eigenstaatlichkeit in das eigene Programm zu integrieren und das Bündnis mit den Deutschen als eine Art notwendiges Übel angesichts der drohenden Machtübernahme der kommunistischen Partisanen im Sinne zeitgenössischer geopolitischer Konflikte umzudeuten.[175] In jedem Fall, so Jelić in einer Ansprache aus dem Jahr 1953, gäbe es „keine Berechtigung, dieses Regime [gemeint ist der NDH, MT] im Nachhinein zu tadeln oder zu loben. Es war einfach, wie es war."[176] Der Gründungstag des faschistischen Kroatiens (10. April) wur-

---

wurde offen der Ustaša-Gruß skandiert („Za dom spremni" – „Für die Heimat bereit") und noch im Jahr 1953 wurde bei einer Veranstaltung der zu diesem Zeitpunkt bereits bedeutungslos gewordene Untergrundkampf der *Križari* glorifiziert und um aktive finanzielle Unterstützung für den gewaltsamen Umsturz in Jugoslawien geworben. Vgl. PA AA, B 130, 4682A, Die kroatischen Gedenkfeiern am 12. April 1953.

171 Schon in der Zwischenkriegszeit sei die kroatische Emigration Jelić zufolge „von demokratischem Geist durchdrungen" gewesen, vgl. Jareb/Jelić, Uspomene, S. 32.

172 Intern gab Jelić dies sogar unumwunden zu, vgl. HDA, 1561, 10.7-1, Sitzung HNO am 23.8.1952 (5.1.1953).

173 Die Ablehnung des Kommunismus wurde von Jelić als eine Art kollektives Attribut des kroatischen Volkes und der Konflikt zwischen Kroaten und Serben als Frontkampf einer jahrtausendealten Auseinandersetzung von Abend- und Morgenland gedeutet, wobei er in einer Rede etwa die Verbrechen von Serben während des Kriegs mit dem „Einzug der Mongolen in Europa" verglich, vgl. HDA, 1561, 10.7-8, Prepiska Branka Jelića sa svojim istomišljenicima i drugim osobama, Rede anlässlich der „Feierlichen Akademie" des HNO (19.5.1955).

174 So zog sich die Organisation etwa aus dem Dachverband Anti Bolshevic Bloc of Nations (ABN) zurück mit dem Verweis, dass hier zunehmend „faschistische Elemente" den Ton angäben – ein klarer Seitenhieb auf die UHNj, die nach wie vor Teil dieses Bündnisses waren, vgl. HDA, 1561, 10.7-1, Zapisnik sa sednice izvrsnog i sireg upravnog odbora HNO-a u Minhenu (28./29.12.1953).

175 AN, AJ/43/20, 1755, Jelić an Secr. of State (3.6.1946). Vgl. zu einer Kritik an dieser Argumentation auch Yeomans, Introduction, S. 6.

176 BayHStA, StK, 17067, Tätigkeit jugoslawischer Emigranten-Organisationen in der Bundesrepublik, Rede Jelićs anlässlich des 10.4.1953. Für vergleichbare Strategien russischer Exilanten, die Kollaboration mit den deutschen Besatzern in der Nachkriegszeit als eine Art notwendiges Übel gegen

de – seines negativen Inhalts quasi entledigt – folglich auch beim HNO gefeiert und in den Folgejahren zu einem Höhepunkt des exilpolitischen Festtagskalenders, an dem Versammlungen und Demonstrationen stattfanden und Memoranden und Petitionen verfasst wurden.[177] Was die Gebietsansprüche eines kroatischen Staats anging, orientierten sich beide Organisationen ebenfalls gleichermaßen an den Grenzen des NDH und waren dem expansiven Programm eines Kroatiens „in seinen historischen und ethnischen Grenzen" verpflichtet.[178] Auch das begangene Unrecht und die Gewalt im NDH wurden relativiert.[179] So unterstrich Jelić bereits in frühen Memoranden, dass die Gewalt der Ustaša stets nur eine Reaktion auf die von der serbischen Bevölkerung verübten Massenmorde gewesen sei und dass im Gegensatz hierzu die Kroaten „unter Verfolgung und Leid [hätten leiden müssen], wie es sie in der gesamten Menschheitsgeschichte zuvor nicht gab".[180]

Auch in personeller Hinsicht konnte weder beim HNO noch bei den UHNj von einer wie auch immer gearteten Distanzierung vom NDH die Rede sein: In letzterer Organisation bestanden die Gründungsmitglieder nahezu ausschließlich aus ehemaligen Soldaten und Ustaša-Milizionären, die zum Teil als Kämpfer der ersten Stunde bereits mit Pavelić im italienischen Exil gewesen waren.[181] Bei den Repräsentanten des frühen HNO handelte es sich um rangmittlere bis -hohe Vertreter des alten Regimes, die jedoch selten frühe Ustaša, sondern etwa in der Bauernpartei aktiv gewesen waren oder bis zum Krieg gar keiner Partei angehört hatten.[182] Abgesehen von

---

den kommunistischen Feind und für das übergeordnete Ziel der Eigenstaatlichkeit darzustellen, vgl. Tromly, Émigré Politics, S. 52.

177 Es bedarf keiner eingehenden Erläuterung, dass dieser Tag selbstverständlich auch bei den UHNj, die in ihrer Programmatik direkt an den NDH anknüpften, als Feiertag begangen wurde. Zur erinnerungspolitischen Bedeutung eines „Imports" von Feiertagen – wenn auch mit anderem Erkenntnisinteresse – vgl. Caruso, Inclusion.

178 Čizmić/Sopta/Šakić, Iseljena Hrvatska, S. 370. Zur Ideengeschichte des auf Ante Starčević zurückgehenden Programms eines Großkroatiens vgl. Biondich, Nationalism.

179 Die Leugnung und zum Teil kontrafaktische Verklärung von kroatischen Massenmorden und eine hiermit einhergehende Apologie des NDH blieben für weite Teile des kroatischen Exils bis in die 1980er Jahre hinein charakteristisch, vgl. Goldstein, 1941, S. 89.

180 Jelić an Secr. of State (3.6.1946), in: AN, AJ/43/20, 1755.

181 Bericht über kroatische Gedenkfeiern zum 10.4.1953 in München, in: PA AA, B 130, 4682A. Noch in den frühen 1960er Jahren bestand ein Großteil der Führungsfiguren der Organisation offenbar aus ehemaligen NDH-Soldaten, vgl. Aide-Mémoire des jugoslawischen Generalkonsulats München (7.6.1962), in: LAV BW, HStAS: EA 2/303, Bü 624, Regelung des Vereins- und Versammlungswesens.

182 Neben den bereits erwähnten Priestern Šušnjara, Draganović und Cecelja waren etwa mit Mate Frković und Ivo Omrčanin ein ehemaliger Innenminister und ein hochrangiger Mitarbeiter des Außenministeriums in leitenden Positionen. Als Vertreter muslimisch-kroatischer Organisationen waren zudem Hamid Hromalić sowie Hakija Hadžić ebenfalls Teil des Führungsapparats des Regimes gewesen. Der Generalsekretär Stjepan Buć war als eine Art rechter Renegat Gründer der ersten nationalsozialistischen Partei Kroatiens gewesen. Zu den Personenangaben vgl. Stuparić, Tko je tko. Zu Buć vgl. BayHStA, StK, 17067, Angaben von Landtagspräsident Hundhammer an Ministerpräsident Ehard (17.4.1953).

diesen personellen Bezügen zum NDH und seinen Institutionen ist für diese Organisation vor allem die Dichte an oft auch promovierten Akademikern auffällig.[183] Insbesondere sticht dies angesichts deren praktischer Abwesenheit bei den UHNj hervor, deren Führungspersönlichkeiten eher dem Militär entstammten.[184] Soweit dies anhand der Akten rekonstruiert werden kann, hatte hier der größte Teil der Gründungsmitglieder nicht länger als sieben Jahre Schulbildung genossen. Der geringe Bildungsgrad ist dabei wiederum auch auf das insgesamt jüngere Alter der UHNj-Mitglieder zurückzuführen, die zum Teil erst in den mittleren bis späten 1920er Jahren geboren wurden und deren Schullaufbahn vielfach durch Kriegs- oder Arbeitsdienst und die spätere Flucht unterbrochen wurde.

2.3 Frühe exilpolitische Aktivitäten und Allianzbildungen. Eine geteilte Agenda?

Während sich die UHNj also klar als *Ustaše* zu erkennen gaben und sich besonders anfangs auch als eine Sammlungsbewegung für Angehörige der bewaffneten NDH-Einheiten verstanden, schickte sich das HNO an, ein vermeintlich „überparteiliches" internationales Sammelbecken „aller kroatischen Kräfte" zu etablieren und dabei als eine Art Exilregierung aufzutreten.[185] Zum Teil hatte dies ein grotesk anmutendes staatsmännisches Auftreten seines Vorsitzenden zur Folge und manifestierte sich in den 1950er Jahren primär über Reden und Memoranden an das Auswärtige bzw. an das Bundeskanzleramt.[186] Früh schon bemühte sich das HNO bei diesen Kontaktver-

---

183 Vgl. die kommentierte Liste des erweiterten Führungskreises, BfV an AA und BKAmt, Kroatisches Nationalkomitee in Europa (19.6.1953), in: BArch, B 136/6491, Exilgruppe Jugoslawien und Kroaten.

184 Dies gilt etwa für ihre Protagonisten Hinko Alabanda, Mirko Beljan und Koloman Bilić (sowie später Mile Rukavina). Während Erstere als Generäle gewirkt hatten, war Rukavina als Ustaša-Milizionär an Massakern und nach Kriegsende am antijugoslawischen Widerstand beteiligt. Zu Alabanda und Beljan vgl. Stuparić, Tko je tko, S. 32, 4. Zu Alabanda vgl. auch Pervan, General. Zu Rukavina vgl. ausführlich die Biografie in: HDA, 1561, 10.10-9. RSUP SR Hrvatske, SDS. In ihren Anträgen für Hilfsleistungen der IRO gaben sie demgegenüber an, im Krieg als „Waldarbeiter" (Rukavina) bzw. als „Kaufmann" (Alabanda und Beljan) tätig gewesen zu sein, vgl. ITS Digital Archive, Arolsen Archive, 78870148, 78920575 und 80807215, Applications for Assistance. Bilić, dem Oberstleutnant einer NDH-Polizeieinheit in Sarajevo und späteren Vorsitzenden der Ustaša-Organisation „Vereinigte Kroaten Deutschlands" gelang es durch die Vorspiegelung falscher Tatsachen als Flüchtling im Sinne des IRO-Mandats anerkannt zu werden. Er hatte behauptet, den Krieg als Postbote in Sarajevo verbracht und sich gleich im April 1945 aus Furcht vor den Kommunisten in Richtung Österreich abgesetzt zu haben, vgl. ITS Digital Archive, Arolsen Archive, 78937021.

185 Die Selbstdefinition des HNO als Sammlungsbewegung hatte letztlich zur Folge, dass es während der gesamten 1950er Jahre nicht als Rechtsperson auftrat und erst 1960 nach mehreren organisationsinternen Brüchen als Verein eingetragen wurde, vgl. Jareb/Jelić, Uspomene, S. 365.

186 Ab 1953 wurde von Mate Frković zudem der „Croatian Information Bulletin" in deutscher und englischer Sprache herausgegeben, dem zahlreiche ähnliche Periodika folgten, die wiederum an politische Entscheidungsträger und Pressevertreter geschickt wurden. Darüber hinaus fanden regel-

suchen darum, bei den Adressaten eine historische Verbundenheit von Kroaten und Deutschen zu evozieren.[187] Häufig wurde hierbei mit orientalistischen ideologischen Elementen gearbeitet und etwa daran erinnert, dass die Kroaten schon seit Jahrhunderten „mit dem deutschen Volk hinsichtlich der gemeinsamen Abwehr Europas gegen die Eroberer des asiatischen Ostens" gekämpft hätten.[188]

Der Diskurs des HNO war insofern von Ressentiments geprägt, die ihn ideengeschichtlich grundsätzlich anschlussfähig an antibolschewistische Kontinuitätslinien im bundesdeutschen Antikommunismus machten.[189] Jedoch wird in der Rückschau auch deutlich, wie die Organisation sich in ihren ideologischen Positionierungen letztlich innerhalb von Anachronismen bewegte, die sich für die politische Lobbyarbeit langfristig als hinderlich herausstellten. So wurde in den Pamphleten ein ubiquitärer Bezug auf *Völker* (anstatt *Staaten*) als wesentliche Akteure der internationalen Politik gepflegt und hieran anschließend auf das nationale Selbstbestimmungsrecht als Leitprinzip einer gerechten internationalen Ordnung abgehoben.[190] In einem Europa, in dem sich das Wilson'sche Konzept vom „Selbstbestimmungsrecht der Völker" als Ordnungsmodell nachhaltig diskreditiert und als politische Argumentationsfigur praktisch ausgedient hatte, waren derartige Bezugnahmen jenseits der einschlägigen Lobbygruppen hingegen nicht mehr opportun.[191] Allenfalls außerhalb Europas, unter den Protagonisten antikolonialer Bewegungen, fand es noch eine gewisse Resonanz.

---

mäßig „festliche Akademien" und öffentliche Gedenkveranstaltungen statt, zu denen deutsche Politiker, insbesondere aus dem Vertriebenenspektrum, geladen wurden. Vgl. Einladungen und darauffolgende Dankesschreiben von insgesamt sechs Bundesministern, in: BArch, B 136/6491.

187 Neben den Initiativen Jelićs spielten dabei auch die Publikationen des extrem umtriebigen Ivo Omrčanin eine Rolle, der mit Titeln wie „Kroatische Priester ermordet von Tschetniken und Kommunisten" den jugoslawischen Staat anprangerte. Das HNO-Gründungsmitglied war 1957 in die USA emigriert. Vgl. seine FBI-Akte, in: NARA, RG 65, A1 136A3, HQ Files from Classification 105, Box 131: Omrcanin. Teile des erwähnten Buches fanden offenbar auch Eingang in ein Memorandum, das kroatische Exilanten in den USA an Präsident Eisenhower im Juni 1959 übergaben, vgl. Paris, Genocide, S. 264 f. Vgl. zu Omrčanin auch Molnar, Yugoslav Migrations, S. 34.

188 Auch dem „freiheitlichen französischen Volk" und dem „demokratischen britischen Volk" stünden die Kroaten seit jeher ideell sehr nahe. Vgl. für die Zitate BArch, B 136/6491, HNO an Bundeskanzler Adenauer, Transkript einer Rede von Jelić anlässlich der Feier zur Wiederherstellung des kroatischen Staates am 12.4.1953 (10.6.1953).

189 Für antibolschewistische Kontinuitäten im bundesdeutschen Antikommunismus vgl. etwa Schildt, Kriegserinnerung. Für Konzepte des „Abendlands" und ihre antikommunistische und antiliberale Aufladung als Grundlage eines christdemokratischen Europadiskurses im Kalten Krieg, vgl. u. a. Forlenza, Abendland.

190 Zur Begriffsgeschichte des Konzepts vgl. Fisch, Selbstbestimmungsrecht, insbesondere S. 63 f. Zur Attraktivität von Wilsons Programm bei Vertretern kleiner Nationen und vor dem Hintergrund einer imperialen Weltordnung vgl. Manela, Moment.

191 Selbst in der Bundesrepublik war mit Blick auf die verlorenen Ostgebiete nicht von „nationaler Selbstbestimmung", sondern von „Wiedervereinigung" die Rede, vgl. für dieses Argument auch Fisch, Selbstbestimmungsrecht, S. 248 f.

Die Geltendmachung des Selbstbestimmungskonzepts vonseiten des HNO kaschierte zudem das in den Pamphleten nach wie vor vorherrschende Volksraumdenken nur äußerst dürftig. Entgegen der realen und weiter oben bereits thematisierten komplexen multinationalen Struktur in Kroatien und Bosnien wurde hierin „ein Millennium ohne eine gemeinsame Handlung und gemeinsame Interessen dieser Völker“ [gemeint sind Serben und Kroaten, MT] postuliert, das einen kroatischen Staat in seinen „übereinstimmenden historischen und ethnographischen Grenzen“ notwendig mache.[192] Die Vision des HNO war damit durchaus anschlussfähig an Ideologeme eines „Europas der Völker“, die wiederum starke Anleihen bei nationalistischen Konzepten einer „Neuen Europäischen Ordnung“ machten.[193] Selbstverständlich von ihrer ideologischen Legitimationsfunktion der deutschen Annexionen entkleidet und ergänzt um einige eingestreute Bekenntnisse zur „Demokratie“ und zum „Westen“, blieb die Organisation so primär völkisch gedachten Konzepten räumlicher und politischer Ordnung verpflichtet, wodurch die ideengeschichtliche Verwurzelung und die Sozialisation vieler Mitglieder in der (Zwischen-)Kriegszeit ungewollt deutlich zutage traten.[194]

Trotz vereinzelter Zusagen reagierten politische Repräsentanten eher zurückhaltend oder gar nicht auf die regelmäßig verschickten Einladungen des HNO zu seinen Veranstaltungen,[195] sodass Allianzbildungen vor allem mit bundesdeutschen Vertriebenenpolitikern, insbesondere aus der donauschwäbischen Landsmannschaft, forciert wurden.[196] Hieraus ergaben sich auch Kontakte zu transnationalen Netzwerken der europäischen Konservativen, wie etwa der „Donauföderation“ unter Otto von Habsburg. Diese hatte gegenüber Jugoslawien jedoch schon früh einen versöhnlichen Kurs eingeschlagen; die Beteiligung von Exilkroaten blieb daher kurzlebig und zeitigte keine Resultate.[197] Bei einer Sitzung des HNO im Jahr 1958 unterstrich Jelić dann auch, dass der einzige Weg zur kroatischen Unabhängigkeit über die internationale Bühne führe, welche es mithilfe der deutschen Vertriebenenverbände

192 Vgl. BArch, B 136/6491, Rede Jelićs 12.4.1953.

193 Vgl. hierzu Mazower, Imperium. Zur Ideengeschichte dieses Konzepts vgl. v. a. Kletzin, Europa, S. 210–217; Elvert, Remarks.

194 Vgl. für die Rolle von Kroaten in nationalsozialistischen Netzwerken der Zwischenkriegszeit u. a. Korb, Studentenschaft. Zur Rolle der „Neuen Ordnung“ in Südosteuropa vgl. Antić, Axis Internationalism.

195 Der größte Coup gelang dem HNO, als insgesamt sechs Bundesminister Grußworte bei einer Veranstaltung übermittelten. Dies wiederholte sich jedoch nicht und blieb insgesamt folgenlos. In der Forschungsliteratur wird diese Episode insofern überinterpretiert und die „Erfolgspropaganda“ des HNO hiermit in gewisser Weise reproduziert, vgl. etwa Molnar, Yugoslav Migrations, S. 40 f.

196 Clarkson zufolge war diese Annäherung auch Folge eines – etwa im Vergleich mit ukrainischen Exilanten – eher schlecht ausgebildeten Netzwerks innerhalb der bundesdeutschen akademischen „Ostforschung“, vgl. Clarkson, Fragmented Fatherland, S. 56 f.

197 Bauer, Život, S. 270–276. Zur Donauföderation und deren Bedeutung für osteuropäische Exilgruppen vgl. Stöver, Befreiung, S. 297 f.; Großmann, Internationale, S. 126 f.

zu erklimmen gelte.[198] Letztere versuchten ihrerseits schon früh, eine „aktive Ostpolitik" vor allem über die Kontaktpflege zu deutschenfreundlichen Gruppen der „Ostemigration" zu lancieren.[199] Ein beständiges Anliegen des HNO war es in dieser Hinsicht, den Heimatverlust als geteiltes Nachkriegsschicksal beider Völker darzustellen. Diese Rhetorik verfing zum Teil, und bis in die 1960er Jahre konnte das HNO immer wieder prominente Vertreter der bundesdeutschen Heimatvertriebenen auf seinen Veranstaltungen begrüßen.[200] Schulterschlüsse mit Heimatvertriebenen wurden auch durch persönliche Kontakte begünstigt, durch die man sich gewisse Einflussmöglichkeiten in der politischen Entscheidungsbildung erhoffte.[201] Vor allem Josef Trischler war für das HNO in den 1950er Jahren ein wichtiges Bindeglied in die Bundespolitik.[202] Immer wieder versuchte er, hier für Anliegen des HNO zu werben und Entscheidungsfindungen zu beeinflussen.[203] Exemplarisch lässt sich dies anhand der Revision einer Entscheidung der Stadt München feststellen, die ein zuvor erteiltes Verbot einer Feier anlässlich der Gründung des NDH wieder rückgängig machte und damit einer Einlassung Trischlers folgte.[204]

Dass die Allianz mit deutschen Heimatvertriebenenverbänden partiell durchaus erfolgreich war, zeigt unter anderem die Verhinderung einer für den April 1954 geplanten Radioansprache des jugoslawischen Parlamentspräsidenten Moša Pijade. Gemeinsam mit deutschen Vertriebenenvertretern druckte das HNO ein Flugblatt, in

---

198 HDA, 1561, 10.7-1, Skupština HNO-a, 29. maja – 2. juna 1958. godine.

199 Ahonen, Pertti, Expulsion, S. 52.

200 Noch auf der Feier anlässlich des Jahrestags der Gründung des NDH im Jahr 1960 waren die MdB und Vertriebenenpolitiker Hans Schütz und Hans Krüger als Redner geladen, vgl. Archiv des Erzbistums München und Freising, Generalvikariat, Kasten 0741/4, Kroatenseelsorge 1945–1988, Einladungsschreiben zur Feier zum 10.4.1960.

201 So nahmen mit Josef Trischler, Ferdinand Gasteiger und Hans Schreckeis ehemalige Vertreter der „Deutschen Volksgruppe" im NDH und Ungarn an der Gründungsveranstaltung teil. Vgl. Jandrić, Hrvatska politička emigracija, S. 71. Vgl. zur deutschen Volksgruppe u. a. zu ihrer Rolle bei der „Arisierung" Böhm, Volksgruppen.

202 Trischler war ein Duzfreund Jelićs und späteres Präsidiumsmitglied des Bunds der Vertriebenen. Seit 1949 war er für die FDP Mitglied des Bundestags und als ehemaliger Wirtschaftsbeauftragter der Deutschen Volksgruppe an einer Politik der ethnischen Säuberung in Südosteuropa beteiligt. Vgl. Schwartz, Funktionäre, S. 190–194, 300 f., 448–461.

203 So intervenierte Trischler persönlich zugunsten der Organisation und warb etwa im Auswärtigen Ausschuss für exilkroatische Anliegen oder verhalf Positionen des HNO zu mehr Glaubwürdigkeit, indem er sie auf Bundestagsbriefpapier zirkulieren ließ. Vgl. HDA, 1561, 10.7-8, Jelić an Trischler (26.7.1954). Generell zur Rolle Trischlers als Bindeglied des HNO in die Bundespolitik vgl. HDA, 1561, 10.7-1, Primjedbe o stastanku u Münchenu (5.1.1953).

204 Nachdem die jugoslawische Botschaft beim AA gegen die Feier protestiert hatte, intervenierte das AA beim Bayerischen Innenministerium, das das Münchener Amt für öffentliche Ordnung anwies, die Veranstaltung zu unterbinden. Hiergegen ging Trischler vor und erwirkte in persönlichen Gesprächen mit dem bayerischen Ministerpräsidenten Ehard und Innenminister Hoegner sowie beim BMVt, dass die Veranstaltung der „deutschfreundlichen Emigranten", mit denen er zudem gut bekannt sei, doch stattfinden konnte. Vgl. den Vorgang in: BayHStA, StK, 17067. Vgl. auch Molnar, Yugoslav Migrations, S. 42.

dem Pijade unter Verwendung grausamen Bildmaterials die Schuld am Tod von 200 000 Deutschen gegeben wurde.[205] Dieser Vorfall sowie weitere Anschuldigungen, die vom HNO rund sieben Jahre später gegen den jugoslawischen Konsul Predrag Grabovac vorgebracht wurden, werteten jugoslawische Bundespolitiker als Belege einer fortgesetzten Sympathie für die ehemaligen Nazi-Verbündeten in der Bundesrepublik und brachten die bundesdeutsche Diplomatie in entsprechende Bedrängnis.[206] Auch die Einleitung von Ermittlungen gegen den jugoslawischen Handelsattaché Lazar Vračarić im selben Jahr aufgrund eines vermeintlichen Verbrechens an zwei Wehrmachtssoldaten, das dieser als Partisan begangen habe, wurde mit dem HNO in Verbindung gebracht und von der jugoslawischen Diplomatie sowie von Teilen der internationalen Öffentlichkeit und der bundesdeutschen Presse scharf kritisiert.[207] Eine Rede des Abgeordneten Paul Wüllner von der Gesamtdeutschen Partei (ehem. BHE) vor dem bayerischen Landtag, in der er Vračarić und Grabovac als Mörder bezeichnete und hierfür auf Berichte im Organ des HNO „Hrvatska Država“ verwies, zeigen wiederum die Schulterschlüsse, die zwischen Vertriebenenpolitikern und dem größten kroatischen Exilverband HNO zuweilen geschlossen wurden.[208]

Bei diesen von Vertriebenenpolitikern und HNO orchestrierten Aktionen handelte es sich zweifellos um mediale Achtungserfolge exilkroatischer Kampagnenarbeit. Sie blieben in den 17 ersten Nachkriegsjahren jedoch die einzigen Anlässe, anlässlich derer Exilkroaten ansatzweise ein mediales Echo erzeugen konnten. Zudem kamen die Sympathien in den Vertriebenenverbänden ausschließlich dann zum Tragen, wenn es der Skandalisierung des eigenen Schicksals diente. Eine exilkroatische „Agenda“ fand keinesfalls systematischen Eingang in das Lobbying von Vertriebenenpolitikern.[209] Deren Sympathien galten darüber hinaus, wenn überhaupt, der Or-

205 Die Kampagne nötigte am Ende sogar den bayerischen Landtagspräsidenten Hundhammer zu einem Statement, infolgedessen die Rede abgesagt wurde. Zur Pijade-Kampagne vgl. Jareb/Jelić, Uspomene, S. 322. Das Flugblatt selbst zeigte gepfählte „deutsche und kroatische Soldaten“. Es befindet sich in: PA AA, B 85, 259, Heimatlose Ausländer und ausländische Flüchtlinge.

206 Diesem wurde die „Niedermetzlung einer deutschen Einheit“ bei Knin, die sich bereits ergeben habe, zur Last gelegt, vgl. hierzu auch Clarkson, Fragmented Fatherland, S. 64 f.

207 Vgl. etwa das Protestschreiben der französischen Fédération Nationale des Déportés et Internés Résistants et Patriotes an den Bayerischen Ministerpräsidenten (8.12.1961), in: BayHStA, StK, 13324; LAV BW, HStAS: EA 1/106, Bü 1411, Beziehungen zu Jugoslawien, Sammlung von Presseartikeln zum Fall Vračarić.

208 Vgl. aus der Presseberichterstattung u. a.: Jugoslawischer Konsul des Mordes verdächtig, in: FAZ, 1.12.1961; Schwere Vorwürfe gegen jugoslawischen Konsul, in: Stuttgarter Nachrichten, 1.12.1961.

209 Dies dürfte auch mit einer vergleichsweise schwachen Position zusammenhängen, die die donauschwäbischen Repräsentanten innerhalb der deutschen Vertriebenenlobby einnahmen, vgl. Fischer, Heimat-Politiker, S. 87.

ganisation Jelićs, dessen vergleichsweise erfolgreiche exilpolitische Arbeit kein Pendant bei anderen kroatischen Organisationen fand.[210] Es wäre insofern verfehlt, die Diskussionen um Vračarić und Grabovac als Beispiele eines beständigen und breiten gesellschaftlichen Rückhalts heranzuziehen, den exilkroatische Akteure und ihre Positionen in der Bundesrepublik generell genossen hätten.[211]

3 Rezeption und Repräsentation exilkroatischer Aktivitäten

Derartigen Pauschalurteilen soll im Folgenden eine differenziertere Betrachtung entgegengestellt werden. Es lässt sich so der Blick weiten für den Wandel, den die politische Auseinandersetzung mit Exilkroaten in der Bundesrepublik im Laufe der Zeit erfuhr. In Ansätzen spielte schon zu diesem frühen Zeitpunkt die Frage nach der Möglichkeit eines Verbots von organisierter Exilpolitik eine Rolle. Während in der Zwischenkriegszeit Verweise auf deutsche Staatsraison und diplomatische Erwägungen ausreichend waren, um Exilverbände aufzulösen und politisch aktive Exilanten und andere unliebsame Personen, ungeachtet der Konsequenzen für den Einzelnen, des Landes zu verweisen, waren die Grenzen für ein Exilengagement in der Bundesrepublik deutlich liberaler gezogen.[212] Da das Asylrecht Verfassungsrang hatte und Meinungsfreiheit als Grundrecht grundsätzlich auch für Ausländer galt, ergab sich nun überhaupt erst die Notwendigkeit einer Auseinandersetzung darüber, wann und unter welchen Voraussetzungen politischer Aktivismus von Ausländern verboten werden könne.[213] Einige der hierbei zirkulierenden Deutungen, Rationalitäten und Interessen wird das folgende Kapitel näher in Augenschein nehmen.

---

210 Die UHNj bemühten sich ebenfalls um Kontakte zu Vertriebenenverbänden, scheiterten damit jedoch bereits früh, wie die Bemühungen des UHNj um ein öffentliches Bekenntnis zur Organisation durch den „Wirtschaftsführer" der Deutschen Volksgruppe Ferdinand Gasteiger zeigen, vgl. HDA, 1561, 1.14-4, RSUP SR Hrvatske, SDS, „Iz života i rada UH u Minhenu" (18.2.1953).

211 Vgl. in diese Richtung etwa Molnar, Yugoslav Migrations; Clarkson, Fragmented Fatherland, S. 59 f. Vgl. auch Shonick, Yugoslav Migrants, S. 56 f. Es bleibt zudem zu konstatieren, dass zwischen diesen Episoden sieben Jahre lagen und bei der Denunziation des Attachés Vračarić nicht einmal klar ist, ob Exilkroaten hierbei tatsächlich involviert waren.

212 Dies stellte einen wesentlichen Unterschied zur Praxis etwa in Österreich und der Schweiz dar, wo eine Beeinträchtigung staatlicher Interessen durchaus als Ausweisungsgründe fungierten, vgl. Tomuschat, Zur politischen Betätigung, S. 25. Zur restriktiven Praxis der Zwischenkriegszeit gegenüber Exilkroaten, auch unter den Nationalsozialisten, vgl. Biber, Ustaše.

213 Zum unmittelbaren Zusammenhang von politischer Betätigungsfreiheit und Asylrecht vgl. u. a. Shain, Frontier, S. 119–122.

3.1 Medien

Beispiele der medialen Repräsentation von Exilkroaten in Form von Portraits oder gar Reportagen waren in den 1950er Jahren rar gesät.[214] Von einigen abseitigen Interventionen seitens sozialdemokratischer und kommunistischer Akteure gegen die Aktivitäten der ehemaligen NS-Verbündeten abgesehen[215] spielten Exilkroaten in der Tagesberichterstattung praktisch keine Rolle.[216] Ein positiv konnotiertes Bild kroatischer Emigranten, wie es etwa das HNO im Sinne einer „Nation von Leidensgenossen" evozieren wollte, konnte sich vor dem Hintergrund dieses mangelnden Interesses eher nicht durchsetzen.[217] Eng hiermit verbunden war eine öffentliche Meinung zu Jugoslawien, die von weitgehender Gleichgültigkeit geprägt war, woran die skizzierten Versuche, sich in ein deutsches Opfernarrativ einzuschreiben, nichts hatten ändern können.[218] Dies dürfte zuvörderst mit jenem von Patrice Poutrus konstatierten „kollektiven Selbstmitleid" der deutschen Bevölkerung zusammenhängen, das auch antikommunistische Flüchtlinge und selbst ehemalige Verbündete aus der Opfergemeinschaft exkludierte.[219] Zudem lässt sich beobachten, dass der kroatische Nationalismus und seine Träger in den 1950er Jahren in erster Linie mit dem „Partisanenkampf" und der grausamen Kriegsführung auf dem Balkan assoziiert wurden und den Kroaten dabei eben nicht die Rolle der treuen Verbündeten zukam, sondern sie – im Gegenteil – mit balkanischen Stereotypen belegt wurden, die sie von den Deutschen eher abgrenzten.[220]

214 Zur Bedeutung medial zirkulierender Repräsentationen von migrantischen Gruppen und zu ihrem Einfluss auf deren Teilhabebedingungen vgl. Bleich/Bloemraad/Graauw, Migrants, S. 859. Generell zum Repräsentationsansatz im Einwanderungskontext vgl. Metzler, Einleitung.

215 Vgl. etwa: „Belgrader Beschwerde über Bonn", in: Münchner Merkur, 20.4.1953; „Faschisten machen das Ruhrgebiet unsicher", in: Die Tat. Wochenzeitung für Demokratie und Frieden, 27.8.1960 („Die Tat" war Organ des VVN [Vereinigung der Verfolgten des Naziregimes]).

216 Die Aufmerksamkeitsstruktur ähnelte damit grundsätzlich dem öffentlichen Desinteresse für den Exilaktivismus von DPs in den späten 1940er Jahren, vgl. Holian, Displaced Persons in Postwar Germany, S. 139 f.

217 Gegen diese These sprechen allenfalls die – allerdings zeitgenössisch wohl eher wenig rezipierten – Publikationen aus dem Umfeld der deutsch-kroatischen Divisionen, vgl. u. a. Schraml, Kriegsschauplatz; Kiszling, Kroaten.

218 Die Umfragen des Instituts für Demoskopie erfragten zwar nicht explizit Positionen zu Jugoslawien, erfassten jedoch für das Jahr 1957 erstmals die öffentliche Meinung über dessen Präsidenten Josip Broz Tito, wobei die Mehrheit (insg. 62 %) diesem entweder gleichgültig gegenüberstand oder von diesem Namen noch nie gehört hatte, vgl. Institut für Demoskopie, Jahrbuch, S. 207. An dieser Einschätzung änderte offenbar auch das Schicksal der Volksdeutschen nichts Wesentliches. Zum Jugoslawienbild der Deutschen, allerdings mit Fokus auf die 1960er Jahre, vgl. Molnar, Imagining Yugoslavs, S. 148 f.

219 Poutrus, Umkämpftes Asyl, S. 27 f. Zum deutschen Opferdiskurs vgl. u. a. Moeller, Remembering.

220 Anders als es die Propaganda suggerierte, war schon in den gemischten Einheiten von einer egalitären „Waffenbrüderschaft" zwischen den Nationen keine Rede gewesen. Zur Propaganda des

Anhand der „Kroatienausgabe" der enorm populären Reihe „Landser am Feind" sowie mithilfe der Berichterstattung anlässlich der ersten gewaltsamen Vorkommnisse mit exilkroatischer Beteiligung in den frühen 1960er Jahren lässt sich diese Einschätzung illustrieren.[221] In beiden Kontexten bildeten die Kroaten eine Art Negativfolie der deutschen Kriegsbeteiligten und dienten damit auch der Apologie der Wehrmacht in Kroatien und auf dem Balkan. Diese habe als eine zivilisiert und ordnend auftretende Armee versucht, dem massenhaften Morden im NDH Einhalt zu gebieten, sei darüber jedoch in einen Konflikt mit einer „über 1000-jährigen Geschichte" hineingezogen worden, der mit „balkanischen Sitten", also mit permanent ausufernder und exzessiver Gewalt, geführt worden sei. Den Kroaten als einheimische Verbündete wurde in dieser Darstellung bestenfalls die Position des „edlen Wilden" (v. a. als Teil der unter deutschem Befehl stehenden gemischten Wehrmachtseinheiten) oder aber die des „blutrünstigen Ustaša" zuteil. Bei erster Option wurden sie als eine Art Kriegervolk portraitiert, das zwar diszipliniert, gehorsam und gutmütig, jedoch von einem irrationalen ethnischen Rachedurst getrieben gewesen sei; bei Letzterer als marodierende Horde, deren wahlloses Morden jegliche deutschen Versuche des geordneten Kriegs zum Scheitern verurteilt habe.[222] Dass diese Sichtweise nicht nur von der politischen Rechten bedient wurde, zeigt eine Pressemitteilung der SPD, in der die Feierlichkeiten zum „kroatischen Unabhängigkeitstag" (10.4.) mit Verweis auf die Brutalität der Ustaša skandalisiert wurden, der die Wehrmacht angeblich machtlos gegenübergestanden habe.[223]

Auch im Zuge der ersten größeren Aufmerksamkeitswelle für Exilkroaten nach dem Attentat von Bonn-Mehlem im Jahr 1962 gehörte der Verweis auf den „durch die Jahrhunderte gehenden Haß zwischen Serben und Kroaten" zum festen Bestandteil der Berichterstattung und war scheinbar hinreichend für die Erklärung der begange-

NDH als Teil einer „Neuen Ordnung" und des gemeinsamen Kampfes von Deutschen und Kroaten vgl. u. a. Jareb, Mediji, S. 517 f. Für das reale Machtgefälle innerhalb der bewaffneten Verbände vgl. etwa Kovacević, Balkan. Paternalistische Diskurse und rassistische Superioritätsvorstellungen lassen sich in diversen nachträglich publizierten Erinnerungen der deutschen Beteiligten identifizieren, vgl. etwa Schraml, Kriegsschauplatz; Kiszling, Kroaten; Bernwald, Muslime.

221 Ernsthausen, Wölfe. Geradezu paradigmatisch werden in diesen fiktionalisierten Kriegserinnerungen des Autors Aspekte einer Kroatenrepräsentation zusammengeführt, die auch noch in der späteren Berichterstattung der frühen 1960er Jahre Verwendung fanden. Die Reihe selbst erfreute sich in den 1950er Jahren „auf dem Höhepunkt militaristischer Prägung der politischen Kultur" größter Popularität, vgl. Schildt, Kriegserinnerung, S. 148. Zum „Landser" und zu seiner Rolle in den 1950er Jahren vgl. auch Knoch, Sieg. Zu einer Analyse von Bildsprache und Aufbau der Hefte vgl. Martinez, Krieg.

222 Ähnliche Urteile hatten sich bereits während des Kriegsgeschehens herausgebildet, vgl. Schmid, Besatzung, S. 72 f.

223 Als „Beleg" für diese Behauptung wurden die Memoiren des Wehrmachtsgenerals Lothar Rendulić herangezogen, vgl. BArch, B 145/6333, Jugoslawische und kroatische Emigranten, Sozialdemokratischer Pressedienst, Bundesminister provozieren Belgrad (20.4.1953).

nen Gräueltaten.[224] Das vermeintliche Faktum quasi überzeitlich wirkender völkischer Antagonismen auf dem Balkan wurde in den Geiselerschießungsprozessen der 1960er Jahre sogar als strafmildernder Faktor für die Angeklagten herangezogen.[225] Jener ethnische Hass als Bestandteil balkanischer Wesensart wurde somit nicht etwa als Charakteristikum eines vermeintlich „unzivilisierten serbischen" Volkes oder des „gottlosen" und damit notwendig „unkroatischen" Kommunismus der Partisanen gedeutet, wie es Jelić in seinen Memoranden nicht müde wurde zu behaupten,[226] sondern galt in der medialen Repräsentation prinzipiell auch für die kroatischen Emigranten. Diese importierten, so der Tenor der Presse im Kontext erster gewaltsamer Vorfälle in den frühen 1960er Jahren, Konflikte der Heimat, an denen sich die Deutschen schon einmal die Finger verbrannt hatten. Wiederum erfolgte in diesem Atemzug häufig der Verweis auf einen fanatischen, „irrationalen" Nationalismus der Kroaten, der den Deutschen nicht nur fremd, sondern der in der neuen Bundesrepublik zudem gänzlich fehl am Platz sei.[227]

Dieses Bild von der Region, den Menschen und einem spezifisch „balkanischen Hass", den die Kroaten mit den jugoslawischen Partisanen und serbischen *Četnici* teilten und der eine besonders brutale Kriegsführung mit sich gebracht habe, prägte natürlich nicht erst seit dem Krieg die Sicht auf Südosteuropa und hat sich als Element westlicher Balkanrepräsentationen bis heute halten können.[228] Sie verdienen hier jedoch insofern Beachtung, da sie den Versuchen von Branimir Jelićs HNO diametral entgegenliefen, die Exilkroaten als „Freunde der Deutschen" darzustellen und als Teil des „Westens" zu rehabilitieren. Die hier skizzierten Repräsentationen der Kroaten und ihrer Rolle im Krieg gingen letztlich mit einer Externalisierung von Kriegsschuld bzw. mit ihrer Relativierung mit Blick auf den ethnischen Hass und die Brutalität der örtlichen Verbündeten einher und können im Zusammenhang mit dem Mythos einer „sauberen Wehrmacht" gesehen werden.[229] Kroatische Emigranten, so könnte man argumentieren, interessierten vor allem dann, wenn sie das eigene Opfernarrativ stützten, nicht aber als Objekt einer moralischen Verantwortung der Deutschen oder gar einer Solidarität mit dem ehemaligen Achsenpartner. Das exkulpatorische Moment sowie die mit Blick auf die Exilkroaten offenbar zirkulie-

224 So im Wortlaut des Fernsehmagazins „Panorama", vgl. BArch, B 136/6493, Exilgruppen Jugoslawien und Kroaten (1963–71), Transkript der Panorama-Sendung (8.4.1963), S. 3. Vgl. auch: „Kroaten. Bombe und Kreuz", in: Der Spiegel, 1.5.1963, S. 37; „Kroatische Attentäter unter Anklage", in: FAZ, 16.8.1963, S. 5.

225 Dierl/Stiller, Partisanen, S. 246.

226 Vgl. etwa HDA, 1561, 10.7-1. Vgl. auch Rede Jelićs (12.4.1953), in: BArch, B 136/6491, HNO Memorandum (15.9.1951).

227 Dies wird besonders betont von Nina Grunenberg, „‚Wir können nicht vergessen…'. Prozeß gegen 26 Kroaten – Geheimbündelei im Exil", in: Die Zeit 12, 20.3.1964, und „Bombenanschlag auf jugoslawische Handelsmission", in: Bonner Generalanzeiger, 30.11.1962.

228 Sie stellen ein konstitutives Element eines balkanistischen Diskurses dar, der bereits zur Zeit des Hochimperialismus Konjunktur hatte. Vgl. hierzu klassisch Todorova, Balkans.

229 Vgl. hierfür u. a. Frei, 1945 und wir, S. 49 f.

renden balkanistischen Repräsentationsmuster standen einer positiven Rezeption kroatischer Unabhängigkeitsforderungen entgegen und hatten ein Desinteresse bzw. im Zweifel auch die Ablehnung dieses Anliegens zur Folge.

3.2 Ostforschung

In den 1950er Jahren war das medial vermittelte Bild der Exilkroaten – wenn sie denn überhaupt thematisiert wurden – mehrheitlich von Ablehnung geprägt. Auch die Schulterschlüsse mit Vertriebenenverbänden produzierten nur in seltenen Fällen ein Maß an Aufmerksamkeit, das den exilpolitischen Ambitionen, speziell denen des HNO, entsprochen hätte. Insbesondere in dieser Organisation war man folglich um Unterstützung durch die Behörden und um eine Beeinflussung des Wissens staatlicher Stellen bemüht. Parallel hierzu begriffen bundesdeutsche Behörden die osteuropäischen Emigrantengruppen schon früh als Akteure, die der Sowjetunion und ihren Verbündeten durch Sabotage und Zersetzungsarbeit empfindlich schaden könnten. Seit dessen Bestehen trugen sie dementsprechend maßgeblich zur finanziellen Förderung des sogenannten „Büros für heimatvertriebene Ausländer" (BHA) bei, dessen Ziel die Versorgung von Ministerien, Bundes- und kommunaler Behörden mit Wissen über die Staaten Osteuropas unter Nutzung der jeweiligen Presse- und Radioberichte und der Kenntnisse politischer Emigranten war.[230] Gegründet im Jahr 1952 vom profilierten „Ostforscher" Gerhard von Mende, der im Reichsministerium für die besetzten Ostgebiete unter Alfred Rosenberg Karriere gemacht hatte, entwickelte sich das später in „Forschungsdienst Osteuropa" umbenannte und in Düsseldorf ansässige Institut zu einem wesentlichen Akteur der „Gegnerforschung" im Kalten Krieg.[231] In diesem Kontext stellte es auch schnell die „wohl bedeutendste bundesdeutsche Koordinierungs- und Informationsstelle zu Fragen der osteuropäischen Emigration" dar, mit guten Kontakten zu sämtlichen in der Bundesrepublik aktiven Nationalkomitees.[232] Neben der Nutzbarmachung ihrer landeskundlichen Kenntnisse und Expertisen, die über die Dossiers wiederum Eingang in außenpolitische Erwägungen und Strategien fanden, ging es dabei offenbar schon früh auch

230 Vor allem die Verfassungsschutzämter in Bayern, NRW und das Bundesamt sowie (ab 1957) das AA waren hieran offenbar interessiert und deckten nahezu den kompletten Etat des Büros, vgl. PA AA, S 20, 105709, Forschungsdienst Osteuropa, Schreiben von Mende an Starke, 13.3.1961; Johnson, Moschee, S. 85 f. Auch das Bundesministerium für Gesamtdeutsche Fragen finanzierte punktuell die Arbeit des BHA mit, vgl. PA AA, S 20, 105765, Forschungsdienst Osteuropa, Schriftwechsel mit dem Bundesministerium für Gesamtdeutsche Fragen, Antwort vom BMGF an von Mende (24.3.1954).

231 Hentges, Staat, S. 374–379. Zur „Ostforschung" nach dem Nationalsozialismus, deren aggressive Stoßrichtung ab den frühen 1960er Jahren sukzessive zurückgedrängt wurde, vgl. Unger, Ostforschung, S. 282 f.

232 Meining, Moschee, S. 38.

um deren Beobachtung mit dem Ziel, Unterwanderungsversuche östlicher Geheimdienste zu verhindern.[233]

Die Exilakteure der südslawischen Nationen waren für das BHA im Gegensatz zu den nationalen Gruppierungen aus der Sowjetunion eher zweitrangig. Jene, vor allem im Vergleich zur ukrainischen, aber selbst zu den von Mende persönlich protegierten islamisch-zentralasiatischen Emigrantengruppen, marginale Position der kroatischen Exilanten war nicht Resultat einer prinzipiellen Ablehnung aufgrund einer ausbleibenden Distanzierung vom Ustaša-Erbe.[234] Die Gründe hierfür waren strukturell eher vergleichbar mit der insgesamt gering ausgeprägten medialen Aufmerksamkeit und sind auch in einem institutionellen Desinteresse zu suchen, das mit der Frontbildung des Kalten Kriegs zusammenhing, die in erster Linie in Mittelosteuropa stattfand. Der Fokus der bundespolitischen Revisionsrhetorik zielte insbesondere auf die Oder-Neiße-Linie ab, vor deren Hintergrund sie auch den Wert der „Ostemigration" bemaß.[235] Mithilfe dieser, so von Mende an das Ministerium für Gesamtdeutsche Fragen, könne langfristig auch Deutschlands internationale Reputation positiv beeinflusst werden, da im westlichen Ausland viele Emigranten zu einflussreichen Posten gekommen seien und immer noch regelmäßig die Exilpresse läsen, um sich über ihre sozialistischen Heimatländer zu informieren.[236] Jugoslawien wurde nach seinem Bruch mit Stalin im Jahr 1948 immer weniger als diesem sozialistischen Lager zugehörig, sondern zunehmend als autonomer weltpolitischer Akteur betrachtet.[237]

Es ist nicht überraschend, dass auch das Ostkolleg der Bundeszentrale für Heimatdienst als einer der wesentlichen *think tanks* der Ostforschung in der frühen Bonner Republik ausschließlich auf die Sowjetunion (und zum Teil die osteuropäischen Satellitenstaaten) fokussierte und in seinen Studientagungen dem südosteuropäischen Raum (bzw. den alternativen Ordnungsentwürfen antijugoslawischer Exilgruppen) keinerlei Beachtung schenkte.[238] Diese Haltung beeinflusste auch die Posi-

---

233 PA AA, B 130, 3959A, Forschungsdienst Osteuropa, Conradi an Wickert, Kartei und Archiv des Büros für heimatlose Ausländer (11.2.1964).

234 Für die offenbar auch auf ein persönliches Interesse Mendes zurückgehende Unterstützung der Autonomiebestrebungen der Turkvölker, vgl. Johnson, Moschee, S. 36 f.

235 Dies lag gar nicht so sehr an der prinzipiell revisionistischen Position der Bundesregierung, sondern auch an den Forderungen einer mächtigen und in jeder Partei vertretenen Vertriebenenlobby, deren potenziell zersetzende Positionen integriert und damit auch entschärft werden sollten. Der Einfluss der Donauschwaben war in diesem Kontext, v. a. im Vergleich zu den schlesischen und sudetendeutschen Landsmannschaften, äußerst gering. Vgl. hierfür Ahonen, Expulsion, S. 64–68. Zur Adressierung und Einbindung der Vertriebenen vgl. europäisch vergleichend Ahonen, Dynamics.

236 PA AA, S 20, 105765, von Mende an MinR von Zahn, BMGF, Betr.: Verband der Freien Presse (14.1.1954).

237 Vgl. hierzu u. a. Ramet, Jugoslawien, S. 245 f.

238 Eine Auflistung findet sich in: BArch, B 150/3138, Studientagungen des Ost-Kollegs der Bundeszentrale für Heimatdienst.

tionierung der Forschungsinstitutionen mit Fokus auf Südosteuropa, also vor allem die Südosteuropagesellschaft sowie das Münchener Südostinstitut, die einen großen Teil ihrer Ausgaben durch Aufträge staatlicher Behörden und Ministerien bestritten. Die personellen Kontinuitäten zum Nationalsozialismus waren frappierend,[239] und anfänglich fungierten hier zum Teil auch kroatische Emigranten als Experten.[240] Zugleich war man aber um eine Distanz zur eigenen Vergangenheit bemüht und versuchte infolgedessen auch, den Kontakt zu den nationalistischen Emigrantenverbänden möglichst gering zu halten.[241]

Die außenpolitischen Neujustierungen mit Blick auf Jugoslawien und die sich hieraus ergebenden Prioritäten der Ost- und Südostforschung als maßgeblicher Wissenslieferant zur politischen Lagebeurteilung hatten zur Folge, dass die kroatischen Exilorganisationen als Akteure für die außenpolitischen Entscheidungsträger eine marginale Position einnahmen. Der beim BHA angesiedelte „Arbeitskreis Jugoslawien" erstellte im Unterschied zu den anderen osteuropäischen Ländern denn auch lediglich anlassbezogene Sonderberichte und wurde als mit Abstand geringster Kostenpunkt veranschlagt.[242] Zudem wurden die Positionen der antijugoslawisch ausgerichteten nationalen Exilgruppierungen hier offenbar kaum zur Kenntnis genommen und das Organ des HNO etwa erst ab 1960 überhaupt bezogen.[243] Die offiziellen Kontaktleute des BHA für die Emigration aus Jugoslawien waren zwar politische Gegner des sozialistischen Jugoslawiens unter Tito, nicht aber prinzipiell gegen ein multinationales Staatswesen. Auch die Südosteuropagesellschaft verschrieb sich statt revisionistischer Thesen vielmehr einer analog zur außenpolitischen Ausrichtung der Bundesrepublik erfolgenden Anerkennungspolitik gegenüber Jugoslawien, infolge derer sich auch die anfänglich noch rege beteiligten kroatischen Exilpolitiker enttäuscht zurückzogen.[244]

Exilkroatische Organisationen hatten insofern weder auf die Wissensproduktion der Ostforschung nachhaltigen Einfluss noch konnten sie von der Bezuschussung eigener Exilpublikationen profitieren. Nicht nur ihr Einfluss war minimal. Es wurde infolge der mangelnden Aufmerksamkeitsökonomie überdies so gut wie kein Wissen über kroatische Exilgruppen generiert. Noch im März 1959 wusste von Mende in einer Einschätzung an das BMI über den politischen Hintergrund der UHNj, seine Ver-

239 Seewann vertritt gar die These, dass das Jahr 1945 keine wirkliche Zäsur in der Südostforschung markiert habe, vgl. Seewann, Deutschtum, S. 10.

240 Beer, Südosteuropa-Forschung.

241 Korb, SOG, S. 89 f.

242 PA AA, B 130, 3959A, Conradi an Wickert (AA), Darstellung über die Tätigkeit des Forschungsdienstes Osteuropa (20.1.1964).

243 Ebenda, Jugoslawischer Arbeitskreis, Bestandsaufnahme der vorhandenen Arbeits- und Archivunterlagen (3.3.1964).

244 Bauer, Život, S. 264 f. Vgl. hierzu auch Höpken, Südosteuropa-Gesellschaft.

bindungen zum HNO sowie seine Bedeutung auf Bundesebene nichts zu berichten – ein, wie sich später noch herausstellen sollte, fatales Wissensdefizit.[245]

3.3 Auswärtiges Amt und Vertriebenenministerium – Zwei Ministerien, zwei Agenden

Eine programmatische Neubewertung des sozialistischen Jugoslawiens und ein entsprechendes Desinteresse für Exilgruppen aus der Region war auch im Auswärtigen Amt (AA) anzutreffen. Dies zeigte sich bereits in der Zuständigkeitsverteilung der Behörde, wo das Jugoslawien-Referat ab September 1954 aus der Abteilung „Ostblock und Ostfragen" herausgelöst worden war.[246] Seit der Aufnahme diplomatischer Beziehungen im Jahr 1951 war man hier daran interessiert, mit einer Anerkennung und Unterstützung des Landes dessen Sonderrolle im Kalten Krieg zu festigen und so auch die einseitige Anerkennung der DDR zu verhindern.[247] Wenig überraschend hatte dieser Wandel ungünstige Folgen für die Exilverbände und ihre Rezeption vonseiten der Behörde, deren Mitarbeitern daran gelegen war, exilkroatische Aktivitäten, die diesen Annäherungskurs gefährdeten, in möglichst enge Schranken zu weisen.[248] Angesichts permanenter diplomatischer Interventionen aus Jugoslawien, die die „faschistischen Umtriebe" kroatischer Exilanten geißelten, schreckte das AA nicht einmal davor zurück, deren generelles Organisationsverbot zu fordern. Diese tendenziell feindliche Haltung gegenüber Exilaktivitäten verwundert mit Blick auf das Interesse des Amts nach diplomatischer Bewegungsfreiheit sicherlich nicht. Sie charakterisierte auch die Haltung der Behörde gegenüber den Aktivitäten algerischer Emigranten.[249] Es scheint jedoch zumindest bemerkenswert, dass sie auf dem

245 PA AA, S 20, 105766, Forschungsdienst Osteuropa: Schriftwechsel mit dem BMI, von Mende an Rolf Schaefer (IB3, BMI), Betr.: Bund der Vereinigten Kroaten (UHNj) (23.4.1959).
246 BArch, B 136/6491, Vermerk (20.8.1954).
247 Vier Jahre später besuchte eine interfraktionelle Delegation des Bundestags die jugoslawische Skupština, und im September 1956 wurde im Bundestag nach Vorschlag des Auswärtigen Ausschusses ein Wirtschaftshilfevertrag zwischen beiden Ländern beschlossen, vgl. Fischer, Heimat-Politiker, S. 298 f. Für den Alleinvertretungsanspruch und Isolation der DDR als zentrales Motiv bundesdeutscher Außenpolitik in den 1950er Jahren vgl. Stein, Alleinvertretung, S. 31 f. Überraschenderweise liegen bislang noch kaum Forschungen zu den (west-)deutsch-jugoslawischen diplomatischen Beziehungen unmittelbar nach dem Krieg vor. Die meisten Studien setzen in der Regel erst mit der Hallsteindoktrin (1957) oder der Wiederaufnahme der Beziehungen zehn Jahr später ein, vgl. Theurer, Bonn – Belgrad – Ost-Berlin; Ivanović, Jugoslavija i SR Nemacka. Für erste Arbeiten zur Nachkriegszeit vgl. Dimić, Connecting Trade and Politics; Anić de Osuna, Anerkennung, S. 10 f.
248 Schon 1952 bat man beim Ministerium für Gesamtdeutsche Fragen, von der „Unterstützung anti-titoistischer Emigrantengruppen abzusehen", vgl. PA AA, B 130, 4653A, Ministerium für Gesamtdeutsche Fragen an AA (13.11.1952).
249 PA AA, B 130, 3075A, Jugoslawien, Abschrift der Aufforderung des BMI zur Behandlung französischer Staatsangehöriger aus dem französischen Gebiet Nordafrikas (Algerier) vom 13.11.1958. Vgl. hierzu auch Bülow, Algerian War, S. 76–88.

Höhepunkt des Kalten Kriegs auch für einen sozialistischen Staat Anwendung fand und sich zudem gegen dezidiert antikommunistisch gesinnte Organisationen richtete.

Die Position des AA wurde – wie ich weiter unten ausführen werde – in den frühen bis mittleren 1950er Jahren nur vom Bundesvertriebenenministerium gelegentlich herausgefordert und war für den politischen Umgang mit Exilkroaten und ihre Beurteilung ansonsten weitgehend prägend. Dies wird besonders mit Blick auf die innenpolitischen Akteure deutlich, die diesen, im Gegensatz zu den kommenden Jahrzehnten, nur wenig Beachtung zumaßen und den Einschätzungen des AA weitgehend Folge leisteten. Den Innenministerien von Bund und Ländern und den ihnen untergeordneten Polizei- und Verfassungsschutzbehörden fehlten zwar noch Überwachungs- und Datensammlungskompetenzen auf Bundesebene, offenbar aber auch das Interesse für nicht-deutsche Akteure – zumal, wenn es sich, wie bei den kroatischen Exilanten, um erklärte Antikommunisten handelte.[250] Unter anderem galt dies auch für den Bundesnachrichtendienst (BND): Dieser war an der Informationsbeschaffung über das sozialistische Ausland sowie an den Spionagetätigkeiten der jeweiligen Auslandsgeheimdienste in der Bundesrepublik interessiert.[251] Hierfür griff er offenbar vereinzelt auf die Expertise kroatischer Exilanten zurück, aber auch anderer exilpolitisch Aktiver, wie etwa der jugoslawischen „Kominformisten".[252] Da das Interesse am sozialistischen Jugoslawien weitaus geringer als das an den sowjetischen Satellitenstaaten war, scheinen Kenntnisse über die kroatische Emigration auch hier eher begrenzt gewesen zu sein. Umfassende Berichte erschienen denn auch erst in den späten 1970er Jahren – vermutlich als Reaktion auf ein gestiegenes Interesse an den Tätigkeiten des jugoslawischen Geheimdienstes in der Bundesrepublik.[253]

So wurde in den ersten 15 Nachkriegsjahren nur eine einzige gezielte Dokumentation über exilkroatische Aktivitäten angefertigt. Zusammengestellt vom Bundesamt für Verfassungsschutz (BfV) im August 1953 kam der Bericht lediglich wegen

250 Die antikommunistische Bias beim BMI und bei den untergeordneten Behörden ist v. a. für die 1950er Jahre bereits andernorts betont worden, vgl. Palm/Stange, Vergangenheiten. Für eine Darlegung politischer Grundsätze vonseiten eines in dieser Zeit prägenden Beamten vgl. Lex, Sicherheit. Für das dem BMI unterstellte BfV vgl. Goschler/Wala, Verfassungsschutz, S. 92 f., für das BKA Baumann/Reinke/Stephan/Wagner, Schatten, S. 161–164.

251 Abseits der Bedrohung durch kommunistische Spionagetätigkeiten und der entsprechenden Länderkunde zeigte der BND bis in die 1970er Jahre hinein kein großes Interesse, vgl. Dülffer, Geheimdienst, S. 194 f.

252 Ein Beispiel hierfür war etwa die (am Ende folgenlose) Annäherung an den kommunistischen Exiljugoslawen Božidar Očko-Forčan, vgl. BArch, B 206/3950, Überprüfung des in Köln lebenden jugoslawischen Dissidenten Bocidar Ocko-Forcan (sic). Zur Kominform-Emigration, die als Stalin-Anhänger eher im sozialistischen Ausland aktiv waren, vgl. Vojtěchovský, Iz Praga protiv Tita. Für Angaben zu Kontakten des BND in die kroatische Exilszene vgl. HDA, 1561, 10.0.44-V, RSUP SR Hrvatske, SDS, RSUP SRH, SDS, Centar Rijeka, Emigracija (23.5.1969).

253 Vgl. die Berichte in: BArch, B 206/1105, Kroatische Emigration.

einer Anfrage des AA zustande, das den Behauptungen einer Verbalnote der jugoslawischen Botschaft nachgehen wollte. Hierin war ein Verbot der politischen Betätigung von Exilkroaten gefordert worden, dessen Möglichkeit das AA nun ausloten wollte. Gut zwei Monate später schrieb der Staatssekretär im BMI Ritter von Lex in einem beinahe genervten Tonfall an das AA, dass „die Ermittlungen über die Tätigkeiten der kroatischen und serbischen Emigrantenorganisationen [...] umständlich und zeitraubend gewesen“ seien. Deren Ergebnisse gäben für die vom AA favorisierten Verbotsmaßnahmen zwar keinen Anlass, zugleich sei es „eine Frage des politischen Ermessens“, inwiefern die „Emigrantentätigkeiten [...] als Mißbrauch des Asylrechts“ zu sehen und damit verbotsrelevant seien.[254] Mit dieser Position verzichtete das BMI letztlich auf eine eigene Haltung und überließ die Initiative und Beurteilungskompetenz weitgehend dem AA. Auch ein gutes Jahr später folgten die Innenministerien schlicht der Position des Außenministeriums, dass das HNO zur Unterlassung politischer Aktivitäten aufgefordert werden solle: Im Februar 1955 wies die bayerische Landesbehörde die Organisation an, zukünftig „von jeder politischen Tätigkeit abzusehen“. Vorangegangen war dem eine direkte Kontaktaufnahme des Staatssekretärs im AA Hallstein mit dem bayerischen Ministerpräsidenten Ehard, in dem dieser die Haltung seiner Behörde unterstrich, dass es sich bei den Angehörigen des HNO um Personen handele, „die in der Bundesrepublik kein Grundrecht auf Bildung politischer Vereinigungen besitzen“. Diese Ermahnung, so das AA in der anschließenden Verbalnote an die jugoslawische Botschaft, „beweise, daß die Behörden in der Bundesrepublik keineswegs Bestrebungen dulden, die sich gegen die Integrität des jugoslawischen Staates richten“.[255]

Es zeigt sich hier eine gewisse Dominanz außenpolitischer Entscheidungsträger, die sich hinsichtlich der Bewertung des kroatischen Exils in den 1950er Jahren als federführend begriffen und denen auch weitreichende Kompetenzen zugestanden wurden. Dass die vom AA vertretene Einschätzung, Ausländer besäßen kein Grundrecht zur Bildung politischer Vereinigungen, durchaus diskussionswürdig war, wurde von keinem der politischen Akteure angemerkt. Auch das Bundeskanzleramt kam vielmehr zu dem Schluss, dass sich gegen den vom AA beabsichtigten Schritt eines politischen Betätigungsverbots für Exilkroaten nichts einwenden ließe. Zwar sei Jugoslawien ein „kommunistisch regierter Staat, trotzdem erscheint es aber angezeigt, die außenpolitischen Beziehungen zu Jugoslawien nach Möglichkeit von Belastungen freizuhalten“.[256] Diese Hegemonie sollte sich erst ab den 1960er Jahren ändern, als Kritik an derart offensichtlich instrumentellen Verbotsmaßnahmen aufgrund außenpolitischer Beweggründe formuliert und migrantische Organisationen und Ak-

254 PA AA, B 85, 259, BMI an AA (12.7.1954).

255 Vgl. für diesen Vorgang BayHStA, StK, 17067, Schreiben des Staatssekretärs im AA Hallstein an Ministerpräsidenten Bayerns (15.9.1954); Bayerisches Innenministerium an HNO (8.2.1955); Verbalnote des AA an die jugoslawische Botschaft (4.4.1955).

256 BArch, B 136/6491, Vermerk von Oberregierungsrat Bachmann (BKAmt) (14.9.1954).

teure verstärkt als potenzielles Betätigungsfeld von Polizei und Staatsschutz in den Blick genommen wurden.

Ungeachtet jener Deutungshoheit, die das AA für sich in Anspruch nahm, und der zitierten Beteuerungen in Richtung Jugoslawien muss festgehalten werden, dass konkrete Schritte zur Einschränkung der Exilaktivitäten auch vom AA nicht unternommen wurden. So hatten etwa die 1955 gegen das HNO erlassenen Auflagen zur politischen Abstinenz praktisch keine weiteren Folgen und wurden auch nicht weiter überprüft. Dies lag wiederum an mangelnden Ressourcen und Kompetenzen für ihre Überwachung vonseiten der Bundesbehörden. Die staatlichen Akteure waren sich darüber hinaus selbst der Willkür der Verbotsmaßnahmen bewusst, die einer rechtlichen Überprüfung nicht standgehalten hätten. Als das Bayerische Landesinnenministerium im Jahr 1956 eine Veranstaltung anlässlich der Gründung des NDH – diesmal angemeldet von den UHNj – mit Verweis auf die vom AA im Jahr zuvor vorgegebene Linie verbot und die Organisation hiergegen klagte, gab man intern unumwunden zu, dass das vorherige Verbot „aus außenpolitischen Rücksichten" getroffen worden sei und in Zukunft solche Veranstaltungen – auch jene des HNO – zugelassen werden sollten.[257]

Eine effektive Einschränkung exilkroatischer Betätigung hätte nicht zuletzt klarer Verbotsgrundlagen, also eines juristischen Nachweises ihrer Verfassungsfeindlichkeit bedurft, worauf weiter unten noch näher einzugehen sein wird. Hier genügt vorerst die Feststellung, dass dafür vonseiten der Behörden weitaus mehr Wissen über die kroatischen Exilvereinigungen, ihre Ziele und ihre Träger notwendig gewesen wäre. Dass dieses Wissen bei den Ostdiensten nicht bestand, wurde weiter oben bereits erläutert. Auch das AA ließ seinen Ankündigungen und Versprechungen keine Taten folgen: Weder wurde kurzfristig auf die Einhaltung politischer Enthaltsamkeitsauflagen geachtet noch wurden langfristig bei den wissenschaftlichen Diensten die Etats für die Beobachtung der jugoslawischen und kroatischen Exilgruppen aufgestockt oder Studien zu deren Erfassung in Auftrag gegeben. Versprechen der Bundesregierung zur effektiven Einschränkung der kroatischen Exilaktivitäten in Richtung Jugoslawien blieben reine Lippenbekenntnisse.

Dies lag auch daran, dass sich beim Bundesvertriebenenministerium (BMVt) ab 1956 Parallelstrukturen der Emigrantenbetreuung herausbildeten, die bald in Konkurrenz zum AA und den Ostdiensten traten.[258] Mit seiner dezidiert antikommunisti-

257 BayHStA, StK, 17067, BayerMI an AA (22.11.1956).

258 Hierbei ging es einerseits um die Unterstützung bei der Kulturpflege und in Fragen sozialer Hilfestellungen, infolge derer das Ministerium begann, sich als Fürsprecher aller Flüchtlinge aus dem Osten zu verstehen. Das Ministerium habe sich dabei zuweilen „like a state department for integration" geriert, vgl. Poutrus, Asylum, S. 122. Dass es sich dabei schon früh in explizite Konfrontation mit dem AA und den von ihm unterstützten Ostdiensten begab, ist von der Forschungsliteratur bislang unbeachtet geblieben, vgl. als Hinweise PA AA, B 130, 4682A, Vermerk, Abt. II, Betr.: Unterredung mit von Mende über Unterstützung der Arbeitsgemeinschaft ausländischer Flüchtlinge in Bayern (AGAFIB) (Februar 1954); PA AA, B 85, 243, Heimatlose Ausländer und aus-

schen Positionierung versuchte das BMVt, sich in Fragen der Kompetenzen für die Flüchtlingsbetreuung zu profilieren. Es trieb dabei insbesondere die Unterstützung als deutschfreundlich angesehener Gruppen voran, die man als Unterstützer der eigenen revisionistischen Agenda begriff, was vor allem das HNO für sich zu nutzen wusste.[259] Das Ministerium stieg so zum maßgeblichen Gegenspieler des AA auf und unterhielt enge Kontakte zu Vertretern der osteuropäischen, kaukasischen und zentralasiatischen Nationalkomitees.[260] Unter seinem Minister Theodor Oberländer förderte es unter anderem jene Akteure, die während des Krieges mit den deutschen Besatzern kollaboriert hatten,[261] worin sich das Ministerium in seiner Stoßrichtung eindeutig vom AA unterschied: Eine derart offensichtliche Fortführung alter Bündnispolitik bzw. eine allzu enge Assoziierung mit Kollaborateuren und Kriegsverbrechern konnte man sich im AA nicht erlauben.[262] Vielmehr galt es, zwischen internationaler Rehabilitierung, Westbindung und Revisionsrhetorik zuweilen eine diplomatische Quadratur des Kreises zu bewerkstelligen,[263] wozu das BMVt mit seiner monothematischen Förderpolitik des Öfteren in explizitem Gegensatz stand.[264] Deren Fokus lag zwar auch beim BMVt vor allem auf den Exilvertretern der im sowjetischen Einflussgebiet liegenden Nationen. Im Gegensatz zur jugoslawienfreundli-

ländische Flüchtlinge, Vermerk (27.11.1959). Hier zeigt sich übrigens ein Spezifikum der Bundesrepublik, wo verschiedene Akteure mit zum Teil unterschiedlichen Interessen existierten, welche die Förderung und Unterstützung von Exilgruppen vorantrieben, während hierfür etwa in Frankreich ausschließlich der Quai d'Orsay zuständig war, vgl. Dufoix, Politiques d'exil, S. 116–118.

259 So äußerte sich der Minister Oberländer in einem Grundsatzpapier aus demselben Jahr eindeutig, dass „Erfolge des Exils in den Heimatstaaten die Durchführung der deutschen Ziele günstig beeinflussen [werden]". Vgl. Johnson, Moschee, S. 120.

260 Viele von ihnen waren noch während des Kriegs zu ihren alten deutschen Verbündeten geflüchtet und in ihren politischen Aktivitäten weitgehend vom BMVt abhängig. Zur Person des Ministers Oberländer, der sein Amt infolge von Kontroversen um die Beteiligung an Massenerschießungen ukrainischer Juden im Jahr 1960 niederlegen musste, vgl. u. a. Beer, Symbolische Politik?.

261 Der Löwenanteil der Fördergelder ging etwa an die „Zentralvertretung der Ukrainer in Deutschland", die Mitglieder der Organisation Ukrainischer Nationalisten um Stepan Bandera (OUN-B) führten. Für eine sehr ausführliche Auflistung vgl. BArch, B 145/6333, BMI an BKAmt, Mittelvergabe an Einrichtungen und Vereinigungen nicht-deutscher Flüchtlinge und heimatloser Ausländer (20.6.1973).

262 Unter Hinzuziehung des Beispiels des HNO hielt man hier grundsätzlich fest, dass die Bundesrepublik keine Exilregierungen anerkannt habe und dass jeglicher Anschein hierfür im dienstlichen Verkehr zu vermeiden sei, vgl. PA AA, B 130, 4682A, Vermerk AA an sämtliche diplomatische Vertretungen (18.6.1953).

263 Dass die bundesdeutsche auswärtige Politik von der NS-Vergangenheit stark geformt wurde, wurde grundsätzlich schon in der Pionierstudie zum Außenministerium belegt, vgl. Conze/Frei/Hayes/Zimmermann, Vergangenheit, S. 570 f. Vgl. auch Feldman, Reconciliation, S. 26 f.

264 Noch deutlich später wurde im AA frustriert zur Kenntnis genommen, „daß im BMVt bei der Unterstützung jugoslawischer Emigrantenorganisationen außenpolitische Gesichtspunkte nicht mitbedacht werden". PA AA, B 42, 167, Attentat Klaric, Attentat Milovanovic/Goreta, Anschlag auf Sprechstundenräume, Draganovic, Emigranten, Attentate etc., Aufzeichnung, Abt. II 5 (22.7.1965).

chen Haltung, die beim AA mit einer kritischen Haltung zu den kroatischen Exilverbänden einherging, konnten sich jedoch besonders Branimir Jelić und sein HNO beim BMVt durchaus Unterstützung und Gelder sichern. Hiermit schuf sich die Organisation eine gute Ausgangsbasis auch im Vergleich zu anderen exilkroatischen Organisationen.[265]

Das Quellenmaterial zeigt allerdings, dass sich die zuständigen Ministerialbeamten wie Walter Schenk und Gerhard Wolfrum nicht durch eine explizit vorgetragene „Kroatophilie" auszeichneten. Als ehemalige NSDAP-Parteimitglieder und hochrangige SS-Offiziere in Osteuropa hatten sie aber vermutlich auch keine grundsätzlichen Vorbehalte gegenüber Personen, denen die Beteiligung an einem Kollaborationsregime vorgeworfen wurde.[266] Für die Förderung des HNO scheint zudem die anerkennungspolitische Linie des Ministeriums entscheidend gewesen zu sein.[267] So war ein wesentlicher Grundsatz die Unterstützung „deutschfreundlicher" Akteure, was dem HNO in die Karten spielte und zulasten anderer kroatischer oder gesamtjugoslawischer Exilverbände ging.[268] Schon früh war die Organisation unter anderem geprägt von Akteuren, die eine Verbundenheit mit Deutschland glaubwürdig kommunizieren konnten.[269] Ernest Bauer hatte im nationalsozialistischen Deutschland studiert und während des NDH regelmäßig im deutsch-kroatischen Propagandablatt „Neue Ordnung" publiziert.[270] Stjepan Buć, der sich schon im NDH als „maverick pro-German Croatian nationalist politician" hervorgetan hatte, konnte wiederum seine guten Kontakte zum Vertriebenenpolitiker Lodgman von Auen und zum Sudetendeutschen Walter Stain nutzen, der im Münchener Sozialministerium für Flüchtlingsfragen zuständig war.[271] Insbesondere der Vorsitzende des Verbands Branimir

---

265 Das HNO wurde vom BMVt als „die allgemeine kroatische Emigrationsgemeinschaft" aufgefasst und bekam seit 1956 jedes Jahr etwa 12 000–13 000 DM bewilligt. Es liegen nicht für jedes Jahr Belege über die Höhe vor; dieser Betrag scheint jedoch plausibel, da er von Akteuren zu unterschiedlichen Zeitpunkten genannt wurde, vgl. BArch, B 106/28217, Ressortbesprechung im AA (3.12.1968); Jelić an Lüder (BMVt) (30.3.1960); ebenda, BMVt an HNO/Jelić, Gewährung Beihilfe für 1965 (29.3.1965).

266 Zu Schenk und Wolfrum vgl. Meining, Moschee, S. 95.

267 Es sei hier zudem erwähnt, dass sich zwischen dem Referenten Wolfrum und Jelić offenbar auch persönliche Sympathien entwickelten, die Jelić zum Vorteil gereichten. So machte Wolfrum Jelić etwa auf einen wissenschaftlichen Aufsatz aufmerksam, der kompromittierendes Material gegen diesen enthielt, sodass er es für „notwendig [halte], daß Sie diese Veröffentlichungen kennen, [...] um gegebenenfalls erwidern zu können", HDA, 1561, 10.7-8, Wolfrum (nunmehr bei der entsprechenden Abt. des BMI) an Jelić (21.1.1970).

268 Während die UHNj gar nicht gefördert wurden, erhielten die gesamtjugoslawisch ausgerichtete „Südslawische Demokratische Union" oder der „Bund der Organisationen der Flüchtlinge aus Jugoslawien" nur 2000 bzw. 6000 DM.

269 Hierbei stechen v. a. die Personen Majncl, Buć, Bauer, Hromalić, Šamija, Jelić hervor, vgl. zu ihren Biografien und ihrem Deutschlandbezug BArch, B 136/6491.

270 Korb, SOG, S. 81–85.

271 Bauer, Život, S. 259; Tomasevich, War and Revolution, S. 431. Zu Stain vgl. auch Meining, Moschee, S. 95.

Jelić war geradezu ein Paradebeispiel eines „deutschfreundlichen“ Emigranten. In den frühen 1960er Jahren hatte er bereits mehr Lebenszeit in Deutschland als anderswo verbracht. 1951 hatte er die deutsche Staatsbürgerschaft angenommen und war später aktives Mitglied der CDU geworden.[272] Durch sein nahezu akzentfreies Deutsch und einen geschliffenen schriftlichen Stil konnte er weit glaubwürdiger die Verbundenheit mit der Bundesrepublik unterstreichen als etwa die Repräsentanten der UHNj.[273] Dass das HNO mit seinen auf Deutsch gehaltenen und verfassten Ansprachen und Memoranden sowie den oben skizzierten Kontakten in die Vertriebenenpolitik eher als „deutschfreundlich“ und damit als förderungswürdiger wahrgenommen wurde, vermag daher nicht zu verwundern. Mit dieser Einschätzung waren letztlich Geldmittel verbunden, die die Organisation in ihre Professionalisierung stecken und so wiederum ein umso vorteilhafteres Bild von sich zeichnen konnte. Die Kommunikation der UHNj mit deutschen Behörden fand demgegenüber vornehmlich handschriftlich statt.[274]

Generell bestand im BMVt das Bestreben, ausländische Flüchtlinge als Machtfaktor für die Bundesregierung zu stärken und hierfür auch Radikalisierungstendenzen einzuhegen.[275] Neben der „deutschfreundlichen“ Ausrichtung wurde deshalb als zentrales Kriterium der Mittelvergabe für Exilverbände stets deren Verzicht auf Gewalt und radikales Auftreten hervorgehoben. Auch hier konnte das HNO zulasten seines direkten Konkurrenten UHNj reüssieren.[276] So bemerkte der Referent Wolfrum auf einer ressortübergreifenden ausländerpolitischen Besprechung im Bundesinnenministerium im Juni 1958, dass etwa 6500 illegale kroatische Flüchtlinge ins Bundesgebiet gekommen seien. Um ihr „Abgleiten in einen politischen Radikalismus in die Ustascha-Bewegung“ zu verhindern, sei hinsichtlich ihrer Betreuung eine enge Zu-

---

272 Unter anderem war er in der Bezirksverordnetenversammlung (BVV) Wilmersdorf und als Mitbegründer des Westberliner „CSU-Freundeskreises“ aktiv. Vgl. HDA, 1561, 10.7-8, Jelić an PP Berlin, Antrag auf Einbürgerung (19.3.1951). Noch Jahre später sah die Zweigstelle Zagreb der jugoslawischen Staatssicherheit hierin einen Grund für Jelićs potenzielle Gefährlichkeit, vgl. HDA, 1561, 10.7-5, RSUP SR Hrvatske, SDS, DS Zagreb, Obrada „Bosna“ (11.1.1971). Für die CDU-Betätigung vgl. ACSP, LG, 5. WP, 146: Südosteuropa, Pressemitteilung zur Gründung des Berliner CSU-Freundeskreises (7.2.1970); Lommatzsch, Globke, S. 172.

273 Es wurde bereits erwähnt, dass in dieser Organisation die Beispiele der gesellschaftlichen „Außenkommunikation“ äußerst rar gesät waren. Dass dies auch mit sprachlichen Schwierigkeiten zu tun gehabt haben dürfte, legt die Tatsache nahe, dass die Vorsitzenden der Organisation offenbar so schlecht Deutsch sprachen, dass auf ihre mündliche Vernehmung vor dem Bundesverfassungsgericht verzichtet und stattdessen um eine schriftliche Stellungnahme gebeten wurde, vgl. BArch, B 237/90003, Beschwerde Stjepan Kirinic vor BVerfG gegen Auslieferung, UHNj an BVerfG (3.4.1959). Der Kontext war die Verfassungsbeschwerde eines Organisationsmitglieds gegen die geplante Auslieferung eines anderen Mitglieds.

274 Vgl. etwa ebenda, UHNj an BVerfG (19.11.1959).

275 Beer, Symbolische Politik?, S. 315 f.

276 BArch, B 106/47450. Jugoslawen, u. a. Überfall auf die jugosl. Handelsvertretung in Mehlem, Referat IB3 (BMI) an Unterabteilungsleiter IB, AL I und Staatssekretär II (BMI) (4.12.1962).

sammenarbeit mit dem HNO geboten.[277] Diese Befürchtungen vor einer Radikalisierung fußten weniger auf gesicherten Erkenntnissen über die politischen Loyalitäten kroatischer Exilanten, die selbst im BMVt äußerst dürftig ausfielen.[278] Sie hingen offenbar eher mit jenen Balkanstereotypen zusammen, auf die bereits weiter oben im Kontext der medialen Repräsentationen von Kroaten hingewiesen wurde. Im BMVt wurden sie nun offenbar zugunsten des HNO ausgelegt. So schrieb das Ministerium im Jahr 1966 mit Blick auf die vergangenen Jahre in einer Art Rechtfertigungsschreiben an das AA, dass „die Mentalität und das Temperament [der kroatischen Emigration, MT] ganz anders geartet ist, als bspw. die der Balten. Kroaten sind unruhige, impulsive, gefühlsbetonte Menschen. Ihr Tun fällt daher leicht auf und setzt sie viel stärker öffentlicher Kritik aus als Volksgruppen, die in ihrer Wesensart zurückhaltender veranlagt sind." Vor diesem Hintergrund hätten die Finanzhilfen des Ministeriums an das HNO dabei geholfen, dass sich die kroatische Emigration der Bundesrepublik anerkannt und sich damit auch „zu loyaler und verantwortungsbewusster Haltung gegenüber dem Gastland verpflichtet [fühle] und dadurch radikalen Strömungen wenig zugänglich [sei]".[279]

Anstelle von sozialen Hilfestellungen oder Maßnahmen zur gesellschaftlichen Partizipation sah man im BMVt als zuverlässigsten Weg der Deradikalisierung die Stärkung eines politischen Verbands. Das infolge der genannten Aspekte als kulturell näher und deutschfreundlicher eingeschätzte HNO wurde hierbei als die vertrauenswürdigere Organisation gesehen.[280] Es handelte sich hierbei insofern um eine vor allem ordnungspolitisch motivierte Präventivmaßnahme, mit der die Migranten unter Kontrolle gehalten werden sollten. Ende der 1950er Jahre hielten die Akteure im BMVt die Zusammenarbeit mit dem HNO für hinreichend, um Radikalisierungstendenzen in der Emigration vorzubeugen. Das HNO konnte sich damit – trotz der weiter oben beschriebenen und insgesamt eher ablehnenden Haltung des AA – eine im Vergleich mit anderen Organisationen herausragende Position gegenüber staatlichen Vertretern erarbeiten, die jedoch nicht unbedingt mit seiner tat-

277 PA AA, B 85, 259, Stubbe, Vermerk „Kroatische Emigration" (24.7.1958).

278 Dies zeigt u. a. eine Übersicht, die Minister Oberländer im Jahr 1959 dem AA anlässlich einer Anfrage von CDU/CSU zukommen ließ bezüglich der „Gesichtspunkte, [unter denen] die osteuropäische Emigration in der Bundesrepublik verhandelt werden soll", auf Grundlage derer sich das AA jedoch letztlich nicht imstande sah, diese für seinen Aufgabenbereich elementare Frage zu beantworten. Vgl. PA AA, B 85, 243, Abschrift des Schreibens von BMVt an MdB Waldemar Kraft, Die Emigrantenorganisationen in der Bundesrepublik (24.11.1959); Aufzeichnung Abt. 5 AA, Schreiben des MdB Waldemar Kraft betreffend die Emigrantenorganisationen in der Bundesrepublik (27.11.1959).

279 PA AA, B 42, 167, BMVt an AA, Kroatisches Nationalkomitee (14.3.1966).

280 Bei den UHNj war man sich hierüber offenbar zum Teil auch bewusst und intervenierte explizit gegen den Versuch einzelner Ortsgruppen, in Ustaša-Uniformen aufzutreten, da man damit vor den deutschen Behörden und der Politik als Nazis dastehen werde und so der „kroatischen Sache" unnötigerweise schade, vgl. HDA, 1561, 1.14-6, Uprava državne bezbednosti za NR Hrvatsku, II Odjeljenje, Izvještaj saradnika „Steve" (5.12.1957).

sächlichen Relevanz innerhalb der kroatischen Exillandschaft korrespondierte. Im nächsten Abschnitt werde ich zeigen, dass die Privilegierung des HNO – im Gegensatz zur eigentlichen Absicht des Vertriebenenministers Oberländer[281] – ein Heranwachsen radikalerer Kräfte sogar begünstigte.

4 „Keine Kriminellen, Kommunisten oder Kranke". Kroatische Exilverbände und ihre Anerkennungsbemühungen in der frühen Bundesrepublik

Der im letzten Abschnitt skizzierte Interessenswiderspruch von Außen- und Vertriebenenpolitik sowie die staatliche Unkenntnis sollten sich auch für die kommenden Jahre als prägend für den politischen Umgang mit dem exilkroatischen Aktivismus erweisen. Vor allem für die späten 1950er Jahre zeigt sich aber, dass die Einschätzungen des BMVt eine gewisse Hegemonie erlangen und die vom AA vorgebrachten Bedenken gegenüber dem exilkroatischen Aktivismus zum Teil verdrängen konnten. Ich werde im Folgenden ausführen, dass dies letztlich dem HNO zum Vorteil gereichte, das als eine Art „Vertrauensstelle" der deutschen Ministerien ausgebaut werden sollte, wobei hierüber die Entwicklungen innerhalb der kroatischen Emigration jenseits dieses Verbands aus dem Blickfeld gerieten. Diese Entwicklung kann nicht allein durch eine mechanische Übertragung außenpolitischer Konfliktlagen auf die Innenpolitik erklärt werden, nach der die exilkroatischen Gruppierungen vom Abbruch der deutsch-jugoslawischen diplomatischen Beziehungen im Jahr 1957 profitierten und aufgewertet wurden.[282] Sie werden im Folgenden auch als Resultat der massiven Migrationsbewegungen aus Jugoslawien ab Mitte des Jahrzehnts und der mit ihnen verbundenen Konkurrenzsituationen einzelner Exilverbände untereinander interpretiert.

281 Denn ein Kalkül der einseitigen Förderung war offenbar gewesen, hiermit die Entstehung von Splittergruppen möglichst zu begrenzen. So gab Oberländer an, die Förderung seines Ministeriums „auf diejenigen Organisationen [zu] beschränken, die auf eine längere Zeit ihrer Tätigkeit zurückblicken, die hier in meinem Hause oder auch in der Öffentlichkeit hervortreten und als repräsentativ für das Exil angesehen werden können". BArch, N 1267/50, NL Waldemar Kraft, Oberländer an Kraft, Die Emigrantengruppen in der Bundesrepublik (24.11.1959).

282 Vgl. für diese Argumentation etwa Shonick, Yugoslav Migrants, S. 70 f.; Clarkson, Fragmented Fatherland, S. 39 f. Gleichwohl führte der Abbruch der Beziehungen zu einer gewissen Euphorie, die kroatische Exilverbände weltweit erfasste, wie die Glückwunschschreiben an Bundeskanzler Adenauer zeigen, vgl. v. a. die Telegramme in: BArch, B 136/6491.

4.1 Migrationen und der Konkurrenzkampf der Organisationen

Kroaten bildeten ab den mittleren 1950er Jahren und angesichts einer zunächst äußerst repressiven Migrationspolitik in Jugoslawien bis zu deren Liberalisierung und der Amnestierung illegaler Grenzübertritte im Jahr 1962 eine der zahlenmäßig größten nationalen Gruppen an Asylsuchenden in der Bundesrepublik.[283] Offizielle jugoslawische Statistiken lassen für die politische Emigration generell auf eine überproportional hohe Anzahl an Kroaten schließen. So wurde diese im Jahr 1962 auf insgesamt 250 000 beziffert, wobei Kroaten 60 Prozent hiervon stellten.[284] In der Bundesrepublik, so eine Studie des Caritasverbands, befanden sich zu diesem Zeitpunkt etwa 30 000 Jugoslawen, von denen knapp die Hälfte katholisch gewesen sei, bei denen es sich also höchstwahrscheinlich um Kroaten gehandelt haben dürfte.[285] Als Herkunftsregionen dominierte – wie auch bei der späteren Gastarbeitermigration – neben Süddalmatien die Herzegowina, wobei insbesondere die mehrheitlich von Kroaten bevölkerten Gebiete (v. a. die Regionen um Duvno und Livno) *hot spots* der Abwanderungsbewegungen bildeten.[286]

Diese regionalen Migrationsmuster während des Kalten Kriegs knüpften an Charakteristika der Vor- und Zwischenkriegszeit an, in der vor allem das dalmatische Hinterland bereits von Abwanderung betroffen gewesen war.[287] Sie sind zudem auf die ungleiche Industrialisierung und das Wohlstandsgefälle innerhalb Jugoslawiens

283 Ivanović sieht diese Zeit in seiner Studie als erste von drei Phasen der jugoslawisch-deutschen Migrationspolitik, vgl. Ivanović, Geburtstag, S. 49. Wichtig war hierbei u. a., dass viele Flüchtlinge aus den italienischen Lagern aufgrund der drohenden Auslieferung nach Deutschland gelangten, vgl. Rolandi, Escaping Yugoslavia, S. 29 f. Zudem kamen immer mehr Kroaten, die zuvor in Österreich gewesen waren, wo ihre politischen Fluchtgründe nach der hohen Zahl ungarischer Flüchtlinge im Zuge des Volksaufstands und nach anfänglicher Hilfsbereitschaft der Bevölkerung zunehmend infrage gestellt und Asylgesuche immer seltener anerkannt wurden, vgl. Kee, Refugee World, S. 69 f. Auch hier ist es schwierig, die Volkszugehörigkeit zu bestimmen, da Angaben jenseits der Staatsbürgerschaft nicht vorliegen. Von einem in Österreich lebenden Mitglied des HNO wurde 1958 geschätzt, dass es sich bei 75 % der jugoslawischen Migranten in Österreich um Kroaten handelte, vgl. HDA, 1561, 10.7-1, Skupština HNO-a (29.5.–2.6.1958). Zur Liberalisierung der jugoslawischen Auswanderungspolitik vgl. Brunnbauer, Globalizing Southeastern Europe, S. 284 f.

284 Radelić, Hrvatska, S. 425. Zwar wurden auch im Bundessammellager Zirndorf die aus Jugoslawien stammenden Personen nicht nach Volkszugehörigkeit aufgeschlüsselt, zum Teil wurde jedoch von dieser Regel abgewichen, sodass Kroaten in vereinzelten Statistiken mit monatlich 99, im Februar 1954 bis zum Oktober 1957 mit 226 Zugängen verzeichnet wurden, damit zur größten nationalen Gruppe im Lager aufgestiegen waren, vgl. Statistiken in: BArch, B 150/3682, Statistik über Zu- und Abgänge im Sammellager Zirndorf.

285 ADCV, 380.24+172 Fasz.01, Statistik: „Die Jugoslaven in der Bundesrepublik Deutschland“ (Ende 1962).

286 Brunnbauer, Labour Emigration, S. 27–30.

287 Goeke, Arbeitswanderer, S. 733. Daneben hing die Überrepräsentation von Kroaten offenbar auch mit einer weniger restriktiven Vergabe von Touristenvisa im Vergleich zur Teilrepublik Serbien zusammen, vgl. Ivanović, Geburtstag, S. 52.

zurückzuführen, unter denen vor allem die westliche Herzegowina litt, was auch mit einer strukturellen Benachteiligung dieser ehemaligen Hochburg der Ustaša im Nachkriegsjugoslawien zusammenhing. Gerade dieser Umstand dürfte einige der primär jungen, größtenteils unqualifizierten und vom jugoslawischen Aufstiegsversprechen weitgehend abgehängten Flüchtlinge in der Bundesrepublik durchaus rezeptiv für die nationalistischen Losungen der Emigrantengruppen gemacht haben.[288] Diese konnten dabei an die Deprivations- und Repressionserfahrungen vieler Migranten anknüpfen und für deren weitere Politisierung nutzen.[289] Ob die Mehrheit dieser neuen Migranten tatsächlich vom politischen Angebot der Exilanten überzeugt war, muss indessen bezweifelt werden. Ganz im Gegenteil, so wurde das Münchener Generalvikariat einige Jahre später informiert, habe größtenteils ein „unüberwindliches Mißtrauen" zwischen jenen jüngeren und ab den späten 1950er Jahren ausgewanderten Personen auf der einen und den älteren, politischen Emigranten auf der anderen Seite geherrscht.[290]

Die Attraktivität der Emigrantenverbände dürfte eher mit ihrer Rolle bei der Gewährung von Asyl zu erklären sein. Da nur wenigen die Bewilligung einer ausländerbehördlichen Aufenthaltserlaubnis für die Bundesrepublik bereits in Jugoslawien gelang,[291] blieb den meisten bis zur vollständigen Liberalisierung der Grenzpolitik in den frühen 1960er Jahren nur der illegale Grenzübertritt.[292] Viele Migranten aus Jugoslawien kamen deshalb zunächst nur mit einem Touristenvisum ins Land und bemühten sich dann um ein Asylverfahren als Flüchtlinge im Sinne der Genfer

---

288 Diese Furcht wurde angesichts des geringen Lebensstandards in der Region bereits ab Mitte der 1950er Jahre auch im Bund der Kommunisten von Bosnien und Herzegowina geäußert. So waren noch in den frühen 1960er Jahren lediglich 3 % der Bevölkerung in der Industrie beschäftigt und nahezu der ganze restliche Teil der Bevölkerung von der Landwirtschaft abhängig. Vgl. Kamberović, HOD, S. 159.

289 Ein Beispiel hierfür ist der 1938 geborene, später vermutlich prominenteste Exilkroate Stjepan Bilandžić, dessen Familie von *Četnici* und Partisanen verfolgt wurde und aus ihrer herzegowinischen Heimat fliehen musste. Im Nachhinein beschrieb er diesen Umstand sowie die Diskriminierung aufgrund seiner Herkunft als wesentliche Begründungszusammenhänge für seine Flucht und seine Aktivitäten in der Bundesrepublik. Auch der zehn Jahre ältere und in den 1960er Jahren aktive Branko Orlović wurde mit seinen Eltern mehrfach aus dem herzegowinischen Mostar vertrieben und unterhielt schon in den frühen 1950er Jahren Kontakte zu antikommunistischen Widerstandsgruppen. Zu diesen negativen Erfahrungen mit Partisanen, die durchaus charakteristisch für diese Region waren, vgl. Šarac, Metastaze, S. 110 f. Zu Bilandžić vgl. u. a. Robionek, Outsiders, S. 89 f. Zur Biografie Orlović vgl. das Urteil gegen ihn, in: LAV NRW, NW 377, Nr. 6987: Innenministerium NRW, Verfahren gegen Gladic & Orlovic (HDO).

290 Archiv des Erzbistums München und Freising, Generalvikariat, Kasten 0741/4, Note an Vikariat vom 25.1.1966.

291 Vgl. hierzu Schoeppe, Wirtschaftsflüchtlinge, S. 96. Die französische Botschaft fungierte während der Hallsteindoktrin als deutsche Schutzmachtvertretung in Belgrad (ähnlich wie umgekehrt die schwedische Botschaft in Bonn).

292 Bis 1957 waren es lediglich 201, bis einschließlich 1960 ca. 8600 Personen aus Kroatien, die sich offiziell als Arbeiter im Ausland aufhielten, vgl. Radelić, Hrvatska, S. 427.

Flüchtlingskonvention, während sie gleichzeitig eine Arbeitsstelle suchten.[293] Die Arbeitsvermittlung stellte in den späten 1950er und frühen 1960er Jahren in der Regel kein großes Problem dar und beschleunigte zudem die Genehmigung einer Aufenthaltserlaubnis.[294] Andere hatten sich gar nicht erst um Asyl bemüht, sondern waren dank der wirtschaftlichen Konjunktur direkt in Beschäftigungsverhältnisse gekommen, was in der Regel ebenfalls die Ausstellung befristeter Aufenthaltsgenehmigungen nach sich zog.[295] Trotz – oder gerade wegen – dieser Einwanderungsmöglichkeiten blieb die Bemühung eines Asylverfahrens bis zur Ermöglichung geregelter Ein- und Ausreisemöglichkeiten deshalb eine häufige Praxis jugoslawischer Migranten, um einen fortgesetzten legalen Aufenthaltsstatus zu erwirken. Tatsächlich stellten Jugoslawen im Jahr 1967 – also ein Jahr vor dem deutsch-jugoslawischen Anwerbeabkommen – immer noch 68 Prozent aller Asylbewerber in der Bundesrepublik.[296]

Die Existenz immer größerer Personengruppen, die auf eigene Faust und vielfach praktisch ohne Sprach- und Ortskenntnisse aus Jugoslawien in die Bundesrepublik kamen, stärkte insgesamt die Rolle der Emigrantenverbände.[297] Infolge der noch nicht etablierten staatlichen oder gewerkschaftlichen Betreuungsangebote hatten sie vielerorts bei der Vermittlung von Aufenthaltsgenehmigungen, Arbeitsplätzen und Unterkünften oder der Unterstützung bei Amtsgängen schon früh eine Lücke füllen können.[298] Angesichts der prekären Lage der Migranten, die als illegale Grenzgänger nicht einmal auf rechtlichen Beistand ihres Heimatlandes hoffen konnten,

---

293 Erst mit dem Ausländergesetz von 1965 wurden rigidere Aufenthalts- und Arbeitserlaubnisregularien erlassen, vgl. Herbert, Ausländerpolitik, S. 211.

294 Vgl. hierfür wiederum Schoeppe, Wirtschaftsflüchtlinge, S. 97 f.

295 Diese Praxis wurde in einer Besprechung in der Bundesdienststelle erläutert, vgl. BArch, B 106/31349, Einreise jugoslawischer Staatsangehöriger, Vermerk über Besprechung mit Vertretern der Bundesdienststelle für die Anerkennung ausländischer Flüchtlinge im Ausländersammellager Zirndorf (8.1.1964). Es scheint insofern ratsam zu sein, anstelle einer eindeutigen Differenzierung von Arbeits- und „Fluchtmigration" eher die Mischformen und Wechselwirkungen dieser beiden Mobilitätsformen zu betonen, die zudem Prozesse von Kettenmigration in Gang setzen. Vgl. Hoerder, Arbeitsmigration und Flucht, S. 7.

296 Bröker/Rautenberg, Asylpolitik, S. 141.

297 Vgl. zu den Umständen dieser frühen Migrationsbewegungen u. a. Ivanović, Geburtstag, S. 50 f.

298 So kam ein Mitarbeiter von der Bundesanstalt für Arbeitsvermittlung zum Schluss, dass die Betreuung der Gastarbeiter und Exil-Jugoslawen „noch komplizierter als bei den anderen Gruppen" sei, da es offiziell keine Zuständigkeit für sie gäbe, vgl. ADCV, 380.20.056, Sozialdienst des DCV für ausländische Mitbürger, Betreuung, Protokoll der Arbeitsbesprechung über die publizistische Betreuung der ausländischen Gastarbeiter in der Bundesrepublik am 8.3.1962 im Presse- und Informationsamt der Bundesregierung. Dass politische Emigranten diese Lücke vielerorts füllen konnten, wurde auch durch ihre Beziehungen zur Kirche begünstigt, die den Kontakt zuweilen erst herstellte. Dies ist dokumentiert in einem handschriftlichen Brief eines neuangekommenen Migranten aus Kroatien an das Generalvikariat München, in dem er nach einem kroatischen Klub fragte und der Antwort, in der ihm die Adresse des HNO-Ablegers in München mitgeteilt wurde (3.&7.11.1954), in: Archiv des Erzbistums München und Freising, Generalvikariat, Kasten 0741/4. Kroatenseelsorge 1945–1988.

konstatierte ein Dossier des Rats für innere Angelegenheiten in Jugoslawien eine äußerst günstige Konstellation zur Beeinflussung dieser Personen durch Repräsentanten der politischen Emigration.[299] Bei vielen der überdurchschnittlich jungen und unterdurchschnittlich ausgebildeten Arbeiter[300] dürften die Exilakteure vor Ort tatsächlich eine gewisse Orientierung gestiftet und so Eingang in den Alltag gefunden haben. Diese Situation führte dazu, dass es bis ins Jahr 1963 insgesamt 140 verschiedene Orte gab, an denen Exilanten die Aufnahme von Flüchtlingen und Arbeitsmigranten organisierten und 21 Zeitungen mit einer Gesamtauflage von 60 500 Exemplaren vertrieben. Diese seien, so ein jugoslawisches Dossier zum Einfluss der politischen Emigration in der Bundesrepublik Deutschland, an den Bahnhofskiosken gar häufiger erhältlich gewesen als die jugoslawischen Tageszeitungen „Vjesnik" und „Borba".[301]

In dieser Situation gelang es dem etablierteren HNO, immer mehr Mitglieder zu gewinnen und neue Ortsgruppen zu gründen. Zugleich war mit Ante Pavelić im Jahr 1959 *die* zentrale Integrationsfigur des globalen kroatischen Exils gestorben, und es begannen sich innerhalb seiner Organisation HOP (bzw. in Deutschland den UHNj) neue Akteure und Fraktionen zu formieren. Sie stellten unter anderem die Hegemonie eines Gewaltverzichts infrage, der die kroatische Exilpolitik der 1950er Jahre insgesamt noch geprägt hatte.[302] Diese Radikalisierungs- und Zentrifugaltendenzen in der Emigration, die langfristig in der Gründung klandestin operierender Gewaltgruppen mündeten, und ihre Hintergründe werden weiter unten ausführlicher analysiert. Hier ist entscheidend, dass die Migrationsbewegungen aus dem jugoslawischen Kroatien einen offenen Konkurrenzkampf zwischen den Organisationen um Neumitglieder auslösten und dass die UHNj dem etablierteren HNO dessen Vormachtstellung streitig machte. Im ganzen Bundesgebiet mit Schwerpunkten in den Bergbau- und Schwerindustriestandorten an Rhein und Ruhr waren im Jahr 1958 bereits 23 Ortsgruppen der UHNj entstanden.[303] Diese agierten weitgehend unabhängig von deutschen politischen Akteuren, die sie infolge unzureichender staatlicher Wissensbestände entweder gar nicht registrierten oder ihnen eine unbedeutende Rolle zuwiesen.[304] Da die UHNj von behördlicher Seite darüber hinaus nicht gefördert wurden und sie ihre Legitimität – anders als das HNO – ohnehin nicht aus der offiziellen Anerkennung herleiteten, konnten sie sich weitaus unabhängiger von der staatlichen Beurteilung ihrer Aktivitäten machen. Sie schreckten so einerseits auch vor ex-

299 HDA, 1561, 10.1-19, RSUP SR Hrvatske, SDS, Elaborat: Rad i djelovanje neprijateljskog dijela jugoslavenske emigracije (1964).
300 Brunnbauer, Labour Emigration, S. 46.
301 HDA, 1561, 1.14-8, RSUP SR Hrvatske, SDS, RSUP, III Sektor, Hrvatska Emigracija u Z. Njemačkoj i njen uticaj na radnu snagu (14.12.1963).
302 Zu dieser Position bei HOP und HNO vgl. Vukušić, HRB, S. 23. Vgl. auch Jurčević, Politička koncepcija, S. 181.
303 Vgl. HDA, 1561, 10.10-6, Pregled Ogranci društva HOP-a u Zapadnoj Njemačkoj (1958).
304 So die Einschätzung des BMI (Breull) an BVerfG (13.5.1959), in: BArch, B 237/90003.

pliziten Umsturzbekenntnissen nicht zurück und konnten andererseits – auch mithilfe krimineller Methoden in der Mitgliederrekrutierung und Geldakquise – ihren Einfluss steigern. Beides hätte beim HNO mit Sicherheit den Verlust der Unterstützung durch staatliche Stellen bedeutet.[305] Vor allem innerhalb des Vertriebenenmilieus hatten die UHNj nie Fuß fassen können, was ihnen nun in gewisser Hinsicht zum Vorteil gereichte, da sie keine Rücksicht auf die hier geforderten Bekenntnisse zur Mäßigung nehmen mussten und deutlich radikaler auftreten konnten als das HNO.

4.2 Arbeitskräftemangel und bundesdeutsches Migrationsregime als exilpolitische Ressourcen

Es wäre falsch, die HNO und UHNj bzw. deren Funktionäre als einzige Träger kroatischer Unabhängigkeitsvorstellungen zu behandeln. Auch außerhalb der Ortsgruppen beider Organisationen boten sich immer mehr Möglichkeiten, autonome Positionen zu artikulieren und ihrerseits Gefolgschaft zu organisieren. Diese Abweichungen waren zumeist deutlich radikaler als ihre jeweilige „Zentrale“ und wurden in beiden Verbänden entsprechend bekämpft. Bei den UHNj ging es dabei offenbar primär um die Eindämmung örtlicher Machkonzentrationen und um die Verhinderung eines Missbrauchs der Organisationsstrukturen für kriminelle Machenschaften. Auch im HNO schwelte der Konflikt darüber, wie mit einem offensichtlichen Erstarken radikaler Positionen in den eigenen Reihen umzugehen und ob eventuell eine Revision des ostentativen Gewaltverzichts nötig sei.[306]

---

305 Dies begann offenbar bereits in den Flüchtlingslagern, wo sich die Lagerbewohner schon länger über die „kriminellen und politisch aufgehetzten kroatischen Elemente“ beklagten, die weitgehend unbehelligt die anderen terrorisieren konnten und sogar Schusswaffen mit sich führten, vgl. PA AA, S 20, 105766, von Mende an MinDir Toyka (BMI), Ausschreitungen kroatischer Emigranten im Sammellager Zirndorf – Tätigkeit der kroatischen HOP in der Bundesrepublik (18.1.1962). Vgl. auch die Schilderungen eines IM der jugoslawischen Staatssicherheit, HDA, 1561, 1.14-6, Uprava državne bezbednosti za NR Hrvatsku, II Odjeljenje, Izvještaj o putu u Zapadnu Njemačku i sastancima održanim sa saradnikom Stevom (29.6.1957). Später berichtete das Landesamt für Verfassungsschutz Baden-Württemberg über UHNj-Mitglieder, die – zum Teil uniformiert – in Bahnhöfen und Fußgängerzonen neu ankommende Migranten drangsalierten, vgl. LAV BW, HStAS: EA 2/303, Bü 624, Erkenntnisse über die „Umtriebe und Tätigkeit der kroatischen Emigranten, hier: Bericht zu den bestehenden Organisationen“ (1.8.1962).

306 Vgl. für diese Tendenzen v. a. im Ruhrgebiet die Ausführungen in: HDA, 1561, 1.14-6, Uprava državne bezbednosti za NR Hrvatsku, II Odjeljenje, Izvještaj saradnika „Steve“ (5.12.1957). Versuche Einzelner, im Namen des Dachverbands Gelder einzutreiben oder zu erpressen, blieben offenbar ein Ärgernis für die Organisationen, vgl. etwa die Warnung hierzu vom Vorsitzenden Ante Vukić im Organ der UHNj: „Hrvatski radnici u Njemačkoj – Pozor!“, in Hrvatska Sloboda (1968), S. 3.

Diese Frage, die – neben weiteren Konflikten – maßgeblich die spätere Spaltung des HNO vorantrieb,[307] entschied Jelić, der mit einem eher gemäßigten Kurs weiterhin auf die alten bundesdeutschen Bündnispartner setzte, zunächst für sich. Der sich vielerorts vollziehende Einflussgewinn von Akteuren der UHNj wurde jedoch natürlich auch vonseiten des HNO mit Sorge registriert.[308] Die deutschen Arbeitgeber, die vornehmlich an der reibungslosen betrieblichen Eingliederung der ins Land kommenden jugoslawischen Arbeitskräfte interessiert waren und ansonsten vor allem kommunistische Agitations- und Infiltrationsversuche unter den ausländischen Arbeitern fürchteten,[309] erkannten offenbar ebenfalls die zunehmende Machtbasis der UHNj. So wusste ein Informant der jugoslawischen Staatssicherheit von einer ernsthaften Besorgnis der deutschen Arbeitgeber angesichts der systematischen Aufwiegelung und Einschüchterungsversuche kroatischer Arbeiter durch Pavelić-nahe Kräfte zu berichten, die Unfrieden innerhalb der jugoslawischen Belegschaft stifteten.[310] Auch das AA begann sich jetzt für die Organisation zu interessieren, wenngleich schnell deutlich wurde, wie dürftig die Kenntnisse staatlicher Stellen über die Entwicklungen im exilkroatischen Milieu waren.[311] Von einem zuständigen Mitarbeiter des Forschungsdienstes Osteuropa wurde dennoch klar vor einem Erstarken der UHNj gewarnt, da diese „teils ordensmäßig, teils militant und teils terroristisch" operierten.[312]

Der Verweis auf den „terroristischen" Charakter der UHNj wies eindeutig noch nicht die späteren Bedeutungsebenen des Begriffs auf und meinte eher die Erpressung und Drangsalierung von Arbeitern als die Verbreitung von Angst und Schrecken durch eine systematische und kalkulierte Gewaltanwendung.[313] Angesichts dieser Einschätzungen verwundert es dennoch nicht, dass sich das als antikommunistisch, „deutschfreundlich" und gemäßigt geltende HNO den zuständigen bundes-

---

307 Vgl. hierfür die Ausführungen des jugoslawischen IM „Stevo"; zum Bruch im HNO u. a. vgl. Jurčević, Politička koncepcija, S. 179 f.

308 Vgl. u. a. HDA, 1561, 1.14-7, RSUP SR Hrvatske, SDS, UDB Zagreb: Izvještaj o emigraciji (1.8.1959).

309 Diese Sorge bestand anfangs v. a. gegenüber Arbeitern aus Jugoslawien, vgl. Schönwälder, Ethnische Pluralität, S. 229 f. Für ähnliche Haltungen der Gewerkschaften vgl. Trede, Misstrauen, S. 206 f.

310 HDA, 1561, 1.14-6, Uprava državne bezbednosti za NR Hrvatsku, II Odjeljenje, Izvještaj o putu u Zapadnu Njemačku i sastancima održanim sa saradnikom Stevom (29.6.1957).

311 Da das Bundesamt für Verfassungsschutz noch nicht über die entsprechenden Ressourcen und Kompetenzen verfügte, berichteten die einzelnen Landesämter an das BMI – größtenteils mit ungenauen und wenig zielführenden Angaben, vgl. PA AA, B 85, 259, BMI an AA (21.2.1959).

312 PA AA, S 20, 105750, Forschungsdienst Osteuropa, Schriftwechsel mit dem AA, Walter Conradi vom Forschungsdienst Osteuropa an LegRat Dr. Eickhoff (AA): Kroatische Befreiungsbewegung (24.7.1959).

313 Ich werde auf die Implikationen und Problematiken des Begriffs „Terrorismus" später noch genauer eingehen. Für eine kritische definitorische Annäherung als „asymetrical deployment of threats and violence against enemies using means that fall outside the forms of political struggle routinely operating within some current regime" vgl. vorerst Tilly, Terror, S. 5 f.

deutschen Stellen erfolgreich als ein Vermittler für politisch zuverlässige kroatische Arbeitskräfte andienen konnte. Auch infolge der bereits etablierten Kontakte und Unterstützungen durch Vertriebenenorganisationen sowie das zuständige Ministerium konnte es sich als eine Art Schutz- und Garantiemacht für kroatische Einwanderer präsentieren und stieg sogar in die Arbeitskräftevermittlung ein. So hatten Josef Trischler von der donauschwäbischen Landsmannschaft und Jelić schon Ende 1953 vom Bundesinnenministerium (BMI) grünes Licht erhalten, Kroaten aus den italienischen Flüchtlingslagern als Bergarbeiter zu vermitteln.[314] Ab 1957 und im Kontext der wirtschaftlichen Konjunktur und der steigenden Zahlen kroatischer Migranten gelang es dem HNO immer mehr, sich aktiv an der Vermittlung von Arbeitskräften zu beteiligten und so langfristig für eine Konzentration der kroatischen Emigration in der Bundesrepublik zu sorgen.[315] Dabei war von maßgeblicher Bedeutung, dass im Zuge der Hallsteindoktrin selbst das in dieser Hinsicht zuvor äußerst kritische AA befand, dass „eine zurückhaltende politische Tätigkeit antikommunistischer jugoslawischer Emigranten keineswegs gegen den Gedanken der Völkerverständigung verstoße, sondern vielmehr durch [...] das Recht auf freie Äußerung der politischen Meinung gedeckt sei“.[316]

Ebenfalls wichtig war zudem die Tatsache, dass das HNO als zwischen Deutschland und Italien vernetzte Organisation agieren konnte. Jelić stellte hierbei den Kontakt zwischen Trischler und Krunoslav Draganović als Hauptakteur der Organisation in Italien her, wobei Letzterer über exzellente Verbindungen in die dortigen Flüchtlingslager verfügte. Trischler wiederum informierte die betreffenden Ministerien über das in Italien versammelte Potenzial an jungen und vor allem politisch zuverlässigen Arbeitskräften; die Ministerien setzten dann eventuell interessierte Firmen in Kenntnis. Insgesamt 6800 kroatische Flüchtlinge gelangten so zwischen 1957 und 1961 aus Italien in die Bundesrepublik. Bei seinen Befragungen durch die jugoslawische Staatssicherheit gab Draganović an, dass es eine große Rekrutierungsbereitschaft gegeben habe und Firmenvertreter ihre Arbeitskräfte zum Teil direkt in den italienischen Lagern ausgesucht hätten. Für die Arbeitgeber sei vor allem attraktiv gewesen, durch die Vorauswahl der Organisationen sicherzustellen, dass sich unter diesen keine „Kriminellen, Kommunisten oder Kranke“ befunden hätten.[317]

Inwiefern auch die Tatsache zum Erfolg der reibungslos verlaufenden Vermittlungsarbeit beitrug, dass Draganović sich seit 1959 als Informant für den US-Geheim-

---

314 HDA, 1561, 10.7-8, Jelić an Wedelstädt (Deutsche Kohle und Bergbauleitung in Essen) (2.12.1953).

315 Auch die jugoslawische Staatssicherheit beobachtete dies im gleichen Jahr, vgl. HDA, 1561, 1.14-2, o. A., Rad Hrvatske Emigracije u Z. Njemačkoj (24.6.1957).

316 PA AA, B 130, 3064A, Emigranten, AA an BMI (19.12.1962).

317 Vgl. HDA, 1561, 1.6, RSUP SR Hrvatske, SDS, Aussagen Draganović. Anzumerken ist hier, dass weder die Umstände von Draganovićs plötzlichem Auftauchen in Jugoslawien geklärt sind, noch der Wahrheitsgehalt der Aussagen überprüft werden kann, die er danach gegenüber der jugoslawischen Staatsicherheit tätigte.

dienst United States Intelligence (USI) betätigte, kann hier nur vermutet werden.[318] Entscheidender ist, dass sie von der Bundesregierung gebilligt wurde und durch die Zusammenarbeit mit einer bereits etablierten politischen Organisation wie dem HNO offenbar ein gewisses Maß an sozialer Kontrolle angenommen wurde, die als eine Art „Brandmauer" gegen Radikalisierungstendenzen jeglicher Art gesehen wurde. So wurden dem HNO vom BMVt im Jahr 1958 zusätzliche 1800 DM an Fördermitteln zugesagt, wenn sich dieses im Gegenzug dazu verpflichte, die „Heimatpflege" und damit auch eine Verhinderung einer „Assimilation" der bestehenden kroatischen Vereinigungen in die deutsche Gesellschaft zu forcieren, und sich zudem klar von den radikalen Positionen der UHNj abgrenzte.[319] Der HNO-Vorsitzende Jelić sah dies seinerseits als „Schlupfloch" für eine bessere Finanzierung für seine Aktivitäten und gab intern recht unumwunden zu, das Interesse der deutschen Seite vor allem für die Stärkung der eigenen Organisation innerhalb des exilkroatischen Einflusskampfes nutzen zu wollen, und befeuerte vor diesem Hintergrund die Befürchtungen vor einer Radikalisierung der Exilkroaten durch die UHNj.[320]

Das HNO begegnete mit dieser Vermittlungstätigkeit dem drohenden Einflussverlust, nahm die Auswahl der Migranten vor und strebte auch deren politische Organisation an den Zielorten an. Zugleich umfasste der Ausbau der eigenen Position die Zusammenarbeit mit den zuständigen Stellen in der Arbeitsplatzvermittlung und erstreckte sich auch auf Versuche, sich die unsichere Rechtslage für Migranten aus Jugoslawien und deren prekären rechtlichen Status in der Bundesrepublik zunutze zu machen. Dies betraf vor allem die Unterstützung bei der Sicherung längerfristiger Aufenthaltsmöglichkeiten und damit in erster Linie die Anerkennung politischer Fluchtgründe. Wie weiter oben bereits angesprochen stellte bis zur jugoslawischen Liberalisierung des Grenzverkehrs die Bemühung um politisches Asyl in der Regel die einzige Möglichkeit dar, einen legalen längerfristigen Aufenthalt in der Bundesrepublik sicherzustellen.[321]

Grundsätzlich war im Artikel 16 des Grundgesetzes zwar klar festgehalten, dass „politisch Verfolgte Asylrecht [genießen]", was einen Wandel zur restriktiven Vorkriegstradition als auch gegenüber der Rechtslage der Nachbarländer darstellte; zu-

---

318 Vgl. hierfür die Akte von Draganovic, in: NARA, RG 319, A1 134, IRR Impersonal Name Files, Box 169, Draganovic.

319 HDA, 1561, 10.7-1, Referat Jelić und Draganović, Skupština HNO-a (29.5.–2.6.1958). Später begründete das Ministerium die Förderung des Verbandsorgans „Hrvatska Država" explizit mit einer „Aufrechterhaltung der kulturellen Volkstumspflege", vgl. LAB, B Rep. 002, 21770-21772, Exilkroaten in Berlin I-III, BMVt an Landesflüchtlingsverwaltungen (27.8.1969).

320 Referat Jelić (wie Anm. 319). In dieser Kommunikation von instrumentellem Nutzen und der Diskreditierung des Mitbewerbers um die Gunst und Anerkennung des Gastlandes liegen wiederum wichtige Aspekte von Exilpolitik, vgl. Reisman, Governments-in-Exile; Valkenier, Exile.

321 Dies galt v. a. für diejenigen, deren Touristenvisum nicht verlängert wurde oder deren Aufenthaltsstatus infolge einer abgelaufenen Arbeitserlaubnis nicht mehr gesichert war, vgl. Dokumentation des RSUP, III Sektor, Hrvatska Emigracija u Z. Njemačkoj i njen uticaj na radnu snagu (14.12.1963), in: HDA, 1561, 1.14-8.

gleich fehlte allerdings eine juristische Definition darüber, was „politisch verfolgt“ bedeutete.[322] Schon in den entsprechenden Diskussionen des Parlamentarischen Rats war auf die auch im Fall der Exilkroaten potenziell gegebene Gefahr hingewiesen worden, dass „es von undemokratisch gesinnten Flüchtlingen in Anspruch genommen werden [könne]“.[323] Die konkrete Handhabung der Asylvergabe für die während der 1950er Jahre insgesamt etwa 25 000 Bewerber unterschied sich denn auch gegenüber der grundsätzlich liberalen Gesetzgebung und war vielerorts sehr restriktiv:[324] Mit der Asylverordnung vom 6. Januar 1953 wurde in Absprache mit den Besatzungsbehörden eine Rechtsgrundlage etabliert, die bis zur Verabschiedung des Ausländergesetzes im Jahr 1965 gültig sein sollte.[325] Sie war zum einen durch eine weitreichende Entscheidungsbefugnis der Ausländerbehörden vor Ort gekennzeichnet, die in ihrer Gesamtheit die liberalen asylrechtlichen Bestimmungen im Grundgesetz *de facto* konterkarierten.[326] Die ab 1952 vom Bundesinnenministerium revitalisierte und bis 1965 gültige Ausländerpolizeiverordnung (APVO) aus dem Jahr 1938 schlug in eine ähnliche Kerbe und sah für die Erteilung von Aufenthaltserlaubnissen die „Würdigkeit der Gastfreundschaft Deutschlands“ als zentrale Kategorie vor.[327]

Das Migrationsregime in der frühen Bundesrepublik wies damit häufig unklare und dehnbare Anerkennungskriterien auf, die im Zweifel auch eine restriktive Praxis legitimieren konnten.[328] Da die jeweiligen Entscheidungen über die Kriterien und Grenzen des Rechts auf Asyl an die Beurteilung konkreter Akteure in den Verwaltungsstrukturen vor Ort geknüpft waren, konnten diese zum einen äußerst willkürlich ausfallen. Sie waren zum anderen immer aushandlungsbedürftig, unterlagen mithin „einem permanenten Prozess politischer, öffentlicher und höchstrichterlicher Auseinandersetzungen“.[329] Im Gegensatz zu anderen nationalen Gruppen, denen ein Grundrecht auf politisches Asyl teilweise verwehrt wurde[330], profitierten Exilkroaten in der ersten Hälfte der 1950er Jahre von einer strukturell ähnlichen Beurteilung wie die Ostblockflüchtlinge. Insbesondere in Bayern kam es vonseiten der lokalen Ausländerbehörden dennoch immer wieder zu eigenmächtig vorgenomme-

322 Poutrus, Asylum, S. 119.
323 Münch, Asylpolitik, S. 19 f.
324 Vgl. Lederer, Zahlen, S. 272.
325 Eine wesentliche Triebfeder sei hierbei eine im politischen Diskurs unisono geteilte „Wiedererlangung einer gewohnten Kontroll- und Verfügungsmacht über AusländerInnen“ gewesen, vgl. Schönwälder, Liberalisierung, S. 129.
326 Poutrus, Migrationen, S. 163.
327 Pleinen, Migrationsregime, S. 91.
328 Oltmer hat Migrationsregime als „ein Geflecht von Normen, Regeln, Konstruktionen, Wissensbeständen und Handlungen institutioneller Akteure [...]“ definiert, welche „unterschiedliche Kategorisierungen von Migrantinnen und Migranten hervorbringen, die die gesellschaftliche, ökonomische oder kulturelle Teilhabe am Zielort beeinflussen“. Vgl. Oltmer (Hrsg.), Migrationsregime, S. 6 f.
329 Poutrus, Spannungen, S. 127.
330 Vgl. hierfür Hardt, Algerische Migranten; Pleinen, Migrationsregime, S. 67.

nen Abschiebungen von Kroaten nach Jugoslawien, bei denen schon früh auf deren vermeintlich ökonomisch motivierte Fluchtmotive abgestellt wurde.[331]

Häufig versuchten die hiervon betroffenen Personen, diesem Verdacht zu begegnen, indem sie ihre antikommunistische Gesinnung als primären Grund für ihre Migration anführten und sich zur Dokumentation dessen einer Exilorganisation anschlossen. Für die Emigrantenverbände, die ein naheliegendes Interesse daran hatten, jegliche Migrationsbewegungen als politische Flucht vor einem verbrecherischen Regime zu deuten, bedeutete dies einen willkommenen Mitgliederzuwachs, mit dem sie ihre vermeintliche „Massenbasis" demonstrieren und ausbauen konnten. Die Herbeiführung sogenannter Nachfluchtgründe war insofern im Interesse des Antragstellers wie auch der Organisation. In der Regel war hiermit verbunden, dass sich der von der Ausweisung Bedrohte für gewisse Zeit an den Aktivitäten der Organisation beteiligte oder dieser zumindest formell beitrat und Mitgliedsbeiträge an diese entrichtete, um so seine Gegnerschaft zum sozialistischen Jugoslawien zu dokumentieren, was die Gewährung von Asyl sicherstellen sollte.[332] Auch in dieser Hinsicht war es das HNO, das hierbei am erfolgreichsten agierte und von bereits etablierten Netzwerken und seiner exilpolitischen Außenwirkung profitierte. Bis in die 1970er Jahre hinein intervenierte es vehement gegen eine Praxis der Asylvergabe, bei der seit den Fluchtbewegungen aus Ungarn im Zuge des Volksaufstands von 1956 immer stärker die Furcht vor einem „Missbrauch" des Asylrechts aus ökonomischen Gründen in Betracht gezogen wurde.[333]

Inwiefern ein Migrant durch die Herbeiführung von Nachfluchtgründen tatsächlich als politischer Flüchtling im Sinne der GFK behandelt werden sollte, war stark umstritten und wurde von gerichtlichen Instanzen unterschiedlich bewertet. Gerade Jugoslawien wurde schon früh implizit nicht mehr dem sozialistischen Lager zuge-

331 Dies wurde nicht nur von Exilorganisationen, sondern auch vonseiten internationaler Organisationen scharf kritisiert. Siehe etwa die Schreiben von UNHCR und vom Caritasverband an das BMI und das Bayerische Innenministerium vom April und Februar 1960, die das Verhalten der Ausländerbehörde München kritisierten, wo es offenbar Abschiebungen von Personen gab, deren Antrag auf Anerkennung als Asylsuchender noch lief, u. a. mit der Begründung, dass die vor der Kriminalpolizei gemachten Angaben eine Migration aus wirtschaftlichen Gründen nahelegten, vgl. ADCV, 124.030 Fasz.07, Hauptvertretung München des DCV/Landesverb. Bayern, Vermischtes, BArch, B 106/47450, Jugoslawen, u. a. Überfall auf die jugoslawische Handelsvertretung in Mehlem; Werner Hoffmann (Betreuungsstelle für heimatlose Ausländer, Caritas, Landesverband Bayern) an Ministerialrat Kanein (Bayerisches Staatsministerium des Innern) (4.2.1960).

332 Dies wurde zumeist flankiert von Dokumentationen, die den totalitären Charakter des jugoslawischen Staats bzw. seine prinzipielle Vergleichbarkeit mit der Sowjetunion illustrieren und „Vorfluchtgründe" suggerieren sollten. Vgl. u. a. BArch, B 136/6491, Memorandum HNO (Ende Mai 1956); PA AA, B 42, 99, Emigranten (1963), Memorandum von Sozialdienst/Socijalna Sluzba/IISS (20.5.1963). Vgl. auch die nahezu deckungsgleiche Argumentation im Memorandum des HOP (1.1.1971), in: HDA, 1561, 10.10-1.

333 Vgl. für die durch die Ankunft der ungarischen Flüchtlinge angestoßenen Debatten um „Wirtschaftsmigration", bei der in den folgenden Jahren häufig die Migranten aus Jugoslawien im Mittelpunkt standen, u. a. Gatrell, Free World, S. 53 f.; Rolandi, Escaping Yugoslavia.

rechnet. Personen, die von hier geflüchtet waren, wurden vielfach mit der pejorativen Bezeichnung des „Wirtschaftsflüchtlings" belegt,[334] deren politische Fluchtgründe zunehmend in Zweifel gezogen wurden und bei denen die Gewährung des Asylstatus unter Vorwänden auch abgelehnt wurde.[335] Ein derartiges Misstrauen gegenüber einer vermeintlich ausschließlich ökonomisch motivierten Migration war nicht neu; selbst „Volksdeutsche" aus Jugoslawien waren in ihren Anerkennungsbemühungen in den 1950er Jahren hiervon betroffen.[336] Die Anerkennungsquote für jugoslawische Asylbewerber lag einer Dokumentation des Bundesinnenministeriums aus dem Jahr 1965 zufolge denn auch bei lediglich 10,6 Prozent, da Nachfluchtgründe allein häufig nicht als ausreichend anerkannt und derartige Asylanträge in der Regel abgelehnt wurden. Die wenigen, die anerkannt worden waren, wurden im gleichen Dokument zudem als mahnende Beispiele einer liberalen Handhabung des Asylrechts herangezogen, da die Betroffenen die „Brücken in ihre Heimatstaaten in der Regel abbrechen" und eine „Sogwirkung" erzeugen würden.[337]

Zugleich wurde in einem Grundsatzurteil des Bundesverfassungsgerichts im Februar 1959 festgestellt, dass die Mitgliedschaft in einer – in diesem Fall serbischen – Emigrantenorganisation in Jugoslawien politische Verfolgung nach sich ziehe und der Antragsteller damit als politischer Flüchtling im Sinne der GFK anzuerkennen sei und nicht abgeschoben werden könne. Das Gericht befand sich mit dieser Einschätzung, die in der Rechtsprechung der Folgejahre jedoch sukzessive aufgegeben wurde, im klaren Gegensatz zum bayerischen Innenministerium und auch zur Position der Bundesdienststelle in Zirndorf.[338] Jahre später wurde hier beklagt, dass Abschiebungen kaum mehr möglich seien, sofern Emigrantenorganisationen dem Antragsteller eine entsprechende Aktivität bescheinigten.[339] Werner Kanein, zuständiger Referent im bayerischen Innenministerium, hatte angesichts einer Flut an Klagen in seinem Bundesland bereits 1956 in einem Schreiben an das BMI festgehalten, dass man der Behauptung, dass in Jugoslawien politische Verfolgung drohe, „kei-

334 In einer Besprechung mit Vertretern der Bundesdienststelle für die Anerkennung ausländischer Flüchtlinge im Ausländersammellager Zirndorf wird gar behauptet, diese Bezeichnung sei erst für diese ersonnen worden, vgl. BArch, B 106/31349, Aktenvermerk vom 8.1.1964. Vgl. auch Stokes, Refugee Crisis. Vermutlich tauchte der Begriff bereits deutlich früher auf und wurde im Kontext der IRO verwendet. Danach wurde er sogar für deutsche Flüchtlinge aus der DDR verwendet, vgl. Cohen, In War's Wake, S. 53; Ackermann, Flüchtlinge, S. 53 f. Einen Überblick der historischen Konjunkturen dieses Vorwurfs bis in die 1980er Jahre bieten Bröker/Rautenberg, Asylpolitik.

335 Münch, Asylpolitik, S. 54.

336 Panagiotidis, Sifting, S. 215–217.

337 LAV BW, HStAS: EA 2/303, Bü 236, Duldung von Ausländern, Dokumentation über Asylrecht und Asylpraxis in der Bundesrepublik (Bonn, 10.3.1966).

338 Vgl. zum Urteil (BVerfG 4.2.1959 – 1 BvR 193/57) Marx, Asylrecht, S. 472. Zur Bedeutung des Bundesverfassungsgerichts in der Asylrechtsprechung vgl. Klusmeyer/Papademetriou, Immigration Policy, S. 119 f.

339 BArch, B 106/47450, Bundesdienststelle für die Anerkennung ausländischer Flüchtlinge in Zirndorf an BMI (17.12.1962).

nen Glauben schenken" könne und Abschiebungen im „öffentlichen Interesse" lägen.[340] Auch die Haltung der Bundesregierung zur Asylgewährung für Personen aus Jugoslawien blieb ambivalent: Das AA stellte – im Einklang mit dem Urteil des BVerfG – fest, dass das Land „keineswegs als Rechtsstaat zu sehen" sei.[341] Das Bundesjustizministerium beharrte dennoch darauf, dass (trotz Einfrierung der diplomatischen Beziehungen zu diesem Zeitpunkt) der allgemeine Auslieferungsverkehr mit Jugoslawien unangetastet bleiben solle.[342] Letztlich waren die staatlichen Positionierungen hinsichtlich der Initiativen von Exilkroaten zur Asylanerkennungshilfe von einer Gleichzeitigkeit antikommunistischer Grunddispositionen auf der einen und von „Asylmissbrauchsdiskursen" auf der anderen Seite geprägt. Mit Blick auf Jugoslawien sollte man sich spätestens Mitte der 1960er Jahre zugunsten Letzterer entscheiden.[343] Für die späten 1950er Jahre lässt sich gleichwohl noch eine gewisse Bereitschaft erkennen, in der politischen Betätigung keinen „Missbrauch" des Asylrechts, sondern dessen legitimen Anlass zu erkennen.

Jene ambivalente Position hatte zur Folge, dass die Asylentscheidungen in Bezug auf Jugoslawien äußerst uneinheitlich ausfielen. Selbst als im Zuge des Ausländergesetzes von 1965 die Anerkennungskriterien für Jugoslawen novelliert werden sollten, wurden diese von den lokalen Entscheidungsträgern häufig ignoriert oder nicht zur Kenntnis genommen.[344] Hier tat sich ein offensichtliches Betätigungsfeld für die Emigrantenorganisationen auf, wobei das HNO über die im Vergleich zu den UHNj eindeutig besseren Startvoraussetzungen und Verbindungen verfügte. Dabei spielte vor allem die Rechtsberatung der Caritas eine Rolle, zu der das HNO über die Anbindung an kirchliche Strukturen vor Ort häufig gute Kontakte unterhielt. Insbe-

340 Ebenda, Kanein an BMI (12.9.1956). Vgl. zu dieser Tendenz, v. a. in Bayern, auch Schönwälder, Ethnische Pluralität, S. 222–226. Zur zeitgenössischen und intensiv geführten juristischen Debatte um die Asylrelevanz von Nachfluchtgründen mit einer Tendenz zu einer liberalen Auslegung vgl. Merl, Asylrecht, S. 56 f. Grundsätzlich hat Gusy die Debatte dahingehend zusammengefasst, dass „Exilpolitik, die sich gegen die Zustände im Heimatland richtet, Nachfluchtgründe [schafft], wenn sie dort zur politischen Verfolgung führt. Sind in der Bundesrepublik die Rahmenbedingungen für exilpolitische Betätigung tatsächlich und rechtlich günstig, so sind sie es auch für Nachfluchtgründe." Gusy, Politische Betätigung, S. 18.

341 BArch, B 136/6491, Sauer, AA an SK im BKAmt, 10.2.1958.

342 BArch, B 237/90003, BMJ an 1. Senat des BVerfG (23.10.1958).

343 So beschloss die Innenministerkonferenz im August dieses Jahres, dass Jugoslawen, die sich um eine legale Ausreise hätten bemühen können, aus wirtschaftlichen Gründen in die Bundesrepublik gekommen seien und deshalb auch kein Bleibe- oder Asylrecht mehr geltend machen könnten. Vgl. LAV BW, HStAS: EA 2/303, Bü 236, Auszug aus der Niederschrift über die Sitzung der Ständigen Konferenz der Innenminister der Länder am 26.8.1966 in Hannover. Auch die Rechtsprechung des BVerfG revidierte die Entscheidung von 1959 sukzessive, bis es 1977 schließlich die gegenteilige Position vertrat, vgl. Marx, Asylrecht, S. 472 f. Für die Gleichzeitigkeit von antikommunistisch motivierter Aufnahmebereitschaft und „traditioneller Abwehrhaltung" vgl. auch Poutrus, Umkämpftes Asyl, S. 52 f.

344 BArch, B 106/38057, Konferenzen der Innenminister, IMK, TOP „Ausländerrechtliche Behandlung illegaler Zuwanderer aus den Ostblockstaaten" (12.10.1967).

sondere auf die Person Theodor Uzorinac-Kohary muss in diesem Zusammenhang verwiesen werden. Dieser war neben seiner Funktion als Geschäftsführer der Südosteuropagesellschaft auch Mitglied im exilkroatischen HNO und wurde von der Organisation zugleich häufig als rechtlicher Beistand der Asylsuchenden engagiert. Die von Abschiebung bedrohten Personen schrieben in der Regel direkt an das HNO, von wo aus sie an Uzorinac verwiesen wurden, der wiederum von Organisationsmitgliedern (nicht selten von Jelić persönlich) die Bestätigung über die vermeintlich langjährige Mitgliedschaft des Ersuchenden im HNO und dessen Beteiligung bei Aktionen des Verbands erhielt.[345] Der Präsident des Verwaltungsgerichts Ansbach, über das die meisten Asyl-Anfechtungsklagen liefen, bezeichnete ob dieser Praxis Uzorinac gar als den „Erfinder der Nachfluchtgründe".[346] Anhand der Korrespondenzen, die seine und andere Kanzleien mit dem HNO führten, kann nachvollzogen werden, wie exilpolitisch zuvor gänzlich unauffällige Personen mit Organisationsmitgliedschaften ausgestattet wurden und so der politische Grund des Aufenthalts in der Bundesrepublik nachträglich konstruiert wurde.[347]

4.3 Staatliche Wissensdefizite und unbemerkte Radikalisierungstendenzen

Das HNO konnte sich mit der Arbeitskräfterekrutierung und dem Engagement von Anwälten durch die Herbeiführung von Nachfluchtgründen auf Feldern hervortun, die den anderen Verbänden weitgehend verschlossen waren. Zwar versuchten insgesamt 29 kroatische Organisationen, wie 1962 vom zentralen Auffanglager für Flüchtlinge in Zirndorf beklagt wurde, den „Dienststellen der Bundesrepublik durch Bescheinigungen Anweisungen für die Anerkennung ihrer Landsleute [als Flüchtlinge zu geben]".[348] Wie bereits weiter oben erwähnt, wurde von staatlicher Seite jedoch vor allem das HNO Jelićs als loyaler Verbündeter gesehen, der die kroatischen Emigranten von politisch radikalen Gruppierungen fernhalten würde. Im Jahr 1958 sah

345 Besonders gut zeigt dies ein komplett dokumentierter Fall aus dem Jahr 1966, in dem der Antragsteller für die letzten Jahre rückwirkend Mitgliedsbeiträge zahlte, nachdem seine Aufenthalts- und Arbeitserlaubnis abgelaufen waren, und mithilfe dieser Dokumente bei der Bundesdienststelle in Zirndorf nun politisches Asyl ersuchte und vom Verteidiger als Begründung sein Antikommunismus sowie (wenn auch deutlich untergeordnet) seine katholische Religionszugehörigkeit angeführt wurden, die ihm in Jugoslawien zur Verfolgung gereichten, vgl. HDA, 1560, kutija 13, Hrvatski iseljenici, Prpić an Vrkljan und Laktić (22.4.1966).

346 PA AA, B 42, 100, Präsident des VG Ansbach Dr. Linn an AA (22.11.1963).

347 Vgl. hierfür v. a. die Korrespondenzen in: HDA, 1560, kutija 13; HDA, 1560, kutija 16, Hrvatski iseljenici.

348 BArch, B 106/47450, Bundesdienststelle Zirndorf an BMI (17.12.1962). Vor allem die UHNj und die später Furore machende „Hrvatski križarsko bratstvo" (HKB) versuchten sich in dieser Hinsicht, vgl. PA AA, B 42, 100, Ausarbeitung von Hartl (Studiengruppe Südost) zu den „Kroatischen Exil-Ustaschen" (1.12.1961). Vgl. auch LAV NRW, Gerichte Rep. 409, Nr. 104, Korrespondenz Jilk HKB, Jilk (HKB) an Arbeitsamt Köln (3.3.1961) und Jilk an Arbeitsamt Bergisch-Gladbach (15.2.1961).

das BMVt die Organisation als einzig legitime Interessensvertretung kroatischer Emigranten. Bereits fünf Jahre zuvor hatte das HNO schon Bescheinigungen über die kroatische Nationszugehörigkeit herausgegeben, die von einzelnen Behörden offenbar anerkannt worden waren.[349]

Jenseits der exponierten Position bei bundesdeutschen staatlichen Vertretern bot das HNO seinen Mitgliedern allerdings wenig und definierte sich allein über die staatliche Anerkennung. So brüstete sich die Organisation etwa vor staatlichen Geldgebern mit beeindruckenden Erfolgszahlen in der Asylanerkennung.[350] Insbesondere in Nordrhein-Westfalen und im Südwesten des Landes führte dies auch zu einem Mitgliederzugewinn und zur Gründung mehrerer neuer HNO-Ortsgruppen.[351] Zugleich wurde hier – von gelegentlichen Reden[352] und vereinzelten Initiativen wie der Organisation von Gesangs- und Tamburicagruppen abgesehen – weniger nationale Kultur- oder gar Exilpolitik organisiert, sondern es handelte sich eher um stammtischartige Etablissements. Zudem folgten auf die Vermittlung von Emigranten vonseiten des HNO in der Regel keinerlei Aktivitäten vor Ort. Nachdem diese an ihren Arbeitsorten angekommen waren, waren es vielmehr Repräsentanten der UHNj, die sie in Empfang nahmen und für ihre Organisation anwarben, während sich Jelić mit der Vermittlerrolle zufrieden zeigte, die ihn vor staatlichen Stellen einmal mehr als Institution des kroatischen Exils auszeichnete.[353] Hierzu passt, dass auch die alltäglichen Anliegen der Emigranten vom HNO nicht adressiert wurden und die Mitgliedsbeiträge und staatlichen Gelder praktisch ausschließlich in die Verbandszeitung und andere öffentlichkeitswirksame Aktivitäten flossen, anhand derer die eigene exilpolitische Relevanz in Richtung der staatlichen Stellen dokumentiert werden konnte.[354]

Diese beim HNO augenfällige Diskrepanz zwischen staatlicher Anerkennung und der Entfaltung tatsächlicher Wirkung vor Ort sahen auch andere Exilakteure, die unter anderem versuchten, sich als sozialpolitisch engagierte Kraft in Stellung zu bringen, beim Werben um offizielle Unterstützung jedoch daran scheiterten, dass

---

349 Dies wurde zumindest in einer Sitzung der Organisation im selben Jahr behauptet, vgl. HDA, 1561, 10.7-1, Zapisnik sa sednice izvrsnog i šireg upravnog odbora HNO-a u Minhenu (28./29.12.1953). Vgl. zudem Molnar, Radicalisation, S. 788 f.

350 Vgl. etwa HDA, 1561, 10.7-8, Jelić an BMVt und Sen Arbeit und Soziales, Berlin, Rechenschaftsbericht HNO 1964.

351 Diese trugen Namen wie „Kroatische Bergarbeitervereinigung Jelačić“ (Alsdorf) oder „Kroatische Arbeitsvereinigung“ (Stuttgart), vgl. PA AA, B 20, 105750, Mende an LegR Dr. Lane (AA), Übersicht über die kroatische Emigration (18.9.1959).

352 Auch in Wohnheimen jugoslawischer Arbeiter trat Jelić regelmäßig auf und sorgte somit für eine gewisse Präsenz der Exilpolitik im Leben der Arbeiter, vgl. HDA, 1561, 10.1-19, Elaborat: Rad i djelovanje neprijateljskog dijela jugoslavenske emigracije (1964).

353 Für diese Beobachtung vgl. die diesbezüglichen Aussagen einer der beteiligten Personen beim Polizeipräsidium Osnabrück (30.3.1963), in: LAV NRW, Gerichte Rep. 195, Nr. 1099, Ermittlungen Mehlem. Vgl. auch die Aussagen Draganovićs, in: HDA, 1561, 1.6.

354 Vgl. HDA, 1561, 10.7-1, Skupština HNO-a, 29.5.1958–22.6.1958.

das HNO bei staatlichen Stellen nach wie vor großes Vertrauen genoss. So kam es etwa im Jahr 1956 in Duisburg zur Gründung des „Kroatischen Sozialdienstes" (*Hrvatska socijalna služba*), einer von ehemaligen *Ustaše* dominierten Organisation, die ein deutlich größeres Augenmerk auf sozialpolitische Anliegen legte, am Ende jedoch keine Unterstützungszahlungen durch das BMVt erhielt.[355] Auch die Kroatische Kreuzerbruderschaft (*Hrvatsko križarsko bratstvo*, HKB), die später durch ein Attentat auf die jugoslawische Handelsmission noch zweifelhafte Berühmtheit erlangen sollte, bemühte sich bei Staat und Kirche vergeblich um Hilfen.[356]

Einen grundlegend anderen Weg schlugen wiederum die UHNj ein, die sich um andere Finanzierungs- und Anerkennungsquellen bemühten. Es wurde bereits die grundsätzliche habituelle Differenz erwähnt, die – bei allen inhaltlichen Überschneidungen – zwischen den Mitgliedern des akademisch geprägten HNO und den sich als Soldatengewerkschaft gebenden UHNj bestand. Dies galt auch für die neuen Migranten, unter denen die UHNj deutlich erfolgreicher agierte. Hierzu trug zwar in nicht unerheblichem Ausmaß auch die Drangsalierung und Bedrohung von Arbeitern durch Mitglieder der Organisation bei. Ein Mitarbeiter der jugoslawischen Staatssicherheit führte zugleich aus, dass die UHNj schlichtweg wesentlich präsenter seien und ihre Vertreter vor Ort sich ungleich mehr für die alltäglichen Anliegen der Arbeiter einsetzten.[357] Vermutlich resultierte diese stärkere Präsenz auch aus einer flexibleren Strukturierung der Ortsgruppen. Mit häufig recht jungen Mitgliedern waren diese der Münchener Zentrale der Organisation eher locker untergeordnet und konnten vor Ort unabhängiger auftreten, als es beim HNO mit seiner eher behäbigen und überalterten Funktionärsstruktur der Fall war.[358]

Auch als Reaktion auf die scheinbar unerschütterliche staatliche Anerkennung des HNO bemühten sich Anfang 1959 die *Ustaše* der UHNj um alternative Quellen der Anerkennung: Durch die Gründung einer eigenen Gewerkschaft („Kroatischer Arbeiterbund", *Hrvatski radnički savez*, HRS) warben sie um Aufnahme in den Deutschen Gewerkschaftsbund (DGB) und für eine „echte gewerkschaftliche Unterstützung" für die später auf 400 bezifferten Mitglieder.[359] Aus diesen HRS-Initiativen bildete sich

---

355 Vgl. die nachträglichen Äußerungen zu diesem Themenkomplex von Krunoslav Draganović, in: HDA, 1561, 10.7-2, Hrvatski narodni odbor – Sjećanja Dr. Krunoslava Draganovića. Vgl. auch das Memorandum vom Vorsitzenden der Organisation, dem ehemaligen kroatischen Diplomaten Dezelić, in dem er u. a. die Zustände in den Flüchtlingslagern in Österreich und Italien anprangerte, vgl. PA AA, B 42, 99, Memorandum von Sozialdienst/Socjalna Sluzba/HSS (20.5.1963).

356 Für eine zusammenfassende Schilderung der Bemühungen vgl. LAV NRW, Gerichte Rep. 409, Nr. 104, Jilk an Stadtverwaltung Bensberg (12.4.1962).

357 So zumindest HDA, 1561, 1.14-6, RSUP SR Hrvatske, SDS, Uprava državne bezbednosti za NR Hrvatsku, II Odjeljenje, Izvještaj saradnika „Steve" (5.12.1957), S. 122 f.

358 Diese wurden zusammengefasst im 1958 gegründeten „Središnji odbor hrvatskih društava u Europi [SOHDE]". Vgl. hierzu Tokić, Landscapes, S. 743; Katalinić, Povijest, S. 306.

359 Hier ist v. a. die anerkennungspolitische Dimension dieses Schritts entscheidend, der explizit gegen die Vorherrschaft von Jelićs HNO gerichtet war, vgl. zum Vorgang AdsD, 5/DGA2297, DGB-Archiv, DGB BV, Abt. Ausländische Arbeitnehmer, Smektala an DGB BV, Kroatischer Arbeiterbund

langfristig eine weitgehend autonome Akteursgruppe innerhalb der UHNj um Hardliner wie Rafael Medić, den ehemaligen Seelsorger Pavelićs, sowie Ante Vukić und Mile Rukavina heraus, die vor ihrer Flucht bei den *Ustaše* und den *Križari* aktiv gewesen waren. Sie profitierten von jener im Vergleich zum HNO dezentralen Struktur der Organisation und schlossen politische Gewalt gegen Jugoslawien als Mittel der Exilpolitik nicht mehr aus. Nach dem Tod des ehemaligen Staatschefs und Anführers des globalen HOP-Bündnisses Ante Pavelić im Jahr 1959 bildeten sie vielerorts lokale Machtzentren jenseits der bundesweiten Verbandsstrukturen, die zu einer De-facto-Spaltung der UHNj führten, die im Januar 1963 auch offiziell vollzogen wurde.[360]

Während der mit Pavelićs Tod einhergehende Radikalisierungsschub später noch gesondert thematisiert wird, ist hier vor allem wichtig, dass die zunehmend unabhängig agierenden Akteure innerhalb der UHNj gerade in Westfalen und Teilen des Ruhrgebiets in ein Vakuum stießen, wo an vielen Orten noch keine kulturellen oder karitativen Betreuungsangebote vonseiten der Kirche existierten.[361] Das bei den Bundesbehörden anerkannte HNO investierte seinerseits wenig in die Betreuung der von der Organisation zum Teil selbst vermittelten oder anderweitig hierher migrierten kroatischen Arbeiter, sodass die UHNj in Ostwestfalen Ende der 1950er Jahre mehrere Orte weitgehend dominierten.[362] Hinsichtlich der Sozialbetreuung in der Muttersprache oder der abendlichen Zerstreuung besetzten die Radikalen eine Lücke. Ihr Bedeutungszuwachs vollzog sich insofern weniger aufgrund der genuinen Attraktivität ihrer ideologischen Positionierung, sondern ist eher mit einem vielerorts bestehenden Mangel an sonstigen Alternativen und mit einem weitgehenden Zugriff auf eine Vielzahl eher unpolitischer Migranten zu begründen. Jener „Zugriff" ging auch mit einem mangelnden staatlichen Schutz vor Gewaltandrohung einher, wodurch Migranten häufig zur Organisationsmitgliedschaft genötigt oder zu Opfern

(23.3.1959). Inwiefern hiermit auch Finanzquellen verbunden waren, wie es ein Bericht der jugoslawischen Staatssicherheit nahelegt, wo von „40 000 DM" pro Jahr die Rede ist, muss offenbleiben, scheint aber – zumindest in dieser Höhe – unglaubwürdig, vgl. HDA, 1561, 10.10-6, Sadašnje stanje organizacije i aktivnost ustaške emigracije (5.11.1959). Für die Zahl vgl. LAV NRW, Gerichte Rep. 409, Nr. 93, Nachtragsbericht zum Bericht des LKA NRW vom 18.12.1962 (5.3.1964). Dass der HRS bei der Rekrutierung gebildeter Akteure Probleme gehabt haben dürfte, legt ein Brief eines Exilanten an die Verbandszeitung „Obavijesti HRS-a" nahe. Diese sei voll von Rechtschreibfehlern und zudem in der inoffiziellen dalmatinischen Varietät des Serbokroatischen (dem okavischen) verfasst gewesen, vgl. LAV NRW, Gerichte Rep. 409, Nr. 104, Jilk an HRS (20.1.1960).

360 LAV NRW, NW 0308, Nr. 195: Innenministerium NRW, Polizei (Verfassungs-/Staatsschutz): Kroaten, PP Bonn an MI NRW, Betr.: Sprengstoffanschlag (26.2.1963); HDA, 1561, 1.14-8, RSUP, III Sektor, Hrvatska Emigracija u Z. Njemačkoj i njen uticaj na radnu snagu (14.12.1963).

361 Vgl. diesbezüglich ADCV, 380.20.030 Fasz.02, Sozialdienst des DCV für ausländische Mitbürger, vermischtes Schriftgut, Arbeitstagung über Fragen ausländischer Arbeitnehmer, Paderborn (22.4.1966).

362 Offenbar lag dem die bewusste Strategie der Vereinigung zugrunde, den Einfluss des HNO örtlich konzentriert zurückzudrängen, vgl. für diese Deutung HDA, 1561, 10.10-6, Sadašnje stanje organizacije i aktivnost ustaške emigracije (5.11.1959).

von Gelderpressungen wurden.[363] Wie später noch zu zeigen sein wird, konnten die Radikalen in der UHNj auch von internationalen Kontakten zu anderen HOP-Renegatengruppen profitieren, die insbesondere in Australien und Spanien ansässig waren und über die sie zu einem Teil transnational zunehmend vernetzter Exilstrukturen wurden.[364]

Die Wandlungsprozesse im exilkroatischen Milieu nahmen auch staatliche Akteure in Jugoslawien zur Kenntnis, wo das Anwachsen der *Ustaše* in und um die UHNj als „ernsthaftes Problem“ gesehen wurde und diese schon Anfang der 1960er Jahre als stärkste und bestvernetzte Organisation in der kroatischen Emigration der Bundesrepublik galt.[365] Der sich so vollziehende Einflussverlust des HNO wurde von den deutschen Stellen nur unzureichend erkannt. Dies war umso frappierender, da die Organisation sich nach dem Tod Ante Pavelićs intern zunehmend spaltete. Hierbei spielten sowohl der Ruf nach einem stärker sozial orientierten Engagement als auch Forderungen nach der Aufgabe des ostentativen Gewaltverzichts eine Rolle.[366] Branimir Jelić, der vormalige Protagonist der kroatischen Emigration, schien Mitte der 1960er Jahre nurmehr seine eigene Person zu vertreten, konnte sich zugleich aber mithilfe seiner Verbündeten in der Vertriebenenlobby nach wie vor als tragende Säule für das kroatische Exil darstellen und ließ sich seinen angeblich mäßigenden Einfluss auf die jungen Emigranten bis in die späten 1960er Jahre mit jährlichen Förderbeiträgen bezahlen.[367]

---

363 Vgl. für diese Drangsalisierungspraktiken vor Ort u. a. PA AA, S 20, 105750, Walter Conradi vom Forschungsdienst Osteuropa an LegRat Dr. Eickhoff (AA): Kroatische Befreiungsbewegung (24.7.1959); HDA, 1561, 10.7-1, Skupština HNO-a, 29.5.1958–22.6.1958. Für eine in dieser Hinsicht sehr aufschlussreiche Zusammenstellung vom jugoslawischen Außenministerium an das kroatische Parlament, die auf die Bedrohung kroatischer Gastarbeiter durch eine kleine Gruppe an Exilanten in Westberlin hinweist, vgl. HDA, 1409, kutija 106, Savjet za odnose s inozemstvom Izvršnog vijeća Sabora Socijalističke Republike Hrvatske, Državni sekretarijat za inostrane poslove, Uprava za konzularne poslove an Izrvšno veće Sabora SR Hrvatske, Aktivnost emigrantskih grupa u Z. Berlinu (12.11.1968).

364 So zog etwa Nahid Kulenović, HOP-Aktivist und späterer Protagonist der UHNj sowie Sohn des NDH-Vizepräsidenten Džafer Kulenović im Jahr 1958 aus Spanien nach Reutlingen, vgl. HDA, 1561, 1.14-7, UDB Zagreb: Izvještaj o emigraciji (1.8.1959).

365 BArch, B 136/6492, Exilgruppe Jugoslawien und Kroaten, Deutsche Botschaft an AA, Drahtbericht mit Zusammenfassung von Tanjug-Pressemitteilung (11.12.1962).

366 Draganović stellte etwa Kontakte zum Präsidenten der Dominikanischen Republik her, um auszuloten, inwieweit sich das Land zur Ausbildung bewaffneter Kämpfer eignen könne, vgl. NARA, RG 319, A1 134, IRR Impersonal Name Files, Box 169, Akte Draganović, S. 152 f. In einem der bereits mehrfach zitierten Berichte des jugoslawischen IM „Stevo“ wird zudem behauptet, dass Pfarrer Dominik Šušnjara, Leiter der einflussreichen kroatischen katholischen Mission in München sowie Exilaktivist und HNO-Mitglied der ersten Stunde, politisch mittlerweile „Pavelić näher [stehe] als Jelić“, vgl. HDA, 1561, 1.14-6, Uprava državne bezbednosti za NR Hrvatsku, II Odjeljenje, Izvještaj o putu u Zapadnu Njemačku i sastancima održanim sa saradnikom Stevom (29.6.1957).

367 Für eine vernichtende Einschätzung der tatsächlichen Rolle Jelićs und dessen HNO vgl. Nikolić, Susret, S. 144 f.

Diese Diskrepanz ist vor allem damit zu erklären, dass Wissensbestände innerhalb der Ministerien und Bundes- und Landesbehörden noch nicht zentral organisiert waren und zum Teil äußerst disparat ausfielen. Informationen über Entwicklungen innerhalb des kroatischen Exils drangen so zwar zuweilen an einzelne Akteure, zeitigten jedoch keine Wirkung auf anderen Ebenen. Vermutlich weit schwerer wog zudem, dass sich die Innenpolitik – also auch Polizei- und Verfassungsschutzbehörden – der Beurteilung von Exilpolitik noch mehr oder weniger enthielten und keine eigenständigen Untersuchungen hierzu anstellten, sondern nur sporadisch – und zum Teil offensichtlich falsch – informiert wurden.[368] Dafür dürfte wiederum die privilegierte Position des HNO ausschlaggebend gewesen sein, das die Behörden bis in die 1960er Jahre hinein immer wieder mit „Wissen" über die kroatische Emigration versorgte. In einem Überblick zur „Ostemigration" des Bundesamts für Verfassungsschutz (BfV) vom Dezember 1954 wurde allein das HNO als relevante Organisation vermerkt.[369] Fünf Jahre später schätzte der Ausländerreferent im BMI Kurt Breull die zu diesem Zeitpunkt bereits immer dominanter werdenden UHNj im Gegensatz zum HNO als „politisch nicht bedeutende karitative" Organisation ein. Der Stellenwert der HNO zeigte sich auch noch im Jahr 1968, als Jelić dem BMVt die Empfehlung gab, eine serbische Organisation nicht zu unterstützen, der das Ministerium prompt folgte.[370]

Entsprechende Kompetenzen zur eigenen Wissensgenerierung erhielten Polizei und Verfassungsschutz erst im Laufe der 1960er, zum Teil erst in den frühen 1970er Jahren, sodass verlässliche Aussagen über die Mitgliederstärke der Organisationen jenseits der hochtrabenden Zahlen, die diese in offiziellen Verlautbarungen machten, aus dieser frühen Phase nicht vorliegen.[371]

---

368 So etwa die Aussage des Ausländerreferenten im BMI Kurt Breull, der die UHNj als „politisch nicht bedeutend" einschätzte. Woher er diese Information bezog und ob es sich hier etwa um gezielt von Jelić gestreute Falschinformationen zur Diskreditierung des politischen Gegners handelte, muss hier offenbleiben. Vgl. BArch, B 237/90003, BMI an BVerfG (13.5.1959).

369 PA AA, B 130, 3213A, Bericht des BfV über Ostemigration (1954).

370 BArch, B 106/28217, Hrvatski Narodni Odbor, Wolfrum an Jelić (16.7.1968); Jelić an Wolfrum (21.7.1968).

371 Das Wissen der Behörden war zu diesem Zeitpunkt noch sehr begrenzt, sodass die Angaben zur Mitgliederstärke mit Vorsicht zu behandeln sind. Nach Angaben der „Studiengruppe Südost" sowie des Bundesinnenministeriums zählten HNO und UHNj gegen Ende der 1950er Jahre ungefähr 2000 bzw. 1000 Mitglieder, vgl. für die Angaben: PA AA, B 42, 100, Studiengruppe Südost, „Entwicklung der Emigration aus Jugoslawien", S. 118 f. (8.5.1961).

III Das „Ausländerproblem Nr. 1". Exilkroaten als politische Herausforderung während der 1960er und frühen 1970er Jahre

Im vorangegangenen Kapitel wurde gezeigt, wie ein spezifisches Migrationsregime sowie die damit verbundene Protegierung „deutschfreundlicher" Exilorganisationen im Falle der kroatischen Aktivisten zu einer ausschließlichen Unterstützung des Kroatischen Nationalkomitees (*Hrvatski narodni odbor*, HNO) geführt hatten. Diesem wurden weitreichende Kompetenzen in der Kontrolle kroatischer Emigranten zugestanden, die nicht von staatlichen Akteuren geleistet wurde. Der Legitimitätsverlust, den das Komitee, das stets primär auf Repräsentationsarbeit in Richtung der Bundesregierung bedacht gewesen war, im Laufe der Zeit erlitt, blieb so praktisch unbeachtet. Die politische Gewalt, die von exilkroatischen Gruppen ab den frühen 1960er Jahren ausging, traf die politischen und gesellschaftlichen Akteure in der Bundesrepublik darum beinahe unvorbereitet. Sie hatte nicht nur eine Hinterfragung des Monopols des HNO und der exilpolitischen Förderkriterien des BMVt zur Folge, sondern brachte auch eine zunehmende Zuständigkeitserweiterung der Innenministerien und der ihnen untergeordneten Polizei- und Verfassungsschutzbehörden mit sich, die sich während der 1950er praktisch vollständig aus der Beurteilung exilkroatischer Aktivitäten und ihrer politischen Bearbeitung herausgehalten hatten.

Im Zentrum dieses Kapitels werden die hiermit verbundenen Debatten stehen, die immer wieder auch die Frage berührten, ob außenpolitische Interessenslagen ein Verbot der politischen Artikulation von Nichtdeutschen legitimieren könnten. Dies wurde in den 1950er Jahren, wie im letzten Kapitel gezeigt, noch zugunsten der Einschätzungen des Bundesvertriebenenministeriums (BMVt) und entgegen der Bedenken des Auswärtigen Amts (AA) beantwortet. In den folgenden Abschnitten wird die graduelle Neubewertung des migrantischen Politaktivismus diskutiert, der zunehmend auch als innenpolitische Herausforderung erkannt und adressiert wurde. Die Arbeit wird sich im weiteren Verlauf insofern vor allem den Polizei- und Verfassungsschutzbehörden widmen. Sie nimmt deren Zentralisierungsbemühungen und die damit verbundenen Neuaushandlungen von Staats- und Demokratieschutzkonzepten in den Blick und fragt nach deren praktischen Konsequenzen und nach der Rolle, die exilkroatische Akteure hierbei spielten.

1 Frühe Exilgewalt und Radikalisierungsprozesse. Hintergründe und Interpretationen

Die von den jugoslawischen Behörden häufig schlicht als „Terrorismus" bezeichneten Fälle politischer Gewalt, die von Exilkroaten bis in die 1980er Jahre im In- und

Ausland gegen Einrichtungen und Personen des jugoslawischen Staats verübt wurden, setzten ab den 1960er Jahren ein.[1] Hatte dies zuvor noch keine Rolle in der kroatischen Exilpolitik gespielt, wurden in den folgenden acht Jahren allein in der Bundesrepublik Deutschland insgesamt 22 Anschläge auf jugoslawische Konsulatsgebäude durch Briefbomben und Brandsätze sowie sieben Attentate auf jugoslawische Konsulats- und Botschaftsmitarbeiter verübt, von denen eines tödlich endete.[2] Neben weiteren Anschlägen im westlichen Ausland[3] erreichten die Aktivitäten auch jugoslawisches Territorium: Im Juli 1967 detonierten Zeitbomben in mehreren Zügen zwischen München und Belgrad. Im Laufe des Jahres 1968 wurden in Belgrad drei Bombenattentate auf ein Kino und auf den Hauptbahnhof verübt, was insgesamt ein Todesopfer und dutzende zum Teil schwer Verletzte forderte.[4] Diese Taten, so ein weiteres Charakteristikum, wurden von Personen verübt und geplant, die in den 1950er Jahren entweder eine unerhebliche oder aufgrund ihres Alters noch gar keine Rolle in den Exilorganisationen gespielt hatten. Mehrheitlich zwischen 1934 und 1937, zum Teil auch erst in den 1940er Jahren geboren, hatten die meisten der in den 1960ern durch antijugoslawische Aktionen in Erscheinung tretenden Exilkroaten zudem das Ustaša-Regime nicht aktiv miterlebt.[5]

Hinsichtlich der Gründe für diese offensichtlich neue Qualität und personelle Struktur kroatischer Exilpolitik haben bisherige Arbeiten vor allem auf geopolitische Großnarrative und ihre Rezeption durch die kroatische Emigration in der Bundesrepublik abgestellt. Die Autoren folgen dabei insgesamt einer Art „Deprivationsthese“, der zufolge die kroatischen Exilanten ab den späten 1950er Jahren organisationsübergreifend realisiert hätten, dass ihre Unterstützung mit einer zunehmenden globalen Entspannungspolitik und der insbesondere in Deutschland verfolgten Annäherung an die Staaten Osteuropas kollidierte. Im Gegensatz zu anderen osteuropäischen Emigrantengruppen, die diese Entwicklung gleichermaßen traf, sei ein Signum der kroatischen Emigration jedoch die Existenz einer wachsenden Gruppe

1 Ragazzi sieht mit den 1960er Jahren denn auch eine Zäsur in der Emigration eingeläutet, durch die eine rein ideologische Charakterisierung der Emigration in „Kommunisten und Antikommunisten“ durch die Unterteilung in „gewalttätige und nicht-gewalttätige Akteure“ abgelöst worden sei, vgl. Ragazzi, Governing Diasporas.

2 Die vollständigste Übersicht über Fälle politischer Gewalt liefert Maslić, Pregled; vgl. auch Đorđević, Leksikon.

3 Diese werden eingehend und weitgehend erschöpfend behandelt bei Tokić, Croatian Radical Separatism.

4 In allen drei Fällen konnten die Attentate auf Exilkroaten aus dem Umfeld der UHNj im Raum Friedrichshafen zurückgeführt werden. Diese Gruppe wurde von Behörden und Presse bald als „Bodenseebande“ bezeichnet. Vgl. die durch das BMI zusammengestellten Erkenntnisse der Bundesregierung über die Gruppe, in PA AA, B 42, 233, BMI an AA (20.8.1969).

5 Ein solches Bild vermitteln zumindest die Personenaufstellungen des BKA und die Listen verdächtiger Personen der jugoslawischen Regierung in diesem Jahrzehnt, alle in: BArch, B 106/ 91105-91106. In gewisser Weise kann insofern tatsächlich von einer „zweiten Generation“ kroatischer Exilpolitik gesprochen werden, vgl. hierzu Tokić, End, S. 430.

jüngerer Migranten gewesen, die im Gewaltverzicht der älteren Emigranten zunehmend einen Nachteil gesehen und sich in radikaleren Gruppierungen zusammengetan hätten, für die zudem der ostentative Antikommunismus immer unwichtiger geworden sei.[6]

Die Urheber der politischen Gewalt gehörten tatsächlich einer jüngeren Generation an. Auch sind Erklärungen für Gewalt dieser Art mit Bezug auf vermeintliche geopolitische Zugzwänge durchaus in den Pamphleten und anderen Selbstzeugnissen als Begründung der Aktionen anzutreffen und sollen nicht grundsätzlich bestritten werden. Eine Forschung, die sich allein auf derartige Rechtfertigungen stützt, läuft aber Gefahr, implizit eine Deckungsgleichheit von Organisationsführung und ihren Mitgliedern vorauszusetzen, die sich im vollen Bewusstsein und unter rationaler Abwägung der Optionen für politische Gewalt als Handlungsoption entschieden hätten.[7] Politische Gewalt als eine Ressource von Exilpolitik verweist aber nicht notwendig auf eine von der „Basis" angestoßene Radikalisierung oder auf eine bewusst nach geopolitischen Konfliktlagen getroffene Entscheidung, sondern hat in der Regel auch mit ihrer Favorisierung vonseiten bestimmter Akteure zu tun, die hiermit eine Machtposition zu festigen suchten.[8] Auch unter den kroatischen Emigranten in der Bundesrepublik bildeten sich zunehmend autonom agierende Gruppierungen, die vor allem in kleineren Orten ihre privilegierte Position durch den weitgehenden Mangel an Betreuungsangeboten ausnutzen und so Mitglieder für sich gewinnen konnten. Radikalisierungsdynamiken entstanden hier vor allem im Zusammenhang mit einem Wettbewerb um Mitglieder angesichts steigender Migrantenzahlen sowie mit einem global und auf Bundesebene bestehenden Machtvakuum. Ohne dabei die von der Organisations- und Bewegungsforschung entwickelten Ansätze zum Verhältnis kollektiver Mobilisierung und individueller Motivation angemessen einbeziehen zu können,[9] scheint es ratsam, im Folgenden einen genauen Blick auf die konkreten Kontexte der Bildung neuer Gruppen mit radikalerer Agenda und die damit verbundenen Fragmentierungs- und Radikalisierungsdynamiken zu werfen. Vor allem für Nordrhein-Westfalen, so zeigen die folgenden Ausführungen, kann ein auf die lokalen Dynamiken und Entwicklungen gerichteter Blick einen wichtigen Beitrag beisteuern, um das Entstehen kroatischer Exilgewalt ab den 1960er Jahren zu erklären.

---

6 Vgl. für diese Argumentation etwa Robionek, Outsiders; Žižić, Emigracija. Zur „panic and deprivation", die auch unter anderen osteuropäischen Emigrantengruppen mit zunehmender Desillusionierung über die antikommunistische Rollback-Politik einsetzte, vgl. auch Burke, Revolutionaries, S. 28 f.

7 Für diese Kritik vgl. auch Rucht, Stand der Forschung, S. 20 f.

8 Vgl. grundlegend hierzu Brubaker, Diaspora, S. 12.

9 Für einen konzisen Einblick in die Fülle an Literatur und die verschiedenen Ansätze vgl. u. a. Beyer/Schnabel, Theorien, S. 66 f.

1.1 Machtvakuen, Fragmentierungsprozesse und die Entstehung radikaler Renegatengruppen

Nachdem der ehemalige *poglavnik* und Anführer der Kroatischen Befreiungsbewegung (HOP) Ante Pavelić 1959 in Madrid an den Folgen eines zwei Jahre zuvor auf ihn verübten Attentats gestorben war,[10] entflammte ein bereits seit Längerem schwelender Machtkampf um die Führung im radikal-nationalistischen Lager. Während Branimir Jelić, der sich mit seinem HNO seit den frühen 1950er Jahren als gemäßigte Alternative präsentierte, hierbei nur eine untergeordnete Rolle spielte, stieg international vor allem Maks Luburić zum wesentlichen Protagonisten der radikalen kroatischen Emigration auf. Als ehemaliger Kommandant des Konzentrationslagers Jasenovac handelte es sich bei ihm um einen Hardliner kroatischer Exilpolitik, der in privaten Briefen seit 1951 den Gewaltverzicht und den von Pavelić verfolgten Annäherungskurs an die Westalliierten als einen Verrat am wahren „Ustašatum" (*Ustaštvo*) gegeißelt hatte.[11]

Als Reaktion auf seine Alleingänge enthob ihn Pavelić im Jahr 1955 sämtlicher Ämter, was schon zu diesem Zeitpunkt zur Bildung von zwei Lagern führte. Vor allem in den Ballungsregionen Australiens gründeten sich daraufhin einflussreiche und streng hierarchisch organisierte Ustaša-Gruppierungen unter Führung des lokalen Potentaten Srećko Rover, die Pavelić jegliche Führungslegitimation absprachen und sich stattdessen an Luburić und seiner Organisation *Hrvatski narodni otpor* („Kroatischer nationaler Widerstand", Otpor) orientierten.[12] Nach Pavelićs Tod versuchten Luburić und seine Anhänger, auch in der strategisch wichtigen und verhältnismäßig mitgliedsstarken deutschen Emigrantenszene Fuß zu fassen, deren Ustaša-Fraktion bislang von den UHNj dominiert wurde. Zwar war auf Wunsch Pavelićs mit dem in Argentinien ansässigen ehemaligen NDH-Politiker Stjepan Hefer schnell ein Nachfolger für die Führung der globalen Bewegung gefunden worden. Gerade in der Bundesrepublik wurde dieser jedoch nicht von allen anerkannt, was vielerorts ein Führungsvakuum nach sich zog, das durch den fast zeitgleichen Tod des langjährigen UHNj-Vorsitzenden Mirko Beljan zusätzlich vergrößert wurde.[13]

Die auf diese Situation folgenden Spaltungsprozesse innerhalb der UHNj sind nicht im engeren Sinne Gegenstand der Arbeit. Sie seien hier dennoch als Hintergrund der weiteren Entwicklungen zumindest kurz umrissen: Die zunächst zentralen Akteure waren einerseits der Dortmunder Kreis, der zuvor bereits in die Gründung

10 Zu Pavelićs Flucht nach Spanien im Jahr 1957, nachdem seiner Auslieferung nach Jugoslawien vonseiten der argentinischen Behörden zugestimmt worden war, vgl. Stahl, Nazi-Jagd, S. 78 f.

11 Katalinić, Povijest, S. 39 f. Vgl. auch Tokić, Landscapes, S. 741 f. Zu Luburićs Rolle im NDH vgl. u. a. Tomasevich, War and Revolution, S. 422. Zu seiner frühen Positionierung im Exil vgl. u. a. Krizman, Bjekstvu, S. 338.

12 Vgl. zu Rover und dem kroatischen Exil in Australien v. a. Tokić, Politics; Aarons, War Criminals. Vgl. auch die Erinnerungen von Rover selbst: Rover, Svjedočanstva.

13 Vgl. für Beljan auch Stuparić, Tko je tko, S. 32 f.

des erwähnten Kroatischen Arbeiterbunds (HRS) involviert gewesen war, sowie andererseits die Münchener Zentrale des Verbands, die Hefer als globale Führungsfigur anerkannt hatte und die der Anwendung von Gewalt als Mittel der exilpolitischen Auseinandersetzung grundsätzlich skeptisch gegenüberstand.[14] Die Dortmunder Fraktion zeigte sich hingegen offen für Gewaltaktionen und profitierte davon, dass die UHNj – etwa im Vergleich zum hierarchischen HNO unter Jelić – eher horizontal strukturiert waren und bereits vielerorts regionale Machtzentren existierten. Als der Dortmunder Flügel im Mai 1960 unter Heranziehung eines Vorwands aus den UHNj ausgeschlossen wurde, gründeten dessen Vertreter fünf Monate später auf Grundlage der in Nordrhein-Westfalen nach wie vor bestehenden HRS-Strukturen den Geheimbund „Geheime Ustaša-Bewegung" (*Tajni ustaški pokret*, TUP).[15] In Anbetracht einer zu diesem Zeitpunkt weiterhin für möglich gehaltenen Eskalation des Kalten Kriegs sollte dieser Bund als militärisch ausgebildete Truppe sofort aktiv an Kampfhandlungen innerhalb Jugoslawiens teilnehmen, aber auch Anschläge auf jugoslawische Ziele im Ausland planen.[16] Angesichts dieser Ankündigungen und eines drohenden eigenen Machtverlustes formte sich um Mile Rukavina, Dane Šarac und Nahid Kulenović eine zweite radikale Gruppe unter dem erweiterten Dach der UHNj, die noch im selben Jahr mit der „Geheimen revolutionären Ustaša-Truppe" (*Tajne revolucionarne ustaške postrojbe*, TRUP) eine Gruppe mit fast identischer Abkürzung ins Leben rief.[17] Als streng konspirative deutschlandweite Organisation mit zwei geografischen Unterabteilungen war die Gruppe – wie ihre Konkurrentin TUP – vor allem im Rhein- und Ruhrgebiet aktiv, wo infolge der Arbeitsmigration zahlreiche Kroaten lebten und wo sie Waffen- und Sabotagetrainings durchführte.[18]

---

14 Dragišić, Ko je pucao, S. 27. Schon früh wurden alle Gruppen der UHNj von dessen Vorsitzenden sowie von der HOP-Zentrale in Argentinien gewarnt, sich gegen die deutsche Organisationsführung aufzulehnen und die „Usurpatoren" aus Dortmund zu unterstützen, vgl. hierfür HDA, 1561, 10.10-6, Bericht „Sukobi unutar ustaškog pokreta u zapadnoj Nemačkoj" (o. D.).

15 Einem seiner Protagonisten, Miroslav Peran, war im Organ des Verbands vorgeworfen worden, ein Spitzel des jugoslawischen Geheimdienstes zu sein. Er wurde aus der Organisation ausgeschlossen. Dies war ein gängiges Mittel, um innerorganisatorische Konkurrenten zu diskreditieren und loszuwerden. Seine Mitstreiter Rafael Medić und Ante Vukić solidarisierten sich und verließen die UHNj ebenfalls. Es ist indes nicht auszuschließen, dass die Verdachtsmomente gegen Peran ursächlich auf ein Gerücht zurückgingen, das von der jugoslawischen Staatssicherheit gestreut wurde, vgl. HDA, 1561, 1.14-7, UDB Zagreb: Izvještaj o emigraciji (1.8.1959).

16 So die Einschätzung in einem jugoslawischen Dossier, vgl. HDA, 1561, 10.10-1, Kratki pregled emigrantske organizacije „Hrvatski oslobodilački pokret" (HOP) (2.8.1963).

17 Vgl. HDA, 1561, 1.14-8, RSUP, III Sektor, Hrvatska Emigracija u Z. Njemačkoj i njen uticaj na radnu snagu (14.12.1963). Vgl. zu dieser Dynamik u. a. Čizmić/Sopta/Šakić, Iseljena Hrvatska, S. 376.

18 Vgl. zu den Aktivitäten von TRUP sehr anschaulich die Informationen aus dem Verhör eines Verdächtigen, in: Zapjsnik saslušanju okrivljenog Maričević Marka (20.5.1963), in: HDA, 1561, 10.10-7, RSUP SR Hrvatske, SDS. Zu TRUP generell vgl. u. a. Stellungnahme des Bundesamts für Verfassungsschutz zur Organisation, enthalten in: PA AA, B 130, 3094A, Nichtdeutsche Heimatvertriebene, AA Ref. II 5, Vermerk, Tätigkeit von Emigrantenorganisationen im Bundesgebiet, hier:

Die Fragmentierung der Organisationen hatte recht schnell zur Folge, dass sich kleine Gruppen ohne gesicherte innerorganisationelle Finanzierungsbasis nach ideologischer und logistischer Unterstützung im Ausland umsahen, was langfristig offenbar ein Fußfassen radikaler Akteure um den Anführer des „Kroatischen Volkswiderstands“ (*Hrvatski narodni otpor*, HNOtpor) Maks Luburić begünstigte.[19] Beide Gruppen, TUP und TRUP, generierten zudem Gelder über die Erpressung von Arbeitsmigranten, konnten jedoch auch gewisse Erfolge bei ihrer Rekrutierung erzielen. Hierbei war vor allem der bereits oben angesprochene Umstand wichtig, dass Betreuungsangebote für Migranten aus Jugoslawien vonseiten des deutschen und jugoslawischen Staats sowie der Kirche (insbesondere durch die katholische Caritas, in geringerem Maß durch die evangelische Innere Mission) erst ab den mittleren bis späten 1960er Jahren in systematischer Weise geschaffen wurden. Die Organisation der Seelsorgeangebote für Kroaten war zudem nur in geringem Maße ausgeprägt und bot für die Priester, bei denen es sich häufig selbst um Exilanten handelte, vielfältige Möglichkeiten zur Agitation: Während dies in der Regel– auch aufgrund des beträchtlichen Einflusses der bereits mehrfach erwähnten Person Dominik Šušnjaras – vor allem dem HNO zum Vorteil gereichte, war mit Rafael Medić für die Erzbistümer Paderborn, Münster und Osnabrück ein Vertreter des Ustaša-Flügels im Generalvikariat Paderborn für die „Kroatenseelsorge“ eingesetzt worden.[20]

Als ehemaliger Militärkaplan und Mitglied der Leibgarde Ante Pavelićs war er erst in den späten 1950er Jahren aus dem kubanischen Exil in die Bundesrepublik gekommen und verfolgte von Beginn an den Plan, eine ideologisch radikale und zur Tat entschlossene Gruppe aufzubauen.[21] Medić war nicht nur einer der Hauptinitiatoren der weiter oben erwähnten „Ustaša-Gewerkschaft“ HRS gewesen, sondern auch treibende Kraft hinter der Gründung des TUP, dessen Zentrum in eben dieser

Jugoslawische Beschwerden über die Aktivität kroatischer Emigrantengruppen (16.1.1964). Einen erstaunlich gut informierten Einblick bietet auch der Artikel: o. V., „Exil-Kroaten. Einig durch Dynamit“, in: Der Spiegel, 29.4.1964, S. 52 f.

19 HDA, 1561, 1.14 8, RSUP, III Sektor, Hrvatska Emigracija u Z. Njemačkoj i njen uticaj na radnu snagu (14.12.1963). Zu diesen Transnationalisierungstendenzen und ihren radikalisierenden Konsequenzen ab den frühen 1960er Jahren vgl. ausführlicher Thaden, Radikal.

20 Vgl. LAV NRW, NW 0308, Nr. 195: Innenministerium NRW, PP Bonn an MI NRW, Betr.: Sprengstoffanschlag; Vernehmungsprotokoll Medić (26.2.1963). Offenbar lief Medićs Funktion jenseits der Caritasstrukturen, die für die gesamte Region keinen einzigen kroatischen oder jugoslawischen Seelsorger auswies, vgl. ADCV, 380.20.030 Fasz.02, Bericht über Arbeitstagung über Fragen ausländischer Arbeitnehmer, Paderborn (22.4.1966).

21 Zu Medić vgl. u. a. Čizmić/Sopta/Šakić, Iseljena Hrvatska, S. 375 f. Ausführlich über seine biografischen Stationen informiert eine Anklageschrift wegen der Vermittlung von Waffen an kroatische Exilanten rund fünf Jahre später, vgl. LAV NRW, Gerichte Rep. 195, Nr. 112, Akte Medic-Skoko, Anklageschrift Landgericht Stuttgart gegen Medić und Zagorić (11.12.1967).

Region lag.[22] Zu seinem Einflussgebiet zählten unter anderem die Städte Dortmund und Attendorn, wo ein Großteil der Attentäter des Überfalls auf die jugoslawische Handelsmission in Bonn-Mehlem rekrutiert wurde. Hier knüpfte er für die „revolutionären" UHNj-Abweichler um Miroslav Peran die Verbindung zu Gastarbeitern und stellte ihnen zudem das katholische Vereinshaus zur Verfügung, das zu einem Ort der „geselligen Unterhaltung" unter Kroaten in Dortmund wurde. Es seien jedoch auch „Vorträge über die wechselvolle Geschichte Kroatiens" gehalten und so „das Verlangen nach Freiheit und Unabhängigkeit für ihre Heimat Kroatien wachgehalten" worden sowie die Bereitschaft dafür, „sich stets für dieses Ziel, das die Beseitigung der kommunistischen Staatsführung einschloß, auch persönlich einzusetzen". Es war dieses Vereinshaus, in dem die späteren Mehlemer Angreifer zum ersten Mal von den Attentatsplänen erfuhren.[23] Die TUP-Aktivisten suchten zudem aktiv im Flüchtlingslager Zirndorf nach geeigneten Kandidaten für ihre Vereinigung.[24] Diese vermittelten sie an die Firma Fritz Rottmann, einem Teppichvertrieb, bei dem Peran als stellvertretender Direktor arbeitete und der sich einem Polizeibericht zufolge zu einem „Sammelbecken der kroatischen Emigranten" entwickelt hatte, sodass der Zugriff der Organisation auf einen kleinen, aber loyalen Personenkreis geschaffen wurde.[25] Vor allem Medić stellte auch immer mehr Kontakte in andere Städte her und kooptierte nicht zuletzt den Kulturverein HKB, dessen Vorstand von TUP-Leuten aus NRW besetzt wurde.[26]

Die Anwerbung neuer Personen und der Ausbau der eigenen Machtbasis mithilfe kirchlicher Strukturen verschärften den Konkurrenzkampf und trugen zu einer Polarisierung innerhalb der Organisation der UHNj in NRW und auf Bundesebene bei. Deren Akteure vor Ort begannen zunehmend, sich einer der beiden Renegatengruppen zuzuordnen. Wir haben es also mit einer Auseinandersetzung von zwei Untergruppierungen zu tun, die sich als Alternative vom bislang verfolgten gewaltlosen Kurs verstanden und sich einer Organisationszentrale nicht mehr unterordneten. Dabei befanden sie sich in einem offenen Konkurrenzkampf um die legitime Vertre-

---

22 Vgl. zu Medićs Rolle bei der Gründung von TUP u. a. HDA, 1561, 10.10-1, Kratki pregled emigrantske organizacije „Hrvatski oslobodilacki pokret" (HOP), angefertigt von Zora Petrinović, (2.8.1963).

23 Die Bedeutung dieses Gemeindehauses wird durch die vor Gericht gesammelten Erkenntnisse gegen die Attentäter von Bonn-Mehlem deutlich, vgl. BArch, B 136/6492, Urteilsschrift.

24 So behauptete es zumindest eine Materialsammlung der jugoslawischen Regierung an Auslandskorrespondenten, vgl. PA AA, B 42, 100, Deutsche Vertretung Belgrad an AA (12.12.1963).

25 LAV NRW, Gerichte Rep. 409, Nr. 89: Mehlem, Miroslav Peran, LKA NRW an PP Bonn, Betr.: Auswertung der Erkenntnisse über kroatische-serbische und weitere jugoslawische Organisationen (19.12.1962).

26 Zu diesem Schluss kam auch die Oberstaatsanwaltschaft beim Landgericht Köln, vgl. LAV NRW, NW 0308, Nr. 196: Innenministerium NRW, Polizei (Verfassungs-/Staatsschutz): Kroaten, Einstellungsverfügung des Verfahrens gegen Jilk (Vermerk, Leitender OStA beim Landgericht Köln, 30.11.1965). Zur Besetzung des Vorstands vgl. LAV NRW, NW 0308, Nr. 195: Innenministerium NRW, PP Bonn an MI NRW, Betr.: Sprengstoffanschlag; Vernehmungsprotokoll Medić (26.2.1963).

tung des Ustaša-Flügels der kroatischen Emigration und um das Erbe Pavelićs. Das wurde dadurch noch befördert, dass sich beide Gruppen nicht mehr als Vertreter einer Exilpolitik der alten Schule begriffen und sich – anders als noch die UHNj und das HNO in den 1950er Jahren – weder um interne Legitimität durch eine signifikante Generierung an Unterstützern und Mitgliedern noch um externe Anerkennung als Exilregierung bemühten.[27] Ihr Plan war es eher, mit einer „Politik der Tat“ Jugoslawien und seine Institutionen und Repräsentanten im Ausland mit Gewalt herauszufordern und durch vereinzelte, spektakuläre Aktionen die öffentliche Aufmerksamkeit in Deutschland auf das Schicksal der Exilkroaten zu lenken.[28]

Diese Rekonstruktion der Spaltungsprozesse in Nordrhein-Westfalen lässt an Theorien von eindeutig Kosten-Nutzen-kalkulierenden Akteuren, die Gewalt bewusst als Mittel zur Erreichung politischer Ziele einsetzten, zumindest zweifeln.[29] Auch wenn hier kein alternativer monokausaler Erklärungsansatz geliefert werden soll, scheint doch der Wettbewerb zwischen radikalen Akteuren um die Vorherrschaft eine stärkere Rolle gespielt zu haben.[30] Mit dem Machtvakuum in den UHNj und der Herausbildung von zwei Renegatengruppen gerieten diese unter Handlungsdruck, wodurch eine Dynamik in Gang gesetzt wurde, bei der es sich letztlich um eine Frage der Zeit handelte, bis eine der beiden Gruppen tatsächlich zur „Tat“ schreiten würde.[31] Als weiterer Faktor sei zudem auf den Anfang der 1960er Jahre einsetzenden Dekolonisierungsprozess hingewiesen, den einige exilkroatische Akteure offenbar als historischen Imperativ auffassten, die gleichen Rechte wie die kolonisierten Nationen Afrikas und Asiens einzufordern, und von denen sie die Öffentlichkeitswirksamkeit bewaffneter Aktionen vor Augen geführt bekamen.[32]

---

27 Da es sich um konspirative Gruppen handelte, ist ihre Mitgliederzahl schwer abzuschätzen. In einem Vernehmungsprotokoll sprach Franjo Perčić, eines der führenden Mitglieder, später von etwa 100 Personen, die sich in Dortmund abgespalten hätten – diese Zahl scheint aber sehr hoch gegriffen, vgl. ebenda, Vernehmungsprotokoll Perčić.

28 Darauf, dass politischer Gewalt in diesem Sinne stets eine kommunikative Komponente innewohnt, haben schon viele Autoren hingewiesen, vgl. u. a. Haupt/Weinhauer, Terrorism, S. 176 f.

29 Vgl. hierfür etwa Tokić, Bedazzlement.

30 Hierin lässt sich ein zentrales Movens von Radikalisierung erkennen, die in dieser Hinsicht grundsätzlich nicht nur in der Auseinandersetzung mit dem politischen Gegner stattfindet, sondern auch mit anderen Gruppen um die Vorherrschaft bzw. um die Profilierung bei einer potenziellen Anhängerschaft, vgl. u. a. Malthaner/Waldmann, Einleitung, S. 14 f.

31 Auf einer theoretischen Ebene scheint diese Situation anschlussfähig an della Portas Überlegungen zur Rolle von „protest cycles“, die zu einer Radikalisierung der Repertoires und zu einem Wettbewerb sowohl zwischen als auch innerhalb von politischen Bewegungen führen können, vgl. Della Porta, Political Violence, Kap. 3.

32 Zumindest im Nachgang des Überfalls war der Bezug auf die Dekolonisation ubiquitär. Ob dies v. a. eine nachgeschobene Rechtfertigungsstrategie war oder die Attentäter tatsächlich mobilisierte, kann nicht abschließend beurteilt werden. Vgl. in dieser Hinsicht die Grundsatzerklärung zum Attentat des HNO (30.12.1962), in: BArch, B 106/47450. Vgl. auch den Leserbrief des kroatischen Exilanten Milan Ilinić, in dem dieser von „afrikanischen Menschenfressern“ sprach, denen man das Recht auf einen eigenen Staat im Unterschied zu den Kroaten zugestehe, in: Der Spiegel 21,

Die Gruppenformierung in Nordrhein-Westfalen scheint zudem die These zu relativieren, dass es sich bei der Radikalisierung der frühen 1960er Jahre primär um eine Auseinandersetzung von „alten" gegen „junge" Akteure gehandelt habe bzw. dass im Alter der Akteure ein gewaltbegründender Faktor liege. Das Machtvakuum und die Fragmentierungstendenzen scheinen eher einen Anlass für ältere wie junge Mitglieder geliefert zu haben, neue Machtzentren zu etablieren, wobei die jeweils konkurrierenden Gruppen eine Radikalisierungsdynamik freisetzten. Hierbei waren die Protagonisten freilich zumeist jünger als die häufig um die Jahrhundertwende geborenen Vertreter der Emigrantenverbände der 1950er Jahre. Die in diesem Kapitel als Protagonisten der „Renegatengruppen" genannten Personen waren jedoch alle zwischen 1910 (Mile Rukavina) und 1921 (Miroslav Peran) geboren worden. Die Behauptung einer eindeutigen Dichotomie alter und junger Emigranten entspricht mithin nicht der Realität von kleinen radikalen Gruppierungen gemischten Alters mit vielfachen Allianzbildungen.[33]

Die skizzierten Fragmentierungsprozesse der UHNj sind wichtig, da die ersten Fälle politischer Gewalt in den Jahren 1961 und 1962 von Angehörigen jener Renegatengruppierungen TUP und TRUP ausgingen. Sie machten die Behörden erst auf die Gärungs- und Radikalisierungsprozesse innerhalb der kroatischen Emigration aufmerksam. In ihrer Folge wurden Anstrengungen für einen Ausbau der Kompetenzen innenpolitischer Akteure in der Überwachung und Verfolgung migrantischer Politaktivisten unternommen.[34] Insbesondere der Anschlag auf die jugoslawische Handelsmission im Jahr 1962 verdient hierbei eine eingehendere Betrachtung.

1.2 Der Überfall auf die jugoslawische Handelsmission in Mehlem. Bundesdeutsche, exilkroatische und jugoslawische Reaktionen

Am 29. November 1962, dem jugoslawischen Nationalfeiertag, drangen etwa zwei Dutzend Personen in die jugoslawische Handelsmission ein, die im Gebäude der schwedischen Botschaft im Bonner Stadtteil Mehlem untergebracht war. Mit Schlaginstrumenten, Schusswaffen und selbstgebauten Sprengkörpern verschafften sich die Angreifer Einlass in das aufgrund des Feiertags für die Öffentlichkeit geschlossene Gebäude. „Sie warfen die Sprengkörper und übergossen Möbel, Teppiche und Ak-

21.5.1963, S. 9 f. Vgl. auch das Interview mit einem der Rechtsanwälte der Mehlemer Attentäter, in: National Zeitung, 14.6.1963, in: LAV NRW, Gerichte Rep. 409, Nr. 64, Murat.

33 Auch in den späteren Jahren taten sich sehr junge, neue Akteure mit den vermeintlich „Alten" wie Branimir Jelić zusammen, sodass ein klarer Generationenbruch auch hier bezweifelt werden muss.

34 So der Nachtragsbericht zum Bericht des LKA NRW vom 18.12.1962 (5.3.1964), in: LAV NRW, Gerichte Rep. 409, Nr. 93.

ten mit Benzin“,[35] sodass binnen weniger Minuten alles in Flammen stand. Botschaftsmitarbeiter Albert Dovgan wurde in Beisein seines 12-jährigen Sohnes mit einem Brecheisen niedergeschlagen, dem Hausmeister Momčilo Popović schossen die Angreifer mit einer Pistole in die Lunge. Er erlag einige Tage später seinen Verletzungen.[36]

In einem auffälligen Kontrast zur Brutalität des Angriffs stand das Gebaren der Täter unmittelbar danach: Einige von ihnen stießen in der gegenüberliegenden Gaststätte auf ihre Tat an. Der Rest der Gruppe entrollte Transparente mit Botschaften für die Presse und die herbeigelaufenen Schaulustigen und ließ sich ohne Widerstände von der Polizei festnehmen.[37] Nachdem in den folgenden Tagen auch die restlichen der insgesamt 25 Angreifer in ihren Wohnorten aufgegriffen und festgesetzt worden waren, bekannten sich alle Beschuldigten zur Mitgliedschaft in der sogenannten Kroatischen Kreuzerbruderschaft (*Hrvatsko križarsko bratstvo*, HRB).[38] Dass diese Organisation zuvor nie öffentlich in Erscheinung getreten war und es sich bei ihr offensichtlich um eine Tarnbezeichnung für das TUP mit den gleichen Mitgliedern handelte, wurde dabei vonseiten staatlicher Vertreter sowie in den Medien nicht registriert und ist auch in der bisherigen Literatur zum Thema erstaunlich unterbelichtet geblieben.[39]

An dieser Stelle scheint es ratsam, zwischen den Rädelsführern und der Mehrheit der Gruppe zu unterscheiden. Abgesehen von deren Anführern, den bereits erwähnten Rafael Medić, der offenbar als Organisator fungierte,[40] Franjo Perčić,[41] der

---

35 „Kroatische Attentäter unter Anklage“, in: FAZ, 16.8.1963, S. 5.

36 Der sechsjährige Sohn vom Botschaftsrat versteckte sich mit dem Hausmeister in der Garage. Vgl. für eine detaillierte Schilderung der Tat insbesondere BArch, B 141/30834, Sprengstoffdelikte Einzelsachen, Bericht des Oberstaatsanwalts Bonn vom 3.12.1962, sowie die telefonische Stellungnahme des Generalstaatsanwalts Bonn vom 5.12.1962, beides gesendet vom Justizminister NRW an das Bundesjustizministerium (5.12.1962). Vgl. auch: LAV NRW, Gerichte Rep. 195, Nr. 1097, Ermittlungsakten Mehlem, Zeugenvernehmungen, insbesondere von Albert und Berto Dovgan.

37 Es handelte sich um drei Transparente mit den Parolen: „So soll die Berliner Mauer abgebaut werden“; „Es lebe ein freies Kroatien“; „Es lebe unteilbares Deutschland, es leben ihre [sic] Freiheitskämpfer“. Vgl. ebenda, Ermittlungsbericht, Sprengstoffanschlag auf die Königlich-Schwedische Botschaft – Abteilung für die Wahrnehmung der jugoslawischen Interessen in der Bundesrepublik (20.12.1962).

38 Diese Angaben wurden vom HKB-Vorsitzenden Aleksander Jilk so bestätigt, vgl. LAV NRW, NW 0308, Nr. 195: Innenministerium NRW, Vernehmung Jilk.

39 Vgl. seit Neuestem aber Tokić, Croatian Radical Separatism, S. 96.

40 Aller Wahrscheinlichkeit nach unterhielt Medić auch Kontakte zu Geldgebern, was jedoch vor Gericht nicht nachgewiesen werden konnte, vgl. Eghard Mörbitz, „‚Pascha‘ – der große Unbekannte. Der Bonner Kroaten-Prozeß, Die Hintermänner der Attentäter bleiben im Dunkeln“, in: Frankfurter Rundschau, 11.4.1964.

41 Perčić, Jg. 1925, war bereits 1948 nach Deutschland gekommen, nachdem sein Vater von Partisanen erschossen worden war. Er war daraufhin in unterschiedlichen Untergrundorganisationen in Jugoslawien aktiv gewesen und wurde von den jugoslawischen Behörden angeblich deswegen landesweit gesucht. Nach deren Gründung schloss er sich den UHNj an und war 1959 Teil der Dort-

den Schuss auf den Hausmeister abgab, sowie Stjepan Bilandžić, der in der eingangs skizzierten Debatte um den „Terroristentausch" in den späten 1970er Jahren noch bundesweite Aufmerksamkeit bekommen sollte,[42] handelte es sich bei den restlichen 23 Attentätern um größtenteils sehr junge Migranten.[43] Zwar befand der leitende Oberstaatsanwalt, dass alle Beteiligten gleichermaßen schuldig seien,[44] jedoch waren die meisten in die Planung des Anschlags nicht eingebunden worden und einander zu einem Großteil offenbar auch vorher nicht bekannt.[45] Auch über die Financiers und etwaige Hintermänner waren sie nicht informiert, wie das Gericht bei der anschließenden Verhandlung feststellen musste.[46] Mehrheitlich aus Hochburgen des NDH-Regimes wie der Lika und der westlichen Herzegowina stammend und zum Großteil Nachkommen von Angehörigen NDH-kroatischer Truppenverbände, gaben viele der Angreifer in den Ermittlungen an, schon früh Erfahrungen staatlicher Repressionen gemacht zu haben und dem jugoslawischen Staat gegenüber entsprechend kritisch eingestellt gewesen zu sein. Nicht zuletzt um der Einberufung ins Militär zu entgehen, waren die meisten von ihnen zwischen 1956 und 1958 in die Bundesrepublik gekommen. Der exilkroatischen Geheimorganisation in NRW hatten sie sich offenbar aus Frustration über die alten UHNj-Vertreter und deren Passivität angeschlossen.[47]

Angesichts dieser Rekrutierungsgeschichte wäre es verfehlt, die Mitglieder der Gruppe lediglich als passive Opfer ihrer Verführer zu sehen. Allerdings müssen das junge Alter der Angreifer sowie ihr größtenteils geringer Bildungsgrad in Betracht

---

munder Sezessionisten. Im Vernehmungsprotokoll bei der Polizei gab er an, früh für eine Exilpolitik eingetreten zu sein, die „auch Propaganda in Jugoslawien selbst machen" und die auch „Gewalt gegen jugoslawische Stellungen in der Bundesrepublik" einschließt, vgl. LAV NRW, NW 0308, Nr. 195: Innenministerium NRW, Vernehmungsprotokoll Perčić.

42 Bilandžić war 1958 nach Deutschland gekommen. Nachdem im Krieg seine Familie vor den Partisanen hatte flüchten müssen und ihr Betrieb im westbosnischen Halapić geplündert worden war, wurde er im späteren Jugoslawien Bankangestellter. Er verließ das Land über Italien und Frankreich und schloss sich im Bundessammellager Zirndorf den UHNj an, vgl. LAV NRW, Gerichte Rep. 409, Nr. 78, Bilandzic, Stjepan, Vernehmungsprotokoll Bilandžić (15.12.1962). Im Jahr 2007 hat Bilandžić über die Umstände seiner Flucht und die Ankunft in Deutschland selbst Auskunft gegeben, vgl. Ivanda, Die kroatische Zuwanderung, S. 147–160.

43 Vgl. auch ihre Charakterisierung in: Nina Grunenberg, „‚Wir können nicht vergessen...'. Prozeß gegen 26 Kroaten – Geheimbündelei im Exil", in: Die Zeit, 20.3.1964.

44 o. V., „Alle 26 Kroaten sind als Attentäter schuldig", in: WAZ, 10.6.1964, S. 1.

45 Die Gruppe bestand aus Personen aus unterschiedlichen Orten (Attendorn, Ennepetal, Bielefeld, Köln und Bergisch-Gladbach), die von Medić, Bilandžić und Perčić ausgewählt worden waren und sich untereinander nicht kannten, vgl. LAV NRW, Gerichte Rep. 409, Nr. 78, Vernehmungsprotokoll Mijo Rukavina (10.12.1962).

46 Vgl. hierzu zusammenfassend Mörbitz (s. Anm. 40).

47 So der Bericht des OstA Bonn an MJ NRW und an den Generalbundesanwalt (5.4.1963), in: BArch, B 141/30834.

gezogen werden.[48] Dies schuf für ideologisch geschulte Akteure wie den Ustaša-Pfarrer Medić einen günstigen Ausgangspunkt, um ein vorhandenes Unzufriedenheitsgefühl weltanschaulich zu überformen und es durch offenbar charismatische Führungspersonen wie Perčić und den jungen Bilandžić entsprechend zu kanalisieren.[49] Zudem wurden die Angreifer von den beiden Organisatoren der Tat offenbar lediglich auf eine „Demonstration“ vorbereitet. Aus den Ermittlungsakten geht hervor, dass die Organisatoren den Beteiligten erst auf der gemeinsamen Busfahrt nach Bonn das ganze Ausmaß der geplanten Aktion eröffneten. Über eine Schusswaffe verfügte nur ihr Anführer Perčić, der den anderen zwar die Möglichkeit einräumte, von der Teilnahme zurückzutreten, was jedoch keiner von ihnen in Anspruch nahm.[50] Dies ist aus einer Gruppenlogik heraus durchaus nachvollziehbar: Zumindest der Dortmunder Teil der Angreifer hatte einen Schwur auf den *spiritus rector* der Gruppe Rafael Medić abgelegt, bei dem es sich zugleich um ihren Pfarrer und Seelsorger und damit um eine zentrale Bezugsperson im Alltag der Täter handelte. Die Mitglieder lebten in ihren jeweiligen Städten häufig in derselben Straße, zum Teil sogar im gleichen Wohnheim.[51] Es ist vor diesem Hintergrund zumindest nicht überraschend, dass keiner der späteren Angreifer die zugesagte Teilnahme zurückzog.[52] Nachträglich wäre eine ablehnende Haltung zudem womöglich sanktioniert worden.

„Mehlem“ stellte für die kroatische Emigration eine Zäsur dar und fehlt dementsprechend auch in keiner Darstellung der kroatischen Exilpolitik.[53] Das Attentat wird häufig zudem als beispielhaft für jenen Wandel herangezogen, der sich in den 1960er Jahren von einer mehr oder weniger wohlwollenden Bewertung exilkroati-

---

48 Von sechs älteren Mitgliedern der Gruppe abgesehen waren die Angreifer zum Tatzeitpunkt alle zwischen 22 und 26 Jahre alt. Es handelte sich bei ihnen mit Ausnahme von vier Personen um ungelernte Arbeiter in Fabrik und Bergbau, die in Jugoslawien nur vier Jahre die Schule besucht hatten und anschließend vornehmlich als Landarbeiter tätig gewesen waren, vgl. die biografischen Angaben im Urteil des Landgerichts Bonn, in: BArch, B 136/6492.

49 Konkret legt dies auch ein Rechtfertigungsschreiben eines der Attentäter nahe, aus dem eine gewisse „politische Bildungsarbeit“ hervorgeht. In diesem leitet er die eigene Position und das eigene Handeln sehr unbeholfen und vereinfachend aus der Vergangenheit sowie dem immerwährenden „Freiheitskampf“ des kroatischen Volks ab, vgl. LAV NRW, Gerichte Rep. 409, Nr. 64, Pamphlet Vladimir Murat.

50 BArch, B 141/30834, Zwischenbericht des Oberstaatsanwalts Drügh, Bonn (10.1.1963) von MJ NRW an BMJ (4.2.1963). Die Tatsache, dass Perčić eine Waffe trug, war der Gruppe offenbar auch erst kurz zuvor mitgeteilt worden, vgl. ebenda.

51 Vgl. hierfür wiederum die Angaben zum Wohnort der Angeklagten im Urteil des Landgerichts Bonn, in: BArch, B 136/6492.

52 Für derartige Dynamiken vgl. etwa Richardson, Terroristen, S. 80 f.

53 Das Mehlemer Attentat ist zudem der einzige Fall exilkroatischer Gewaltanwendung, der Eingang in übergreifende Forschungsarbeiten zur bundesdeutschen Migrationsgeschichte gefunden hat, vgl. Schönwälder, Ethnische Pluralität, S. 190 f.; Slobodian, Foreign Front, S. 206; Poutrus, Zuflucht.

scher Aktivitäten hin zu deren zunehmender Repression ereignet habe.[54] Auch auf die vermeintliche Paradoxie zwischen dem brutalen Anschlag und der Reaktion der Attentäter wurde hingewiesen, die sich zum Teil bereitwillig festnehmen ließen. Dass hierin nur ein vermeintlicher Widerspruch bestand und die Festnahme der Gruppe nicht nur geflissentlich in Kauf genommen, sondern diese durch das Attentat allem Anschein nach ganz bewusst herbeigeführt werden sollte, um die anschließende Gerichtsverhandlung in eine Bühne kroatischer Exilpolitik zu verwandeln, wurde hingegen weder von den Zeitgenossen so gesehen noch ist dies von der Forschung erkannt worden.[55] Das mit dem Mehlemer Attentat schlagartig einsetzende mediale Interesse an den kroatischen Exilgruppen schuf für diese jedoch erstmals Möglichkeiten, öffentlichkeitswirksam in Erscheinung zu treten, ohne hierfür auf die Vertriebenenverbände und deren Anliegen als *gate keeper* zur deutschen Gesellschaft zurückgreifen zu müssen. Der Anschlag von Bonn-Mehlem sowie der anschließende „bisher größte Prozess gegen eine rechtsextremistische Emigrantenorganisation in der Bundesrepublik“[56] boten insofern eine erste Gelegenheit zur Deutung der Tat, ihrer Urheber und der exilkroatischen Verbände. Diese Kommunikationsleistung stellt zugleich einen wesentlichen Aspekt politischer Gewalt dar. Eine Tat muss gedeutet werden und entfaltet so ihre primäre Wirkung, wobei die jeweilige „Lesart“ von Gewalt durchaus unterschiedliche Reaktionen hervorrufen und verschiedene Handlungslogiken nahelegen kann.[57]

Für den jugoslawischen Staat als offensichtlichem Adressaten kam der Anschlag einer Kriegserklärung gleich und wurde auch entsprechend behandelt. Die Beerdigung des getöteten Hausmeisters Popović, die in Belgrad als Staatsakt begangen und von „zehntausenden von Menschen“ begleitet wurde, verdeutlicht die Bedeu-

54 Vgl. u. a. Molnar, Yugoslav Migrations, S. 56 f. Dass diese Sichtweise einer generell wohlwollenden Haltung in Wirklichkeit nur auf das HNO beschränkt war und v. a. auf das BMVt und die Vertriebenenverbände zurückging, wurde bereits im letzten Kapitel ausführlich thematisiert.

55 Zeitgenössisch überwog eher eine Ratlosigkeit angesichts der Haltung der Angreifer, vgl. u. a. die unmittelbare Reaktion der Bonner Lokalzeitung: o. V., „Bombenanschlag auf jugoslawische Handelsmission“, in: Bonner Generalanzeiger, 30.11.1962; vgl. auch Beitrag im Fernsehmagazin „Panorama“ (16.12.1962). Clarkson hat die Haltung der Attentäter mit ihrer falschen Erwartung polizeilicher Nachsicht angesichts ihrer germanophilen Einstellung begründet, vgl. Clarkson, Fragmented Fatherland, S. 74.

56 BArch, B 141/30836, Sprengstoffdelikte Einzelsachen; Ermittlungsverfahren Überfall auf die jugoslawische Handelsmission in Mehlem, DPA-Meldung (o. D.).

57 In diesem kommunikativen Gehalt bzw. der Deutungsbedürftigkeit wird zumeist ein Charakteristikum von „Terrorismus“ gesehen, vgl. hierzu klassisch Waldmann, Terrorismus. Die Bezeichnung von Gewalt als „terroristisch“ möchte ich eher als *eine* Lesart und spezifische Benennungspraxis verstanden wissen. Sie übt maßgeblichen Einfluss auf Wissensorganisation und Verfolgungspraktiken aus, ist jedoch kein der Deutung der Tat vorgelagertes Charakteristikum. Insofern wird von der essentialistischen Position Dietzes und auch von der der klassischen Arbeit Richardsons zugrundeliegenden Definition Abstand genommen, vgl. Dietze, Erfindung, S. 39; Richardson, Terroristen, S. 22 f. Vgl. hierzu auch Bryan, Landscape; Eckert, Laws.

tung und Resonanz des Attentats in Jugoslawien.[58] Angesichts der stetig wachsenden Zahl jugoslawischer Migranten in der Bundesrepublik hatte man in Jugoslawien in der „feindlichen Emigration“ schon früh ein massives Problem gesehen. Ihre Aktivitäten beeinflussten nicht zuletzt die Initiierung einer koordinierten jugoslawischen Migrationspolitik. Zudem entstand eine entsprechende empirische und interdisziplinär ausgerichtete Grundlagenforschung. Hier glaubte man eine systematische Arbeitsteilung in der politischen Emigration zu erkennen, zwischen Altemigranten, die sich Verschwörungen, Sabotage- und Terrorakte ausdachten, und jüngeren Migranten, die diese dann ausführten. Die mediale Aufmerksamkeit für das Attentat von Mehlem, das diese Befürchtungen offenbar bestätigte, scheint insofern auch in dieser Intensität durchaus nachvollziehbar.[59]

Die Reaktionen der jugoslawischen Presse auf den Anschlag lassen eine Steigerung von schon zuvor gemachten Versuchen erkennen,[60] die Bundesrepublik als Rückzugsgebiet kroatischer Faschisten zu diskreditieren und ihre Rehabilitationsbemühungen als demokratischer Staat insgesamt in Zweifel zu ziehen.[61] Überspitzt brachte dies die polemische Karikatur der „Politika“ auf den Punkt, die Statuen mit Ustaša-Insignien vor dem Bonner Gerichtssaal abbildete und so eine Sympathie der bundesdeutschen Justiz für die Attentäter nahelegte.[62] Mithilfe von Protestresolutionen der jugoslawischen Regierung an internationale Akteure wie die World Veterans Federation oder den Internationalen Gewerkschaftsbund sollte noch zusätzlicher Druck in dieser Sache aufgebaut werden.[63] Hierbei spielte auch die Frage nach

58 o. V., „Im sonnigen Belgrad reagierte man besonnen. Jugoslawische Demonstration bei Beerdigung des Godesberger Hausmeisters Momcilo Popović“, in: Frankfurter Rundschau, 17.12.1962.

59 So wurde 1958 ein Migrationsrat ins Leben gerufen, der migrationspolitische Entscheidungen steuern und koordinieren sollte, vgl. Brunnbauer, Globalizing Southeastern Europe, S. 284 f.

60 Insbesondere sei hier auf einen Überfall kroatischer Nationalisten auf eine Veranstaltung für Gastarbeiter in der Stuttgarter Liederhalle verwiesen, auf den ich weiter unten noch näher eingehe und der in den jugoslawischen Zeitungen als „Demonstration des wiedererwachten Faschismus“ interpretiert wurde, vgl. BArch, B 136/6492, von Mende an Bachmann (BKAmt) und an AA, Presseübersicht (7.12.1962). Daraufhin sahen sich baden-württembergische Politiker zu energischen Dementi – u. a. in Form einer Pressekonferenz für jugoslawische Journalisten – gezwungen, vgl. u. a.: o. V., „Kiesinger: Kein Neofaschismus“, in: Schwäbisches Tagblatt Tübingen, 28.11.1961; o. V., „Polizei handelte so korrekt wie möglich“, in: Deutsches Volksblatt Stuttgart, 28.11.1961; o. V., Kommentar, in: Schwäbische Zeitung Leutkirch, 28.11.1961.

61 So hätten im Hotel der jugoslawischen Prozessbeobachter kroatische Nationalisten Einlass bekommen und hier von der Polizei unbehelligt „Heil Hitler“ skandieren können, vgl. BArch, B 106/63086, Jugoslawien (Mehlem), Zusammenfassung Korrespondenzbericht aus der „Borba“, Vermerk, Pressezusammenstellung des Presse- und Informationsamts der Bundesregierung: Jugoslawische Presse über den Bonner Prozeß gegen die kroatischen Emigranten (24.3.1964).

62 Karikatur in Politika (15.3.1964), in: BArch, B 141/30837, Sprengstoffdelikte Einzelsachen; Ermittlungsverfahren Überfall auf die jugoslawische Handelsmission in Mehlem.

63 Vgl. für diese Resolutionen u. a. PA AA, B 82, 723, Einzelfälle (Percic), Deutsche Vertretung Belgrad an AA (17.4.1964). Zum internationalen Veteranenverband und zu seinen Initiativen vgl. Alcalde, Veterans.

Kriegsentschädigungen eine Rolle, die sich die Bundesrepublik mit Verweis auf die Hallsteindoktrin zu leisten weigerte. Diese Reparationsfragen wurden in der jugoslawischen Presse in einem Atemzug mit dem Mehlemer Attentat genannt und zusammengenommen als Beweis für den fortgesetzten Einfluss reaktionärer Kräfte in der Bundesrepublik dargestellt.[64]

In Jugoslawien wurde der Mehlemer Anschlag und der staatliche und gesellschaftliche Umgang mit den Tätern auch als eine Art Lackmustest für die Behandlung von Nationalsozialisten gesehen:[65] „Auf der Anklagebank saßen", so fasste es der Kommentar im jugoslawischen Parteiblatt „Borba" zusammen, „nicht nur die Kriminellen Perčić, Medić [...] und andere, sondern auch diese Konzeptionen nebst den Nazi-Kräften, die für ihre verbrecherische – nicht nur antijugoslawische Tätigkeit ein günstiges Klima in der Bundesrepublik Deutschland finden". Da das Gericht diesen Hintergrund nicht aufgedeckt habe, sei es nun die Verpflichtung anderer staatlicher Organe, „entschiedener an die Beseitigung der nazistischen Gruppen und Organisationen heranzugehen".[66] Das Verbot „aller offen oder getarnt auftretenden neonazistischen Terroristengruppen sowie die Auslieferung von Kriegsverbrechern", so Radio Belgrad in seiner deutschen Sendung, seien der einzige Weg, „um die faschistischen Überbleibsel des Zweiten Weltkriegs [in der Bundesrepublik] auszurotten".[67]

Diese Interpretation des Anschlags und seiner vermeintlichen Rezeption in der Bundesrepublik wurde von der deutschen Bundesregierung aufmerksam beobachtet und nährte die anhaltende Sorge um die internationale Reputation des jungen Staates.[68] In Bezug auf Jugoslawien, dessen Haltung gewichtigen Einfluss auf die Deutschlandpolitik der blockfreien Staaten hatte,[69] positionierte sich die Bundespolitik immer auch in Bezug auf die Anerkennungsbemühungen der DDR.[70] Es dürfte

---

64 Vgl. BArch, B 136/6492, Übersicht vom Presse- und Informationsdienst über Zitate der Auslandspresse in jugoslawischen Zeitungen über jugoslawische Entschädigungsansprüche an die Bundesrepublik und die „Tätigkeit der Nazi- und Ustaschi-Elemente" in der Bundesrepublik. Zur Diskussion um Kriegsentschädigungen mit Jugoslawien ab 1962 vgl. Goschler, Schulden, S. 312–316.

65 Es scheint naheliegend, dass diese Wahrnehmung durch den zeitgleich laufenden Frankfurter Auschwitz-Prozess begünstigt wurde, wenn auch explizite Verweise hierzu in den Quellen nicht auftauchen, vgl. zu den Reaktionen u. a. Pendas, Auschwitz-Prozess, S. 267 f.

66 Artikel aus Borba vom 28.6.1964, hier aus der Übersetzung zitiert: PA AA, B 82, 723, BPA, Übersetzung eines Borba-Artikels von Marković zum Urteilsspruch im Prozess (8.7.1964).

67 LAV NRW, NW 0308, Nr. 195: Innenministerium NRW, Protokoll von Radio Belgrad, deutsche Sendung (13.3.1963, 18:30).

68 Jener Bezug auf vermeintliche und tatsächliche Reaktionen „des Auslands" wurde bereits andernorts als „Wahrnehmungsfigur" in der frühen Bundesrepublik bezeichnet, „dessen permanente Präsenz" bedrohliche Züge annehmen, dabei aber auch moralischen Druck ausüben konnte, vgl. Kiani, Umgang, S. 133.

69 Das Gupta, German Question.

70 Die Bundespolitik kann ohne diese tatsächliche und antizipierte Haltung der DDR als „Gegenfolie" nicht verstanden werden, vgl. klassisch Kleßmann, Spaltung und Verflechtung. Vgl. seit neuestem paradigmatisch hierzu auch Weber, Getrennt und doch vereint.

die politischen Akteure in der Bundesrepublik nur wenig verwundert haben, dass das „Neue Deutschland“ die Rede von den Ustaša-Terroristen aufgriff, welche sich in der Bundesrepublik „wie Fische im Wasser“ bewegen könnten.[71] Dass in der westdeutschen Beurteilung dieser Deutungsversuche womöglich auch nationalsozialistische Ideologeme wie die Verbindung von Judentum und ausländischer Presse wirkmächtig waren, demonstrierte der Ministerialrat im Bundesinnenministerium Albrecht Krause auf einer Ressortbesprechung. Sorgenvoll äußerte dieser, dass jugoslawische Diplomaten die Absicht geäußert hätten, das Mehlemer Attentat zu skandalisieren „und sich hierzu jüdischer Organisationen zu bedienen“. Dabei solle eine „Zusammenarbeit zwischen Ustaschen [sic] und ihren ‚alten Freunden‘ in der Bonner Bürokratie“ nahegelegt werden.[72]

Neben den Diskreditierungsversuchen von jugoslawischer Seite machten der Anschlag und dessen Bewertungen auch starke Differenzen im Rechtsstaats- und Demokratieverständnis zwischen beiden Staaten deutlich. Die Bundesrepublik müsse, so hieß es etwa in einer jugoslawischen Demarche rund ein Jahr später, dafür Sorge tragen, dass sämtliche kroatische Exilorganisationen verboten würden, um „die terroristischen Umtriebe [...] radikal und endgültig [zu verhindern]“.[73] Konkreter wurde eine diplomatische Note, in der die Bundesregierung aufgefordert wurde, Organisationen wie den UHNj sämtliche Aktivitäten zu untersagen und die weitere politische Betätigung ihrer Vorsitzenden in Zukunft zu verhindern.[74] Zuvor hatte der jugoslawische Konsul Krstić in einer Aide-Mémoire von den deutschen Behörden bereits verlangt, „radikal und auf die Dauer eine antijugoslawische Aktivität unmöglich zu machen“, und gemahnt, dass die Meinungs- und Versammlungsfreiheit für „Terroristen und Diversanten“ nicht gelten dürfe. Die Bayerische Staatskanzlei stellte in ihrer vom AA abgesegneten Antwort hingegen klar, dass vonseiten der in der Bundesrepublik bestehenden Exilorganisationen (gemeint waren HNO und UHNj) keine strafbaren Handlungen begangen worden seien. Man könne den genannten Organisationen eine Betätigung im Rahmen des „freien Rechtsstaates [...] weder rechtlich noch moralisch verwehren“, da diese „unter Berufung auf das Selbstbestimmungsrecht der Völker auf friedlichem Wege ein nach ihrer Meinung freies und unabhängiges Kroatien erstreben und die Kultur ihrer kroatischen Heimat pflegen“.[75]

In der Tat bestanden in der Bundesrepublik vor allem von innen- und justizpolitischer Seite erhebliche rechtsstaatliche Bedenken, die ein flächendeckendes politisches Betätigungsverbot für Exilkroaten betrafen, worauf ich im weiteren Verlauf

71 o. V., „Blutiger Überfall auf jugoslawische Handelsmission in Bad Godesberg“, in: Neues Deutschland, 30.11.1962.

72 PA AA, B 130, 3075A, Protokoll der Ressortbesprechung vom 31.1.1963.

73 Ebenda, Jugoslawische Demarche an AA (21.12.1963).

74 PA AA, B 42, 100, Aufzeichnung, Jugoslawische Verbalnoten vom 16. und 19. September (18.11.1963), Note 3, S. 7.

75 BayHStA, StK, 13324, Aide-Mémoire Konsulat an AA (22.2.1963); Antwortschreiben der Bayerischen Staatskanzlei.

der Arbeit noch vertieft eingehen werde. Diesen Skrupeln zum Trotz brachte das Attentat von Mehlem dennoch einen herben Einflussverlust des zuvor protegierten HNO und seines Vorsitzenden Branimir Jelić mit sich.[76] Unter anderem auch auf parlamentarischer Ebene wurde die Unterstützung exilkroatischer Akteure immer mehr in Zweifel gezogen. So kritisierte der Vorsitzende Hermann Schmitt-Vockenhausen auf einer Sitzung des Innenausschusses die „Kultivierung der Emigrantenpolitik" und damit auch die Unterstützung des ehedem als gemäßigt geltenden HNO durch das BMVt schwer.[77] Der Vorfall in Mehlem habe gezeigt, dass die „Eingliederung kroatischer Flüchtlinge nicht ohne Schwierigkeiten möglich ist". Der zuständige interministerielle Arbeitskreis entschied folglich, „zum Schutz der öffentlichen Sicherheit" zukünftig auf die „Hereinnahme von kroatischen Flüchtlingen zu verzichten". Nach dem Mehlemer Attentat wurde denn auch auf die Vermittlungstätigkeiten durch die Emigrantenverbände verzichtet.[78] In der Retrospektive ist der Anschlag insofern als Zäsur hinsichtlich der Bedeutung der Person Branimir Jelićs und seiner Organisation zu verstehen, da es den behördlichen Akteuren vor Augen führte, dass dieser den Anschlag weder verhindert noch vorhergesehen hatte.

Angesichts dessen verwundert es nicht, dass Jelić äußerst entschieden versuchte, seine privilegierte Funktion innerhalb des kroatischen Exils aufrechtzuerhalten. Auch sein Duzfreund und Präsidiumsmitglied im BdV Josef Trischler argumentierte, dass ein Ende der Unterstützung für das HNO oder gar dessen Verbot im Nachgang des Attentats von Mehlem „schade" wäre.[79] Jelić seinerseits wendete sich in einem Schreiben an das Bundesinnenministerium explizit gegen dessen vermeintliche geistige Stichwortgeber, die zur Verantwortung zu ziehen seien und deren Betätigungsverbot er entsprechend einforderte. Die Attentäter selbst charakterisierte er als junge, fehlgeleitete, „verbitterte und glühende Patrioten", die zwar „das Gastrecht" verletzt hätten; die Hauptschuldigen hierfür seien jedoch bei den „radikalen" Kräften in der kroatischen Emigration zu suchen.[80] Durch gezielte politische Betätigungsverbote könne man jedoch „der Angelegenheit ein Ende machen", da die kroatische Emigration „sehr einfach unter Kontrolle [zu] halten" sei; eine Rolle, für deren Ausführung er sich – wenig subtil – selbst in Stellung brachte.[81] Eindeutig ist hier Jelićs Kalkül zu erkennen, seine direkten Konkurrenten als die gefährlichsten unter

---

76 Inwiefern diese Untergrabung von Jelićs Position eine Intention der Attentäter und ihrer Hintermänner war, kann an dieser Stelle nicht beurteilt werden. Dass sein Verlust des Deutungsmonopols und des Rückhalts staatlicher Stellen in der Bundesrepublik konkurrierenden Akteuren um die Vertretung der vermeintlichen Interessen der kroatischen Emigration in die Karten spielte, sollte aber nicht unerwähnt bleiben.

77 PA AA, B 130, 3075A, Aufzeichnung der Sitzung des Innenausschusses des Bundestags vom 14.3.1963, Betr.: Jugoslawische Emigranten im Bundesgebiet (15.3.1963).

78 BArch, B 136/6492, BMArbeit und Soziales an BKAmt (1.8.1963).

79 PA AA, B 42, 98, Emigranten (1955–1963), Trischler an Mikesch (Referat 705) (13.12.1962).

80 BArch, B 106/47450, Jelić an BMI (10.1.1963).

81 BArch, B 136/6493, Jelić an BMI Höcherl (10.6.1963).

den radikalen Kräften in der kroatischen Emigration zu identifizieren. Durch die Abgrenzung von dem auf ihr Konto gehenden Anschlag signalisierte er den deutschen Behörden weiterhin Loyalität und wirkte zugleich auf deren Verfolgung hin. So informierte er etwa das LKA München über eine angebliche Gefährdung des jugoslawischen Konsuls Krstić, die zurzeit von Maks Luburić und seinen Anhängern in der Bundesrepublik ausginge.[82] Auch seine Gegenspieler innerhalb des HNO Stjepan Buć und Mate Frković, die „in der Hitlerzeit verhängnisvoll gewirkt und leider auch heute noch einen gewissen Einfluss hätten“, stellte Jelić als Gefahr dar.[83] Er sei der Meinung, dass jene Personen, „die seinerzeit einen totalitären Standpunkt vertraten [...] und sich heute wieder in der Bundesrepublik für extreme Ideen einsetzen, damit einen Schatten des Misstrauens auch auf die Bundesrepublik werfen, die so und so gezwungen ist, eine große, unangenehme Hypothek zu tragen“.[84]

Auch von anderen Vertretern der organisierten kroatischen Emigration, die ihr primäres Ziel nach wie vor in der Unterstützung und Anerkennung durch die westlichen Staaten sahen, wurde die Tat von Mehlem – zumindest offiziell – entschieden verurteilt. Vor allem die etablierten Akteure um Stjepan Kukolja befürchteten nach dem Anschlag umfassende Repressionen gegen die kroatische Emigration insgesamt.[85] Sie grenzten sich daher öffentlich scharf von den „radikalen“ Akteuren innerhalb der Organisation ab und denunzierten in einem Schreiben „im Namen der kroatischen Gesamtemigration“ an das bayerische Innenministerium die Organisationsmitglieder Nahid Kulenović und Mile Rukavina als eigentliche Drahtzieher des Attentats.[86] „Im Interesse des deutschen Volkes und der kroatischen Emigration“ sowie „im Namen von Frieden und Freiheit“ forderten sie die Bundesregierung darin gar zu deren Auslieferung nach Jugoslawien auf und spielten zwei Monate später der Münchener Kriminalpolizei zudem belastendes Material zu.[87] Dieser Versuch, das Attentat zur Entledigung interner Rivalen zu nutzen, hatte nicht nur einen Haft-

82 BayHStA, StK, 13324, FS vom bayerischen LKA an die StK (20.2.1963).

83 BArch, B 136/6493, Vermerk von Bachmann (20.5.1963) über Erscheinen Jelićs am 8.5.1963.

84 Ebenda, Jelić an BMI Höcherl (10.6.1963).

85 Dies galt auch für Verbände, die nicht dem kroatisch-nationalistischem Spektrum zuzurechnen sind, die aber als jugoslawische Exilvereinigungen durch das Attentat offenbar Nachteile befürchteten und die Tat entsprechend vehement zurückwiesen, vgl. etwa die Eingaben der „Zajednica Organizacija Izbeglica iz Jugoslavije u Saveznoj Republici Nemačkoj“ (12.12.1962) an nahezu alle Bundesministerien sowie der „Sozialistischen Partei Jugoslawiens im Exil“ an den SPD-Parteivorsitzenden, in: BArch, B 136/6492; AdsD, 2/EOAA000334, Bestand Erich Ollenhauer: Allgemeine Korrespondenz Ausland.

86 Die Distanzierung wurde öffentlich gemacht in der „Süddeutschen Zeitung“, 20.12.1962. Der gesamte Vorgang ist zusammengefasst in: LAV NRW, Gerichte Rep. 409, Nr. 57, Mehlem, LKA NRW an PP Bonn (5.2.1963).

87 Das Schreiben ist überliefert als eine von der jugoslawischen Staatssicherheit angefertigte Übersetzung ins Serbokroatische, vgl. HDA, 1561, 10.7-1, Schreiben von UHNj an BMI und BayMI (2.1.1963).

befehl gegen Kulenović zufolge,[88] sondern führte auch zur endgütigen Spaltung der UHNj.[89]

Dieser gegenüber den deutschen Akteuren zur Schau getragenen Kritik ungeachtet, waren die Reaktionen innerhalb der kroatischen Emigration in einem überwältigenden Ausmaß von Solidarität bis hin zu Begeisterung über das Attentat der HKB geprägt. Deren Präsident Alexander Jilk, der vom Gericht in Bonn zwei Jahre später von allen Verdächtigungen einer Beteiligung freigesprochen wurde,[90] bemühte sich, den Anschlag unter Exilkroaten länderübergreifend publik zu machen. Unmittelbar nach dem Attentat bat er „im Namen aller Kroaten" bei verschiedenen Exilorganisationen weltweit um Unterstützung und um Beiträge für den juristischen Beistand. Aus den Antworten ging einhellige Zustimmung zum Attentat hervor, das in exilkroatischen Publikationen von Schweden bis Argentinien rezipiert wurde.[91] Die Tatsache, dass große Unterstützungsbereitschaft von Emigranten der ersten Stunde ausging, unter ihnen auch Ustaša-Kader und Funktionäre des NDH, lässt die oben bereits kritisierte Annahme eines klaren „Generationenbruchs", den das Mehlemer Attentat unter den Exilkroaten markiert habe, erneut zweifelhaft erscheinen.[92] Die antizipierte und später tatsächlich eintretende mediale Aufmerksamkeit für die Exilkroaten infolge des Gerichtsverfahrens sorgte insgesamt für ein nach außen weithin geschlossen wirkendes Auftreten der Exilverbände.[93] Eine Kritik an den Attentätern, wie sie etwa vom HNO oder vonseiten der „gemäßigten" UHNj-Fraktion unmittelbar nach dem Anschlag noch formuliert worden war, wurde immer weniger opportun. Dem organisationsübergreifend für die Attentäter gegründeten Verteidi-

88 Diese Maßnahme erbrachte jedoch keine neuen Erkenntnisse, vgl. LAV NRW, Gerichte Rep. 195, Nr. 1099, Bericht der Kriminalpolizei Hagen (1.4.1963).

89 Deren radikalen Vertretern gelang es, diesen Namen für sich zu beanspruchen, während die Kritiker des Mehlemer Anschlags sich fortan *Hrvatski domobran* nannten und unter dieser Bezeichnung vom global agierenden HOP als dessen Repräsentant in der Bundesrepublik anerkannt wurden. Für eine umfassende Ausarbeitung und Zusammentragung von Erkenntnissen über die UHNj, vgl. HDA, 1561, 4.1-222, RSUP SR Hrvatske, SDS, SSUP Dossier (1.10.1984). Vgl. auch PA AA, B 42, 99, Berichte von Studiengruppe Südost, u. a. über Spaltung der UHNj wegen Mehlemer Attentat (29.5.1963).

90 LAV NRW, NW 0308, Nr. 196: Innenministerium NRW, Einstellungsverfügung des Verfahrens gegen Jilk (Vermerk, Leitender OStA beim Landgericht Köln, 30.11.1965).

91 Vgl. die Akte LAV NRW, Gerichte Rep. 195, Nr. 1122, Korrespondenz Jilk.

92 Vgl. die Korrespondenz des Anführers Perčić etwa mit dem Ustaša-Truppenführer Biošić, LAV NRW, Gerichte Rep. 195, Nr. 1107, Mehlem, Beiakten, Brief von Biošić an Perčić (6.9.1963). Zu Biošić vgl. Jandrić, Prijepori. Vgl. auch die Aufnahmen der Pressekonferenz des Mehlemer Unterstützungskomitees, das ausschließlich aus „alten" Vertretern der Emigration zu bestehen schien, in: Borić, Hrvat, S. 101 f.

93 Es sei hier jedoch angemerkt, dass die in der demokratischen kroatischen Emigration sehr einflussreiche Londoner Zeitschrift „Nova Hrvatska" dem „Primitivismus der extremistischen Nationalisten" schon früh sehr kritisch gegenüberstand. Ihr früherer Chefredakteur hat diese Position in seinen Memoiren zusammengefasst, vgl. auch für das Zitat, Kušan, Bitka, S. 249–251. Zur Person Kušans vgl. u. a. Hockenos, Homeland, S. 73 f.

gungsausschuss anzugehören und sich einer bundesdeutschen Öffentlichkeit zu artikulieren, war offenbar derart verlockend, dass auch Jelić sich in diesem Gremium mit denselben Personen für die Häftlinge einsetzte, deren Organisationsverbot er zugleich vor den deutschen Behörden forderte. Dieses Bekenntnis zur exilkroatischen Einigkeit beinhaltete auch die Solidarisierung mit den Attentätern, wie etwa ein Brief des Haupttäters Franjo Perčić bezeugt, der im Organ des HNO abgedruckt wurde und in dem sich dieser für den Besuch Jelićs im Gefängnis bedankte.[94] Selbst diejenigen, die nach der Spaltung der UHNj als *Hrvatski domobran* („Kroatischer Heimatverteidiger“) aktiv waren, konnten sich diesem Solidaritätsimperativ nicht entziehen und gründeten nach ihrer zunächst öffentlich gemachten Ablehnung des Attentats und der bereits zitierten Verbotsaufforderung an die Bundesregierung einen eigenen Verteidigungsausschuss.[95] Überhaupt deuten Existenz und Zusammensetzung dieser Ausschüsse nicht auf einen klaren Generationenkonflikt hin.[96] Neben der Chance der Aufmerksamkeitsgenerierung scheint der Anschlag im exilkroatisch-nationalistischen Milieu eher kohäsionsstiftend gewirkt zu haben.

Jene neue Einigkeit wurde natürlich auch von jugoslawischer Seite registriert, deren Vertreter davor warnten, dass der Prozess zu einem „Kristallisationspunkt“ für eine neue Ustaša-Bewegung mutieren könne, „in der die Extremisten den Ton angeben“.[97] So sei seitens führender Vertreter von TRUP, also von Rukavina und Kulenović, bereits verlautbart worden, dass nun weitere Anschläge folgen müssten, nicht zuletzt um in der Weltöffentlichkeit den Eindruck zu erwecken, dass in der Emigration Einigkeit gegen Jugoslawien bestehe, und somit auch die Position der Inhaftierten zu verbessern.[98] Diese in einer diplomatischen Note vertretene Einschätzung, die vor allem das Ziel verfolgte, der Bundesregierung Gründe für Vereinsverbote an die Hand zu geben, ist sicherlich mit Vorsicht zu behandeln. In jedem Fall jedoch wurde mit dem Mehlemer Attentat politische Gewalt als eine Facette exilkroatischer Politik eingeführt und erfreute sich gewisser Akzeptanz: So stellte Milan Ilinić, Journalist und Vertreter im kroatischen Verteidigungsausschuss, mit Blick auf die Mehlemer Gruppe fest, dass die Vergangenheit gezeigt habe, dass man mit Memoranden nichts erreiche und die Regierungen, denen man sie schicke, sie „in den Mülleimer schmeißen“. Er werde deswegen niemals einen „kroatischen Revolutio-

94 Vgl. Hrvatska Država, H. 11, 1964. Im Antwortschreiben bezeichnet Jelić Perčić als einen „lieben Patrioten und Freund“, vgl. LAV NRW, Gerichte Rep. 195, Nr. 1123, Brief von Jelić an Perčić (14.11.1964).

95 o. V., „Sudjenje grupi hrvatskih emigranata u Bonnu“, in: Hrvatska Zora, H. 3–4, 1964, S. 2.

96 Dem Ausschuss gehörte vielmehr eine illustre Mischung aus bedeutenden Altemigranten wie Jelić oder Stjepan Buć sowie die Pfarrer Lodeta und Šušnjara an, aber auch jüngere Akteure, wie etwa Branko Orlović oder Marijan Simundić, die in den folgenden Jahren noch durch die Verbindung zu politischen Anschlägen auf sich aufmerksam machen sollten, vgl. die Auflistung, in: o. V., „Zabranjeno ‚Hrvatski Križarsko Bratstvo‘“, in: Hrvatska Zora, H. 3–4, 1963, S. 5.

97 So ein jugoslawischer Diplomat im „Spiegel“, vgl. o. V., „Exil-Kroaten. Einig durch Dynamit“, in: Der Spiegel, 29.4.1964, S. 52 f.

98 PA AA, B 42, 100, Note Jugoslawien an Bundesrepublik (16.9.1963).

när" kritisieren.[99] Auch bei Jelić setzte sich eine weitgehend apologetische Sicht auf Gewalt durch, die letztlich durch den jugoslawischen Staat hervorgerufen werde und deren Urheber von ihm insofern nicht kritisiert wurden. Mit der Zeit näherte er sich diesen – analog zu seinem Einflussverlust bei den deutschen Akteuren – sogar immer mehr an.[100]

Neben dem jugoslawischen Staat und dem exilkroatischen Umfeld adressierte das Attentat auf die Mehlemer Handelsmission auch den bundesdeutschen Staat und seine Bevölkerung. Die Bundesrepublik Deutschland sei, so fasste es ein Bericht der Deutschen Welle rund sieben Jahre nach dem Anschlag pointiert zusammen, das „Grenzland zwischen Diktatur und Freiheit" und daher das beliebteste Ziel für Emigranten und ein entsprechend prädestinierter Ort ihres Aktivismus.[101] Dass Exilanten die in ihren Heimatländern nicht gewährleisteten Freiheiten einer liberalen Demokratie auszunutzen versuchten und hierfür auch die Öffentlichkeit im Gastland adressierten, zeigten auch die von den Mehlemer Attentätern mitgebrachten Transparente. Mit ihnen ordneten sie die Tat für die Umstehenden sogleich ein, indem sie den Bau der Berliner Mauer im Jahr zuvor aufgriffen und das „unteilbare Deutschland" in eine Analogie mit dem „freien Kroatien" setzten.[102] Auch das gewählte Datum war kein Zufall, insofern der 29. November und der Sieg der Partisanen das Ende des NDH und zugleich das endgültige Ende der deutschen Besatzung in Jugoslawien markierte. Auch hier spekulierten die Täter auf eine „nationale Kränkung" und erhofften sich so eine daraus folgende Rezeptivität und wohlwollende Reaktion der deutschen Bevölkerung.[103]

Es überwog jedoch eher eine Ablehnung derartiger „Revolutionspropaganda":[104] Unmittelbar nach dem Attentat veröffentlichte die Bundesregierung eine Pressemitteilung, in der sie den „verbrecherischen Anschlag der jugoslawischen Demonstranten, die das ihnen durch die Bundesrepublik Deutschland gewährte Gastrecht mißbraucht haben", missbilligte und ankündigte, gegen die Schuldigen „mit

99 Nikolić, Susret, S. 184.

100 Dieser Prozess wird weiter unten noch näher ausgeführt.

101 PA AA, B 82, 779, Fremdenpolizei, hier: Asylrecht Emigranten, nur Jugoslawen, Hendrik van Bergh, Afons Boß, „Emigranten und Attentate. Wird das Asylrecht in der Bundesrepublik mißbraucht?", in: Deutsche Welle, 1.7.1969.

102 Aufnahmen der Plakate befinden sich in: LAV NRW, Gerichte Rep. 195, Nr. 1105, Mehlem.

103 Für eine besonders anschauliche Beschreibung dieser Kommunikationsversuche an die deutsche Bevölkerung, vgl. o. V., „Wahllos warfen sie ihre Bomben. Attentäter schlugen blitzschnell zu", in: Neue Rhein Zeitung, 30.11.1962.

104 Unter diesem Schlagwort fasste der Staatssekretär im AA zusammen, dass das Urteil gegen die Attentäter „sehr gute Passagen über die Grenzen des Gastrechts der Ausländer" enthalte und bat um die Übermittlung der gesamten Urteilsschrift, vgl. PA AA, B 82, 723, Vermerk Staatssekretär I an Abteilung V4 (Rechtsabteilung) (29.6.1964).

aller Härte“ vorzugehen.[105] Kurz danach, im März 1963, wurde in NRW ein Verbot der Kreuzerbruderschaft (HKB), zu der sich die Mehlemer Attentäter bekannt hatten, erlassen. Der Anschlag habe „erkennen [lassen], zu welchen konkreten Handlungen die Vereinigung bereit ist“ und dass ein „Zufluchtsstaat jede Propagandatätigkeit unterdrücken [müsse], die auf die Vorbereitung von Attentaten gerichtet ist“.[106] Dieses erste Verbot eines sogenannten Ausländervereins in der Bundesrepublik ist vor allem als symbolischer Akt zu verstehen. Es war als „Warnschuss für irgendwelche illegalen Organe [gedacht], die die Gastfreundschaft der Bundesrepublik missbrauchen, um ihre politische Tätigkeit hier in Deutschland auszuüben“, wie der zuständige nordrhein-westfälische Innenminister Willy Weyer in einem Interview mit den Nachrichten des RIAS erläuterte.[107] Zur juristischen Legitimation des Verbots wurde auf Art. 9 Abs. II des Grundgesetzes abgestellt und damit auf die „Tätigkeit der Organisation gegen den Gedanken der Völkerverständigung“.[108] Medial wurde das Verbot äußerst wohlwollend aufgenommen. Die in Jugoslawien häufig getätigte Behauptung, die bundesdeutsche Presse habe die Attentäter größtenteils als „Freiheitskämpfer“ behandelt, war im Großen und Ganzen unzutreffend.[109]

Vor allem das Auswärtige Amt forderte in der Folge des Attentats, die Ermittlungen auf sämtliche kroatische Emigrantenorganisation auszudehnen und deren Aktionsradius so weit wie möglich einzuschränken.[110] Auch das Verbot der HKB war primär als eine Art Ad-hoc-Geste an Jugoslawien gedacht und als solche in erster Linie vom AA forciert worden. So hatte Leopold Krafft von Dellmensingen vom AA auf einer interministeriellen Ressortbesprechung auf Bundesebene Ende Januar 1963 eine Kehrtwende in der Politik gegenüber den Emigrantenorganisationen angemahnt, die für das Amt untragbar seien, und schlug als kurzfristig wirksamen Schritt ein

105 Pressemitteilung, veröffentlicht durch BPA (29.11.1962), in: BArch, B 106/47450. Laut Poutrus handelte es sich hier um das erste Mal, dass die Formulierung vom „missbrauchten Gastrecht“ verwendet wurde, vgl. Poutrus, Migrationen, S. 161.

106 LAV BW, HStAS: EA 2/303, Bü 624, Auflösungsverfügung gegen die HKB.

107 BArch, B 141/30837, RIAS-Nachrichten mit Interview mit MI NRW Willy Weyer und BayerMI Heinrich Junker zum Verbot der HKB vom 12.3.1963.

108 Auflösungsverfügung gegen die HKB (wie Anm. 106). Auf die Schwierigkeiten, politische Tätigkeiten unter Rückgriff auf diesen Tatbestand einzuschränken, werde ich weiter unten noch eingehen.

109 Eine im engeren Sinne „positive“ Bewertung des Vorfalls bzw. eine Apologie seiner Urheber bot allein die „Deutsche National- und Soldatenzeitung“, die insofern vernachlässigt werden kann, da sie eindeutig völkisch-national positioniert war und ihre vormalige Relevanz weitgehend eingebüßt hatte. Der Artikel findet sich im Schreiben des Oberstaatsanwalts an MJ NRW mit Zusammenfassung von Eingaben und Strafanzeigen Schöttlers (20.6.1963), in: LAV NRW, Gerichte Rep. 195, Nr. 1103, Mehlem. Vgl. zur Positionierung der DN(S)Z hinsichtlich des Mehlemer Attentats auch die eingehendere Diskussion: Bundesministerium des Innern, Erfahrungen in der Beobachtung und Abwehr rechtsradikaler und antisemitischer Tendenzen im Jahre 1965, in: Aus Politik und Zeitgeschichte 11 (1966), S. 3–38.

110 LAV NRW, Gerichte Rep. 195, Nr. 1103, Schnellbrief des AA an BMI und BMJ, Überfall auf das jugoslawische Dienstgebäude in Mehlem (4.12.1962).

Vereinsverbot vor.[111] Zwei Wochen später wurde dem nordrhein-westfälischen Innenministerium zugetragen, dass das BMI diesen Wunsch des AA unterstütze und man einen entsprechenden Schritt durch das Land begrüßen würde. Da „gewisse Beziehungen zu den Ostblockstaaten", unter anderem zu Jugoslawien, angebahnt werden sollten, sei es im Interesse der Bundesrepublik, „diesen Staaten zu beweisen, daß die Tätigkeit von Emigrantenorganisationen in Grenzen gehalten wird und daß Übergriffe dieser Organisationen durch Verwaltungsmaßnahmen weitgehend verhindert werden".[112] Vor allem Vertreter des BMVt und des Ministeriums für Gesamtdeutsche Fragen, zum Teil auch des BMI, meldeten Zweifel an einer solchen Maßnahme an; diese waren jedoch angesichts der Belastung, die der Mehlemer Anschlag für die bundesdeutsch-jugoslawischen Beziehungen bedeutete, in diesem Moment offenbar zweitrangig.[113]

Zugleich muss darauf hingewiesen werden, dass das Verbot als Schlag gegen die exilkroatischen Strukturen *de facto* keine Wirkung zeitigte, was den beteiligten Akteuren auf der ministeriellen Ebene offenbar auch bewusst war. So wurde etwa die Frage, ob für die HKB der Straftatbestand der Bildung einer kriminellen Vereinigung (§ 129 StGB) erfüllt und damit das Verfahren beim Generalbundesanwalt zu führen sei, letztlich verneint.[114] Zwar war das AA sehr an einer Aufklärung der Tat und ihrer genauen Hintergründe interessiert,[115] sprach sich dann aber dafür aus, die „Sache klein zu halten" und nicht mehr Aufmerksamkeit als nötig für die Mehlemer Attentäter und ihr Gerichtsverfahren zu produzieren. Auch das BMI vertrat nach Rücksprache mit der Bonner Staatsanwaltschaft die Meinung, dass „durch das Verbot der HKB wohl mehr ein ‚Mantel' als eine schlagkräftige und gefährliche Vereinigung zerschlagen worden sei".[116] In einem Dossier des jugoslawischen Rats für Beziehungen mit dem Ausland wurde in ähnlicher Hinsicht konstatiert, dass die HKB in anderen radikal-exilkroatischen Gruppierungen weitgehend weiterbestehe. Hier habe sich, so vermutete auch das BfV noch im selben Jahr, die konspirative Tätigkeit exilkroatischer Exilanten nahezu nahtlos fortsetzen können.[117] Wie in dieser Ein-

---

111 PA AA, B 130, 3075A, Protokoll der Ressortbesprechung vom 31.1.1963 (5.2.1963).

112 LAV NRW, NW 0308, Nr. 195: Innenministerium NRW, Leiter der Abt. IV A 3, Vermerk, Betr.: Auflösung der „Kroatischen Kreuzler-Bruderschaft" (sic) (18.2.1963).

113 So solle etwa die Förderung der „positiven politischen Tätigkeit" nicht mit Verweis auf einzelne Gewalttaten einfach beendet werden, wie ein Vertreter des BMG zu bedenken gab, vgl. PA AA, B 130, 3075A, Protokoll der Ressortbesprechung vom 31.1.1963.

114 BArch, B 141/30834, MJ NRW an BMJ, Anklageerhebung der leitenden OstA beim LG Bonn vom 20.6.1963 (8.7.1963).

115 Vgl. hierfür LAV NRW, Gerichte Rep. 195, Nr. 1106, Erkenntnisse vom AA an StA Horn, Zusammenstellungen und Dossiers des AA an den ermittelnden Staatsanwalt.

116 BArch, B 141/30834, Vermerk (7.5.1963).

117 HDA, 1409, kutija 106, Ausarbeitung & Übersicht: Pregled ustaških emigrantskih organizacija u SR Njemačkoj (Zagreb, 16.2.1968); BArch, B 136/6492, Auszugsweise Abschrift aus BfV-Erkenntnisse über rechtsradikale Bestrebungen (1963), Unterpunkt 3 „Terrorgruppen im Bereich der Ostemigration".

schätzung bereits anklingt, war das Wissen der innen- und sicherheitspolitischen Akteure unmittelbar nach dem Attentat noch äußerst begrenzt. Mit dem Verbotsverfahren gegen die HKB wurde zunächst eine vor allem an Jugoslawien gerichtete Symbolpolitik verfolgt, die jedoch kaum konkrete Resultate brachte, zumal es sich bei der Vereinigung um einen Deckmantel für die ohnehin konspirativ auftretende TUP gehandelt hatte. Das nordrhein-westfälische Innenministerium gab insofern zu bedenken, dass dieses erstmalige Verbot einer „Ausländervereinigung“ viele ungeklärte Fragen aufwerfe und schon dessen juristische Grundlage mehr als fraglich sei.[118]

1.3 Das Gerichtsverfahren und die Urteile

Bereits an dieser Stelle kann festgehalten werden, dass die militanten Strukturen innerhalb der exilkroatischen Gruppierungen, die sich in den vorangegangenen Jahren herausgebildet hatten bzw. ihre maßgeblichen Akteure und Finanzierungsquellen nicht Gegenstand des Prozesses gegen die Mehlemer Attentäter waren, der im September 1963 beim Landgericht Bonn eröffnet wurde. Die Angeklagten wurden wegen Sprengstoffverbrechen und Geheimbündelei verurteilt, ihr Rädelsführer Perčić zudem wegen Mordes am Pförtner Popović. Auch stellte der Vorsitzende Richter Helmut Quirini fest, dass „die Kroaten [die Angeklagten, MT] durch unbekannte Dritte verhetzt und in dieses Abenteuer gelockt wurden“.[119] Besagte Hintermänner konnten jedoch nicht einmal ansatzweise ermittelt werden. Zugleich setzte das Verfahren den in den letzten Unterkapiteln skizzierten Kommunikationsprozess fort und führte die unterschiedlichen Interpretationen des Anschlags, seiner Urheber und Hintergründe in verdichteter Form zusammen.[120] Dies war umso mehr der Fall, da der Prozess von einem verhältnismäßig großen Medienecho aus Deutschland und Jugoslawien begleitet wurde. Er fand unter ungewohnt hohen Sicherheitsvorkehrungen statt und wurde auch von exilkroatischen Gruppierungen genutzt, in Form von Demonstrationen und Flugblattaktionen weitere öffentliche Aufmerksamkeit zu erzielen.[121] So hieß es schon kurz nach dem Anschlag in einem Schriftwechsel zwischen

118 So war den Innenpolitischen Akteuren in Wahrheit unklar, inwiefern Art. 9, Abs. II GG ein Verbot überhaupt legitimieren könne, vgl. LAV NRW, NW 0308, Nr. 195: Innenministerium NRW, MI NRW, Vermerk Abt. IV A 3 von Oberregierungsrat Hanfland, Betr. Auflösung der HKB (8.3.1963).
119 o. V., „Exil-Kroaten mit Zuchthaus und Gefängnis bestraft“, in: FAZ, 26.6.1964, S. 8.
120 Zu dieser Funktion von Gerichtsprozessen in der Deutung politischer Gewalt vgl. auch Graaf, Introduction.
121 Vgl. hierfür etwa die Flugblätter des „Croatischen Klub Düsseldorf“, in: BArch, B 141/30837. In der WAZ war gar die Rede „von den größten Sicherheitsmaßnahmen, die jemals nach Kriegsende für ein Gerichtsverfahren in der Bundesrepublik organisiert wurden“, vgl. Heinz Arndt Brüggemann, „Stolze Antwort: ‚Ich bin Kroate‘“, in: WAZ, 13.3.1964, S. 3. Für eine Zusammenfassung der Sicherungsmaßnahmen vgl. BArch, B 141/30835, Sprengstoffdelikte Einzelsachen, Vermerk (27.2.1964); Ermittlungsverfahren Überfall auf die jugoslawische Handelsmission in Mehlem. Das große Inter-

exilkroatischen Funktionären, dass das anstehende Gerichtsverfahren das Potenzial haben werde, die „Weltöffentlichkeit" mit den Verbrechen des „Serbo-Kommunismus" vertraut zu machen.[122] Es sei folglich wichtig, dass die Anwälte nicht nur juristisch tätig sein würden, sondern auch „politisch" und die Öffentlichkeit adressierten.[123]

Die von ihnen angestellten Verteidiger bemühten sich denn auch intensiv darum, das Gericht und seinen Vorsitzenden Quirini sowie Staatsanwalt Horn als politische Erfüllungsgehilfen einer deutsch-jugoslawischen Annäherungspolitik darzustellen.[124] Darüber hinaus versuchten sie, die Verhandlungen als Bühne zur Diskreditierung Jugoslawiens und für die Rehabilitierung NDH-Kroatiens zu nutzen. Mit Wilhelm Schöttler wurde hierfür ein Anwalt engagiert, dem schon damals „Verbindungen zu rechtsextremistischen Kreisen" nachgesagt wurden und der als „Vertrauensanwalt der kroatischen Emigration" in den folgenden Jahrzehnten noch viele weitere Verfahren gegen kroatische Exilanten begleiten sollte.[125] Eine wesentliche Strategie war es dabei, die Tat vor dem Hintergrund eines revisionistischen Narrativs umzudeuten. Hierfür bezichtigte der Anwalt unmittelbare Opfer des Anschlags, wie den bei dem Angriff getöteten Pförtner Momčilo Popović, grausamer Massenverbrechen während des Zweiten Weltkriegs. Schöttler griff so die bereits weiter oben für den Fall Grabovac skizzierte Strategie auf, das Schicksal der Kroaten für ein deutsches Opfernarrativ anschlussfähig zu machen.[126] Einer ähnlichen Absicht folgten die ebenfalls von Schöttler eingereichten Klagen gegen den jugoslawischen Außenminister und Nebenkläger Koca Popović und den jugoslawischen Prozessbeobachter Albert Vajs wenige Tage vor Beginn des Prozesses, denen Kriegsverbrechen gegen

---

esse illustriert u. a.: o. V., „‚Von Patrioten erwarte ich Mut zur Wahrheit'. Bonner Prozeß gegen Exilkroaten eröffnet/Das Attentat von Mehlem", in: FAZ, 13.3.1964, S. 8.

122 Brief vom Hrvatski Demokratski Odbor u Europi (6.12.1962). In einem weiteren Schreiben schlug ein anderes Mitglied dieser in Rom ansässigen und Ende der 1950er Jahre vom HNO abgespaltenen Organisation vor, dem Prozess sogar ein „Label" zu verpassen und ihn stets nur den „Prozess der kroatischen Nation gegen Titos Serbo-Kommunismus" zu nennen, vgl. Brief von Batušić (11.12.1962), beide in: LAV NRW, Gerichte Rep. 195, Nr. 1122.

123 Ebenda, Jilk an Batušić (15.12.1962).

124 BArch, B 136/6492, Eingabe vom HNO an BMI mit angeblichen Nachweisen darüber, wie der Staatsanwalt Horn „auf Grund von kommunistischen Unterlagen seine Anklage auf vollkommen falschen Tatsachen aufbaut" (9.1.1964). Im südwestdeutschen Raum, so ein Informant des jugoslawischen Geheimdienstes, werde in Emigrantenkreisen gar das Gerücht verbreitet, dass der Richter „von den Kommunisten 100 000 DM" für das Urteil bekommen habe, vgl. HDA, 1561, 10.10-8, RSUP SR Hrvatske, SDS, UDBA SRH, Informacije Johana (12.8.1964).

125 Hein Höfl, „Auf dem Panier: Der kroatische Staat Gottes", in: SZ, 19.3.1964; BArch, B 106/111220, Maßnahmen gegen Exilkroaten, BMI an BKA, Aktivitäten jugoslawischer Extremisten in der Bundesrepublik, hier Broschüre vom „Bund freies Europa" (8.8.1979).

126 Zusammenfassend zu Schöttlers Initiativen vgl. PA AA, B 42, 100, Deutsche Vertretung in Belgrad an AA (23.9.1963). Vgl. auch Clarkson, Fragmented Fatherland, S. 69 f. Diese Denunziation Popovićs griff auch das HNO auf seiner Hauptversammlung auf, vgl. FAZ, 2.1.1963, S. 4.

die deutsche Zivilbevölkerung vorgeworfen wurden.[127] Der Mehlemer Anschlag sollte so als eine Art Rache für kroatisches wie auch deutsches Leid lesbar gemacht werden. Diese Interpretation wurde nicht nur in Eingaben an das Bundesjustizministerium und das Auswärtige Amt,[128] sondern auch von den naheliegenden Publikationsorganen aus dem rechten Spektrum wie etwa dem Magazin der donauschwäbischen Landsmannschaft und der „Deutschen Soldaten-Zeitung und National-Zeitung“ (DSNZ) entrüstet aufgegriffen. Im Bundestag waren diese Vorwürfe ebenfalls Grundlage einer parlamentarischen Anfrage und einer anschließenden Diskussion, sodass jene Initiativen Schöttlers andernorts gar als „Vorspiel zu einer bundesweiten parteipolitischen Auseinandersetzung um NS- und Vertreibungsverbrechen“ interpretiert wurden.[129]

Das oberste Ziel der exilkroatischen PR-Arbeit bestand insofern vor allem darin, die Täter als schutzbedürftige Opfer eines jugoslawischen Gewaltregimes mit einer ähnlichen Vertreibungs- und Verlusterfahrung wie der der Deutschen zu rehabilitieren. Zu diesem Zweck wurde zum Gerichtsverfahren auch ein Verteidigungskomitee unter Vorsitz des eingebürgerten Düsseldorfer Exilkroaten, ehemaligen HSS-Aktivisten und „Diplomaten a. D.“, Berislav Djuro Dezelić gegründet.[130] Das Komitee sah den Prozess gegen die 26 Exilkroaten vor allem als Möglichkeit, die bundesdeutsche Öffentlichkeit mit dem vermeintlichen Leid der kroatischen Exilanten vertraut zu machen: „Wir bedauern, daß der Überfall hier passiert ist. Aber wir Kroaten als ältestes Königreich der Welt müssen heute unter Joch und Knechtschaft leben, wie Ihre Landsleute drüben [in der DDR, MT]“, rekapitulierte Dezelić in einer Pressekonferenz vor deutschen Journalisten am Abend des ersten Prozesstags erneut das bereits bekannte Narrativ.[131] In einem vom Verteidigungskomitee herausgegebenen Pamphlet mit dem programmatischen Titel „Wer trägt die Schuld für das Attentat von Mehlem?“ führte er aus, dass dieses „nicht als böswillige Tat der kroatischen Jünglinge“ gesehen werden dürfe, sondern als eine Art letzter Ausweg angesichts der Untaten, die „ihre Mütter und Schwestern“ in Jugoslawien erdulden müssten. „Die Passivität des freien Westens“, so die Broschüre in beinahe antikolonialer Dik-

127 Der jugoslawische Staat trat im Prozess als Nebenkläger auf, vgl. LAV NRW, Gerichte Rep. 409, Nr. 57, Bundesrechtsanwalt der FNR Jugoslawien, Vollmacht (29.12.1962).

128 Vgl. Eingaben eines ehemaligen Wehrmachtsangehörigen (30.10.1963) und eines kroatischen Emigranten (3.12.1963), in: BArch, B 141/30835.

129 Kittel, Zentralstelle, S. 181 f. Die Artikel, Eingaben und Strafanzeigen Schöttlers finden sich gesammelt im Schreiben der OStA an MJ NRW (20.6.1963), in: LAV NRW, Gerichte Rep. 195, Nr. 1103.

130 Diese Stellung, die er stets betonte, sollte ihm und dem Komitee wohl einen staatstragenden Charakter geben. Dezelić war als Emissär des Königreichs Jugoslawien in Düsseldorf, vgl. zur Person und den Aktivitäten Dezelićs den Erkenntnisbericht der anlässlich des Anschlags auf ihn gegründeten Düsseldorfer „Soko D“ vom 16.7.1965, in: LAV NRW, NW 0760, Nr. 141: Innenministerium NRW, Ausländer-/Asylwesen: Kroatischer Sozialdienst, enthält: Berichte über die Tätigkeit in Düsseldorf (1971–1974), Leiter Abt. IV an Leiter Abt. I beim MI NRW (6.5.1971).

131 Nina Grunenberg, „‚Wir können nicht vergessen...‘. Prozeß gegen 26 Kroaten – Geheimbündelei im Exil“, in: Die Zeit, 20.3.1964.

tion weiter, „gibt den versklavten Völkern die Legitimation zu eigenmächtigen Befreiungshandlungen, weil die Sicherung aus der UNO-Charta nicht erfüllt wird".[132]

Neben diesen Versuchen, von der eigentlichen Tat abzulenken bzw. den Fokus auf die vermeintlichen Verbrechen der hierbei als Opfer auftretenden Beteiligten zu richten, bemühte sich die Verteidigung darüber hinaus, das Verfahren zu einer Arena um historische Deutungshoheit zu machen. So bestand bei der Verhandlung ein wichtiger Teil ihrer Strategie in der Vorladung von Entlastungszeugen aus dem exilkroatischen Spektrum und dem Zitieren aus revisionistischer Literatur. Die Aufmerksamkeit sollte somit auf die historischen Hintergründe gelegt werden, die die Tat angeblich bedingt hätten.[133] Hier sind weniger die inhaltlichen Details dieser Strategie interessant, deren Komponenten bereits mehrfach erörtert wurden, als vielmehr die Tatsache, dass die Verteidigung mit dieser Form der „Historisierung" des Verfahrens durchaus Teilerfolge für sich verbuchen konnte. Letztlich verfing die Behauptung der Verteidigung, dass der Anschlag auf die Mehlemer Handelsmission ohne ein Wissen um die historischen Zusammenhänge des kroatischen Staatsbildungsprozesses nicht zu beurteilen sei. Wenngleich auch eine revisionistische Geschichtsdeutung im engeren Sinne keinen Eingang ins Urteil fand, bot das Verfahren doch die Möglichkeit, im Moment des öffentlichen Interesses Fragen nach historischer Schuld aufzuwerfen. So stellte die FAZ anlässlich der Anklageerhebung fest, dass sich die Ermittlungen „mit mehr als drei Jahrzehnten politischer Unruhen auf dem Balkan [...]" zu befassen gehabt hätten.[134] Staatsanwalt Horn beantragte denn auch, „im Interesse einer objektiven Klärung der geschichtlichen Vorgänge" wissenschaftliche Gutachten des Südost-Instituts und des Instituts für Zeitgeschichte einzuholen,[135] und unternahm eigens eine Dienstreise nach München, um sich bei den erwähnten Instituten über den Forschungsstand zum NDH und den jugoslawischen Vergeltungsaktionen nach dem Krieg zu informieren.[136]

---

132 Die Broschüre findet sich in BArch, B 136/6492.

133 So schickte Schöttler dem Landgericht etwa eine Abhandlung des exilkroatischen Rassentheoretikers Stjepan Buć und führte zudem die Überlegungen eines Theologen des Südtiroler Befreiungskampfes an, der „selbstverständlich auch für die kroatischen Widerstandskämpfer" gelte (14.11.1963), in: LAV NRW, Gerichte Rep. 409, Nr. 65, Vladimir Murat, Briefe von Schöttler; LAV NRW, Gerichte Rep. 409, Nr. 33, Mehlem, Ermittlungen. Zudem verwies er auf „unabhängige Experten" – allesamt selbst Exilkroaten oder Teil der deutsch-kroatischen Wehrmachtsdivisionen –, die das Gericht kontaktieren solle und von denen es einige tatsächlich in den Gerichtssaal schafften, vgl. LAV NRW, Gerichte Rep. 409, Nr. 64, Schöttler an OStA (28.10.1964).

134 o. V., „Kroatische Attentäter unter Anklage", in: FAZ, 16.8.1963, S. 5.

135 LAV NRW, Gerichte Rep. 195, Nr. 1103, OStA an MJ NRW (14.11.1963).

136 Vgl. hierzu den Vermerk der OStA Bonn (28.2.1964), in: LAV NRW, Gerichte Rep. 195, Nr. 1104, Mehlem, Handakten. Martin Broszat, seinerzeit noch Mitarbeiter am IfZ, überließ dem Staatsanwalt nach dem Gespräch auch ein Manuskript seiner zu diesem Zeitpunkt noch nicht fertiggestellten Studie über den Ustaša-Staat, vgl. LAV NRW, Gerichte Rep. 409, Nr. 65, Vermerk über Gespräch mit Broszat am 3.12.1963 (6.12.1963). Das Verfahren von Mehlem ist insofern ein Beispiel für die

Es ist unklar, inwiefern die so gewonnenen Erkenntnisse Eingang in die Urteilsfindung fanden oder die revisionistischen Auslassungen der Verteidigung das Verfahren tatsächlich beeinflussten. Fest steht jedoch, dass das Gericht es als strafmildernd ansah, dass es sich bei den Angeklagten um „Patrioten“ handele, deren Familien unter dem jugoslawischen Regime litten und die mit der Tat auf das „Unrecht aufmerksam machen wollten, das nach ihrer Meinung seit Kriegsende der kroatischen Minderheit in Jugoslawien zugefügt wird“.[137] Dennoch entging keiner der Beteiligten einer Gefängnisstrafe, wenngleich diese äußerst unterschiedlich ausfielen: Während Perčić als Haupttäter ausgemacht und zu einer Gesamtstrafe von 15 Jahren Gefängnis (u. a. wegen Totschlags) verurteilt wurde, kam mit Medić einer der zentralen Planer des Anschlags mit vier Jahren vergleichsweise glimpflich davon. Sechs weitere Attentäter wurden zu Freiheitsstrafen zwischen zweieinhalb und dreieinhalb Jahren verurteilt, darunter auch der Kölner Anführer Bilandžić (alle u. a. wegen gemeinschaftlichem Sprengstoffverbrechens). Die Strafen für den Rest der Gruppe fielen niedriger aus und waren mit der Untersuchungshaft größtenteils abgegolten.[138]

Die mediale Begleitung des Verfahrens stützte größtenteils die strafmildernden Überlegungen des Gerichts; nahezu kein Presseartikel wie auch Fernsehbericht kam ohne eine „historische Einordnung“ aus, die das Attentat in eine Folge mit den Gräueln des Zweiten Weltkriegs stellte und als Teil einer jahrzehnte- bis jahrhunderteal-ten Auseinandersetzung zwischen Serben und Kroaten deutete. Die Befürchtungen der bundesdeutschen Vertretung in Belgrad, die Strategie der Verteidigung könne dazu führen, dass das Verfahren gegen die Mehlemer Gruppe als „Prozeß über die Gräueltaten des Partisanenkrieges in Jugoslawien“ wahrgenommen werde, waren insofern nicht unberechtigt.[139]

Dessen ungeachtet und den Erfolgen der Verteidigung zum Trotz, der Tat von Mehlem eine „historische“ Komponente zu geben, stellten das Urteil des Bonner Schwurgerichts wie auch seine medienöffentliche Bewertung insgesamt einen Dämpfer für die Vertreter und Apologeten kroatischer Exilpolitik dar. Nicht nur, dass vor allem in Medien des eher linken Spektrums die Rolle der Bundesbehörden für die Unterstützung exilkroatischer Politik erstmals benannt und kritisiert wur-

zunehmende Relevanz geschichtswissenschaftlichen Expertenwissens vor Gericht zu Beginn der 1960er Jahre. Vgl. hierfür Petrović, Emergence, v. a. S. 183 f.

137 BArch, B 136/6492, Urteil, S. 142.

138 o. V., „Stürmische Begrüßung am Haftanstaltstor. 17 Exilkroaten kamen nach dem Urteil auf freien Fuß“, in: Bonner Rundschau, 26.3.1964. Es sei an dieser Stelle darauf hingewiesen, dass die Attentäter nicht, wie andernorts behauptet, nach Verbüßung der Haftstrafe nach Jugoslawien ausgeliefert wurden. Sie blieben in der Bundesrepublik und betätigten sich sogar zum Teil weiterhin exilpolitisch, vgl. für diese Behauptung Poutrus, Umkämpftes Asyl, S. 52.

139 PA AA, B 130, 3075A, Aufzeichnung Bocks aus Botschaft Belgrad (Abt. II-5 (705), Betr.: Mehlem Strafverfahren, hier: Gefahr einer „Politisierung“ des Prozesses (4.6.1963).

de;[140] es bestand zudem auch weitgehender Konsens darüber, dass zukünftig eine klare Grenze „zwischen [gemeint ist exilpolitischer, MT] organisatorischer Aktivität und revolutionären Verschwörungen“ zu ziehen sei.[141] Deutschland sei „keine Heimstatt für Ustascha-Terroristen“, so brachte es der Chefredakteur des linksliberalen Hamburger Echos drastisch auf den Punkt. Man solle „die Kerle zum Teufel jagen“, die sich „anstatt mucksmäuschenstill und dankbar ihr Asyl zu genießen, die Bundesrepublik als Schauplatz für ihre Privatkriege [...] betrachten“ und „unser Land nicht von ihnen in schlechten Ruf bringen lassen“. Auch das Bonner Schwurgericht unterstrich in seiner Urteilsbegründung, dass bei allem Verständnis für die Tat den Tätern klar gemacht werden müsse, dass sich in der Bundesrepublik „politische Auseinandersetzungen in den Grenzen des Rechts zu halten haben und unter keinen Umständen mit den Mitteln krimineller Handlungen geführt werden dürfen“,[142] womit es sich kaum verhohlen an eventuelle Nachahmer aus kroatischen und anderen Exilkreisen richtete. Diese wurden in der Folge zum einen verstärkt als diplomatisches Risiko im Annäherungskurs mit Jugoslawien gesehen, und zum anderen – hiermit jedoch eng verbunden – in einen Zusammenhang mit Diskursen um Staatsraison gebracht. „Wissen diese schießwütigen kroatischen Emigranten eigentlich, in welche Lage sie die Bundesrepublik bringen, wenn sie bei uns für die Wiederherstellung eines unabhängigen Kroatiens Terror ausüben?“, fragte in diesem Sinn das Fernsehmagazin „Panorama“.[143] So generierte der Mehlemer Anschlag zwar ein ungekannt großes Medienecho für die Exilkroaten, in dessen Folge sie jedoch in den frühen und mittleren 1960er Jahren auch zunehmend als problematisch gedeutet und mithin prägend für das Bild des Ausländers als politischem Aktivisten wurden.[144]

Nochmals Öl ins Feuer gossen in diesem Sinne zwei junge kroatische Exilaktivisten, als sie im Juni 1963 in Hamburg den leitenden Redakteur von „Panorama“ mit dem Auto von der Straße abdrängten und anschließend mit Eiern bewarfen.[145] Im Nachhinein ist davon auszugehen, dass dieser schnell als „Eierattentat“ bezeichnete Vorfall im Nachgang des Mehlemer Anschlags eine vom jugoslawischen Geheimdienst koordinierte Provokation war.[146] Die Aktion sorgte für eine weitere Diskreditierung der kroatischen Emigration – umso mehr, da sich Jelić als deren prominen-

---

140 Vgl. etwa: o. V., „Kroaten. Bombe und Kreuz“, in: Der Spiegel, 18.5.1963, S. 37.

141 Hein Höfl, „Auf dem Panier: Der kroatische Staat Gottes“, in: SZ, 19.3.1964.

142 Urteilsschrift, S. 143 (wie Anm. 137)

143 Für Zitate vgl. „Bombenanschlag auf jugoslawische Handelsmission“, in: Bonner General-Anzeiger, 30.11.1962; „Kein Asylrecht-Mißbrauch. Warnung an politisierende Emigranten“, in: Das freie Wort. Eine Wochenzeitung für freiheitliche Politik, 16.3.1963; „Emigranten-Terror“, in: Blinkfüer. Unabhängige Wochenzeitung for de Waterkant, 21.6.1963; Panorama, 8.4.1963, https://daserste.ndr.de/panorama/archiv/1963/panorama3241.html (17.8.2021).

144 So Schönwälder, Ethnische Pluralität, S. 190 f.

145 Zum Attentat vgl. u. a. „Kroaten verüben Eier-Attentat auf Gerd von Paczensky“, in: General-Anzeiger, 15.6.1963.

146 Vgl. Jareb/Jelić, Uspomene, S. 383 f.

tester Vertreter mehrfach hinter die anschließend verurteilten Angreifer stellte.[147] Die Tat war sogar Gegenstand mehrerer parlamentarischer Anfragen im Bundestag. Die SPD-Abgeordneten Hellmut Kalbitzer und Fritz Sänger sprachen hierbei nicht nur von einer „Gefährdung der Sicherheit des Staates“, die von Exilkroaten offensichtlich ausgehe, und regten Vereinsverbote an. Sie legten mit einer weiteren Nachfrage zudem nahe, dass zukünftig das Asylrecht bei einer Teilnahme an ähnlichen Aktionen entzogen werden solle.[148]

Unabhängig davon, dass das Asylrecht – wie auch Bundesinnenminister Hermann Höcherl in seiner Antwort auf die Anfrage betonte – nicht ohne Weiteres verwirkt werden konnte und dem schon allein das entsprechende Grundrecht und die Vorschriften in der GFK entgegenstanden, zeigt dieser Vorgang doch die Relevanz, die den Exilkroaten infolge der Geschehnisse im Jahr 1962 gegeben wurde.[149] Hierbei erfolgte eine rhetorische Verknüpfung von außen- und sicherheitspolitischen Argumenten, die für die Frage der Legitimität von Exilaktivismus durchaus charakteristisch ist[150] und die nach dem Mehlemer Anschlag unter geänderten Vorzeichen stattfand. So schien die Frage immer virulenter, in welchem Verhältnis die Aufnahme von Ausländern und Asylsuchenden zur Gewährung politischer Freiheiten für diese stehe und inwiefern sie im Zweifel auch entzogen werden könnten.

2 Einschränkungsmöglichkeiten politischer Betätigung im Wandel. Exilkroaten und die staatliche Wissensproduktion

Infolge des von Exilkroaten begangenen Attentats auf die jugoslawische Vertretung in Bonn-Mehlem gewannen nach und nach Positionen die Überhand, die für eine stärkere Überwachung von Emigrantenaktivitäten warben. Diese wurden zunächst vor allem von Akteuren des politisch linken Spektrums artikuliert, bei denen die Verurteilung einer nationalistischen Emigrantengruppe vermutlich auch als Aspekt einer Annäherungspolitik an die Staaten Osteuropas verstanden werden muss.[151] Damit trugen diese in einem nicht unerheblichen Maße dazu bei, dass die politische Betätigung von Nicht-Deutschen und deren Unterbindung unabhängig von ihren politischen Loyalitäten vermehrt zur Diskussion gestellt wurde. Dies fand einerseits in

147 BArch, B 106/63086, Brief von Jelić an BMI Hoecherl, mit Abschrift an Globke mit Bitte um Unterstützung (10.6.1963). Vgl. auch ACSP, 5302, NL Franz Josef Strauß, Jelić an Strauß (11.12.1964).
148 Deutscher Bundestag, Stenographische Protokolle, 4. WP, 81. Sitzung, Bonn 26. Juni 1963, S. 3894 f.
149 Zur Beurteilung der Einschränkung des verfassungsmäßig garantierten Rechts auf Asyl vgl. zusammenfassend Bröker/Rautenberg, Asylpolitik, S. 110 f. Zu den diesbezüglichen Bestimmungen in der GFK und ihrer zeitgenössischen Auslegung vgl. Mayer, Ausländerrecht, S. 82 f.
150 Vgl. auch Shain, Frontier, S. 39.
151 Vgl. hierzu u. a. Ahonen, Expulsion. Für einen Beitrag zur frühen Ostpolitik der SPD in Richtung Jugoslawien vgl. Nećak, Ostpolitik.

der Tagespresse, andererseits vonseiten der Parteien statt. So unterstrich eine Informationsbroschüre der SPD-Fraktion im Bundestag, „daß Ausländer nicht durch eine politische Betätigung in der Bundesrepublik die Interessen unseres Landes im Rahmen der Völkergemeinschaft verletzen" dürften und dass kein „Eldorado rechts- oder linksradikaler Emigranten-Organisationen entstehen dürfe, das nicht nur unsere auswärtigen Beziehungen zu manchen Völkern gefährden kann, sondern darüber hinaus auch noch eine Gefahr für die Sicherheit der eigenen Staatsbürger darstellt".[152] Während das Bundesinnenministerium in den 1950er Jahren hierbei das Feld den widerstreitenden und weitgehend von den Rationalitäten des Kalten Kriegs geprägten Positionen von AA und der Vertriebenenlobby noch weitgehend überlassen hatte, wurde in der Folge verstärkt und mit Einbeziehung unterschiedlicher Akteure um die Frage gerungen, wie unter innen- und sicherheitspolitischen Gesichtspunkten grundsätzlich mit der politischen Tätigkeit von Emigranten und ihren Organisationen umzugehen sei.[153] So wurde bei einer Besprechung der Staatssekretäre verschiedener Ministerien anerkannt, dass sich die entsprechenden Behörden nationalistischen Emigrantengruppen bislang „wegen ihres Wertes für die Bekämpfung des Kommunismus nur wenig zugewandt" hätten. Es seien Maßnahmen zu treffen, „mit denen ausländischen Emigrantenorganisationen nahegelegt werden soll, sich bei der Ausübung der auch ihnen gewährten Grundrechte die Zurückhaltung aufzuerlegen, die die Bundesrepublik im Interesse ihrer politischen Beziehungen zu ihren Nachbarstaaten fordern muss".[154]

Was dies mit Blick auf die Wissensgenerierung über Exilkroaten und die Möglichkeiten zu deren Überwachung und Verfolgung bedeutete, wird Gegenstand des folgenden Kapitels sein. Es werden darin zunächst die Möglichkeiten (bzw. deren Grenzen) thematisiert, die im Nachgang des Attentats von Mehlem diskutiert wurden, um politische Aktivitäten von Migranten einzuschränken. In einem weiteren Schritt geht es dann um Maßnahmen, die in ähnlicher Absicht gegen das HNO, die in den 1950er Jahren maßgebliche kroatische Exilorganisation, unternommen wurden, und deren Aktivitäten damit im Laufe der folgenden Jahre praktisch zum Erliegen kamen. Anschließend wird ein Aspekt des bei Weitem größten Problems der deutschen Sicherheitspolitik hinsichtlich der kroatischen Exilaktivitäten und dessen strukturelle Gründe angeschnitten: Die weitgehende Ahnungslosigkeit der entsprechenden Behörden.

Dass der Mehlemer Anschlag zunächst einmal auch eine Kehrtwende in der Beurteilung exilkroatischer Politaktivisten mit sich brachte, bei der nicht mehr ohne Weiteres die Kategorien des Kalten Kriegs maßgeblich waren, soll ein vorangestellter

152 BArch, B 106/39959, Entwurf eines Ausländergesetzes, „Die SPD-Fraktion teilt mit" (30.4.1963).
153 Der Völkerrechtler Otto Kimminich fasste die Virulenz und Ergebnisoffenheit dieser Frage in einem Aufsatz aus dem Jahr 1962 dahingehend zusammen, dass „das geltende Völkerrecht [zwar] keinen Staat hindert, die politische Betätigung der auf seinem Gebiet lebenden Emigranten zu unterbinden, ihn aber auch nicht dazu verpflichtet", in: Kimminich, Völkerrechtsfragen, S. 165.
154 PA AA, B 42, 100, Aufzeichnung vom Referat D, Abt. II vom 19.10.1963.

Exkurs über die Reaktionen auf einen Vorfall rund ein Jahr zuvor zeigen. Der hierbei angestellte Vergleich dient nicht zuletzt auch der Herausarbeitung gewandelter historischer Kontexte, welche die verschiedenen Reaktionen erklären und vor deren Hintergrund der Mehlemer Überfall eine grundsätzlich andere Bewertung erfuhr.

Vergleichender Exkurs: Der Angriff auf die Stuttgarter Liederhalle (November 1961) vs. „Mehlem“ (November 1962)

Ebenfalls anlässlich des jugoslawischen Nationalfeiertags hatten im November 1961, also genau ein Jahr vor dem Mehlemer Überfall, rund 200 Emigranten ein Konzert für jugoslawische Gastarbeiter in der Stuttgarter Liederhalle massiv gestört. Mit Fäusten und Messern waren sie auf die ca. 400 anwesenden Personen, vor allem Gastarbeiter, losgegangen und hatten so für mehrere Verletzte gesorgt.[155]

Die Reaktionen auf diesen brutalen Angriff fielen indessen grundlegend anders aus als beim Attentat auf das Botschaftsgebäude ein Jahr darauf: In der Presseberichterstattung wurde, im Gegensatz zum Tenor im folgenden Jahr, vor allem der diktatorische Charakter Jugoslawiens und das Asyl- und Demonstrationsrecht der Liederhallenangreifer gegen das dortige Regime betont.[156] Hierbei schien der Schutz der vom Überfall betroffenen Personen bemerkenswerterweise keine Rolle zu spielen. Vielmehr firmierten sie in den diesbezüglichen Presseartikeln implizit als Parteigänger des jugoslawischen Regimes. Auch das Landesamt für Verfassungsschutz kam zu der falschen und offenbar auf Vorurteilen seiner Mitarbeiter beruhenden „Erkenntnis“,[157] dass es sich bei den anwesenden Arbeitsmigranten vor allem um Serben und Parteimitglieder gehandelt habe. Sie hätten nicht nur im klaren ideologischen Gegensatz zu den kroatischen, katholischen Emigranten gestanden, sondern seien von ihrem Heimatstaat auch entsprechend indoktriniert worden und brächten kommunistisches Gedankengut in die Bundesrepublik.[158] Das Landesinnenministerium zog aus dem Überfall auf die Veranstaltung in der Liederhalle denn auch den

155 Vgl. hierzu die gesammelte Presseberichterstattung, in: LAV BW, HStAS: EA 1/106, Bü 1411.

156 Ein Redaktionskommentar der „Süddeutschen Zeitung“ gab zu bedenken, dass „eine Diktatur damit rechnen muß, daß sie im Ausland, auch im befreundeten Ausland, auf Kundgebungen der in ihrem eigenen Lande unterdrückten Opposition stößt“. Auch die „Stuttgarter Nachrichten“ suchten die Schuld nicht bei den exilkroatischen Angreifern, die in Deutschland lediglich das ihnen in Jugoslawien verwehrte Demonstrationsrecht ausnützten: „Wir wollen nicht verhehlen, daß uns das Asylrecht der Flüchtlinge mehr wert ist als das zustimmende Lächeln Belgrads. Solange wir in Freiheit leben, müssen wir zu denen stehen, die zu uns geflohen sind, weil sie die Freiheit bei uns zu finden hofften.“ Vgl. Chrysostomus Zodel, „Kommentar“, in: Stuttgarter Nachrichten, 28.11.1961.

157 Zumindest ein halbes Jahr zuvor verfügte das Amt noch über keinen einzigen sprachkundigen Mitarbeiter, vgl. LAV BW, HStAS: EA 2/303, Bü 236, Protokoll, Vermerk, Betr.: Aufenthaltserlaubnis für jugoslawische Arbeitnehmer (29.6.1962).

158 LAV BW, HStAS: EA 2/203, Bü 126, Bericht des LfV BW (Dr. Lahnstein) über die verfassungswidrige Betätigung von ausländischen Gastarbeitern an MI BaWü (23.2.1963).

Schluss, dass die Einreise aus Jugoslawien künftig zu unterbinden sei. Dies wurde vom BMI unterstützt, das fortan „im Sinne der Sicherheit nicht mehr verantworten [könne], sowohl Serben als auch Kroaten aufzunehmen“, und für die Bevorzugung Letzterer plädierte.[159] Das AA war ebenfalls der Meinung, dass „Störungen“ wie der Vorfall in Stuttgart primär auf die von der jugoslawischen Regierung geförderte Abwanderungspolitik zurückzuführen seien und schlug eine generelle „Drosselung sowohl der Einreise von jugoslawischen Flüchtlingen wie der Aufnahme von Gastarbeitern“ vor.[160] Auch das Bundesinnenministerium deutete die ethnische Pluralität unter den Jugoslawen als letztlich unberechenbares Gefahrenmoment. Die politischen Flüchtlinge wurden dabei als „Antikommunisten“ und prinzipiell vertrauenswürdig beurteilt.[161] So war die Gefahr kommunistischer Infiltrationsversuche für die staatlichen Reaktionen auf den Vorfall im Jahr 1961 insgesamt sehr bestimmend und wurde als Argument für eine gezielte Migrationssteuerung zugunsten kroatischer Flüchtlinge aufgegriffen. Hierfür wurde wiederum Kontakt mit Jelić aufgenommen, dessen Organisation (HNO) Listen mit geeigneten Kandidaten aus den italienischen Flüchtlingslagern zusammenstellte.[162]

Diese Sicht auf jugoslawische Migranten als „Problemgruppe“ bestätigte sich unter den einwanderungspolitischen Entscheidungsträgern nach dem Mehlemer Anschlag offenkundig, sodass etwa das BMI an den Plänen zur Kontingentierung grundsätzlich festhielt.[163] Zugleich unterschieden sich die Einschätzungen zur kroatischen Emigration fundamental von den Reaktionen im Nachgang des Liederhallenangriffs im Jahr zuvor. So hielt das BMA fest, dass mit dem Überfall auf die Handelsmission in Mehlem „die außenpolitischen Belange als auch die innere Sicherheit und Ordnung in der Bundesrepublik empfindlich gestört“ worden seien und sich zudem gezeigt habe, dass „die Eingliederung kroatischer Flüchtlinge nicht ohne Schwierigkeiten möglich ist“.[164] Zwar hielt Günter Bachmann vom Bundeskanzler-

159 LAV BW, HStAS: EA 2/303, Bü 236, MI BaWü an BMI (15.1.1962). Vgl. zur Position des BMI, PA AA, B 130, 3075A, Ausführungen des Ausländerreferenten Breull im Kurzprotokoll über die 1. Sitzung des „Arbeitskreises für Fragen der Beschäftigung ausländischer Arbeitnehmer“ im Bundesministerium für Arbeit und Sozialordnung (6.7.1962).

160 PA AA, B 130, 3064A, AA an BMI (19.12.1962).

161 So gab bei einer Sitzung der Referent im BMI Breull zu Protokoll, dass man es im Sinne der Sicherheit nicht mehr verantworten könne, „sowohl Serben als auch Kroaten aufzunehmen“. Vgl. Kurzprotokoll (wie Anm. 157).

162 Vgl. auch die Einschätzung des BMI auf einen entsprechenden Vorstoß des kroatischen Seelsorgers für den Raum Aachen, der für diese Initiative offenbar die Unterstützung seines Vorgesetzten bekam, BArch, B 106/45244, Aufnahme und Anerkennung jugoslawischer Staatsangehöriger, BMI an Generalvikar Josef Teusch (29.12.1961).

163 Auch nach Mehlem war im BMI von einer Begrenzung der Jugoslawen auf 400 Personen die Rede, vgl. PA AA, B 130, 3075A, Aufzeichnung des Referats II 5 (seit 1963 hieß so das alte Referat 705) über die Beschäftigung ausl. Arbeitskräfte bei sicherheitsempfindlichen Bauvorhaben und in empfindlichen Bereichen (6.3.1963).

164 BArch, B 136/6492, BMArbeit und Soziales an BKAmt (1.8.1963).

amt es für untragbar, dass mit einer solchen Entscheidung „antikommunistische Flüchtlinge zurückgewiesen, und wahrscheinlich kommunistische Arbeiter ins Land geholt würden“.[165] Mit Blick auf die Liberalisierung der jugoslawischen Migrationsbestimmungen und die laufenden Verhandlungen über die reguläre Einreise von Arbeitskräften sei jedoch – so sah es auch das Bundeskanzleramt ein halbes Jahr später– „zum Schutz der öffentlichen Sicherheit auf die Hereinnahme von kroatischen Flüchtlingen zu verzichten“.[166]

Die Rezeption des Mehlemer Anschlags und seine Folgen für die Aufnahme und Beurteilung der kroatischen Emigration, so kann zusammengefasst werden, fielen gänzlich anders aus als die im Jahr zuvor im Nachgang des Vorfalls in Stuttgart.[167] Das hatte unterschiedliche Gründe und lag natürlich auch am Charakter des Anschlags: Dieser war im Fall der Liederhalle auf ein nicht-deutsches Publikum beschränkt gewesen und konnte viel leichter als eine Auseinandersetzung abgetan werden, welche die einheimische deutsche Bevölkerung nicht betraf. Der Anschlag in Mehlem und das folgende Gerichtsverfahren adressierten hingegen direkt die deutsche Politik und Gesellschaft. Mit einer diplomatischen Einrichtung wurde zudem ein weitaus exponierteres Ziel getroffen und mit dem Tod eines Botschaftsangehörigen die Bundesregierung zu einer eindeutigen Verurteilung der Tat gezwungen. Die nach dem Stuttgarter Vorfall einsetzende Diskussion um ein mögliches Einreiseverbot für jugoslawische Arbeiter und eine verstärkte Aufnahme kroatischer Flüchtlinge wurde im Laufe der Zeit darüber hinaus zunehmend illusorisch.[168] Die jugoslawische Position zur Abwanderung hatte sich seit 1963 nachhaltig liberalisiert, und es bestand von bundesdeutscher Seite ein starkes Interesse an weiterer Zuwanderung. Allein im Jahr 1965 kamen über 270 000 Personen aus Jugoslawien in die Bundesrepublik.[169]

---

165 Ebenda, Bachmann an BMA (13.1.1964).

166 Ebenda, Referat 7 an MinRat von Koester (13.7.1964).

167 Die sehr ähnlichen Beurteilungen der Vorfälle seitens des Forschungsdienstes Osteuropa als Tat „kommunistischer Provokateure“ wurden nach dem Mehlemer Anschlag offenbar gar nicht mehr beachtet, vgl. BArch, B 141/30834, Stellungnahme von Mende (3.12.1962).

168 Zum Zeitpunkt der Gerichtsverhandlungen befanden sich einer Statistik der Caritas zufolge bereits über 20 000 jugoslawische Arbeitsmigranten mit Sichtvermerk im Land, vgl. ADCV, 380.24 +172 Fasz.01, Statistik: „Die Jugoslaven in der Bundesrepublik Deutschland“ (o. D., wahrsch. Ende 1962/Anfang 1963). Hinzu kamen laut der Bundesdienststelle in Zirndorf noch gut 2300 Personen, die allein im Jahr 1963 illegal eingereist waren, vgl. BArch, B 106/31349, Aktenvermerk über die Besprechung mit Vertretern der Bundesdienststelle für die Anerkennung ausländischer Flüchtlinge im Ausländersammellager Zirndorf am 8.1.1964. Die kroatischen Innenbehörden gingen demgegenüber schon 1962 von gut 30 000 Personen aus, die allein aus Kroatien nach Deutschland gegangen waren, vgl. HDA, 1561, 1.14-8, RSUP, III Sektor, Hrvatska Emigracija u Z. Njemačkoj i njen uticaj na radnu snagu (14.12.1963).

169 Bracher/Wintzer (Hrsg.), Quellen. Zur Liberalisierung der jugoslawischen Migrationspolitik vgl. Le Normand, Yugoslavia, S. 379 f.

Neben diesen migrations- und außenpolitischen Erwägungen spielte sicherlich auch eine Rolle, dass die Überzeugungskraft der Totalitarismustheorie und die mit ihr verbundenen Schreckensszenarien, wie jene oben zitierten „kommunistischen Infiltrationsversuche" durch jugoslawische Migranten, ab den frühen 1960er Jahren zunehmend an Überzeugungs- und Bindekraft verloren.[170] Der Prozess gegen die Mehlemer Attentäter fiel, trotz der zeitlichen Nähe zum Vorfall in der Liederhalle, zudem in einen historischen Moment, in dem sich die erinnerungspolitischen Koordinaten – nicht zuletzt durch den Frankfurter Auschwitzprozess und das Gerichtsverfahren gegen Adolf Eichmann in Jerusalem – nachhaltig verschoben.[171] Eine sukzessive Thematisierung der deutschen Verbrechen fand statt und wurde von vielen als zentral für die Position der Bundesrepublik und ihr Ansehen in der Welt erkannt.[172] Diese Position schien durchaus gefährdet, als die jugoslawische Presse die in Deutschland gegenüber den Exilkroaten angeblich vorherrschende Sympathie anprangerte und als Druckmittel in der 1962 neu aufgerollten Auseinandersetzung um Entschädigungszahlungen verwendete.[173] Die hiermit forcierte moralische Diskreditierung der Bundesrepublik, wo „Nazi- und Ustaschi-Elemente" offenbar frei walten könnten, wurde über unterschiedliche Kanäle verfolgt und von der Presse im westlichen Ausland zum Teil aufgegriffen.[174]

Die Furcht vor einer Infiltrierung und Destabilisierung durch kommunistische Gastarbeiter aus Jugoslawien hatte vor allem in den Innenministerien in Baden-Württemberg und auf Bundesebene nach dem Angriff der Liederhalle noch für eine Parteinahme zugunsten der Exilkroaten gesorgt, auch in der Arbeitskräfteanwerbung. Diese Haltung war einer Skepsis ihnen gegenüber gewichen und der Befürchtung, ihr Potenzial könne die internationale Konsolidierung der noch jungen Bundesrepublik schädigen. Dies bedeutete keineswegs, dass die Furcht vor einer kommunistischen Politisierung der Gastarbeiter in den Folgejahren keine Rolle mehr spielte.[175] Es lässt sich in den 1960er Jahren jedoch ein genereller Wandel des „Staatsbewusstseins" vieler Deutscher erkennen. Wie der Historiker Edgar Wolfrum argumentiert hat, standen dabei immer weniger die „Ostangst" sowie der Gebietsverlust und Grenzrevisionismus im Vordergrund, sondern eher ein immer stärkeres Gefühl der Akzeptanz und der Konsolidierung innerhalb der westlichen Staatengemeinschaft.[176] Die Verteidigungsstrategie während des Mehlemer Prozesses und die

---

170 Vgl. u. a. Doering-Manteuffel, Antikommunismus, S. 25–27.

171 Vgl. für dieses Argument eines geschichtspolitischen Paradigmenwechsels und seinem Einfluss auf die Beurteilung des Mehlemer Attentats auch Molnar, Émigrés, S. 225 f.

172 Herbert, Geschichte, S. 772.

173 Vgl. hierfür Goschler, Schulden, S. 312–316; Janjetović, Devisen.

174 Vgl. BArch, B 136/6492, Übersicht vom Presse- und Informationsdienst über Zitate der Auslandspresse in jugoslawischen Zeitungen über jugoslawische Entschädigungsansprüche an die Bundesrepublik und die „Tätigkeit der Nazi- und Ustaschi-Elemente" in der Bundesrepublik.

175 Vgl. hierfür u. a. die Ausführungen von Slobodian, Foreign Front, S. 35 f.

176 Wolfrum, Geschichtspolitik, S. 239 f.

revisionistischen Positionen ihrer Fürsprecher liefen dem grundsätzlich entgegen. Hieran änderte auch der Versuch der Verteidigung nichts, das Schicksal der Kroaten mit dem Mord an den europäischen Juden zu vergleichen und sich so an einen neuen erinnerungspolitischen Diskurs anzulehnen.[177] Wenn exilkroatische Positionen nach dem Mehlemer Attentat auf deutlich weniger fruchtbaren Boden fielen, als es noch 1961 der Fall war, und deren Artikulation und Träger vermehrt als Problem gesehen wurden, ging dies über einen rein instrumentell verstandenen außenpolitischen Begründungszusammenhang hinaus. Das Problembewusstsein hatte sich gewandelt und nach dem Attentat von Mehlem waren Kroaten klar als „Problemgruppe“ identifiziert.[178] Sie sollten während der 1960er Jahre die wesentliche Referenz der „für die bundesdeutsche Szenerie typische[n] Verschränkung“ vom Ausländer als politischer Aktivist bleiben.[179]

2.1 Juristische Schritte gegen Individuen – Ambivalenzen und begrenzte Erfolgsaussichten

Es sei, so der Ministerialdirigent im Auswärtigen Amt Hans-Albert Reinkemeyer bei einer Ressortbesprechung, deutlich geworden, „daß einige Emigranten sich bei uns [...] benehmen, als gäbe es keine Staatsgewalt“. Das im letzten Kapitel besprochene Auflösungsverfahren gegen die HKB, so der Vertreter des BMI auf der gleichen Sitzung, sei ein wichtiger Schritt, bliebe jedoch rein symbolischer Natur, würde es nicht mit konkreten Maßnahmen verknüpft.[180] Die in dieser Hinsicht bestehenden Möglichkeiten der Einschränkung und Sanktionierung sollen im Folgenden näher umrissen werden. Besonders konzentriere ich mich dabei auf das Verbot der politischen Betätigung sowie auf die Ausweisung exilpolitisch aktiver Ausländer. Hierbei werden auch die rechtlichen Ambivalenzen und Unzulänglichkeiten auf administrativer Ebene sowie ein generell mangelndes Wissen der Behörden näher behandelt. Diese Umstände begleiteten die Maßnahmen stets und hatten zur Folge, dass sie letztlich auch nur bedingt Wirkung zeigten.

177 So wurde vor Gericht der Vorwurf erhoben, bei Tito handle es sich um „Eichmann 2“ und damit explizit der Vergleich zum Prozess in Jerusalem gegen den zuvor vergleichsweise unbekannten Obersturmbannführer Adolf Eichmann gesucht. Zugleich wurde der Vorwurf gegen Tito durchaus in Zuschriften an das Gericht aufgegriffen, vgl. BArch, B 141/30835, Eingaben anderer Exilverbände sowie vom Ortsverein Mammolshain der Jungen Union.

178 Zur Identifizierung einer „Problemgruppe“, der eine bestimmte „ideological alliance and ethnic background“ zugeschrieben wurde, vgl. auch Clarkson, Fragmented Fatherland, S. 54. Zur ideengeschichtlichen Dimension der Definierung und Kriminalisierung von Gruppen vgl. Härter, Responses, S. 177.

179 Schönwälder, Ethnische Pluralität, S. 597.

180 PA AA, B 130, 3127A, Emigranten und Exilanten Jugoslawien (1964), Kurzprotokoll Ressortbesprechung am 29.1.1964.

Ultimativ konnte der unerwünschten politischen Betätigung mit der Ausweisung der betreffenden Person begegnet werden. Dies war selbst unter Beachtung des in der GFK verankerten Prinzips des *non-refoulment* möglich, wenn sie sich gegen eine Person richtete, die als eine „Gefahr für die Sicherheit des Landes anzusehen" sei.[181] Dieser Schritt war damit an die Auslegung einer Tätigkeit als „sicherheitsgefährdend" geknüpft. Besonders die exilkroatischen Aktivitäten, so der Vorsitzende des „Ausländerreferats" im BMI Kurt Breull, hätten dabei verdeutlicht, dass Ausländer, die „die Staatssicherheit gefährden oder auf Grund schwerer Straftaten eine Gefahr für die Allgemeinheit darstellen", nicht zu tolerieren und auszuweisen seien.[182] Der Auswärtige Ausschuss des Bundestags pflichtete dieser Einschätzung Breulls bei.[183] Auch mit dem im Jahr 1965 verabschiedeten Ausländergesetz (AuslG) wurde hinsichtlich des „gütlichen internationalen Zusammenlebens der Völker" grundsätzlich an dieser Möglichkeit der Ausweisung einzelner Personen festgehalten,[184] was in der Regel mit Blick auf die „öffentliche Sicherheit" begründet wurde. „Erfreulicherweise", so der Direktor des Amts für öffentliche Ordnung in München, wiege die Sicherheit des Staats in der Regel schwerer als das Asylbedürfnis des politisch Verfolgten.[185]

An dieser Stelle sollte auf den Unterschied zwischen der Ausweisung auf der einen und ihrer Vollstreckung (Abschiebung) auf der anderen Seite hingewiesen werden. Während Letztere zuvor auch eigenmächtig durch örtliche Ausländerämter angeordnet und lokal vollzogen worden war, entschieden seit Inkrafttreten des AuslG die zuständigen Oberlandesgerichte hierüber.[186] Aufgrund mangelnder Sachkenntnis orientierten sie sich in der Regel an der Einschätzung des Bundesamts in Zirn-

---

181 Zum Prinzip des *non-refoulments* und zu den Konjunkturen der Anwendung der GFK vgl. Joly, Haven or Hell?, S. 11 f.

182 Es ist bezeichnend, dass diese Einschätzungen von einer Person kamen, die trotz ihrer NSDAP-Mitgliedschaft und Tätigkeit als Gestapobeamter in ihrer Heimatstadt Nordhausen offenbar keinerlei Sympathien für die Kroaten als „alte Verbündete" hegte, sondern für die eher eine amtsspezifische ordnungspolitische Logik handlungsleitend war. Bereits andernorts wurde für Breull eine „Verbindung von scheinbar unpolitischer, rein sachorientierter Gesetzesgläubigkeit [und] Ausländerfeindlichkeit" konstatiert, vgl. Bösch/Wirsching, Männer, S. 161 f.

183 BArch, B 106/39959, Vermerk von Referent Min R Breull (12.2.1963); Beratung der Verbalnote von UNHCR im Ausschuss für Auswärtige Angelegenheiten (14.2.1963).

184 BArch, B 106/115765, Alternativentwurf zum Ausländergesetz und Kritik an Verfassungsschutzänderungsgesetz, Stellungnahme des BMI auf die Kritik von Amnesty International am AuslG (3.11.1971). Vgl. zur durchaus widersprüchlichen gerichtlichen Entscheidungspraxis Marx, Asylrecht, S. 24 f. Zur Kritik der Richtlinien im AuslG und ihrer kritischen Interpretation vgl. u. a. Bech/Faust, Gastarbeiter, S. 99–107; Rondholz, Anmerkung.

185 Archiv der Münchener Caritas, Diverse Akten. II/ZTR-EINGL/2 57, Korrespondenzen (1971, 1974–1977), Schriftwechsel der Münchener Caritas mit der örtlichen Ausländerbehörde (2.2.1973). Grundsätzlich konnte somit auch ein politisch Verfolgter, sofern ihm keine Todesstrafe drohte – genau wie der Konventionsflüchtling – in seinen Verfolgerstaat ausgewiesen werden, vgl. Mayer, Ausländerrecht, S. 84 f.

186 Poutrus, Spannungen, S. 134.

dorf, das insofern eine zentrale Instanz darstellte.[187] Insbesondere da die Innenminister der Länder ab 1966 jugoslawische Staatsbürger nicht mehr auf einer Stufe mit denjenigen der Warschauer Pakt-Staaten behandelt wissen wollten,[188] konnte für Flüchtlinge aus Jugoslawien von einem uneingeschränkten und bedingungslosen Schutz vor Verfolgung keine Rede mehr sein.[189] Zwar war die lokale Praxis hierbei keineswegs einheitlich[190] und lange erhielt die Mehrheit aller illegal Eingereisten zudem Aufenthaltserlaubnisse, deren Verlängerung war jedoch unmittelbar von der wirtschaftlichen Konjunktur abhängig, was sich anhand von Kündigungen vor dem Hintergrund einer ersten Wachstumsdelle 1966/67 erstmals zeigen sollte.[191] Von einem sicheren Verbleib konnten nur diejenigen fest ausgehen, denen ein Recht auf Asyl zuerkannt wurde, und damit eine Minderheit unter den Emigranten.[192] Tatsächlich wurden ab Mitte der 1960er Jahre die Abschiebungen von Kroaten aus der Bundesrepublik immer zahlreicher. Sie wurden dabei zum Teil von den Polizeibehörden direkt zurückgewiesen, wogegen die Exilverbände – größtenteils vergeblich – scharf protestierten.[193] Diese Unsicherheit verschärfte sich noch mit der Ostpolitik der sozi-

187 Diese Praxis wurde von Ministerialrat Pötz (BMJ) eingeräumt, vgl. BArch, B 141/92498-92502, Jugoslawien, Auslieferungsvertrag, Bde. 1–5, Vermerk Sitzung des Rechtsausschusses des Deutschen Bundestags (13.3.1974).

188 Zu dieser Differenzierung in der Behandlung von Jugoslawen und anderen Osteuropäern, die auf der IMK im August 1966 beschlossen wurde und bei der u. a. der Vorwurf des „Asylbetrugs“ im Raum stand, vgl. BayHStA, MInn, 97595, Infiltration und politische Betätigung von Ausländern; Beobachtung radikaler und terroristischer Ausländergruppen, 1962–74, BayMI an die Regierungen in Bayern (4.11.1966).

189 Dieser „Verfassungsgrundsatz [sei] durch einfache Gesetze in seinem Kern vernichtet“ worden, vgl. Bröker/Rautenberg, Asylpolitik, S. 114 f.

190 „Manche Ausländerbehörde scheut sich, die Jugoslawen anders zu behandeln als die Angehörigen der übrigen Ostblockstaaten“, vgl. BArch, B 106/38057, IMK, TOP „Ausländerrechtliche Behandlung illegaler Zuwanderer aus den Ostblockstaaten“ (12.10.1967).

191 Zur Rezession und ihrem Einfluss auf die Ausländerbeschäftigung vgl. Herbert, Ausländerpolitik, S. 221 f. Als ihre Arbeits- und Aufenthaltserlaubnis nicht erneuert wurden, versuchten viele Kroaten Asyl zu beantragen, vgl. die diesbezüglichen Korrespondenzen des HNO in: HDA, 1560, kutija 16. Näheres hierzu weiter unten.

192 Jugoslawen stellten in den frühen 1960er Jahren 61,26 % aller Asylanträge. Dies umfasste jährlich zwischen 2500 und 3000 Personen. Im Jahr 1965 wurde nur 10,6 % dieser Anträge zugestimmt, vgl. LAV BW, HStAS: EA 2/303, Bü 236, Dokumentation über Asylrecht und Asylpraxis in der Bundesrepublik (Bonn, 10.3.1966).

193 Kroatische Aktivisten gingen für das Jahr 1965 von insgesamt 70 Abschiebungen aus, in denen die Betroffenen in Jugoslawien danach Repressionen ausgesetzt waren, vgl. für diese (wahrscheinlich zu hohe) Zahl Nikolić, Susret, S. 187. Vgl. zur Kritik an dieser Praxis u. a. die diesbezüglichen Interventionen Jelićs beim BMI, in: HDA, 1561, 10.7-8. Das BMI (Heuer) schrieb in Reaktion auf diese Beschwerden recht eindeutig, dass eine „unkontrollierte und uneingeschränkte Zuwanderung von Ausländern“ nicht mehr hingenommen werden könne und der „Überflutung des Bundesgebiets“ Einhalt gegeben werden müsse, sodass „Wirtschaftsflüchtlinge“ durch die jeweiligen Landesbehörden abgeschoben werden müssten, vgl. BArch, B 136/6493, BMI (Heuer) an Jelić (7.12.1965). Der pauschalen Einschätzung Conzes, dass eine willkürliche Beendigung des Aufenthalts von Migran-

alliberalen Koalition und der Unterzeichnung des deutsch-jugoslawischen Auslieferungsabkommens durch Bundesaußenminister Walter Scheel im Jahr 1970, das von Exilanten als Bedrohungsszenario wahrgenommen wurde.[194] Hierbei waren die sich in den 1970er Jahren vollziehenden sicherheitspolitischen Zäsuren ein wichtiger Kontext, da auch gegenüber politisch aktiven Ausländern immer stärkere Sanktionen gefordert und verhängt wurden.[195] Von allen im Jahr 1974 nach Jugoslawien Ausgelieferten kamen allein 514 Personen aus der Bundesrepublik.[196] Die Aussicht auf eine drohende Abschiebung bzw. auf den prekären und stets befristeten Status der Duldung stellte für politisch aktive Emigranten eine Unsicherheitsquelle dar und war ein mehr oder weniger probates Machtmittel staatlicher Stellen, eine offene exilpolitische Betätigung zu sanktionieren bzw. schon im Vorfeld unattraktiv zu machen.[197]

Neben der Ausweisungsandrohung bestand ein weiteres und sehr offensichtliches Mittel der Einschränkung unerwünschter politischer Betätigung in der Verhängung eines entsprechenden Verbots. Bis zum Inkrafttreten des AuslG konnte dies anhand der Ausländerpolizeiverordnung (APVO) und den hierin festgelegten „Regeln der Gastfreundschaft" relativ unkompliziert ausgesprochen werden.[198] So bat etwa das BMI die Landesministerien rund fünf Monate nach dem Mehlemer Anschlag, die entsprechenden Ausländerbehörden anzuweisen, jene Personen mit Betätigungsverboten zu belegen, die im Zuge der Ermittlungen „besonders aufgefallen" seien und als mögliche Hintermänner in Betracht kämen. Mehrere Exponenten der HKB und UHNj waren davon betroffen.[199] Gegen weitere Personen ergingen Betätigungsverbote, nachdem die jugoslawische Regierung Ermittlungsergebnisse gegen eine in Jugoslawien aufgegriffene kroatische „Diversantengruppe"[200] an die Bundesregierung

---

ten von diesen im Wesentlichen nicht kritisiert worden sei, da diese in der Regel wieder in ihre Heimatländer zurückkehren wollten, kann hier deshalb nicht gefolgt werden, vgl. Conze, Suche, S. 229.

194 Vgl. für diese Intention BArch, B 141/92498-92502, Verhandlungsprotokolle (15.–24.10.1969). Mehr dazu weiter unten.

195 Vgl. u. a. Dahlke, Staat, S. 92–98; Pleinen, Migrationsregime, S. 117–120; Slobodian, Borders.

196 Aus den Niederlanden als „Zweitplatziertem" waren es gerade einmal 18, vgl. HDA, 1561, 10.0-5, RSUP SR Hrvatske, SDS, RSUP, SRH, Informacija broj 50, Akcija „odmor 74" (12.2.1975).

197 Zum Prinzip der Duldung generell vgl. Poutrus, Zuflucht, S. 171. Zu staatlichen Abschiebepraktiken, der hiermit verbundenen Produktion von Unsicherheit und den migrantischen Reaktionen aus einer ethnografischen Perspektive vgl. Innes, Migration.

198 BArch, B 106/39959, BMI an BayMI (10.9.1962).

199 Im Einzelnen waren dies Kukolja, Koloman Bilić, Mile Rukavina, Medić, Jilk, Peran, Ante Vukić, Krunoslav Batušić, vgl. LAV BW, HStAS: EA 2/203, Bü 126, Schreiben BMI an MI BaWü, NRW & Bayern, Betr.: Unerwünschte politische Betätigung von Ausländern (10.4.1963).

200 Mit dem Begriff der „Diversion" wurden in jugoslawischen Quellen Sabotage- und Subversionsaktivitäten bis hin zu Attentaten der politischen Emigration subsummiert, vgl. als besonders anschauliches Beispiel dieser mangelnden Differenzierung Đorđević, Leksikon. Um definitorische Klarheit bemüht ist die Ausarbeitung des jugoslawischen SSUP, Propagandno-subverzivna aktivnost protiv SFRJ (Beograd, 06/1979), in: HDA, 1561, 4.0-67, RSUP SR Hrvatske, SDS. Diese adminis-

weitergegeben hatte, womit der andernorts bereits konstatierte willkürliche und im Zweifel auch repressive Charakter der Bestimmungen der APVO deutlich wird.[201]

Bereits in den 1950er Jahren, als das AA einen negativen Einfluss der Emigrantenaktivitäten auf die diplomatischen Kanäle zu Jugoslawien und damit einhergehende Konsequenzen für die Reputation der Bundesrepublik befürchtet hatte, ließ sich das Amt vom UNHCR seine restriktive Auslegung der Gesetzeslage bestätigen. „Wenn Störungen der Sicherheit und Ordnung“ zu befürchten seien, so der *Deputy Representative* der Organisation, biete die GFK eine weitreichende Handhabe, um etwa Veranstaltungen polizeilich zu untersagen oder andere politische Tätigkeiten einzuschränken.[202] Im Anschluss an das Attentat von Mehlem wurde diese restriktive Haltung wieder aufgegriffen. Es seien vonseiten der Kommunen und Länder und unter Rückgriff auf die APVO zur „Kontrolle eines unliebsam in Erscheinung getretenen Ausländers“ politische Betätigungsverbote und Aufenthaltsverbote zu beschließen. In der internen Aufzeichnung kam dabei eine besonders breite Auslegung des § 9, Abs. 2 GG zum Tragen. Die hierin enthaltene Bestimmung, dass das Recht auf Vereinsfreiheit verwirkt sei, wenn sich die jeweilige Tätigkeit „gegen den Gedanken der Völkerverständigung“ richtete, wurde als eine Art Blaupause für andere Grundrechte herangezogen. Jugoslawienkritische Exilanten und ihre Organisationen seien demnach eine „Gefahr und Belastung für das Verhältnis der beiden Völker [dem deutschen und jugoslawischen, MT]“, denen die verfassungsmäßig garantierten Rechte auf Meinungs-, Vereinigungs- und Versammlungsfreiheit bei Bedarf sämtlich entzogen werden könnten.[203]

Dass diese Maßnahmen hinsichtlich kommunistischer Bestrebungen von Ausländern eine durchaus begrüßenswerte Entwicklung für die Handlungsfähigkeit des Staats darstellten, war interministeriell weitgehend Konsens. Mit Blick auf antikommunistische Akteure der „Ostemigration“ jedoch kamen vor allem das Vertriebenen- sowie das Ministerium für Gesamtdeutsche Fragen zu einer anderen Einschätzung. Das BMI, das sich in der schon während der 1950er Jahre schwelenden Debatte zwischen Vertriebenenlobby und AA eher passiv gezeigt hatte, blieb in seiner Position ambivalent: Vor allem antikommunistisch tätige Emigranten wolle man „keineswegs mundtot machen“. Das BMI strebte daher einen Mittelweg zwischen einem „Total-

---

trativen Kategorien werden – auch in äußerst kritischen – Publikationen zum Thema häufig übernommen und nicht historisiert, vgl. hierfür u. a. Čvetković, Terorizam, S. 173 f.

201 LAV BW, HStAS: EA 2/203, Bü 126, Erlass des IM BW an die Regierungspräsidenten (10.10.1963), Betr.: Politische Betätigung von Ausländern. Zur grundsätzlichen Einschätzung vgl. Poutrus, Umkämpftes Asyl, S. 38 f.

202 PA AA, B 85, 243, Jahn, Deputy Representative vom UNHCR an AA, Politische Betätigung von Flüchtlingen und Heimatlosen Ausländern (21.3.1957).

203 PA AA, B 42, 165, Interne Aufzeichnung (von VLR I Scheel an Kraft [beide Referat V II], 17.1.1963).

verbot politischer Tätigkeit" und ihrer „unbeschränkten Duldung" an.[204] Der Vorschlag des AA etwa, sich an der Null-Toleranzpolitik der Schweiz und Österreichs zu orientieren und die Beschädigung bundesdeutscher Staatsraison als „äußere Gefahr" mit einer tatsächlichen Gefährdung der Demokratie durch verfassungsfeindliche Akteure („innere Gefahr") gleichzusetzen, wurde vom BMI nicht aufgegriffen und insbesondere vonseiten der Länderinnenministerien scharf kritisiert.[205] Ansonsten schlug sich das BMI jedoch nach dem Mehlemer Anschlag weitgehend auf die Seite des AA. In der Forderung nach stärkerer Repression verzichtete es dabei sogar auf eine ordnungspolitische Semantik, sondern plädierte in der bereits mehrfach zitierten Ressortbesprechung dafür, nunmehr eine „aktive Emigrantenpolitik [zu] betreiben", mit der verhindert werden könne, dass „die Emigranten durch unerwünschte politische Aktivität oder gar Gewalttaten der Außenpolitik des Gastlandes Schaden zufügen".[206]

Jenseits dieser grundsätzlich gegebenen und besonders vom AA favorisierten restriktiven Verfahrensmöglichkeiten hatten weder die GFK noch die APVO eine klare Grundlage für politische Betätigungsverbote von Ausländern geschaffen. Eine eindeutige politische Linie hinsichtlich der Frage, wann eine politische Betätigung im Zweifel zu unterbinden sei, war insofern nicht gegeben.[207] Das bereits weiter oben erwähnte Ausländergesetz aus dem Jahr 1965 sollte hierbei Abhilfe schaffen. Die Grundlage für ein politisches Betätigungsverbot bildeten darin die „Belange der Bundesrepublik" (§ 6, Abs. 2).[208] Diese Formulierung stellte ein praktisch allumfassendes Machtinstrument der Exekutive dar, die das AA spätestens nach dem Mehlemer Anschlag als notwendig erachtete.[209] Auch das BMI betonte in seiner Positionie-

---

204 Mit Blick auf das vorliegende Material kann insofern auch der von Slobodian (implizit) vertretenen These einer klaren Interessenskonvergenz von BMI und AA nicht ohne Weiteres gefolgt werden, vgl. PA AA, B 130, 3959A, Forschungsdienst Osteuropa, BMI an AA (u. a.), mit Protokoll der Ressortbesprechung vom 31.1.1963 (5.2.1963).

205 LAV BW, HStAS: EA 2/303, Bü 624, BMI an MI der Länder (5.2.1963), Betr.: Rechtsstellung von Ausländervereinen nach geltendem Vereins- und Polizeirecht. Zur Zuständigkeit der Länder und der damit verbundenen Probleme der Verfolgung vgl. Pleinen, Migrationsregime, S. 73 f. Zur Schweizer bzw. österreichischen Handhabe vgl. Bürgisser, Wahlverwandtschaft, S. 515 f.; Zahra, Postwar.

206 PA AA, B 130, 3075A, BMI an AA, Protokoll der Ressortbesprechung (5.2.1963).

207 Der zuständige Referent im bayerischen MI Werner Kanein bat beim BMI dann auch – übrigens angestoßen durch die Bedrohung von jugoslawischen Flüchtlingen durch Exilkroaten – um eine „eindeutige rechtliche Handhabe", BArch, B 106/39959, Schreiben von Kanein vom BayMI an das BMI (15.4.1963).

208 Dieses Gesetz zog erbitterte Diskussionen und die unterschiedlichsten Einschätzungen nach sich. Es wurde sowohl als Aspekt einer Liberalisierung wie auch einer stärker repressiven Ausrichtung der deutschen Migrationspolitik interpretiert. Vgl. für die „Pole" der Debatte: Eichenhofer, Integration, S. 40 f.; Seibert, Proteste, S. 135 f. Zum Ausländergesetz generell vgl. Herbert, Ausländerpolitik, S. 211 f. Die Debatten der 1960er fasst Poutrus schlüssig zusammen, vgl. Poutrus, Umkämpftes Asyl, S. 52–56.

209 So drängte das AA auf die Verabschiedung eines Gesetzes, das die Behörden dazu berechtige, der politischen Betätigung von Migranten „nach Bedarf im Einzelfall weitgehende Beschränkungen

rung zum AuslG die Notwendigkeit staatlicher Kontrolle und Handlungsmacht, insbesondere gegenüber „Agenten und Verbrechern“,[210] die das Gesetz endlich ermögliche. Mit ihm sei nun sichergestellt, dass „den Erfordernissen der Allgemeinheit und den Erfordernissen der Staatssicherung absolute Priorität [zukomme]“.[211] Gemäß einer Verwaltungsvorschrift des BMI von 1967 wurden die Ausländerbehörden darüber informiert, dass hiermit auch die Belastung des Verhältnisses zu anderen Staaten gemeint sein könne und dass entsprechende Aktivitäten den Polizeibehörden zu melden seien, um individuelle Betätigungsverbote zu veranlassen.[212]

Dieser instrumentelle Charakter des AuslG zur Repression unerwünschter Positionen und Akteure in der Emigration wurde zunächst vom Innenausschuss des Bundestags aufgrund der Abhängigkeit kritisiert, in die sich die deutsche Innenpolitik hiermit gegenüber dem Auswärtigen Amt begebe. Ein Arbeitskreis der CDU/CSU kam zu einem ähnlichen Schluss und befürchtete hinter den Betätigungsverboten insbesondere ein *appeasement* gegenüber der Sowjetunion. Wenngleich freilich aus humanitärer Sicht, sahen auch UNHCR und Pax Christi die politischen Rechte von Emigranten bedroht.[213] Genau deren Einschränkung wurde in den Jahren nach Verabschiedung des Gesetzes möglich gemacht und kam auch in der behördlichen Praxis gegen Exilkroaten zum Tragen.[214] So wurde in Bayern, Baden-Württemberg und NRW „auf Empfehlung des BMI eine[r] Anzahl von radikalen Kroaten durch ausländerpolizeiliche Auflagen die politische Betätigung untersagt“.[215] Ein Jahr später bat das BMI das bayerische Innenministerium darum, Veranstaltungen zum Gründungstag des NDH zu verbieten und die Veranstalter für diesen Zeitraum mit einem politischen Betätigungsverbot nach § 6 AuslG zu belegen.[216] Das AuslG schuf somit die Möglichkeit, unter Verweis auf ein Bundesgesetz die Meinungsäußerung grundsätzlich einzuschränken. Der erste Kommentar zum AuslG aus dem Jahr 1965 betonte dabei, dass *jede* Betätigung eines Ausländers gegen dessen Gastland geeignet sei, die

---

aufzuerlegen“, vgl. PA AA, B 130, 3075A, Aufzeichnung des Referats II 5, Betr.: Jugoslawische Emigrantenorganisationen in der Bundesrepublik.

210 So der zuständige Referent im BMI, in: PA AA, S 20, 105729, Breull an von Mende, Betr.: Reaktion der ausländischen Flüchtlinge auf den Entwurf des Ausländergesetzes (27.5.1963).

211 Schönwälder, Liberalisierung, S. 238 f.

212 Vgl. hierzu detailliert Pleinen, Migrationsregime, S. 94 f.

213 Zusammenstellung des Stands und der Änderungen und Ergänzungen zum AuslG für AK CDU/CSU (BMI, Breull an MdB Rollmann, 1.2.1964) sowie die Positionen von Pax Christi und UNHCR, alle in: BArch, B 106/39959.

214 Exilkroaten waren nicht die Einzigen, von deren Tätigkeit außenpolitische Nachteile erwartet wurden. Vor allem die zunehmenden studentischen Proteste sind in diesem Zusammenhang zu nennen, vgl. ebenfalls im Kontext mit § 6, Abs. 2 AuslG: Schönwälder, Liberalisierung, S. 226 f.

215 In Absprache mit der jugoslawischen Schutzmachtvertretung seien zudem 23 serbische Emigranten als Zurückweisungsfälle in die Grenzüberwachungsliste aufgenommen worden, vgl. BArch, B 136/6494, BMI (ÖS I 5, Dr. Lenhard) an BKAmt (18.12.1968).

216 BArch, B 106/91105-91106, BMI an MI Länder, BKA, BKA SG, BfV und AA, Betr.: Kundgebungen zum 10.4.1969 (3.4.1969).

„erheblichen Belange der Bundesrepublik“ zu beeinträchtigen und damit verboten werden könne.[217] Es stellte ein „echtes Sondergesetz für Ausländer“ dar, wie eine zeitgenössische Dissertation zum Thema feststellte.[218]

Derartigen Kassandrarufen zum Trotz waren die nach dem AuslG und VereinsG bestehenden Möglichkeiten der Beschränkung politischer Betätigung und deren Sanktionierung nur schwer umzusetzen. So ergab sich ein grundsätzlicher Widerspruch schon allein dadurch, dass in § 14 des AuslG klar festgelegt worden war, dass niemand in ein Land abgeschoben werden dürfe, in dem ihm Gefahr für sein Leben aufgrund seiner politischen Überzeugung drohe. Dies war für die Exilkroaten samt und sonders der Fall, sodass bei ihnen häufig das Prinzip der „Duldung“ Anwendung fand und sie ihre Aktivitäten fortsetzen konnten.[219] Dass dies in der Regel ungeahndet blieb, hatte dem Ausländerreferenten im BMI zufolge vor allem damit zu tun, dass ein wesentlicher Teil der politischen Betätigung von Ausländern jenseits der Öffentlichkeit oder „völlig im Untergrund“ ablaufe.[220] Da darüber hinaus gar keine Definition von „politischer Betätigung“ vorlag, auf die sich die Akteure in der Verwaltung hätten berufen können,[221] und sich ein ausreichendes Wissen über exilkroatische Strukturen noch nicht herausgebildet hatte, betrafen die individuellen Maßnahmen häufig schlicht diejenigen, die im Rahmen von Ermittlungen aufgefallen waren.[222] Auch den innenpolitischen Entscheidungsträgern wurde schnell klar, dass das AuslG lediglich im Einzelfall die Möglichkeit bot, unter bestimmten Voraussetzungen die politische Betätigung von Ausländern einzuschränken oder zu untersagen.[223] Das dabei gewünschte Potenzial eines „Warnschusses“ stellte sich nur sel-

217 Tomuschat, Zur politischen Betätigung, S. 12.

218 Dolde, Rechte, S. 189.

219 Dieses Instrument war Teil des Ausländergesetzes von 1965. Zuvor waren örtliche Ausländerpolizeien in ihrem Entscheidungsspielraum vergleichsweise autonom, vgl. für die vorherige Praxis die Ausführungen in einem Vermerk des BMVt, BArch, B 150/3684, Verteilung der in Berlin befindlichen Ausländer, die den Wunsch haben, in das Bundesgebiet überzusiedeln (5.2.1961). Vgl. auch BArch, B 136/6494, Exilgruppen Jugoslawien und Kroaten (1963–71), BMI (ÖS I 5, Dr. Lenhard) an BKAmt (18.12.1968). Folgerichtig wurden etwa die Anführer der exilkroatischen HRB Geza Pasti und Josip Senić ausgewiesen, da sie mittlerweile australische Staatsbürger geworden waren, während dies für andere Aktivisten der Gruppe nicht galt, die als Flüchtlinge erhöhten Schutz genossen, vgl. LAV BW, HStAS: EA 2/203, Bü 126, FS MI BW an Regierungspräsidenten (20.10.1966).

220 Heuer, Betätigung, S. 22.

221 Dies wurde sogar noch in einem rund zehn Jahre späteren Schreiben festgehalten, vgl. BArch, B 106/138943, BMI an MdB Herbert Czaja (18.1.1979).

222 So in Baden-Württemberg bei Vertretern der HRB, vgl. LAV BW, HStAS: EA 2/203, Bü 126, FS MI BW an Regierungspräsidenten (20.10.1966). Vom Ausländeramt Münster erging im Jahr 1964 ein Betätigungsverbot an Branko Orlović, Leiter des HDO, vgl. PA AA, B 42, 233, BMI an AA (20.8.1969). Das gleiche Verbot der politischen Betätigung wurde gegen die namentlich bekannten Mitglieder zweier 1976 verbotener Organisationen ausgesprochen, vgl. BArch, B 106/78903, Kroatischer Nationaler Widerstand (HNOTPOR) Verbot, 2 Bände, Vermerk, BMI (16.9.1976).

223 Vgl. etwa LAV BW, HStAS: EA 2/203, Bü 126, Stellungnahme des MI BW an den Landtagspräsidenten (23.11.1966).

ten ein und zeitigte zur Kontrolle politisch unerwünschter Aktivitäten kaum Effekte. Dies lag einerseits an einer nur mangelhaft entwickelten interregionalen Vernetzung der Behörden, andererseits an der nachlässigen Kontrolle bisheriger Maßnahmen: Die durch die Ausländerämter lokal verhängten Betätigungsverbote wurden nicht zentral erfasst und ihre Einhaltung von den örtlichen Behörden nicht überprüft. Wesentliche Akteure, die bis in die 1980er Jahre die exilkroatische Politik prägen sollten, waren mit Betätigungsverboten belegt, was ihre Tätigkeiten jedoch kaum behinderte.[224]

So kann zusammengefasst werden, dass sich trotz aller grundsätzlichen Möglichkeiten, gegen politische Aktivitäten von Exilanten vorzugehen und diese einzuschränken, in der Praxis Hürden ergaben. Diese waren auf unterschiedliche Rechtsauffassungen und Sicherheitsverständnisse in den Ministerien zurückzuführen, verwiesen jedoch auch auf Zuständigkeitskonflikte zwischen den jeweiligen Verwaltungsebenen und auf unklare Definitionen, was unter „politischer Betätigung“ überhaupt zu verstehen sei. Die Zuständigkeit staatlicher Stellen für die Tätigkeit von Emigrantenorganisationen, ihre Strukturen und Protagonisten war in den 1960er Jahren letztlich nur gering entwickelt und die diesbezüglichen Kenntnisse der Behörden entsprechend rudimentär. Die Frage, wie gegen exilpolitische Vereinigungen bzw. gegen unterschiedliche Formen von Zusammenschlüssen vorgegangen werden könne, hing insofern zunächst auch nicht primär mit den rechtlichen Möglichkeiten der Ahndung zusammen, sondern betraf vielmehr das mangelnde Wissen über die exilkroatischen Strukturen zu Beginn der 1960er Jahre.

2.2 Das Ende staatlicher Unterstützung für das HNO

Zu einem nicht unerheblichen Teil war dieses mangelnde Wissen jener bereits weiter oben erläuterten Tatsache geschuldet, dass die Kontrolle der kroatischen Emigration während der 1950er nahezu ausschließlich dem als „deutschfreundlich“ eingeschätzten HNO und seinem Vorsitzenden Branimir Jelić überlassen worden war. Das HNO war dabei maßgeblich vom Bund finanziert worden. Vor allem das BMVt beteiligte sich an der Ermöglichung seiner politischen Arbeit und bezuschusste die Publikation der Verbandszeitschrift „Hrvatska Država“ („Der kroatische Staat“) „zur Aufrechterhaltung der kulturellen Volkstumspflege“ mit jährlich variierenden Beträgen zwischen 12 000 bis 20 000 DM und erhoffte sich ansonsten vor allem einen mäßigenden Einfluss auf exilpolitische Entwicklungen und Einblicke in die zunehmend

224 So waren etwa die Protagonisten der UHNj schon in der ersten Hälfte der 1960er Jahre allesamt mit Betätigungsverboten und Meldepflichten belegt worden. Gleiches gilt für den umtriebigen Stjepan Bilandžić. Dies hinderte keinen von ihnen an politischer Agitation. Hierzu mehr weiter unten.

fragmentierte kroatische Exillandschaft.[225] Die Einstellung der Subventionierung des Verbands stellte neben den gegen Individuen ausgesprochenen Ausweisungen und Betätigungsverboten insofern einen naheliegenden Schritt dar, gegen das organisierte politische Exil aus Kroatien vorzugehen. Ungeachtet der Zweifel, wie zielführend ein solcher Schritt wirklich sein würde,[226] barg er doch ein Signal in Richtung Jugoslawien. Die bloße Existenz des HNO, das von sich behauptete, alle in der Bundesrepublik lebenden Kroaten zu repräsentieren,[227] stellte eine echte Belastungsprobe für die sich mit Beginn des Jahrzehnts anbahnende deutsch-jugoslawische Annäherungspolitik dar, sodass der Organisation bis zum Jahr 1970 nach und nach sämtliche Gelder gestrichen wurden.

Zum Verständnis dieses Schritts muss die Auflösung bzw. Angliederung des zuständigen BMVt an das BMI berücksichtigt werden, in der die Abkehr von der Revisionspolitik der 1950er Jahre ihren Höhepunkt fand.[228] Hiermit eng verknüpft, war die Streichung finanzieller Mittel eine eindeutige Folge der Wiederaufnahme der offiziellen Beziehungen zu Jugoslawien, was intern unumwunden zugegeben wurde.[229] Die jugoslawische Seite fürchtete insbesondere um die Sicherheit und Loyalität seiner immer zahlreicher – und seit 1963 auch endgültig legal – in die Bundesrepublik einreisenden Staatsbürger.[230] Vor allem wegen seiner Verankerung unter Exilpriestern konnte das HNO dabei durchaus mit einer gewissen Berechtigung als zentrales Bindeglied zwischen den größtenteils jungen Arbeitsmigranten aus Jugoslawien und den radikalen Gruppierungen in der Emigration gesehen werden. Die Organisation bereitete nicht nur über ihr Publikationsorgan den diskursiven Nährboden für

---

225 LAB, B Rep. 002, 21770-21772, BMVt an Landesflüchtlingsverwaltungen (27.8.1969). Dies war im Vergleich mit anderen Gruppen der „Ostemigration" äußerst wenig, wenn man sich vor Augen führt, dass der für Subventionen dieser Art vorgesehene Topf „Beihilfen an Volksgruppen, internationale Verbände und Kirchengruppen" insgesamt 1,4 Millionen DM betrug. Auch hier gereichte die mangelnde Relevanz Jugoslawiens in der Frontstellung des Kalten Kriegs den kroatischen Emigranten zu offensichtlichem Nachteil. Für die Zahlen (aus dem Jahr 1964) vgl. PA AA, B 42, 167, BMVt an Landesflüchtlingsverwaltungen (27.8.1969).

226 Im Dezember 1968 waren die Mitglieder einer interministeriellen Besprechung noch zu dem Ergebnis gekommen, dass durch einen Entzug jener Gelder „nichts für eine Verhinderung terroristischer Zwischenfälle gewonnen werden könne", vgl. BArch, B 106/28217, Ressortbesprechung im AA (3.12.1968).

227 Vgl. etwa ACSP, 5302, Jelić an Strauß (11.12.1964).

228 Zu dieser Entwicklung generell und überraschend negativ im Urteil vgl. Poutrus, Umkämpftes Asyl, S. 63. Zur hiermit verbundenen Schwächung der Vertriebenenverbände und der Reaktionen darauf vgl. insb. Ahonen, Expulsion, S. 167 f.

229 Konkreter Anlass war die Abhaltung einer Feierstunde anlässlich des 10.4., die als eine Provokation für Jugoslawien gesehen wurde und deren Zustandekommen Jelić angelastet wurde, vgl. BMI an AA (8.4.1970); zur Streichung der Gelder vgl. BMI an Bundesrechnungshof (6.7.1970), beide in: BArch, B 106/28217.

230 Für Versuche, diese weiterhin als jugoslawische Staatsbürger zu adressieren und auf vielfältige Weise zu inkorporieren, vgl. Le Normand, Citizens.

revisionistische kroatisch-nationalistische und serbophobe Positionen.[231] Für die Verteidigung des Attentäters Stanko Kardum, der im Juni 1965 in Meersburg am Bodensee versucht hatte, den jugoslawischen Konsul Andrija Klarić zu erschießen, hatte das HNO sogar Spenden gesammelt.[232] Besonders deutlich wird die mangelhafte Abgrenzung zu Gewaltakteuren, wenn man sich vor Augen führt, dass die Zeitschrift ab spätestens 1965 für Gastbeiträge von Personen wie Geza Pasti und Josip Senić geöffnet wurde, die als Anführer der HRB die bei Weitem radikalste kroatische Exilgruppe vertraten.[233]

Auch persönlich unterhielt Jelić enge Kontakte in jene Kreise, denen einige der Attentäter der 1960er Jahre entstammten. So wohnte Ante, der ebenfalls dringend tatverdächtige Bruder von Stanko Kardum, zeitweise bei Jelić. Offenbar war diesem daran gelegen, eine Annäherung der Emigranten über ideologische Brüche hinweg zu signalisieren und seine Organisation als offen für Radikale zu präsentieren.[234] Vor allem in Westberlin, wo eine beträchtliche Anzahl kroatischer Gastarbeiter vor allem in den Osram- und Telefunkenwerken arbeitete, war Jelić eine lokale Größe, der als einziger Arzt der Stadt die serbokroatische Sprache beherrschte, in seiner Praxis mehr oder weniger ungehindert für sein politisches Anliegen werben konnte.[235] Hier scharte er eine regelrechte Leibgarde um sich, die in jugoslawischen Restaurants und anderen Gastarbeitertreffpunkten als eine Art kleinkriminelle Gesinnungspolizei auftrat.[236] Wenn die freie Betätigung von Jelićs Organisation vonseiten

---

231 Zum Verbreitungsgrad der „Hrvatska Država“ existiert kein belastbares Zahlenmaterial. Neben den erwartbar hohen Angaben des HNO selbst (vgl. hierfür u. a. Jelić an Wolfrum [6.3.1970], in: HDA, 1561, 10.7-8.), die jedoch v. a. legitimatorische Zwecke erfüllten, lassen auch die diesbezüglichen Aussagen der jugoslawischen Staatssicherheit auf eine vergleichsweise starke Rezeption der Zeitschrift schließen, die an vielen Bahnhofskiosken vor der Gründung jugoslawischer Auslandsredaktionen das einzige Presseerzeugnis in (serbo-)kroatischer Sprache darstellte, vgl. HDA, 1561, 1.14-8, RSUP, III Sektor, Hrvatska Emigracija u Z. Njemačkoj i njen uticaj na radnu snagu (14.12.1963). Zur Präsenz jugoslawischer Zeitungen in der Bundesrepublik vgl. detailliert ein unveröffentlichtes Manuskript von O. N. Haberl, in: AdsD, 5/DGAZ001017, DGB-Archiv, Ausländische Arbeitnehmer, „Abwanderung von Arbeitskräften und sozialistisches System. Ursachen und Folgen der Abwanderung von Arbeitskräften aus Jugoslavien“ (18.8.1977), S. 22 f. Vgl. auch Ivanović, Geburtstag, S. 190 f.

232 HDA, 1560, kutija 16, Jelić an Prpić (11.10.1966).

233 Diese hatten zu diesem Zeitpunkt bereits ihren programmatischen Aufruf zum nationalen Befreiungskampf „Sloboda ili smrt“ vorgelegt, vgl. Vukušić, HRB, S. 29 f. Für die Annäherung zu diesen Positionen in der „Hrvatska Država“, inkl. der entsprechenden Zitate, auch Jareb/Jelić, Uspomene, S. 192 f. Zur Annäherung von HRB-Akteuren und Jelić vgl. u. a. HDA, 1561, 10.11-1-3, RSUP SR Hrvatske, SDS, SDS za SR Hrvatsku, II Sektor (3.2.1965).

234 Vgl. für diese Interpretation HDA, 1561, 10.0.44-V, RSUP SRH, SDS, Centar Rijeka, Emigracija (23.5.1969). Zum Klarić-Attentat vgl. ausführlicher u. a. Waldmann, Exilkroaten, S. 213 f.

235 Kolendić, Iza, S. 23.

236 Vgl. hierfür etwa die ausführlichen Schilderungen über die Einschüchterung von Gastarbeitern in jugoslawischen Restaurants in Westberlin aus dem Jahr 1968, in: HDA, 1409, kutija 106, Državni sekretarijat za inostrane poslove, Uprava za konzularne poslove an Izrvsno Veće SR Hrvatske, Aktiv-

jugoslawischer Vertreter wieder und wieder kritisiert wurde, war dies insofern der Furcht vor seinem Einfluss auf jugoslawische Arbeiter in der Stadt geschuldet, wobei zuweilen auch von Gastarbeitern selbst ein Schutzbedürfnis in Richtung der deutschen Behörden artikuliert wurde.[237] Tatsächlich befürchtete auch das Westberliner Arbeitsamt, dass jugoslawische Gastarbeiter aufgrund der „terroristischen Umtriebe" zukünftig nicht mehr bereit sein würden, eine Arbeitsstelle in der Stadt anzunehmen.[238]

Es waren deshalb bereits früh Stimmen laut geworden, die sich dafür einsetzten, das Wirken des HNO und seines Vorsitzenden stärker einzuschränken. Diese Forderung stand in engem Bezug zu einer generell wachsenden Skepsis gegenüber der Kontaktpflege mit Emigrantenverbänden, deren politische Forderungen sich „oft nur schwer mit den westdeutschen Interessen vereinbaren ließen", wie der Leiter des Forschungsdiensts Osteuropa von Mende bereits 1962 eingeräumt hatte.[239] Nachdem Jelić für eine von ihm anvisierte Dachorganisation verschiedener Exilverbände eine Förderung von 50 000 DM beim Bundespresseamt der Bundesregierung beantragt und dies mit der vermeintlichen Rolle der Kroaten als Botschafter deutscher Interessen gegenüber den immer wichtiger werdenden islamischen Staaten begründet hatte, erhielt er mit Verweis auf das deutsch-jugoslawische Verhältnis eine klare Absage.[240] Als die Sendung des Magazins „Report München" anlässlich des Attentats auf den jugoslawischen Konsul Klarić eine im HNO-Organ „Hrvatska Država" erschienene Apologie der Tat zitierte und dabei auch auf die Unterstützung der Organisation durch Bundesministerien hinwies, intervenierte das Auswärtige Amt. Es bat das BMVt „unter dem Gesichtspunkt des öffentlichen, aber auch des außenpolitischen deutschen Interesses die Zahlungen derart an Zwecke zu binden, dass sie

---

nost emigrantskih grupa u Z. Berlinu (12.11.1968). Vgl. für die gleichen Vorgänge auch LAB, B Rep. 058, 11681, Ermittlungssache gegen unbekannt (Jugoslawische Militärmission), Ermittlungsbericht.

237 Vgl. etwa das Schreiben von 21 jugoslawischen Arbeitern an den Berliner Regierenden Bürgermeister (23.7.1969), die ihre Furcht vor exilkroatischen Anschlägen beklagen und darum bitten, alles in seiner Macht Stehende zu tun, um diesen Gruppen das Handwerk zu legen, wegen derer man sich unsicher fühlt, in: LAB, B Rep. 002, 21770-21772. Dass die – tatsächliche oder vermeintliche – Furcht jugoslawischer Arbeiter durchaus ernstgenommen wurde, legen die Reaktionen auf eine entsprechende Drohung einer Zagreber Arbeitsvermittlung nahe, die ankündigte, wegen der exilkroatischen Anschläge zukünftig nur noch wenige Personen nach Westberlin vermitteln zu können, vgl. ebenda, Berliner Arbeitsamt an SenWir (31.7.1969).

238 Ebenda, Berliner Arbeitsamt an Innensenator (31.7.1969).

239 Unger, Ostforschung, S. 202.

240 Mit ihren Kontakten zu Akteuren aus der islamischen Welt versuchten sich exilkroatische Gruppierungen seit den frühen 1960er Jahren eine quasi-diplomatische Prägung zu geben, vgl. zur Illustration u. a. Katalinić, Poraza, S. 37 f. Hierzu zählen die vermeintliche Anerkennung eines kroatischen Staats durch Jordanien im Jahr 1961 sowie die Behauptung Jelićs, dass die Exilkroaten für die Position der Bundesrepublik in dieser Hinsicht „mehr erreichen können als die deutschen Behörden selbst", vgl. BArch, B 145/6336, Jugoslawische Exilpresse, Jelić an BPA (14.5.1965). Vgl. auch HDA, 1561, 10.7-8, Jelić an BMVt (5.5.1965).

nicht mehr für eine unerwünschte politische Tätigkeit verwendet“ werden könnten.[241]

Lange blieb diese Position die alleinige Domäne des AA. Andere Ministerien erachteten eine Einschränkung radikaler Exilpolitik als wünschenswert, hielten aber prinzipiell an der Förderung der großen Organisationen der „Ostemigration“ fest. So erteilte das BMVt dem AA auf die in „Report München“ formulierten Anschuldigungen eine klare Absage und rechtfertigte die Gewährung von Geldern an das HNO, die es als eine „Pflicht der Bundesregierung zur sozialen und kulturellen Betreuung von ausländischen Flüchtlingen“ ansah.[242] Wenig überraschend beurteilten die Vertriebenenverbände und ihre Vertreter in den Parteien die Neuausrichtung der bundesdeutschen Außenpolitik und deren Abkehr von einer allein antikommunistischen Zielsetzung im Laufe der 1960er Jahre ebenfalls sehr skeptisch.[243] In diesem Zusammenhang unterstrichen sie die fortgesetzte Bedeutung der antikommunistischen „Ostemigration“ und hinsichtlich der kroatischen Organisationen insbesondere die des HNO.[244] Das BMI sprach sich ebenfalls – bei aller Einsicht in die Notwendigkeit strafverfolgender und präventiver Maßnahmen, die noch zu erörtern sein werden – „schon aus Gründen der innerpolitischen Sicherheit“ grundsätzlich für die fortgesetzte Kontaktpflege zu einzelnen Organisationen aus, welche die Beobachtung der gesamten Emigration generell erleichtere.[245] Hier war offenbar das alte Argument aus den 1950er Jahren weiterhin wirkmächtig, mit dem für eine Art Delegierung sicherheitspolitischer Aufgaben an als vertrauenswürdig eingestufte Emigrantenverbände plädiert wurde. In einem ähnlichen Sinne stimmte auch das BMVt einer Streichung der Mittel für das HNO nicht zu, da die Hilfen vonseiten des Ministeriums insgesamt dazu geführt hätten, dass sich „die Emigration“ in der Bundesrepublik anerkannt bzw. „zu loyaler und verantwortungsbewusster Haltung gegenüber dem Gastland verpflichtet [fühle] und dadurch radikalen Strömungen wenig zugänglich“ sei.[246]

Zwar blieben die Akteure um das Bundesvertriebenenministerium auch nach dessen Einverleibung in das BMI dem HNO und dessen Vorsitzendem Jelić verbun-

241 PA AA, B 42, 167, Abteilung II A 5, Aufzeichnung: Unterstützung des Kroatischen Nationalkomitees (HNO) (10.1.1966).

242 BArch, B 136/6492, BMVt an AA (20.7.1965).

243 Vgl. hierzu detaillierter Schwartz, Antikommunismus, S. 173 f. Zur Einbindung von Emigrantengruppen in die *roll back*-Politik der 1950er Jahre vgl. Stöver, Befreiung, S. 285 f.

244 Josef Trischler von der donauschwäbischen Landsmannschaft und Präsidiumsmitglied des BdV wandte sich bereits nach dem „Vorfall in Mehlem“ entschieden gegen einschränkende Maßnahmen für diese Organisation. „Gerade der Fall Kroatiens“, so Trischler in einem Schreiben an das AA, unterstreiche die Bedeutung des Selbstbestimmungsrechts der Völker, an dem sich die deutsche Außenpolitik stärker orientieren müsse, vgl. PA AA, B 42, 98, Trischler an Mikesch (Referat 705) (13.12.1962).

245 PA AA, B 130, 3094A, Aufzeichnung, Einstellung der Bundesregierung zur osteuropäischen Emigration in der Bundesrepublik (3.3.1965).

246 PA AA, B 42, 167, BMVt an AA, Kroatisches Nationalkomitee (14.3.1966).

den, den sie etwa vor zunehmenden Dissonanzen hinsichtlich der Subventionierung seiner Organisation warnten.[247] Dennoch war das Ministerium, das zwei Jahrzehnte lang als Fürsprecher der Exilkroaten gewirkt hatte, zu einer Unterabteilung degradiert worden und die hier beschäftigten Beamten erreichten zunehmend das Ruhestandsalter.[248] Zudem stand die Annäherungspolitik an Jugoslawien, die mit der Aufnahme offizieller Beziehungen 1969 ihren vorläufigen Höhepunkt fand, im offenkundigen Gegensatz zur Finanzierung des antijugoslawischen HNO aus Bundesmitteln. Die steigende Anzahl an Attentaten und Anschlagsversuchen von Exilkroaten, unter anderem gegen Personenzüge,[249] den Mordversuch am Leiter der Westberliner Militärmission durch den mutmaßlich Jelić nahestehenden Gastarbeiter Drago Djolo[250] sowie insbesondere eine Anschlagsserie in Belgrad 1968/69,[251] die eine Tote und mehrere Dutzend Verletzte forderte, diskreditierten immer mehr die antijugoslawische und nationalistische Agenda exilkroatischer Vereinigungen wie dem HNO. Nicht nur wurde der Organisation selbst von jugoslawischer Seite eine „geistige Urheberschaft" dieser Taten unterstellt, wovon hinter vorgehaltener Hand offenbar auch Mitarbeiter des westdeutschen Bundesamts für Verfassungsschutz ausgingen.[252] Als sich Jelić im Jahr 1970 darüber hinaus – und trotz seiner vermeintlichen Kontrollfunktion gegenüber der kroatischen Emigration und anders als vom BMI gefordert – nicht willens gezeigt hatte, Veranstaltungen zum Gründungstag des NDH zu unterbinden, kam auch das BMI im April 1970 zu dem Schluss, die nach der Abwicklung des BMVt nunmehr in seinem Kompetenzbereich liegenden Beziehungen zum HNO abzubrechen und die Finanzierung einzustellen.[253]

Hiermit war zwar der Position, die im AA bereits seit den 1950er Jahren vertreten wurde, im Grunde entsprochen und damit auch den Forderungen der jugoslawischen diplomatischen Vertreter Rechnung getragen worden. Zugleich wurden die

---

247 HDA, 1561, 10.7-8, Wolfrum (nun BMI) an Jelić (21.1.1970).

248 Clarkson, Fragmented Fatherland, S. 41.

249 Zu erwähnen ist hier v. a. die Kofferbombe im „Akropolisexpress", die laut einem Experten der Staatsanwaltschaft viele Tote gefordert hätte und nur aus Zufall nicht explodierte, vgl. BArch, B 106/91105-91106, OStA an den Generalstaatsanwalt beim OLG Stuttgart, Haftprüfung (17.1.1969).

250 Für diesen Verdacht vgl. HDA, 1561, 10.0.44-V, RSUP SRH, SDS, Centar Rijeka (27.4.1970). Zur Person Djolos – allerdings mit klar apologetischem und beinahe hagiografischem Zugang – vgl. Vukušić, HRB, S. 102 f.

251 Als Urheber wurde hierbei die gleiche Personengruppe wie beim Anschlag auf den Zug vermutet, vgl. hierzu PA AA, B 42, 233, BMI an AA (20.8.1969). Zu den Belgrader Anschlägen vgl. auch Cvetković, Terorizam, S. 175 f.

252 Zumindest die Aussagen eines IM der jugoslawischen Staatssicherheit im engsten Umfeld Branimir Jelićs legen das nahe, der zeitgleich vom BfV als Informant angeworben wurde und so nicht nur Auskünfte über das HNO, sondern auch Einschätzungen über Ermittlungserfolge und die Bemühungen der deutschen Behörden an die Jugoslawen weitergeben konnte, vgl. HDA, 1561, 10.0.44-V, RSUP SRH, SDS, V Sektor, Informacija broj 272 (14.8.1969). Für die jugoslawischen offiziellen Interventionen vgl. u. a. PA AA, B 82, 779, AA, II A 5 an V 3, Betr. Exilkroaten (12.11.1968).

253 Vgl. hierfür ausführlich BArch, B 106/28217, BMI an AA, 27.4.1970; Vermerk des BMI (Vt II 5), Unterredung mit Dr. Jelić (20.7.1970).

Gelder keiner anderen Exilorganisation übertragen, sondern verstärkt auf eine aktive Gastarbeiterpolitik des jugoslawischen Staats vertraut, die weiter unten noch näher ausgeführt wird. Entscheidend daran ist, dass auf einen direkten Ansprechpartner – so defizitär und eigennützig dieser in der Vergangenheit auch agiert hatte – fortan verzichtet und damit ein Wissens- und Kontrollverlust implizit in Kauf genommen wurde.[254]

2.3 Überwachen und Verfolgen. Kompetenzen der Ämter für Verfassungsschutz im Wandel

Die im vorangegangenen Abschnitt skizzierten Möglichkeiten, im Rahmen von Vereins- und Betätigungsverboten bzw. mithilfe finanzieller Kürzungen gegen die Träger von Aktivitäten direkt vorzugehen, waren unmittelbar gebunden an das Wissen staatlicher Akteure über exilkroatische Strukturen.[255] Schon die Hauptverhandlung vor dem Bonner Schwurgericht und die vorangegangenen Ermittlungen nach den Urhebern des Mehlemer Attentats hatten in diesem Zusammenhang sehr deutlich die mangelnden Kenntnisse der Behörden aufgezeigt. Zwar forderte das AA die Erweiterung der Ermittlungen „auf die Hintergründe der Straftat, insbesondere auf die kroatischen Emigrantenorganisationen, mit denen die Täter in Verbindung gestanden haben sollen“.[256] Dieser Anspruch war angesichts der tatsächlichen Kenntnisse der ermittelnden Behörden jedoch vollkommen unrealistisch. Bereits die erste Zusammenfassung der polizeilichen Erkenntnisse über das kroatische Exil am Tag nach dem Attentat durch das LKA in Nordrhein-Westfalen (NRW) offenbarte große Wissenslücken.[257] Jenseits der unmittelbaren Täter, die sich nach dem Attentat größtenteils selbst gestellt hatten, brachten die Ermittlungen praktisch keine neuen Erkenntnisse über die Hintergründe der Tat. Der gesamte Aspekt des kriminellen und konspirativen Zusammenschlusses, wie auch die Frage nach dem Charakter der HKB und ihrer Hintermänner blieben im Verfahren außen vor. Auch das Vereinsverbot gegen die HKB im Jahr 1963 hatte keine Konsequenzen, was die Ausleuchtung der hinter der Organisation stehenden Strukturen betraf.

---

254 Auf einen Wissensverlust als generelle Folge der Abwicklung des Vertriebenenministeriums hat auch Poutrus aufmerksam gemacht. Er meint hiermit insbesondere das „institutionelle Wissen um eine pro-aktiv betriebene Integration von ausländischen Flüchtlingen“, vgl. Poutrus, Umkämpftes Asyl, S. 63. Für eine ähnlich positive Einschätzung der bundesdeutschen Vertriebenenpolitik als Katalysator von Integration vgl. Plamper, Das neue Wir, S. 88.

255 In diesem Sinne ist das „Wissen des Staates […] Bestandteil der Frage nach der Handlungsfähigkeit des Staates“, vgl. Collin/Horstmann, Einleitung, S. 9.

256 LAV NRW, Gerichte Rep. 195, Nr. 1103, Schnellbrief des AA an BMI und BMJ, Überfall auf das jugoslawische Dienstgebäude in Mehlem (4.12.1962).

257 LAV NRW, Gerichte Rep. 195, Nr. 1097, FS vom LKA NRW an MI NRW, LfV, Regierungspräsidenten Köln, BKA SG & alle 14 Zentralstellen (30.11.1962).

Während der darauffolgenden Monate war es wiederum das AA, das sich um eine umfassendere Kenntnis der exilpolitischen Strukturen bemühte, um sie im Zweifel überwachen und kontrollieren zu können. Es ist dabei wichtig, diese Sicht auf Exilaktivitäten in einem größeren Zusammenhang zu sehen und die Exilkroaten nicht isoliert zu betrachten. Wie bereits erwähnt, war das AA auch hinsichtlich anderer Emigrantengruppen an möglichst weitreichenden Maßnahmen zur Verfolgung und präventiven Einschränkung von Exilpolitik interessiert, die als diplomatische Hypothek gesehen wurden.[258] Zugleich stellte der Angriff auf die jugoslawische Handelsmission in dieser Hinsicht einen Katalysator dar.[259] So wurde vorgeschlagen, auf einer interministeriellen Konferenz auf der Ebene der Staatssekretäre die polizeiliche Erfassung aller in der Bundesrepublik lebenden Personen jugoslawischer Abstammung zu beschließen sowie die „‚Durchleuchtung' aller bestehenden Emigrantenorganisationen" anzuordnen.[260] Eine Erkenntnisgewinnung dieser Art war zu diesem Zeitpunkt noch eindeutig die Domäne des Verfassungsschutzes.[261] Hinsichtlich ausländischer Exilaktivisten durfte dieser systematisch jedoch nicht tätig werden; noch im Jahr 1969 wurde bei einer Ressortbesprechung bemerkt, dass hierfür keine Bundesbehörde befugt sei.[262] Seit den frühen 1960er Jahren wurde diese Kompetenzverteilung ministeriumsübergreifend immer mehr kritisiert und es entwickelten sich Diskussionen über die Möglichkeit, die Aktivitäten von „politisch extremen Ausländergruppen [...] mit nachrichtendienstlichen Mitteln" zu verfolgen.[263]

---

258 Vor allem die zum Teil offen faschistische OUN (ukrainisch) und das NTS (russisch) wurden auf einer referatsübergreifenden Besprechung im AA hierzu gezählt, vgl. PA AA, B 85, 243, Protokoll der Ressortbesprechung vom 1.3.1957.

259 So wurde in einem internen Schreiben im BMI festgehalten, dass „die Beobachtung radikaler Ausländerorganisationen (Emigranten, Gastarbeiter), die vom Boden der Bundesrepublik aus mit terroristischen und geheimbündlerischen Methoden Einfluß auf die politischen Verhältnisse ihres Heimatstaates zu nehmen versuchen", weitreichendere Kompetenzen erfordere, wobei „Anlaß für diese gesetzgeberische Initiative insbesondere der Überfall einer Gruppe kroatischer Emigranten auf das jugoslawische Dienstgebäude der Schwedischen Botschaft in Mehlem" gewesen sei, vgl. BArch, B 106/102048, Gesetz über die Zusammenarbeit des Bundes und der Länder in Angelegenheiten des Verfassungsschutzes – Zuständigkeit der VS-Behörden von Bund und Ländern für die Beobachtung verfassungsfeindlicher Bestrebungen unter Ausländern, Schreiben an die Referatsleiter im BMI von Referat VI A 3 (1.6.1965).

260 PA AA, B 130, 3064A, AA an BMI (19.12.1962).

261 Busch/Funk/Kauß, Polizei, S. 107 f. Für die genauen Entwicklungen im BKA vgl. auch weiter unten.

262 BArch, B 106/91105-91106, Aufzeichnung über Ressortbesprechung im AA über die Tätigkeit jugoslawischer Emigranten in der Bundesrepublik (27.11.1968).

263 BArch, B 106/102048, Referat VI A 2 an VI A 1, Erlassentwurf für BfV (30.11.1966). Vgl. auch PA AA, B 130, 3075A, BMI an AA (11.1.1963). Was hierunter zu verstehen sei, wurde in einer Art Argumentationshilfe für den BMI rund fünf Jahre später zusammenfasst, wobei neben der Abwerbung von V-Leuten in den Organisationen mögliche Maßnahmen auch die Observation, das Fotografieren sowie die Post- und Telefonkontrolle umfassten, vgl. BArch, B 106/115765, Antwortschemata für „mögliche Diskussionspunkte und Fragen" (20.8.1971).

Um den Kenntnisstand der Verfassungsschutzämter der Länder und des Bundes (Ämter für Verfassungsschutz, ÄfV) in dieser Hinsicht war es Anfang der 1960er Jahre noch denkbar schlecht bestellt. Ihr Wissen war unsystematisch und äußerst disparat. Die zu diesem Zeitpunkt verfassten Berichte und Erkenntnisse stellten keinerlei Bezug zueinander her und entstanden offensichtlich in gegenseitiger Unkenntnis. So sind zwar schon aus dem Jahr 1953 Zusammenstellungen des BfV mit erstaunlich detaillierten Angaben „von bisher zuverlässigen Quellen" über die unterschiedlichen Fraktionen im Exil überliefert.[264] Auch über Zusammenkünfte von Exilverbänden wie der „Donauföderation" unter Otto von Habsburg und über die Rolle, die Exilkroaten dabei spielten, wusste das BfV sehr detailreich zu berichten, sodass die Existenz gut informierter Kontaktpersonen vermutet werden kann.[265] Spätere Berichte jedoch offenbarten eklatante Wissenslücken, was etwa die quantitative Stärke von Exilgruppen, aber auch deren Verhältnis untereinander betraf.[266] In den Landesämtern für Verfassungsschutz (LfV) war die Lage kaum besser: Die vollkommene Abwesenheit von Informationen vonseiten des hiesigen LfV im Zuge der Ermittlungen zum Mehlemer Anschlag lässt sogar vermuten, dass es zumindest in Nordrhein-Westfalen um das Wissen über kroatische Exilstrukturen und deren Akteure besonders schlecht bestellt war.[267] Das baden-württembergische Landesamt verfügte ebenfalls über äußerst geringe Kenntnisse.[268] Nur in Bayern waren bereits mit Aufnahme der Arbeit des Landesverfassungsschutzamts im Jahr 1951 Kompetenzen hinsichtlich der Beobachtung von „politisch bedenklichen Elementen" unter den „heimatlosen Ausländern" geschaffen worden.[269]

---

264 PA AA, B 130, 4682A, BfV-Bericht über kroatische Gedenkfeiern zum 10.4.1953 in München. Für Zitat vgl. PA AA, B 85, 259, BfV an BMI (21.8.1953) (gez. Radke) über die „Tätigkeit kroatischer und serbischer Emigrantenorganisationen".

265 PA AA, B 130, 4682A, BfV an AA, Betr.: Tagung des „Österreichischen Arbeitskreises für Fragen des Donauraums" (9.5.1953).

266 Für einen zusammenfassenden Bericht über die osteuropäischen Exilverbände in der Bundesrepublik aus dem Jahr 1954 lagen den Bearbeitern aus dem Bundesamt offenbar derart wenig Erkenntnisse zu den exilkroatischen Gruppen vor, sodass lediglich das HNO erwähnt wurde und Angaben über andere Gruppen fehlten, vgl. PA AA, B 130, 3213A, Verbände und Organisationen der Ost-Emigration (1.12.1954).

267 In den Korrespondenzen der Polizei taucht das Landesamt zwar auf – jedoch nur als Informationsempfänger.

268 Hier übernahm man die Angaben für eine Zusammenstellung über „Umtriebe und Tätigkeit der kroatischen Emigranten" praktisch in Gänze aus einem Aide-Memoire des jugoslawischen Konsulats. Lediglich die Adressen der darin genannten Personen musste es diesem hinzufügen. Der Kontext war dabei der Überfall auf die Liederhalle. Vgl. LAV BW, HStAS: EA 2/303, Bü 624, Zusammenstellung des LfV über „Umtriebe und Tätigkeit der kroatischen Emigranten, hier: Bericht zu den bestehenden Organisationen" (1.8.1962); Aide-Mémoire des jugoslawischen Generalkonsulats München (7.6.1962).

269 Zum bayerischen „Sonderweg" vgl. BArch, B 106/102048, BayerMI an BMI, Überwachung radikaler politischer Ausländer (13.8.1970). Zitat: Schönwälder, Ethnische Pluralität, S. 220 f.

Das insgesamt defizitäre Wissen in den Landesämtern dürfte insbesondere auf eine mangelhafte Koordination zwischen den Ämtern sowie auf unklare Meldewege an das Bundesamt zurückzuführen sein. Erst im Februar 1955 kam es überhaupt zu einer näheren Verständigung über das Verhältnis und die Zusammenarbeit zwischen dem Bundesamt und den Landesämtern.[270] Dies trug jedoch nur wenig zur effektiveren Verfügbarmachung des Wissens und zur besseren Koordination der beteiligten Behörden bei.[271] So gab es bei der Abteilung II des BfV eine Arbeitsgruppe, die anfallende Erkenntnisse über die „Ostemigration" auswerten sollte. Diese bestand jedoch aus lediglich einem Mitarbeiter ohne weitergehende Sprachkenntnisse oder Befugnisse zur aktiven Informationsbeschaffung.[272] Eine fundierte Expertise für die Emigrantengruppen aus Osteuropa war demgegenüber weitgehend ausgelagert und dem oben bereits angesprochenen „Büro für heimatvertriebene Ausländer" (BHA) unter Gerhard von Mende übertragen worden. Hier wurden die Personeninformationen des Auswärtigen Amts und des bayerischen LfV zu einer großen Kartei zusammengefasst.[273] Das AA, von dem das BHA finanziert wurde, erhielt so einerseits direkten Zugang zu Informationen des Verfassungsschutzes. Andererseits hatte dieses Arrangement zur Folge, dass das Bundesamt nur wenig eigene Kompetenzen auf diesem Feld entwickelte.

Darüber hinaus spielten kroatischen Exilverbände – wie weiter oben gezeigt – eine vergleichsweise marginale Rolle für das BHA, was die schlechte Informationslage über sie in manchem Bericht des BfV erklären dürfte.[274] Das BHA war in erster Linie den Zielen der deutschen Ostpolitik verpflichtet und an Exilorganisationen vor allem hinsichtlich ihrer unterstützenden Rolle bei deutschen Rehabilitierungsbemühungen und der Revision der Ostgrenzen interessiert. In diesem Sinne wurden auch exilkroatische Akteure vom BfV besonders dahingehend beurteilt, inwiefern sie für eine „deutschfreundliche" Haltung stünden und welchen Einfluss dies auf außenpo-

---

270 Goschler/Wala, Verfassungsschutz, S. 167 f.

271 So mahnte Siegfried Fröhlich, Leiter der Unterabteilung für Staatsschutz im BMI, noch über zehn Jahr später, dass hinsichtlich der Beobachtung „radikaler Ausländergruppen" eine bessere Zusammenarbeit zwischen den Verfassungsschutzämtern und auch eine zentrale Auswertung des Materials notwendig sei, das zudem allen Ämtern gleichermaßen verfügbar gemacht werden müsse. Vgl. BArch, B 106/102048, Vermerk über die Resultate einer Sitzung am 29./30.9.1966 (4.11.1966), Punkt 5) „Zuständigkeit des Verfassungsschutzes für die Beobachtung verfassungsfeindlicher Bestrebungen von Ausländern".

272 BArch, B 443/733. Geschäftsverteilungspläne, Geschäftsverteilungsplan, Abt. II (20.6.1966).

273 Diese bemerkenswerte „Arbeitsteilung" erläuterte mit der Abwicklung des BHA dessen letzter geschäftsmäßiger Leiter, vgl. PA AA, B 130, 3959A, Conradi an Wickert, Kartei und Archiv des Büros für heimatlose Ausländer (11.2.1964).

274 So besaß der BfV etwa keinerlei Kenntnis vom Radikalisierungskurs des Kroatischen Arbeiterbunds (*Hrvatski radnički savez*, HRS), der sich in Dortmund als Renegatengruppe der Vereinigten Kroaten Deutschlands (*Ujedinjeni Hrvati Njemačke*, UHNj) gegründet hatte, vgl. PA AA, B 130, 5735A, Kroatische Emigration in der BRD.

litische Konstellationen, vor allem in Richtung der Sowjetunion und ihrer Verbündeten in Mittel- und Osteuropa, haben könne.[275]

Eine Bewertung nach innenpolitischen Gesichtspunkten, die auch vertiefte Beobachtungsmaßnahmen und gezielte Auswertung politischer Positionierung beinhaltet hätte, fand somit schon allein aus Gründen der institutionellen Kompetenzverteilung nicht statt. Diese entsprach letztlich auch der herrschenden Konzeption demokratischer Wehrhaftigkeit gegenüber den potenziellen Feinden der freiheitlich-demokratischen Grundordnung, die bis in die frühen 1970er Jahre Konsens bleiben sollte. So war das frühe bundesdeutsche Demokratieverständnis zunächst vor allem antitotalitär und stark etatistisch definiert.[276] In einer vorausgesetzten Analogie von Links- und Rechtsextremismus, „die sich an ihrer Äquidistanz zur ‚Mitte‘ bem[aß]“,[277] lag der Arbeit der Ämter für Verfassungsschutz als Wächterinnen der verfassungsmäßigen Grundordnung eine Gefahreneinschätzung zugrunde, in der die „Feinde der Demokratie“ an den Rändern des politischen Spektrums verortet wurden.[278]

Migrantische Akteursgruppen wurden dieser Gefährdungskonstruktion entsprechend entweder der Abteilung für „Rechts-“ oder „Linksradikalismus“ zugeschlagen, fristeten dabei jedoch eher ein Schattendasein. Der Schwerpunkt der Behörde lag klar auf kommunistischen Bedrohungsszenarien.[279] Auch bezüglich migrantischer Akteursgruppen wurden die ÄfV besonderes dort aktiv, wo sie eine Finanzie-

---

275 Vgl. u. a. die Ausführungen hierzu bei Johnson, Moschee, S. 120 f.

276 Die inhaltliche Füllung dieses Begriffs war bis in die frühen 1970er Jahre v. a. geprägt von den Urteilen des Bundesverfassungsgerichts (1952 bzw. 1956) gegen die Sozialistische Reichspartei (SRP) und Kommunistische Partei Deutschlands (KPD), die hierunter eine „rechtsstaatliche Herrschaftsordnung auf der Grundlage der Selbstbestimmung des Volkes nach dem Willen der jeweiligen Mehrheit der Freiheit und Gleichheit“ fassten. Vgl. u. a. die konzise Zusammenfassung von G. B., Einleitung. Den primär staatsschützenden Charakter der bundesdeutschen Wehrhaftigkeit verfolgen Leggewie und Meier ideengeschichtlich auf das Staatsverständnis Carl Schmitts zurück, vgl. Leggewie/Meier, Verfassungsschutz, S. 68 f. Eine umfassende rechtshistorische Verortung der Entstehung der bundesdeutschen freiheitlich demokratischen Grundordnung bietet Schulz, Zeitreise. Zur Herausbildung einzelner Regelungen, v. a. anhand der Überlieferung des Rechtsausschusses, vgl. Farthofer, Neuausrichtung, S. 269 f. Zum Konzept der demokratischen Wehrhaftigkeit generell und international vergleichend vgl. Müller, Democracy.

277 Ideengeschichtliche Perspektiven hierzu vermitteln Wöhrle/Heim, Grenzmarkierungen, Zitat S. 29.

278 So deckten die Referate der Abteilung „Beschaffung“ ab 1951 einerseits das „extrem rechte“, andererseits das „extrem linke“ Spektrum ab, vgl. Goschler/Wala, Verfassungsschutz, S. 65. Ein erster Bericht des BfV über Exilkroaten gruppierte sie und andere Gruppen der „Ostemigration“ als Teil „rechtsradikaler Bestrebungen“ ein, vgl. BArch, B 136/6492, Auszugsweise Abschrift aus BfV-Erkenntnisse über rechtsradikale Bestrebungen (1963), Unterpunkt 3 „Terrorgruppen im Bereich der Ostemigration“. Zu dieser bis heute wirkmächtigen Konzeption des politischen Feldes, das in der extremismustheoretischen „Hufeisentheorie“ am prägnantesten visualisiert wurde, vgl. Oppenhäuser, Extremismus-Konzept.

279 Goschler/Wala, Verfassungsschutz, S. 92–96. Für die gesellschaftsgeschichtlichen Kontexte vgl. u. a. Schildt, Annäherungen, S. 36 f.

rung von Exilorganisationen durch kommunistische Geheimdienste vermuteten.[280] Dies galt für italienische, später auch für griechische Gruppen, denen schon früh unterstellt wurde, unter der deutschen und ausländischen Belegschaft in den Betrieben zu agitieren.[281] Akteure der Emigration aus Osteuropa gerieten bis in die 1960er Jahre vor allem dann ins Visier, wenn von Verbindungen zu rechtsradikalen deutschen Akteuren ausgegangen wurde, wie dies etwa beim „Bund der russischen Solidaristen" (*Narodno-Trudowoj Sojus rossijskich solidaristow*, NTS) oder den Nachfolgeorganisationen ungarischer Pfeilkreuzler vermutet wurde. Ohne einen konkreten Nachweis zu erbringen, wurden derartige Verbindungen auch bei der „kroatischen Ustaschabewegung" unterstellt, woraus jedoch keine tiefergehenden Ermittlungen in diesem Milieu folgten.[282] Dass bei den Landes- und Bundesbehörden vor dem Mehlemer Anschlag auch in Bezug auf jugoslawische Migranten die Besorgnis vor einer kommunistischen Infiltrierung noch schwer wog, wurde weiter oben bereits thematisiert. Ein so verstandener Antitotalitarismus brachte die demokratische Grundordnung in der frühen Bundesrepublik vor allem gegen ihre vermeintlichen Feinde von links in Stellung, während andere Akteure als potenzielle Gefahr für die Demokratie vergleichsweise geringe Beachtung fanden.[283] Inwiefern dies bei den Exilkroaten auch mit einer den ÄfV immer wieder unterstellten bewussten Laissez-faire-Haltung zusammenhing, kann hier nicht abschließend geklärt werden.[284] Es ist jedoch davon auszugehen, dass die Untätigkeit der Behörden eher systemische Gründe hatte. Das Wissensdefizit über den exilkroatischen – bzw. generell über migrantischen – Aktivismus und der mangelnde oder erst spät einsetzende Austausch hierzu unter den Verfassungsschutzämtern folgten wohl vor allem einer organisationsinternen Gefahrenkonstruktion.[285]

---

280 Vgl. exemplarisch LAV BW, HStAS: EA 2/203, Bü 126, Studie des BfV: Infiltration ausländischer Gastarbeiter in der Bundesrepublik (September 1965).

281 Vgl. hierzu Schönwälder, Liberalisierung, S. 136 f. Spezifisch zu Griechen vgl. Clarkson, Fragmented Fatherland, S. 136 f. Vgl. für diese Befürchtungen, v. a. bei den Gewerkschaften, Trede, Misstrauen, S. 203–207.

282 BArch, B 443/2370 & 2371, Zuständigkeit des BfV für die Beobachtung radikaler Ausländer Verfassungsschutzänderungsgesetz, Studie des BfV: Infiltration ausländischer Gastarbeiter in der Bundesrepublik (September 1965).

283 Für die 1950er Jahre legen dies auch die Ergebnisse zur Rolle der Bundesanwaltschaft bei rechtsradikalen politischen Strafsachen nahe, vgl. Kießling/Safferling, Staatsschutz, S. 290–328. Zum „antitotalitaristischen Narrativ" der frühen Bundesrepublik vgl. insb. Rigoll, Staatsschutz, S. 9 f.

284 Vgl. hierzu u. a. die Ausführungen bei Rebić, Teror, S. 111–113. In dieser Hinsicht sei auch auf den beeindruckend parteiischen Beitrag im Fernsehmagazin „Panorama" (4.5.1970) unter dem bezeichnenden Titel „Kroatische Mafia" verwiesen, abrufbar unter: https://daserste.ndr.de/panorama/archiv/1970/panorama2661.html (17.8.2021).

285 Hierzu passt, dass das BfV auf dem Höhepunkt des Kalten Kriegs und im Zuge der Hallsteindoktrin auch ein Büro im Erstaufnahmelager Valka unterhielt. Über dieses bemühte es sich auch um Verbindungen in kroatische Emigrantenkreise in Stuttgart und München, vgl. HDA, 1561, 1.14-7.

Im Zuge innen- und sicherheitspolitischer Koordinatenverschiebungen lässt sich dem Historiker Klaus Weinhauer zufolge eine generelle Aufwertung und Akzentuierung der Sicherheitspolitik nach innen beobachten, die zuvor noch ein „Primat der Außenpolitik“ gewesen sei und deren Beobachtungsobjekte in der im Wandel begriffenen Gesellschaft der späten 1960er Jahre zugleich immer flexibler wurden.[286] Wie dabei mit migrantischen Akteuren umzugehen sei, die zwar nicht unmittelbar den westdeutschen Staat und seine verfassungsmäßige Grundordnung angriffen, jedoch zunehmend Gewalt als Strategie zur Durchsetzung ihrer Ziele einsetzten, kann durchaus als Teil derartiger Zäsuren betrachtet werden. Politische Akteure warfen diese Frage im Laufe der 1960er Jahre denn auch mehrfach auf. So wurde das Thema auf der Innenministerkonferenz (IMK) im Juni 1963 erstmals auf die Tagesordnung gesetzt und zur weiteren Prüfung an den Koordinierungsausschuss zur Bekämpfung verfassungsfeindlicher Bestrebungen weiterempfohlen.[287] Das BMI griff die Initiative im Jahr 1964 auf und schlug vor, den § 3 des in diesem Kontext maßgeblichen „Gesetzes über die Zusammenarbeit des Bundes und der Länder in Angelegenheiten des Verfassungsschutzes“ (im Folgenden: „Verfassungsschutzgesetz“) aus dem Jahr 1950 zu ändern und um einen Passus zu erweitern. In diesem Sinne sollten sich die Aufgaben des Verfassungsschutzes zukünftig auch auf „die Beobachtung radikaler Ausländerorganisationen [erstrecken], die vom Boden der Bundesrepublik aus mit terroristischen und geheimbündlerischen Mitteln Einfluß auf die politischen Verhältnisse ihres Heimatstaates zu nehmen versuchen“.[288] Dieser Vorstoß zielte nicht allein auf eine Verbesserung der Koordination und des interamtlichen Wissensaustausches, sondern generell darauf ab, den Auftrag der ÄfV auf Personengruppen auszuweiten, deren politische Betätigung „die Beeinflussung der Verhältnisse des jeweiligen Heimatlandes“ erwirken wolle. Diese agierten zwar in der Regel nicht direkt gegen die Bundesrepublik und ihre demokratische Ordnung, deren „Beeinträchtigung“ sei gleichwohl als „Nebenwirkung“ ihrer Aktivitäten zu betrachten.[289] Offensichtlich war hierbei die Orientierung an den im gleichen Jahr in Kraft getretenen Novellierungen des Vereinsrechts (§ 14, Abs. 1 VereinsG), nach denen sogenannte „Ausländervereine [...] bei Vorliegen einer ‚Beeinträchtigung der erheblichen Belange der Bundesrepublik‘“ verboten werden konnten.

---

286 Weinhauer, Terrorismus, S. 234 f. Hierbei spielte nicht zuletzt der Aufstieg der „Neuen Linken“ eine zentrale Rolle. Ein hergebrachtes, gleichsam monolithisches Feindbild des Kommunismus wurde immer zweifelhafter, was sich auch auf die Arbeit der ÄfV niederschlug, vgl. hierzu Goschler/Wala, Verfassungsschutz, S. 201.

287 Die Initiative kam insofern nicht vom Bundesrat, vgl. für diese Behauptung Schulz, Grundordnung, S. 349.

288 Vgl. diese Entwicklungen zusammenfassend BArch, B 106/102048, Protokoll des Koordinierungsausschusses, Übersicht bisheriger Entwicklungen (21.10.1964); Internes Schreiben an die Referatsleiter im BMI (1.6.1965).

289 Ebenda, Vorschlag des Referats VI A 3 über die Ergänzung des „Gesetzes über die Zusammenarbeit des Bundes und der Länder in Angelegenheiten des Verfassungsschutzes“ (14.9.1964).

Widerspruch entzündete sich dabei nicht nur an der genauen Formulierung, mit der die neue Zuständigkeit der Verfassungsschutzbehörden gerechtfertigt werden sollte. So bestand selbst innerhalb des BMI ein grundsätzlicher Dissens darüber, inwiefern dies überhaupt rechtens und erstrebenswert sei.[290] Das Bundesamt für Verfassungsschutz sprach sich dabei für eine expansive Auslegung des eigenen Auftrags aus:[291] In der Tat bestehe die „Notwendigkeit, die unerwünschte politische Betätigung von Ausländern zu beobachten, wenn sie den Gesetzen und Interessen der Bundesrepublik nicht entsprechen", und es verwies zur Begründung auf den Verfassungsgrundsatz der „Völkerverständigung und Friedensordnung".[292] Im Gegensatz auch zu Akteuren aus seiner eigenen Behörde gelangte Ignaz Ostermaier vom federführenden Referat im BMI (VI A3) zu einer ähnlichen Einschätzung und unterstrich, dass von Emigrantenorganisationen eine klare Beeinträchtigung der „Friedensordnung" ausgehen könne.[293] Auch ein liberal verstandener Verfassungsschutz müsse die „Abwehr von Bestrebungen [umfassen], die sich gegen den Gedanken des Völkerfriedens richten".[294] Zwei Jahre später argumentierte mit einer ähnlichen Stoßrichtung in der lange andauernden Debatte auch Heinrich von Lersner vom Referat VI A2: „Der Gedanke der Völkerverständigung [stelle] einen elementaren Grundsatz unserer Verfassung dar", den Emigrantenverbände mit ihren gegen die politischen Verhältnisse des Herkunftslandes gerichteten Tätigkeiten missachteten, was „notwendig eine Verletzung der freiheitlich-demokratischen Grundordnung" bedeute.[295] Begriffe wie „Friedensordnung" oder „Völkerverständigung" waren freilich stark dehnbar. Dies kritisierten auch die Innenministerien der Länder: Abgesehen vom Innenminister Bayerns, wo Migranten und ihre Verbände bereits seit den frühen 1950er Jahren ein gesondertes Objekt des LfV waren, wendeten sich sämtliche seiner Länderkollegen gegen einen derartigen „Blankoscheck" für die ÄfV.[296]

Auch wenn sich damit keine Mehrheit für eine Gesetzesänderung fand und das Vorhaben vom BMI zunächst fallengelassen wurde, hielt das Ministerium an der

---

290 So kam Ministerialrat Schiffer (Referat I A1) zum Schluss, dass Exilorganisationen eindeutig keine Bedrohung der verfassungsmäßigen Ordnung darstellten, wenn ihre Tätigkeit primär auf die Verfasstheit des Herkunftsstaats abzielte. Die Tätigkeiten der involvierten Akteure seien dementsprechend nicht Aufgabe der ÄfV, vgl. ebenda, Kommentar zum Erlassentwurf (16.12.1966).

291 Der pauschalen Aussage, dass bei den ÄfV im Jahr 1964 aufgrund von Sprachbarrieren noch „Skepsis überwogen" habe, kann daher nicht gefolgt werden, vgl. Goschler/Wala, Verfassungsschutz, S. 281.

292 BArch, B 443/2370 & 2371, Vermerk, BfV (9.12.1964).

293 BArch, B 106/102048, Aktenvermerk, BMI (8.12.1964).

294 BArch, B 443/2370 & 2371, Aktenvermerk, Referat VI A3 (November 1964).

295 BArch, B 106/102048, BMI an BfV, Entwurf eines Schreibens (November 1966).

296 Parteiübergreifend bezweifelten sie das Bedrohungspotenzial der Emigrantenverbände, deren Arbeit sich nicht primär gegen die staatliche Ordnung der Bundesrepublik richte und damit nicht dem Mandat der ÄfV zuzuschlagen seien, vgl. ebenda, Antworten der Länderinnenministerien auf den Vorstoß des BMI.

grundsätzlichen Notwendigkeit fest, die Arbeit politisch aktiver Emigrantenverbände mit nachrichtendienstlichen Mitteln verfolgen lassen zu können. In einem dementsprechenden Erlass an die ÄfV vom September 1968 verzichteten die zuständigen Beamten zwar auf die strittige Formulierung der „Friedensordnung“. Zugleich wurde aber festgestellt, dass eine konkrete Anlassgebundenheit nicht notwendig sei, da „erfahrungsgemäß [...] damit gerechnet werden muss“, dass „radikale Emigrantenorganisationen“ unter Gastarbeitern besonders aktiv und Ermittlungen in diesem Bereich insofern gerechtfertigt seien, „ohne daß im Einzelfall zunächst konkrete Anhaltspunkte für eine verfassungsfeindliche Tätigkeit vorliegen“.[297] Wiederum regte sich Widerstand an diesem Vorstoß, wobei es nicht nur um die Abgrenzung von Verfassungsschutz- und Polizeiarbeit ging, sondern auch um die begrenzten Ressourcen der Landesbehörden.[298]

Weiter oben wurde schon darauf hingewiesen, dass das BfV seinen Ermittlungsauftrag schon seit den frühen 1960er Jahren genauso interpretiert hatte, wie es der neue Erlass anordnete, und etwa auch die „kroatische Ustaschabewegung“ zum Zielobjekt erklärt hatte. Hieraus folgte jedoch wenig. Das Bundesamt war dramatisch unterbesetzt: Anfang 1969 waren lediglich fünf Personen für das gesamte Spektrum der „Ostemigration“ angestellt. Generell wurde beklagt, dass die „nachrichtendienstliche Abdeckung“ von Emigrantengruppen in hohem Maße von der Kooperation mit den Landesämtern abhänge. Insbesondere in den Ländern mit einer großen Anzahl aktiver Emigrantengruppen wie Nordrhein-Westfalen und Hessen sei der Kenntnisstand jedoch erschreckend gering.[299] Auch ein Mitarbeiter des baden-württembergischen LfV klagte über mangelhafte Möglichkeiten der nachrichtendienstlichen Tätigkeit unter Migranten.[300] Die Landesämter für Verfassungsschutz, so der Amtsleiter in Hamburg, seien auf Grundlage ihrer bisherigen Kompetenzen und der daraus folgenden personellen und finanziellen Ausstattung schlichtweg nicht in der Lage, die Tätigkeit von Emigranten zu überwachen.[301] Einem internen Schreiben des BfV zufolge sahen sich – wiederum mit der Ausnahme Bayerns – auch nach dem Erlass vom September 1968 die meisten LfV für die Beobachtung der „Ostemigration“ deshalb nicht zuständig.[302] Dieser zeitigte damit kaum Konsequenzen. Der

---

297 BArch, B 443/2370 & 2371, BMI an BfV, Erlass (10.9.1968).

298 Besonders kritisch: BArch, B 106/102048, MI NDS an BMI (30.9.1968). Zum Mangel an sprachkundigem Personal sowie an Expertise und finanziellen Mitteln zur Anwerbung von Informanten unter ost- und südosteuropäischen Migranten vgl. auch Goschler/Wala, Verfassungsschutz, S. 92 f.

299 Vgl. BArch, B 443/2370 & 2371, Abt. II an ZF (BfV) (7.2.1969).

300 So wurde beklagt, dass „die meisten kaum Deutsch [verstünden] und die V-Mann Führung entsprechend schwierig [sei]“. Zudem seien die potenziellen Informanten häufig nur mit geringer Schulbildung ausgestattet, was dann einen Zeitaufwand erforderlich mache, „der über die normalen nachrichtendienstlichen Erfahrungswerte auf diesem Gebiete weit hinausgeht“, vgl. LAV BW, HStAS: EA 2/203, Bü 126, Bericht des LfV BaWü (Dr. Lahnstein) über die verfassungswidrige Betätigung von ausländischen Gastarbeitern an MI BaWü (23.2.1963).

301 BArch, B 443/2370 & 2371, LfV Hamburg an BfV (10.12.1964).

302 Ebenda, Abt. II A an ZF (BfV) (7.2.1969).

Staatssekretärsausschuss für das geheime Nachrichtenwesen bemängelte bereits im Januar des Folgejahres, dass die Maßnahmen zur „vorbeugenden Bekämpfung terroristischer Aktivitäten von Ausländerorganisationen“, insbesondere hinsichtlich der „Tätigkeit jugoslawischer Emigrantenorganisationen“, unbefriedigend seien.[303] Auch das BfV konstatierte in ähnlicher Absicht, dass der Erlass letztlich folgenlos bleiben müsse, da eine unmittelbar verfassungsfeindliche Bestrebung – selbst wo Verbindungen zu deutschen Akteuren der extremen Rechten oder der studentischen Neuen Linken vorlägen – bei ausländischen Politaktivisten nur selten existiere. Der entsprechende Passus im Erlass könne die aus der Sicht des Hauses dringend benötigten Beobachtungsmaßnahmen nicht rechtfertigen.[304]

Im gleichen Vermerk aus dem Januar 1970 plädierte das BfV deshalb für eine grundsätzliche Änderung des geltenden Rechts, bei der nicht mehr die Neuinterpretation der Bedrohungspotenziale der freiheitlich-demokratischen Grundordnung und deren Erweiterung durch die Tätigkeit von radikalen Emigrantengruppen im Mittelpunkt stehen sollte. Vielmehr sollte es um deren Beobachtung gehen, gänzlich „unabhängig davon, ob diese Tätigkeit sich gegen die verfassungsmäßige Ordnung richtet“, was zugleich mit einer Forderung nach einer massiven Aufstockung der Gelder und Ressourcen verknüpft wurde.[305] Eckart Schiffer, Referent in „der Verfassungsabteilung“ V des BMI, blieb zwar bei seiner bereits in den vorangegangenen Jahren vertretenen Position, dass Aktivitäten von Exilkroaten wenn überhaupt ein Vergehen gegen den Gedanken der Völkerverständigung darstellten, welches jedoch ausdrücklich nicht unter die durch das BfV zu schützenden Aspekte der demokratischen Grundordnung falle. Zugleich erteilte er der Kompetenzerweiterung für die ÄfV keine gänzliche Absage mehr. Diese scheitere letztlich an der gegenwärtigen Rechtslage, deren Modifikation aber mit einer vorherigen Verfassungsänderung möglich sei.[306] Diese grundsätzliche Bereitschaft hing mit einem fundamental gewandelten Kontext zusammen, aufgrund dessen die Möglichkeit einer Kompetenzerweiterung deutlich „günstiger“ ausfiel, als dies noch zum Zeitpunkt des ersten Erlasses ein knappes Jahr zuvor der Fall gewesen war. Das hatte weniger mit den Taten von Exilkroaten zu tun, wenngleich diese mit Bombenanschlägen auf Personenzüge und Orte des öffentlichen Lebens in Jugoslawien ebenfalls immer brutalere Formen annahmen. Vielmehr war mit den Anschlägen radikaler palästinensischer Aktivisten eine neue Bedrohungslage auf den Plan getreten, die die Bundesbehörden praktisch unvorbereitet traf.[307] Diese Taten bewirkten mehrere politische Ad-hoc-Maßnahmen,

---

303 BArch, B 106/102048, ÖS I 2 an ÖS I 5 (25.3.1969), „Tätigkeit jugoslawischer Emigrantenorganisationen in der Bundesrepublik“.

304 BArch, B 443/2370 & 2371, Vermerk, Abt. III A (29.1.1970).

305 Ebenda.

306 BArch, B 443/2370 & 2371, Zusammenfassung ÖS I2 an ÖS I1 (7.7.1969)

307 Zwischen 1968 und 1970 ereigneten sich insgesamt 13 Anschläge arabischer Fedajin. Vor allem waren es zwei Attentate auf Flugzeuge in München und Frankfurt im Februar 1970 sowie ein Sprengstoffanschlag auf die Firma Strüver in Brühl im Jahr darauf, die die deutschen Sicherheits-

die im Rückblick durchaus in einem Zusammenhang mit einem immer umfassender verstandenen Sicherheitsbegriff der sozialliberalen Koalition verstanden werden können und die im „Sofortprogramm Innere Sicherheit“ von 1972 mündeten.[308]

Ein entscheidendes juristisches „Einfallstor“ für die späteren organisatorischen und rechtlichen Änderungen im „innerstaatlichen Gewaltapparat“, so die Polizeihistoriker Albrecht Funk und Falko Werkentin, stellten dabei die Notstandsgesetze vom Mai 1968 dar, die der Exekutive weitreichende Sonderrechte einräumten.[309] Schon im November 1969 brachte Bundesinnenminister Genscher bei einem Besuch im BfV die Notwendigkeit einer Beobachtungsintensivierung radikaler Ausländergruppen durch die Behörde ins Spiel und kündigte an, einen Teil des bisherigen Auswertungsreferats für Rechtsextremismus für die „Beobachtung ausländischer Terrorgruppen“ einzuplanen.[310] Ein Erlass zur besonderen Beobachtung „arabischer terroristischer Bestrebungen“ erging nach dem ersten Angriff auf ein Flugzeug der israelischen EL-Al am 13. Februar. Nur eine Woche später gab das BMI eine Weisung zur Schaffung der für die Beobachtung ausländischer Akteure erforderlichen Strukturen im BfV heraus und noch am selben Tag lud das Ministerium in einem Schnellbrief zu einer Besprechung der Ausarbeitung eines neuen Verfassungsschutzgesetzes ein.[311]

Im Gegensatz zu vorherigen rechtlichen Konstruktionen argumentierte dieser Gesetzesentwurf nicht mehr mit dem Konzept der „Friedensordnung“ und seinem Verfassungsrang. Es wurde hierin vielmehr vorgeschlagen, künftig auch solche Tätigkeiten in die Beobachtung der ÄfV einzubeziehen, die sich ausdrücklich „nicht gegen die Bundesrepublik oder ihre Staatsgeheimnnisse richtet“.[312] Da eine derartige Kompetenzerweiterung für die Verfassungsschutzbehörden vom Grundgesetz nicht gedeckt war, wurde zugleich eine Ergänzung der Artikel 73 und 87 GG angestrebt, anhand derer zukünftig auch die Beobachtung von „Bestrebungen von Ausländern im Bund [angeordnet werden könne], die die Sicherheit oder auswärtigen Belange der Bundesrepublik Deutschland gefährden“. Diese Tätigkeit der ÄfV solle klar „als selbstständige Befugnis“ konzipiert werden, die mit der ursprünglichen Tätigkeitsbeschreibung des Verfassungsschutzes nicht abgedeckt gewesen sei.[313] Es gehe in diesem Sinne folglich nicht mehr „nur um eine Klarstellung, sondern um eine echte

behörden in Alarmbereitschaft versetzten, vgl. hierzu Dahlke, Staat, S. 58 f.; Slobodian, Borders, S. 210. Vgl. hierzu grundsätzlich und unter Einbeziehung arabischsprachiger Quellen auch Prestel, Heidelberg.

308 Vgl. hierzu sehr detailliert und quellengesättigt Hürter, Anti-Terrorismus-Politik.

309 Funk/Werkentin, Materialien, S. 704 f.

310 BArch, B 106/102048, Referat ÖS I2, Vermerk „Überwachung radikaler Ausländergruppen durch das BfV“ (12.1.1970).

311 BArch, B 443/2370 & 2371, Erlass BMI (13.2.1970); Weisung (19.2.1970); Schnellbrief an MI (19.2.1970).

312 BArch, B 106/102048, Ergebnisvermerk (23.3.1970), Hervorhebung im Original.

313 BArch, B 106/81227, Beobachtung radikaler Ausländergruppen durch die Behörden des Verfassungsschutzes, BMI an MI, Begründung des Gesetzesentwurfs (10.3.1970), S. 4, Zitat S. 3.

Ergänzung des Grundgesetzes", die mit einem beschleunigten Verfahren angestrebt wurde.[314] Die weiter oben zitierten Vorschläge des BfV, denen im Jahr 1968 vom BMI noch eine Absage erteilt worden war, waren nun Gegenstand einer Gesetzesinitiative des Ministeriums geworden. Sie wurden hinsichtlich der Verfahrensweise und des Inhalts der vorgesehenen Änderungen von den Innenministern der Länder, die zuvor noch vielfach gemauert hatten, ebenfalls grundsätzlich befürwortet.[315]

Es wurde angestrebt, die Beobachtung von Ausländern durch die ÄfV zu ermöglichen, selbst wenn diese gar keine Bedrohung der verfassungsmäßigen Ordnung darstellten. Auf dieser Grundlage konnte es sich als ausreichend erweisen, sollte sich künftig eine fremde Regierung durch politische Aktivitäten von Migranten in der Bundesrepublik gestört fühlen. Genau dieser Aspekt der vorgeschlagenen Änderungen zog eine Debatte im Rechtsausschuss des Bundestags nach sich, bei der vor allem die Fraktion der CDU/CSU, trotz ihrer grundsätzlichen Zustimmung zur Kompetenzerweiterung für die ÄfV, die gesonderte Aufführung von Ausländern im Grundgesetzentwurf als stigmatisierende Maßnahme kritisierte. Mit ihr könne die Überwachung von Ausländern „aus ideologischen Gründen nach Belieben ausgedehnt werden" und so etwa auch deren berechtigter Protest gegen die Verhältnisse in ihren Heimatländern in demokratisch akzeptabler Form unterbunden werden. Das Wirken der exilkroatischen Verbände führten die Abgeordneten von CDU/CSU und insbesondere ihr Wortführer Lorenz von Thadden, der als vehementer Gegner der Bestimmungen auftrat, als besonders problematisches Beispiel an.[316] Trotz dieses Verweises auf die vermeintliche Diskriminierung von Ausländern und den potenziell willkürlichen Passus der „auswärtigen Belange" blieb die Regierungsfraktion bei ihrer Position. Die „auswärtigen Belange" müssten als Formulierung Eingang in die anvisierte Gesetzesänderung finden. Nur mit ihrer Hilfe sei eine Beobachtung von Akteuren gewährleistet, die – wie die „kroatischen Bruderschaftler" – die auswärtigen Beziehungen berührten. Sollte diese Bestimmung herausfallen, würde „die Bundesrepublik tatsächlich zu einem Dorado ausländischer Extremisten und Terroristen".[317] Der Ministerialdirektor im BMI und spätere Präsident des BfV Günther

---

314 BArch, B 106/102048, BK Brandt an Präsidenten des Bundesrats (13.8.1970).

315 BArch, B 443/2370 & 2371, Vermerk, Abt. III A (29.1.1970).

316 Goschler/Wala, Verfassungsschutz, S. 293 f. Inwiefern hier auch, wie Goschler und Wala nahelegen, eine „kroatische Lobby" im Hintergrund wirkte, konnte auf Grundlage der verfügbaren Quellen nicht rekonstruiert werden. Angesichts des ansonsten klaren Bekenntnisses von Thaddens zur deutschen Schuld während des Zweiten Weltkriegs und seines Engagements hinsichtlich einer aktiven Entspannungspolitik, die sogar eine Reise in das stalinistische Albanien umfasste, scheinen überbordende Sympathien gegenüber der kroatischen Emigration eher unwahrscheinlich. Vgl. Thadden, Welt, S. 354 f.

317 BArch, B 106/102049, Gesetz über die Zusammenarbeit des Bundes und der Länder in Angelegenheiten des Verfassungsschutzes, Referat ÖS 2 (Heuer), Überwachung radikaler Ausländer (15.2.1972).

Nollau schlug daher vor, sowohl den Schutz der „auswärtigen Belange“ *als auch* der „Sicherheit“ ins Grundgesetz aufzunehmen.[318]

Letztlich gab die Regierungsfraktion gegenüber der Opposition nach. Da der immer stärkeren Aktivität „extrem-radikaler Gruppen“ dringend begegnet werden müsse, wurde auf den Punkt der „auswärtigen Belange“ verzichtet, zugleich jedoch ein undifferenzierter Sicherheitsbegriff als Gegenstand der Tätigkeiten der ÄfV festgeschrieben.[319] Aus der Frage nach der Überwachung von Exilkroaten und anderen Ausländergruppen war eine viel weitreichendere Regelung entstanden, die den Verfassungsschutz nicht mehr ausschließlich mit dem Schutz der Verfassung, sondern mit der allgemeinen Schaffung von „Sicherheit“ beauftragte.[320] „Innere Sicherheit“ umfasse diesem Verständnis nach ausdrücklich auch „Bestrebungen [...], die darauf abzielen, das friedliche Zusammenleben der Bürger untereinander zu stören, die also insbesondere Unfrieden zwischen einzelnen Bevölkerungsgruppen hervorrufen, fortdauern oder verstärken lassen können.“ Auch Gewalt oder die Vorbereitung von Gewalt, etwa durch die Ausarbeitung von Anschlagsplänen, die „die auswärtigen Belange der Bundesrepublik gefährden“, sollten fortan unter das Mandat der ÄfV fallen. Vorbereitung wurde in diesem Sinne äußerst weit aufgefasst als „Verhalten, das die Durchführung eines Gewaltaktes fördert“, was zugleich nicht die „scharfe Kritik an einem ausländischen System“ umfassen solle.[321] Dieser Einschränkungen ungeachtet, die in der Praxis natürlich einen Interpretationsspielraum eröffneten, und auch trotz der „Gewaltklausel“, die in vorherigen Entwürfen noch nicht Teil des Gesetzes gewesen war und wohl ein Zugeständnis gegenüber den Bedenken der Unionsparteien vor zu weitreichenden Überwachungsmöglichkeiten der „Ostemigration“ darstellte, brachten die Neuregelungen – auch für die Beobachtung und Überwachung von Exilkroaten und ihre Tätigkeiten – potenziell weitreichende Konsequenzen mit sich.[322] Den Historikern Michael Wala und Constantin Goschler zufolge öffnete das Verfassungsschutzänderungsgesetz „die Tür zu einem neuen expansiven Verständnis der Aufgaben des Bundesamts“ und stellte damit einen Indikator für eine gewandelte *Sicherheitskultur* dar.[323]

---

318 BArch, B 443/2370 & 2371, Nollau (BMI) an Hellmut Sieglerschmidt, MdB & Vors. des Innenausschusses (13.3.1972).

319 BArch, B 106/102049, Informationsvermerke über Sitzungen des Rechtsausschusses von ÖS 2 (12.6.1972; 20.6.1972).

320 Vgl. auch Goschler/Wala, Verfassungsschutz, S. 298.

321 Alle Zitate in: BArch, B 443/2370 & 2371, BMI an BfV (8.9.1972).

322 Vgl. zu diesen Möglichkeiten und inwiefern sie ausgeschöpft wurden, weiter unten.

323 Goschler/Wala, Verfassungsschutz, S. 295 f. Zu Begriff und Konzept der Sicherheitskultur, die als „soziales Feld [...] zwischen öffentlichen Deutungsmustern, wissenschaftlichen Expertisen und staatlichen Regularien“ verstanden wird, vgl. Daase/Offermann/Rauer, Einleitung.

3 Die Erfindung des „Ausländerextremismus". Exilkroaten und die Politik der inneren Sicherheit

Bei den im letzten Teil geschilderten Maßnahmen zur Erweiterung der Kompetenzen der Verfassungsschutzbehörden auf migrantische Aktivisten, die Anfang der 1970er Jahre in einem neuen Verfassungsschutzgesetz mündeten, spielten die bis Mitte der 1960er noch als hauptsächliche Referenzgruppe herangezogenen Exilkroaten nur noch eine untergeordnete Rolle.[324] Die Erörterungen hierzu und die Notwendigkeit einer Gesetzesänderung zur Legitimierung erweiterter Zuständigkeiten, welche „sowohl rechtstaatlichen Erfordernissen wie den praktischen Notwendigkeiten Rechnung [trügen]", wurden primär mit der neuen Herausforderung durch palästinensische Terrorgruppen begründet.[325] Hierfür ist sicher auch das Missverhältnis in Betracht zu ziehen, das zwischen deren zum Teil äußerst brutalem Vorgehen auf der einen und der praktischen Unkenntnis der Verfassungsschutzbehörden über den Täterkreis auf der anderen Seite herrschte.[326]

Im Oktober 1970 und März 1971 wurden das sogenannte „Reformprogramm zur Inneren Sicherheit" und das „Schwerpunktprogramm Innere Sicherheit" beschlossen.[327] Insgesamt hatte dies einen massiven Kompetenzgewinn und personellen Ausbau der Sicherheitsakteure auf Bundesebene zur Folge. Neben den im vorangegangenen Abschnitt bereits besprochenen Kompetenzausweitungen für das BfV, das im Jahr 1973 dreimal so viele Mitarbeiter wie noch 1965 hatte,[328] wurde im Zuge von Gesetzesreformen auch das BKA finanziell und personell massiv aufgestockt.[329] BfV und BKA sowie die entsprechenden Ämter auf Ebene der Länder entwickelten sich so im Laufe der frühen 1970er Jahre zu den zentralen Exekutivorganen einer sozialli-

---

324 Sogar 1972 hatte sie der Ausländerreferent im BMI als „Ausländerproblem Nr. 1" bezeichnet. Für diese Äußerung, die allerdings gegenüber den jugoslawischen Gastgebern beim Besuch Genschers in Belgrad fiel und insofern auch zum Teil schlicht dem Anlass geschuldet war, vgl. PA AA, B 42, 299, Vermerk zum Gespräch vom 19.4.1972 (5.5.1972). Auch Tokić hat auf sie verwiesen, Tokić, Croatian Radical Separatism, S. 2.

325 Zur Illustration vgl. BArch, B 106/102048, Vermerk, Betr. Beobachtung arabischer terroristischer Bestrebungen im Bundesgebiet durch die Ämter für Verfassungsschutz (12.3.1970).

326 Erst im Dezember 1969 stellte das BfV einen ersten Bericht über diese Personengruppe zusammen. Da die Zusammenarbeit mit arabischen Geheimdiensten offenbar schon an der unterschiedlichen Bewertung der Taten scheiterte, kam die einzige externe Grundlage hierfür von Studien des österreichischen und schweizerischen Staatsschutzes, vgl. BArch, B 443/2370 & 2371, Vermerk II/A-4 (BfV) (12.3.1970).

327 Dahlke, Staat, S. 49 f.

328 BKA hatte 1965 548 Planstellen, 1973 waren es 2062 und 1979 schließlich 3189; beim BfV waren es im Jahr 1960 noch 523 Stellen, im Jahr 1965 920 Stellen und 1973 schon 1459 Stellen, vgl. Busch/Funk/Kauß, Polizei, S. 79.

329 Vgl. hierzu weiter unten. Bundesinnenminister Maihofer bezeichnete das BKA zu seinem 25-jährigen Bestehen gar als „Mekka der Kriminalisten in aller Welt", vgl. Mangold, Fahndung, S. 155.

beralen Innen- und Sicherheitspolitik.[330] Als Aspekt eines zeitgenössischen Planbarkeitsoptimismus zielte jenes neue Sicherheitsverständnis nicht zuletzt auf Prävention sowie die „Selbstregulierung von Individuen“ ab.[331] Hiermit ging auch eine Neukonzeption demokratischer *governance* „von reiner Herrschaft zum ‚Geschäft‘ der Lenkung, Führung, Koordination eines Gemeinwesens“ einher. Dies implizierte zugleich eine Überwindung des Dualismus von „Staat“ und „Gesellschaft“.[332] Die Politik der Inneren Sicherheit war in diesem Sinne ein wesentlicher Aspekt des Wandels von Staatlichkeit während der 1970er Jahre und ist charakteristisch für das Zurückweichen eines alten Staatsschutzdenkens, hin zu einer verstärkt gesellschaftsorientierten Dimension von Sicherheit.[333] Diese neuen Einschätzungen wurden primär in der Auseinandersetzung mit den staatlichen Reaktionen auf linke Gewalt entwickelt und unbestreitbar stellten die Forderungen vor diesem Hintergrund nach einer handlungsfähigen Exekutive und wehrhaften Institutionen die wesentliche Triebfeder für die sicherheitspolitischen Transformationsprozesse dar.[334] Hieran anknüpfend wird in den folgenden Ausführungen genauer zu prüfen sein, inwiefern eine „gesellschaftliche Dimension“ bzw. eine verstärkt präventiv und deradikalisierend gedachte Innere Sicherheit sich auch hinsichtlich der kroatischen Exilpolitik bzw. der Eindämmung ihrer gewaltsamen Auswüchse konstatieren lässt.[335]

3.1 Prämissen einer diskursiven Formation und ihre Konsequenzen für die Verfassungsschutzarbeit

Mit dem Wandel in der Zuständigkeit des Verfassungsschutzes für politisch aktive Ausländergruppen trat ein allein totalitarismustheoretisch definiertes Begriffsarsenal zur Gefahrenidentifikation in den Hintergrund bzw. wurde zunehmend ergänzt

---

330 Vgl. u. a. Kunz, Sicherheitsdiskurs, S. 45 f. Zur Begriffsgeschichte ist es jedoch wichtig festzuhalten, dass nicht erst seit den späten 1960er Jahren, sondern bereits in den 1950ern von „Innerer Sicherheit“ die Rede war – wenngleich mit unterschiedlicher Bedeutungsebene, vgl. Rigoll, Liberalisierung.

331 Saupe, Historisierung.

332 Scheiper, Sicherheit, S. 196.

333 Gabriele Metzler hat in dieser Zeit denn auch eine Zäsur hin zu einem weniger sichtbaren und subtileren, zugleich technologisch hoch entwickelten und präsenteren Staat identifiziert, vgl. Metzler, Terrorismusbekämpfung, S. 135. Dominik Rigoll betont hingegen, dass das BMI – bei aller liberalisierender Rhetorik der 1970er Jahre – in der Praxis nach wie vor einem „Staatsschutzdenken“ anhing, vgl. Rigoll, Kampf, S. 486.

334 Vgl hierzu grundlegend Hanshew, Terror, S. 114–118.

335 Dies knüpft an die Forderung an, den primär durch linke Akteure hervorgerufenen Wandel von Staatlichkeit auch auf den Umgang mit anderen gesellschaftlichen Gruppen – u. a. mit Migranten – zu befragen, vgl. Hanshew, Friend or Foe, S. 400.

durch die Kategorie des „politisch radikalen" bzw. „extremen Ausländers".[336] Scheinen die Begriffspaare „radikal" und „extrem" anfangs generell noch deckungsgleich verwendet worden zu sein, setzte sich letzterer Begriff ab den mittleren 1970er Jahren langsam durch. Auch die „sicherheitsgefährdenden Aktivitäten von Ausländern" wurden mit der Zeit schlicht als „Ausländerextremismus" zusammengefasst.[337] Zwar kamen auch bei diesem Begriff „die gängigen [...] Links-Rechts-Kategorien zum Tragen" und es wurde primär auf kommunistische oder nationalistische Akteure abgestellt. Zugleich aber stellten die kulturelle Fremdheit der Mitglieder entsprechender Organisationen und die geografische Verortung ihrer Ziele die wesentlichen Kriterien der Subsummierung unter diesen Begriff dar.[338]

In der größtenteils politikwissenschaftlichen Forschungsliteratur wird das Konzept des „Ausländerextremismus" vor allem mit dem Erstarken des politischen Islams in Verbindung gebracht bzw. mit diesem schlicht gleichgesetzt.[339] Seine Anfänge lassen sich indes weiter zurückverfolgen. So war im ersten öffentlich zugänglichen Bericht des BfV für das Jahr 1968 noch in alter Manier von „kommunistischen" bzw. „rechtsextremen Strömungen" unter Migranten die Rede. Ein Jahr später tauchte bereits der Unterpunkt der „sicherheitsgefährdenden Bestrebungen von Ausländern" auf, unter dem so unterschiedliche Akteure wie Exilkroaten, Al-Fatah oder kommunistische griechische Gruppierungen aufgeführt wurden.[340] Die Erweiterung des Extremismuskonzepts auf Ausländer reagierte insofern auf bestimmte Entwicklungen, für die das bisherige Staatsschutzrepertoire schlichtweg noch keine angemessenen Konzepte kannte, zeitigte aber auch Folgen hinsichtlich der Gefahrenkonstruktion.[341] So entwickelte sich der Begriff in den Folgejahren zu einer Art *catch all-*

---

336 Zum „Radikalismusbegriff" und zu seinen engen semantischen Bezügen zu dem der „Revolution" vgl. Wende, Radikalismus.

337 Nach Absprache mit dem BMI wurden im Jahr 1974 die Leiter aller Abteilungen im BfV gebeten, zukünftig „Extremismus" und „extremistisch" anstatt „Radikalismus" und „radikal" zu verwenden, vgl. BArch, B 443/736. Geschäftsverteilungspläne, BfV I/1 an die Herren Abteilungsleiter, Bezeichnung „Radikalismus" und „Extremismus" (29.7.1974). Zur Begriffsgeschichte des Extremismusbegriffs vgl. auch Oppenhäuser, Extremismus-Konzept.

338 Rodatz/Scheuring, Integration, S. 168.

339 Vgl. hierfür etwa den Einführungsband von Kailitz, Extremismus. Dies gilt auch für einen Großteil der enorm einflussreichen Titel von Eckhard Jesse und Uwe Backes. Vgl. u. a. ihr mehrfach aufgelegtes Handbuch Backes/Jesse, Extremismus. In den meisten, speziell zum „Ausländerextremismus" verfassten Beiträgen findet keinerlei Historisierung statt, vgl. Schwan, Ausländerextremismus. In einem geschichtswissenschaftlichen Beitrag zum Extremismusbegriff findet wiederum der „Ausländerextremismus" keine Erwähnung, vgl. Bötticher, Extremismus.

340 Vgl. Bundesministerium des Innern (Hrsg.), Zum Thema bzw. Bundesministerium des Innern (Hrsg.), Verfassungsschutz 1969/70. Diese Terminologie galt auch für die internen Zusammenstellungen des BfV, vgl. etwa LAV BW, HStAS: EA 2/303, Bü 635, Vereine: Einzelfälle, „Politisch Radikale Ausländergruppen im Bundesgebiet" (1.9.1970) sowie „Entwicklung und Aktivität der Vereinigungen politisch radikaler Ausländer im Bundesgebiet" (1.10.1970).

341 Hierbei wird davon ausgegangen, dass mit Benennungspraktiken gesellschaftliche und politische Effekte einhergehen und staatliche Kategorien dabei einen wesentlichen Referenzrahmen für

Term innerhalb sicherheitspolitischer Diskurse und fand auch für Exilkroaten selbstverständliche Verwendung.[342]

Ein besonders eindringliches Beispiel hierfür lieferte die schon andernorts analysierte Berichterstattung im „Spiegel“, in der von den Olympiaanschlägen ausgehend die Präsenz von Migranten als generelles Sicherheitsrisiko gedeutet wurde. Neben dem Sicherheits- kam dabei auch ein Überfremdungsdiskurs zum Tragen, insofern das Attentat zu einer Zeit stattfand, in der die Realität der Einwanderungsgesellschaft auch medial mit zunehmend alarmistischem Unterton verhandelt wurde.[343] Hierbei wurde letztlich suggeriert, in Zukunft jegliche Form organisierter Exilaktivitäten unter den Generalverdacht der Unterstützerschaft von Gewalt zu stellen und dass die Beobachtung des vermeintlich entsprechenden Unterstützermilieus (alle Türken, alle Jugoslawen etc.) entsprechend erstrebenswert sei. In den späten 1970er Jahren hatte sich die Vokabel des „Ausländerextremismus“ so weit durchgesetzt, dass sie in Bezug auf sämtliche Aktivitäten von Ausländern angewandt wurde, die mit Gewalt in Verbindung gebracht werden konnten – unabhängig von der weltanschaulichen Prägung ihrer Urheber.[344]

Der Begriff des „extremistischen Ausländers“ bzw. des „Ausländerextremismus“ war und ist insofern inhaltlich stark unterdeterminiert. So wurde im ersten Bericht des baden-württembergischen LfV aus dem Jahr 1972, der „politisch radikale“ Ausländergruppen umfasste, konstatiert, dass „die Tätigkeit ausländischer Extremisten bisher nur im Rahmen des Auftrags möglich [gewesen sei], Informationen über Bestrebungen zu sammeln und auszuwerten, die gegen die freiheitliche demokratische

---

die Wissensproduktion bereitstellen, somit starken Einfluss auf die Konstruktion bestimmter Bedrohungsszenarien und die entsprechenden Lösungsansätze haben. Vgl. hierzu Dölemeyer/Mehrer, Einleitung, S. 18 f.; Wöhrle/Heim, Grenzmarkierungen. Für einen in dieser Hinsicht grundlegenden Text vgl. Weldes/Laffey/Gusterson/Duvall, Introduction, S. 9–15.

342 Besonders im Zuge der am Anfang dieser Arbeit bereits kurz skizzierten Debatte um den „Terroristenaustausch“ im Jahr 1978 und den folgenden Diskussionen wurden unter dieser Bezeichnung die kroatischen Emigranten adressiert, vgl. etwa BArch, B 136/17785, Auslieferung von 4 deutschen Staatsangehörigen aus Jugoslawien, BMI, Exiljugoslawische Extremisten. Abschlussbericht der interministeriellen Arbeitsgruppe (zugleich Vorschläge zur Bekämpfung des Ausländerextremismus allgemein) (15.2.1979).

343 So war im „Spiegel“ etwa von „70.000 Arabern“ die Rede, die den „Nahostkonflikt zwischen Hamburg und München aus[trügen]“; die hier lebenden Migranten aus der Türkei und Jugoslawien wiederum wurden im gleichen Atemzug als „Ausländerbrigade“ bezeichnet, die für „Explosionen, Brände und Schlägereien“ verantwortlich seien, vgl. o. V., „„Der Araber – dem ist nicht zu trauen‘“, in: Der Spiegel, 18.9.1972, S. 24–34. Die diskursive Konstruktion von Ausländern als Sicherheitsrisiko wurde noch zugespitzt und durch rassistische Repräsentationen angereichert: o. V., „Die Türken kommen – rette sich, wer kann“, in: Der Spiegel, 29.7.1973. Ausführlich zur Prägung rassistischer Diskurse kurz vor und nach dem „Anwerbestopp“ im Jahr 1973 vgl. Alexopoulou, Einwanderungsgesellschaft, S. 125–135.

344 Vgl. etwa PA BT, 3114, Innenausschuss, 8. WP, Bd. 5, Kurzprotokoll, 84. Sitzung des Innenausschusses (14.11.1978), TOP 3: Bericht des BMI zu Einzelfragen des Ausländerextremismus vom 24.9.1979.

Grundordnung des Bundes oder eines Landes gerichtet sind". Sie werde jedoch durch die meisten Gruppen gar nicht berührt, sondern es seien die „auswärtigen Belange der Bundesrepublik", die diese gefährdeten und die nun auch zum Gegenstand der hiesigen Behörde geworden seien.[345]

Diese Passage verdeutlicht einerseits den zunächst vor allem funktionalen Aspekt des Begriffs des „Ausländerextremismus". Das hatte zugleich konzeptionelle Folgen, insofern das alte Extremismuskonzept nicht einfach um eine dritte Dimension erweitert, sondern mit ihm ein zusätzlicher Gefahrenherd für Staat und Gesellschaft adressiert wurde. Dass nun auch „Bestrebungen von Ausländern [hierunter gefasst werden konnten, MT] die ihre internen Gegensätze auf deutschem Boden austragen und dabei die Sicherheit der Bundesrepublik verletzen", implizierte eine gleichsame Ablösung der Aufgaben der ÄfV von dem alleinigen Schutz der freiheitlich-demokratischen Grundordnung.[346] Zugleich ebnete jener Zusatz die alte Unterscheidung von „innerer" und „äußerer Sicherheit" in gewisser Weise ein, die die Debatten um die Zuständigkeitserweiterung der ÄfV noch geprägt hatte. Während zuvor die „Sicherheit nach innen" noch zumeist in einem funktionalen Verhältnis zur „äußeren Sicherheit" gestanden hatte und dabei die Position der Bundesrepublik im Kalten Krieg stabilisierte, trug das neue Verständnis auch der verstärkten Transnationalisierung des Terrorismusproblems Rechnung.[347] Dies galt für linke Gewaltgruppen und ihre internationalen Verbindungen,[348] aber auch für die Praktiken ausländischer Gewaltakteure in der Bundesrepublik. So wurde in einem Informationsvermerk im Bundeskanzleramt darauf hingewiesen, dass die interfraktionelle Einigung hinsichtlich des Kompetenzausbaus des Verfassungsschutzes nicht zuletzt der Tatsache geschuldet gewesen sei, dass eine Trennung zwischen deutschen und internationalen Akteuren in der Beobachtungspraxis schlicht nicht aufrechtzuerhalten sei. Stattdessen wurde die Position der Bundesrepublik in der Welt als ein von der inneren Stabilität nicht trennbarer Aspekt behandelt.[349] Der Ausländerreferent im BMI Gerhard Heuer hielt fest, dass die Bevölkerung „mit Recht" eine Verschärfung der bisherigen Maßnahmen verlange. Andernfalls würden sich „auch bei Anhängern der demokratischen Regierungsform die Zweifel daran [weiter verstärken],

345 LAV BW, HStAS: EA 1/107, Bü 351, Ausländerwesen, Bericht des LfV (1972).

346 BArch, B 443/2370 & 2371, BMI an BfV, Ausarbeitung über die rechtlichen Auswirkungen des Verfassungsschutzänderungsgesetzes (8.9.1972). Begriff und Konzept des „Ausländerextremismus" sind nach wie vor stark unterforscht, vgl. Gollasch, Extremismuskonzept, S. 37.

347 Conze, Suche, S. 481. Die Historisierung des spätestens seit dem 11.9.2001 stark thematisierten Phänomens transnationaler Gewalt hat bislang erstaunlicherweise noch kaum stattgefunden, vgl. Hänni, Einleitung.

348 Vgl. hierfür u. a. Terhoeven, Herbst.

349 BArch, B 136/3831, Informationsvermerk zum Zustandekommen einer interfraktionellen Einigung (o. D.).

ob die parlamentarische Demokratie noch in der Lage ist, Recht und Ordnung im Staat und die Sicherheit seiner Bevölkerung wirksam zu schützen“.[350]

Die neue Gefahrenlage vonseiten ausländischer und migrantischer Gewaltakteure, die ab den späten 1960er Jahren erkannt wurde, und die darauffolgende Ausweitung des Politikfeldes der Inneren Sicherheit betraf auch die personelle Ausstattung der ÄfV hinsichtlich deren nachrichtendienstlicher Tätigkeiten unter migrantischen Aktivisten: Schon vor der Umstrukturierung der Behörde waren bei den Abteilungen II und III („Rechts- bzw. Linksextremismus“) Sachgebiete geschaffen worden, die sich mit der Beobachtung von „Ausländern“ beschäftigten.[351] Um diesen „unerträglichen Schwebezustand“ zu beenden, wurde ab 1970 dann mit dem Aufbau einer Abteilung VI begonnen, die sich ausschließlich und ungeachtet politischer Lagerzugehörigkeit mit der „Bearbeitung von politisch radikalen Bestrebungen von Ausländern“ befassen sollte.[352] Insgesamt standen bei diesen Schritten eindeutig palästinensische Gruppen im Fokus.[353] Die personelle Situation für die Überwachung exilkroatischer Strukturen nahm sich demgegenüber vergleichsweise klein aus. Für das gesamte Spektrum „Balkan und kommunistisch regierte Staaten“, was den alten Begriff der „Ostemigration“ abgelöst hatte, waren neben dem Referenten nur vier Sachbearbeiter vorgesehen. Zwei V-Mann-Führer sollten das Referat zudem aktiv mit neuen Interna aus den unterschiedlichen Exilgruppierungen versorgen.[354] Den Kenntnissen des jugoslawischen Geheimdienstes zufolge geschah dies im Fall der Kroaten über 15 Informanten, die über Entwicklungen in den Emigrantenorganisationen berichten sollten. Hierbei war den Beamten jedoch offenbar vielfach selbst nicht klar, ob es sich bei diesen nicht eigentlich um jugoslawische Agenten handele.[355] Die Führung dieser Kontaktpersonen war zudem äußerst mühsam, was bereits zuvor unter Verfassungsschützern beklagt worden war.[356] Eigene Kanäle der Kontaktaufnahme bestanden zudem offenbar nicht und die Vermittlung fand in der Re-

---

350 BArch, B 106/102049, Vermerk, Heuer, ÖS 2 (15.2.1972).

351 BArch, B 443/2370 & 2371, Anlage zu Protokoll der 33. Sitzung des Innenausschusses des Bundestags (10.12.1970).

352 Zitate: BArch, B 443/577. Aufstellung und Überarbeitung der Organisations- und Geschäftsverteilungspläne, BfV (L II) an den Präsidenten, Organisatorische Maßnahmen zur Wahrnehmung des neuen Aufgabengebiets (29.6.1970); BArch, B 443/734. Geschäftsverteilungspläne, BfV (L II) an den Präsidenten, Aufbau der Abteilung VI (27.11.1970).

353 Die ersten Arbeitstagungen für Auswerter und Beschaffer auf dem „Gebiet der Terrortätigkeit ausländischer Personen in der Bundesrepublik“ waren ausschließlich mit den Palästinensern und dem Nahostkonflikt befasst, vgl. die entsprechenden Protokolle und Tagesordnungen, in: BArch, B 443/23366, Koordinierung und Protokolle von Fachtagungen.

354 BArch, B 443/734, GVP (1971), Referat VI B1.

355 Vgl. Protokolle der Treffen mit IM „Mišo“, in: HDA, 1561, 10.0.44-V; HDA, 1561, 10.2-67, RSUP SR Hrvatske, SDS.

356 Goschler/Wala, Verfassungsschutz, S. 281.

gel über das BKA statt.[357] Dies dürfte nicht zuletzt auf mangelnde Sprachkenntnisse unter den Verfassungsschützern zurückzuführen sein. So wurde noch Ende 1970 festgestellt, dass es „auf längere Sicht unverzichtbar" sei, Mitarbeiter mit Sprachkenntnissen einzustellen.[358] Dieses Defizit galt auch für die für Exilkroaten zuständigen Beamten. Der V-Mann-Führer Siecke hatte zuvor immerhin noch beim BND zur Sowjetunion gearbeitet und besaß somit wahrscheinlich zumindest rudimentäre Kenntnisse slawischer Sprachen.[359] Ansonsten war man gänzlich von externen Übersetzungen abhängig oder griff auch auf Übersetzungen von Konsulaten oder anderen jugoslawischen Stellen zurück.[360]

Offenbar umfasste die Arbeit der für Exilkroaten abgestellten Beamten in erster Linie die Sammlung bzw. Speicherung und damit die Zentralisierung anfallender Informationen. Hierunter fiel die erwähnte Auswertung von Exilmagazinen oder auch die Archivierung der Gerichtsurteile gegen organisierte Exilkroaten, aus denen etwa Täterprofile erstellt werden konnten.[361] Als eine geheimdienstliche Aufgabe im engeren Sinne kann lediglich das Abhören des Telefons Branimir Jelićs bezeichnet werden, was eine starke Fokussierung auf diesen offensichtlichsten und prominentesten Vertreter der kroatischen Exilszene nahelegt.[362] Zur Beobachtung Jelićs wurde zudem dessen Sekretär, Vinko Sindičić, als Informant angeworben. Dass es sich bei diesem um einen deutsch-jugoslawischen Doppelagenten handelte, zeigt das Unwissen und die weitgehende Erfolglosigkeit der Verfassungsschützer, sich Zugang zum wirklich konspirativ agierenden Teil der Szene zu verschaffen, der längst unabhän-

---

357 HDA, 1561, 10.0.44-V, RSUP SRH, SDS, V Sektor, Informacija broj 272 (14.8.1969). Auch Ante Vukić, der seit 1968 als Präsident der einflussreichen Ustaša-Vereinigung „Vereinigte Kroaten Deutschlands" (UHNj) fungierte, ließ sich seine Dienste offenbar vom BfV bezahlen, wobei äußerst zweifelhaft ist, zu wessen Vorteil diese Partnerschaft letztlich gereichte, vgl. NARA, RG 65, A1 136AB, FBI HQ Files from Classifiation 105, Box 175, Vukic, US Government Memorandum (1973).

358 BArch, B 443/577, Aktenvermerk (2.12.1970).

359 So zumindest der IM „Mišo", der Siecke in den Protokollen des SDS als „Sievert" bezeichnete (vgl. Anm. 355).

360 Erst ab 1973 tauchen im Organigramm der Behörde Übersetzerinnen (in der Regel waren diese weiblich) auf. Offenbar wurden bei den kroatischen Publikationen weiterhin externe Übersetzungen angefordert. Diese waren zum Teil offensichtlich nicht von Muttersprachlern oder aber von Personen mit ungenügenden Deutschkenntnissen angefertigt, vgl. etwa das fehlerhaft übersetzte Flugblatt zu einer Demonstration am 11.6.1977 in Bonn, in: BArch, B 106/111222, BEFA – Jugoslawien und Grenzfahndung – Jugoslawen (allg.).

361 Vgl. u. a. das ausgewertete Material, in: BArch, B 106/78914, Verbot DRINA, Berichtsammlung BfV & BMI. Zu den Täterprofilen vgl. Vortrag von Lorenz Bessel-Lorck, Abteilungsleiter für Rechtsextremismus im BfV, der basierend auf diesem Material Aussagen zu den soziokulturellen Hintergründen von exilkroatischen Tätertypen traf, Bibliothek des Bundeskriminalamts, 12576, Protokoll über das Polizeiseminar (28.1.1.2.1974), „Bilanz des Terrors ausländischer Extremisten".

362 Der Großteil der Arbeit beschränkte sich auf frei zugängliches Material. Schon Leggewie und Meier haben kritisch bemerkt, dass es generell „zu den Eigentümlichkeiten des bundesdeutschen Verfassungsschutzes gehört, dass man dem Offenkundigen auf geheimdienstlichen Wegen nachspürt", vgl. Leggewie/Meier, Verfassungsschutz, S. 92.

gig von Jelić agierte.[363] So fielen – trotz der im vorangegangenen Kapitel skizzierten rechtlichen Möglichkeiten im Zuge des Verfassungsschutzänderungsgesetzes – die konkreten Schritte der Verfassungsschutzbehörden zur Vorfeldüberwachung exilkroatischer Aktivitäten eher klein aus. Das lag auch an einer ab den frühen 1970er Jahren überwältigenden Dominanz der Aktivitäten von Linksterroristen für sicherheitspolitische Gefahrenszenarien, was eine weitgehende Vernachlässigung anderer Bedrohungspotenziale mit sich brachte. Dies galt für die „einheimische" Rechte, die sich im Zuge des Ausscheidens der NPD aus dem Bundestag im Jahr 1969 immer stärker radikalisierte.[364] Erst recht muss dies für nichtdeutsche Akteure konstatiert werden, die zwar – wie gezeigt – als potenzielle Bedrohung durchaus adressiert wurden, jedoch auch in den 1970er Jahren vor allem in Bezug auf ihre mögliche Zusammenarbeit mit Gruppen der „neuen Linken" Aufmerksamkeit bekamen.[365] Eine entsprechende Ressourcenverteilung war die Folge dieser Aufmerksamkeitsökonomie.[366]

3.2 Exilkroaten als Gegenstand der Polizeiarbeit. Kompetenzen, Expertise und Defizite

Im letzten Abschnitt wurde nachvollzogen, dass die Verfassungsschutzämter – im Unterschied zum Umgang mit Akteuren des linken Spektrums – nach wie vor kaum Expertise in der Vorfeldermittlung in migrantischen Milieus entwickelt hatten. Hinsichtlich des Kenntnisstandes der Kriminalämter, die eine weitere wichtige Säule der Politik der Inneren Sicherheit bildeten, war die Ausgangslage zunächst ähnlich prekär. Deren Arbeit umfasste anfangs ausdrücklich keine präventiven Schritte wie die Beobachtung von Organisationen und beteiligter Personen.[367] Für die zentrale

363 Beim mehrfach zitierten IM „Mišo" handelte es sich um Sindičić.

364 Gussone, Reden, S. 173 f. In der Einleitung des bayerischen Verfassungsschutzberichts für das Jahr 1978 kam der bayerische Innenminister Tandler gar zu dem Ergebnis, dass die Bedrohung durch den Rechtsextremismus insgesamt vernachlässigt werden könne, da von ihm nicht so viel Gefahr wie von linken Gruppen und den Spionageaktivitäten der östlichen Geheimdienste ausgehe, vgl. BayHStA, MInn, 98027, Innere Sicherheit, u. a. sicherheitsgefährdende Bestrebungen von Ausländern, 1979, Bayer. Verfassungsschutzbericht (1978).

365 Vgl. hierfür etwa Daase, RAF.

366 So ordnete der BMI in einer Besprechung mit den Direktoren vom BKA und BfV an, dass „unter Zurückstellung anderer Gebiete [...] alle Kräfte zusammengefaßt werden [müssen], um die Nachrichtengewinnung im Bereich des Anarchismus so stark zu machen, wie nur denkbar", BArch, B 443/724. Allgemeine und abteilungsübergreifende Organisationsangelegenheiten, Präsident des BfV, Vermerk. Kräftekonzentration bei der Abteilung VII (3.6.1975).

367 Eine zentrale Vernetzung der Polizeistellen auf Bundesebene war von den Alliierten gleich bei der Gründung mit Blick auf die Machtfülle und Rolle der Vorläuferinstitution – dem Reichskriminalpolizeiamt – verhindert worden, was mit der Zeit zunehmend gelockert wurde, vgl. Abbühl, Aufgabenwandel, S. 50 f. Für die überdurchschnittliche Vorbelastung der BKA-Mitarbeiter, gerade in den Gründerjahren, und die vielfältigen personellen Bezüge zu seiner NS-Vorläuferorganisation, vgl. Schenk, Wurzeln.

Informationsspeicherung sowie Ansätze der Koordination zwischen den involvierten Stellen auf Länder- und Bundesebene war das Bundeskriminalamt (BKA) zuständig.[368] Dessen Ausbau präventiver Kompetenzen standen auch die Verfassungsschutzstellen entgegen, die sich in einer Konkurrenzsituation zum BKA sahen und bis in die 1970er Jahre hinein ihre privilegierte Position auf diesem Gebiet verteidigten.[369] Erst mit der 1969 erfolgten Novellierung des BKA-Gesetzes waren die Ermittlungsbefugnisse der Behörde durch Anordnung des Generalbundesanwalts juristisch klar geregelt.[370]

Über Exilkroaten hatte das BKA in den frühen 1960er Jahren nur äußerst rudimentäre Kenntnisse und besaß unmittelbar nach dem Mehlemer Attentat offenbar noch derart wenig eigene Expertise, dass es seine Antwort auf eine Anfrage des saarländischen LKA in Gänze auf Angaben des BfV stützte, das von der Bundesregierung erstmals zu einer zentralen Recherche aufgefordert worden war.[371] Trotz mangelnden eigenen Wissens wurde im Dossier des BKA unterstrichen, dass unter den Exilkroaten „die politische Kriminalität höher als bei anderen Emigrantengruppen" sei, und dass sie steigen könne, wenn die radikalen Kräfte nicht stärker überwacht und verfolgt würden.[372] Die hierfür nötige Zusammenführung und zentrale Organisation des Wissens hingen dabei gänzlich von der Kooperationsbereitschaft der einzelnen Landeskriminalämter (LKA bzw. LKAs) ab, die die wesentliche Vermittlungsinstanz zwischen kommunaler und Bundesebene darstellten. Die LKAs wiederum hatten unterschiedlich starke Weisungsbefugnisse gegenüber den Kriminalpolizeistellen.[373] Das zur effektiven polizeilichen Ermittlung verfügbare Wissen über exilkroatische Strukturen und Akteure war Anfang der 1960er insofern stark fragmentiert und je nach Region und Bundesland noch äußerst partiell. Als Ermittlungsinstanzen traten

---

368 Es fungierte insofern v. a. als Datensammelbehörde, deren Kartei Informationen von über zwei Millionen Personen umfasste, vgl. Baumann/Reinke/Stephan/Wagner, Schatten, S. 160, 30 f.

369 Vgl. etwa die diesbezügliche Stellungnahme, in: BArch, B 443/902, Abgrenzung der Zusammenarbeit zwischen BKA (SG) und BfV, Stellungnahme des BfV zu den Vorstellungen des BKA über Maßnahmen zur Bekämpfung politisch radikaler Gewalttaten von Ausländern (7.11.1972). Erst in den 1970er Jahren erhielten die LKAs und v. a. das BKA unter seinem Präsidenten Herold zunehmende Kompetenzen auch in der Beobachtung bestimmter Gruppen, vgl. Schweppe, FBI und BKA, S. 32 f.

370 Ursprünglich hatte das BKA mit dem BKA-Gesetz vom 8.3.1951 nur die Aufgabe einer Zentralstelle für die Auswertung, den Nachrichtenaustausch und die Koordinierung zwischen Bund und Ländern. Das Recht zur eigenen Strafverfolgung hatte sie lediglich dann, wenn dies vom BMI aus „schwerwiegenden Gründen" angeordnet wurde, vgl. Kuschewitz, Bundesverfassungsgericht, S. 45.

371 Vgl. PA AA, B 130, 3075A, Zusammenfassung der Sitzung des Koordinierungsausschusses zur Bekämpfung verfassungsfeindlicher Bestrebungen, BMI an AA (11.1.1963).

372 PA AA, B 42, 99, BKA/SG an LKA Saarland: Zusammenstellung von Informationen über jugoslawische/kroatische Emigration & Auflistung bisheriger Taten (18.7.1963). Dies ist auch ein interessanter Fall des interbehördlichen Wissensaustauschs sowie einer eigentlich nicht vorgesehenen Vermischung von Staatsschutz- und Polizeiwissen, die in der Praxis immer wieder vorkam, vgl. Busch/Funk/Kauß, Polizei, S. 107.

373 Stadtpolizeien agierten zudem gänzlich unabhängig, vgl. Albrecht, Sicherheit, S. 146. Zum Kompetenzausbau der LKAs vgl. auch Hanshew, Terror, S. 117 f.

sowohl das BKA wie auch die LKAs in dieser Zeit eher selten in Erscheinung, sondern dienten vor allem der Koordination der bei den lokalen Ermittlungen anfallenden Erkenntnisse.[374]

Auch hierbei ergaben sich starke regionale Disparitäten: Während das nordrhein-westfälische LKA als Akteur in den Ermittlungen zum Mehlemer Anschlag tatsächlich nur als Informationsstelle auftauchte,[375] war das LKA in Baden-Württemberg deutlich aktiver. Als im Juni 1965 der jugoslawische Konsulatsmitarbeiter Andrija Klarić in Meersburg am Bodensee vom kroatischen Emigranten Stanko Kardum niedergeschossen wurde, gründete sich hier die zuständige Mordkommission, die von der Kartei der Behörde Gebrauch machte und die entsprechenden Expertengutachten einholte. Auch die Aufklärung des Mords am Exilkroaten Marijan Simundić im Jahr 1967 ging auf eine beim LKA Baden-Württemberg gebildete Sonderkommission zurück.[376] Die Aufklärungsquote war bei diesen Alleingängen der Landesbehörden jedoch insgesamt alles andere als zufriedenstellend, was vor allem an der mangelnden Systematisierung und Vernetzung des Wissens der einzelnen Behörden lag. So konstatierte der Leiter der Sicherungsgruppe des BKA im Rückblick, dass von den 38 registrierten „Gewalttaten von jugoslawischen Emigranten und Gastarbeitern" zwischen November 1961 und September 1966 das unmittelbare Tatgeschehen zwar zumeist aufgeklärt werden konnte, die Verortung der Täter im Geflecht der Exilorganisationen aber im Dunkeln geblieben sei.[377]

Jenes „Geflecht" exilkroatischer Aktivitäten war schon in den 1960er Jahren größtenteils überregional bzw. auch international organisiert gewesen. Immer mehr wurde dabei auch für die Polizeibehörden ersichtlich, dass sich die Vorbereitung politischer Gewalttaten in diesem Milieu offenbar nicht mehr auf ein Bundesland be-

---

374 Busch/Funk/Kauß, Polizei, S. 92 f.

375 Es versorgte etwa die Bonner Kriminalpolizei mit dem Wissen der Behörden anderer Länder und fasste Ermittlungsergebnisse zusammen, vgl. etwa LAV NRW, Gerichte Rep. 409, Nr. 89: Mehlem, LKA NRW an PP Bonn, Betr.: Auswertung der Erkenntnisse über kroatische-serbische und weitere jug. Organisationen (19.12.1962). Die Koordination von Ermittlungen der Behörde gut 18 Jahre später bildet einen guten Kontrast hierzu, vgl. LAV NRW, NW 0760, Nr. 144: Innenministerium NRW, Ausländer-/Asylwesen: Extremistische Exiljugoslawen, enthält: ausländerrechtliche Maßnahmen; mögliche Aktionen von Exilkroaten (1980), LKA NRW an MI NRW, Ausl.rechtl. Maßn. gegen extr. Exiljug. (14.5.1980).

376 o. V., „Jugoslawischer Konsul in Meersburg niedergeschossen", in: FAZ, 10.6.1965, S. 1. Zum Fall und Tathergang vgl. auch BayHStA, StK, 13324, FS des bayerischen LKA an die Bayerische Staatskanzlei, Mordanschlag auf Münchener Konsul Andrija Klarić am 8.6.1965; BArch, B 106/91105-91106, LKA BW an MI BW, Mord am 13.9.1967 in Stuttgart z. N. des kroatischen Emigranten Marijan Simundić (28.7.1969). Im Jahr 1964 hatte das LKA BW bei jenem Simundić bereits eine Hausdurchsuchung durchgeführt, vgl. LAV BW, HStAS: EA 2/203, Bü 126, LKA BW an MI BW (13.1.1964), Betr.: Verdacht der Geheimbündelei in der Bundesrepublik: Ermittlungen und Hausdurchsuchung des LKA gegen Nikola Kovačić und Marijan Simundić wegen einer Aktion in Jugoslawien.

377 BArch, B 106/91105-91106, Antwort von SG-BKA an BMI, Gesamtüberblick (9.9.1967).

schränkte.[378] Da hinsichtlich der exilkroatischen Akteure eine „zunehmend terroristische Aktivität unter Beachtung konspirativer Regeln" festgestellt wurde, schien eine rationalere und effektivere Sammlungs- und Verfolgungskompetenz für die Polizeibehörden unumgänglich.[379] Es kam hinsichtlich der kroatischen Aktivitäten langfristig immer mehr zu einer bundesweiten Koordinierung der zuvor auf Länderebene laufenden Ermittlungen. Dies korrespondierte mit einer seit Mitte der 1960er Jahre generell konstatierten „Krise der Polizei", die mit ihren Konzepten und Praktiken einem immer flexibler auftretenden organisierten Verbrechen zunehmend machtlos gegenüberstand. Immer mehr – und im Verbund mit technologischen Innovationen der EDV – transformierte sich dabei auch das der Ermittlungsarbeit zugrundeliegende kriminologische Wissen: Aus dem Zielobjekt des ortsgebundenen Wiederholungstäters und „Gewohnheitsverbrechers" wurde Ende der 1960er Jahre der mobile sowie konspirativ und organisiert auftretende „Partisan".[380] Migrantische Akteure mit ihren transnationalen Bezügen lieferten dabei nahezu ein Paradebeispiel für eine immer größere Mobilität, worauf auch die Polizeiarbeit zu reagieren hätte.[381]

Den sinnfälligsten Ausdruck dieses neuen Gefahrenbewusstseins im Hinblick auf exilkroatische Akteure und den Bedarf einer verstärkten Vernetzung stellte der Erlass des Bundesinnenministers dar, die Verfolgung der „geheimbündlerischen und terroristischen Betätigung von Angehörigen jugoslawischer Organisationen im Bundesgebiet" zukünftig durch die Sicherungsgruppe des BKA (BKA/SG) koordinieren zu lassen.[382] Er trug damit einer immer stärker bundesländerübergreifenden Vernetzung der exilpolitisch tätigen Personen Rechnung sowie der Tatsache, dass diese die Bundesrepublik offenbar zunehmend als Ausgangspunkt für bewaffnete Aktionen in Jugoslawien nutzten.[383] Dieser Auftrag stellte einen der wenigen Ermittlungs-

378 Zu dieser Entwicklung innerhalb der politischen Emigration vgl. weiter unten. Ein Sprengstofffund an der Grenze zu Belgien, der über Kontakte nach Baden-Württemberg offenbar nach Jugoslawien weitergeschmuggelt werden sollte, oder die Verschiebung von Waffen und Munition aus Italien im Jahr 1966 waren zudem Beispiele für staatenübergreifende Aktivitäten, vgl. BArch, B 136/6492 BM Finanzen an BMI, AA und BKAmt (9.3.1966); BArch, B 106/91105-91106, Antwort von SG-BKA an BMI, Gesamtüberblick (9.9.1967).

379 Ebenda, Vermerk über Vorsprache von VI R I Dr. Dreher (AA) vom Abteilungsleiter ÖS I (BMI) (9.2.1968).

380 Mit Bezug auf die polizeiliche Feindbestimmung und die entsprechenden Taktiken vgl. Haupt/Weinhauer, Terrorism, S. 193 f.

381 Mangold, Fahndung, S. 62 f.

382 BArch, B 106/91105-91106, BMI an MI, Erlass (16.12.1966). Zur BKA/SG, zu ihren Aufgabenbereichen und zum Selbstverständnis als „Elitetruppe" und „Keimzelle" der Ermittlungstätigkeiten des BKA vgl. auch Abbühl, Aufgabenwandel, S. 119 f.

383 LAV BW, HStAS: EA 2/203, Bü 126, LKA BW an MI BW (13.1.1964), Betr.: Verdacht der Geheimbündelei in der Bundesrepublik: Ermittlungen und Hausdurchsuchung des LKA gegen Nikola Kovačić und Marijan Simundić wegen einer Aktion in Jugoslawien.

zusammenhänge dar, die bei der Sicherungsgruppe anhängig waren und sich nicht gegen kommunistische Akteure oder Spionage richteten.[384]

Den hierfür unmittelbaren Anlass bildete die Ermordung des jugoslawischen Konsuls Sava Milovanović im August 1966. Inmitten dutzender Gäste war dieser in einem Stuttgarter Restaurant von Franjo Goreta, einem mutmaßlichen Mitglied der „Kroatischen revolutionären Bruderschaft“ (*Hrvatsko revolucionarno bratstvo*, HRB), erschossen worden.[385] Infolgedessen wurden gegen die in Australien gegründete Organisation von der BKA/SG koordinierte Ermittlungen durchgeführt.[386] Nach ihrem Abschluss wurde die Organisation bundesweit verboten, obwohl die „Hinweise auf eine koordinierte Tätigkeit“ nach § 129 nicht ausreichend waren.[387] Ausgehend vom grundgesetzlich verankerten, jedoch umstrittenen Grundsatz der „Völkerverständigung“[388] wurde vielmehr eine äußerst fragwürdige Verbindung der Organisation zum Stuttgarter Diplomatenmord konstruiert.[389] Die Bundesregierung versprach sich neben der diplomatischen Signalwirkung dieses Verbots offenbar auch handfeste Konsequenzen, da eine „Zerschlagung“ der HRB und ihrer Strukturen zu erwarten sei.[390]

Diese Einschätzung sollte sich nicht bewahrheiten: Die Organisation hörte nicht auf zu existieren, sondern verlegte sich lediglich auf im Verborgenen operierende Gruppierungen, was von offizieller Seite jedoch erst mit deutlicher Verspätung festgestellt wurde.[391] Dies lag vor allem an der – trotz der erfolgten Zentralisierung der

384 Seit den 1950er Jahren war hier eine Ermittlungsabteilung ansässig, die in mehrere Referate aufgeteilt war und seit Bestehen der Behörde in knapp 50 Fällen gegen potenzielle Verfassungsfeinde ermittelt hatte. Bevor dies dem Generalbundesanwalt durch eine Novelle des BKA-Gesetzes im Jahr 1973 grundsätzlich ermöglicht wurde, war es die SG, die – wenn auch rechtlich nicht vollkommen gedeckt – dieses „politische Mandat“ direkt im Auftrag des BMI wahrnahm und dafür rund 350 Mitarbeiter beschäftigte, vgl. Baumann/Reinke/Stephan/Wagner, Schatten, S. 160–164, Zitat S. 19; Albrecht, Sicherheit, S. 451.

385 Vgl. zum Mord und auch zur Rolle des LKA ausführlich: o. V., „Die schwere Bluttat am Schloßplatz“, in: Stuttgarter Zeitung, 1.9.1966, S. 15.

386 Vgl. LAV BW, HStAS: EA 2/303, Bü 634, Vereine: Einzelfälle. Speziell zum Werdegang der HRB in Australien, Verbotsverfügung gegen die HRB (24.6.1968). Vgl. auch Vukušić, HRB, S. 29 f.

387 BArch, B 131/212, Wochenberichte der Sicherungsgruppe.

388 Wie erwähnt, hatte ihn das AA bereits nach dem Anschlag von Mehlem als Instrument rechtlicher Schritte vorgeschlagen.

389 Dieser konnte zwar nicht direkt nachgewiesen werden, die Organisation habe sich aber „in keiner Weise von diesen Verbrechen distanziert“ und zudem versucht, die Tötung Milovanovićs „propagandistisch auszuwerten“, vgl. LAV BW, HStAS: EA 2/303, Bü 634, Verbotsverfügung gegen die HRB (24.6.1968). Eine ähnliche Praxis wurde offenbar auch mehrere Jahre später beim Verbot zweier palästinensischer Vereinigungen im Oktober 1972 angewendet, vgl. Pleinen, Migrationsregime, S. 118.

390 BArch, B 106/91105-91106, Auszug aus dem Sitzungsprotokoll des Koordinationsausschusses zur Bekämpfung verfassungsfeindlicher Bestrebungen, 28.4.1967.

391 Offenbar war hieran der erst kürzlich wegen seiner Beteiligung am Mehlemer Anschlag freigelassene Stjepan Bilandžić maßgeblich beteiligt. Vgl. für diese Neugründung und die Rolle Bilandžićs u. a. das Protokoll eines Gesprächs mit einem Informanten des SDS Split (3.1.1969), HDA, 1561,

Polizeiarbeit – mangelhaften Kenntnislage der Sicherheitsakteure. Die Situierung von Kleinstgruppen und Zellen im exilkroatischen Milieu ohne formelle Bindung zu Verbänden stellte sich als äußerst kompliziertes Unterfangen für den Ermittlungsauftrag der BKA/SG dar. War die HRB immerhin noch als eine – wenn auch international verästelte – Organisation mit einer Vereinsstruktur in der Bundesrepublik in Erscheinung getreten, waren mehr oder weniger lose und autonom agierende Akteure, wie etwa die als „Bodenseebande" bezeichnete Gruppe um Dane Šarac oder gar als Einzeltäter auftretende Personen wie der Attentäter auf die Westberliner Militärmission Drago Djolo, nur schwer im Rahmen des auf §§ 128 und 129 beruhenden Mandats der BKA/SG zu fassen.[392] Viele exilkroatische Akteure folgten offenbar nicht mehr einer hierarchisch und kommandoartig organisierten Struktur, die die Sicherheitsakteure von radikal linken Gruppen gewohnt waren.[393]

Letztlich muss zum Verständnis dieser grundlegenden Defizite – wie schon bei den Verfassungsschutzbehörden – der institutionelle Aufbau der Kriminalämter berücksichtigt werden, der sich an Gefahrenlagen im Sinne zeitgenössischer Bedrohungswahrnehmungen orientierte, die auch mit der beruflichen Sozialisation bundesdeutscher Kriminalpolizisten korrespondierten.[394] Dies galt insbesondere für die Sicherungsgruppe, die sich schon früh als antibolschewistische „Avantgarde des Kalten Krieges" sah.[395] Trotz der umfangreichen Verbesserung polizeilicher Zusammenarbeit und einer fortschreitenden Befugniserweiterung des BKA im Zuge der

157482P, RSUP SR Hrvatske, SDS, Operativni Dnevnik za Bilandžić Stjepana. Deutlich später konstatierte dies der Verfassungsschutzbericht von 1971, vgl. Bundesministerium des Innern (Hrsg.), Verfassungsschutz 1971, S. 96 f. Zur Organisation der HRB in konspirative Dreiergruppen vgl. BArch, B 106/91105-91106, Vermerk des GBA bzgl. des Wiederaufbaus der Organisation (25.6.1973). Früher wussten hierüber wiederum die jugoslawischen Stellen Bescheid; vgl. die Ausarbeitung vom kroatischen SDS (SDS za SR Hrvatsku, II Sektor, 3.2.1965) sowie das Dossier des SDS zur Biografie und zum Werdegang von Josip Senić, einem der Hauptorganisatoren der HRB in der Bundesrepublik (31.12.1965), in: HDA, 1561, 10.11-1-3; HDA, 1561, 10.11-1-6, RSUP SR Hrvatske, SDS.

392 Zur „Bodenseebande" und ihrer mangelnden Organisationsgebundenheit vgl. BArch, B 106/ 91105-91106, Aufzeichnung über Ressortbesprechung im AA über die Tätigkeit jugoslawischer Emigranten in der Bundesrepublik (27.11.1968). Zu Drago Djolo und seinem Mordversuch vgl. u. a. Vukušić, HRB, S. 102 f.

393 Vor allem bei der HRB wurde vielfach auf deren schwierig zu durchdringende „Troikastruktur" verwiesen, vgl. BArch, B 106/91105-91106, GBA an BMJ, Betr.: Ermittlungsverfahren gegen Jozo Orec u. a. wegen Verdachts des Vergehens nach § 129 StGB (23.6.1973) & Vermerk des GBA (25.6.1973); HDA, 1561, 10.11-1-3, SDS za SR Hrvatsku, II Sektor (3.2.1965). Auf eine spezifische „Erwartungshaltung" der Sicherheitsakteure wurde auch von Gideon Botsch hingewiesen, was letztlich auch die effektive Auseinandersetzung mit rechtsterroristischen Strukturen verhindert habe, vgl. Botsch, Rechtsterrorismus, S. 10 f.

394 So hat Weinhauer auf sozialisationsbedingte Faktoren in der bis in die späten 1960er Jahre erfolgenden kasernierten Polizeiausbildung hingewiesen. Diese hätten ein „autoritäres Staatsverständnis [und] den Antikommunismus [...] in der Ausbildung tief verwurzelt", vgl. Weinhauer, Polizeikultur, S. 210. Für neuere Ansätze einer stärker kulturhistorisch ausgerichteten Polizeiforschung vgl. u. a. Mecking, Knüppel.

395 Schenk, Wurzeln, S. 213.

zweiten Änderung des BKA-Gesetzes vom Juni 1973[396] behinderten diese institutionellen Dispositionen den koordinierten Wissensausbau zu Aktivitäten von ausländischen Akteuren, die nicht eindeutig als verfassungsfeindlich einzuordnen waren. Besonders auffällig stand diese Situation im Kontrast zur Verfolgung des Linksterrorismus, wofür das BKA nicht nur immer mehr Kompetenzen erhielt, sondern auch auf immer engmaschigere EDV-gestützte Datenbanksysteme und Informationstechnologien zurückgreifen konnte.[397] Seit 1975 war beim BKA zudem eine eigene Abteilung für „Terrorismus“ (bzw. seit November 1977 für „Terrorismus-Zielfahndung“) eingerichtet worden, die auch im Bereich der Vorfeldermittlung und systematischen Datenauswertung tätig wurde, deren Fälle jedoch ausschließlich dem Bereich des „Linksextremismus“ zuzuordnen waren.[398]

In der Regel ähnelten die exilkroatischen Aktivisten weder in der politischen Selbstbeschreibung noch in soziokultureller Hinsicht der weitgehend akademisch geprägten selbsternannten bundesdeutschen „Stadtguerilla“.[399] Als migrantische Akteure konnten sie zudem leicht externalisiert werden und ihre Taten wurden – wie weiter oben aufgezeigt – ohnehin nicht als Bedrohung von Staat und Gesellschaft im klassischen Sinne verstanden. Sie entzogen sich insofern jenem Anfang der 1970er Jahre formierenden Täterprofil des „Terroristen“.[400] Eng damit zusammenhängend fand auch die Bekämpfung unter anderen Vorzeichen statt. Ab November 1969 wurde beim BKA zwar mit dem Aufbau einer „Zentralstelle für politisch motivierte Ausländerkriminalität“ begonnen.[401] Noch im Januar 1971 bestand die auch für die Aktivitäten von Exilkroaten zuständige Gruppe bei der BKA/SG jedoch lediglich aus 59 Mitarbeitern, die das ganze Feld von „Friedensverrat, Hochverrat und Gefährdung des demokratischen Rechtsstaates“ zu bearbeiten hatten.[402] Hierunter wurde auch die „Ausländerkriminalität“ gefasst, die jedoch jeweils hochkomplexe Vorgänge wie Flugzeugentführungen durch arabische Terrorgruppen oder auch die Neugründung der exilkroatischen HRB umfasste. Dieses breite Spektrum habe, so der Leiter der Sicherungsgruppe Fritsch, die zuständigen Beamten stark überfordert, sodass Vorfälle in diesem Bereich „nur noch registriert“ würden.[403] Ein Referent kontextualisierte diesen kriminologischen Offenbarungseid bei einer Tagung in der

---

396 Hierzu ausführlich Abbühl, Aufgabenwandel, S. 129 f.

397 Vgl. u. a. Bergien, Organisationswandel.

398 Albrecht, Sicherheit, S. 260 f. Die neue Abteilung bezog die alten Räumlichkeiten der SG in Bad Godesberg, vgl. BArch, B 131/1377: Organisation bzw. Umorganisation der Abteilung Sicherungsgruppe, BKA, AbtL Z, Vermerk: Einrichtung einer Abteilung Terrorismus-Zielfahndung im BKA (27.10.1977).

399 Für ideengeschichtliche Perspektiven vgl. Kraushaar, Entschlossenheit.

400 Für die spezifischen Attribute des Terroristenbildes der BKA-Fahnder und die schnelle Ablösung des „Partisanen“ durch den „Terroristen“ vgl. Mangold, Fahndung, S. 100 f., 106.

401 Schönwälder, Ethnische Pluralität, S. 528.

402 BArch, B 131/ORG, Geschäftsverteilungsplan des BKA (1971).

403 BArch, B 131/1385, Jahresbericht & Personalsituation der Sicherungsgruppe, Bericht an das BMI zur Arbeitsbelastung der Sicherungsgruppe (20.1.1971).

Akademie des BKA in Münster-Hiltrup und gab zu bedenken, dass die Personalsituation „für politische Ausländerkriminalität" und die diesbezüglichen Kenntnisse auf nahezu allen Ebenen der kriminalpolizeilichen Sachbearbeitung mangelhaft seien.[404]

Dies hing wiederum mit einer spezifischen, an linken Strukturen orientierten Wissensformatierung zusammen. So beschränkte sich der Ermittlungsauftrag des BKA ausdrücklich auf jene Gewaltakte, die von Personen mit Organisationszugehörigkeit verübt wurden. Wo dies nicht unmittelbar ersichtlich war, wurden Straftaten „wie bisher von den zuständigen örtlichen Dienststellen [...] selbstständig" verfolgt. Die Sicherungsgruppe stellte zwar regelmäßig Listen zusammen von „jugoslawischen Emigranten und Gastarbeitern, die in sicherheitsgefährdender Weise in Erscheinung getreten sind". Diese stellten jedoch lediglich Zusammenfassungen der im Bundesgebiet anhängigen Strafverfahren gegen jugoslawische Staatsbürger dar, ohne dass diese systematisiert wurden oder Schlüsse über untereinander eventuell bestehende Zusammenhänge gezogen wurden.[405] Letztlich entsprach dies einer spezifischen Interpretation des Erlasses, die auch mit Blick auf die eingeschränkten „Ermittlungskapazitäten" der BKA/SG getroffen wurde. Die Behörde sah sich vor allem in der Rolle als „zentraler Meldekopf", der Beweisunterlagen zu „Angehörigen jugoslawischer Organisationen [sammelte], bei denen der Verdacht besteht, dass sie von einer geheimbündlerischen oder terroristischen Gruppe ausgelöst oder gelenkt worden sind", und unterstützte örtliche Dienststellen in ähnlichen Verfahren.[406]

Offenkundig sah sich die BKA/SG auf dieser Grundlage weder willens noch befähigt, dem losen Geflecht exilkroatischer Gruppen und seinen Akteuren konsequent nachzugehen. Bei einem Treffen mit dem jugoslawischen Botschaftsrat Temer im Bundesjustizministerium, in dem sich dieser über den Zusammenhang zwischen einem der Belgrader Bombenattentate im Oktober 1968 und einem Sprengstofffund im badischen Säckingen informieren wollte, teilte der Vertreter des BKA mit, dass die Sicherungsgruppe nicht in Fällen tätig werde, bei denen eine Gruppe im Hintergrund „nur vermutet" werden könne. Angesichts dieser Beschränkung fiel die zunehmende Gewalt, die in dieser Zeit von Exilkroaten ausging, bei denen die organisationellen Bezüge zugleich immer unklarer wurden, praktisch aus dem Ermittlungsmandat der BKA/SG heraus.[407] Mit der späteren Neustrukturierung der Sicherungsgruppe infolge

---

404 BArch, B 106/91105-91106, Vortrag auf BKA-Tagung in Hiltrup: „Politisch motivierte Kriminalität ausländischer Untergrundorganisationen in der Bundesrepublik" (Februar 1973). Bei der Sicherungsgruppe galt dieser Befund offenbar abteilungsübergreifend, vgl. BArch, B 131/1385, Abt. III (SG) an Horst Herold (16.11.1971), Situation im höheren Dienst der Abteilung III (SG).

405 Zitate: BArch, B 106/91105-91106, FS SG E-III (Fritsch) (Abteilung E III) an Leiter der „Sonderdienststellen für Staatsschutzdelikte" (bei den LKAs), Verfahren (6.1.1967); Schreiben vom BMI an BKA (10.12.1974).

406 Ebenda, BMI an BKA (10.12.1974).

407 Für Hinweise zum Anschlag auf den Leiter der jugoslawischen Militärmission in West-Berlin im August 1969 waren die Erkenntnisse der Sicherungsgruppe so dürftig, dass das BMI sich nach der

des BKA-Gesetzes von 1973 wurde diese Entwicklung nochmals bestätigt. Zwar waren Exilkroaten nun nominell der Abteilung „Staatsschutz“ des BKA zugeordnet, die sich mit der „gegen staatliche Interessen gerichtete[n] Propaganda-, Organisations- und Zersetzungstätigkeit“ beschäftigen sollte.[408] Für migrantische Akteure wurde jedoch kein gesondertes Referat mit entsprechender Expertise geschaffen.[409] Die Abteilung stellte hinsichtlich der Exilkroaten denn auch offenbar keine Ermittlungen an. Noch fünf Jahre später wurde befürchtet, dass eine tatsächlich zentral geführte Übernahme der „Bearbeitung der politisch motivierten Jugoslawen-Kriminalität“ eine erhebliche Zusatzbelastung bedeuten würde.[410]

Diese Haltung sollte sich vor dem Hintergrund eines allgemein gestiegenen Problembewusstseins hinsichtlich ausländischer Aktivisten gegen Ende der 1970er Jahre noch ändern.[411] Zunächst führte diese Konstellation, gepaart mit dem sicherheitspolitischen Fokus auf Linksradikale und die mit ihnen zum Teil zusammenarbeitenden palästinensischen Aktivisten, letztlich jedoch dazu, dass eine effektive Verfolgung von Exilkroaten nicht stattfand. Dem weitreichenden Kompetenzausbau für ÄfV und BKA im Zuge der Gesetzesnovellen zum Trotz fanden bis weit in die 1970er Jahre hinein weder bedeutende nachrichtendienstliche Maßnahmen zur Vorfeldüberwachung statt noch hatten sich die polizeilichen Ermittlungstätigkeiten der Mobilität ihres Objekts angepasst. Erst im Jahr 1976, nachdem der jugoslawische Konsul Edvin Zdovc von zwei Unbekannten vor seinem Haus in Frankfurt am Main erschossen worden war, empfahl eine Expertenkommission ausdrücklich, die Verfolgung „der politisch motivierte[n] Gewaltkriminalität von extremistischen Emigrantengruppen jugoslawischer Herkunft“ zukünftig ähnlich zentral zu koordinieren und durchzuführen, wie es hinsichtlich der terroristischen Anschläge von deutschen Linksradikalen bereits üblich war.[412]

---

entsprechenden Mitteilung sogar wieder dem BMVt zuwandte, das zur Informationsgewinnung wiederum seine Gewährsleute aus den Emigrantenverbänden mobilisierte, vgl. ebenda, BMI an BKA SG (8.7.1969); BMVt an BMI (28.8.1969).

408 BArch, B 131/1377, Organisation bzw. Umorganisation der Abteilung Sicherungsgruppe, BKA, Pressestelle: Dokumentation BKA, November 1981.

409 BArch, B 131/ORG, Organisationsübersicht des BKA (Stand: 1.3.1976).

410 BArch, B 131/1444, Staatsgefährdung, Jahresrückblick Arbeitsbereich „Staatsgefährdung“ (ST 2) 1978.

411 Ebenda, Jahresrückblick Arbeitsbereich „Staatsgefährdung“ (ST 3 [der AB wurde in diesem Jahr umbenannt, MT]) 1979.

412 Dies betreffe v. a. die Zentralisierung aller Strafverfolgungsmaßnahmen, von der man sich eine „Beschleunigung und Intensivierung des Kampfes gegen die extremistischen exilkroatischen Gruppierungen“ versprach, vgl. BArch, B 106/111045, Ermordung des jugosl. Konsul Zdovc (2 Bände), BMI ÖS 6 an Botschafter Loncar, Protokoll des Treffens (19.3.1976).

3.3 Fehlende Maßnahmen zur Radikalisierungsprävention

Die sich in den späten 1960er Jahren formierende Politik der Inneren Sicherheit lässt sich grundsätzlich als „ein Zusammenhang [fassen]", bei dem „die Exekutive nicht mehr allein nach Straftaten zum Handeln aufgefordert [ist]", sondern sich bereits im „Bereich von Meinungen, Haltungen und Einstellungen" einschaltet.[413] Ein entsprechendes Risikomanagement mit Schritten zur Prävention und einer möglichst frühen Erkennung radikalisierender Momente stellen wesentliche Bestandteile eines solchen Verständnisses von innerer Sicherheit und deren wissensgeschichtlicher Komponente dar.[414]

Eine offensichtliche Form der mittelbaren Prävention von Radikalisierung und der indirekten Einflussnahme, die lange mit der Unterstützung der größten und vergleichsweise gemäßigt auftretenden kroatischen Exilorganisation, dem Kroatischen Nationalkomitee (HNO), verbunden worden war, wurde im Jahr 1968 endgültig aufgegeben. Nicht nur strich die Bundesregierung, wie weiter oben skizziert, sämtliche Subventionen für die Vereinigung; das bayerische Innenministerium zwang den Verband zwei Jahre später zudem, all seine Mitglieder offenzulegen.[415] Noch Anfang des Jahres hatte Jelić seinem alten Kontaktmann aus dem BMVt beteuert, dass sich seine Organisation nach wie vor „bemüh[e], alle schlechten Einflüsse von den kroatischen Flüchtlingen fern zu halten und dafür gesorgt [habe], dass die Kroaten die Gesetze des Staates achten und befolgen".[416] Ob die Offenlegung tatsächlich einen Mitgliederschwund aus Angst vor dem langen Arm der jugoslawischen Staatsmacht zur Folge hatte, wie es der Vorsitzende behauptete, kann hier nicht beurteilt werden. In jedem Fall kühlte sich mit diesem Schritt das Verhältnis des HNO zum deutschen Staat nochmals spürbar ab. Zugleich war mit der erzwungenen Offenlegung der Mitglieder jegliche Möglichkeit auf Deradikalisierung innerhalb des Milieus durch das HNO ausgeschlossen. Neben diesem Verlust an Wissen und Einflussnahme, die auch hinsichtlich anderer Emigrantenverbände leichtfertig aufgegeben wurde,[417] entfielen mit dem Abbruch der Beziehungen jegliche disziplinierenden Möglichkeiten der Bundesregierung an diese größte kroatische Vereinigung, die ihren Nimbus

413 Jaschke, Demokratie, S. 74, 76.

414 Hierfür ist v. a. der Aufstieg kriminologischen Wissens als gesellschaftlich orientierte Leitwissenschaft für „entideologisierte" Reformen und Politik in der Justiz und Strafverfolgung der 1970er Jahre zentral, vgl. hierfür u. a. Scheiper, Sicherheit, S. 212 f.

415 Dies geschah unter massivem Protest des Vorsitzenden Jelić, der in dieser Sache noch einmal sämtliche Kontakte ins Spiel brachte. Vgl. den langwierigen Vorgang und die diesbezüglichen Korrespondenzen, in: ACSP, LG 6. WP 202, Kroatien. Vgl. in dieser Sache auch HDA, 1560, kutija 10, Hrvatski iseljenici, Verwaltungsstreitsache HNO gegen Landeshauptstadt München wegen Auskunftspflicht für Ausländervereine gemäß § 20 Deutsches VereinsG (10.2.1971).

416 HDA, 1561, 10.7-8, Jelić an Wolfrum (6.3.1970).

417 Johnson beschreibt den Aufstieg des politischen Islam in der Bundesrepublik als nicht zuletzt maßgeblich begünstigt durch die Einstellung offizieller Kontakte der Bundesbehörden zu islamischen Verbänden, vgl. Johnson, Moschee, S. 253.

als Exilregierung zunehmend einbüßte und sich – angetrieben von ihrem dramatischen Bedeutungsverlust – nach anderen Bündnispartnern umsah. Hierunter fiel auch ein zunächst zaghaft, dann jedoch immer vehementer verfolgter Annäherungskurs des HNO gegenüber der Sowjetunion.[418] Dieser war einerseits eng verbunden mit der Einsicht in die Realität des jugoslawischen Staats sowie einer Konsolidierung der Blockbildung und wurde andererseits durch die immer weitreichendere Einschränkung und Behinderung der Exilpolitik in der Bundesrepublik als wichtigstem Standort des HNO maßgeblich beschleunigt.[419] Zugleich zeigt dieser neue Kurs, wie sehr der Antikommunismus als exilpolitisches Programm bereits in den späten 1960er Jahren ins Hintertreffen geraten war gegenüber einem kroatischen Unabhängigkeitsgedanken, der, wenn nötig, auch mit den alten Erzfeinden realisiert werden sollte.[420]

Die Versuche der Deradikalisierung des exilkroatischen Milieus und dessen indirekte Kontrolle durch die gezielte Unterstützung seiner vermeintlich gemäßigten Repräsentanten, die seit den 1950er Jahren verfolgt worden waren, hatten insofern endgültig ausgedient. Dies steht in einem engen Zusammenhang mit dem generellen Einflussverlust der Vertriebenenlobby und der ostpolitischen Neupositionierung der Bundesrepublik unter der sozialliberalen Koalition sowie einer global abnehmenden Blockkonfrontation (*Détente*).[421] Es wurden jedoch auch keine alternativen Schritte unternommen, um Radikalisierungsprozessen Vorschub zu leisten, was wiederum in auffälligem Kontrast zur Bekämpfung der befürchteten Beeinflussung von Gastarbeitern durch kommunistische Akteure stand. Schon äußerst früh wurde hier vom BfV auf deren Frustration und Unzufriedenheit verwiesen, die nicht zuletzt auf mangelnden Kontakt zur einheimischen Bevölkerung zurückzuführen sei. Dabei wurde empfohlen, auf ihre stärkere Partizipation am gesellschaftlichen Leben hinzuwirken, wobei noch klar die befürchtete Beeinflussung von Gastarbeitern mit kommunistischem Gedankengut im Mittelpunkt stand, deren beste Prävention die Einbindung in einen deutschen Alltag sei. Eine proaktiv verfolgte Integration wurde

---

418 Dies beinhaltete den Vorschlag eines von Jugoslawien unabhängigen Kroatiens nach dem Muster von Finnland oder Österreich. Im Falle einer Unterstützung durch die Sowjets wurde diesen die Benutzung des Hafens Rijeka sowie des Flughafens Mostar zugesichert. Es ist unklar, inwiefern Jelić tatsächlich in Verhandlungen mit der Sowjetunion trat. Für eine konzise Zusammenfassung der Angebote des HNO vgl. Bernt Conrad, „Die Exilkroaten auf neuem Kurs“, in: Die Welt, 22.9.1970; o. V., „Exilchef Jelić bestätigt Kontakte der Kroaten mit der Sowjetunion“, in: Der Tagesspiegel, 25.9.1970, S. 5.

419 Vgl. grundlegend und anhand von Publikationen und Artikeln von Jelić nachzeichnend Jurčević, Politička koncepcija.

420 Hier klingt bereits die Idee einer Versöhnung (*pomirenje*) zwischen alten *Ustaše* und Partisanen an, wie sie im Zuge der Reformbewegung des „Kroatischen Frühlings“ verstärkt vertreten wurde, vgl. hierfür Batović, Spring, S. 237. Zur Idee der *pomirenje*, die vom späteren Präsidenten Franjo Tudjman mit Erfolg aufgegriffen wurde, vgl. u. a. Ragazzi, Diaspora.

421 Zum Zusammenhang der Détente-Politik der Großmächte und zur sozialdemokratischen Losung vom „Wandel durch Annäherung“ vgl. zusammenfassend u. a. Conze, Suche, S. 305 f.

insofern, anachronistisch formuliert, bereits in den 1960er Jahren als bestes Mittel gegen Unzufriedenheit und insofern auch gegen Radikalisierung empfohlen.[422]

In den (Arbeits-)Alltag überführt wurde diese „Integrationspolitik" vor allem vonseiten der Gewerkschaften, die sich Anfang der 1970er Jahre klar der Bekämpfung des „Extremismus" verschrieben.[423] Dies betraf auch die Tätigkeiten von Migranten in der Belegschaft, wobei die „wilden Streiks", aber auch die „linken und ultralinken" Konkurrenzorganisationen scharf verurteilt wurden. Diesen sollte auch durch eine stärkere Einbindung von Migranten in die etablierten Gewerkschaftsstrukturen begegnet werden.[424] Dabei wurde jedoch kein Bezug zu nationalistischen Exilgruppen hergestellt – weder bei Jugoslawen, noch bei anderen. Zwar fertigte der Arbeitskreis für ausländische Arbeitnehmer beim DGB schon Ende 1972 eine Übersicht „über die in der Bundesrepublik aktiven ausländischen Organisationen und Institutionen sowie die Zeitungen und Zeitschriften" von und für Gastarbeiter an. Dies interessierte den Vorstand jedoch erst rund fünf Jahre später, wobei das Thema zwischenzeitlich offenbar derart stiefmütterlich behandelt wurde, dass die Informationen nicht aktualisiert und praktisch unbrauchbar geworden waren.[425] Diese primär antikommunistisch motivierte Einbindung von Migranten sollte sich erst gegen Ende des Jahrzehnts diversifizieren, wie im nächsten Teil noch auszuführen sein wird.

Jenseits der Gewerkschaftsarbeit war es vor allem das Olympiaattentat im September 1972, nach dem einerseits, flankiert von einem zunehmend rassistischen Diskurs, umfangreiche Schritte gegen Migranten beschlossen und in dessen Folge andererseits auch im weitesten Sinne präventive Maßnahmen für migrantische Gruppen eingefordert wurden.[426] Hierbei kamen auch kulturalistische Deutungsmuster zum Tragen. Während, so die Annahme, bei Personen aus dem Nahen und Mittleren Osten die kulturellen Prägungen zu berücksichtigen und deren Orte des Alltags stärker

---

422 LAV BW, HStAS: EA 2/203, Bü 126, Studie des BfV: Infiltration ausländischer Gastarbeiter in der Bundesrepublik (September 1965).

423 Trede, Misstrauen, S. 203 f.

424 Zu den wilden Streiks Anfang der 1970er Jahre und zur kritischen Positionierung der Gewerkschaften vgl. Bojadžijev/Perinelli, Herausforderung, S. 134; Goeke, Multinational Working Class. Wie man sich von gewerkschaftlicher Seite eine „Integration" in die Betriebe vorstellte, zeigen wie kaum eine andere Quelle die Materialien und Auswertungen der Ausbildungslehrgänge jugoslawischer Vertrauensleute in den Betrieben und Gewerkschaften, vgl. hierzu eingehender Thaden, Knowledge.

425 AdsD, 5/DGA222A223, DGB-Archiv, Ausländische Arbeitnehmer, DGB BV (Referat Ausländische Arbeitnehmer) an die Mitglieder des AK „Ausländische Arbeitnehmer" (17.11.1972); Heinz Richter (BV DGB) an die Leiter der Nationalbüros (4.7.1977), Bitte um Übersicht über politische Vereinigungen.

426 Vgl. hierzu u. a. Oberloskamp, Olympia-Attentat; Pleinen, Migrationsregime, S. 117 ff.; Schönwälder, Einwanderung, S. 530 ff. Es wurde dafür argumentiert, dass das Olympiaattentat generell eine Initialzündung bedeutete hinsichtlich einer „systematischen Wissensproduktion" über „Terrorismus", vgl. Hänni, Terrorismus, S. 42 f.

zu fokussieren seien, sucht man derartige Lösungsansätze für die Erklärung und Verfolgung exilkroatischer Gewalt jedoch vergebens.[427] Zwar wurden auch sie in ihrer Wesensart häufig als grundsätzlich verschieden zur einheimischen Bevölkerung beschrieben. Ihr Alltagsleben, das mit den kroatischen katholischen Missionen, später den sogenannten „kroatischen Zentren“ sowie den Gastarbeiterwohnheimen ebenfalls von einem sozialen Umfeld geprägt war, das mit dem der deutschen Mehrheitsgesellschaft nur geringe Berührungspunkte aufwies, wurde jedoch nicht als möglicher Radikalisierungskontext problematisiert.[428] Am harmlosesten nahm sich hierbei noch die permanente Agitationsarbeit in Wohnheimen aus, bei der sich, wie so oft, vor allem Branimir Jelić hervortat, um für seine Organisation zu werben.[429] Die Versuche der Rekrutierung von Arbeitsmigranten vollzogen sich vielfach innerhalb eines Kontinuums, das von alltäglicher Einflussnahme bis hin zur offenen Terrorisierung und Einschüchterung reichte, die mancherorts an mafiöse Praktiken erinnerten.[430] Auf diese Art wollten politische Exilanten offenbar ihre Hegemonie vor Ort demonstrieren und durch Schutzgelderpressung zugleich die materielle Basis für sich und ihr politisches Projekt legen.[431] Dies war in den späten 1960er Jahren bereits

---

427 Ein Autor der Tageszeitung „Die Welt“ kam zu dem Schluss, dass es hierfür einer „geistigen Auseinandersetzung mit den Völkern des Orients bedürfe, die uns durch den Flugverkehr und durch den Zustrom fremder Arbeitskräfte so viel näher gerückt sind“, und empfahl als ersten Schritt den Ausbau von Orientalistik und Islamwissenschaftsstudiengängen, vgl. Harald Vocke, „Nur gezielte Sicherheitsmaßnahmen bieten Schutz“, in: Die Welt, 8.9.1972. Für kulturalistische Repräsentationsweisen von türkischen Migranten und den Aufstieg der Religion als Differenzmarker vgl. Severin-Barboutie, Fremdwahrnehmung, S. 126.

428 Dies verwundert nicht nur angesichts der Tatsache, dass rund fünfzig Jahre später ein primär ethnisch oder religiös definiertes Umfeld häufig als wesentliche Variable zum Verständnis von Radikalisierungsprozessen unter Migranten herangezogen wird, vgl. etwa Bayrak/Vidinlioglu, Ausländerextremismus, S. 273 f.

429 Vor allem die Wohnheime und Gottesdienste wurden (nicht nur) von kroatischen Emigrantenvertretern früh als Orte der Agitation erkannt, vgl. BayHStA, MInn, 97595, BfV, Ausarbeitung über die kommunistische Infiltration ausländischer Gastarbeiter in der Bundesrepublik (1.2.1964); HDA, 1561, 1.14-8, RSUP, III Sektor, Hrvatska Emigracija u Z. Njemačkoj i njen uticaj na radnu snagu (14.12.1963); HDA, 1561, 10.0-5, RSUP, SRH, Analiza podataka sakupljenih kroz akciju kontakata i razgovora sa našim gradjanima na radu u inostranstvu, povodom njihovog dolaska na godišnji odmor, 1965. godine; HDA, 1561, 10.1-19, Elaborat: Rad i djelovanje neprijateljskog dijela jugoslavenske emigracije (1964). Zur Wohnheimunterbringung allgemein, bei der die Jugoslawen den höchsten Prozentsatz der hier lebenden Migranten darstellen, vgl. McRae, Gastarbeiter, S. 38 f.

430 Auch Hockenos hat festgestellt, dass in den kroatischen Exilkreisen „the line between the political and the criminal was never clear-cut“, sodass auch Verbindungen zum organisierten Verbrechen durchaus gegeben waren und dies auch die Finanzierung durch Schutzgelder etc. bestimmte, vgl. Hockenos, Homeland, S. 73.

431 Am 23.3.1970 berichtete etwa die Berliner BZ über einen bewaffneten Angriff von 20 Politemigranten auf das jugoslawische Wohnheim in der Martin-Luther-Straße, bei dem sechs Bewohner verletzt wurden, vgl.: o. V., in: BZ, 23.3.1970. Sogar die sich ansonsten politisch gänzlich zurückhaltende und v. a. lobende jugoslawische Zeitschrift der IG-Metall sprach davon, dass es „illegale Gruppen“ gäbe, die „mit Bedrohung und Terror versuchen, auf die Haltung jugoslawischer Arbeitnehmer

offensichtlich und wurde von der Polizei und auch in der Presse aufgegriffen. Zugleich hatte dies nicht zur Folge, dass den Rekrutierungsbemühungen kroatisch-nationalistischer Emigrantenvertreter offensiv entgegengetreten oder ihnen durch entsprechende Gegenmaßnahmen die Grundlage entzogen worden wäre.

Ganz im Gegenteil konnten Exilvertreter ihre Präsenz in den kroatischen Kirchengemeinden, die im ganzen Bundesgebiet infolge der immer stärkeren Einwanderung aus den strukturschwachen Regionen Südwestbosniens, der westlichen Herzegowina und des dalmatinischen Hinterlands entstanden waren, vielmehr ungehindert verstärken.[432] Bei der hierbei maßgeblichen Caritas führte dies nicht zu einer Problematisierung der mancherorts bestehenden Allianzen zwischen den Exilgruppen und den häufig ebenfalls kroatisch-national gesinnten „Emigrantenpriestern".[433] Dies legt etwa der Umgang mit dem ehemaligen NDH-Militärkaplan Rafael Medić nahe, dessen Rolle für die Formation der Kroatischen Kreuzerbruderschaft (HKB) und der Mehlemer Attentätergruppe bereits besprochen wurde. Dieser war direkt vom dortigen Erzbistum für die Seelsorge der im weiteren Umfeld Paderborns lebenden kroatischen Migranten angestellt worden und nutzte diese Position skrupellos für seine Zwecke. Die Caritas reagierte auf diese Entwicklung jedoch nicht mit dem Aufbau eigener Strukturen mit politisch weniger bedenklichen Personen. Noch drei Jahre nach dem Anschlag von Mehlem gab es nach wie vor keinen einzigen offiziellen jugoslawischen bzw. kroatischen Sozialbetreuer im Bistum, zu dem auch Dortmund und Attendorn zählten, wo ein Großteil der Attentäter im Umfeld des katholischen Vereinsheims und der jugoslawischen Wohnheime rekrutiert worden war. Der nach dem Anschlag zu einer mehrjährigen Haftstrafe verurteilte Medić wurde nach deren Absitzen in der Nähe des Bodensees sogar weiterhin als Seelsorger eingesetzt, wo er umgehend Kontakt zur „Bodenseegruppe" aufnahm, einer radikalen und konspirativ arbeitenden Splittergruppe, die mit mehreren Sprengstoffattentaten in Verbindung gebracht wurde.[434]

Im Gegensatz zu deutschen Akteuren, die sich nur wenig für derartige Vorgänge unter den Migranten interessierten, sah man in Jugoslawien im Mangel an Betreuungsangeboten bereits früh eine offene Flanke für die politische Emigration. Die rechtlich vollkommen ungeklärte Position der Arbeiter im Ausland, so eine Ausar-

---

in der Bundesrepublik Einfluß zu nehmen" und Schutzgeld erpressten, vgl. AdsD, 5/IGMA071571, IG Metall, Jugo-Information H. 2, 1971, S. 9.

432 Zur regionalen Herkunft jugoslawischer Arbeitsmigranten in der Bundesrepublik mit eindeutigem Schwerpunkt auf diesen Regionen vgl. umfassend Baučić, Radnici, S. 101. Zum Entstehen der Missionen und der sogenannten kroatischen Zentren vgl. Čovo, Šušnjara, S. 148 f.

433 Zur Caritas vgl. in diesem Zusammenhang u. a. Winterhagen, Katholizismus, S. 181 f.; Stanković, Crkva, S. 194 f.

434 So teilte es zumindest IM „Stevo" seinen Kontaktleuten der jugoslawischen Staatssicherheit bereits im Mai 1966 mit, vgl. HDA, 1561, 1.14-6, UDB za SR Hrvatsku, I Sektor, Sastanak sa „Stevom" u Kölnu, 20.4.1966 (5.5.1966). Gegen Medić wurde denn auch 1967 erneut Anklage erhoben, da er den Aktivisten um die HRB Geld für die Anschaffung von Waffen geliehen hatte, vgl. LAV NRW, Gerichte Rep. 195, Nr. 112, Landespolizeidirektion Schwaben, Vermerk (28.10.1968).

beitung des Rats für innere Angelegenheiten, mache sie zu einer leichten Beute für die Emigration.[435] Diesem Missstand versuchte man durch eine zunehmende Liberalisierung des eigenen Grenzregimes sowie durch eine jugoslawische Sozial- und Kulturpolitik für die Gastarbeiter zu begegnen.[436] Letztere war zugleich auf die weitgehende Kontrolle des Alltags der Gastarbeiter in der Bundesrepublik gerichtet und sollte auch das Gemeindeleben in den kroatischen Missionen umfassen, wobei gemeinsam mit der jugoslawischen Bischofskonferenz auf eine Entsendung politisch vermeintlich „zuverlässiger“ Priester und Sozialbetreuer hingearbeitet wurde.[437] Darüber hinaus übten jugoslawische Stellen expliziten Druck auf kirchliche Stellen in der Bundesrepublik aus, die „Emigrantenpriester“ zur politischen Zurückhaltung aufzufordern. Vertreter der Caritas signalisierten hierbei verstärkt die Bereitschaft, das antikommunistische und kroatisch-nationalistische Wirken vieler Seelsorger sowie deren Versuche, die vor Ort angestellten Sozialbetreuer für ihre nationalistische Agenda zu instrumentalisieren, zukünftig besser in den Blick zu nehmen. Offenbar spielten dabei weniger politische Sympathien, sondern eher der organisationsinterne Imperativ eine Rolle, die „fortgesetzte loyale Haltung gegenüber dem deutschen und jugoslawischen Staat“ nicht in Frage zu stellen, um die Zuständigkeit der Caritas nicht zu gefährden.[438] In ähnlicher Absicht insistierte der Münchener Prälat Jandl in einem Schreiben an den kroatischen Oberseelsorger in Frankfurt am Main Bernard Dukić im folgenden Jahr, die älteren Priester aus der Emigrationszeit „möglichst weit von den Gastarbeitern entfernt [zu lassen], um ja nicht die Seelsorge unmöglich zu machen“.[439] Mit der Propaganda und den Taten der politischen Emigration wurde dies jedoch nicht in Verbindung gebracht. Vielmehr scheint es sich in erster Linie um ein Zugeständnis gehandelt zu haben, welches auch hinsichtlich anderer autoritär regierter Entsendeländer eingefordert wurde.[440]

---

435 HDA, 1561, 1.14-8, RSUP, III Sektor, Hrvatska Emigracija u Z. Njemačkoj i njen uticaj na radnu snagu (14.12.1963).

436 Vgl. für diesen Zusammenhang auch Brunnbauer, Globalizing Southeastern Europe, S. 284–288.

437 PA AA, B 85, 1267, Generalkonsulat in Zagreb an AA, Informationen von einem Gespräch mit dem Beauftragten der jugoslawischen Bischofskonferenz zur Betreuung der Gastarbeiter (31.5.1974). Vgl. hierzu auch Ivanović, Geburtstag, S. 177. Zur ambivalenten Rolle der jugoslawischen Bischofskonferenz vgl. Buchenau, Kirchen, S. 129 f.

438 Zitate in ADCV, 114.054 1973–1976 Fasz.01, Geschäftsführender Vorstand (Direktion), Sitzungs-Unterlagen, Winkler (Caritas) an Caritas-Präsident Hüssler und an Wittenauer (Katholisches Auslandssekretariat) (20.8.1973).

439 Dass hierbei auch außenpolitische Erwägungen zumindest mittelbar auf die Arbeit der kroatischen katholischen Missionen einwirkten, legen die weiteren Begründungen Jandls nahe. Zwar bleibt der konkrete Anlass des Schreibens unklar, ein politischer Druck aus Jugoslawien lässt jedoch darauf vermuten: „Wenn wir auch nicht alle Klagen in den jugoslawischen Zeitungen vermeiden können, aber eine etwas klarere Linie könnten wir einschlagen.“ Vgl. Archiv des Erzbistums München und Freising, Generalvikariat, Kasten 0741/4, Jandl an Dukić (11.6.1974).

440 Thränhardt/Winterhagen, Einfluss.

Die soziale Betreuung und kulturellen Angebote erfüllten insofern weder bei den Gewerkschaften noch in den Kirchen oder der Caritas eine im engeren Sinne präventive Funktion angesichts exilkroatischer Rekrutierungsbemühungen. Dies steht der Tatsache entgegen, dass sich auch bundesdeutsche staatliche Stellen darüber im Klaren waren, dass die Migranten aus Jugoslawien mehrheitlich auf eigene Faust – und nicht über die offiziellen Kanäle – in die Bundesrepublik einreisten.[441] Deren Orientierungslosigkeit, gerade unmittelbar nach der Ankunft, nutzte die organisierte Emigration vielfach für ihre Zwecke. So geht aus Gerichts- und Polizeiakten hervor, wie Gastarbeiter zum Teil erpresst und gegen ihren Willen zur Beteiligung an Gewalttaten genötigt wurden. Vor allem die Mobilität der Arbeitsmigranten, die mit ihrem jugoslawischen Pass frei reisen konnten, eröffnete neue Möglichkeiten für Aktionen in Jugoslawien, wovon etwa die Bombenattentate ab den späten 1960er Jahren auf den Belgrader Hauptbahnhof sowie auf deutsch-jugoslawische Personenzüge zeugen. Ohne dass die Hintermänner hierfür eindeutig nachgewiesen werden konnten, lieferten die bei den Ermittlungen gewonnenen Erkenntnisse der Polizei einen Eindruck vom teils kriminellen Charakter der Rekrutierungsmethoden radikaler exilkroatischer Zellen, die auch Folge einer Abwesenheit bundesdeutscher staatlicher und sozialer Strukturen waren.[442] Zugleich folgten darauf keinerlei Maßnahmen von deutscher Seite – weder bezüglich des Aufbaus sozialer Beratungsangebote noch was den Schutz „gewöhnlicher“ Gastarbeiter vor den Zudringlichkeiten der Emigration anging. Ein Interesse an den sozialen und kulturellen Begleitumständen, die dem Rekrutierungserfolg letztlich zugrunde lagen, kam nicht zustande.

Einerseits verwundert dies nicht weiter, setzte doch auch die wissenschaftliche Auseinandersetzung mit den integrationsfördernden (oder in der zeitgenössischen Diktion „assimilationsfördernden“) Faktoren migrantischer Organisationen erst deutlich später ein.[443] Andererseits stand dies doch in deutlichem Kontrast zur Erforschung jener Strukturen, die dem Linksradikalismus vermeintlich zugrunde lagen.[444] Im Gegensatz hierzu erkannte man beim BfV hinsichtlich der Exilkroaten keinen Wissensnotstand: In Reaktion auf die in der Fernsehsendung „Panorama“ gemachten Vorwürfe an das BMI kam das Amt zum Schluss, dass von der hier behaupteten „Terrorisierung“ der Gastarbeiter gar keine Rede sein könne. Die Kenntnis über einzelne, in der Sendung publik gemachte Vorkommnisse, wie etwa die Erpressung von Bauarbeitern, die danach die Flucht in Richtung Jugoslawien ergriffen hatten, stritt das BfV gegenüber dem Ministerium gar rundherum ab. Auch ansonsten sah der Verfassungsschutz keinen Bedarf für eine bessere soziale Betreuung als

441 Shonick, Yugoslav Migrants, S. 131 f.

442 Vgl. hierfür ausführlicher Thaden, Radikal, S. 218.

443 Für eine Zusammenfassung der Forschungstendenzen seit den späten 1970er Jahren vgl. Pries, Einleitung.

444 In dieser Hinsicht ist die sechsbändige, vom BMI in den 1980er Jahren herausgegebene Reihe „Analysen zum Terrorismus“ hervorzuheben, die auf geteiltes Echo stieß. Für eine umfangreiche und äußerst kritische Besprechung vgl. Narr, Terror.

Möglichkeit der Prävention, sondern verwarf diese vielmehr unter Rückgriff auf kulturalistische Argumentationsmuster. „Reibereien“ und der „Gebrauch von Hieb und Stichwaffen“ seien etwas, zu dem „Angehörige südländischer Völker öfters neigen“. Hieraus sei „kein politischer Charakter“ abzuleiten, sodass von „Mordabsichten“ in der Regel nicht auszugehen sei.[445]

Es überrascht angesichts dieser Ausgangslage nicht, dass ein für die Präventionspolitik charakteristischer „Sympathisantendiskurs“, wie er sich während der frühen 1970er Jahre in der Bundesrepublik formierte und die polizeiliche Gegnerbestimmung bzw. das Objekt der Inneren Sicherheit immer breiter werden ließ, hinsichtlich der Bekämpfung der Gewalt von Exilkroaten keine Rolle spielte.[446] Insofern der „Sympathisant“ (bzw. die zeitgenössischen begrifflichen Entsprechungen) notwendigerweise im Innern der Gesellschaft zu verorten war und sich hierdurch erst seine Bedrohlichkeit und Tücke als gleichsam stiller Helfer des Terroristen zeigte, wäre eine derartige Verwendung bei einer ohnehin klar als „Ausländer“ markierten Gruppe nur wenig sinnvoll gewesen.

---

445 BArch, B 106/91105-91106, BfV (II/A 4) an DMI, Betr.: Stellungnahme zur Panoramasendung der ARD vom 4.5.1970 (25.5.1970). An dieser Stelle ist – auch mit Verweis auf ähnlich stereotype und balkanistische Repräsentationsformen vom „gewalttätigen Südosteuropäer“ andernorts – zu fragen, inwieweit die These Molnars tatsächlich trägt, dass eine „racialization“ von jugoslawischen Migranten in der deutschen Gesellschaft nicht beobachtet werden könne, vgl. hierfür Molnar, Imagining Yugoslavs, S. 138 f.

446 Vgl. hierfür empirisch sehr gesättigt Balz, Terroristen, S. 77 f.

IV „Auch der politischen Auseinandersetzung müssen Schranken gesetzt sein". Politische Gewalt und ihre Konsequenzen in den 1970er und frühen 1980er Jahren

Waren es zuvor vor allem jugoslawische Vertretungen im Ausland und ihre Repräsentanten gewesen, die bewaffneten Angriffen kroatischer Nationalisten zum Opfer fielen, erweiterten sich deren potenzielle Ziele und radikalisierten sich deren Methoden im Laufe der 1970er Jahre.[1] Dies hing auch mit dem gestiegenen Austausch und Personenverkehr zwischen der Bundesrepublik Deutschland und Jugoslawien als Folge der politischen Annäherung beider Staaten und der geopolitischen Konsolidierung Jugoslawiens als blockfreier Akteur zusammen. Beide Entwicklungen frustrierten viele Exilaktivisten, machten sie doch auch dem Letzten klar, dass es zu einer vom Westen unterstützten Zerschlagung Jugoslawiens nicht kommen würde. Zugleich eröffneten die bilaterale Annäherung wie auch die verhältnismäßige Liberalität des jugoslawischen Selbstverwaltungssozialismus die Möglichkeit neuer Aktionsformen.[2] Das galt etwa für die Verbreitung nationalistischer und antijugoslawischer Propaganda, aber auch für den Schmuggel von Waffen und Sprengstoff, die über legal ein- und ausreisende Arbeitsmigranten ihren Weg nach Jugoslawien fanden.[3] Die mit Abstand größte Provokation für den jugoslawischen Staat stellte jedoch eine in Australien geplante und über die Bundesrepublik erfolgende Infiltration von 21 Aktivisten der Kroatischen revolutionären Bruderschaft (HRB) dar. Ihr Plan, von der bosnischen Stadt Bugojno aus einen bewaffneten Aufstand anzuzetteln, war zwar nicht erfolgreich und wurde von Mate Tokić treffend als „at best, a misguided adventure" bezeichnet. Nichtsdestotrotz erzwangen die Angreifer die größte Mobilisierung der jugoslawischen Streitkräfte seit Ende des Zweiten Weltkriegs. Die Aktion kostete 13 Soldaten und 15 der selbsternannten Guerilleros das Leben und führte jedem die Entschlossenheit der radikalen Emigration und die eigene Verwundbarkeit vor Augen. Im Nachhinein wurde sie in Emigrantenkreisen als „Akcija Feniks '72" mythisch überhöht.[4]

Auch die Bundesrepublik blieb während der 1970er Jahre ein Betätigungsfeld radikaler kroatischer Exilaktivisten. Verstärkt wählten Letztere auch Orte des Alltags

1 Für diese Feststellung vgl. auch Tokić, Croatian Radical Separatism, S. 141.

2 Zum Selbstverwaltungssozialismus vgl. einführend Unkovski-Korica, Third Way.

3 Für Fälle von Sprengstoff- und Waffenschmuggel sowie für Anschläge auf Personenzüge und auf touristische Ziele vgl. u. a. die Auflistung des jugoslawischen Innenministeriums an das BMI, in: BArch, B 106/111314, Kratak pregled zločinačkih akcija fašističke emigracije jugoslovenskog porekla sa teritorije SRN protiv SFRJ i njenih DKP u inostranstvu (24.11.1978).

4 Tokić, Avengers, S. 72. Vgl. zur Aktion auch Dragišić, Phoenix. Die Initiatoren der Aktion wurden von Teilen der kroatischen Emigration als „Helden" gefeiert, vgl. u. a. Katalinić, Poraza, S. 220 f.

jugoslawischer Gastarbeiter, wie soziale Einrichtungen, Kneipen und Tagesaufenthalte oder Reisebüros, als Ziel ihrer Angriffe.[5] Attentate auf diplomatische Vertretungen und ihr Personal rissen ebenfalls nicht ab. Häufig blieben sie folgenlos, wie die dutzendfachen Angriffe mit selbstgebauten Sprengkörpern und Molotowcocktails.[6] Andere Vorfälle verliefen für die Beteiligten weniger glimpflich: Nur knapp überlebten der Leiter der Berliner Militärmission Anton Kolendić sowie die in Düsseldorf tätigen Mihajlo Vlahović und Vladimir Topić die ihnen geltenden Anschläge. Der in Frankfurt ansässige Konsul Edvin Zdovc wurde im Februar 1976 vor seinem Haus ermordet.[7] Neben diesen Anschlägen sorgten zwei spektakuläre Fälle für eine gestiegene Aufmerksamkeit, die sich zwar nicht in der Bundesrepublik ereigneten, jedoch medial aufgegriffen und von den Sicherheitsakteuren im Hinblick auf die hier lebenden Exilkroaten stark rezipiert wurden. So fiel Vladimir Rolović, jugoslawischer Botschafter in Schweden, im April 1971 einem Angriff kroatischer Attentäter zum Opfer. Nachdem diese sich der Polizei gestellt hatten, entführten rund anderthalb Jahre später weitere Exilaktivisten ein Personenflugzeug mit dem Ziel, die Rolović-Gruppe freizupressen. Die schwedische Regierung ging auf die Forderungen ein, sodass sich die Haupttäter nach Spanien ausfliegen lassen konnten, wo sie nach kurzer Haft in Richtung Paraguay entkamen.[8] Inspiriert von dieser Tat entführte vier Jahre später die Gruppe um den in den USA lebenden Zvonko Bušić ein Flugzeug.[9] Mit Sprengsät-

---

5 Dies wurde bereits für das Jahr 1972 vermehrt registriert, vgl. Bundesministerium des Innern (Hrsg.), Verfassungsschutz 1972, S. 132.

6 In dieser Hinsicht ist besonders die „Anleitung zur Befreiungstätigkeit" interessant, die 1977 vom „Hauptquartier der kroatischen Befreiungskräfte" („Hrvatske oslobodilačke snage") in Zagreb herausgegeben wurde und ausführliche Anleitungen zum Bau unterschiedlicher Brandsätze und Bombentypen enthält. Sie zirkulierte offenbar auch in Deutschland, vgl. NLA, Nds. 105 Acc. 82/92, Nr. 7663, Jugoslawen, enthält: Dokument: Anleitungen zur Befreiungstätigkeit, Hauptquartier der kroatischen Befreiungskräfte, 1978.

7 Zum Kolendić-Attentat vgl. insb. die diesbezügliche Akte sowie die Erinnerungen des Opfers, in: LAB, B Rep. 006, 2645, Attentat auf den Chef der Jugoslawischen Militärmission; Kolendić 1977. Zum Mordversuch am Düsseldorfer Vizekonsul Topić vgl.: o. V., „Terrorismus. Hals über Kopf", in: Der Spiegel, 19.7.1976, S. 84–86. Zum Sozialarbeiter Vlahović, den der Angreifer Jozo Damjanović irrtümlich für einen Diplomaten hielt, vgl. BArch, B 106/91105-91106, BMJ an Chef des BKAmt, AA und BMI: Anklageschrift gegen Jozo Damjanović wegen versuchten Mordes am 6.5.1969. Jahre später unterlief Damjanović ein ähnlicher „Fehler", als er, mittlerweile ansässig in Paraguay, den dortigen Botschafter Uruguays erschoss, den er für den Vertreter Jugoslawiens gehalten hatte, vgl. auch Burke, Revolutionaries, S. 76 f. Zum Fall Zdovc vgl. die entsprechenden Akten BArch, B 106/111045; BArch, B 122/20116, Zdovc. Vgl. auch: o. V., „Jugoslawischer Konsul gezielt erschossen", in: Süddeutsche Zeitung, 9.2.1976.

8 In Schweden führte diese Tat erstmals zu einer politischen Auseinandersetzung mit Terrorismus und sorgte für eine verschärfte Migrationskontrolle sowie die Verabschiedung von Antiterrorgesetzen, vgl. Hansén, Crisis, S. 54–59. Für die Gesetzesnovellen in deutscher Übersetzung vgl. PA AA, B 82, 1004, Jugoslawien, Schwedische Botschaft an AA (25.5.1973).

9 Zum Tathergang vgl. u. a. Irmberger, Terrormultis, S. 122 f. Vgl. auch die stark glorifizierende Darstellung der an der Tat beteiligten amerikanischen Lebensgefährtin des Angreifers: Bušić, Lovers. Zum Zusammenhang zwischen den Taten vgl. Hockenos, Homeland, S. 64. Zum Aufkommen von

zen am Körper ausgestattet, die sich als Attrappen herausstellten, sowie einem echten, im New Yorker Bahnhof deponierten Sprengsatz, der einem Polizisten das Leben kostete, hielten sie die amerikanische Öffentlichkeit für anderthalb Tage in Atem. Bevor die Gruppe in Paris gefangen genommen wurde, hatte sie die Veröffentlichung eines einseitigen Erklärungsschreibens in der „Washington Post" erzwungen, das den kroatischen Befreiungskampf glorifizierte.[10]

Mit den Flugzeugentführungen sowie der Ermordung des Konsuls sechs Monate zuvor hatte die von Exilkroaten ausgehende politische Gewalt Ende 1976 einen vorläufigen Höhepunkt erreicht.[11] Zur Erklärung sind mehrere Aspekte heranzuziehen, die im bisherigen Verlauf dieser Arbeit zwar bereits kursorisch aufgegriffen, jedoch noch nicht systematisch erörtert wurden. Sie sollen deshalb im Folgenden vertiefter diskutiert werden. Dabei ist zunächst die Entstehung radikalerer und auch kleinerer exilkroatischer Akteursgruppen mit neuen ideologischen Referenzen und einem gewandelten Verständnis revolutionärer Praxis zu nennen. Dies hatte wiederum mit mehreren Faktoren zu tun. Einer hiervon war der Bedeutungsverlust des Kroatischen Nationalrats (HNO) infolge der Ende der 1960er Jahre eingestellten Förderung durch das BMI. Dieser bereits im letzten Kapitel ausführlicher geschilderte Vorgang beschleunigte sich, als dessen Vorsitzender Branimir Jelić im Juni 1972 einem Herzinfarkt erlag.[12] Der anschließende Niedergang der ehemals wichtigsten kroatischen Exilorganisation hinterließ ein Vakuum, von dem sich die traditionell antikommunistisch eingestellte und politischer Gewalt verhältnismäßig skeptisch gegenüberstehende „Altemigration" nicht mehr erholen sollte.[13] Dies hatte auch zur Folge, dass die verbliebenen bundespolitischen Unterstützer kroatischer Exilpolitik immer mehr auf Distanz zu deren Vertretern gingen.[14] Der Aktionsrahmen für kroatische

---

Flugzeugentführungen als Strategie von Gewaltakteuren ab den späten 1960er Jahren vgl. Vowinckel, Flugzeugentführungen.

10 Vgl. BArch, B 106/78908, Flugzeugentführung in den USA, Fernschreiben, u. a. mit dem Wortlaut der Erklärung der Botschaft Washington an AA (11.9.1976). Vgl. hierzu ausführlicher auch Gensler, Pots.

11 Vgl. für diese Einschätzung auch Pluchinsky, Terrorism, S. 60.

12 o. V., Nachruf auf Jelić, in: Der Spiegel, 5.6.1972. In den vorangegangenen Monaten waren zwei Anschläge auf Jelić verübt worden, die wohl noch zusätzlich zu seinem Herzleiden beitrugen. Bis heute sind die Attentate nicht aufgeklärt. Während die jugoslawische Seite exilinterne Grabenkämpfe am Werk sah, wird in kroatisch-nationalistischen Kreisen bis heute die These vom Geheimdienstmord vertreten, vgl. HDA, 1561, 4.1-59, RSUP SR Hrvatske, SDS, SSUP, SDB, Osvrt na stanje u HNO nakon smrti Branka Jelića (September 1972); Čizmić/Sopta/Šakić, Iseljena Hrvatska, S. 417 f.

13 So wurde Jelićs Bruder Ivan zum Nachfolger als Präsident des HNO gewählt, der die Organisation zwar bis in die 1980er Jahre leitete, insgesamt aber farblos blieb, vgl. HDA, 1561, 10.7-4, Informacije o smrti Branka Jelića, Savezni sekretarijat za vanjske poslove an SSUP, SDS, Situacija u ustaškom rukovodstvu posle smrti B. Jelića (20.6.1972).

14 So hatte Jelić etwa über den CSU-MdB und Vorsitzenden der sudetendeutschen Landsmannschaft Walter Becher selbst nach der Einstellung von Subventionen Finanzmittel aus den Quellen der Vertriebenenverbände erschließen können und wurde über Interna aus Ermittlungen informiert. Sechs Jahre nach dessen Tod sprach sich Becher hingegen explizit gegen die Kooperation mit Exil-

Exilpolitik verengte sich während der 1970er Jahre insofern und die Fürsprecher radikaler Mittel fanden immer mehr Gehör.[15] Scheinbare Evidenz erhielten ihre Losungen durch die Repressalien des jugoslawischen Staats und dessen Aktivitäten auf deutschem Boden, welche nach der „Akcija Feniks“, der Ermordung Rolovićs und der Freipressung der Attentäter ebenfalls an Intensität gewannen.[16]

Das Zusammenspiel bzw. das wechselseitige Verhältnis von Exilaktivitäten, jugoslawischen Gegenmaßnahmen und den Maßnahmen auf innen- und sicherheitspolitischer Ebene der Bundes- und Länderpolitik sowie zunehmend auch vonseiten zivilgesellschaftlicher Akteure stehen im Mittelpunkt dieses Kapitels. So werde ich zeigen, wie sich zur im letzten Teil konstatierten sicherheitspolitischen Externalisierung eine weitgehende Gleichgültigkeit gegenüber den repressiven Praktiken jugoslawischer Stellen gesellte, die ab den frühen 1970er Jahren mit einer immer engeren sicherheitspolitischen Kooperation beider Staaten einherging. In weiten Teilen der politischen Emigration hatte dies zur Folge, dass sie sich in ihrem Protest verstärkt auch an die bundesdeutsche Öffentlichkeit richtete. Begünstigt von einem zeitgenössischen Menschenrechts- und Dissidentendiskurs mehrten sich hier zugleich Stimmen, die einer Zusammenarbeit mit jugoslawischen Stellen kritischer gegenüberstanden und die die Geheimdienstpraktiken ebenfalls mit dem Vokabular der Menschenrechte geißelten. Eine Schlüsselrolle kommt dabei der erhitzten Debatte um den von Jugoslawien geforderten „Terroristenaustausch“ mit der anschließenden Festsetzung von Stjepan Bilandžić im Jahr 1978 zu, der in den Jahren zuvor zu einem der wichtisten Protagonisten kroatischer Exilpolitik geworden war. Diese Vorgänge bewirkten eine bis dahin ungekannte mediale Auseinandersetzung mit kroatischen Exilanten und deren Wirken, infolgedessen diese erstmals Gehör fanden. Sie brachte auch eine verstärkte Thematisierung der jugoslawischen Geheimdienstaktivitäten mit sich. Zugleich vollzogen sich in dieser Zeit migrations- und integrationspolitische Paradigmenwechsel, die über die Exilkroaten hinaus zu einer Inkorporierung migrantischer politischer Aktivitäten in das Programm der Inneren Sicherheit führten. Beides sorgte für neue Möglichkeitsstrukturen, auch in der kroatischen Emigration, deren Vertreter sich im Laufe der 1980er Jahre – zumindest in der Bundesre-

---

verbänden aus. Selbst nichtkommunistische Gruppen in der Emigration hätten sich mittlerweile auf eine Zusammenarbeit mit der Sowjetunion versteift, vgl. HDA, 1561, 10.0.44-V, RSUP SRH, SDS, Centar Rijeka, Emigracija (23.5.1969); Bracher/Morsey/Schwarz (Hrsg.), Quellen, Protokoll der Sitzung des Auswärtigen Ausschusses (13.12.1978).

15 Vgl. auch die von Clarkson identifizierten Extreme exilpolitischen Engagements bei mangelnden offiziellen Partizipationsmöglichkeiten, wobei er zwischen Kooperation mit der westdeutschen Zivilgesellschaft und Politik auf der einen und Gewalt auf der anderen Seite als Idealtypen unterscheidet, Clarkson, Fragmented Fatherland, S. 122.

16 So zumindest die Einschätzung des AA, vgl. PA AA, B 42, 299, Vermerk des Ref. II A 5 (8.8.1972). Ein hochrangiger serbischer Geheimdienstmitarbeiter erinnerte sich sogar, dass als Folge dieser Taten offizielle Klassifizierungen von Exilanten erstellt wurden von Kategorie A („top dogs“, die „eliminiert“ werden müssten) bis C („Wartekandidaten“, die lediglich beobachtet worden seien), vgl. Spasić, Lasica, S. 59.

publik – immer stärker von der Gewalt abwandten und sich neue politische Artikulationsformen erschlossen.

1 Ein unverhoffter Jungbrunnen? Migrationsprozesse und ihre Folgen für die Emigration und die jugoslawische Betreuungspolitik

Die Radikalisierung der kroatischen Emigration und ihrer Kontrahenten in den jugoslawischen Geheimdiensten vollzog sich wechselseitig und ist nur verständlich, wenn wir uns die Dynamik der Situation Ende der 1960er/Anfang der 1970er Jahre vergegenwärtigen. Diese Zeit war einerseits geprägt von der Annäherung beider Staaten, die neben der diplomatischen Komponente auch gesellschaftliche Folgen hatte. So wanderten immer mehr Personen als sogenannte Gastarbeiter in die Bundesrepublik ein, um deren Loyalität sowohl die Emigrantenverbände als auch der jugoslawische Staat warben. Andererseits erlebte Jugoslawien in dieser Zeit eine Welle politischer Reformbewegungen, die in Kroatien bald als „Kroatischer Frühling" (*Hrvatsko proljeće*) bzw. eher abfällig als MASPOK (*masovni pokret*, „Massenbewegung") bezeichnet wurden. Dessen Niederschlagung führte zur Abwanderung zahlreicher Intellektueller, die das kroatische Exil in seiner sozialen und kulturellen Substanz auch in der Bundesrepublik nachhaltig veränderten.

Vertreter des jugoslawischen Regimes erfüllte Letzteres mit großer Sorge. Sie befürchteten einen Zulauf für das politische Exil und dessen noch stärkeres Werben um die Gastarbeiter,[17] die mittlerweile einen ökonomischen Faktor darstellten, der für die jugoslawische Wirtschaft von herausragender Bedeutung war.[18]

Bevor ich also das Wechselspiel von Geheimdienstgewalt und exilpolitischer Radikalisierung genauer in den Blick nehme, soll dieses Kapitel zunächst in die Befürchtungen und Hoffnungen auf Seiten der Emigration und des jugoslawischen Staates einführen, die mit der deutsch-jugoslawischen Annäherung und der Arbeitskräftewanderung verbunden waren.

---

17 Umfragen des Zagreber Instituts für Migration in den Jahren 1970/71 ergaben, dass der kroatische Frühling die unter vielen Gastarbeitern bereits gärende Unzufriedenheit noch befeuerte und ihnen Artikulationsmöglichkeiten hierfür eröffnete, vgl. hierfür Le Normand, Citizens, Kap. 7.

18 Für die mit der Arbeitsmigration erhofften Geldsendungen (*remittances*) vgl. Brunnbauer, Globalizing Southeastern Europe, S. 297. Dass jene *remittances* häufig nicht den gewünschten Effekt erzielten, hat u. a. Goeke betont, vgl. Goeke, Migrationen, S. 134 f.

1.1 Die politische Emigration und die Ankunft der Gastarbeiter

Seit dem Ausschluss des Landes aus der Kominform und dem anschließenden Bruch mit Stalin im Jahr 1948 nahm Jugoslawien eine Sonderstellung innerhalb der sozialistischen Staaten ein.[19] Schon 1955 konnte das Land eine interfraktionelle Parlamentariergruppe aus Westdeutschland begrüßen[20] und mit zunehmender Etablierung der Bewegung der Blockfreien, an deren Formierung Tito entscheidenden Anteil gehabt hatte, gelang es Jugoslawien immer mehr, eine gewisse politische Autonomie jenseits der geopolitischen Blöcke des Kalten Kriegs zu erlangen.[21] Als ein Aspekt des von Jugoslawien proklamierten und vergleichsweise liberalen Selbstverwaltungssozialismus garantierte der Staat seinen Bürgern ab den frühen 1960er Jahren weitgehende Reisefreiheit.[22] Auch aufgrund ökonomischer Schwierigkeiten eröffnete das Land seinen Bürgern zudem weitreichende Möglichkeiten, das Land zur Arbeitssuche im Ausland zu verlassen. Die prosperierende Bundesrepublik, aber auch Österreich, die Niederlande und später Schweden waren naheliegende Ziele, wo sich in nahezu allen größeren Städten schnell eine jugoslawische Infrastruktur herausbildete.[23] Trotz offizieller Geltung der Hallsteindoktrin, der Titos Anerkennung der DDR im Jahr 1957 vorausgegangen war und die den einseitigen Abbruch der Beziehungen durch die Bundesrepublik nach sich gezogen hatte, entwickelte sich zudem ab den frühen 1960er Jahren eine Annäherungspolitik zwischen beiden Staaten, die selbst große Teile von CDU/CSU mittrugen.[24] Noch vor der Wiederaufnahme der diplomatischen Beziehungen wurde 1968 ein offizielles Anwerbeabkommen zwischen Jugoslawien und der Bundesrepublik geschlossen – das erste und einzige mit einem sozialistischen Staat.[25]

---

19 Zusammenfassend hierzu und unter Berücksichtigung neuerer Forschungspositionen, die u. a. die Bedeutung der ideologischen Differenzen revidiert und stattdessen die geopolitischen Faktoren des Bruchs betont haben, vgl. Sundhaussen, Jugoslawien, S. 82 f.

20 Fischer, Heimat-Politiker, S. 298.

21 Die Bewegung der Blockfreien und Jugoslawiens Rolle hierin hat sich in den letzten Jahren zu einem expandierenden Forschungsfeld entwickelt. Vgl. hierzu u. a. Dinkel, Bewegung; Spaskovska/Mark/Bieber, Introduction. Neben seiner politischen Führungsrolle fungierte Jugoslawien in der Bewegung auch als „Waffenlieferant“, der etwa die antikolonialen Unabhängigkeitsbewegungen in Afrika unterstützte, vgl. hierzu und generell Jugoslawiens Rolle im Bündnis konzise zusammenfassend Westad, Der Kalte Krieg, S. 653–657.

22 Vgl. hierzu u. a. Le Normand, Yugoslavia, S. 379 f.

23 Zum Alltagsleben jugoslawischer Gastarbeiter in Deutschland und Österreich vgl. Ivanović, Geburtstag.

24 Zu diesen frühen deutsch-jugoslawischen Annäherungen vgl. Fischer, Heimat-Politiker. Genereller zur bereits unter Ludwig Erhard verfolgten Ostpolitik sowie speziell zur Hallsteindoktrin und der erstmaligen Abkehr von ihr mit Blick auf Jugoslawien vgl. Lappenküper, Außenpolitik, S. 77 f.

25 Shonick, Reassessing. Für eine kritische Bestandsaufnahme der Anwerbeabkommen, ihrer intendierten und tatsächlichen Effekte vgl. Schönwälder/Oswald/Sonnenberger, Einwanderungsland.

Mit diesem Schritt erhöhten sich die ohnehin rapide wachsenden Migrationszahlen aus Jugoslawien nochmals. Gemäß einer Volkszählung aus dem Jahr 1971 betrug die Zahl der in Westdeutschland lebenden Jugoslawen über 430 000, die damit einen Anteil von über 61 Prozent aller „jugoslawischen Arbeiter mit vorübergehendem Aufenthalt im Ausland" bildeten.[26] Gemessen an der Gesamtzahl waren unter den jugoslawischen Gastarbeitern Kroaten eindeutig überrepräsentiert.[27] Ihr Anteil an der jugoslawischen Gesamtbevölkerung wurde lediglich auf 22 Prozent beziffert, während sie jedoch 39 Prozent der Arbeitsmigranten ausmachten.[28] Diese Menschen zog es überwiegend in die Bundesrepublik, wo sie die bei Weitem größte nationale Gruppe unter den Einwanderern aus Jugoslawien stellten.[29] Was die regionale Herkunft, ihr Alter und ihren Bildungshintergrund anging, dominierten vor allem Personen aus dem dalmatinischen Hinterland sowie den strukturschwachen Gegenden der Westherzegowina und Südbosniens. Mehrheitlich männlich, jung sowie mit einer unterdurchschnittlichen Schulbildung ausgestattet, war ein Großteil von ihnen zuvor ausschließlich in der Landwirtschaft tätig gewesen.[30]

Nicht nur die bloße Anzahl jugoslawischer Arbeitsmigranten in der Bundesrepublik, welche die zentrale Rolle erahnen lässt, die das Land für das Wirken der kroatischen politischen Emigration in dieser Zeit einnahm, ist hier von Interesse. Allein die Tatsache, dass das Zagreber Institut für Geografie bereits zu diesem frühen Zeitpunkt an einer systematischen Erforschung der Effekte und Folgewirkungen der massenhaften Auswanderung arbeitete, zeigt die Bedeutung, die man in Jugoslawien dem Phänomen zumaß.[31] Stets zählte hierzu auch die Furcht vor einer Indoktri-

26 So die offizielle jugoslawische Bezeichnung, vgl. dazu auch Novinšćak, Gastarbeiter, S. 131. Für die absoluten Zahlen und prozentualen Angaben vgl. Baučić, Radnici, S. 26.

27 Brunnbauer, Labour Emigration, S. 27.

28 Unter die ersten zehn Orte mit der stärksten Arbeitskräfteabwanderung schafften es nur zwei Gemeinden in Mazedonien, die nicht mehrheitlich von Kroaten bewohnt waren. Ansonsten befanden sich auf dieser Liste nur Dörfer und Städte in Dalmatien und Bosnien-Herzegowina sowie die Zentren Zagreb und Osijek, vgl. Baučić, Radnici, S. 83 f. Dies hat Goeke mit Praktiken der Kettenmigration und Netzwerkbildung sowie mit der intergenerationell weitergegebenen Erfahrung innerjugoslawischer Migrationen aus den betroffenen Regionen erklärt, vgl. Goeke, Arbeitswanderer, S. 733.

29 In der Bundesrepublik stellten sie rund 62 % aller hier lebenden Jugoslawen, in Australien sogar 73 %, Diese Situation unterschied sich signifikant von der in Österreich oder Frankreich, wo die Mehrheit jugoslawischer Migranten aus Serbien (ohne Vojvodina und Kosovo) stammte, vgl. Baučić, Radnici, S. 38 f.

30 Vor allem diejenigen aus Bosnien-Herzegowina waren in der Mehrheit weit unter 29 und hatten (über 50 %) keine oder nur die ersten Grundschulklassen besucht. In Kroatien war die Situation offenbar besser, wobei die Statistik hier nicht zwischen den Regionen differenziert und insbesondere im kroatisch-bosnischen Grenzgebiet ähnliche Daten zu vermuten sind, vgl. ebenda, S. 46–51.

31 Zu den Eckdaten der institutionellen Migrationsforschung in Kroatien, die seit 1967 am geografischen Institut der Universität Zagreb systematisch betrieben und 1984 in der Gründung des Instituts für Migrationen und Ethnizitäten mündete, vgl. http://www.imin.hr/povijest-zadaca-i-planovi (22.8.2021).

nierung der Gastarbeiter durch die politische Emigration, deren Ideen im Sommerurlaub als geistige *contrebande* zurück nach Jugoslawien gelangen könnten.[32] Da anfangs noch kein offiziell für sie zuständiger Wohlfahrtsverband benannt worden war, entstanden kulturelle und soziale Betreuungsangebote zunächst vor allem im Umfeld der Kirchengemeinden bzw. der Caritas. Dort, aber auch informell an Bahnhöfen und anderen öffentlichen Orten, trafen die sogenannten *pasošari* (i. e. die Inhaber eines jugoslawischen Passes [*pasoš*]) auch mit Exilanten zusammen.[33]

Da dies zunächst weitgehend unkontrolliert vom jugoslawischen Staat geschah, bestand eine große Sorge der dortigen politischen Akteure darin, dass die politischen Emigranten erfolgreich die Probleme und Widersprüche des jugoslawischen Staats adressieren könnten. Schon früh wurde auch die Realität der massenhaften Abwanderung hierzu gezählt. Diese wurde mit zunehmender Liberalisierung in Jugoslawien ab den frühen 1960er Jahren zwar nicht mehr geleugnet oder kriminalisiert, jedoch auch nicht mit staatlichen Programmen begleitet oder durch entsprechende Vertragswerke in juristisch sicherere Bahnen gelenkt. Als Hintergrund der zwischenstaatlichen Annäherung ist die Existenz der politischen Emigration, der durch stärkere Verrechtlichung des Migrationsgeschehens und verbindliche Regelungen der Arbeitsrechte und -bedingungen die Legitimität streitig gemacht werden sollte, bislang nur wenig beachtet worden.[34] Dieser Aspekt soll hier nicht gegen ökonomische Faktoren oder Argumente ausgespielt werden, die die Relevanz staatlicher Steuerungspolitik betont haben.[35] Gleichwohl scheint es wichtig, den Einfluss der Emigration bei der Etablierung einer aktiven Gastarbeiterpolitik des jugoslawischen Staats stärker zu betonen. Die ungeregelten Arbeitsverhältnisse, so eine Ausarbeitung des jugoslawischen Rats für innere Angelegenheiten, hätten zu einer äußerst prekären rechtlichen und sozialen Lage jugoslawischer Arbeiter in den Gastländern geführt. Zum Teil seien sie mit untragbaren Umständen konfrontiert und solange es keine bindenden zwischenstaatlichen Vereinbarungen gäbe, biete die politische Emigration häufig den einzigen Schutz bzw. eine Interessensvertretung vor der Willkür der Arbeitgeber. Tatsächlich sei die „feindliche“ (i. e. antijugoslawische) Einstel-

32 Vgl. etwa die diesbezüglichen Ausführungen des Zavod za migracije i narodnosti, in: HDA, 1409, kutija 107, Savjet za odnose s inozemstvom Izvršnog vijeća Sabora Socijalističke Republike Hrvatske, Ausarbeitung: Posljedna kretanja aktivnosti neprijateljske emigracije (Zagreb, 6.10.1970).

33 Zu den Treffpunkten und insbesondere dem beinahe mythisch besetzten „Bahnhof“ vgl. Ivanović, Freizeitverhalten. Auch in der deutschen Mehrheitsgesellschaft war der „Bahnhof“ fester Teil der Migrationsikonografie, vgl. hierzu Czycholl, Bilder, S. 80–120.

34 Eine Übersicht über die diplomatischen Entwicklungen bieten Nećak, Ostpolitik; Theurer, Bonn – Belgrad – Ost-Berlin; Dimić, Connecting Trade and Politics.

35 Sowohl Entsendestaaten als auch die Gastländer waren daran interessiert, zumindest ein wenig Ordnung in die häufig autonom verlaufenden Migrationsprozesse zu bringen und diese zu kontrollieren, vgl. Steinert, Migration Policy. Ab den frühen 1960er Jahren ging es dabei immer mehr um die Eindämmung „irregulärer“ bzw. „illegaler Einwanderung“, die mit dem Abschluss von Anwerbeabkommen klar regel- und steuerbar werden sollte. Vgl. Karakayali, Gespenster, v. a. Kap. 3. Vgl. auch – wenn auch mit Fokus auf die Zeit nach dem „Anwerbestopp“ Vollmer, Policy Discourses.

lung von Arbeitsmigranten da am größten, wo sich Emigrantenstrukturen gebildet hätten und Konformität umgekehrt am ehesten dort zu erzielen, wo diese nicht bestünden.[36]

Unabhängig von solchen Befürchtungen ist das tatsächliche Verhältnis von Exilanten und *pasošari* nur schwer zu beurteilen.[37] In jedem Fall ist zu konstatieren, dass sowohl staatliche Akteure in Jugoslawien als auch die kroatischen Emigranten bald hoffnungsvoll, bald argwöhnisch auf die Arbeitsmigranten und ihre mögliche Beeinflussung blickten. Zunächst hatten die kroatischen Emigrantenvertreter die Arbeitskräftewanderung vermeintlicher „Kommunisten" aus Jugoslawien noch sehr skeptisch beobachtet und stattdessen eine Anwerbung von Kroaten aus den italienischen Flüchtlingslagern befürwortet.[38] Schnell schon verbanden sie jedoch mit den immer stärkeren Migrationsbewegungen die Hoffnung auf Verjüngung und auf eine langersehnte Etablierung direkter Kontakte nach Jugoslawien. Diese hatten die Emigrantenvertreter im Laufe der 1950er Jahre praktisch verloren. Sie versprachen sich hiervon nicht zuletzt die Revitalisierung kroatisch-nationalistischer Widerstandsgruppen vor Ort.[39] So existierte etwa beim HNO ein eigener Posten für die Anwerbung von *pasošari*. Dabei waren insbesondere diejenigen Einwanderer für die Verbände attraktiv, die neben ihrem Pass weitere Verbindungen zum jugoslawischen Regime vorweisen konnten.[40]

Um für sich zu werben, positionierten sich die Angehörigen von Exilorganisationen strategisch an den Zielbahnhöfen der Gastarbeiter und nahmen die Neuankömmlinge in Empfang. Die Grenzen von erster Orientierungshilfe, Rekrutierung sowie Nötigung und Erpressung waren dabei häufig fließend, wie selbst in Exilkreisen

---

36 HDA, 1561, 10.1-19, Elaborat: Rad i djelovanje neprijateljskog dijela jugoslavenske emigracije (1964). Die Mehrheit der neuankommenden Gastarbeiter gab zudem in einer Umfrage an, dass es nicht deutsche Institutionen seien, die einen reibungslosen Übergang in die deutsche Gesellschaft ermöglichten, sondern die „älteren Emigranten", vgl. Tokić, Landscapes, S. 744.

37 Zu dieser Einschätzung kam im Rückblick schon Othmar Nikola Haberl, einer der damaligen Experten auf dem Gebiet der jugoslawischen Migrationspolitik, vgl. AdsD, 5/DGAZ001017, Unveröffentlichtes Manuskript, „Abwanderung von Arbeitskräften und sozialistisches System. Ursachen und Folgen der Abwanderung von Arbeitskräften aus Jugoslavien" (18.8.1977).

38 Vgl. hierfür die Initiativen Jelićs weiter oben.

39 HDA, 1409, kutija 106, Državni sekretarijat za inostrane poslove, Uprava za konzularne poslove an Izrvsno Veće SR Hrvatske, Ocena aktivnosti neprijateljske emigracije (8.5.1968). Auch das US-amerikanische State Department sah eine Belebung nationalistischer Zirkel in Kroatien als ungewolltes, jedoch unausweichliches Nebenprodukt des zunehmenden Grenzverkehrs angesichts jugoslawischer Liberalisierungsprozesse, vgl. NARA, RG 319, A1 134, IRR Impersonal Name Files, Box 169, Department of State, Bureau of Intelligence and Research, Intelligence Report: Ustashi Trials and the Yugoslav Government's Current Relations with the Roman Catholic Church (25.2.1960). Für nationalistische Dissidenten in Kroatien vgl. die erste umfassende Studie hierzu Krašić, Pokret.

40 Dies zeigt etwa das Bemühen um die Anwerbung des Gastarbeiters Andrija D., dessen Bruder beim Zagreber SDB arbeitete und so als potenzieller Informant für den Verband in Betracht kam, vgl. HDA, 1560, kutija 13, Korrespondenz zwischen Sedlo und Jelić (Anfang 1966).

kritisiert wurde.[41] Dies galt auch für die zumeist in Kneipen oder kroatischen Restaurants abgehaltenen Veranstaltungen der Exilverbände, die für viele oft die einzige Zerstreuung im Alltag zwischen Arbeitsplatz und Wohnheim boten – zumal in einem vielerorts rassistisch geprägten Umfeld.[42] In diesem Umfeld tummelten sich auch jene Akteure, die den jugoslawischen Staat mit Waffengewalt im Untergrund bekämpfen wollten. Dabei spielten die Tötungskommandos des jugoslawischen Geheimdienstes eine nicht zu unterschätzende Rolle. Vor allem die Morde und Mordversuche an Exilprotagonisten wie Djuro Dezelić (Vorsitzender des Mehlemer Verteidungsrats), Marijan Simundić (führender Aktivist der HRB) sowie Mile Rukavina und Nahid Kulenović (Vorsitzende der UHNj), die alle zwischen 1965 und 1968 mit hoher Wahrscheinlichkeit vom jugoslawischen Geheimdienst beauftragt wurden, hatten eine stark radikalisierende Wirkung.[43] Sie riefen Rachegelüste hervor und förderten bei einigen Akteuren nochmals die Ablehnung eines Gewaltverzichts.[44]

Die Radikalisierung der kroatischen Exilverbände, die bereits ab den späten 1950er Jahren einsetzte und die im Laufe der Zeit zu immer mehr Militanz und Gewaltbereitschaft in den Exilgruppen führte, ist insofern nicht allein anhand ideologischer Bruchlinien und strategischer Entscheidungen zu erklären.[45] Im Fall der exilkroatischen Gruppierungen im Bundesgebiet resultierte sie auch aus einem immer stärkeren Gefühl der eigenen Machtlosigkeit angesichts aktiver jugoslawischer Sabotage- und Zersetzungsbemühungen, die vom deutschen Staat nur halbherzig verfolgt oder gar nicht erst registriert wurden.[46] Neben biografischen Aspekten (viele der

---

41 So rief der Präsident der UHNj im Verbandsmagazin gar dazu auf, die Bahnhöfe in den Großstädten zu meiden, da hier Migranten unter Druck gesetzt würden, Geld für den „nationalen Kampf“ beizusteuern. Echten Patrioten jedoch fiele es niemals ein, „die kroatischen Brüder“ anzubetteln und zu betrügen, vgl. Ante Vukić, „Hrvatski radnici u Njemačkoj – Pozor!“, in: Hrvatska Sloboda, H. 9, 1968, S. 3.

42 Vgl. hierfür grundsätzlich Chin, Guest Worker; Alexopoulou, Einwanderungsgesellschaft.

43 Zu diesen Fällen vgl. u. a.: o. V., „Anschlag auf Gegner Titos in Düsseldorf“, in: FAZ, 1.7.1965, S. 1; BArch, B 136/6494, Memorandum an Bundeskanzler über die „Tätigkeit der Belgrader kommunistischen terroristischen Polizeiorganisation UDBA in der Bundesrepublik“ (12.11.1968); o. V., „Bombe im Koffer“, in: Der Spiegel, 21.10.1968, S. 134 f.

44 Für Reaktionen bzgl. der Ermordung Rukavinas und Kulenovićs vgl. HDA, 1561, 4.1-23, RSUP SR Hrvatske, SDS, SSUP, SDB, Informacije o neprijateljskoj delatnosti emigracije (15.5.1969). Für das Motiv der Rache nach dem Mord an Simundić vgl. besonders eindringlich HDA, 1560, kutija 11, Hrvatski iseljenici, Briefwechsel Jelić und Drago Crnković (Bielefeld) (September/Oktober 1967). Vgl. auch: o. V., „Kroaten-Geheimbund will Münchener Morde klären“, in: FAZ, 30.10.1968, S. 5.

45 So etwa ganz explizit vertreten bei Tokić, Bedazzlement, S. 438 f. Auch Ragazzi behandelt die Radikalisierungsprozesse allein entlang ideologischer „Brüche“, vgl. Ragazzi, Governing Diasporas.

46 So war etwa der Mörder Nahid Kulenovićs ermittelt worden; dieser hatte sich nach der Tat nach Jugoslawien abgesetzt. Das BKA ging davon aus (und machte diese Einschätzung sogar öffentlich), dass ein Auslieferungsersuchen keinen Erfolg haben werde. Vgl. BArch, B 141/83650, Hochverrat & staatsgefährdende Straftaten von und gegen Exilkroaten in der Bundesrepublik Deutschland, Bayer.

Gruppenmitglieder gaben an, Nachkommen von ehemaligen *Ustaše* oder Opfern der Partisanen gewesen zu sein und als solche unter Benachteiligungen im sozialistischen Jugoslawien gelitten zu haben), müssen für eine Erklärung der oben skizzierten Häufung an Gewalttaten stärker auch gruppensoziologische Ansätze herangezogen werden. So scheint auch für die Herausbildung radikaler exilkroatischer Gruppen die These überzeugend, dass Gewaltausübung sowie die Erfahrung relativer Macht stark gemeinschaftskonstituierend wirken.[47] Viele derjenigen Akteure, die sich an der Bildung radikaler Gruppierungen beteiligten und vom jugoslawischen Staat für besonders gefährlich gehalten wurden, hatten sich schon zuvor in Gruppen zusammengetan, die häufig vom gemeinsamen Herkunftskontext und durch die soziale Kontrolle etwa infolge gemeinsamer Wohnheimunterbringung zusammengehalten wurden.[48] Durch ihr herrisches Auftreten sorgten sie vielfach für Angst und Schrecken in den kroatischen und jugoslawischen Begegnungsorten und waren so an einigen Orten bereits zu zweifelhaftem Ansehen gekommen.[49]

Es war genau diese Attitüde, durch die die kroatischen Nationalisten häufig auffielen, mit der sie sich jedoch in der Regel keine wirklichen Sympathien erwarben. Im Gegensatz zu den ursprünglichen Erwartungen scheint ihre Anziehungskraft auf Arbeitsmigranten insgesamt gering gewesen zu sein. Keiner der exilpolitisch aktiven Akteure, die in dieser Zeit polizeilich in Erscheinung traten, war in erster Linie zur Arbeitssuche ins Land gekommen. Die vor allem über Gerichts- und Ermittlungsakten rekonstruierbaren Mitglieder der konspirativ organisierten Gruppen waren in der Regel spätestens seit den frühen 1960er Jahren im Land und verstanden sich mehrheitlich bereits vor ihrer Einreise als politisch Verfolgte. Dies galt etwa für den mehrfach erwähnten Stjepan Bilandžić, der schon am Mehlemer Anschlag teilgenommen hatte und in den 1970er Jahren zum bekanntesten exilkroatischen Aktivis-

---

Ministerium der Justiz an das Bundesjustizministerium, Betr.: Bericht des OStA München wegen Erkenntnissen zu Ivo Galić (5.8.1971); o. V., „Mord am Exilkroaten Kulenović aufgeklärt“, in: FAZ, 11.11.1969, S. 5. Detaillierter zur Frage des Wissens deutscher Akteure weiter unten.

47 Zum Zusammenhang zwischen Radikalisierung und zur Herausbildung einer „Tatgemeinschaft“ aus einer praxeologischen Perspektive vgl. auch Reichardt, Radikalisierung, S. 78 f.

48 Dies legen etwa die Aufenthalts- und Geburtsorte der sogenannten Bodenseegruppe nahe, der in den späten 1960er Jahren die Organisation mehrerer Attentate vorgeworfen wurde und deren Protagonisten alle aus Dörfern aus dem dalmatinisch-herzegowinischen Grenzgebiet entstammten. Vgl. auch die Beschreibung der Mehlemer Attentätergruppe weiter oben, S. 116 ff.

49 Vgl. hierfür etwa die Aktivitäten der Gruppe in Hameln, die von Einschüchterungen von Gastarbeitern bis zum Mordversuch (so zumindest der jugoslawische Vizekonsul in Hannover) gingen. Später wurde deren Vorsitzender, der beim HNOdpor aktiv war, sogar mit dem Mord an Konsul Zdovc in Verbindung gebracht, vgl. NLA, Nds. 721 Hannover Acc. 61/83, Nr. 383, Geplanter Mordanschlag auf F. B. Auch in Westberlin waren offenbar regelrechte Schlägertrupps in jugoslawischen Gaststätten unterwegs, die u. a. für Schutzgelderpressungen verantwortlich zeichneten, vgl. LAB, B Rep. 058, 11681, Strafanzeige der JVM [*Jugoslovenska vojna misija*/Jugoslawische Militärmission] gegen unbekannt (10.12.1968). Vgl. auch HDA, 1409, kutija 106, Državni sekretarijat za inostrane poslove, Uprava za konzularne poslove an Izrvsno Veće SR Hrvatske, Aktivnost ustaške emigracije u Zapadnom Berlinu (20.12.1968).

ten werden sollte. Kurz nach seiner Ankunft in der Bundesrepublik war er an mehreren Raub- und einem Morddelikt beteiligt und fiel auch später als „Anführer von Schlägertruppen“ auf, die jugoslawische Restaurantbesitzer drangsalierten und sie zu Schutzgeldzahlungen erpressten.[50]

Auch die von den deutschen Behörden als „Bodenseegruppe“ bezeichnete Gruppierung um Dane Šarac, die Anfang der 1960er im Umfeld der UHNj entstanden war, war in ihrer Anfangszeit nicht von einer solchen „Schlägertruppe“ zu unterscheiden.[51] Ihre Mitglieder traten häufig geschlossen auf und waren in zahlreiche handgreifliche Auseinandersetzungen mit Gastarbeitern verwickelt.[52] Ab Mitte des Jahrzehnts plante die Gruppe Anschläge auf Ziele in Jugoslawien, unter anderem auf den zwischen München und Athen verkehrenden „Akropolisexpress“.[53] Sämtliche Mitglieder, allen voran die zu je zwölf Jahren verurteilten Žarko Odak und Bozo Pasalić sowie Šarac als der Kopf der Gruppe,[54] gaben vor Gericht an, bereits in Jugoslawien in nationalistisch-antikommunistischen Zirkeln engagiert gewesen zu sein. Nach ihrer Ankunft in der Bundesrepublik hätten sie sich dann direkt einer der exilkroatischen Gruppierungen und Ortsgruppen Süddeutschlands angeschlossen.[55]

Die streng konspirativ arbeitende Kroatische revolutionäre Bruderschaft (HRB), die ihre Angehörigen mit einem martialischen Schwur an sich band, war ebenfalls kein Beispiel für die von den jugoslawischen Behörden befürchtete Beeinflussung politisch vormals indifferenter Gastarbeiter.[56] Ihre Protagonisten stammten vor allem aus Australien und waren bereits mit der Absicht der Gründung einer militanten

---

50 So wie am 9.10.1974, als er in Köln gemeinsam mit Anderen den Inhaber der Gaststätte „Opatija“ zusammenschlug, da dieser sich nicht bereiterklärt hatte, eine „Spende“ an den FK Kroatia zu entrichten, als dessen Vereinsvorsitzender Bilandžić fungierte. Das BKA ging von vielen weiteren vergleichbaren, nicht zur Anzeige gebrachten Taten aus, vgl. BArch, B 131/1995. Jugoslawen in der BRD, BKA/SG (EA 15), Zusammenstellung zu Stjepan Bilandžić (23.8.1978).

51 Die Gruppe wurde von einem IM des jugoslawischen Geheimdienstes als die „extremste“ in der ganzen Bundesrepublik bezeichnet, vgl. HDA, 1561, 1.14-6, UDB za SR Hrvatsku, I Sektor, Sastanak sa „Stevom“ u Kölnu, 20.4.1966 (5.5.1966).

52 PA AA, B 42, 233, Erkenntnisse der BKA/SG über Ivan Kutuzović in der Auflistung zu „Jugoslawische[n] Emigranten und Gastarbeiter, die in sicherheitsgefährdender Weise in Erscheinung getreten sind“ (5.8.1969).

53 Eine aus Jugoslawien kolportierte Verbindung zum Belgrader Bahnhofsanschlag konnte nicht nachgewiesen werden, vgl. BArch, B 106/91105-91106, BMJ an BMI (9.10.1968), Ermittlungsverfahren gegen Odak, Kutuzović, Pasalić, Bebek, Uremović und Šarac.

54 Šarac wurde zu sechs Jahren verurteilt. Zudem erhielten noch Ivan Kutuzović und Marko Uremović Haftstrafen (9 bzw. 5 Jahre).

55 Zu den Hintergründen der einzelnen Mitglieder vgl. knapp PA AA, B 42, 233, „Zusammenstellung von Erkenntnissen“ (5.8.1969). Kutuzović hatte sich nach seiner Ankunft in der Bundesrepublik mithilfe des HNO um politisches Asyl bemüht, wie ein zufällig erhaltener Briefwechsel dokumentiert, vgl. HDA, 1560, kutija 12, Hrvatski iseljenici, Briefwechsel Prpić und Ivan Kutuzović zu dessen Asyl (1965). Detaillierter zu Šarac, wenn auch heroisierend, vgl. Vukušić, HRB, S. 465 f. Vgl. auch das „Portrait“ der Gruppe, in: o. V., „Bombe im Koffer“, in: Der Spiegel, 21.10.1968, S. 134 f.

56 Đorđević, Leksikon, S. 115 f.

Gruppierung in die Bundesrepublik gekommen. Die HRB verdankte ihre Existenz insofern vor allem den Möglichkeiten transnationaler Mobilität und den Abwanderungsmöglichkeiten in Jugoslawien im Zuge der dortigen Liberalisierungsprozesse.[57] Die anfangs mangelnde Verankerung der Organisation in der Bundesrepublik wurde durch ihre Verbindungen nach Australien kompensiert, wo die Gruppe ihre logistische und finanzielle Basis hatte.[58] Die Etablierung der Bruderschaft wurde von eigens hierfür entsandten Aktivisten geleistet. Dies galt etwa für Geza Pasti und Josip Senić, die mit der Bildung und Koordinierung der lokalen Gruppen vor Ort beauftragt wurden und ab 1963 bzw. 1965 in der Bundesrepublik weilten, wie auch für den ersten Vorsitzenden in der Bundesrepublik Franjo Turk.[59] Nach dem Verbot der Vereinigung im Jahr 1968 kam der Impuls der Revitalisierung wieder aus Australien, von wo aus Aktivisten wie der seit 1962 dort lebende Jozo Orec in die Bundesrepublik geschickt wurden, um hier (mit Erfolg) die Neugründung lokaler HRB-Gruppen zu unterstützen.[60]

Man darf sich dieses Geflecht – insbesondere in der zweiten Phase der HRB – nicht als fest umrissene Organisation, sondern eher als lose Struktur vorstellen, die örtlich in unterschiedliche andere Vereine sowie in die größeren Exilverbände hineinragte.[61] Vor allem die jugoslawischen Auftragsmorde, denen im Laufe der Zeit nahezu alle der hier erwähnten Protagonisten der HRB in Europa zum Opfer fielen, sorgten für die Etablierung stark konspirativer Strukturen.[62] Trotz der australischen Organisationsbasis wäre es zudem falsch anzunehmen, die HRB und die mit ihr verbundenen oder nachfolgenden Gruppierungen seien ausschließlich das Ergebnis

---

57 Vgl. für diese Einschätzung auch die Ausarbeitung des Republički sekretarijat zu unutrašnje poslove SRH, in: HDA, 1409, kutija 106, Prikaz situacije i sadašnja djelatnost hrvatske neprijateljske emigracije prema SFRJ (Zagreb, 21.10.1969).

58 Vukušić, HRB, S. 39 f.

59 Nach der Enttarnung einer von Pasti befehligten Gruppe im Juli 1963 in Jugoslawien wurde dieser vor dem LG Stuttgart wegen Geheimbündelei verurteilt und ein Jahr später unter der Auflage entlassen, das Land zu verlassen. Er lebte daraufhin in Frankreich, 1967 wurde er in Nizza ermordet, vermutlich vom jugoslawischen Geheimdienst, vgl. LAV BW, HStAS: EA 2/203, Bü 126, LKA BW an MI BW: Verhandlung gegen Pasti, Kovačić und Simundić am 29.5.1964 vor dem LG Stuttgart (1.7.1964).

60 Orec wurde 1973 wegen Beteiligung an einem Bombenanschlag auf das jugoslawische Konsulat in Heidelberg zu vier Jahren Haft verurteilt. Im Jahr 1977 wurde er in Johannesburg ermordet – mutmaßlich im Auftrag der jugoslawischen Staatssicherheit, vgl. Čizmić/Sopta/Šakić, Iseljena Hrvatska, S. 417. Im Zuge der Ermittlungen wurde auch seine Rolle in den HRB-Strukturen deutlich, vgl. BArch, B 106/91105-91106, GBA an BMJ, Betr.: Ermittlungsverfahren gegen Jozo Orec u. a. wegen Verdachts des Vergehens nach § 129 StGB (23.6.1973).

61 Hierbei spielten v. a. zwei Verbände eine Rolle, die sich beide als „Kroatischer Volkswiderstand" bezeichneten (*Hrvatski narodni odpor* bzw. *Hrvatski narodni otpor)* und im Jahr 1976 verboten wurden, was weiter unten noch näher thematisiert wird.

62 Zu diesen Strukturen mit ihren in Troikas organisierten Einheiten vgl. u. a. BArch, B 106/91105-91106, GBA an BMJ, Betr.: Ermittlungsverfahren gegen Jozo Orec u. a. wegen Verdachts des Vergehens nach § 129 StGB (23.6.1973) & Vermerk des GBA (25.6.1973).

der Bemühungen gleichsam von außen kommender *politischer Unternehmer* gewesen.[63] Diese waren auch auf Akteure vor Ort angewiesen, die die Anbindung in die lokalen kroatischen und jugoslawischen Milieus ermöglichten. Der oben bereits näher behandelte Radikalisierungsschub, der die Exilverbände Anfang der 1960er Jahre erfasste, hatte mancherorts neue Akteure hervorgebracht, die mit den Initiativen der australischen HRB-Kader ihre Chance gekommen sahen und sich als deren örtliche Partner anboten. Zwar verfügten diese Personen wie der in Münster studierende Branko Orlović oder die in Stuttgart ansässigen Nikola Kovačić und Marijan Simundić durch ihre bisherige politische Arbeit und sozialen Kontakte über einen Zugang in das exilkroatische Milieu. Zugleich handelte es sich aber auch bei ihnen – wie schon bei der „Bodenseegruppe“ – nicht um Arbeitsmigranten, sondern um bereits länger etablierte und zum Teil auch in Jugoslawien schon nationalistisch aktive Personen.[64] An den meisten Orten waren diese Exilaktivisten den Arbeitsmigranten zahlenmäßig schnell unterlegen.[65] Berichte jugoslawischer IMs lassen auf einen vergleichsweise schweren Stand schließen, den die kroatischen Separatisten bei einem großen Teil der jugoslawischen *pasošari* besaßen.[66]

Auch wenn sich der Kontakt dieser Akteursgruppen häufig auf Bedrohung und Erpressung konzentrierte und der Schulterschluss ein wohl eher unrealistisches Sze-

---

63 Vgl. zu „politischen Unternehmern“ im migrantischen Kontext und zur Mobilisierung und der Konstruktion einer *imagined community* u. a. Baser, Diasporas, S. 17–23.

64 Während Simundić, seit den 1950ern in der Bundesrepublik, über seinen nach Australien emigrierten Bruder von der HRB erfuhr und schnell zu deren wichtigstem Verbindungsmann wurde, war Orlović nominell nie Mitglied der Organisation. Auch Kovačić war schon seit den frühen 1960er Jahren politisch aktiv. Gemeinsam mit Aleksander Jilk von der anschließend verbotenen HKB hatte er früh darüber nachgedacht, wie ein kroatisches Exilradio in der Bundesrepublik etabliert werden könne. Er war auch Teil des Mehlemer Verteidigungsausschusses, vgl. LAV NRW, Gerichte Rep. 409, Nr. 104, Briefwechsel Jilk (HKB) und Nikola Kovačić (Juni 1962). o. V., „Zabranjeno ‚Hrvatski Križarsko Bratstvo'“, in: Hrvatska Zora, H. 3/4, 1963, S. 5. Zu Simundićs Biografie vgl. Vukušić, HRB, S. 115. Zu seiner vom SDB Split angeordneten Ermordung, basierend auf Überlieferungen des jugoslawischen SDB, vgl. Robionek, State Security, S. 4. Orlovićs Organisation, das aus einem Bruch mit dem HNO hervorgegangene „Kroatische demokratische Komitee“ (*Hrvatski demokratski odbor*, HDO), bestand praktisch ausschließlich aus Personen, die – wie auch Orlović selbst – schon seit Längerem als politische Flüchtlinge in der Bundesrepublik lebten und hier auch bereits verhältnismäßig lange aktiv waren. Zur Biografie Orlovićs vgl. LAV NRW, NW 377, Nr. 6987: Innenministerium NRW, Urteilsschrift LG Köln (10.3.1967). Die Rolle seiner Organisation im Zusammenhang mit der HRB wird u. a. im Dossier des Centar DS Zagreb diskutiert, vgl. HDA, 1561, 10.11-1-6, DL-HRB, Dosihe HRB-a (22.10.1968). Zum HDO allgemein vgl. LAV BW, HStAS: EA 2/303, Bü 821, Kroatischer Demokratischer Ausschuss (HDO).

65 Ein Bericht des BMI bezifferte die politische Emigration aus ganz Jugoslawien Anfang 1968 auf „etwa 23.000“, vgl. BArch, B 106/91105-91106, Bericht über die terroristische Tätigkeit jugoslawischer Emigrantenorganisationen (1.3.1968).

66 So scheint es vielfältige Versuche gegeben zu haben, in den Wohnheimen eine nationale Stimmung unter den Arbeitsmigranten anzuheizen, was diese eher mit Desinteresse quittierten, vgl. HDA, 1561, 10.0-5, RSUP, SRH, Analiza podataka sakupljenih kroz akciju kontakata i razgovora sa našim gradjanima na radu u inostranstvu, povodom njihovog dolaska na godišnji odmor, 1965.

nario war, stellten die Drangsalierungen und Nötigungen jugoslawischer Arbeitsmigranten durch radikale Exilakteure doch eine für den jugoslawischen Staat nicht hinnehmbare Situation und Bloßstellung dar. An vielen Orten konnte er für die Sicherheit der eigenen Staatsbürger schlichtweg nicht garantieren. Zudem stellten die Angriffe auf Repräsentanten des Staats eine beständige Gefahrenquelle dar. Dies war umso mehr der Fall, da die radikalen Akteure keinesfalls isoliert, sondern Teil eines organisierten kroatischen Exilmilieus waren, von dem sie durchaus auch Unterstützung erfuhren.[67] Die Vertreter der großen Verbände befürworteten die bewaffneten Aktionen zwar selten offen. Sie sahen diese jedoch zumindest als aufmerksamkeitsfördernd an und begrüßten sie zum Teil auch hinter vorgehaltener Hand oder sogar öffentlich in ihren Publikationsorganen.[68] Insofern bei den zellenartig organisierten Gruppen die Organisationszugehörigkeit sekundär war, gehörten ihre Mitglieder zuweilen auch einem der größeren Verbände an. Die Entstehung eines derartigen „radikalen Milieus", das neben Vertretern der „Altemigration" auch mit Waffengewalt agierende Akteure umfasste und das sich (neben Mitgliedsbeiträgen und Spenden) vor allem durch erzwungene oder freiwillig geleistete Unterstützungszahlungen vonseiten der Gastarbeiter speiste, war ein Angstszenario für den jungen jugoslawischen Staat.[69]

1.2 Alte Ideen und neue Allianzen. Der „Kroatische Frühling" und die politische Emigration

Unabhängig von seinem tatsächlichen Zustandekommen musste ein Schulterschluss zwischen Emigranten und Gastarbeitern vor allem deshalb besonders bedrohlich wirken, da die stärksten Migrationsbewegungen mit der bislang größten Legitimationskrise des noch jungen Staats zusammenfielen, in deren Verlauf es zu landesweiten Demonstrationen und Reformforderungen kam. Die präzedenzlose soziale Mobi-

---

67 Zur zentralen Rolle des weiteren Umfelds terroristischer Gruppierungen vgl. Malthaner/Waldmann, Einleitung.

68 Vgl. etwa die diesbezüglichen Aussagen hochrangiger Funktionäre bei Nikolić, Susret, S. 123–138. Das HNO hatte – neben der eindeutigen Unterstützung der Mehlemer Attentäter – in seiner Verbandszeitschrift auch zu Spenden zur Verteidigung Ante Kardums aufgerufen, der des versuchten Mordes am jugoslawischen Konsul Klarić beschuldigt wurde, vgl. PA AA, B 42, 167, Aufzeichnung, Abteilung II A 5, Unterstützung des Kroatischen Nationalkomitees (HNO) (10.1.1966). Exilorganisationen in den USA spendeten zudem für den rechtlichen Beistand der „Bodenseebande", vgl. HDA, 1560, kutija 14, Hrvatski iseljenici, Sjevero Američko Vijeće za Hrvatsku nezavisnost (10.7.1971).

69 Gerade angesichts der Spannungen und Unruhen in unterschiedlichen sozialistischen Lagern (Polen, ČSSR, China, Jugoslawien) und der befürchteten Destabilisierung bestand zum Teil eine regelrechte Paranoia vor einem vermeintlichen Umsturzpotenzial der politischen Emigration, vgl. HDA, 1409, kutija 106, Državni sekretarijat za inostrane poslove, Uprava za konzularne poslove an Izrvsno Veće SR Hrvatske, Ocena aktivnosti neprijateljske emigracije (8.5.1968).

lität und ein massenhafter Bildungsaufstieg hatten, gepaart mit der kulturellen Offenheit des Landes, die nicht nur junge Menschen in Kontakt mit dem westeuropäischen Ausland brachte, schon im Sommer 1968 den Weg zu einer Protestwelle bislang ungekannten Ausmaßes geebnet.[70] Forderungen nach mehr sozialer Gerechtigkeit und einem Ende der Parteienoligarchie wurden mit der Zeit in allen Zentren des Landes sowie insbesondere in der Hauptstadt Belgrad erhoben.

Die Protestbewegung, die durch öffentlich eingestandene Fehler durch Tito persönlich noch beschwichtigt werden konnte, rüttelte nicht nur an der Glaubwürdigkeit des zweiten jugoslawischen Staats. Sie „bewies [zudem], dass der Druck der Straße mehr bewirken konnte als sämtliche Diskussionen im Zentralkomitee" und wies die Richtung für weitere politische Konflikte.[71] So hatte sich auch in Kroatien eine Unzufriedenheit angestaut, die ab April 1971 öffentlich in Form massenhafter Proteste auf die Straßen Zagrebs getragen wurde und die zum Teil ebenfalls Folge der tiefgreifenden Modernisierungsschübe seit dem Zweiten Weltkrieg war. Diese hatten das ohnehin starke Wohlstandsgefälle zwischen den Republiken nochmals verschärft. Die Abkehr vom zentralistischen Projekt eines „Jugoslawismus" und die damit einhergehende Dezentralisierung und verstärkte kulturelle Autonomiegewährung der Republiken sorgte ab Mitte der 1960er Jahre zugleich dafür, dass regionale Disparitäten immer stärker nationalistisch überformt werden konnten.[72] Wie in nahezu allen anderen Republiken entwickelten sich auch in Kroatien Benachteiligungsdiskurse, die – zum Teil von den kulturellen Eliten getragen – vor allem auf die unzureichende kulturelle, ökonomische und politische Repräsentation der Kroaten in Jugoslawien abzielten.[73] Strukturelle und regionale Differenzen mündeten in Forderungen nach tiefgreifenderer Föderalisierung und wurden in Form nationaler Kategorien artikuliert bzw. von den jeweiligen Politikern entsprechend kanalisiert.[74] Gemeinsame Stoßrichtung war dabei die angebliche Schwächung der Kroaten gegenüber einer serbischen Dominanz und eines serbischen Unitarismus in Jugoslawien. Hierbei wurden auch bevölkerungspolitische Argumente mit chauvinistischer Rhetorik ins Feld geführt, so etwa vom späteren Präsidenten Franjo Tudjman, der „die Existenz des kroatischen Volkes" in Gefahr sah, das mit einer „genozidalen Art

70 Für Kontakte in andere Länder und die Rolle der Demonstrationen in Paris und andernorts vgl. etwa Klasić, Svijet, S. 166 f.

71 Calic, Geschichte, S. 235 f. Für neuere Forschungen zu den Ereignissen im Jahr 1968 in Jugoslawien vgl. u. a. Fichter, Protest; Morrison, June Events.

72 Hinsichtlich der institutionellen Verschiebungen zwischen einer „alten Garde" auf Bundesebene und den eher liberalen Persönlichkeiten, die in die Parteispitzen auf Republikebene drängten, vgl. äußerst detailliert Pirjevec, Comrades, S. 354–361.

73 Eine Studie (der sogenannte „Davorin-Report") kam Anfang 1970 zudem zu dem Ergebnis, dass die personelle Aufstellung des diplomatischen Corps große regionale Disparitäten aufwies. In der Bundesrepublik, wo mehrheitlich Kroaten als Gastarbeiter lebten, sei nur der Konsul-General in Stuttgart kroatischer Abstammung gewesen und „the positions and interests of the Socialist Republic of Croatia" hierdurch vernachlässigt worden, vgl. Batović, Spring, S. 109–117.

74 Sundhaussen, Jugoslawien, S. 180 f.

der Bedrohung" konfrontiert sei.[75] Trotz angekündigter Verfassungsnovellen ebbten die Proteste nicht ab und es kam zu einem zwölftägigen Streik von 30 000 Studierenden und zur Besetzung der Zagreber Universität.[76] Als die kroatische Parteiführung die Forderungen nach mehr nationaler Autonomie innerhalb der jugoslawischen Föderation aufgriff und sich damit an die Spitze der Bewegung setzte, aus der heraus mittlerweile auch Forderungen nach einem „unabhängigen Staat Kroatien" artikuliert wurden, sprach die Belgrader Parteiführung ein Machtwort.[77] Auf der 21. Sitzung des Präsidiums des Bunds der Kommunisten Jugoslawiens in Karadjordjevo kritisierte Tito die „nationalistischen Exzesse" in Kroatien und die Rolle der dortigen Parteiführung aufs schärfste. Diese wurde abgesetzt und der einflussreiche Kulturverein *Matica Hrvatska* verboten. Gleiches galt für zahlreiche „nationalistische" Presseerzeugnisse. Es folgten Parteiausschlüsse und „Säuberungen" auf Ebene der Verwaltung in Kroatien und ganz Jugoslawien. In ihrer Folge wurde praktisch die komplette politische und administrative Führungsschicht Kroatiens ausgetauscht und durch konservativere Kader ersetzt.[78]

Welche Rolle für den Zusammenbruch Jugoslawiens man den Ereignissen dieses „Kroatischen Frühlings" im Rückblick im Einzelnen auch zugestehen möchte,[79] sie waren in jedem Fall von Bedeutung für die weitere Entwicklung des Staats.[80] Mit der Verfassungsreform von 1974, die einige der Forderungen der Protestierenden aufgriff, wurde die politische Entscheidungsfindung weitgehend an die einzelnen Republiken delegiert und Zentrifugalkräfte damit entscheidend befördert. Dies bedeutete jedoch mitnichten einen Zugewinn an Demokratie im liberalen Sinne. Das jugoslawische Staatswesen beruhte auf kollektiv verbrieften Rechten für Völker, nicht für Individuen. Mehr Macht in die Republiken zu verlagern bedeutete dementsprechend unausweichlich eine gleichzeitige nationale Polarisierung, da Parteieliten auf Republikebene ihre durch die „ethnische Versäulung" neugewonnenen Rechte und Insignien zu verteidigen trachteten.[81] Vor allem hinsichtlich kultureller Kompetenzen, wozu auch die Bildungs- und Wissenschaftspolitik zählte, kam es zu einer Fragmentierung und sukzessiven Unterhöhlung eines einenden jugoslawischen Narrativs, sodass die Interpretation des kroatischen Frühlings – trotz des einer solchen Aussage

75 Zit. nach Calic, Jugoslawien, S. 252.
76 Höpken, Jugoslawien, S. 470.
77 Vgl. für die Entwicklungen und Verwerfungen auf der Führungsebene Haug, Yugoslavia, S. 236 f.
78 Batović, Spring, S. 233.
79 Vgl. etwa die gesammelten Interpretationen bei Jakovina, Proljeće. Bzgl. der Gefahr, die jugoslawische Geschichte allein „rückwärts" bzw. auf den Staatszerfall hin zu lesen, vgl. Bieber, Introduction.
80 Vgl. etwa Irvine, Spring, S. 168 f.
81 Calic, Jugoslawien, S. 260 f.

sicherlich innewohnenden Determinismus – als „Anfang vom Ende Jugoslawiens“ sicherlich nicht ganz von der Hand zu weisen ist.[82]

Unabhängig von derartigen historischen Zuspitzungen ist an dieser Stelle vor allem entscheidend, dass nach der Niederschlagung des „Kroatischen Frühlings“ dessen Protagonisten und Wortführer sich entweder ins Innere Exil begaben oder ins Ausland gingen. Während in Kroatien bis in die mittleren 1980er Jahre eine Zeit des „Schweigens“ anbrach, wuchs die Opposition im Ausland beständig an.[83] Wie schon bei der Gastarbeitermigration wirkten sich dabei die bereits etablierten Migrationsmuster insofern aus, als die neuen Migranten mehrheitlich in Länder mit schon existenten kroatischen Strukturen abwanderten.

Die generationellen und auch habituellen Differenzen zwischen „Altemigration“ und den *proljećari* genannten Aktivisten des kroatischen Frühlings (von *proljeće* – Frühling) sollten sich bald bemerkbar machen. Zunächst jedoch sahen Teile der etablierten Verbände, die sich auch schon zuvor um Anschluss an die Reformbewegungen bemüht hatten, ihre Stunde gekommen. Besonders Branimir Jelić schwang sich einmal mehr zum Volksvertreter auf und gerierte sich in Artikeln und Flugblättern als direkter Verhandlungspartner des einflussreichen kroatischen ZK-Mitglieds Vladimir Bakarić. Dies brachte ihm nicht nur die Kritik anderer Exilverbände ein.[84] Dass die unbedingte Sezession von Jugoslawien, die nach der Vorstellung Jelićs und anderer notfalls auch mithilfe der Sowjetunion erzwungen werden sollte, kritisierten auch liberale Exilvertreter.[85]

Nachdem die Bewegung in Kroatien niedergeschlagen worden war, versuchten Exilverbände weltweit, das Vorgehen der jugoslawischen Kommunisten zu skandalisieren und auch die kroatischen Gastarbeiter hierfür zu mobilisieren. Nach der Sitzung in Karadjordjevo fanden Solidaritätskundgebungen und Demonstrationen auf allen Kontinenten statt – in Australien mit bis zu 1500 Teilnehmern. In der Bundesrepublik kam eine derartige Beteiligung allerdings nicht einmal ansatzweise zustande. Zwar ist für eine gewisse Resonanz der hier lebenden Gastarbeiter argumentiert worden und die Niederschlagung wurde von mancher Kanzel während der kroatischen Gottesdienste wohl auch durchaus kritisch bedacht.[86] An den größten Kund-

82 Jović, Socialist Yugoslavia, S. 129.

83 Spehnjak/Cipek, Disidenti, S. 281. Nach Meinung westlicher Geheimdienste hatten die harten Repressionen bei den Aktivisten im Ausland eine Radikalisierung ihrer Forderungen zur Folge, insofern sie nun eine gänzliche Loslösung von Jugoslawien anstrebten, vgl. Kullaa, US Intelligence, S. 108.

84 Vonseiten der Konkurrenzorganisation wurde ihm ein Verhalten „wie Franz Josef“ vorgeworfen und die formelle Partnerschaft aufgekündigt, vgl. HDA, 1560, kutija 13, Korrespondenz Jelić mit Ante Vukić (ab September 1970). Für die Flugblätter und die Reaktionen darauf vgl. Jelićs Verteidigung, ACSP, 6332, NL Franz Josef Strauß, Protestschreiben von Jelić an Strauß vom 21.4.1970.

85 So v. a. im Umfeld der Londoner „Nova Hrvatska“, vgl. etwa die kritische Besprechung von Jelićs Positionierungen bei Kušan, Bitka, S. 259–262.

86 Für eine derartige Argumentation vgl. etwa Le Normand, Gastarbajteri. Für eine Zusammenstellung von Informationen der unterschiedlichen Republikbehörden über die koordinierte und inten-

gebungen hierzu im Bundesgebiet, die in München und Frankfurt stattfanden, nahmen jedoch insgesamt nur etwa 300 bzw. 500 Personen teil.[87] Angesichts dieser insgesamt eher ernüchternden Beteiligung muss die Auslösung eines „revolutionären Momentums" unter den Migranten in der Bundesrepublik infolge der Ereignisse in Kroatien stark bezweifelt werden.[88] Auch das Innenministerium in Kroatien kam zu dem Schluss, dass die Kontakte zwischen diesen Gruppen gemessen an den absoluten Zahlen nicht sehr stark ins Gewicht fielen, registrierte sie aber dennoch mit Sorge.[89]

Unabhängig vom Politisierungserfolg der Gastarbeiter ist festzuhalten, dass die Ankunft der *proljećari* schwerwiegende Folgen für die soziale und kulturelle Gestalt des kroatischen Exils hatte. So kam mit ihnen eine neue Gruppe größtenteils junger, gut ausgebildeter und im jugoslawischen System sozialisierter bzw. teilweise auch involvierter Personen, die sich – wie etwa Bruno Bušić oder Franjo Mikulić – zu Protagonisten kroatischer Exilpolitik aufschwangen.[90] Glaubt man den Memoiren des langjährigen Exilpolitikers Ernest Bauer, wurde diese Entwicklung von einem Großteil der kroatischen Exilaktivisten zunächst ausdrücklich begrüßt. Da die Neuankömmlinge mit der Situation in Kroatien und Jugoslawien vertrauter gewesen seien, habe man sich von ihnen bessere Verbindungen zu den intellektuellen und kulturellen Strömungen in Kroatien sowie auch zu den Arbeitsmigranten versprochen.[91]

---

sivierte Propagandatätigkeit der Emigration bei Gastarbeitern aufgrund der MASPOK-Ereignisse vgl. HDA, 1561, 4.1-41, RSUP SR Hrvatske, SDS, SSUP (29.11.1971).

87 BayStaM, 16143, Meldung über eine Kundgebung nach dem Kroatischen Gottesdienst (19.12.1971). Für Berichte über die global stattfindenden Solidaritätskundgebungen vgl. auch HDA, 1409, kutija 108, Savjet za odnose s inozemstvom Izvršnog vijeća Sabora Socijalističke Republike Hrvatske, Izvrsno vijeće sabora, Savjet za odnose s inozemstvom an Odbor sabora zu pitanja vanjske politike i odnosa sa inozemstvom, Ausarbeitung: Aktivnost neprijateljske emigracije poslije 21. sjednice predsjedništva SKJ, inkl. Anhänge (4.4.1972).

88 Hierbei ist auch schlicht die Furcht vor den jugoslawischen Sicherheitsbehörden zu berücksichtigen, vgl. HDA, 1561, 1.14-8, RSUP, III Sektor, Hrvatska Emigracija u Z. Njemačkoj i njen uticaj na radnu snagu (14.12.1963).

89 „Vom Standpunkt der Sicherheit" seien Kontakte dieser Art durchaus beachtenswert, vgl. HDA, 1561, 10.2-22, RSUP SR Hrvatske, SDS, RSUP SRH, SDS, Organizacije političke emigracije (13.11.1972).

90 Der 1932 geborene Mikulić war in der Stadt Jastrebarsko im Reformflügel des Bunds der Kommunisten Kroatiens und der bis 1971 tolerierten *Matica Hrvatska* aktiv. Ein Jahr später wurde er wegen seiner Aktivitäten im Kontext des MASPOK zu zwei Jahren Gefängnis verurteilt, vgl. Krašić, Sjećanja. Bušić war seit Mitte der 1960er Jahre ein enger Mitarbeiter in dem von Franjo Tudjman gegründeten Institut für die Geschichte der Arbeiterbewegung Kroatiens gewesen. Er betätigte sich seit 1965 regimekritisch und unterhielt Kontakte zu Exilanten. 1971 wurde er festgenommen. Nach seiner Freilassung im Jahr 1975 emigrierte er nach London, wo er zur intellektuellen Ikone radikaler Exilkroaten wurde, vgl. auch Mijatović, Bruno Bušić. Dieser Personenkreis entwickelte sich langfristig zum Gegenpol einer durch die Londoner „Nova Hrvatska" vertretenen gemäßigten und auf Reformen bedachten Emigration, vgl. hierfür etwa das Urteil bei Kušan 2000, S. 283–287.

91 Bauer, Život, S. 284.

Die neuen Exilakteure standen nicht zuletzt für geschichtspolitische Revisionen und betonten unter anderem, dass die ehemaligen kroatischen Partisanen und Faschisten nun gleichermaßen unter dem serbischen Hegemoniestreben litten und bereits im Krieg letztlich beide für die kroatische Unabhängigkeit und damit also für die gleiche Sache gekämpft hätten.[92] Derartige Positionen, die unter dem ersten kroatischen Präsidenten Franjo Tudjman als Politik der „Aussöhnung“ (*pomirenje*) staatstragend werden sollten, wurden nun innerhalb der traditionell antikommunistischen „Altemigration“ sowie unter den wenigen radikalen und gewaltbefürwortenden Akteuren zunehmend diskutiert.[93] So wandelte sich mit der Ankunft der Aktivisten des „Kroatischen Frühlings“ die politische Exillandschaft auch in der Bundesrepublik entscheidend. Zwar entwickelten sich, abgesehen vom geteilten Fokus auf die Notwendigkeit der Entstehung eines souveränen kroatischen Staats auf dem gesamten „ethnischen und historischen Raum der kroatischen Nation“, mit der Zeit auch immer mehr ideologische Differenzen.[94] In jedem Fall aber rückte der Antikommunismus, der die Exilverbände seit den 1950er Jahren ausgezeichnet hatte, immer mehr in den Hintergrund und wurde mit der Zeit nur noch vom einstmals großen HOP hochgehalten, das sich hiermit jedoch immer stärker isolierte und dessen Zweigorganisationen in der Bundesrepublik immer unwichtiger wurden.[95]

So spielte die scharfe Abgrenzung zu sozialistischen Positionen, die osteuropäische Exilgruppen seit den 1950er Jahren hochgehalten hatten, unter den kroatischen Exilanten angesichts der Ereignisse in Zagreb eine immer geringere Rolle. Auch die Distanzierung „nach rechts“ war im Zuge dessen offenbar immer weniger opportun. So stellte der prominente *proljećar* Franjo Mikulić beim Kongress der „Nova Hrvatska“ anlässlich der Frankfurter Buchmesse unter „tosendem Applaus“ klar: „Wenn die Ustaše wirklich das gleiche wie wir wollten, dann sind wir von mir aus eben Ustaše.“[96] Analog zum vormals einenden Antikommunismus verlor auch die „Westbindung“ der Emigration mit den MASPOK-Ereignissen abermals an Überzeugungskraft und Bedeutung. Vielmehr führten das ungehinderte jugoslawische Durchgreifen und die Repression gegen die Protagonisten der kroatischen Revolte vielen der Protagonisten vor Augen, dass eine Intervention des Westens (wie schon in Ungarn

---

92 Vgl. hierzu detaillierter Klašić, Svijet, S. 38.

93 Zur Rolle der Aussöhnung der ehemaligen Kriegsparteien im Diskurs des ersten kroatischen Präsidenten Franjo Tudjman vgl. u. a. Ragazzi, Governing Diasporas.

94 So wurde es auf dem Gründungskongress des organisationsübergreifenden HNV formuliert, womit etwa Bosnien-Herzegowina klar eingeschlossen war, vgl. Čizmić/Sopta/Šakić, Iseljena Hrvatska, S. 426.

95 Diese Organisation spielte weder in internen Machtkämpfen eine wirkliche Rolle noch trat sie häufig an die Öffentlichkeit. Ein seltenes Rundschreiben zeigt, dass im Jahr 1978 die gleichen Vertreter wie in den 1950er Jahren hier den Ton angaben und eine Erneuerung in keiner Weise stattgefunden hatte, vgl. ACSP, 11453, NL Franz Josef Strauß, Rundschreiben des „Hrvatski Domobran“ (21.6.1978).

96 o. V., „Hrvatski sastanak u Frankfurtu“, in: Hrvatska Zora, H. 9/10, 1975, S. 2.

und der Tschechoslowakei) nicht erfolgen würde.[97] Eine Befreiung Kroatiens, so die Schlussfolgerung, die sich im Exil weitgehend durchsetzen sollte, könne nur durch den Kampf der Kroaten selbst erfolgen, unabhängig von sonstigen ideologischen Grabenkämpfen.[98]

Ob diese Einsicht indessen eine stärkere Zusammenarbeit mit reformwilligen Kräften in Jugoslawien nach sich ziehen solle oder ob mit ihr eine nochmalige Radikalisierung der Exilpolitik einhergehen müsse, die Personen und Objekte in und außerhalb Jugoslawiens zu Anschlagszielen erklärte, wurde unterschiedlich beurteilt.[99] Diejenigen, die die Repression im Land mit politischer Gegengewalt im Exil beantworten wollten, orientierten sich verstärkt an der Rhetorik zeitgenössischer sozialrevolutionärer und antiimperialer Gruppierungen.[100] Der antikoloniale Befreiungskampf spielte dabei eine herausragende Rolle und wurde – wenngleich intellektuell häufig eher schablonenhaft – als eine Art Blaupause herangezogen.[101] Strategien der asymmetrischen Kriegsführung wie das Konzept der Stadtguerilla oder des Partisanenkampfes wurden rezipiert und als konsequenteste Ausformung einer gewandelten Exilpolitik gesehen.[102] Besonders der „Kroatische Volkswiderstand" (*Hrvatski narodni otpor*, HNOtpor) etablierte sich ab den mittleren 1970er Jahren als Sammelbecken von Exilanten, die sich schon länger im Umfeld gewaltbereiter Gruppen aufgehalten hatten. Hierzu zählte etwa Stjepan Bilandžić, der bereits zu den Mehlemer Attentätern gehört hatte und der 1974 nach einer Spaltung in den Vorstand der Organisation gewählt wurde.[103] Im Gegensatz zu seinen Widersachern vom (phonetisch und semantisch identischen) *Hrvatski narodni odpor* (HNOdpor), die in der Bundesrepublik als Verein „Freunde der Drina" (Drina) auftraten, sah sich

---

97 In der Tat sahen das AA sowie die amerikanische CIA in der kroatischen Reformbewegung primär einen potenziell destabilisierenden Faktor für die fragile geopolitische Ordnung im Kalten Krieg, vgl. PA AA, B 42, 299, Vermerk des Ref. II A 5 (8.8.1972); Kullaa, US Intelligence.

98 Clissold, Croat Separatism, S. 10 f. Vgl. auch Tokić, Bedazzlement, S. 437.

99 Vgl. dies konzise zusammenfassend Žižić, Emigracija, S. 63. Auch bei denjenigen, die Gewalt grundsätzlich bejahten, bestand keine Einigkeit darüber, wie Gewalt etwa gegen Zivilisten zu beurteilen sei, vgl. etwa die Protokolle der Gespräche mit Bilandžićs Vater, der regelmäßig an den SDB berichtete und angab, dass sein Sohn Bombenattentate wie die in Belgrad aufs Schärfste verurteile, vgl. HDA, 1561, 157482P, Protokoll (19.5.1969).

100 Cvetković, Terorizam, S. 178.

101 Dies zeigt etwa die von Bruno Bušić verfasste Erklärung der kroatischen Flugzeugentführer, deren Veröffentlichung sie in der „Washington Post" im September 1976 erzwangen und in der sie sich positiv auf die amerikanische Revolution und Wilsons 14 Punkte bezogen und zugleich die US-Beziehungen zu Jugoslawien als „Unterstützung kolonialer Sklaverei" bezeichneten, vgl. BArch, B 106/78908, FS Botschaft Washington an AA (11.9.1976).

102 Tokić, Croatian Radical Separatism, S. 76. In einer Art revolutionären „Gebrauchsanweisung" wurde dies gesondert erörtert, wobei eher den Strategien Mao Tse-tungs Vorzug gegenüber den der uruguayischen „Stadtguerilla" (Tupamaros) gegeben wurde, vgl. NLA, Nds. 105 Acc. 82/92, Nr. 7663.

103 Vgl. zum HNOtpor und zum Spaltungsprozess nach dem Tod seines Gründers Vjekoslav Luburić 1969 im spanischen Exil zusammenfassend Čizmić/Sopta/Šakić, Iseljena Hrvatska, S. 391 f.

die Organisation stärker im national-kommunistischen Spektrum verortet.[104] Vergleicht man die in den späteren Verbotsverfahren gegen die Vereine ermittelten Mitglieder und deren biografische Daten miteinander, scheint „Drina“ sich personell und ideologisch eher in Kontinuität zum Ustaša-Staat verstanden zu haben und baute in den folgenden Jahren auch Kontakte in neofaschistische Netzwerke auf.[105] Der HNOtpor unter Bilandžić verpflichtete sich hingegen stärker der Idee der nationalen Aussöhnung und konnte in dieser Hinsicht auch weitaus mehr MASPOK-Aktivisten an sich binden.[106] Mit immer mehr Aktivisten des „Kroatischen Frühlings“ in ihren Reihen wurde die Organisation zu einem der wichtigsten und weltweit einflussreichsten kroatischen Exilverbände.[107]

Auf einem Kongress in Toronto mahnte Bilandžić als neuer Vorsitzender programmatisch, dass die junge Generation kroatischer Revolutionäre eine Loslösung von Jugoslawien fortan nicht mehr mit „Memoranden“, sondern notfalls auch mit „Waffen und Blei“ erzwingen werde.[108] Im „Otpor“, dem Organ der Organisation wurde diese Linie vielsagend ergänzt, insofern Jugoslawien „nicht nur in seinen Grenzen, sondern auch außerhalb“ existiere.[109] Unabhängig von ihrer unterschiedlichen ideologischen Ausrichtung und der offenbar geringeren Anziehungskraft für MASPOK-Flüchtlinge bezog sich auch die Konkurrenzorganisation „Drina“ aus-

---

104 BArch, B 206/1105, Emi-Aufzeichnung (BND), Der Kroatische Frühling und seine Reflektion in der Emigration (August 1981).

105 Hierbei ist insbesondere der „Bund freies Europa“ zu nennen, wo sich nach dem Verbot der Organisation 1976 Mitglieder des Vereins Drina wieder zusammenfanden, vgl. BArch, B 106/111220, BMI an BKA, Aktivitäten jugoslawischer Extremisten in der Bundesrepublik, hier „Bund freies Europa“ (8.8.1979).

106 Die Namen ermittelter Personen finden sich in: BArch, B 106/78903; BArch, B 106/78913, Kroatischer Verein Drina Verbot, u. a. Vorbereitung des Verbots und Eingaben. Beide Organisationen gingen indes auf den von Luburić gegründeten „Volkswiderstand“ zurück, der seit den frühen 1960er Jahren Einfluss auf das weiter oben eingehender thematisierte TUP ausübte, in dessen Umfeld auch das Attentat von Mehlem geplant wurde. So hatte der Sekretär bei „Drina“ Borislav Bilić diese Organisation gemeinsam mit Pater Rafael Medić gegründet, vgl. LAV NRW, Gerichte Rep. 409, Nr. 57, Vermerk, PP München (29.1.1963).

107 Im Umfeld der Organisation agierte mit Bruno Bušić einer der führenden intellektuellen Köpfe im kroatischen Exil, der nach seinem Tod in Paris 1977 einen wahren Märtyrerstatus erlangte, sowie die Gruppe, die im Jahr 1976 die Personenmaschine von New York nach Paris entführte, vgl. hierzu ausführlich Gensler, Wires. Zur sukzessiven Annäherung von HNOtpor und *proljećari* im Laufe der 1970er Jahre vgl. auch Čizmić/Sopta/Šakić, Iseljena Hrvatska, S. 428 f.

108 HDA, 1561, 157482P, Bericht vom „Sabor“ des HNOtpor (17.12.1974), Operativni Dnevnik za Bilandžić Stjepana. Er befand sich damit ganz auf der Linie mit dem im NDH einflussreichen Vjekoslav „Maks“ Luburić, dem Gründervater seiner Organisation. Von ihm war die Losung ausgegangen, dass „die Zerstörung Jugoslawiens“ nur mit einer „Dialektik aus Worten und Dynamit“ erfolgen könne, vgl. Tokić, Bedazzlement.

109 Für Zitate vgl. BayStaM, Polizeidirektion München, 544: Kroatischer Verein Dirna [sic!] e. V., Urteil des Bundesverwaltungsgerichts vom 25.1.1978 anlässlich der Beantragung der Aufhebung der Verbotsverfügung vom 1.6.1976; BArch, B 106/78903, BMI an Bilandžić und Nikola Pavelić – HNOtpor Verbotsverfügung (1.6.1976).

drücklich positiv auf politische Gewalt. In ihrem Organ „Obrana“ geschah dies sogar noch unverblümter, wo ein Bekenntnis von Miro Barešić und Nikola Lisac zur Organisation abgedruckt wurde. Beide waren am Mord des jugoslawischen Botschafters Rolović in Stockholm bzw. an der Freipressung der Mörder beteiligt gewesen.[110] Auch Ilija Vučić, bis zu seiner Ermordung im Jahr 1975 Präsident von „Drina“, war – wie auch sein Pendant vom HNOtpor Stjepan Bilandžić – am Anschlag von Bonn-Mehlem beteiligt gewesen und wurde auch danach mit Sprengstoffverbrechen in Verbindung gebracht.[111]

Hinsichtlich einer von vielen Akteuren favorisierten „Politik der Tat“ ergaben sich immer mehr pragmatische Allianzen ungeachtet organisationeller Zugehörigkeiten. So gründete sich etwa in Düsseldorf eine nominell dem HNO zugehörige Gruppe, deren Mitglieder primär aus MASPOK-Emigranten bestanden, sich jedoch auch aus Mitgliedern anderer Organisationen zusammensetzten. Diese bezeichneten die Werbung in Kneipen und anderen Methoden klassischer Basisarbeit als „kleinbürgerliche Aktivitäten“, die der kroatischen Bewegung mehr Schaden als Nutzen bringen würden, und plädierten stattdessen für eine „moderne Art der politischen Arbeit der Emigration“, die sie am ehesten im „gegenwärtigen Stadtguerilla“ verkörpert sahen.[112] Bei Exilakteuren, die diese „Bewegungsorientierung“ teilten, spielten alte ideologische Gräben offenbar keine vorrangige Rolle mehr.

Die MASPOK-Emigration brachte für das kroatische Exil insofern vor allem zwei Effekte: Es wurde einerseits wieder verstärkt auf die gemeinsame politische Repräsentationsarbeit hingewirkt. Die Etablierung eines globalen Zusammenschlusses im „Kroatischen Nationalrat“ (*Hrvatsko narodno vijeće*, HNV) war ab 1974 das zunächst vielversprechendste Ergebnis dieser Entwicklung, auf das ich weiter unten noch detaillierter eingehen werde. Neben den Vertretern der „Altemigration“ schloss dieser auch solche Akteure ein, die offen Gewalt propagierten. Die Organisation zielte zugleich auf eine verstärkte Sichtbarkeit in den Gastländern ab. Auffälligstes Resultat waren die vom HNV ab 1976 monatlich herausgegebenen „Kroatischen Berichte“, die erste kroatische Exilzeitschrift in deutscher Sprache.[113] Andererseits richtete sich die Exilpolitik in den 1970er Jahren immer mehr transnational aus. Vor allem in der Selbstbeschreibung der Protagonisten wurden die in Jugoslawien lebenden Kroaten als wesentliche Adressaten ihrer Aktivitäten ausgemacht.[114] Hierbei spielte auch der

110 BayHStA, Bayerisches Landesamt für Verfassungsschutz, 35, Beweismittelsammlung des Bundesamts für Verfassungsschutz zum „Kroatischen Nationalen Widerstand“ (HNO), Obrana, 1975, H. 195–197, S. 14.

111 BArch, B 106/91105-91106, Vermerk des BKA SG E-III (29.7.1969).

112 HDA, 1561, 10.7-4, Centar SDB Sarajevo, Djelatnost HNO-a – ogranak „Braća Radić“ u Düsseldorfu (28.9.1972).

113 Folgende Archivbestände decken nahezu sämtliche Ausgaben der Zeitschrift ab: BArch, B 136/31669, Jugoslawische Extremisten in der Bundesrepublik Deutschland; HDA, 1560, kutija 23, Hrvatski iseljenici.

114 Vgl. für diese Beobachtung auch Rebić, Teror, S. 374.

zunehmende Tourismus eine Rolle, der Jugoslawien nicht nur immer mehr Devisen und Prosperität brachte, sondern auch einen nur schwer zu kontrollierenden kulturellen Austausch. Die touristischen Infrastrukturen sollten sich zudem mit der Zeit auch als potenzielle Angriffsobjekte für Attentate erweisen und machten das Land damit angreifbar.[115]

War dies für die Staatsführung schon beunruhigend genug, sorgte sie sich darüber hinaus um eine Beeinflussung der Gastarbeiter, die bei ihren regelmäßigen Aufenthalten in Jugoslawien die Ideen der staatsfeindlichen Exilanten ins Land bringen und damit deren Position festigen könnten. Unabhängig von den tatsächlichen Erfolgsaussichten einer solchen Strategie, die weiter oben bereits als eher gering eingeschätzt wurden, sind verstärkte Propagandabemühungen kroatischer Exilanten unter den Arbeitsmigranten nach dem „Kroatischen Frühling“ dokumentiert.[116] Auch die deutsche Botschaft in Belgrad befürchtete, dass sie hiermit „den besten Nährboden“ unter den „bei uns tätigen jugoslawischen Gastarbeitern“ finden würden.[117] Diese sollten offenbar nicht mehr nur – wie noch in den 1960er Jahren – die Exilbetätigung primär mit erpressten Geldbeträgen und „Spenden“ versorgen, sondern vor allem eine revolutionäre Stimmung in Kroatien selbst entfachen.[118] Dass diese Versuche nicht mehr nur von Deutschland, sondern mit dem Exodus der MASPOK-Flüchtlinge auch von anderen europäischen Ländern aus initiiert wurden und offenbar immer mehr transnationale Vernetzungsarbeit untereinander betrieben wurde, machte es umso schwerer, hiergegen koordiniert vorzugehen. So konstatierte die Abteilung für Migration im jugoslawischen Außenministerium, dass in Schweden gedruckte Publikationen mittlerweile in großer Zahl in der Bundesrepublik zirkulierten und eine immer größere grenzüberschreitende Vernetzung zwischen den Gruppen stattfände.[119]

115 Im Juli 1976 kam es zu Bombenanschlägen in der Bucht von Kvarner bei Opatija, die auf kroatische Exilaktivisten und einen deutschen Verbündeten zurückgingen, vgl. LAV BW, HStAS: EA 2/303, Bü 835, Politische Ausländerorganisationen, Anklage der Staatsanwaltschaft beim OLG Stuttgart (5.10.1977). Zum Tourismus in Jugoslawien vgl. allgemein Grandits/Taylor (Hrsg.), Tourism.

116 Vgl. hierfür auch die Zusammenfassung HDA, 1561, 4.0-67, SSUP, Propagandno-subverzivna aktivnost protiv SFRJ (Beograd, 06/1979).

117 PA AA, B 42, 299, Deutsche Botschaft Belgrad an AA, Betr.: Besuch der BMI in Belgrad (9.5.1972).

118 Im Oktober 1972 konstatierten jugoslawische Stellen, dass es im Laufe des Jahres zu den im ganzen Land verteilten Flugblattaktionen gekommen sei, HDA, 1561, 1.14-9, RSUP SR Hrvatske, SDS, o. A. (Dossier), Predmet: Emigrantske organizacije u SR Njemačkoj (6.10.1972). Für das Jahr 1974 gingen die jugoslawischen Behörden von 20 000–30 000 Exemplaren an Flugblättern und Pamphleten aus, die im Exil gedruckt und in Jugoslawien in Umlauf gebracht wurden. Im Jahr 1977 seien es schon 20 000 pro Monat gewesen, vgl. HDA, 1616, kutija 280, Predsjedništvo Socijalističke Republike Hrvatske, Predsedništvo SFRJ, Informacija o nekim problemima bezbednosti i radu organa unutrašnjih poslova (25.10.1974); Ganović, Teroristi, S. 374.

119 HDA, 1409, kutija 110, Savjet za odnose s inozemstvom Izvršnog vijeća Sabora Socijalističke Republike Hrvatske, SSVP, Odjeljenje za iseljeništvo i emigraciju an Izvrsno vijeće sabora SR Hrvatske, SOI (27.3.1974).

Der Anbruch der revolutionären Stunde nach der Niederschlagung des „Kroatischen Frühlings" sollte der kroatischen Bevölkerung auch mit bewaffneten Aktionen und Überfällen in Kroatien angezeigt werden. Die hierbei angestrengte Annäherung zwischen radikalen, jüngeren sowie den etablierten und potenziell finanzstarken Exilakteuren bereitete den jugoslawischen Behörden besondere Sorgen. Anfang der 1970er Jahre kam es tatsächlich zur Kontaktaufnahme zwischen Vertretern der konspirativ organisierten und gewaltbereiten HRB und dem als gemäßigt geltenden HNO.[120] Vom MASPOK-Emigranten Tomulić initiiert, traf sich Jelić 1971 mehrfach mit Funktionären der HRB, mit denen er über eine Zusammenarbeit verhandelte.[121] Zwar blieb die mit derartigen Versuchen bemühte „exilkroatische Einheitsfront" insgesamt eine Chimäre und scheiterte auch später stets an persönlichen Befindlichkeiten und Machtansprüchen.[122] Zugleich verband sich mit ihr eine Urangst der jugoslawischen Staatsführung, die von ihren Vertretern auch in bilateralen Gesprächen immer wieder formuliert wurde.[123]

1.3 Die Angst vor der fünften Kolonne. Jugoslawische Kontrollbemühungen in der Bundesrepublik nach dem „Kroatischen Frühling"

Mit dem Zulauf der MASPOK-Aktivisten, deren Ankunft in den Staaten Westeuropas mit dem bis dato höchsten Gastarbeiteraufkommen zusammenfiel, wurden die Ängste vor einem Einflussgewinn der politischen Emigration auf Seiten staatlicher jugoslawischer Akteure immer größer. Ivan Mišković, Sekretär des jugoslawischen Sicherheitsrats, gab im April 1972 der Tageszeitung „Vjesnik" ein Interview, in dem er konstatierte, dass die wesentliche Gefahr für den Fortbestand des jugoslawischen Staats von kroatischen Exilgruppen ausgehe – zumal Teile von ihnen angeblich be-

---

120 Für erste Hinweise auf Kontakte zwischen Jelić und HRB-Funktionären vgl. HDA, 1561, 10.0.44-V, RSUP SRH, SDS, Centar Rijeka, Informacije br. 137.

121 Angeblich wurde mithilfe der hierbei gesicherten Finanzmittel später der Einfall der Guerilleros bei Bugojno mitfinanziert, vgl. ebenda, RSUP SR Hrvatske, SDS I Sektor (12.11.1971). Offenbar wurde der Kontakt vonseiten der HRB-Führung in Australien angebahnt und koordiniert, vgl. die entsprechende Information in: HDA, 1561, 10.2-67, RSUP, SRH, SDS, Centar Rijeka, Informacija (23.11.1971). Schon zuvor hatte offenbar eine sukzessive ideologische Weichenstellung stattgefunden. So hatte Pasti bereits 1965 unter einem Pseudonym in der „Hrvatska Država" schreiben dürfen, vgl. Jareb/Jelić, Uspomene, S. 398 f.

122 Vgl. hierzu auch Jandrić, Hrvatska politička emigracija. Letztlich sind die Differenzen, die eine Einheitsfront auf unterschiedlichen Ebenen im Exil häufig verunmöglichen, ein generelles Charakteristikum der von Dufoix analysierten *exopolities*, vgl. Dufoix, Politiques d'exil, S. 202.

123 Eine verstärkte Emigrantentätigkeit seit dem MASPOK wurde auch in einem Gespräch zwischen Vertretern beider Staaten konstatiert, vgl. PA AA, B 42, 299, Vermerk: Besprechung und Sprechzettel zum Gespräch Referat II 5 mit dem Mitarbeiter von ÖS 1 (BMI) & Beauftragten für das Konsularwesen der jugosl. Regierung Kljun am 19.4.1972 (14.4.1972).

reits Waffentrainings organisierten.[124] Auch die internationale Presse widmete sich in ihrer Berichterstattung eingehend den Zusammenhängen zwischen den kroatischen Unruhen und der politischen Emigration.[125] Die Tatsache, dass Jelić sich anschickte, mit radikalen Akteuren aus dem Umfeld der HRB zusammenzuarbeiten, wirkte auf jugoslawische Politiker entsprechend alarmierend.[126] Der bewaffnete Aufstandsversuch bei Bugojno sowie das Attentat auf Botschafter Rolović in Stockholm und die anschließende Flugzeugentführung bestätigten offenbar die mit dem Wirken der politischen Emigration zusammenhängenden Befürchtungen. Noch größer wurden diese, als nach dem Tod Jelićs im Mai 1972, der von vielen in der Emigration dem jugoslawischen Geheimdienst angelastet wurde, die bereits weiter oben angesprochene Bereitschaft für eine exilkroatische Einheitsfront größer als je zuvor erschien.[127]

Zugleich war für den jugoslawischen Fall die bereits mehrfach erwähnte Tatsache von Bedeutung, dass sich Anfang der 1970er Jahre über 770 000 Personen als Arbeiter im Ausland befanden. Von staatlicher jugoslawischer Seite kam eine effektiv koordinierte Betreuung und Informationspolitik nur sehr zögerlich zustande.[128] Diese Lücke hatten lange die kroatischen katholischen Missionen gefüllt, die sich während der Unruhen in Kroatien jedoch keineswegs loyal zum jugoslawischen Staat verhalten hatten.[129] Auch die Ende der 1960er Jahre noch auf Privatinitiativen zurückgehenden jugoslawischen Vereine waren dem unmittelbaren Einfluss des Staats entzogen und ließen eine staatsfeindliche Ausrichtung befürchten.[130] Die hier zum Ausdruck kommende Angst vor der „fünften Kolonne" ist keine Seltenheit in

---

124 Pirjevec, Comrades, S. 383.

125 Größtenteils wurden die Ziele und Protagonisten des Kroatischen Frühlings äußerst negativ bewertet, vgl. Batović, Spring, S. 236, 250 f.

126 Die Frage nach der Rolle der jugoslawischen Staatssicherheitsdienste hinsichtlich der genau in dieser Zeit verübten Anschläge auf Jelić drängt sich insofern auf und ist nicht ohne Weiteres als Verschwörungstheorie von Exilverbänden abzutun, wie dies jugoslawische Stellen (mit Erfolg) immer wieder taten, vgl. Schindler, Defeating, S. 704.

127 Für diese Einschätzung vgl. zumindest HDA, 1561, 4.1-59, SSUP, SDB, Osvrt na stanje u HNO nakon smrti Branka Jelića (September 1972). Es sollte sich im HNO mit Jelićs Bruder Ivan allerdings erneut ein Vertreter der „Altemigration" durchsetzen.

128 Für Versuche in diese Richtung und die beteiligten Akteure auf den verschiedenen Ebenen vgl. ausführlich Šarić, Iseljenička služba.

129 Vgl. etwa den Bericht über antijugoslawische Propaganda in der HKM Dortmund, HDA, 1409, kutija 108, Državni Sekretarijat za inostrane poslove an Izvrsno Vijeće SR Hrvatske, Savjet za odnose sa inozemstvom (11.9.1972). Vgl. auch Winterhagen, Katholizismus, S. 168.

130 Ivanović, Geburtstag, S. 244. Vgl. auch Brunnbauer, Labour Emigration, S. 46. Schon Ende 1963 war ein jugoslawisches Dossier zu dem Ergebnis gelangt, dass die Exilverbände in der Bundesrepublik sich kontinuierlich hätten vergrößern können. Es gäbe mittlerweile allein 140 Orte, an denen die Aufnahme der Arbeitsmigranten organisiert werde. Flugblätter würden gedruckt und in Wohnheimen und Kirchengemeinden verteilt und insgesamt 21 Emigrantenzeitungen mit 60 500 Exemplaren seien im freien Verkauf, vgl. HDA, 1561, 1.14-8, RSUP, III Sektor, Hrvatska Emigracija u Z. Njemačkoj i njen uticaj na radnu snagu (14.12.1963).

illiberalen politischen Systemen, in denen Dissens kein Platz eingeräumt wird bzw. nur unter bestimmten Umständen artikuliert werden kann. Es war ebenfalls kein jugoslawisches Alleinstellungsmerkmal, dass dies besonders vonseiten der Geheimdienste geschürt wurde, also jenen Institutionen und Akteuren, die explizit den Bestand des Staates sichern sollten.[131] Die jugoslawischen Geheimdienste bemühten sich denn auch schon früh darum, die nationalistischen Emigrantenverbände zu destabilisieren und durch gezielte Unterwanderung ein Gefühl permanenter Unsicherheit und Misstrauens zu erzeugen.[132] Zudem begegnete man dieser Entwicklung mit einer immer weitreichenderen Kontrolle der katholischen Priester und Seelsorger, die zum Teil an die Organe des jugoslawischen Auslandsgeheimdienstes oder die Botschaften berichteten bzw. von diesen hierfür im Vorfeld eigens „gebrieft" wurden.[133]

Auch die ab 1971 verstärkte Ermutigung zur Gründung selbstverwalteter Klubs und deren finanzielle Förderung war eine gegen den Einfluss des politischen Exils gerichtete Maßnahme des jugoslawischen Staates. Nachdem dies nicht die erwünschten Effekte gezeitigt hatte und sich die Klubs häufig zu bloßen Tavernen entwickelt hatten, begannen jugoslawische Stellen ab 1972 mit der Eröffnung von Kultur- und Informationszentren in den größeren Städten. Diese sollten als Ansprechpartner für die Gastarbeiterclubs fungieren und Materialen wie Filme und Serien aus Jugoslawien bereitstellen.[134] Hier wurden auch jugoslawische Presseerzeugnisse angeboten, die ab den frühen 1970er Jahren immer mehr redaktionelle Niederlassungen in der Bundesrepublik unterhielten und die Loyalität zum jugoslawischen Staat stärken sollten.[135] Zudem wurde das auf Kurz- und Mittelwelle für Jugoslawen in Deutschland ausgestrahlte Radioprogramm im Laufe der Zeit durch serbokroatischsprachige Sendungen des öffentlich-rechtlichen Rundfunks bedeutend erweitert. Hierbei wurde stark auf die Vorstellungen und Vorschläge der jugoslawischen Seite eingegangen.[136] Als von nahezu allen jugoslawischen Migranten genutz-

---

131 Vgl. hierzu grundsätzlich Gieseke, Intelligence History.

132 So stellten sich einige hochrangige oder medienwirksame Emigrantenvertreter im Nachhinein mit hoher Wahrscheinlichkeit als *agents provocateurs* dar, die die Exilorganisationen gezielt in Misskredit bringen sollten. Dies galt etwa für den Mitbegründer des HDO Ivan Varoš sowie für den Initiator des Hamburger „Eierwurfs" Ivo Garmaz, der sogar den Bundestag beschäftigte, vgl. Jareb/Jelić, Uspomene, S. 383–388; Kušan, Bitka, S. 259.

133 Vgl. hierfür etwa HDA, 1409, kutija 110, Ambasada SFRJ Bonn, Bilješka o razgovoru N. Peheima, atašea u ambasadi s Boban Dujom, svečenikom HKM u Kölnu (13.6.1973); Ambasada SFRJ Bonn, Biljška o razgovoru sa Markom Čačićem, šefom HKM u Aachenu (7.6.1973).

134 Baković, Oasis, S. 30 f.

135 Ende 1974 gab es 20 Millionen Exemplare von ca. 30 verschiedenen jugoslawischen Zeitungen. Jeder zweite Gastarbeiter aus Jugoslawien informierte sich Anfang der 1970er Jahre über diese importierten Zeitungen, während etwa ein Drittel der in Westeuropa lebenden Migranten v. a. „Vjesnik" und „Vjesnik u srijedu" las, vgl. Haberl, Abwanderung, S. 140; Geiselberger, Schwarzbuch, S. 158 f.

136 Ivanović, Geburtstag, S. 198–202. Vgl. hierzu auch Thaden, Brotherhood and Unity, S. 149–153.

tes Medium stellten die Radioübertragungen ein besonders wichtiges Vehikel der Informationskontrolle dar. War die Sendung der Deutschen Welle noch maßgeblich von Emigranten getragen worden (was weitestgehend auch so blieb),[137] sicherten sich jugoslawische Stellen bei der Etablierung des deutschlandweit ausgestrahlten Magazins des WDR weitaus größere Mitspracherechte.[138]

Diese Maßnahmen gegen den Einfluss der politischen Emigration unter den Gastarbeitern nahmen mit dem MASPOK und seiner Niederschlagung nochmals an Fahrt auf. Insbesondere infolge der „Bugojanska Akcija" sowie der Ermordung von Botschafter Rolović in Stockholm richtete sich auch die Arbeit der Geheimdienste immer stärker gegen die politische Emigration.[139] Während die drastischsten Maßnahmen zu deren Bekämpfung – die Ermordung ihrer Schlüsselpersonen – im nächsten Kapitel noch eingehender thematisiert werden, ist zunächst grundsätzlich festzuhalten, dass die Gastarbeiterpolitik in den Augen der zuständigen Akteure einer stärkeren sicherheitspolitischen Komponente bedurfte. Den eigenen Kenntnisstand über die politische Emigration und ihr Wirken unter den Gastarbeitern bewerteten die politischen Entscheidungsträger in Kroatien als ausgesprochen defizitär und beklagten, dass sie nicht in der Lage seien, deren geplante Aktionen zu antizipieren.[140] Neben gezielten Desinformationskampagnen, die einen der Schwerpunkte der geheimdienstlichen Arbeit darstellten,[141] wurden deswegen zunehmend Gastarbeiter zur Informationsgewinnung angeworben.[142] Während der Sommermonate, die ein Großteil der Migranten im Urlaub in Jugoslawien verbrachte, bemühten sich die Geheimdienste im Rahmen von „Ferienaktionen" zudem im großen Stil um die Beschaffung von Informationen über eventuell staatsfeindliche Akteure an den Arbeitsorten.[143]

---

137 Zu näheren Angaben zur Redaktion der Deutschen Welle vgl. Borić, Hrvat, S. 59–63. Die Anstellung politischer Exilanten wurde von jugoslawischer Seite kritisiert, vgl. HDA, 1561, 10.1-46, RSUP SR Hrvatske, SDS, RSUP SRH, SDB, Informacija, br. 947, Obrada „Rab" (18.11.1968).

138 Sie stellten etwa die Nachrichten hierfür bereit, vgl. Ivanović, Geburtstag, S. 201.

139 Vgl. für diese Einschätzung auch Nielsen, Yugoslav State Security Service, S. 55; Cvetković, Metode, S. 134 f.

140 HDA, 1409, kutija 108, Izvrsno vijeće sabora, Savjet za odnose s inozemstvom an Odbor sabora zu pitanja vanjske politike i odnosa sa inozemstvom, Ausarbeitung: Aktivnost neprijateljske emigracije poslije 21. sjednice predsjedništva SKJ, inkl. Anhänge (4.4.1972).

141 So erinnerte sich ein hochrangiger Mitarbeiter des Auslandsgeheimdienstes, vgl. Spasić, Lasica, S. 64.

142 Psychisch (mutmaßlich) labile Personen traf dies ebenso wie auch solche, die eine enge Verbindung zu ihren Familienangehörigen unterhielten und die mit deren Wohlergehen entsprechend unter Druck gesetzt werden konnten. Diese Kriterien der Informantenanwerbung sind bereits in einem Dokument aus dem Jahr 1961 dokumentiert, vgl. HDA, 1561, 10.1-19, Ausarbeitung „Emigracija" (1961).

143 Vgl. etwa (so wie die ganze Akte) HDA, 1561, 10.0-5, RSUP, SRH, Analiza podataka sakupljenih kroz akciju kontakata i razgovora sa našim gradjanima na radu u inostranstvu, povodom njihovog dolaska na godišnji odmor, 1965.

Diese Praxis, die bereits seit den mittleren 1960er Jahren nachvollzogen werden kann, verstärkte sich im Laufe der 1970er Jahre, als sich eine klare lokale Zuständigkeits der örtlichen Ableger des „zweiten Sektors" der jugoslawischen Staatssicherheit („Služba državne bezbednosti", SDB) für die Migranten aus ihrer Region herausbildete.[144] Auch wurde der Wissensdurst der jugoslawischen Behörden immer umfassender. Nicht mehr nur naheliegende Personengruppen und Orte wie Emigrantengruppierungen und kroatische Zentren, an denen die Zirkulation staatsfeindlichen Gedankenguts mit Recht vermutet werden konnte, wurden zu Beobachtungsobjekten erklärt. Vielmehr gerieten sämtliche Personen, die beruflich in irgendeiner Weise mit jugoslawischen Migranten zu tun hatten, ins Blickfeld der Sicherheitsdienste.[145] Hierbei half die zu Beginn der 1970er Jahre noch übliche Unterbringung nach Betrieben in den entsprechenden Wohnheimen,[146] wo Überwachung und Gängelung vergleichsweise einfach zu bewerkstelligen waren.[147]

Diese wenig subtilen Methoden der Kontrolle und Informationsgewinnung bildeten nicht die einzigen Versuche, der befürchteten Vergrößerung einer Opposition im Ausland zu begegnen. Mit der Gründung eigener jugoslawischer Klubs sollte auch ein kulturelles Angebot im Ausland institutionalisiert werden.[148] Zwar wurden einzelne Aspekte dieses Klublebens, wie etwa jugoslawische Shows und Musiktourneen und der Ergänzungsunterricht bzw. das jugoslawische Pionierwesen durchaus in Anspruch genommen, ermöglichten sie doch eine fortgesetzte emotionale Bindung zur Heimatregion und im Fall der Rückkehr die schnellere Eingewöhnung der Kinder ins jugoslawische Bildungswesen.[149] Eine wirkliche Begeisterung für das all-

144 So setzte der SDB/SDS-Zweig in Pula während des Jahres 1973 insgesamt 14 Personen als „operative Verbindungen" im Kreis der Arbeiter des örtlichen Betriebes „Tehnomont" im Hamburger Raum ein, vgl. ebenda, SDS Pula, „Odmor 73" (11.2.1974). Zur Dezentralisierung der Auslandsoperationen der jugoslawischen Staatssicherheit vgl. auch Robionek, State Security, S. 4.

145 Dies betraf etwa Sozialarbeiter, Übersetzer oder auch Personen im Import-Export-Gewerbe, vgl. HDA, 1561, 10.0-5, RSUP, SRH, Saznanja za firme i pojedince koji se bave pružanjem pomoći našim radnicima u inozemstvu (18.2.1974).

146 Die Quote derjenigen, die in betrieblichen Unterkünften lebte, war unter Jugoslawen am höchsten, vgl. McRae, Gastarbeiter, S. 39. Dies änderte sich erst mit dem Nachholen von Familienmitgliedern, also insbesondere nach dem sogenannten Anwerbestopp. Vgl. hierzu generell Richter/Richter, Opfer-Plot, S. 83 f.; Herbert, Ausländerpolitik, S. 214 f.

147 Aus Westberlin sind Vorfälle dieser Art durch die Kritik hieran vonseiten des örtlichen AWO-Betreuers gut dokumentiert, vgl. LAB, B Rep. 002, 21042, Jugoslawische Gastarbeiter in Berlin I, Sakrajsek an SenArbSozGes (11.9.1970).

148 Zum Alltag und zu den Angeboten in den Klubs vgl. u. a. Antonijević/Banić-Grubišić/Krstić, Gastarbajteri, S. 990 f.; Lipovčan, Kulturni Rad.

149 Die Aufrechterhaltung von Rückkehrplänen war ein fester Bestandteil vieler Migrationsbiografien. Zwischen 1964 und 1972 wurde in Jugoslawien von einer Rückkehrquote zwischen (je nach Statistik) 19 % und 34 % ausgegangen. 1985 hegten einer jugoslawischen Studie zufolge 86 % der Befragten Rückkehrpläne, vgl. Brunnbauer, Labour Emigration, S. 24 f. Zur Remigration nach Jugoslawien vgl. auch Bernard, Deutsch Marks. Zum Ergänzungsunterricht vgl. Le Normand, Citizens, S. 180–202.

tägliche Klubleben sollte sich im Rahmen des von staatlicher Seite organisierten jugoslawischen Vereinswesens jedoch nicht einstellen.[150] Neben der offen parteipolitischen Agitation und wohl auch häufigen Überwachung in den in der Regel an die Botschaften und Konsulate angeschlossenen Klubs[151] spielten hierfür offenbar auch die vergleichsweise hohen Mitgliedsbeiträge eine Rolle, die viele nicht zu zahlen bereit waren.[152]

Über diesen direkten Zugriff oder die Einflussnahme auf die Informationspolitik und die Freizeitgestaltung hinaus versuchten staatliche Stellen auch mithilfe anderer Kanäle einen fortgesetzten Einfluss auf „ihre" Arbeiter im Ausland geltend zu machen.[153] Hierbei waren es vor allem die Angebote der deutschen Wohlfahrtsträger und Gewerkschaften, auf die Druck ausgeübt oder die gleich direkt von systemkonformen Personen aus Jugoslawien übernommen wurden.

Es wurde bereits thematisiert, dass die Betreuung jugoslawischer Migranten anfangs vor allem dem HNO als vermeintlich antikommunistischem Emigrantenverband zugestanden wurde, dem dies mit der Zeit immer weniger zugetraut wurde, bis die Organisation im April 1970 schließlich gar keine Unterstützung mehr erhielt. Im Jahr 1973 wurde aus dem jugoslawischen Spektrum nunmehr einzig der „Bund der Organisationen der Flüchtlinge aus Jugoslawien in der Bundesrepublik" gefördert. Im Vergleich zu anderen nationalen Gruppen war der veranschlagte Förderbetrag jedoch minimal, zumal kroatische Exilgruppen nicht Teil dieses Zusammenschlusses waren.[154] Auch die katholische Caritas, die für die kroatischen Zentren zuständig war, verlor immer mehr ihre privilegierte Rolle bei der Migrationsbetreuung für Jugoslawen.[155]

150 Haberl, Abwanderung, S. 144.

151 In Westberlin bezog der 1970 gegründete „Klub jugoslawischer Staatsbürger" sogar die gleichen Räumlichkeiten und wurde vom Botschaftsrat unverhohlen als „verlängerter Arm der Militärmission" bezeichnet, vgl. LAB, B Rep. 002, 21043, Jugoslawische Gastarbeiter in Berlin II, Anmeldung des Klubs am Amtsgericht (14.8.1970); LAB, B Rep. 002, 21042, Besprechung in der Senatskanzlei (29.7.1970).

152 Vgl. Antonijević/Banić-Grubišić/Krstić, Gastarbajteri, S. 991; Baković, Oasis, S. 49 f. Noch Ende 1976 wurde vonseiten des jugoslawischen Gewerkschaftsbunds beklagt, dass die Finanzierung der Klubs nicht auf stabilen Füßen stehe, vgl. AdsD, 5/DGAZ000566, DGB-Archiv, Ausländische Arbeitnehmer, Vorstand des jugoslawischen Gewerkschaftsbundes/SSRNJ „Sozialistische Allianz" (Belgrad, 14.10.1976). Detaillierter zu den individuellen Gründen, an den Aktivitäten der Klubs nicht teilzunehmen, vgl. auch Antonijević, Stranac; Ivanović, Geburtstag, S. 185.

153 Für diesen fortgesetzten Zugriffsanspruch vgl. u. a. Novinšćak, Zuwanderung, S. 162.

154 Die ungarischen Exilgruppen etwa wurden mit 400 000 DM gefördert; die jugoslawische Vereinigung bekam lediglich 8000 DM, vgl. BArch, B 145/6333, BMI (Wolfrum) an Chef des BKAmt (über BPA), Mittelvergabe an Einrichtungen und Vereinigungen nicht-deutscher Flüchtlinge und heimatloser Ausländer (20.6.1973).

155 So wurden staatliche Hilfen zum Bau eines kroatischen Zentrums in München abgelehnt mit Verweis auf den Vertrag mit der jugoslawischen Regierung, nachdem die AWO nun für die Jugoslawen zuständig sei, vgl. Archiv des Erzbistums München und Freising, Generalvikariat, Kasten 0741/4, Brief des Caritasverbands München an das Erzbischöfliche Ordinariat (27.11.1971).

Hierbei spielte nicht zuletzt die Tatsache eine Rolle, dass die Bundesrepublik ab 1969 wieder bilaterale Beziehungen zu Jugoslawien unterhielt und eine offizielle Betreuung jugoslawischer Staatsbürger durch offen antijugoslawisch agierende Akteure schlichtweg nicht mehr opportun war. Die Caritas blieb zwar für die katholischen Jugoslawen und damit vor allem für die Kroaten zuständig, immer mehr Aufgaben wurden jedoch der Arbeiterwohlfahrt (AWO) übertragen, die ab 1969 nominell als für die Gesamtheit der Arbeitnehmer aus Jugoslawien zuständiger Wohlfahrtsverein bestimmt wurde.[156] In ihren Räumlichkeiten bot sie zahlreiche Beratungs- und Betreuungsangebote an und hielt entsprechendes Zeitschriftenmaterial in den jugoslawischen Sprachen bereit.[157] Dies stand im Einklang mit einer verstärkten und allgemeinen Erfassung der Arbeitsmigranten durch das deutsche Sozial- und Gesundheitswesen im Laufe der 1970er Jahre. Auf Ebene der Bundesländer kam es dabei zu einer Ausweitung der Beratungsangebote, womit eine Verbesserung der bislang nur mangelhaften Adressierung und Kommunikation mit den Migranten unterschiedlicher Nationen angestrebt wurde.[158]

Im Gegensatz zur Caritas, wo bis in die 1970er Jahre hinein eine gewisse Nähe zur kroatischen Emigration und allgemein zu dissidenten Personen aus den jeweiligen Herkunftsstaaten bestand, war die AWO stärker auf die Zusammenarbeit mit jugoslawischen staatlichen Akteuren ausgelegt.[159] Dies machte sich vor allem in personalpolitischer Hinsicht bemerkbar: Die in den Beratungsstellen angestellten Mitarbeiter wurden in der Regel auf das Veto der Konsulate hin ein- bzw. abberufen; der zwischen jugoslawischem Staat und AWO geschlossene Vertrag enthielt insgesamt deutlich „mehr Vorteile und Einwirkungsmöglichkeiten für die jugoslawische Seite“, wie in einem internen Vermerk der AWO rückblickend festgehalten wurde.[160] Politische Emigranten waren von diesen wichtigen Positionen, die in den 1970er Jahren an vielen Orten eine der wesentlichen Anlaufmöglichkeiten für Migranten aus Jugoslawien darstellten, also ausgeschlossen.[161] Auch diejenigen Sozialbetreuer, die

---

156 Archiv der Münchener Caritas, II/ZTR-EINGL/2 96, Informationen für Mitarbeiter (1969–1993), BM Arbeit und Sozialordnung an Mitglieder d. Koordinierungskreise „Ausländische Arbeitnehmer“ (19.5.1969).

157 Detaillierter für einen lokalen Kontext vgl. Topf, Jugoslawen, S. 25 f.

158 In Westberlin wurde etwa erstmals versucht, die Wohnungs- und Ärztesituation für ausländische Arbeitnehmer koordiniert zu verbessern, also unabhängig von den Betrieben und ihren Wohnheimen überhaupt in den Blick zu bekommen, vgl. LAB, B Rep. 002, 21042, Gründung eines „Koordinierungsausschuß“ für ausl. Arbeitnehmer unter Vorsitz des Senators für ArbGesSoz (10.4.1970).

159 Zu den politischen und regimekritischen Positionen der Seelsorger vgl. u. a. ADCV, 114.054 1973–1976 Fasz.01, Winkler (Caritas) an Präsident Hüssler und an Prälat Wittenauer (beide 20.8.1973). Zu diesen generellen Tendenzen, auch in den Zentren der Caritas für andere nationale Gruppen, vgl. ADCV, 380.20.056, Bericht von 1972 über „Die Gründung von Koordinierungskreisen auf der Länder- und der Ortsebene“.

160 AdsD, 4/AWOA001674, Verhandlungen mit dem Bundesbüro Belgrad, Vermerk über Besprechungen zwischen Bundesbüro und AWO vom 29.&30.5.1979.

161 Vgl. für diese Einschätzung auch Čizmić/Sopta/Šakić, Iseljena Hrvatska, S. 260.

als nicht linientreu verdächtigt wurden oder die Überwachungsversuche der Gastarbeiter seitens der diplomatischen Vertretungen oder deren weitreichende Zugriffsrechte kritisierten, wurden bedrängt und gegebenenfalls freigestellt.[162] Dies wurde in den Folgejahren offenbar nicht weiter problematisiert; im Gegenteil wies der Bundesvorstand der AWO im August 1972 die jugoslawischen Sozialbetreuungsstellen an, in Zukunft eine nochmals „verstärkte Zusammenarbeit zwischen [...] Arbeiterwohlfahrt und anderen jugoslawischen Stellen“ zu ermöglichen.[163]

Die Politik der verbesserten Abstimmung befand sich grundsätzlich im Einklang mit einer schon knapp ein Jahr zuvor von den jugoslawischen Konsulaten in der Bundesrepublik begonnenen Praxis. Den Aktivitäten der politischen Emigration sollte zukünftig auch durch einen stärkeren Druck auf die bundesdeutschen Gastarbeiterbetreuungsangebote begegnet werden. Die Gewerkschaften wurden dabei als Akteure benannt, über die eine Adressierung der Gastarbeiter verstärkt erfolgen sollte.[164] Zwar waren Jugoslawen unter den ausländischen Gewerkschaftsmitgliedern im Laufe der 1970er Jahre noch unterrepräsentiert,[165] jedoch gab es Bemühungen, diese in die Gewerkschaftsarbeit einzubeziehen, wofür eigene Strukturen aufgebaut und jugoslawische Kontaktbüros eingerichtet wurden.[166] Diese standen in Kontakt zu den jugoslawischen Gewerkschaften, zu denen ab 1968 Kooperationen angebahnt wurden.[167] Bezeichnenderweise wurde dabei „als einer der wichtigsten Punkte im Verhältnis zwischen beiden Völkern das Problem der Terroraktionen durch Exil-Jugoslawen auf dem Boden der Bundesrepublik [gesehen]“.[168] Wohl auch bedingt durch eine ohnehin vergleichsweise starke Sympathie gewerkschaftlicher Akteure für den Selbstverwaltungssozialismus fielen die jugoslawischen Versuche,

162 So beklagte der jugoslawische Betreuer bei der Berliner AWO, dass die jugoslawische Militärmission „eine eigene umfassende Betreuungsorganisation parallel zu der mit der Bundesrepublik vereinbarten Betreuung durch die AWO einzurichten [plane]“ und kündigte ob der ständigen Einmischungsversuche von jugoslawischer Seite seinen Rückzug an, vgl. LAB, B Rep. 002, 21042, Schreiben des Beraters für Jugoslawen der AWO Sakrajsek (8.9.1970). Der bis dato Hauptverantwortliche für die bundesweite Sozialbetreuung Novakov wurde 1978 ohne weitere Begründung abberufen und in Jugoslawien unter Quarantäne gestellt, vgl. AdsD, 4/AWOA001674, „Vorschlag für Leitlinien für die Verhandlungen mit dem Bundesbüro“, 15.10.1979.

163 AdsD, 4/AWOA001608, Jug. Vereine, AWO-Bundesvorstand an jugoslawische Sozialbetreuungsstellen (1.8.1972).

164 HDA, 1409, kutija 107, Državni sekretarijat zu vanjske poslove, Uprava za konzularne poslove an Izvrsno vijeće SR Hrvatske – savjet za odnose sa inozemstvom, Sastanak u ambasadi sa šefovima kunzulata u SRN, 6.10.1971 (25.10.1971).

165 Trede, Misstrauen, S. 390.

166 Zur verstärkten Einbeziehung von Migranten in die gewerkschaftliche Arbeit ab den frühen 1970er Jahren vgl. u. a. Però/Solomos, Mobilization, S. 3 f.

167 Vgl. etwa AdsD, 5/IGMA071571, Abkommen zwischen IG-Metall und der Industrie und Bergarbeiter Gewerkschaft Jugoslawiens (2.11.1970).

168 AdsD, 5/DGAZ001049, DGB-Archiv, Ausländische Arbeitnehmer, Gesprächsprotokoll zwischen Woschech und Richter (DGB) und Dizdarević und Bajić (JGB [Jugoslawischer Gewerkschaftsbund]) in Düsseldorf (9./10.10.1969).

die Gewerkschaftsarbeit in ihrem Sinne zu beeinflussen, auf vergleichsweise fruchtbaren Boden. So wählte der jugoslawische Gewerkschaftsbund die vom DGB bezahlten Betreuer in vollkommener Eigenverantwortung aus und der gewerkschaftliche Dachverband förderte zudem die in Jugoslawien eigens für die Gastarbeiter herausgegebene Zeitschrift „Novosti iz Jugoslavije“ finanziell und logistisch.[169] Wenig überraschend wandte sich der DGB entschieden gegen die von der Caritas unterstützten kroatischen Zentren, da hier „nationalistischen Elementen die Möglichkeit gegeben [werde], legal zu wirken“.[170] Anknüpfungspunkte zur Gestaltung der Gewerkschaftsarbeit im eigenen Sinne boten sich für Exilakteure denn auch kaum.[171] Im Einklang mit seinem Leitprogramm, demzufolge „Deutschland kein Einwanderungsland“ sei, betonte der Bundesvorstand des DGB, dass das Ziel der Verbandsarbeit vor allem darin bestehen müsse, die Bindung der jugoslawischen Arbeiter zu ihrem Heimatstaat zu fördern.[172]

Die in dieser Aussage implizite Verknüpfung einer Unterstützung jugoslawischer Betreuungstätigkeit mit dem Leitbild einer nicht-migrantischen Gesellschaft war in den frühen 1970er Jahren nicht nur bei den Gewerkschaften und Sozialträgern anzutreffen, sondern gesellschaftlicher Konsens.[173] Da die Staatsbürgerschaft als wesentliches Trennungsmerkmal bei der Administration und politischen Repräsentation sowie hinsichtlich der institutionalisierten Freizeitorganisation und Sozialbetreuung galt, lag die Einbeziehung der Herkunftsstaaten letztlich nahe.[174] Dies befand sich auch im Einklang mit einer nach dem sogenannten Anwerbestopp vom November 1973 geförderten Politik der zeitlich begrenzten Integration, die sozial- und kulturpolitisch in erster Linie die fortgesetzte Bindung ans Heimatland sicherstellen sollte.[175]

---

169 AdsD, 5/DGCR000092, DGB-Archiv, DGB-Bundesvorstand, Sekretariat Karl Schwab, DGB BV an Hauptvorstände der Gewerkschaften (1.7.1975).

170 AdsD, 5/DGAZ000566, Vermerk vom DGB Bundesvorstand-Jugoslawisches Zentralbüro: Clubs der jugoslawischen Arbeitnehmer in der Bundesrepublik (August 1973). Zur tendenziell migrationsfeindlichen Haltung der Gewerkschaften und ihrer Rolle beim sogenannten Anwerbestopp im Jahr 1973 vgl. Berlinghoff, Ende.

171 Ende der 1970er Jahre wurde auf einem Kolloquium des DGB zu den „radikalen Kräften aus Jugoslawien“ vielmehr konstatiert, dass deren Wirken zu keinem Zeitpunkt einen Einfluss auf die gewerkschaftliche Arbeit gehabt habe, vgl. AdsD, 5/DGAZ000642, DGB-Archiv, Ausländische Arbeitnehmer, Koll. Heinz Kühle – BSE Esslingen (o. D.), Betr.: Behinderung von nicht gewerkschaftlich organisierten jugoslawischen Arbeitnehmern in der Bundesrepublik durch radikale Kräfte.

172 Vermerk vom DGB Bundesvorstand (wie Anm. 170)

173 Herbert, Geschichte, S. 993 f.

174 Severin-Barboutie, Fremdwahrnehmung, S. 123.

175 Eichenhofer, Integration, S. 31–34. Zur Entkräftung der lange Zeit populären These, die Ölkrise habe den Anwerbestopp bedingt, vgl. Herbert, Ausländerpolitik, S. 228 f. Zum Anwerbestopp in vergleichender Perspektive vgl. Berlinghoff, Ende.

2 Aspekte und Konsequenzen der bilateralen Kooperation mit Jugoslawien

Der seit Mitte der 1960er Jahre sehr zügig erfolgende Weg zur Annäherung beider Staaten schien die jugoslawischen Hoffnungen nach einer Eindämmung der Exilaktivitäten zu bestätigen, welche nach der MASPOK-Emigration und den Anschlägen der frühen 1970er Jahre beunruhigende Züge angenommen hatten. Das Sekretariat für Auswärtige Angelegenheiten in Belgrad kam in einer Strategiebesprechung zu dem Ergebnis, dass unter der seit 1969 regierenden sozialliberalen Koalition eine nie dagewesene Möglichkeit zur generellen Verhinderung gewalttätiger Aktionen bestehe, was zu einer effektiven Schwächung der Emigration führen könne.[176] Nicht erst seit dem Regierungswechsel, sondern schon zuvor hatte unter Willy Brandt als Außenminister ein anderer Ton gegenüber den jugoslawischen Vertretern Einzug gehalten. Nach den zwei Bombenanschlägen, die die jugoslawische Hauptstadt 1968 erschütterten, war die Bundesregierung „im Hinblick auf die gute Atmosphäre [...] und allgemein aus außenpolitischen Gründen" ausdrücklich um die Demonstration von Kooperationsbereitschaft bemüht. So wurde darauf gedrängt, „daß die jugoslawische Botschaft alle vertretbaren Informationen erhalte", und eine Liste des BKA mit bislang festgesetzten Personen weitergeleitet, was den Botschaftsrat „sehr befriedigt" habe.[177] Nach der erneuten gegenseitigen diplomatischen Anerkennung beider Staaten im Jahr 1969 kam es zudem zu einer Reihe von Abkommen, die etwa die gegenseitige Auslieferung von Straftätern und verdächtigen Personen betrafen, sowie zu einer Intensivierung der polizeilichen Zusammenarbeit. Hierbei halfen sicherlich die Sympathien, die in weiten Teilen der seit 1969 regierenden SPD für das jugoslawische Modell des Sozialismus bestanden.[178] Auch die „Deutsch-jugoslawische Gesellschaft" war maßgeblich von SPD-Mitgliedern aus dem Gewerkschaftsspektrum geprägt und warb seit 1968 für die kulturelle und wirtschaftliche Kooperation mit dem südslawischen Staat.[179] Schon früh war das Wirken kroatischer Exilanten aus den Reihen der Partei heraus kritisiert worden und Anfang 1970 konnte Stane Dolanc, Präsidiumsmitglied des Bunds der Kommunisten Jugoslawiens, die

---

176 HDA, 1409, kutija 108, Državni Sekretarijat za inostrane poslove, Savetovanje u DSIP-u o problemima i zadacima u vezi sa aktivnošću neprijatelsjke političke emigracije (29.6.1970).

177 BArch, B 141/83650, Vermerk über Besprechung mit Botschaftsrat Temer, Legationsrätin Kuss (AA) und MinR Pötz (BMJ) (27.9.1968).

178 So schickte etwa der Parteivorstand eine Delegation unter der Leitung Herbert Wehners auf eine einwöchige Reise durch das Land (mit Besuchen bei allen Parteigrößen) und diskutierte umfassend über die Arbeiterselbstverwaltung und das politische Modell Jugoslawiens, vgl. AdsD, 2/BTFF000395: SPD-Bundestagsfraktion, 6. WP, Bericht über Reise der Delegation des Parteivorstands der SPD nach Jugoslawien (31.8.–6.9.1970).

179 Vgl. etwa AdsD, 5/IGMA071571, Rundbrief der deutsch-jugoslawischen Gesellschaft (12.2.1970). Zu den Freundschaftsgesellschaften als Akteure der Entspannungspolitik im Kalten Krieg vgl. Großmann, Falsche Freunde.

„terroristische Aktivität von Ustascha-Organisationen in Deutschland" und den „ständigen terroristischen Druck", dem die Gastarbeiter ausgesetzt seien, sogar im Rahmen eines SPD-Parteitags beklagen.[180]

Diese offensichtlichen und demonstrativ verfolgten Annäherungsschritte, die weiter unten noch eingehend gewürdigt werden, haben dazu beigetragen, dass der Amtsantritt der sozialliberalen Koalition als entscheidende Zäsur in der Haltung der Bundesrepublik zur kroatischen Emigration gewertet wurde.[181] Zwar ist unbestritten, dass sich die bundesdeutsch-jugoslawischen Beziehungen mit der Kanzlerschaft Brandts intensivierten.[182] Dass es infolgedessen *grosso modo* zur Verhinderung exilkroatischer Vereinsgründungen gekommen oder die jährlichen Festakte anlässlich des Gründungstags des NDH am 10. April unter der sozialliberalen Koalition nun großflächig verboten worden seien, lässt sich anhand der vorliegenden Quellen jedoch nicht bestätigen. Vielmehr wurden die Reaktionen auf den kroatischen Exilaktivismus, der sich zu radikalisieren und mit der MASPOK-Emigration die Existenz des jugoslawischen Staats zu gefährden schien, in den 1970er Jahren zunehmend ambivalent. Einerseits stellten das Wirken kroatischer wie auch anderer osteuropäischer Exilanten Hypotheken für den erfolgreichen Weg zu einer „Neuen Ostpolitik" dar.[183] Insbesondere die immer radikaler auftretenden Kroaten wurden dementsprechend auch als diplomatisches Ärgernis gesehen und ihr Wirken einzuschränken versucht.[184] Andererseits war dies, wie in den vorangegangenen Kapiteln gezeigt, keine gänzlich neue Position, vom Auswärtigen Amt war dieser Kurs bereits seit den 1950er Jahren verfolgt worden. Zudem wurden die verfassungsmäßigen Grundrechte weiterhin als hohes Gut behandelt und die Akteure der Exekutive hielten sich mit

---

180 Vgl. hierfür etwa BArch, B 145/6333, Abschrift aus Sozialdemokratischer Pressedienst, Bundesminister provozieren Belgrad (20.4.1953); PA AA, B 42, 233, Deutsche Botschaft Belgrad (Jänicke) an AA (4.6.1970). Die diesbezüglichen Nachforschungen der Bundesregierungen auf Dolanc' Vorwürfe brachten indes keine konkreten Erkenntnisse, vgl. PA AA, B 82, 780, Fremdenpolizei, Asylrecht, Emigranten, nur Jugoslawen (1970–1972), BMI an AA (24.7.1970).

181 Vgl. hierfür Clarkson, Fragmented Fatherland, S. 41–44; Le Normand, Yugoslavia, S. 388; Tokić, Croatian Radical Separatism, S. 120.

182 Bereits zuvor hatte er „den Jugoslawen die Ausschaltung kroatischer Exilgruppen auf dem Territorium der Bundesrepublik Deutschland [...] versprochen", was in der jugoslawischen Presse sehr wohlwollend aufgenommen wurde, vgl. o. V., „Tito bei den Deutschen", in: Der Spiegel, 24.6.1974.

183 So habe BMI Genscher der jugoslawischen Regierung versichert, dass eine „vollkommene Stabilisierung Jugoslawiens im Interesse der deutschen Regierung sei und auch im weiteren Interesse der europäischen Zusammenarbeit liege", vgl. HDA, 1409, kutija 108, Anhang 4: Naše akcije u vezi sa 21. denisom PSKJ i neka reagovanja zvaničnih u SR Nemačkoj. Zur Neuen Ostpolitik generell sowie hinsichtlich Jugoslawiens vgl. Lappenküper, Außenpolitik, S. 24 f.; Nećak, Ostpolitik.

184 Dies geschah analog zur abnehmenden Rolle der Vertriebenenverbände mit der Abwicklung des Vertriebenenministeriums, deren Folgen für die kroatische Emigration bereits weiter oben besprochen wurden, vgl. auch Beer, Symbolische Politik?, S. 312 f. Zur Kritik an der Neuen Ostpolitik generell vgl. Schildt, Tendenzwende.

präventiven und kollektiven Verbotsmaßnahmen, wie sie von jugoslawischer Seite gefordert wurden, zunächst zurück.[185]

Im Folgenden geht es um die Konsequenzen dieser ambivalenten Haltung. Dabei stehen die öffentlich kommunizierte sicherheitspolitische Dimension des deutsch-jugoslawischen Annäherungsprozesses im Vordergrund sowie das Wissen um Sabotageakte und Morde im Auftrag der jugoslawischen Geheimdienste und die Reaktionen deutscher Behörden und Ministerien. Dass diese letztlich – wenn auch unter Protest – in Kauf genommen wurden, lag wohl am gesellschaftlichen und politischen Konsens, dass es sich in der Bundesrepublik nicht um eine Einwanderungsgesellschaft handelte und die exilkroatischen Aktivitäten damit nach wie vor als primär innerjugoslawische Angelegenheit betrachtet werden konnten. Welche Konsequenzen die jugoslawischen Geheimdienstaktivitäten und die deutsche Haltung hierzu für die kroatische Emigration besaßen, ist Gegenstand des letzten Abschnitts.

2.1 Justizielle und sicherheitspolitische Zusammenarbeit mit jugoslawischen Stellen in den frühen 1970er Jahren

Neben den Anstrengungen von staatlicher jugoslawischer Seite, den Einfluss des kroatischen Exils unter den Gastarbeitern durch Überwachungs- und Betreuungsmaßnahmen oder die Informationspolitik einzudämmen, waren es auch die konventionellen Kanäle der Diplomatie, mithilfe derer der politischen Emigration das Leben möglichst schwer gemacht werden sollte. Seit den 1950er Jahren hatte die jugoslawische Regierung in Form von Depeschen und persönlicher Vorsprache bei den zuständigen Ministern und Staatssekretären auf präventive Maßnahmen gegen exilkroatische Zusammenkünfte und antijugoslawische Aktivitäten jeglicher Art gedrängt. Abgesehen von drei Vereinsverboten, die letztlich nur organisatorische Mantelstrukturen trafen und gegen konspirative Kleinstgruppen ohnehin nichts auszurichten vermochten, war hier jedoch wenig geschehen. Selbst nach der Ermordung des Botschafters Rolović in Stockholm und des Konsuls Zdovc in Frankfurt am Main durch kroatische Exilanten (1971 bzw. 1976) wurde betont, dass das Recht auf freie Meinungsäußerung auch für Emigranten gelte, und antijugoslawische und kroatisch-nationalistische Veranstaltungen anlässlich der Gründung des faschistischen NDH – wenn auch unter dem ausdrücklichen Bedauern der Bundesregierung – wurden nicht unterbunden.[186]

---

185 So explizit auch PA AA, B 82, 780, BfV an BMI (20.1.1972). Vgl. für die Konstatierung einer Gleichzeitigkeit außenpolitischer Opportunitäten und demokratischen Grundrechten auch Shonick, Yugoslav Migrants, S. 156.

186 apabiz, NL Richard Stöss, RR, Internationaler Faschismus, Jugoslawien, Ex-Jugoslawien, Pressemitteilung der Bundesregierung von Regierungssprecher Klaus Bölling (10.4.1976); PA AA, B 83, 1031, BMI an AA, Veranstaltungen von exilkroatischen Organisationen am 10. April 1976 (14.4.1976). Zu 1971 vgl. LAV NRW, NW 0308, Nr. 195: Innenministerium NRW, FS BMI an alle MI, BfV und BKA,

Trotz oder gerade wegen dieser offensichtlichen Hürden einer präventiven Einschränkung potenziell „antijugoslawischer“ Betätigung sowie aufgrund des mangelhaften Wissens der deutschen Behörden über die exilkroatischen Netzwerke entwickelte sich ab den frühen 1970er Jahren eine verstärkte Kooperation beider Staaten auf der Ebene der Sicherheitspolitik. Seinen Anfang hatte dies bereits nach den Anschlägen auf ein Kino und den Hauptbahnhof in Belgrad Ende 1968 genommen,[187] als es – über das Auswärtige Amt – zu einem direkten Austausch von Ermittlungsergebnissen mit dem BKA kam und somit der hierfür ansonsten übliche Weg über das Bundesinnenministerium erheblich verkürzt wurde.[188] Auf der Grundlage von Zeugenaussagen, deren Zustandekommen die deutschen Beamten letztlich nicht nachvollziehen konnten und über deren rechtsstaatliche Grundlagen erhebliche Zweifel angebracht sind,[189] wurden Strafverfahren eingeleitet und in gegenseitiger bilateraler Unterstützung Beweismittel an jugoslawische Kriminalpolizeistellen übergeben.[190]

Während sich eine derartige Zusammenarbeit mit den jugoslawischen Stellen zunächst eher informell und „ohne rechtliche Grundlage“ entwickelt hatte,[191] wurden bei einem Besuch des Bundesinnenministers in Belgrad im August 1972 erste offizielle Gespräche über die polizeiliche Zusammenarbeit geführt.[192] Der Beschluss, die „regelmäßigen Kontakte zwischen den Sicherheitsbehörden der Bundesrepublik und Jugoslawien zu pflegen“, erfolgte dann bei einem weiteren Besuch ein Jahr später.[193] Im Rahmen der hierbei stattfindenden deutsch-jugoslawischen Gespräche wurde unter anderem eine Kooperation der Behörden „im präventiv-polizeilichen

---

Verhalten exilkr. Organisat. am 10.4.1971 anläßlich der 30-jährigen Wiederkehr der Ausrufung eines unabhängigen Kroatiens (8.4.1971).

187 PA AA, B 82, 779, V 4 an V 3 (14.11.1968).

188 LAB, B Rep. 002, 21770-21772, Vermerk (24.1.1969); Schreiben des Landgerichts wegen Einleitung eines Ermittlungsverfahrens gegen kroatische Gastarbeiter wegen Besitzes und Handels mit Feuerwaffen (14.1.1970); LAB, B Rep. 002, 21044, Jugoslawische Büros und Kooperationen in Berlin.

189 Zu Verhörmethoden der jugoslawischen Staatssicherheit vgl. Griesser-Pecar, Fear, S. 171 f.

190 Das Vertrauen aufseiten des BKA in die kriminologischen Kompetenzen der jugoslawischen Kollegen war derart weit gediehen, dass dessen Leiter, Horst Herold, persönlich die örtlichen Dienststellen um die „Veranlassung der erforderlichen Maßnahmen“ bat, als die jugoslawische Botschaft von vermeintlichen Anschlagsplänen kroatischer Exilanten zu berichten wusste, vgl. LAV NRW, NW 0308, Nr. 163: Innenministerium NRW, Polizei (Verfassungs-/Staatsschutz): Aktivitäten jugoslawischer Emigranten in Deutschland (1972–1974), FS BKA an alle KPB, alle RP [Regierungspräsidien], MI NRW, IMV NRW (26.7.1972).

191 PA AA, B 83, 845, Terrorismus Emigranten Jugoslawien (1972–1975), Referat V 3; Gesprächsvorlage über die „Tätigkeit jugoslawischer Emigranten in der Bundesrepublik“ (16.3.1972) & Sachstand „Tätigkeit jugoslawischer Emigranten und Terroristen in der Bundesrepublik“ (29.3.1973).

192 BArch, B 443/902, ÖS 6 BMI (Bachmann) an AA, BMJ, BKAmt, BKA, Betr.: Zusammenarbeit in der Verbrechensbekämpfung mit Jugoslawien, hier: Verhandlungen mit einer deutsch-jugoslawischen Delegation am 11./12.10.1972 in Bonn (17.10.1972).

193 Becker (Hrsg.), Quellen, Auswärtiger Ausschuss des Deutschen Bundestags, 73. Sitzung (17.3.1976).

Bereich“ vereinbart, was sich explizit auch auf die politische Kriminalität bezog.[194] Diese bilaterale Zusammenarbeit war keinesfalls ein exklusives Charakteristikum der deutsch-jugoslawischen Beziehungen, sondern war Teil einer generellen institutionellen Ausrichtung des BKA,[195] bei dessen Austausch mit Jugoslawien ansonsten vor allem der Kampf gegen Warenschmuggel und Rauschgiftkriminalität eine wichtige Rolle spielte.[196] Zugleich gab es gute Gründe, durch die Nutzung jugoslawischen Wissens den nach wie vor mangelhaften Kenntnisstand der bundesdeutschen Sicherheitsbehörden zu kompensieren. Im Anschluss an die Reformbewegungen in Kroatien und einer aus den deutschen Verfassungsschutzberichten klar hervorgehenden Steigerung und Diversifizierung der exilkroatischen Aktivitäten infolge der MASPOK-Migranten war für viele Zeitgenossen die Gefahr eines Zusammenbrechens des jugoslawischen Staats klar gewachsen.[197]

Dies wurde im Februar 1976 nach dem tödlichen Anschlag auf den jugoslawischen Konsul Edvin Zdovc in Frankfurt am Main nochmals deutlich. Einmal mehr konstatierte vor allem das Bundesinnenministerium die unzureichenden Kenntnisse und eine generelle Untätigkeit der Sicherheitsbehörden hinsichtlich der exilkroatischen Aktivisten; erneut lehnten die Länder jedoch auch eine vom Bundesministerium favorisierte intensivierte Zusammenarbeit und verstärkte Zentralisierung ab.[198] Immer stärker fand ab dem Anschlag auf Konsul Zdovc demgegenüber ein Rückgriff auf das jugoslawische Wissen statt. In Zukunft solle, so Bundesinnenminister Werner Maihofer an seinen Amtskollegen im Auswärtigen Amt, in enger Abstimmung mit den jugoslawischen Behörden über Zurückweisungsfälle entschieden werden, um Besuche von ausländischen Aktivisten bei Veranstaltungen von Exilkroaten zu

194 PA AA, B 83, 1031, Unterabteilung 51 (AA) an StS, Terroristische Aktivitäten jugoslawischer Emigranten in der Bundesrepublik (10.2.1976). Bereits drei Jahre zuvor war mit der „kontinuierliche[n] Zusammenarbeit der ‚zentralen Stellen‘ zum Zweck der frühzeitigen Erkennung von Vorbereitungen für terroristische Aktivitäten“ von der jugoslawischen Regierung Ähnliches angeregt worden, vgl. PA AA, B 42, 299, Vermerk: Besprechung und Sprechzettel zum Gespräch Referat II 5 mit dem Mitarbeiter von ÖS 1 (Heuer, BMI) & Beauftragten für das Konsularwesen der jugoslawischen Regierung Kljun am 19.4.1972 (14.4.1972).

195 So wurde neben den Ermittlungsabteilungen ein „Internationales Zentralbüro“ mit drei eigenen Referaten geschaffen, vgl. BArch, B 131/ORG, Organisationsübersicht des BKA (Stand: 1.3.1976).

196 Dies war nach dem Änderungsgesetz ebenfalls Teil des Kompetenzbereichs des BKA und war von Anfang an ein wichtiger Begründungszusammenhang für die bundesdeutschen Sicherheitskooperationsbemühungen, auch mit anderen Staaten, gewesen, vgl. Busch/Funk/Kauß, Polizei, S. 84. Für die exponierte Rolle Jugoslawiens in dieser Hinsicht vgl. PA AA, B 83, 1314, Terrorismus Jugoslawien (1980–1982), Deutsch-jugoslawisches Protokoll zur Verbesserung der Verbrechensbekämpfung (Unterzeichnung der beiden Innenminister am 1.10.1980).

197 Eine „soziologische Unterschichtung“ der kroatischen Emigration mit unberechenbaren Folgen wurde bereits für das Jahr 1972 registriert, vgl. Verfassungsschutz 1972, S. 139.

198 BArch, B 106/111220, Sprechzettel für die IMK für BMI, Betr.: Bekämpfung der politisch motivierten Gewaltkriminalität (Jugoslawen) (27.4.1976).

unterbinden.[199] Neben Personen, die aus vergangenen Strafverfahren oder im Kontext von Ermittlungen zu Vereinsboten bekannt geworden waren, enthielt die entsprechende Kartei von Rückweisungsfällen auch Namen, die dem BMI unmittelbar vom jugoslawischen Innenminister Franjo Herljević zugeleitet worden waren.[200] Auch die Ausweitung der für die Rasterfahndung zentralen „Beobachtenden Fahndung" (BEFA) auf „erkannte und potenziell politisch motivierte [exiljugoslawische] Gewalttäter" wurde nach der Ermordung des jugoslawischen Konsuls von der Innenministerkonferenz veranlasst.[201] Zusammengefasst wurden sie in der für Terroristen angelegten BEFA 7 (genauer in der Unterkartei „Grenz- und Inlandskontrollen erkannter oder potenzieller Terroristen jugoslawischer Herkunft"), die wiederum zum Teil auf Listen des jugoslawischen Innenministeriums zurückgingen.[202]

Diese Schritte hin zur effektiveren Zusammenarbeit zwischen den Sicherheitsbehörden und einer Verwendung jugoslawischer Erkenntnisse für präventive Maßnahmen gegen Einzelpersonen wären ohne den bilateralen Annäherungsprozess zwischen beiden Ländern nicht vorstellbar gewesen. Dass sich auch die neuen Mehrheitsverhältnisse in den entsprechenden Gremien zugunsten der sozialliberalen Regierungskoalition auswirkten, zeigen die ab 1969 geführten Verhandlungen über einen deutsch-jugoslawischen Auslieferungsvertrag.[203] Die dabei getroffenen Vereinbarungen für die Überstellung, die den bislang nicht vertraglich geregelten Auslieferungsverkehr sichern sollten,[204] betrafen zwar explizit ausschließlich Straftaten ohne einen „politischen" Hintergrund. Diese wurden im Vertrag jedoch nicht weiter

199 PA AA, B 83, 1031, Maihofer an Genscher (19.3.1976); BArch, B 106/111221, Terroristenlisten (Bd. 1), Anleitungsschreiben Gewalttaten (Bd. 2) (1976), Vermerk, Referat ÖS 2, Betr.: Grenzpolizeiliche Maßnahmen gegen im Ausland wohnhafte Exilkroaten (29.7.1976).

200 Ebenda, ÖS 6 an ÖS 2, Betr.: Asylverfahren (1.3.1977). Bereits Ende 1975 waren 18 Personen, die sich auf einer jugoslawischen „Terroristenliste" befanden, auf Bitten der dortigen Regierung in die Grenzfahndung aufgenommen worden, vgl. PA AA, B 83, 845, BMI (ÖS 6), Ergebnisprotokoll über Zusammenarbeit in der Verbrechensbekämpfung mit Jugoslawien (8.10.1975). Über diesen direkten Austausch von Namen wurde im „Spiegel" berichtet, dies löste in den Exilgruppen offenbar einiges Entsetzen aus, vgl. Borić, Hrvat, S. 114.

201 BArch, B 106/111220, Abteilungsleiter ÖS, Bekämpfung Gewaltkriminalität von Jugoslawen (1.4.1976; Beschluss am 30.4.1976).

202 BArch, B 106/78905, Bilandzic, BKA an BMI (12.9.1977). Vgl. auch Listen, in: BArch, B 106/111222. Zur BEFA 7 und anderen vom BKA genutzten Datenbanken vgl. auch Mangold, Fahndung, S. 147 f.

203 Der Vertrag wurde mit knapper Mehrheit zugunsten der Regierungskoalition angenommen. Dieser dritte vonseiten der Bundesregierung geschlossene Auslieferungsvertrag mit einer „Gastarbeiternation" (zuvor mit Tunesien und Portugal) ist als ein Aspekt einer größeren Geschichte westdeutscher Kooperation mit nicht-demokratischen Regierungen zu betrachten. Vgl. hierzu Eckel, Menschenrechte und Wandel.

204 Bis 1974 waren bereits insgesamt 514 Personen von den deutschen Behörden nach Jugoslawien ausgeliefert worden, vgl. HDA, 1561, 10.0-5, RSUP, SRH, Informacija broj 50, Akcija „odmor 74" (12.2.1975).

definiert. Die jugoslawischen Verhandlungspartner hatten sich hiergegen explizit verwehrt und so eine gewisse Deutungshoheit erhalten.[205]

Wenig überraschend zeigten sich die jugoslawischen Vertreter angesichts der Unterzeichnung des Abkommens durch Außenminister Scheel sehr zufrieden und erwarteten sich von ihm „eine abschreckende Wirkung auf die Terrortätigkeit der jugoslawischen Emigranten, die von der Bundesrepublik aus ihre Aktionen gegen Jugoslawien betreiben“.[206] Die Verhandlungen zu einer entsprechenden Gesetzesausarbeitung im Rechtsausschuss des Bundestags entzündeten sich denn auch vor allem an der zentralen Frage nach der Einhaltung des Spezialitätengrundsatzes. Hiernach darf die Strafverfolgung gegen eine ausgelieferte Person ausschließlich wegen der Tat erfolgen, die ihr ursprünglich zur Last gelegt und aufgrund derer die Auslieferung gebilligt wurde.[207] Exilverbände aus 19 Nationen sahen in einem gemeinsamen Memorandum an den Bundestag ebenfalls eine fundamentale Bedrohung der Richtlinien der Genfer Flüchtlingskonvention.[208] Ein Leser der „Rheinischen Post“ brachte derartige Bedenken auf den Punkt und bezeichnete es als „Witz für den liberalen Rechtstaat“, dass mit dem Vertragswerk die Konstruktionen und Rechtsbeugungen eines kommunistischen Regimes zur Grundlage für die Auslieferung seiner Gegner würden.[209]

In der Tat konnte das Abkommen gegenüber den exilkroatischen Aktivisten als Signal der Gängelung und als Geste des Entgegenkommens an den jugoslawischen Staat interpretiert werden. Dies kritisierten auch die Abgeordneten von CDU/CSU im Rechtsausschuss des Bundestags, die die Entscheidung über die Auslieferung einer Person als gänzlich „von politischen Konjunkturen abhängig“ sahen.[210] Letzteres betraf potenziell auch die Tätigkeiten kroatischer Exilanten, wie die Bundesregierung medial unmissverständlich klarstellte. In seinem Antwortentwurf für ein Interview mit der jugoslawischen Radiosendung im WDR kündigte der Staatssekretär im Bundesjustizministerium an, dass man in Deutschland zukünftig keinen „politischen Überzeugungstätern“ mehr die Bühne überlassen werde.[211]

---

205 BArch, B 141/92498-92502, Protokoll über die Verhandlungen [...] (15.–24.10.1969).

206 o. V., „Belgrad bekräftigt seine Unterstützung für Ostpolitik Bonns“, in: SZ, 27.11.1970, S. 5.

207 Dies bezweifelten insbesondere die Vertreter der Union, vgl. BArch, B 141/92498-92502, Vermerk Sitzung des Rechtsausschusses des Bundestags (13.3.1974).

208 Deutscher Bundestag, Stenographische Protokolle, 6. WP, 124. Sitzung, Bonn, 14. Mai 1971, S. 7179.

209 Leserbrief, in: Rheinische Post, 11.12.1970.

210 So kritisierte es der Abgeordnete Wittmann. Es sei in diesem Zusammenhang etwa auch zur Abschiebung von Flüchtlingen aus Ungarn in ihr Heimatland gekommen, vgl. BArch, B 141/92498-92502, Vermerk Sitzung des Rechtsausschusses des Bundestags (13.3.1974).

211 Dieser stellte fest: „Wer Menschenleben aufs Spiel setzt, um politische Ziele zu verfolgen, soll grundsätzlich ausgeliefert werden können. Auch der politischen Auseinandersetzung müssen Schranken gesetzt sein.“ Vgl. ebenda, Antwortentwürfe für Fragen an StS BMJ bei der jugoslawischen Sendung des WDR (18.6.1974).

Dieser zur Schau gestellten Entschlossenheit zum Trotz kritisierte die jugoslawische Seite schon zum Auftakt der Verhandlungen, dass über die konkrete Entscheidung etwaiger Auslieferungsverfahren letztlich von den Oberlandesgerichten und nicht etwa von der Exekutive nach politischer Großwetterlage entschieden werde.[212] Angesichts dieser Frustration über die Unwägbarkeiten der politischen Entscheidungsprozesse in der Bundesrepublik bemühte sich die Bundesregierung auch an anderen Schauplätzen darum, eine kompromisslose Haltung gegenüber den exilkroatischen Aktivisten zu demonstrieren. Besonders lässt sich die Bereitschaft, den Vorstellungen und Forderungen jugoslawischer Vertreter entgegenzukommen, anhand des Verbotsverfahrens gegen die zwei bereits erwähnten – phonetisch identischen – Ableger des „Kroatischen Volkswiderstands" (HNOtpor bzw. HNOdpor/ Freunde der Drina) im Juni 1976 zeigen.[213] Diese folgten zeitlich zwar unmittelbar auf den Anschlag auf den Frankfurter Konsul Edvin Zdovc im Februar des gleichen Jahres und wurden auch intern zuweilen als dessen direktes Resultat dargestellt.[214] In Wahrheit waren die Maßnahmen gegen die beiden Vereine aber bereits bei einem Treffen der Innenminister in Belgrad im Dezember 1975 angekündigt worden.[215] Allerdings bewirkte der Anschlag eine Beschleunigung solcher Maßnahmen, legte er doch die Dringlichkeit einer politischen Reaktion offen.[216] Auf höchster Ebene wur-

212 Ebenda, Protokoll über die Verhandlungen [...] (15.–24.10.1969). In der Praxis wurden mit Inkrafttreten des Vertrags im Auslieferungsverkehr ab November 1975 in ca. zweieinhalb Jahren jedoch nur drei von insgesamt 60 jugoslawischen Ersuchen abgelehnt, vgl. BArch, B 136/31668, BMJ, Gruppe 13 an Chef des BKAmt, Entwicklung des Auslieferungsverfahrens seit Inkrafttreten des deutsch-jugoslawischen Auslieferungsvertrags (28.6.1978).

213 Hiermit überschritt die Bereitschaft, den diesbezüglichen jugoslawischen Befürchtungen Rechnung zu tragen, zum Teil die Grenze zur Willfährigkeit. Auch der Sprecher der Fraktion von CDU/ CSU gab zwar an, grundsätzlich nichts gegen ein Verbot einzuwenden zu haben, sprach jedoch auch vom „‚peinlichen Eindruck allzu willfährigen Entgegenkommens' durch Maihofer ‚gegenüber den von der SPD weitergegebenen Wünschen des ihr befreundeten Bunds der Kommunisten Jugoslawiens'", vgl. BArch, B 106/78903, DPA-Mitteilung (9.6.1976).

214 Für diese Argumentation, dass „der Fall Zdovc exakt der von beiden Vereinigungen vertretenen Gewaltphilosophie" entspreche, vgl. BArch, B 106/78916, Verbot HNO Drina, Sprechzettel BMI Maihofer für die IMK am 30.4.1976.

215 Dies geht hervor aus: BArch, B 106/78903, BfV an BMI (14.7.1976). Die Zusage von Verbotsmaßnahmen war offenbar auch eine Bedingung für das Einwirken jugoslawischer Vertreter auf die blockfreien Staaten auf Ebene der Vereinten Nationen in der internationalen Terrorismusbekämpfung gewesen, vgl. ebenda, Vermerk Abteilungsleiter Referat ÖS, Vorsprache des jugoslawischen Botschafters bei Staatssekretär Fröhlich (15.7.1976). Für die diesbezüglichen Schwierigkeiten vgl. ausführlicher auch Blumenau, Einsam.

216 So behauptete der jugoslawische Botschafter Budimir Lončar gegenüber dem BMI, dass mit diesem Anschlag „die terroristischen Organisationen der Bundesrepublik ein Ultimatum gestellt [hätten]". Der zuständige Staatssekretär Fröhlich sicherte daraufhin zu, dass „die erforderlichen Maßnahmen nicht erst auf Grund des geschehenen Verbrechens eingeleitet, mit Sicherheit aber dadurch beschleunigt werden [würden]", vgl. BArch, B 106/111045, Vermerk, Besuch des jugoslawischen Botschafters Loncar, des Presseattachés Jevan und Botschaftsrats Zeljug bei StS Fröhlich (ÖS 6) (7.2.1976).

den bei einer Kabinettssitzung die vorbereitenden Maßnahmen für Vereinsverbote besprochen und länderübergreifend auf einer Innenministerkonferenz zwei Wochen später beschlossen.[217] Anders als bei den vorherigen Verbotsverfahren gegen die HKB oder HRB (1963 bzw. 1968) wurden hierfür auch die Erkenntnisse von BKA und BfV abgefragt.[218]

Das Verbotsverfahren wurde dabei keinesfalls ergebnisoffen geführt. Weder stand zur Debatte, ob überhaupt ein Zusammenhang zwischen den zu verbietenden Organisationen und dem Botschaftermord bestand, noch wurden Ermittlungsergebnisse abgewartet, die ein Verbot der Vereine eventuell nicht gestützt hätten.[219] Bei einem Treffen der Innenminister im März 1976 in Bonn wurde der jugoslawischen Delegation vielmehr fest zugesagt, dass man gegen „bestimmte exiljugoslawische Organisationen vereinsrechtliche Verbotsmaßnahmen treffen“ werde.[220] Zugleich wurde die Dürftigkeit des bislang vorliegenden Materials beklagt, das einen solchen Schritt kaum rechtfertigen könne, und es wurde einmal mehr das mangelnde Wissen der Verfassungsschutzbehörden konstatiert. Da den Behörden über Einzelmitglieder zunächst keine jenseits der über die Vereinszeitschriften verfügbaren Informationen vorlagen, kam vonseiten des BfV der Vorschlag, „gleichzeitig mit der Zustellung der Verbotsverfügungen eine Durchsuchung der Wohnungen der Einzelmitglieder vorzunehmen“. Hiervon versprach es sich „weiteres, verbotsrelevantes Material, das gegebenenfalls in einem Gerichtsverfahren nachgeschoben werden könnte“.[221] Diese Hoffnung sollte sich erfüllen und zahlreiche sichergestellten Dokumente wurden im Nachhinein als Beleg des konspirativen und gewaltbejahenden Charakters der Vereine herangezogen.

Hinsichtlich der ursprünglich anvisierten Verbotsbegründung musste das BMI aber zurückrudern. So wurde in deren Ursprungsfassung noch die „Gefahr für die innere Sicherheit“ an vorderster Stelle gegen beide Organisationen ins Feld geführt. Damit griff das BMI ein Konzept auf, das bei den exilkroatischen Vereinsverboten

---

217 BArch, B 106/78916, Schreiben an die Länderinnenministerien mit Bezug auf Erörterungen auf der IMK vom 20.2.1976 (3.3.1976).

218 So wurden für das Verbotsverfahren die Organe der Organisation einer umfassenden Auswertung unterzogen und die bei anschließenden Hausdurchsuchungen der Mitglieder sichergestellten Pamphlete und Schreiben in kroatischer Sprache in den zuständigen Abteilungen übersetzt und analysiert, vgl. hierfür BArch, B 106/78914; BayHStA, Bayerisches Landesamt für Verfassungsschutz, 35; BayStaM, Polizeidirektion München.

219 PA AA, B 130, 3075A, BMI an AA (u. a.) mit Protokoll der Ressortbesprechung vom 31.1.1963 (5.2.1963). Ob hierbei die Tatsache eine Rolle spielte, dass mit Werner Smoydzin als Leiter der Abteilung für Öffentliche Sicherheit ein Beamter das Verbotsverfahren vorantrieb, der seit 1972 entschieden für die sicherheitspolitische Zusammenarbeit in Europa eingetreten war und der zudem bereits in seiner Zeit beim BfV mit Exilkroaten befasst und für deren entschlossene Verfolgung eingetreten war, muss hier offenbleiben. Dieser hatte im Rahmen seines Buchs über die „faschistische Internationale“ auch über die Aktivitäten von Exilkroaten berichtet, vgl. Smoydzin, Hitler lebt.

220 BArch, B 106/78916, Informationsvermerk für den BMI des SV Abteilungsleiters ÖS (6.4.1976).

221 BArch, B 106/78913, Referat ÖS 2 an BMI (11.2.1976).

während der 1960er Jahre noch keine Rolle gespielt hatte, und versuchte, die Vereine als terroristische Organisationen in einen direkten Zusammenhang mit den exilkroatischen Anschlägen der letzten Jahre zu stellen.[222] Eine konkrete Gefährdung der verfassungsmäßigen Ordnung erschien den federführenden Akteuren im Bundesinnenministerium jedoch derart zweifelhaft, dass mit jedem Entwurf der Verbotsverfügung dieser Grund mehr in den Hintergrund rückte und am Ende an letzter Stelle rangierte.[223] Jenseits der im Einzelnen nachvollziehbaren Beteiligung von Mitgliedern an Straftaten wurde als entscheidender Begründungszusammenhang für das Verbot der Vereine vielmehr deren „geistige Nähe" zu den exilkroatischen Attentaten angeführt.[224] So konstatierte das BfV in seiner Beweismittelsammlung zum Vereinsverbot, dass die sichergestellten Materialien eine „Identifizierung [der Organisationen, MT] mit terroristischen Aktionen" offenbarten.[225] Dass dies in der Folge konkretisiert wurde und auch Verbindungen zwischen HNOtpor-Funktionären und etwa dem Anschlag auf den Dortmunder Konsul Vladimir Topić oder geplanten Attentaten in Jugoslawien identifiziert werden konnten, lag nicht zuletzt daran, dass konsequente begleitende Maßnahmen zu den Vereinsverboten ergriffen wurden.[226] Zeitgleich mit deren Zustellung erfolgten in einer vom BKA koordinierten Aktion bundesweite Hausdurchsuchungen. Sie führten zur Sicherstellung von Beweismaterial, das anschließend ein entschiedeneres Vorgehen gegen einzelne Organisationsmitglieder ermöglichte. Die Ergreifung solcher „flankierenden ausländerrechtlichen Maßnahmen" war der wohl bedeutendste Unterschied im Vergleich zu den Verboten der 1960er Jahre, die weitgehend ohne Konsequenzen geblieben waren.[227] Diese „flankierenden Maßnahmen" waren deutlich vor der Verhängung der Vereinsver-

---

222 Beim HNOtpor wurden hierfür die Selbstbeschreibung als „halb oder sogar vollmilitärische Organisation" sowie die Resolutionen und Äußerungen von dessen Repräsentanten herangezogen, die mit ihren Aufrufen zu Gewalt „unter den Kroaten in der Bundesrepublik ein Klima des Hasses und der Aktionsbereitschaft" erzeuge. Im Fall des Vereins Drina griff man ebenfalls auf eine Selbstbeschreibung des internationalen Dachverbands als „militärisch-revolutionäre Bewegung" zurück, vgl. BArch, B 106/78903, BMI an Bilandžić und Nikola Pavelić – HNOtpor bzw. an Zdravko Beno, Borislav Bilić und Stanko Bebek – HNodpor/Drina, Verbotsverfügungen (1.6.1976).

223 Dies wurde im BMI eben damit begründet, dass „der gegenwärtige Erkenntnisstand den Nachweis einer konkreten Gefährdung der inneren Sicherheit durch diese Vereinigung nicht zweifelsfrei zuläßt", vgl. BArch, B 106/78904, Verbotsverfügungen (1976), Referat ÖS 2 an Staatssekretär F (14.5.1976).

224 Vgl. BArch, B 106/78903, Verbotsverfügung.

225 Vgl. BArch, B 106/78914, Vorwort zur Materialsammlung.

226 BArch, B 106/78903, Köhler an seinen Abteilungsleiter im Referat ÖS 2 (21.7.1976).

227 Das zeigte sich nicht nur in der fortgesetzten Aktivität der 1968 verbotenen HRB, sondern auch in der Person Stjepan Bilandžić. Trotz seiner Mitgliedschaft in der 1963 verbotenen HKB hatte er sich zum Vorsitzenden des HNOtpor wählen lassen können und war so zu einer der zentralen Figuren des globalen kroatischen Exils aufgestiegen. Vgl. zu Bilandžićs Aufstieg u. a. Čizmić/Sopta/Šakić, Iseljena Hrvatska, S. 400 f.

bote besprochen worden.[228] Ihre Durchführung und Überprüfung wurde mit den Ländern im Vorfeld vereinbart und sie beinhalteten unter anderem Reisebeschränkungen, eine Meldepflicht bei der örtlichen Polizei und ein Verbot von Meinungsäußerungen, die zu Gewaltaktionen aufrufen.[229]

Zwar wurden solche Maßnahmen in den Bundesländern mit jeweils unterschiedlicher Entschlossenheit durchgeführt. Zumindest aufseiten der Bundesregierung lässt sich jedoch ein weitaus stärkeres Problembewusstsein hinsichtlich der exilkroatischen Vereinigungen und der von ihnen ausgehenden Bedrohung feststellen, als dies bei den Verbotsverfahren zuvor der Fall gewesen war. Dies ist nicht ausschließlich mit einer gestiegenen Sensibilität gegenüber den Positionen der jugoslawischen Regierung und der dortigen öffentlichen Meinung zu erklären, wenngleich diese in der Tat deutlich stärker ausgeprägt war als noch acht Jahre zuvor.[230] Ein weiterer Grund scheint auch in der gestiegenen Aufmerksamkeit für das Attentat auf den Konsul und die im Anschluss unternommenen Schritte gegen Drina und HNOtpor zu liegen. So gingen in der deutschen Botschaft in Belgrad zahlreiche Briefe und Telegramme von Personen und Betrieben in Jugoslawien ein, die ein entschiedenes Vorgehen gegen radikale Exilkroaten und explizit auch Vereinsverbote forderten.[231] Erstmals erreichten das Bundesinnenministerium zudem in großer Anzahl auch Zuschriften von Gastarbeitern aus dem ganzen Bundesgebiet, die sich um ihren „Frieden und [ihre] Sicherheit" sorgten.[232] Dass die Gastarbeiter zu einem relevanten Teil der Bevölkerung geworden waren, der hinsichtlich der ergriffenen Maßnahmen zu berücksichtigen war, trug auch die Bundesregierung in der Verkündung der Vereinsverbote Rechnung. Zum ersten Mal wurden „Ausländer" hierin überhaupt als Adressaten der eingeleiteten Schritte erwähnt und deren Recht auf körperliche Unversehrtheit unterstrichen. Während bei den vergleichbaren Maßnahmen in den 1960er Jahren stets nur vom „Warnschuss gegenüber Nachahmern" oder vom „Missbrauch des Gastrechts" die Rede gewesen war, wurde das Verbot gegen „Drina" und den HNOtpor nun damit begründet, dass die Vereine mit ihren Aktivitäten das „friedli-

---

228 Eine erste Erörterung erfolgte bei der Bund-Länder-Besprechung am 12.3.1976, vgl. BArch, B 106/78903, BMI an MI der Länder (30.7.1976).

229 Vgl. ebenda, Pressemitteilung AP (9.6.1976).

230 So wurde etwa nach dem Mord an Edvin Zdovc nicht lediglich die jugoslawische Presse hierzu zusammengestellt, sondern eine Presseschau der Nachrichtenagentur Tanjug über die deutsche Berichterstattung wieder zurück ins Deutsche übersetzt, vgl. BArch, B 106/111045, BPA/Ostinformationen, Jugoslawische Regierungserklärung & Presseschau über deutsche Zeitungen von Tanjug (10.2.1976).

231 Die übersetzten Schreiben finden sich in: PA AA, B 83, 1031.

232 So in einem Fernschreiben vom „Haus der Jugoslawen in Stuttgart" an BMI (7.2.1976). Dieses und eine große Zahl weiterer Zuschriften finden sich in: BArch, B 106/111045. Zwar ist nicht auszuschließen, dass diese mitunter auf Initiative der jugoslawischen Konsulate zurückgingen, die Briefe und Telegramme waren in Stil und Wortwahl jedoch äußerst heterogen. Eine derart weitreichende Verfügungsgewalt über die einzelnen Vereine, Betriebe und Gewerkschaftsgruppen kann zudem bezweifelt werden.

che Zusammenleben der deutschen und jugoslawischen Staatsangehörigen in der Bundesrepublik" gefährdet hätten.[233] Der Frankfurter Oberbürgermeister Arndt übertraf diese Rhetorik noch. In seiner Rede bei der Beerdigung von Edvin Zdovc nivellierte er den Unterschied zwischen jugoslawischen und bundesdeutschen Staatsbürgern und verabschiedete sich „von dem Jugoslawen Zdovc, der auch ein Bürger Frankfurts gewesen ist". Mit ihm sei „ein Stück Frankfurt ermordet" worden und jeder, der die „Freiheit liebe", könne ein „solches Unrecht nicht länger [...] dulden".[234]

Angesichts solcher Äußerungen und der Konsequenz der ergriffenen Maßnahmen besteht eine gewisse Versuchung, den Fall Zdovc und die anschließenden Vereinsverbote als Zäsur zu deuten und sie als sukzessiven Wandel von einer im letzten Teil beschriebenen Externalisierung des Exilaktivismus aus der Praxis der Inneren Sicherheit in den späten 1960er Jahren hin zur kompromissloseren Verfolgung vor dem Hintergrund wachsender Verflechtungen und Migrationsprozesse zwischen beiden Staaten zu lesen. Oberflächlich betrachtet könnte man auch die wachsende Zusammenarbeit zwischen den Polizeibehörden beider Länder als einen Beleg hierfür sehen bzw. als einen Aspekt transnationaler Terrorismusbekämpfung der 1970er Jahre.[235]

Die folgenden Schritte gegen kroatische Exilorganisationen und ihre Vertreter legen jedoch nicht nahe, dass diese tatsächlich als Teil einer „gemeinsamen Bedrohung" wahrgenommen worden wären, die eine koordinierte, etwa mit der deutsch-italienischen Sicherheitskooperation vergleichbare Politik bedingt hätten.[236] Die Durchführung und Überprüfung der vom BMI anlässlich der Vereinsverbote im Jahr 1976 angeordneten ausländerrechtlichen Maßnahmen war vielmehr unmittelbar von der diesbezüglichen Haltung der Bundesländer abhängig, deren Reaktionen sehr zögerlich ausfielen.[237] Nach dem Mord an Zdovc zeigte sich zudem, dass nach wie vor ein großes Wissensdefizit hinsichtlich des exilkroatischen Personenkreises bestand und auch die Frage nach der Vernetzung von Expertise immer noch ungeklärt war. Während das Bundesinnenministerium eine zentrale Erfassung und Auswertung von Taten mit exilkroatischem Hintergrund beim BKA anstrebte, verweigerten die Bundesländer bei der Innenministerkonferenz ihre Zustimmung.[238] Noch zwei Jahre später kritisierte das BMI, dass die „enge Kommunikation zwischen den Sicherheits-

233 BArch, B 106/78916, BMI anlässlich des Verbots (9.6.1976). Vgl. auch BayHStA, Bayerisches Landesamt für Verfassungsschutz, 35, Ausführungen in Abschnitt 5 der Beweismittelsammlung.

234 Für die Zitate vgl. o. V., „Abschied von dem ermordeten Konsul", in: FAZ, 12.2.1976, S. 26.

235 Zur Sicherheitskooperation in der EWG vgl. Oberloskamp, TREVI.

236 Vgl. hierfür Di Fabio, Counterterrorism.

237 Vor allem in Niedersachsen, Baden-Württemberg und Rheinland-Pfalz wurden die Maßnahmen nur äußerst halbherzig umgesetzt, vgl. BArch, B 106/78903, Antworten der Anfrage des BMI an die MI der Länder (alle August 1976).

238 BArch, B 106/111220, Referat ÖS 6 an AbtL ÖS, Sitzung AK II der IMK (24.2.1976); Beschlußvorlage an den AK II „Öffentliche Sicherheit und Ordnung" (25.2.1976); Sprechzettel für die IMK für BMI, Betr.: Bekämpfung der politisch motivierten Gewaltkriminalität (Jugoslawen) (27.4.1976).

behörden und den Ausländerbehörden sowie auch den Justizbehörden“ nicht etabliert sei. Auflagen und Beschränkungen der politischen Betätigung Einzelner seien so in der Praxis nach wie vor nicht zu überprüfen.[239] Unter diesen Umständen überrascht es kaum, dass nicht nur Bilandžić, der prominenteste unter den mit Betätigungsverbot Belegten, ungestört weiterwirken und – entgegen der Auflagen – auch Auftritte im Ausland absolvieren konnte. Auch die offiziellen Organe beider Verbände standen, ungeachtet des wenige Monate zuvor beschlossenen Verbots an vielen Bahnhofsbuchhandlungen, wieder offen zum Verkauf und verbreiteten wie eh und je ihre nationalistische und aggressiv-antijugoslawische Propaganda.[240]

2.2 Jugoslawische Mordkommandos in der Bundesrepublik und die Reaktionen

Bis in die 1970er Jahre war der grundlegende Konflikt bezüglich der kroatischen Emigration in der Bundesrepublik – trotz der Annäherungen beider Staaten unter der sozialliberalen Koalition – letztlich konstant geblieben. Während deutsche Vertreter sich als durchaus sensibel für die Sicherheitsbefürchtungen ihres jugoslawischen Gegenüber sahen, dabei jedoch die in der Bundesrepublik unternommenen Schritte als Äußerstes begriffen, was in einem liberal verfassten und föderal organisierten Rechtsstaat an Einschränkungsmöglichkeiten durchgesetzt werden könne, war die Sichtweise in Jugoslawien eine gänzlich andere:[241] Vor allem angesichts der Beeinflussungsversuche von Gastarbeitern, der Gewalt gegen Vertreter des Staates und der gestiegenen Aktivität in Jugoslawien forderten dort die staatlichen Vertreter die Kompletteinschränkung und Totalüberwachung der exilpolitischen Tätigkeiten.[242] Der Kommentar in der deutschsprachigen Sendung von Radio Belgrad forderte in dieser Hinsicht denn auch, dass „die eigenartigen Auslegungen von Demokratie in einigen westeuropäischen Ländern [beendet werden müssen], denen zufolge die terroristische und verbrecherische Tätigkeit faschistischer Emigrantengruppen zu politischer Aktivität erklärt wird“.[243]

---

239 Ebenda, BMI, Vermerk: IMK Sitzung am 24.11.1978: Beschlußvorschlag zum TOP „Maßnahmen gegen extremistische Ausländer und ausländische Organisationen“ (15.11.1978).

240 So stellte es eine Übersichtsdarstellung des BKA rückblickend fest, vgl. LAV BW, HStAS: EA 2/303, Bü 641, Ausländervereine: Anmeldepflicht und Überwachung, BKA an IM BW und LfV BW, BfV und BND (1.2.1980).

241 So sei die jugoslawische Botschaft „immer wieder darauf hingewiesen worden, dass bestimmte Grundrechte, insbesondere das der freien Meinungsäußerung, auch Ausländern zustehen und daß die deutschen Behörden nur im Rahmen unserer Rechtsordnung gegen Exiljugoslawen vorgehen können und werden“, vgl. BArch, B 106/111045, BMI an AA, Jugoslawische Protestnote (13.2.1976).

242 So auch die Einschätzung in BArch, B 136/6494, BMI (ÖS I 5, Dr. Lenhard) an BKAmt (18.12.1968).

243 Zitat, vgl. BArch, B 106/111045, BPA/Ostinformationen, Jugoslawische Regierungserklärung & Presseschau über deutsche Zeitungen von Tanjug (10.2.1976).

Angesichts dieser als zu liberal empfundenen Haltung der deutschen Behörden gegenüber der kroatischen Exilpolitik hatten jugoslawische Geheimdienststellen schon früh damit begonnen, selbst gegen exilkroatische Akteure in Form von Sabotage und Einschüchterungsaktionen vorzugehen.[244] Vor allem die befürchtete Propaganda von Arbeitsmigranten und die Zirkulation feindlichen Gedankenguts wurde ab den späten 1960ern zum Anlass genommen, den „Kampf" gegen die Emigration nochmals zu verstärken und ihn als „untrennbaren Teil unserer gesellschaftlichen, politischen und ökonomischen Probleme und damit eine Sache der gesamten [jugoslawischen, MT] Gesellschaft" zu begreifen.[245] Eine Schlüsselrolle kam dabei insbesondere dem „zweiten Sektor" der jugoslawischen Staatssicherheit (Služba državne bezbednosti, SDB) zu, der für die Auslandsoperationen zuständig war.[246] Neben dieser Bundesinstitution nahmen auch die zunehmend föderalisierten Staatssicherheitsdienste der einzelnen Republiken eine wichtige Stellung ein.[247] Für das kroatische Exil war dies naheliegenderweise vor allem der kroatische Staatssicherheitsdienst (*Služba državne sigurnosti*, SDS), der dem Innenministerium in Zagreb unterstand.[248] Die tatsächliche Beobachtung und die Sabotage von Exilaktivitäten sowie die gezielte Tötung wurden wiederum von den lokalen Untereinheiten dieser Institutionen betrieben. Diese befanden sich in nahezu allen regionalen Zentren und führten von hier die Operationen gegen Personen aus der jeweiligen Region durch.[249] Die HRB-Aktivisten Petar Hinić und Franjo Turk wurden etwa von den

244 Milivojevic, Yugoslav Intelligence, S. 231 f.

245 HDA, 1409, kutija 108, Državni Sekretarijat za inostrane poslove, Savetovanje u DSIP-u o problemima i zadacima u vezi sa aktivnošću neprijatelsjke političke emigracije (29.6.1970). Dem Historiker Srđan Cvetković zufolge habe sich v. a. mit der „Bugojanska Akcija" im Jahr 1972 unter den jugoslawischen Sicherheitsakteuren das Bewusstsein eines Kriegszustands verfestigt, vgl. Cvetković, Metode, S. 134.

246 Zum „zweiten Sektor" der Staatssicherheit als „Auslandsgeheimdienst" vgl. Spasić, Lasica. Zwar unterhielten auch das jugoslawische Außenministerium und das Militär geheimdienstliche Strukturen im Ausland. Diese sammelten mithilfe der örtlichen Botschaften jedoch v. a. Informationen zur Forderung repressiver Maßnahmen bei den jeweiligen Regierungen bzw. zur Spionageabwehr, sind für diese Arbeit somit weniger relevant, vgl. Nielsen, Yugoslav State Security Service, S. 51 f.

247 Seit 1966 sollte auch ein neuer Name dem veränderten Selbstverständnis Rechnung tragen: SDB löste die vorherige Bezeichnung *Uprava državne bezbednosti* ab. Deren Akronym UDBA blieb weiterhin bestehen und wird bis heute v. a. zur kritischen Abgrenzung zum jugoslawischen Staat gebraucht, vgl. etwa Vukušić, Tajni rat. Eine knappe Zusammenfassung der organisationellen Zäsuren des jugoslawischen Geheimdienstes bis zu dessen Umbenennung, allerdings ohne Berücksichtigung der Operationen im Ausland, liefert Dimitrijević, Intelligence.

248 Aufgrund der geografischen Nähe sowie bedingt durch die herzegowinische Herkunft vieler Aktivisten waren teilweise auch die slowenische sowie die bosnische Staatssicherheit eingebunden. Für den bosnischen SDS vgl. insbesondre die Sammlung Bešlić, Čuvari. Für den kroatischen SDS vgl. auch Krašić, Služba. Slowenische Geheimdienstaktionen wurden näher behandelt in: Elste/Wadl, Titos langer Schatten.

249 Vgl. u. a. HDA, 1561, 10.0-5, SDS Pula, „Odmor 73" (11.2.1974).

SDS-Zentren in Karlovac und Varaždin beobachtet. Für die Überwachung der Mitglieder der exilkroatischen Organisation HDO wurden die bosnischen Stützpunkte zuständig erklärt, wobei deren Koordination zwischen den Zentren in Zagreb und Split erfolgen sollte.[250]

Durch diese Regionalisierung der Zuständigkeiten entwickelten die Dienste der einzelnen Republiken ab den 1970er Jahren ein verstärktes institutionelles Eigenleben.[251] Angesichts einer zu diesem Zeitpunkt zunehmenden Exilgewalt wurde die „self-initiative of state security agents on the spot“ immer mehr begrüßt, was explizit auch die „Liquidierung“ von Staatsfeinden beinhaltete. Während diese zuvor zum Teil noch gegen den Willen der Zentralregierung durchgeführt wurden, etablierten sie sich im Laufe der Zeit immer mehr als feste Strategie im Repertoire der jugoslawischen Staatssicherheitsbehörden und wurden, so der Historiker Bernd Robionek, mit der Novellierung der Verteidigungsdoktrin im Jahr 1974 gar „programmatisch“.[252] Auch in der Bundesrepublik waren jugoslawische Stellen früh in die Ausschaltung politischer Gegner involviert. Im Jahr 1965 wurde in Düsseldorf als Reaktion auf den versuchten Mord am jugoslawischen Konsul Klarić ein Attentat auf den zu dieser Zeit einflussreichen Exilpolitiker Berislav Djuro Dezelić verübt, das er und seine Frau und Tochter nur knapp überlebten.[253] Dutzende versuchte oder erfolgreiche Mordanschläge auf Vertreter der kroatischen und antijugoslawischen Emigration folgten im Auftrag von SDB-Stellen, die in ihrer Brutalität häufig wohl auch Entschlossenheit und Skrupellosigkeit gegenüber den Exilanten demonstrieren sollten.[254]

Nicht erst seit dem Attentat auf Dezelić waren bundesdeutsche Stellen über diese Tätigkeiten der jugoslawischen Staatssicherheitsdienste auf westdeutschem Territorium informiert. Früh hatten auch Emigrantenverbände und die mit ihnen in Verbindung stehenden „Ostdienste“ diesen Umstand kritisiert, was jedoch in keinem

---

250 HDA, 1561, 10.11-1-6, SDS, I Sektor, Radno mjesto – HRB i HDO (15.2.1968).

251 Eine Institutionengeschichte der jugoslawischen Geheimdienste steht noch aus. Für eine erste umfassende Annäherung an die Auslandsoperationen vgl. Nielsen, Yugoslavia and Political Assassinations. Zur Geschichte sozialistischer Geheimdienste generell vgl. Lewis/Petrescu/Glajar (Hrsg.), Secret Police Files. Für eine Pionierstudie, die (ohne dies so zu benennen) Perspektiven auf die institutionelle Einbettung, die Wahrnehmungen und Gefahrenkonstruktionen im Sinne einer Kulturgeschichte von Geheimdiensten wirft, vgl. Herman, Intelligence Power.

252 Robionek, State Security, S. 8–10. Zugleich mussten auch nach 1974 alle Operationen im Ausland mit der Bundesführung koordiniert werden, vgl. Nielsen, Yugoslav State Security Service, S. 52.

253 Vgl. hierzu LAV NRW, NW 0760, Nr. 141: Innenministerium NRW, Erkenntnisbericht der anlässlich des Anschlags auf Dezelić tätigen Düsseldorfer „Soko D“ (16.7.1965). Die Verbindung zu Klarić wird gezogen in Nikolić, Susret, S. 120. Das Attentat konnte erst rund 17 Jahre später aufgeklärt werden, als der Haupttäter bei Triest aufgegriffen wurde, vgl. o. V., „Attentäter nach 17 Jahren verurteilt“, in: FAZ, 19.10.1982.

254 Einen guten, wenn auch unvollständigen Eindruck von den Morden vermittelt West, Encyclopedia, S. 285–287.

der Fälle auch nur ansatzweise von politischen Akteuren aufgegriffen wurde.[255] Lange Zeit zirkulierte das Wissen hierum offenbar vor allem innerhalb der Sicherheitsbehörden und interessierte andere Behörden oder Ministerien nicht wirklich.[256] So hatte die Sicherungsgruppe des BKA (BKA/SG) bereits 1963 die Aktivitäten der jugoslawischen Staatssicherheit in ein Dossier an das Auswärtige Amt aufgenommen und wusste anscheinend auch über dessen Beteiligung am Anschlag auf Dezelić und seine Familie Bescheid.[257] Das baden-württembergische LKA wiederum konnte dem Innenministerium berichten, dass die hierfür gegründete Sonderkommission den Mord am Exilkroaten Marijan Simundić aufgeklärt habe und dass sich die Täter nach Jugoslawien hätten absetzen können, wo sie nun für das SDS-Zentrum in Split arbeiteten.[258]

Erstmals ins öffentliche Interesse rückte das Engagement des jugoslawischen SDB im Jahr 1966 anlässlich der Ermordung des jugoslawischen Konsuls Milovanović durch den kroatischen Exilanten Franjo Goreta. Schnell war bei den Ermittlungen deutlich geworden, dass es sich um eine Verzweiflungstat Goretas gehandelt hatte, den der Konsul als Spitzel hatte verpflichten wollen.[259] Goreta hatte die Stuttgarter Kriminalpolizei im Vorfeld hiervon in Kenntnis gesetzt und sich beschwert, dass er vom Konsulat zu Mordanschlägen genötigt worden sei. Hier wurde er jedoch lediglich angehalten, sich in Zukunft von Milovanović fernzuhalten, und der Fall ansonsten nicht weiterverfolgt.[260] Auch das Gericht nahm zwar zur Kenntnis, dass der Angeklagte massiv unter Druck gesetzt worden war, ignorierte diese Tatsache jedoch weitgehend und wollte das Urteil stattdessen als „Warnung an Ausländer" vor politischer Tätigkeit verstanden wissen.[261] Auch im Bundestag schaffte es das Thema auf

255 Vgl. etwa BArch, B 106/47450, Jelić an Breul (BMI) (16.11.1962).

256 Die Verwicklung jugoslawischer Stellen in Mordattentate gegen politische Exilaktivisten wurde erst 1980 zweifelsfrei bewiesen und auch erst zu diesem Zeitpunkt offiziell eingeräumt, vgl. o. V., „BKA hat Beweis für den Mordauftrag Belgrads", in: Bonner Rundschau, 8.3.1980. Vgl. hierzu auch PA BT, 3114, Innenausschuss, 8. WP, Bd. 2, Stenographisches Protokoll über die gemeinsame Sitzung des Innenausschusses und des Rechtsausschusses (23.1.1980).

257 PA AA, B 42, 99, Dossier BKA/SG (1963). Für das Wissen im Fall Dezelić vgl. BArch, B 106/91105-91106, Vortrag auf BKA-Tagung in Hiltrup: „Politisch motivierte Kriminalität ausländischer Untergrundorganisationen in der Bundesrepublik" (Februar 1973).

258 Ebenda, LKA BW an MI BW (28.7.1969).

259 Zum genauen Hergang vgl. u. a. die Beschreibung der Tat in: o. V., „Tödliche Schüsse unter den Klängen eines Tuschs", in: FAZ, 1.9.1966, S. 7.

260 Vgl. die Ausführungen hierzu in: BArch, B 136/31669, Urteil Goreta (21.4.1967). Diese Rolle der jugoslawischen Behörden wurde auch von der Presse aufgegriffen, vgl. für diese Beobachtung auch PA AA, B 42, 167, MJ BW an BMJ (28.9.1966). Die von der Stuttgarter StA aufgestellte Behauptung, dass die mit der Aufklärung beauftragte Dienststelle V des LKA BW keine Hinweise hierzu besessen habe, ist insofern unglaubwürdig.

261 So nutzte der Richter sein Schlusswort als weitgehend undifferenziertes Plädoyer „gegen Auseinandersetzungen zwischen Ausländern auf deutschem Boden", denen kompromisslos zu begegnen sei: „Bei uns sollen keine Mordattentate zwischen politisch konträren Gruppen verübt werden können. Wir wollen auch keine Komplotte dulden, gleichgültig um welche Organisationen es sich

die Tagesordnung und es wurde vom bereits mehrfach erwähnten Walter Becher gefragt, ob die Rolle der jugoslawischen Staatssicherheit nicht eine „Verletzung deutscher Souveränitätsrechte“ bedeute. Nach einer abwiegelnden Antwort von Bundesjustizminister Gustav Heinemann wurde das Thema nicht weiterverfolgt. Es ist davon auszugehen, dass letztlich Bechers Freund Jelić die treibende Kraft hinter der Anfrage war und nicht einmal in seiner eigenen Fraktion konnte Becher ein größeres Interesse für das Thema initiieren.[262]

Dies änderte sich auch nicht grundsätzlich, als im November 1968 der UHNj-Vorsitzende Mile Rukavina mit seinen Mitarbeitern Krešimir Tolj und Vid Maričić ermordet und sieben Monate später Rukavinas ehemaliger Mitstreiter an der Spitze der UHNj Nahid Kulenović aus nächster Nähe erschossen wurden. Auch hier war die Beteiligung jugoslawischer Stellen ein offenes Geheimnis. So bemühte sich die Münchener Kriminalpolizei umfassend um Anhaltspunkte zur Erhellung der Taten, kam in der Fallaufklärung aber letztlich nicht weiter.[263] Ein Jahr später meldete das bayerische Innenministerium in einem Schreiben an das BMI grundsätzliche Zweifel an, ob der Mord an Rukavina, Maričić und Tolj überhaupt aufzuklären sei, da die Taten „wohl zentral gelenkt“ worden seien.[264] Im April 1970 wurde der Dreifachmord ohne Ergebnis zu den Akten gelegt; 14 Monate später wurden auch die Ermittlungen im Fall Kulenović beendet. Man habe mit Ivo Galić den Mörder zwar identifizieren können, dieser befinde sich aber in Jugoslawien und man rechne nicht mit einer Antwort auf die diesbezügliche „Information“ an die jugoslawische Regierung.[265]

Im BMI machte man sich über die Rolle jugoslawischer Stellen bei den Mordanschlägen keine Illusionen und bat in einem Vermerk sogar darum, „bei den offiziellen jugoslawischen Vertretungen [künftig] zu intervenieren und um mehr Zurückhaltung zu bitten“. Wenn die geheimen Untergrundaktionen bestimmter Organisationen fortgeführt würden, könne für den Schutz jugoslawischer Einrichtungen nicht mehr garantiert werden.[266] Als wiederum Walter Becher vor dem Plenum im Bundestag das Thema zur Diskussion bringen wollte und provokant fragte, ob die Bundesregierung gedenke, Protest in Belgrad einzulegen, „nachdem offenbar feststeht, daß jugoslawische Konsulatsbeamte auf dem Gebiet der Bundesrepublik Mordanschläge anregten bzw. selber durchführten“, kritisierten Abgeordnete auf

---

auch handelt“, vgl. o. V., „Urteilsbegründung im Goreta-Prozess“, in: Stuttgarter Zeitung, 24.4.1967, S. 15.

262 Deutscher Bundestag, Stenographische Protokolle, 5. WP, 113. Sitzung, 9. Juni 1967, S. 5485.

263 BArch, B 106/91105-91106, Ermittlungsverfahren des OStA beim LG München I wegen Mord an Rukavina, Tolj und Maričić (22.11.1968). Vgl. auch: o. V., „Erste Hinweise im Kroaten-Mordfall“, in: FAZ, 29.10.1968, S. 1.

264 BArch, B 106/91105-91106, MI Bayern an BMI (12.8.1969).

265 Ebenda, BMJ an BMI (6.4.1970); BArch, B 141/83650, Bayerisches Ministerium der Justiz an Bundesjustizministerium, Betr.: Bericht des OStA München wegen Erkenntnissen zu Ivo Galić (5.8.1971). Vgl. hierzu auch: o. V., „Mord am Exilkroaten Kulenović aufgeklärt“, in: FAZ, 11.11.1969, S. 5.

266 BArch, B 106/91105-91106, Vermerk BMI (11.9.1969).

der Regierungsbank lediglich, dass es dem „Ansehen der Bundesrepublik nicht überaus dienlich ist, wenn die Dinge nun [...] öffentlich diskutiert werden".[267] Auch in der Medienberichterstattung wurde die Involvierung jugoslawischer Stellen in die Münchener Attentate schlicht als gegeben und nicht weiter diskussionswürdig hingenommen. Skandalträchtig erschien dabei nicht die Ermordung antijugoslawischer Politaktivisten auf deutschem Territorium, sondern allenfalls die Tatsache, dass offenbar eine Auseinandersetzung zwischen Agenten und Exilpolitikern herrsche.

Silke Voß' Einschätzung, dass die osteuropäischen Emigrantengruppen vor allem in der SPD denkbar schlechte Verbündete fanden, kann in Bezug auf die Exilkroaten ohne Weiteres gefolgt werden.[268] Es lässt sich zugleich in der Beurteilung ihrer Aktivitäten ein Diskurs von Ruhe und Ordnung identifizieren, der über die politischen Lager hinweg anzutreffen war. So kritisierte etwa der baden-württembergische CDU-Ministerpräsident Hans Filbinger die „Fehde zwischen Kroaten und Serben, zwischen Tito-Anhängern und Antikommunisten", die die öffentliche Sicherheit zunehmend gefährdeten.[269] Die konservative „Christ und Welt" beklagte die Mordaufträge eines ausländischen Geheimdienstes gegen seine Widersacher primär als einen weiteren Aspekt eines „Terrors der Geheimorganisationen" bzw. sah sie als Teil einer quasi unkontrollierbaren Dauerfehde.[270] Auch die mediale Begleitung der Bombenanschläge auf Branimir Jelić und seine Lebensgefährtin (1970 und 1971) folgten einem ähnlichen Deutungsmuster. Der „Spiegel" vermutete zunächst eine „Blutrache unter Emigranten"; beim zweiten Anschlag evozierte die Zeitschrift wiederum Vorstellungen eines andauernden „Agentenkriegs", der auf deutschem Boden zwischen Exilanten und Staatssicherheitsagenten tobe.[271] Der Berliner Regierende Bürgermeister und Innensenator Kurt Neubauer (SPD) mahnte zudem, dass Gewalt „nicht zum Mittel politischer Auseinandersetzungen werden" dürfe. Der Mordanschlag auf einen exilpolitischen Aktivisten mit CDU-Parteibuch und deutscher Staatsbürgerschaft wurde letztlich als weiteres Kapitel eines „Untergrundkriegs" zwischen Jugoslawen und Kroaten abgetan, dessen Kontrolle den deutschen Behörden zu entgleiten schien.[272]

Wenig überraschend traten kroatische Exilorganisationen aus Deutschland und Übersee einer derartigen Sichtweise energisch entgegen und geißelten etwa die Münchener „Mordwelle und Untaten des Tito-Regimes" als „a frightening omen against the cause of freedom". Diese seien mit demokratischen Prinzipien nicht zu

---

267 Deutscher Bundestag, Stenographische Protokolle, 5. WP, 232. und 233. Sitzung (9.5.1969), S. 12871 ff.

268 Voß, Menschenrechtspolitik, S. 191 f.

269 o. V., „,Politische Gründe naheliegend'", in: FAZ, 2.9.1966, S. 8.

270 o. V., „Rächer schon im Anmarsch? Die Bundesrepublik muß dem Terror der Geheimorganisationen hart entgegentreten", in: Christ und Welt, 22.11.1968, S. 7.

271 o. V., „Starke Hand", in: Der Spiegel, 5.10.1970, S. 165 f.; o. V., „Liebesgrüße aus Belgrad", in: Der Spiegel, 17.5.1971, S. 76.

272 o. V., „Exilkroate Dr. Jelić überlebte 2. Anschlag", in: B. Z., 6.5.1971, S. 1, 3.

vereinen, da die Bundesrepublik *alle* ihre Bewohner schützen müsse.[273] Unterstützung erfuhren sie dabei vereinzelt aus konservativen Kreisen, die die Denunziation Jugoslawiens mit ihrer generellen Ablehnung der Ostpolitik der sozialliberalen Koalition verbanden. So entwickelte sich Franz Josef Strauß zum bevorzugten Ansprechpartner von Exilkroaten, der ihre Anliegen auch mehrfach vor den Bundestag brachte.[274] Tatsächlich und emphatisch aufgegriffen wurde die Kritik der Exilkroaten am Belgrader „Staatsterror" aber allenfalls von revisionistischen und rechtsradikalen Akteuren.[275] Die bundesdeutsche nationalkonservative Rechte war zu diesem Zeitpunkt jedoch längst in einer im Vergleich zu den vorherigen Jahren marginalen Position angekommen.[276] Hinsichtlich ihrer kompromisslosen Haltung zur Neuen Ostpolitik befand sie sich zudem immer mehr auf verlorenem Posten. Selbst die die Ostverträge ursprünglich ablehnende CDU/CSU trug nach der Bundestagswahl 1972 den Ausgleich mit dem Osten letztlich mit.[277] Die ultrarechten Akteure erwiesen der kroatischen Emigration mit ihren Solidaritätsbekundungen letztlich einen Bärendienst, rückten sie die exilkroatischen Akteure doch stark in die Nähe zu äußerst zweifelhaften, zum Teil nationalsozialistischen Positionen und schadeten so einmal mehr deren gesellschaftlicher Anschlussfähigkeit.[278]

Im Gegensatz dazu ergriff das populäre Fernsehmagazin „Panorama" im Frühjahr 1970 beinahe offen Partei für die jugoslawischen Maßnahmen. Vor der Szenerie überfüllter Bahnhofshallen mit südländisch aussehenden Männergruppen berichtete es vom „Rekrutierungsgebiet der Ustaša". „Wie die Mafia" habe diese das Bundesgebiet in Sektionen aufgeteilt und sei seit den 1950er Jahren von der Politik geduldet und von den „Geheimdiensten gehätschelt" worden.[279] Bilder vom „Dschungel" und

---

273 BArch, B 136/6494, Jelić an BK Kiesinger, Memorandum der „Europäischen Exil Union" (3.5.1969); North American Council for the Independence of Croatia an BK Kiesinger, Memorandum (18.7.1969). Vgl. auch HDA, 1561, 10.10-1, Memorandum des HOP, bestimmt für Zeitungsredaktionen in der Bundesrepublik und Stellen im Vatikan (1.1.1971).

274 So ließ Jelić Strauß ein Memorandum bzgl. der Münchener Morde weiterleiten, das die Grundlage für dessen Anfrage im Bundestag bildete. Strauß sei, so Jelić, der „einzige Staatsmann in Deutschland [...], der die Dinge klar sieht und auch danach handelt", vgl. HDA, 1561, 10.7-8, Jelić an Becher (Sprecher der Sudetendeutschen Landsmannschaft) (26.8.1969). Rund sechs Jahre später sendete auch Bilandžić eine Eingabe an BK Schmidt in Kopie an Franz Josef Strauß, da er dessen „Engagement für Menschenrechte" mehr vertraue. Hierin forderte er Schutz für die „500.000" in Deutschland lebenden Kroaten vor dem jugoslawischen Geheimdienst, vgl. ACSP, 8008, NL Franz Josef Strauß, Schreiben Bilandžić an Schmidt (5.8.1975).

275 Auch in rechtsradikalen Kreisen wirkte die Neue Ostpolitik als Fanal, vgl. hierzu ausführlich seit Neuestem Gussone, Reden, S. 239 f.

276 Vgl. hierzu auch Schwartz, Antikommunismus, S. 175; Doering-Manteuffel, Antikommunismus, S. 23.

277 Herbert, Geschichte, S. 1354 f. Vgl. auch Schildt, Annäherungen, S. 269 f.

278 Dass diese Nähe indes auch von einigen Exilkroaten explizit gesucht wurde, wird weiter unten noch thematisiert werden.

279 BArch, B 106/91105-91106, BfV (II/A-4) an BMI, Betr.: Stellungnahme zur Panoramasendung der ARD vom 4.5.1970 (25.5.1970). Vgl. auch Kilian Gassner, „Meist auf der Durchreise", in: Die Zeit,

von undurchsichtigen „Mafiastrukturen“, welche die deutschen Stellen unterstützt oder doch zumindest versäumt hätten, entschlossen zu bekämpfen, dominierten immer mehr die Medienberichterstattung. Sie suggerierten nicht zuletzt, dass gerade die Mobilität dieser Personen sie zu einer kaum kontrollierbaren Akteursgruppe mache und setzten die jugoslawischen Geheimdienstaktivitäten damit beinahe ins Recht, welche zumindest zu ihrer Kontrolle beitrugen.[280]

Aus diesem Ausschnitt der medialen Repräsentationen der jugoslawischen Reaktionen auf die exilkroatischen Aktivitäten sind besonders zwei Aspekte hervorzuheben. Einerseits betrifft dies das mangelnde Wissen der Behörden, denen eine systematische Verkennung des Risikos bzw. sogar eine Unterstützung exilkroatischer Akteure attestiert wurde. Der jugoslawische Geheimdienst habe nun – mit seinen Methoden – in gewisser Hinsicht die Auswüchse exilkroatischer Politik zu verhindern begonnen, was eigentlich das Arbeitsfeld der deutschen Behörden gewesen wäre. Andererseits wurde der Schutz vor Verfolgung für die Exilanten als eher zweitrangiges Problem betrachtet. Das Wirken jugoslawischer Staatssicherheitsakteure bis hin zu Mordkommandos gegen in Deutschland lebende Personen – zum Teil mit anerkanntem Asylstatus – wurde insofern nicht als grundsätzliches Problem für den liberalen Rechtsstaat adressiert.

Aus dieser implizit zugrunde gelegten Vorstellung von einer fortgesetzten „Zuständigkeit“ des jugoslawischen Staats für „seine“ Emigranten sollte zugleich nicht der vorschnelle Schluss gezogen werden, die Aktivitäten der jugoslawischen Geheimdienststellen seien einfach unwidersprochen hingenommen worden. So äußerte etwa Bundesvertriebenenminister Heinrich Windelen nach der bereits erwähnten Fragestunde im Bundestag fundamentale Bedenken. Nachdem Emigrantenvertreter ihm angesichts der Anschläge ihre Sorge mitgeteilt hatten, „nicht mehr den vollen Schutz des Asylrechts“ zu genießen, wendete er sich an AA und BMI. Es habe sich bei den Münchener Morden „nicht um interne Emigrantenkämpfe zwischen Kroaten und Serben [ge]handelt“, sondern um „terroristische Maßnahmen“. Dieser Erkenntnis müsse „auch außenpolitisch“ Rechnung getragen werden, um den „Emigranten das Mindestmaß der ihnen zustehenden Sicherheit zu verschaffen“.[281] Mit dieser Forderung setzte er sich zwar nicht durch, in einer Ressortbesprechung zur Inneren Sicherheit wurde aber sogar vom Auswärtigen Amt eingeräumt, dass „auch [die] gegen jugoslawische Emigranten im Bundesgebiet von jugoslawischer Seite verübten Attentate [...] als Verbrechen verfolgt werden müssen“.[282] Akteure im Innenministerium und in den Sicherheitsbehörden sahen die Aktivitäten jugoslawischer Stellen auf deutschem Boden ebenfalls durchaus kritisch. Bereits der im letzten Teil näher

13.3.1970; Carl E. Buchalla, „Mitbringsel aus der Bundesrepublik“, in: SZ, 8.11.1969; o. V., „Terrorismus. Hals über Kopf“, in: Der Spiegel, 19.7.1976, S. 84–86.

280 Für eine explizite Kritik an der Metapher vom „Dschungelkrieg“ und der hiermit suggerierten Unkontrollierbarkeit vgl. auch PA AA, B 83, 845, FS Deutsche Botschaft Belgrad an AA (9.9.1975).

281 PA AA, B 82, 779, BMVt (BM Windelen) an AA (BM Willy Brandt) (2.6.1969).

282 PA AA, B 42, 233, Aufzeichnung Ressortbesprechung (14.7.1969).

besprochene Auftrag für die Sicherungsgruppe beim BKA zur Registrierung aller „geheimbündlerischen und terroristischen Umtriebe jugoslawischer Personengruppen“ hatte sich nicht auf die kroatischen Exilaktivisten beschränkt. So unterstrich schon die Formulierung des Auftrags, dass die exilkroatischen Aktivitäten nicht autonom bewertet, sondern als Teil einer größeren und eng verbundenen Auseinandersetzung zwischen Emigranten und den jugoslawischen Geheimdiensten verstanden wurden. Der Auftrag umfasste deshalb zu diesem frühen Zeitpunkt bereits nominell auch die Arbeit von SDB und SDS im Bundesgebiet.[283]

Dies schlug sich nicht zuletzt in der Ermittlungsarbeit der Sicherungsgruppe nieder, wo die zuständigen Beamten sich sehr bemühten, das Ausmaß der jugoslawischen Infiltrations- und Sabotagearbeit in Emigrantenkreisen zu bemessen. Dass sie hiervon eine vermeintlich vertrauenswürdige Kontaktperson in Kenntnis setzte, die dies direkt an ihre Vorgesetzten bei der jugoslawischen Staatssicherheit in Rijeka weitergab, zeigt nicht nur den Grad der Unterwanderung der Exilszene, sondern auch die Überforderung der deutschen Stellen.[284] Diese räumte BKA-Präsident Dickopf in einem Schreiben an das zuständige Bundesministerium auch freimütig ein. Vor allem auf Länderebene sei das Wissen der Polizeistellen unzureichend für die „nachrichtendienstlich durchsetzte Materie“, und er sprach sich dafür aus, die Tätigkeit ausländischer Geheimdienste fortan gezielt zu beobachten, da „der Schutz der jugoslawischen Emigranten durch polizeiliche Maßnahmen allein nicht mehr zu gewährleisten“ sei.[285] Einer solchen Auslegung des Ermittlungsauftrags war jedoch rund ein Jahr zuvor bereits der Generalbundesanwalt (GBA) mit einer fragwürdigen Interpretation der Taten entgegengetreten.[286] Letztlich lag seiner Einschätzung wohl auch die Befürchtung zugrunde, dass Ermittlungen in Fällen von Geheimdienstaktivität die Kompetenzen der Polizeistellen klar übersteigen würden. Ähnliches war weiter oben bereits für die Taten von Exilkroaten festgestellt worden, für die der GBA ebenfalls keine geregelte Zuständigkeit des BKA anerkennen wollte.

Zwar rief die „jugoslawische Selbsthilfe“ auch bei „deutschen Sicherheitsbehörden ein Mißbehagen hervor“ und das Wirken der Geheimdienste wurde über diplomatische Kanäle auch zur Sprache gebracht.[287] Jedoch schien angesichts der möglichen Schwächung Jugoslawiens durch die politische Emigration und in Anbe-

---

283 Offiziell räumte der BMJ Heinemann im Namen der Bundesregierung die Ermittlungen des GBA gegen die jugoslawischen Geheimdiensttätigkeiten bei einer Bundestagssitzung am 9.6.1967 ein, vgl. BArch, B 106/91105-91106, Bericht des Referats ÖS I 1, Bericht über die terroristische Tätigkeit jugoslawischer Emigrantenorg. und ihrer Angehörigen in der Bundesrepublik und über die Bekämpfungsmaßnahmen der Behörden und Dienststellen des Bunds und der Länder (1.3.1968).

284 HDA, 1561, 10.0.44-V, RSUP SRH, SDS, Centar Rijeka, Emigracija (23.5.1969).

285 BArch, B 106/91105-91106, BKA/SG an BMI (6.6.1969).

286 So führte er an, dass diese nicht als Teil des Mandats der Sicherungsgruppe des BKA zu betrachten seien, da es sich bei den Tätigkeiten des SDB/SDS um Einzelfälle handele, die nicht von einer Organisation ausgingen, vgl. ebenda, Vermerk GBA (21.10.1968).

287 Für Zitate vgl. PA AA, B 82, 779, Vermerk Abt. V3, Betreff: Tätigkeit der Exil-Jugoslawen in der Bundesrepublik und Schutz der Mitglieder (und Gebäude) der jugoslawischen Vertretungen in der

tracht der befürchteten Konsequenzen ihrer Auseinandersetzungen mit dem jugoslawischen Geheimdienst für die öffentliche Ordnung in der Bundesrepublik ein stillschweigendes Anerkennen der Geheimdienstmorde als das kleinere Übel. Hinsichtlich des Schutzes politisch aktiver Dissidenten galt offenbar, dass der Schutz von Emigranten letztlich weniger schwer wog, als der Wille, kein politisches Porzellan zu zerschlagen bzw. den in der Presse beschworenen „Untergrundkrieg" nicht eskalieren zu lassen.[288] Um trotz mangelnder Kompetenzen der Sicherheitsbehörden dem Thema nicht zu viel Raum zu ermöglichen, kam man der jugoslawischen Seite weitgehend entgegen und war hinsichtlich der Geheimdienstmorde um größtmögliche Diskretion bemüht.[289]

2.3 Die Gründung des HNV und der Wandel exilkroatischer Rhetorik und Praxis

Substanziell sollte sich an der abwehrenden und beschwichtigenden Haltung der Bundesregierung angesichts der jugoslawischen Geheimdiensttätigkeiten zunächst nichts ändern. Dass diesen Praktiken von staatlicher Seite derart wenig entgegengesetzt wurde und die Anführer gleich mehrerer Emigrantenverbände von jugoslawischen Mordkommandos getötet werden konnten, ohne dass dies groß Gehör fand, machte die Organisationen nicht nur teilweise handlungsunfähig, sondern schüchterte viele Exilanten auch effektiv ein.[290] In Anbetracht dessen ist von unterschiedlichen Autoren dafür argumentiert worden, dass es vor allem die Morde an Exilanten gewesen seien, die zu einer Mäßigung kroatischer Exilakteure bzw. zu einer Zurückdrängung politischer Gewalt geführt hätten.[291] Zusätzlich, so möchte ich im Folgen-

---

Bundesrepublik (7.11.1968); PA AA, B 83, 845, BMI (ÖS 6), Ergebnisprotokoll über Zusammenarbeit in der Verbrechensbekämpfung mit Jugoslawien (8.10.1975).

288 So stimmten die Innenminister beider Staaten bei einem Treffen darin überein, „daß jedwede Tätigkeit von Organen des einen Staates auf dem Boden des anderen Staates, die mit Gesetzen des anderen Staates nicht vereinbar ist, ausgeschlossen ist", vgl. BArch, B 122/20116, Vermerk über Besuch von MI Jugoslawien. Herljević bei BMI Maihofer (15.–17.12.1975) (8.2.1976). Für das Zitat vgl. PA AA, B 83, 845, BMI (ÖS 6), Ergebnisprotokoll über Zusammenarbeit in der Verbrechensbekämpfung mit Jugoslawien (8.10.1975).

289 Dies galt nicht nur für die Bundesministerien; auch das BKA war daran interessiert, gegenüber Jugoslawien den Eindruck von Entschlossenheit zu erwecken. Selbst im Fall Zdovc, als die Ermittler immer mehr von einer Beteiligung jugoslawischer Stellen ausgingen (über deren Hintergründe freilich unterschiedliche Versionen existierten), ermittelte die Polizei nicht in diese Richtung und auch die Soko „Zdovc" blieb auf Drängen des BKA weiterhin bestehen, um „vor den Jugoslawen nicht als untätig da[zu]stehen", vgl. BArch, B 106/111045, Vermerk, ÖS 6 BMI an Staatssekretär F (7.1.1977). Vgl. für derartige Vorwürfe u. a.: o. V., „Belgrad attackiert die Bundesrepublik. Protest gegen Artikel im ‚Spiegel'", in: FAZ, 29.7.1976, S. 4.

290 Vgl. hierzu schon die frühen Einschätzungen des SDB nach den Münchener Morden, HDA, 1561, 4.1-19, RSUP SR Hrvatske, SDS, SSUP, SDB, Informacije o neprijateljskoj delatnosti emigracije (20.12.1968).

291 So etwa Cvetković, Terorizam, S. 190 f.; Tokić, Politics, S. 412.

den argumentieren, hing dieser Wandlungsprozess auch mit einem gewandelten diskursiven Kontext zusammen, der die Berufung auf Menschenrechte und die Anprangerung konkreter Missstände im Heimatstaat erfolgversprechend erscheinen ließen. Die Repressionen der jugoslawischen Geheimdienste bzw. die offenkundige Untätigkeit der deutschen Sicherheitsbehörden konnten in diesem Zusammenhang als Menschenrechtsverletzungen und damit – unabhängig von politischen Allianzen – als Verstoß gegen ein universelles Rechtsprinzip angeprangert werden.

Eine besonders wichtige Rolle kam bei diesem Strategiewandel dem „Kroatischen Nationalrat“ (*Hrvatsko narodno vijeće*, HNV) zu, der als Dachverband aller kroatisch-antijugoslawischen Organisationen weltweit fungieren sollte. Im Kern hatten die Protagonisten der Exilvereinigungen noch nach jeder von außen kommender Herausforderung den Schulterschluss geübt. Die anfänglich anvisierten Pläne zur Bildung einer Art globalen Einheitsfront im Exil zerschlugen sich jedoch stets recht schnell, was vor allem mit persönlichen Animositäten und der umstrittenen Frage der Führerschaft eines solchen Bündnisses zusammenhing.[292] Dass ein solches Bündnis im Februar 1974 doch gelang und im kanadischen Toronto der HNV gegründet wurde, war auch eine Folge der MASPOK-Emigration.[293] Diese sollte in einen gemeinsamen Verband eingebunden werden, was einige Jahre lang halbwegs glückte und die verschiedenen Fraktionen des nationalistischen Exils in einem gemeinsamen „Sabor“ („Versammlung“/„Parlament“) zusammenbrachte.[294] Zwar umfasste der HNV qua Definition auch äußerst radikale Kräfte,[295] die die Ortsgruppen zum Teil dominierten und deren Integration die gemeinsame Organisation letztlich auch zerreißen sollte.[296] In seiner Außendarstellung war der Verband zugleich stets be-

---

292 Vgl. hierfür etwa die Einschätzung HDA, 1561, 4.1-59, SSUP, SDB, Osvrt na stanje u HNO nakon smrti Branka Jelića (September 1972).

293 Cvetković, Delovanje, S. 54. Nur die HSS und das HOP waren nicht Teil des Bündnisses. Während sich Erstere eher als liberale Kraft verstand, sah sich das HOP in der Nachfolge Pavelićs. Ein Beitritt in das Bündnis wäre insofern einer Relativierung des eigenen Führungsanspruchs gleichgekommen, vgl. Ganović, Teroristi, S. 97.

294 Nach Titos Tod klafften die Positionen v. a. zwischen den jüngeren und insgesamt radikaleren Akteuren des MASPOK und den eher reformorientierten Kräften der „Altemigration“ immer mehr auseinander, sodass es 1981 endgültig zum Bruch kam und sich im schwedischen Lund mit der „Kroatischen staatsbildenden Bewegung“ (*Hrvatsko državotvorni pokret*, HDP) eine Abspaltung vom HNV bildete.

295 Vgl. die Lebensläufe mitsamt organisationeller Zugehörigkeit der Aktivisten in: HDA, 1560, kutija 6, Hrvatski Iseljenici, HNV, Životopisi kandidata za V. sabor, o. D.

296 Beim Kölner Ableger des HNV handelte es sich etwa *de facto* um den 1976 verbotenen HNOtpor, vgl. LAV BW, HStAS: EA 2/303, Bü 645, Überwachung von Versammlungen und Aufzügen: Einzelfälle, „Informationen zur Sicherheitslage“ (4/1976). Bei den Ablegern in Dortmund und Essen wiederum sammelten sich v. a. Personen, die zuvor dem verbotenen Verein Drina angehört hatten, vgl. BArch, B 106/111220, BMI an BKA, Aktivitäten jugoslawischer Extremisten in der Bundesrepublik, hier „Bund freies Europa“ (8.8.1979). Vgl. zum Ende des HNV auch Kušan, Bitka, S. 278 f.

müht, sich als gemäßigt zu geben und lehnte Gewalt ostentativ ab.[297] Während in der Anfangszeit des HNV noch die nationalistische Manifestsprosa überwog, wurde diese im Laufe des Jahrzehnts immer mehr verdrängt von der Anprangerung konkreter Missstände in Jugoslawien unter Nutzung eines neuen Vokabulars von Menschenrechten. Dabei ging es etwa um die Situation politischer Gefangener, um Fälle von Justizwillkür oder um die Vollstreckung der Todesstrafe.[298] Eng verbunden mit dieser Strategie war die Kommunikation der eigenen Positionen an ein breiteres gesellschaftliches Umfeld, wobei dem deutschen Sprachraum angesichts der großen Anzahl an Emigranten und Gastarbeitern eine „erhebliche Bedeutung für unseren nationalen Kampf" zugemessen wurde.[299]

Derartige Versuche, stärker die deutsche Bevölkerung anzusprechen, hatte es schon zuvor gegeben. Zum ersten Mal – und auch bedingt durch eine Frustration über die Gleichgültigkeit der Bundesregierung – sah man jedoch nun die öffentliche Meinung als wesentlich an für die nachhaltige Beeinflussung der deutschen Politik gegenüber Jugoslawien. Diese sollte fortan durch die Publikation der dreimonatlich erscheinenden „Kroatischen Berichte" (KB) regelmäßig informiert werden.[300] Stets lag den Herausgebern[301] dabei das Anliegen zugrunde, das Geschehen in Jugoslawien und das Unrecht, das den Kroaten widerfahre, für die deutschen Leser anschlussfähig zu machen. Dies geschah etwa über die Einforderung von Empathie für die als Gastarbeiter in der Bundesrepublik lebenden Freunde und Kollegen, die bei ihrer Heimfahrt drangsaliert würden. Dalmatinische Urlaubserfahrungen der potenziellen Leser wurden zum Anlass genommen, diese über „jene inneren Schmerzen der oft fröhlichen kroatischen Menschen" aufzuklären, die häufig „nur schwer zu spüren"

297 Maslić, Terorizam, S. 104 f. Zuvörderst verstehe man sich nicht einfach als „irgendeine neue politische Organisation", sondern als ein Zusammenschluss aus 24 Verbänden mit dem Ziel, „der kroatischen Nation mit allen geeigneten Mitteln bei der Befreiung des kroatischen Staats zu helfen", vgl. NLA, Nds. 105 Acc. 82/92, Nr. 403 & 404, Kroatischer Nationalrat, Flugblatt an alle „kroatischen Heimatliebenden" anlässlich der Gründung des HNV.

298 Vgl. etwa Krunoslav Sigetić, „Menschenrechte", in: KB, H. 6, 1978, in: BArch, B 136/31669. Vgl. für diese Feststellung mit Blick auf die kroatische Emigration generell Čulo, Ljudska prava, S. 558.

299 So gab ein Gremium des HNV Anfang der 1980er Jahre zu bedenken, vgl. HDA, 1561, 10.22-1, HNV, Zapisnik prve sjednice izvrsnoga odbora u New Yorku (20.11.1982).

300 Die KB wurden zwar offiziell von der „Gemeinschaft zur Erforschung kroatischer Fragen" in Mainz herausgegeben, unterstanden jedoch praktisch dem HNV, vgl. hierzu HDA, 1560, kutija 5, Hrvatski Iseljenici, Beratungen im Reisebericht von Meštrović über Reise nach Deutschland (13.–20.3.1982).

301 Bei den Gründungsmitgliedern der Redaktion handelte es sich um Zvonko Baotić, Ernest Bauer, Gojko Borić (unter dem Pseudonym Vukelić), Tomislac Mičić und Stjepan Sulek. Zum erweiterten Kreis gehörten zudem Željko Cernić, Ivona und ihr Mann Zorislav Dončević und Petar Hinić. Damit bildete die Redaktion eine echte Mischung aus „alter" Emigration mit NDH-Vergangenheit, *proljećari*, sowie mit Hinić, einem alten Aktivisten aus dem Umfeld der HRB, vgl. zur Zusammensetzung Sulek, Slobodna riječ.

seien, sich dann aber „gelegentlich als ohnmächtige Explosion“ äußerten.[302] Auch die Aktivitäten der jugoslawischen Geheimdienste auf deutschem Boden erhielten so eine neue Deutung. Hatten Exilvertreter diese zuvor eher in einer nationalistischen Diktion und mit antikommunistischem Furor kritisiert, wurden sie vom HNV nun primär als „Menschenrechtsverletzung“ gegeißelt.[303] Während die Morde des SDB/SDS lange Zeit nur wenig interessierten und auch medial kaum zum Skandal taugten, konnten die Exilanten nun an eine langsam einsetzende kritische Berichterstattung in der Bundesrepublik anknüpfen.[304] Der HNV kritisierte in diesem Sinne nicht nur die Bundespolitik für ihre sicherheitspolitische Zusammenarbeit mit Jugoslawien, sondern forderte mit Flugblättern auch deutsche Bürger zum touristischen Boykott des Landes auf und appellierte an kroatische Gastarbeiter, keine Devisen mehr in die Heimat zu schicken und so dem Land seine wichtigsten Geldquellen zu nehmen.[305]

Der HNV und die KB wurden zu den Protagonisten dieser neuen Linie und waren sinnbildlich für eine gewandelte politische Praxis nationalistischer Exilgruppen. Mit ihrem Fokus auf der Erzeugung von Aufmerksamkeit und Empathie bei der bundesdeutschen Bevölkerung griffen sie einerseits auf klassische Formate der Adressierung der Bevölkerung zurück, wie etwa das Verteilen von Flugblättern oder das Schalten von Traueranzeigen, die das Martyrium der Kroaten ins allgemeine Bewusstsein rufen sollten.[306] Andererseits stellten Aktivisten, wie etwa der später im Mittelpunkt eines Auslieferungsverfahrens stehende Ilja Papac, auch auf „zeitgenössische“ und Publizität versprechende Aktionsformen wie Hungerstreiks ab, mit denen auf die Menschenrechtslage in Jugoslawien hingewiesen werden sollte.[307] Hier-

---

302 o. V., „Ohnmacht eines ganzen Volkes“, in: KB, H. 6, 1978, in: BArch, B 136/31669. Auch das häufig mangelnde Wissen über die nationale Vielfalt im Vielvölkerstaat wurde in Flugblättern an die deutsche Bevölkerung aufgegriffen. So forderte ein Flugblatt aus dem Jahr 1976 programmatisch: „Nenn' mich nicht Jugoslawe!“, in: ACSP, 7858, NL Franz Josef Strauß.

303 Vgl. etwa NLA, Nds. 105 Acc. 82/92, Nr. 403 & 404, Flugblatt von Mai 1975 von den „Kroatischen Patrioten an alle deutschen Urlauber“; BArch, B 136/31669, Flugblatt der KB anl. des „Tags der Menschenrechte“ 1978. Vgl. auch HDA, 1560, kutija 33, Hrvatski iseljenici, Flugblatt des HNV: „Kein Krimi im Fernsehen kann so blutig sein wie die Spur der Mörder aus Belgrad!“.

304 Bereits Mitte 1976 wurde in Bezug auf die eventuelle Rolle des jugoslawischen Geheimdienstes und seiner Auseinandersetzungen mit Emigranten von diesem als „Polit-Mafia vom Balkan“ gesprochen, vgl. o. V., „Terrorismus. Hals über Kopf“, in: Der Spiegel, 19.7.1976, S. 84–86. Mehr zu diesem Wandlungsprozess im nächsten Kapitel.

305 Vgl. die Antitourismuskampagne des HNV, u. a. mit deutschem Flyer mit einer „Reisewarnung“ für Jugoslawien (1982), in: HDA, 1560, kutija 5. Ähnliche Kampagnen, die die Gastarbeiter zur Abhebung ihrer Löhne von jugoslawischen Banken bewegen sollten, hatte es auch schon Anfang der 1970er Jahre gegeben, vgl. Dragišić, Ko je pucao, S. 84.

306 Vgl. die Anzeige des HNV für den in Paris ermordeten Bruno Bušić, in der „alle Kroaten [aufgerufen wurden], ihre Reihen noch enger zusammenzuschließen und ihren Kampf um die Verwirklichung des kroatischen Staates noch entschlossener fortzusetzen“, FAZ, 21.10.1978.

307 Auch im April 1978 traten aufgrund des weiter unten noch näher zu behandelnden Auslieferungsabkommens Exilkroaten in mehreren deutschen Städten in den Hungerstreik, vgl. BayHStA,

mit knüpften sie offensichtlich an das Vorbild der ersten Generation der RAF an und erhofften sich eine ähnliche solidaritätsstiftende oder zumindest sympathieerzeugende Wirkung.[308] Da es die öffentliche Meinung war, auf die es ein großer Teil der kroatischen Exilpolitik in den mittleren bis späten 1970er Jahren abgesehen hatte, spielte auch die Multiplikatorenwirkung jeglicher Aktivitäten eine wichtige Rolle. So konnten die KB zwar im freien Handel erworben werden und wurden in den Fußgängerzonen an Passanten verteilt; die Zeitschrift richtete sich jedoch auch an Publizisten, Journalisten und Politiker.[309] Um einen ähnlichen Effekt ging es bei dem seit 1973 abgehaltenen Stand der „freien kroatischen Verleger aus aller Welt" auf der Frankfurter Buchmesse, wo die KB ab 1977 als einziges exilkroatisches Magazin auch in der Halle für deutschsprachige Zeitschriften vertreten waren.[310] Ab 1973 bildete die jährliche Messe nicht nur einen wichtigen Treffpunkt für Emigranten aus aller Welt, sondern stellte einen Eckpfeiler der Außenwirkung des kroatischen Exils dar, dessen Akteure sich bemühten, als Teile der osteuropäischen Dissidentenkultur wahrgenommen zu werden, die so eng mit dem Menschenrechtsdiskurs der zweiten Hälfte der 1970er Jahre verquickt war.[311]

Dieser Diskurs bzw. die mit ihm verbundene Transformation dissidentischer Politik in Osteuropa und der Diaspora waren auch für die Neuausrichtung kroatischer Exilpolitik zentral, für die der HNV paradigmatisch steht.[312] Dies hing in erster Linie mit einer gestiegenen Bedeutung von Akteuren zusammen, die die Menschenrechte in den 1970er Jahren als „minimale moralische Rückfallposition" zum Fokus ihrer Forderungen gemacht hatten.[313] Bedingt vor allem durch eine zunehmende Desillusionierung im Hinblick auf den real existierenden Sozialismus und angekurbelt durch den Dekolonisierungsprozess sorgten sie dafür, dass insbesondere in weiten Teilen der Linken eine größere Rezeptivität für Menschenrechte und ihre Verletzung in den staatssozialistischen Ländern entstand. Diese Weiterentwicklung eines Konzepts, das zuvor eher unter konservativen Vorzeichen verwendet worden war, brach-

---

MInn, 98081, Innere Sicherheit, u. a. sicherheitsgefährdende Bestrebungen von Ausländern, 1976–78, Monatsberichte des bayerischen LfV (4/1978). Vgl. auch LAV BW, HStAS: EA 2/303, Bü 643, Versammlungen und Aufzüge: Einzelfälle, LKA BW an MI BW (27.6.1977).

308 Grundsätzlich zu Hungerstreiks und ihrer solidaritätsgenerierenden Absicht vgl. Buschmann, Hungerstreiks. Zu dem hier genannten Fall der RAF vgl. u. a. Terhoeven, Herbst, S. 257 f.

309 Mehr zu den KB und ihrer Zielgruppe vgl. auch Čizmić/Sopta/Šakić, Iseljena Hrvatska, S. 248; Borić, Hrvat, S. 89 f.; Bauer, Život, S. 290 f.

310 KB, H. 1, 1979, in: BArch, B 136/31669; HDA, 1561, 10.0.44-VI, RSUP SR Hrvatske, SDS, SSUP an alle RSUP (12.10.1977).

311 Zur Historiografie und Periodisierung des Menschenrechtsaktivismus vgl. den exzellenten Überblicksartikel von Lehners, Pleading. Für fotografisch festgehaltene Eindrücke von den exilkroatischen Ständen vgl. Kušan, Bitka, S. 123–126.

312 In der Schweiz lässt sich eine ähnliche Entwicklung feststellen, vgl. Bürgisser, Wahlverwandtschaft, S. 448 f.

313 Müller, Zeitalter, S. 352. Zur Genealogie des Menschenrechtsdiskurses seit 1945 vgl. auch Weinke, Ressource.

te eine präzedenzlose Empathie für osteuropäische Dissidenten mit sich.[314] Mit der Zeit wurden Menschenrechte immer mehr als unverbrüchlicher Teil von Emanzipationskämpfen und als universeller Maßstab gesehen, auf dessen Einhaltung in den 1970er Jahren unter anderem immer mehr NGOs drängten. Unter Berufung auf diesen übernationalen Imperativ konnten internationale Organisationen mit zunehmendem Erfolg Druck auf Nationalstaaten ausüben bzw. diplomatische Interventionen voranbringen und mitbeeinflussen.[315]

Einen wichtigen Meilenstein für die Popularisierung und Institutionalisierung individueller Menschenrechte, der auch für Exilgruppierungen aus Ost- und Südosteuropa von zentraler Bedeutung war, stellte dabei der sogenannte KSZE-Prozess dar, der für das Anwachsen der Oppositionsbewegungen in den realsozialistischen Regimen mitursächlich war und der die Machtgrundlage dieser Staaten sukzessive aushöhlte.[316] Angefangen mit der ersten Konferenz für Sicherheit und Zusammenarbeit im Jahr 1973 wurde in seinem Gefolge die blockübergreifende Kooperation in vertragliche Bahnen geführt und damit eine weitere Festigung der Entspannungspolitik zwischen Ost und West (*Détente*) angestrebt. Während diese Form der Anerkennung und Konsolidierung der Machtblöcke der Agenda der Exilgruppen eigentlich zuwiderlief,[317] verpflichteten sich die Teilnehmerstaaten jedoch zur Achtung menschenrechtlicher Standards. Diese waren somit der Behandlung als rein innerstaatliche Angelegenheit enthoben und offen für Interventionen von außen. Die in der Schlussakte von Helsinki getroffenen Vereinbarungen gaben Dissidentengruppen nun das rhetorische Arsenal an die Hand, Menschenrechtsverletzungen anzuprangern, zu deren Einhaltung sich die Herkunftsstaaten selbst verpflichtet hatten. Der KSZE-Prozess verlieh ihrem Anliegen eine gänzlich neue Dynamik und stellte für die öffentliche Rezeption von Menschenrechten einen echten „Quantensprung" dar.[318]

Anstatt den grundsätzlichen Dissens in den Vordergrund zu rücken und etwa nationale Unabhängigkeit oder ein Ende der Einparteienherrschaft zu fordern, stellte der Bezug auf Menschenrechte im Kontext des KSZE-Prozesses auch für antijugoslawische Aktivisten ein „nichtinfiziertes moralisches Vokabular" bereit, mit dem sich die „Realpolitik" des Kalten Krieges ernsthaft herausfordern ließ.[319] So wurde anlässlich einer exilkroatischen Demonstration in Bonn die „deutsche Bevölkerung"

---

314 Hoffmann, Human Rights, S. 23.

315 Vgl. hierfür u. a. die Ausführungen bei Snyder, Principles, S. 268 f.

316 Daniel Thomas hat diesen Prozess in einem frühen Standardwerk als „Helsinki-Effekt" bezeichnet, vgl. Thomas, Helsinki Effect. Zugleich wurde auf die Gefahr einer teleologischen Sicht bzw. auf die vorschnelle Behauptung von Kausalitäten zwischen der Schlussakte von Helsinki und dem Ende des Staatssozialismus rund 15 Jahre später hingewiesen, vgl. u. a. Brier, Beyond the „Helsinki Effect". Grundlegend zur Entstehung der Schlussakte von Helsinki vgl. auch Cotey, Final Act.

317 So wetterte etwa der „Anti Bolshevic Bloc of Nations" vehement gegen die Schlussakte, vgl. Bundesministerium des Innern (Hrsg.), Verfassungsschutz 1975, S. 142.

318 Eckel, Ambivalenz, S. 732.

319 Müller, Zeitalter, S. 386.

darüber informiert, wie in Jugoslawien die „Opposition" unterdrückt werde. Diese wurde zwar sogleich mit dem „kroatischen Volk" und seiner „Kultur" gleichgesetzt und damit wiederum national überformt. Gleichzeitig ist zu erkennen, wie anhand von Gefängnisberichten eine Empathie mit Einzelschicksalen erzeugt werden sollte, die in der Forderung mündete, jegliche Form der wirtschaftlichen Unterstützung Jugoslawiens an die „Achtung der Menschenrechte" zu knüpfen.[320]

Bei dieser Art Lobbying gegen Menschenrechtsverletzungen und der diesbezüglichen öffentlichen Kritik am Regime stellten vor allem die Aktionen und Analysen von Amnesty International (AI) eine wichtige Blaupause dar.[321] Während führende HNV-Mitglieder in den KB anfangs noch ihren Unmut über eine unzureichende Berücksichtigung Jugoslawiens in den Publikationen von AI beklagt hatten,[322] lancierte die Organisation ab 1974 immer mehr Petitionen bezüglich der dortigen Menschenrechtslage und Haftbedingungen und kürte jugoslawische Dissidenten gleich mehrfach zum „Prisoner of the month".[323] In den seit den mittleren 1970er Jahren in den USA erscheinenden „Yugoslav Notes" wurde zudem die Lage der Meinungsfreiheit in Jugoslawien regelmäßig beklagt, insbesondere die Einflüsse des Staats auf Wissenschaft und Forschung wurden gegeißelt.[324] Eine Zusammenstellung des jugoslawischen Bundesrats für innere Angelegenheiten zeigt das zersetzende Potenzial, das man Organisationen wie AI oder der Internationalen Liga für Menschenrechte als Träger „feindlicher Propaganda" zutraute.[325] Für exilkroatische Akteure boten diese Entwicklungen die Chance einer programmatischen Verjüngungskur bzw. die Gelegenheit, aus der Not gewissermaßen eine Tugend zu machen und den neuen Menschenrechtsdiskurs für sich zu funktionalisieren.[326]

Diese Anknüpfung an neue Semantiken betraf nicht nur den HNV. Auch andere Organisationen und Akteure, wie etwa der seit dem Mehlemer Anschlag immer wie-

320 NLA, Nds. 105 Acc. 82/92, Nr. 1709, Zeitschriften, Flugblätter, Flugblatt (undatiert, wahrscheinlich 1975/1976), „Jugoslawien – Das Land, wo Menschenrechte missachtet werden".

321 Vor allem wurden Aussagen und Zeugnisse ehemaliger Strafgefangener abgedruckt und damit an Amnestys bewährte Vorgehensweise angeknüpft, vgl. hierzu u. a. Mihr, Amnesty International.

322 Vor allem wurde kritisiert, dass das Land im jährlichen „Folterbericht" von AI nicht aufgeführt worden sei, vgl. KB, H. 6/7, 1976, in: NLA, Nds. 105 Hannover Acc. 82/92, Nr. 1270, Kroaten.

323 Vgl. hierzu HDA, 1561, 4.0-67, SSUP, Propagandno-subverzivna aktivnost protiv SFRJ (Beograd, 06/1979).

324 Die gesammelten Ausgaben der „Yugoslav notes" finden sich in AdsD, 5/IGMA071572, IG Metall.

325 Es wird in diesem Dokument auch deutlich, wie wenig Verständnis diesen Akteuren und ihrer Agenda letztlich entgegenbracht und ihnen v. a. unterstellt wurde, vom Ausland unterwandert zu sein, vgl. HDA, 1561, 4.0-67, SSUP, Propagandno-subverzivna aktivnost protiv SFRJ (Beograd, 06/1979).

326 Jugoslawische Stellen sahen hierin offenbar eine potenzielle Gefahr und versuchten, die Gründung der Organisation zu sabotieren. So wollte das jugoslawische Innenministerium die deutschen Bundesbehörden davon überzeugen, Ivan Jelić nicht zum Gründungskongress fliegen zu lassen, was aber abgelehnt wurde, vgl. HDA, 1561, 10.0-17, RSUP SR Hrvatske, SDS, SSUP an RSUP SRH, Sabor HNV (12.9.1975).

der als Anwalt von Exilkroaten auftretende Strafverteidiger und Neonazi Wilhelm Schöttler, machten sich die Menschenrechtsrhetorik zu eigen und beriefen sich auf Publikationen von AI oder die breit rezipierten Einschätzungen des populären jugoslawischen Dissidenten Milovan Djilas.[327] Dieser war zwar – wie auch Amnesty – weder als Fürsprecher kroatischer Eigenstaatlichkeit noch als grundsätzlicher Kritiker des multinationalen jugoslawischen Staatswesens bekannt.[328] Der Menschenrechtsdiskurs und die Kritik an Justizwesen und Strafvollzug, wie sie sich in der Dissidentenbewegung der späten 1970er Jahre herausbildeten, wurden aber auch von rechten und konservativen Akteuren als rhetorische Ressourcen genutzt, um ihre alte antikommunistische Agenda „moralpolitisch“ zu überformen und somit auch alte Kalte-Kriegs-Logiken weiterhin anschlussfähig zu halten.[329]

Auf die Dauer gelang es den kroatischen Exilvereinigungen aber lediglich in Ansätzen, für ihr eigenes Schicksal und das ihres Heimatlandes unter dem Stichwort der Menschenrechte eine vergleichbare Öffentlichkeit zu generieren, wie es etwa tschechoslowakische oder polnische Dissidenten zustande brachten.[330] Das lag nicht zuletzt daran, dass sich – vom bereits erwähnten und letztlich isolierten Djilas abgesehen – in und außerhalb Jugoslawiens keine wirkliche liberale oder sozialdemokratische Opposition oder *Samizdat*-Szene herausbilden sollte.[331] Andernorts wurde dies mit der Sonderstellung des Landes begründet, die eine Unterstützung oppositioneller Gruppen vonseiten des Westens unattraktiv gemacht habe.[332] Ein wichtiger Grund dürfte zudem auch im vergleichsweise liberalen Selbstverwaltungssozialismus jugoslawischer Prägung gelegen haben, der ein hohes Maß an Widerspruch und Nonkonformität zuließ.[333] Zugleich begünstigten Strukturen und Institutionen des jugoslawischen politischen Systems die Artikulation von Dissens in nationaler

327 BArch, B 106/139037, Josip Stjepan Bilandzic, Schöttler an BVerfG, Verfassungsbeschwerde (12.8.1978). Zu Schöttler und seinen Verbindungen mehr am Ende der Arbeit.

328 Kontakte mit Exilanten lehnte AI sogar prinzipiell ab, waren ihre gegen die kommunistischen Regime gerichteten Aktivitäten doch für eine allein „humanitären“ Zielen verpflichtete Organisation höchst problematisch, vgl. Miedema, Movement, S. 115 ff. Zur Person Djilas’ vgl. u. a. Sundhaussen, Jugoslawien, S. 111 f. Zum Umgang mit ihm im Kontext der späteren Repressionen nach Titos Tod vgl. Cvetković, Uhapšite Đilasa.

329 Vgl. für dieses Argument – bezogen auf konservative Akteure in den USA und ihre Funktionalisierung sowjetischer Dissidenten – auch Keys, Reclaiming, insb. S. 105. Bei CDU/CSU fanden ähnliche Bezugnahmen statt, vgl. Eckel, Ambivalenz, S. 567.

330 Für diese und andere „Erfolgsgeschichten“ vgl. etwa die Beiträge in: van Dongen/Roulin/Scott-Smith (Hrsg.), Anti-Communism.

331 Dies galt letztlich für alle realsozialistischen Staaten auf dem Balkan, vgl. Schmitt, Balkan, S. 247 f. Eine Ausnahme stellte die sogenannte Praxis-Gruppe um die gleichnamige Zeitschrift dar, die bis zu ihrem Verbot 1975 eine wichtige Stimme innerhalb eines undogmatischen Marxismus bildete und deren Sommerschule auf der Adriainsel Korčula jedes Jahr Intellektuelle aus ganz Europa anzog, vgl. hierzu u. a. Stefanov, Praxis.

332 Jakovljević, Alienation, S. 181.

333 Aus der Vielzahl an Beiträgen hierzu vgl. exemplarisch Vučetić, Coca-Cola; Patterson, Bought & Sold.

Form. Insofern als Konsequenz jugoslawischer Demokratiedefizite nationale Übervorteilungsdiskurse immer stärker gediehen, spielte sich der politische Dissens in Jugoslawien häufig zwischen den Republiken ab und war somit anfällig für die Aufladung mit nationalistischen Losungen.[334] Mit der Abwanderung der *proljećari* und anderer kritischer Akteure bei einer gleichzeitigen harten Säuberung von Partei und Gesellschaft sowie der Bindung von Dissens an nationale Interessensartikulation wurde die Entwicklung einer demokratischen und gesamtjugoslawischen Sub- und Gegenkultur letztlich effektiv verhindert.[335]

Anknüpfend an diesen jugoslawischen „Sonderfall" innerhalb der staatssozialistischen Regime und an seine spezifische Dissidentenstruktur[336] sahen sich die kroatisch-nationalistischen Kritiker im Exil zudem mit einem grundsätzlichen Problem konfrontiert: Ihr Narrativ von Jugoslawien als Unrechtsstaat passte schlicht nicht zum Bild von einem Land, das viele Deutsche mit Strandurlauben oder den Karl-May-Filmen verbanden und dessen Küche Einzug in nahezu jede westdeutsche Kleinstadt gehalten hatte.[337] Im Diskurs der gemäßigten bis radikalen Linken bot Jugoslawien zudem nach wie vor das vermeintliche Musterbeispiel eines „Sozialismus mit menschlichem Antlitz".[338] Eine wirkliche Empfänglichkeit für menschenrechtspolitische Diskurse aufseiten antijugoslawischer Dissidenten bestand hier daher nicht. Dass die zweite KSZE-Konferenz auch noch in Belgrad ausgerichtet wurde, war für die exilpolitische Erzählung von Jugoslawien als „Völkerkerker" bzw. ihr Anliegen, als Teil der osteuropäischen Dissidentenszene wahrgenommen zu werden, ebenfalls nicht förderlich.[339]

Zudem handelte es sich beim Menschenrechtsbezug der kroatisch-nationalistischen Emigration um eine äußerst oberflächliche und eher instrumentelle Aneignung. Dies wurde in den entsprechenden Gremien des HNV auch erstaunlich offen

---

334 Für diese diskursiven Überlagerungen anhand des serbischen Beispiels vgl. Dragovič-Soso, Saviours.

335 Diese Externalisierung machte sich spätestens in den 1980er Jahren bemerkbar, als eine liberale Dissidentenkultur in Jugoslawien gesamtgesellschaftlich einen äußerst schweren Stand hatte, vgl. für diese These auch Zimmerman, Migration and Security in Yugoslavia, S. 73 f.

336 Der Sonderfall liegt hier jedoch weniger in der Verknüpfung von liberal-demokratischen und nationalistischen Positionen, die ein generelles Charakteristikum der Ideengeschichte der osteuropäischen Dissidentenkultur waren, sondern eher in ihrem sezessionistischen Potenzial in einem multiethnischen Staatswesen. Zu Ersterem vgl. Feindt, Suche.

337 Zur Rolle des Tourismus und der Gastronomie bei der Etablierung positiver Jugoslawien- und Balkanrepräsentationen vgl. Möhring, Essen, S. 313 f.; Molnar, Yugoslav Migrations, S. 145 f. Zum Zusammenhang von Karl-May-Verfilmungen und einer regelrechten Jugoslawien-Begeisterung vgl. Goral, Rivalry, S. 82 f.

338 Vgl. etwa AdsD, 2/BTFF000395: SPD-Bundestagsfraktion, 6. WP, Bericht über die Reise der Delegation des Parteivorstands der SPD nach Jugoslawien (31.8.–6.9.1970).

339 Die Ausrichtung dieses Gipfeltreffens war – im Gegenteil – vielmehr als Ausweis des internationalen Renommees zu sehen, das der jugoslawische Staat Ende der 1970er Jahre genoss, vgl. Brunnbauer/Buchenau, Geschichte, S. 324. Vgl. zu diesem Aspekt auch die Einschätzungen bei Grandits, Titoismus.

kommuniziert. So entzündete sich zum KSZE-Folgetreffen die Diskussion, ob man anlässlich dieses Ereignisses von der nationalistischen Rhetorik abrücken solle und stattdessen eher „den Moment nutzen“ und sich der Kampagne für Menschenrechte anschließen solle.[340] Die in Pamphleten und Flugblättern anzutreffende Melange aus nationalistischen Versatzstücken und deren Erweiterung um den Aspekt der Menschenrechte zeugt von einem ebenso pragmatischen und größtenteils eher unreflektierten Umgang mit der neuen Rhetorik. Zwar lässt sich das Verhältnis von Menschen- und kollektiven Rechten nicht einfach als Antithese begreifen.[341] Die alte Rede vom Selbstbestimmungsrecht der Völker, die lange Zeit der Dreh- und Angelpunkt exilpolitischer Rhetorik gewesen war, wurde in diesen Publikationen jedoch häufig schlicht zum „Menschenrecht auf nationale Selbstbestimmung“, sodass die Kernargumente faktisch die gleichen blieben.[342] Der für viele osteuropäische Dissidentengruppen charakteristische „dezidierte Wunsch nach Entideologisierung“, mit dem viele von ihnen erfolgreich an den Menschenrechtsdiskurs anknüpften, ist für einen Großteil des kroatischen Exils insofern eher nicht festzustellen.[343]

Diese Einschränkungen sollten jedoch nicht darüber hinwegtäuschen, dass der Menschenrechtsdiskurs eine äußerst attraktive Ressource für kroatische Exilorganisationen darstellte, anhand dessen sie auch verstärkt die Morde und Praktiken des SDB skandalisierten. „Dissidenten“ und „Menschenrechtsaktivisten“ waren im Laufe des KSZE-Prozesses zudem immer mehr zu einem festen Bestandteil der Repräsentation sozialistischer Regime geworden.[344] Im Fall Jugoslawiens gerieten angesichts eines erwarteten Ablebens des hochbetagten Josip Broz Tito und der Frage nach der zukünftigen Stabilität des Landes zudem immer mehr die „nationale Frage“ und mit

340 HDA, 1561, 10.22-1, RSUP SRH an SSUP, Akcija „Sava 77“ (11.2.1977).

341 Moyn geht in seinem Standardwerk zum Thema von einer sukzessiven Entwertung aus, die der Menschenrechtsdiskurs für das nach dem Krieg noch maßgebliche Selbstbestimmungsrecht der Völker bedeutet habe, vgl. Moyn, Utopia, S. 84 f. Die ideengeschichtliche Entwicklung war aber wohl gewundener. So konnten sich Vertriebenenvertreter in den Menschenrechtsdiskurs durchaus einschreiben, was sich auf lange Sicht etwa in Diskussionen um indigene, als Gruppenrechte definierte Menschenrechte äußerte, vgl. hierzu Wildenthal, Language, S. 118 f. Dass „kollektivistische“ Interpretationen von Menschenrechten auch in der KSZE immer mehr Anklang fanden, vgl. Salzborn, Ethnisierung, S. 258–260.

342 So etwa das bereits zitierte Flugblatt des HNV anlässlich des Tags der Menschenrechte 1978: „Die Selbstbestimmung der Menschen gehört zu den grundlegenden Menschenrechten. In Jugoslawien wird dem kroatischen Volk die Ausübung des Selbstbestimmungsrechts mit Gewalt versagt“, vgl. KB, H. 1, 1979, in: BArch, B 136/31669. Vgl. auch das bei einer Demonstration in Köln verteilte Flugblatt, in dem von der „Verwirklichung der Menschenrechte und des Selbstbestimmungsrechts für die Kroaten“ die Rede war, vgl. BArch, B 106/139037, Referat VII 4 an Referat IS 2, Betr.: Verbot der politischen Betätigung des Stjepan Bilandžić (11.10.1978).

343 Eckel, Ambivalenz, S. 725. Gleichwohl gab es solche Positionen, die v. a. die in London ansässige Zeitschrift „Nova Hrvatska“ repräsentierte, vgl. hierfür Kušan, Bitka, S. 289 f.

344 Zu den verschiedenen Aspekten der Rezeption und Repräsentation mittel- und osteuropäischer (aber nicht der südosteuropäischen) Dissidentengruppen vgl. Bömelburg, Dissens.

ihr die nationalistischen Exilgruppen in den Fokus der Aufmerksamkeit.[345] Dieser Repräsentationswandel, auf den ich weiter unten noch näher eingehe, bot für die politische Emigration gute Anknüpfungspunkte. Zwar ebbte die politische Gewalt kroatischer Exilanten auch in der zweiten Hälfte der 1970er nicht gänzlich ab und radikalisierte sich zum Teil sogar, sie wurde jedoch zur Handlungsoption eines zunehmend kleiner werdenden Personenkreises.

3 „Deine Terroristen gegen meine Terroristen“. Wandlungsprozesse in der Rezeption von Exilpolitik und Geheimdienstaktionen

Die ultimative Gelegenheit zur Erprobung des neuen Vokabulars und der Adressierung gesellschaftlicher Akteure sollte sich im Sommer 1978 bieten, als Stjepan Bilanžić von bundesdeutschen Behörden festgenommen und gemeinsam mit vier weiteren antijugoslawischen Aktivisten gegen vier in Jugoslawien festgesetzte Mitglieder der RAF „ausgetauscht“ werden sollte.[346] Die unmittelbare Verschränkung der exilkroatischen Aktivitäten mit dem sich zu diesem Zeitpunkt auf seinem Zenit befindenden deutschen Linksterrorismus bewirkte eine zuvor und danach nie dagewesene Aufmerksamkeit für die Agenda der Exilkroaten. Für Verteidiger des eingeschlagenen „gemäßigten“ exilpolitischen Kurses um den HNV bot das plötzliche Interesse eine einzigartige Möglichkeit, die jugoslawischen Aktivitäten und Mordkommandos auf deutschem Boden zu skandalisieren und so die Reputation Jugoslawiens nachhaltig zu schädigen. Andererseits fühlten sich auch Vertreter eines radikaleren Kurses bestätigt. Als zwei kroatische Nationalisten das bundesdeutsche Konsulat in Chicago stürmten und eine Geiselnahme begann, die nur durch das Eingreifen Bilandžićs gestoppt werden konnte, bekam die Öffentlichkeit ein eindrucksvolles Bild von der Entschlossenheit militanter kroatischer Separatisten vermittelt.

Der Streit, welcher Weg zukünftig erfolgversprechender sei, entzündete sich auch an der Interpretation der „Causa Bilandžić“ und eskalierte endgültig nach dem Tod Titos zwei Jahre darauf. Auf diese Reaktionen innerhalb der organisierten Exilpolitik werde ich weiter unten zurückkommen. Vor allem möchte ich jedoch der Frage nachgehen, inwiefern die Auseinandersetzung um den „Terroristenaustausch“ einen Wandel des Umgangs mit exilkroatischen Aktivisten in der Bundesrepublik bedeutete. Die Frage nach dem Umgang mit dem prominenten Exilkroaten bereitete nicht nur den Weg für einen tiefergehenden Aushandlungsprozess über die Grenzen politischer Tätigkeit von Ausländern, sondern sorgte auch für eine erstmals erfolg-

345 Vgl. hierfür detaillierter die Ausführungen und ausführlichen Quellenzitationen bei Praetz, Tito.

346 Von deutscher wie jugoslawischer Seite wurde dieser Begriff natürlich vermieden. Aus den Quellen geht jedoch genau dies hervor, wie noch auszuführen sein wird.

reiche Kritik an den Aktivitäten der jugoslawischen Staatssicherheitsdienste in der Bundesrepublik. Beides wurde in der Folge immer mehr als Aspekt der Inneren Sicherheit begriffen.

3.1 Der gescheiterte Terroristenaustausch als Katalysator von Deutungskämpfen um die kroatische Emigration

Nachdem die jugoslawische Polizei am 11. Mai 1978 in Zagreb in einer vom BKA unterstützten Aktion vier führende Mitglieder der Roten Armee Fraktion (RAF) festgenommen hatte, vermuteten BMI Maihofer und Bundeskanzler Schmidt einen „fetten Fang".[347] Vor allem die Überstellung Brigitte Mohnhaupts und Rolf-Clemens Wagners, die als Schlüsselfiguren der „zweiten Generation" der Vereinigung nach dem kollektiven Selbstmord ihrer vorherigen Protagonisten im Gefängnis von Stuttgart-Stammheim und als Mittäter der Ermordung von Schleyer und Buback galten, versprach einen wichtigen Schritt in Richtung der juristischen Aufarbeitung dieser Taten. Gleiches galt für die Festnahme von Sieglinde Hoffmann und Peter Boock, von denen ebenfalls vermutet wurde, in die Entführung Schleyers involviert gewesen zu sein,[348] und deren Verurteilung womöglich Licht ins Dunkel der bis heute nicht vollständig aufgeklärten Ereignisse rund um den „Deutschen Herbst" 1977 hätten bringen können.[349] Hierzu sollte es jedoch nicht kommen: Zwar beantragte die Bundesregierung am 20. Mai die Auslieferung der vier Deutschen. Wie sie die Öffentlichkeit in einer Pressekonferenz informierte, forderte jedoch die jugoslawische Regierung – offenbar zum Überraschen der Bundesregierung – die umgekehrte Auslieferung von acht jugoslawischen Exilanten und berief sich hierfür auf das Auslieferungsabkommen zwischen beiden Staaten.[350]

Während diese Forderung in vier Fällen von den zuständigen Oberlandesgerichten sofort abgelehnt wurde, ordneten die Gerichte bei Bilandžić, Dragoja, Miličević und Papac die vorläufige Auslieferungshaft an. Ihnen wurden die Beteiligung und Organisation unterschiedlicher Verbrechen in und außerhalb Jugoslawiens unterstellt. Bilandžić, dem mit Abstand prominentesten unter ihnen, wurde unter anderem die Mitwirkung am Mordversuch auf den Konsul Topić im Juni 1976 sowie mehrere Sprengstoffattentate auf jugoslawische Vertretungen vorgeworfen.[351] Zwar habe

347 o. V., „Tausche rechte Terroristen gegen linke Terroristen", in: Der Stern, 8.6.1978.

348 o. V., „Vier Terroristen in Belgrad festgenommen", in: Kölnische Rundschau, 30.5.1978, S. 1.

349 Vgl. für den „Deutschen Herbst" und seine Interpretation als Wendepunkt im bundesdeutschen Demokratieverständnis Hanshew, Terror, S. 11 f.

350 Baković, Hapšenje. Es handelte sich dabei um Stjepan Bilandžić und um die weiteren Exilkroaten Damir Petrić, Ljubimir Dragoja, Franjo Mikulić, Ilja Papac und Nikola Miličević sowie um die serbischen und albanischen Exilaktivisten Vladimir Cudić und Emin Fazilja.

351 BArch, B 106/139037, Beschluss des OLG Köln zur Auslieferung von Stjepan Bilandžić (11.8.1978).

Bilandžić auch nach der Auffassung des BKA im Jahr zuvor einen insgesamt „unvertretbaren Spielraum für Aktivitäten im Vorfeld gewaltsamer Aktionen" besessen,[352] eine Beteiligung an den vorgeworfenen Verbrechen konnte jedoch letztlich weder ihm noch den anderen Exilanten nachgewiesen werden. Hierum ging es der jugoslawischen Seite auch nicht, deren angeführte Beweise insgesamt mager ausfielen und in den meisten Fällen nicht substanziell über die Mitgliedschaft in einer Vereinigung hinausgingen. Zugleich wurde im Verlauf der Auslieferungsfrage deutlich, dass die jugoslawische Regierung nicht damit gerechnet hatte, in der Bundesrepublik in Anbetracht der Aussicht auf Überstellung von vier der meistgesuchten Terroristen auf ernsthaften Widerstand zu stoßen.[353]

Diese Erwartung konterkarierte die Bundesregierung spätestens Ende des Monats. Angesichts der ersten ablehnenden Gerichtsentscheidungen hinsichtlich der geforderten Auslieferungen und offenbar auch, um den medial kolportierten (und vollkommen zutreffenden) Eindruck eines „Austauschs" zu vermeiden, entschied sich die Bundesregierung, den ursprünglich unter Ausschluss der Öffentlichkeit geplanten Vorgang publik zu machen.[354] Die Öffentlichmachung des jugoslawischen Ansinnens und die Berichterstattung über die drohende Abschiebung stellten den Beginn einer medialen Deutungsschlacht dar, mit der die Entscheidungen der für die Auslieferung jeweils zuständigen Oberlandesgerichte kommentiert und zu beeinflussen versucht wurden. Das Wirken von Exilkroaten in der Bundesrepublik wurde dabei erstmals zum Gegenstand einer Debatte, die eine Vielzahl überregionaler Medien begleiteten und bei der es schnell schon nicht mehr um technische Fragen nach den Möglichkeiten und Einschränkungen des bundesdeutsch-jugoslawischen Auslieferungsverkehrs ging.[355] Vielmehr standen bald grundsätzliche Aspekte des jugoslawischen Rechtsverständnisses und der Umgang dieses Staats mit seinen Kritikern – auch jenen in der Bundesrepublik – im Zentrum der Diskussionen, in die auch Exilkroaten zunehmend versuchten, ihre Positionen einzubringen.[356] So berichtete das bayerische LfV, dass das jugoslawische Auslieferungsersuchen in der kroatischen Emigration zu „Bestürzung und Verunsicherung" geführt habe und es

352 BArch, B 106/78905, BKA an BMI (12.9.1977). Für die zahlreichen jugoslawischen Vorwürfe im Einzelnen, die jedoch im Kern auf Bilandžićs exponierte Position abstellten und nicht auf konkret belegbare Beteiligungen an Verbrechen, vgl. PA AA, B 83, 1257, Bilandzic, BMJ an AA, Nachbesserungsunterlagen des Belgrader Kreisgerichts (18.7.1978).

353 BArch, B 106/111314, Vermerk AA, Unterredung StS van Well mit jugosl. Botschafter Makić betr. Auslieferungsersuche (9.11.1978).

354 So jedenfalls die Interpretation in der „Süddeutschen Zeitung", vgl. die Artikel und Leitartikel in: SZ, 30. & 31.5.1978).

355 Einen detaillierten Einblick liefert Friedrich Karl Fromme, Asylrecht und Auslieferung, in: FAZ, 19.7.1978, S. 4.

356 So wurde in einem Emigrantenmagazin zufrieden festgestellt, dass es mit dem „Terroristenaustausch" eine zuvor ungekannte Aufmerksamkeit für die kroatische Emigration gegeben habe und es keinen deutschen Fernsehzuschauer und Radiohörer mehr gebe, der den Namen Bilandžić nicht kenne, vgl. o. V., „Što nam se sprema?", in: Hrvatska Zora, H. 11–12, 1978, S. 1.

in unterschiedlichen Städten zu Demonstrationen und Kundgebungen mit mehreren hunderten Teilnehmern gekommen sei. Unter anderem seien in Stuttgart unter dem Motto „Tag der Menschenrechte“ etwa 500 Personen zusammengekommen, um dagegen zu protestieren, dass „die in der Bundesrepublik lebenden Kroaten [...] zur ‚Ware‘ für den Austausch gegen deutsche Terroristen herabgestuft und mißbraucht“ würden.[357]

Vor allem der bereits im letzten Kapitel vorgestellte HNV sah bei der Koordination dieser Proteste und als exilkroatisches Sprachrohr seine Stunde gekommen. Anlässlich des befürchteten „Terroristenaustauschs“ wurde ein „Kroatisches Organisationskomitee“ gegründet, das im ganzen Bundesgebiet Protestdemonstrationen mit mehreren hundert Teilnehmern – etwa in Bonn, Karlsruhe und München – anmeldete.[358] Die weltweiten HNV-Ortsgruppen wurden zur Bildung von Delegationen und zu Protestaktionen bei der nächstgelegenen deutschen Botschaft aufgerufen, um hier den „kroatischen Standpunkt“ zu demonstrieren.[359] Dass diese globalen Aktivitäten nicht nur dem Wunschdenken einiger weniger Protagonisten entsprangen, zeigen die Kostenaufstellungen des Verbands für Telefonate, Flugblattaktionen und Protestkundgebungen, die von Ortsgruppen auf sämtlichen Kontinenten von Melbourne bis Caracas organisiert worden waren.[360] Ein Aufruf des „linken“ MASPOK-Flügels des HNV ermutigte alle kroatischen Vereinigungen – auch explizit die „unpolitischen“ Sport- und Kulturvereine – zu Protestschreiben an deutsche Stellen und forderte sie auf, in den öffentlichen Hungerstreik zu treten. Mit explizitem Verweis auf den Holocaust behaupteten sie, der Westen stelle das „kroatische Volk als Ganzes an die Wand“ und mache sich zum aktiven Gehilfen des „unitaristischen, stalinistischen, totalitären Jugoslawiens“.[361]

Der HNV übernahm zudem einen Teil der Kosten für die insgesamt sechs Anwälte Bilandžićs. Nachdem die anderen Exilkroaten wegen unzureichender Beweismittel nach und nach auf freien Fuß gesetzt worden waren,[362] war Bilandžić der letzte in Haft verbliebene Exiljugoslawe, dessen Auslieferung das in dieser Sache zustän-

---

357 BayHStA, MInn, 98081, Sicherheitspolitischer Bericht des bayerischen LfV (Juni 1978).

358 Bayerisches Staatsministerium des Innern (Hrsg.), Verfassungsschutzbericht 1978, S. 128–131.

359 o. V., „Aktivnost hrvatske emigracije“, in: Hrvatska Zora, H. 7–8, 1978, S. 3.

360 HDA, 1560, kutija 33, HNV koordinacioni odbor za Njemačku an MO HNV, sabornici HNV, hrvatski tisak (15.9.1978).

361 „Aktivnost hrvatske emigracije“ (vgl. Anm. 359).

362 Bezüglich des Bochumer Studenten Damir Petrić hatte der BGH zudem in einem wegweisenden Grundsatzurteil entschieden, dass die Mitgliedschaft in einer terroristischen Vereinigung keine Haftung für die in deren Namen verübten Verbrechen nach sich ziehe und insofern auch kein Argument für eine Auslieferung sein könne, vgl. PA BT, 3109, Stenographisches Protokoll über die 48. Sitzung des Rechtsausschusses (27.9.1978). Die Freilassungen wurden in der jugoslawischen Presse erwartungsgemäß empört zur Kenntnis genommen, vgl. u. a. Đorde Ličina, „Dvostruka mjerila jednog suda. Puštanjem na slobodu fašističkih terorista Ljubimira Dragoja i Nikole Miličevića“, in: Vjesnik – Nedjeljni magazin, 13.8.1978.

dige OLG Köln am 11. August für zulässig erklärte.[363] In seiner diesbezüglichen Begründung orientierte sich das Gericht stark an Belgrader Behauptungen und Forderungen, die es offenbar nicht eigenständig geprüft hatte. So stellte es in erster Linie auf die führende Organisationsmitgliedschaft Bilandžićs im HNOtpor ab und schrieb dieser Organisation Taten zu, die ihr nicht nachgewiesen werden konnten.[364]

Gemäß dem deutsch-jugoslawischen Auslieferungsvertrag sollten nur Personen überstellt werden, die eines „nicht politischen" Delikts bezichtigt wurden. Wie weiter oben bereits besprochen, war dies im Vertrag jedoch nicht weiter konkretisiert worden, sodass die FAZ zurecht feststellte, dass derartige „Beurteilungen regelmäßig auseinandergehen dürften: die einen werden von ‚Bürgerkrieg' sprechen, die anderen von gemeinen Mordtaten, die nur als Bürgerkriegshandlung ausgegeben werden".[365] Wenig überraschend wurden jugoslawische diplomatische Vertreter und Medien nicht müde zu betonen, dass es sich um eine Forderung nach Auslieferung von „Kriminellen" handelte, die nichts mit politischen Delikten zu tun hätten.[366] Eben jene Frage nach der politischen Verfolgung in Jugoslawien und die damit verbundenen Einschätzungen der dortigen Justiz gingen stark auseinander. Das OLG hatte mit seinem Urteil in dieser Sache eine scheinbar eindeutige Marschrichtung vorgegeben und festgestellt, dass die Anschläge und Attentatspläne, wegen denen Jugoslawien die Auslieferung forderte, nicht politischer Natur seien. Nur weil politische Motive für Bilandžić ausschlaggebend gewesen seien, hätten sich seine Taten dennoch nicht „unmittelbar gegen den Bestand oder die Sicherheit des die Auslieferung begehrenden Staates" gerichtet. Mit einer politischen Verfolgung, so stellten die zuständigen Richter fest, müsse dieser in Jugoslawien insofern nicht rechnen.[367]

Wenig überraschend kamen Aktivisten und Angehörige zu einer diametral entgegengesetzten Einschätzung und fürchteten drakonische Repressalien bis hin zur Todesstrafe.[368] Mit dem Kölner Richterspruch war die Kontroverse denn auch keines-

363 BArch, B 106/139037, Beschluss des OLG Köln zur Auslieferung von Stjepan Bilandžić (11.8.1978). Das offenbar bestehende öffentliche Interesse daran lässt sich u. a. anhand der Tatsache illustrieren, dass das Urteil des OLG ausführlich in der Frankfurter Rundschau abgedruckt wurde, vgl. o. V., „Es handelt sich nicht um politische Taten", in: Frankfurter Rundschau, 22.8.1978, S. 10.

364 Dies gilt etwa für das Attentat auf den jugoslawischen Botschafter in Schweden sowie für den Abschuss einer Personenmaschine über der ČSSR, der nie aufgeklärt werden konnte. Die jugoslawische Position in dieser Sache war eindeutig, vgl. Rebić, Teror, S. 112 f.

365 o. V., „Werden die acht Kroaten an Belgrad ausgeliefert?", in: FAZ, 23.6.1978, S. 6.

366 So etwa der Tenor in: o. V., „Tko su Schöttlerovi ‚socijalisti'?", in: Vjesnik, 22.8.1978, S. 32 f.

367 So seien Schmuggel von Waffen, Vorbereitung von Anschlägen oder auch die Gründung terroristischer Gruppen nur als „Schaffung von Voraussetzungen" für künftige Angriffe gegen den Staat, jedoch noch nicht als deren Erfüllung und damit schlicht als „kriminelle" Handlungen zu beurteilen, die nach dem bilateralen Abkommen die Auslieferung rechtfertigen, vgl. BArch, B 106/139037, Beschluss des OLG Köln zur Auslieferung von Stjepan Bilandžić (11.8.1978), S. 6 f., 8 f.

368 Dies war nicht abwegig, da in Jugoslawien nach wie vor Todesurteile gefällt wurden. Im novellierten jugoslawischen Strafgesetz von 1976 wurde die „konterrevolutionäre Gefährdung der gesellschaftlichen Ordnung" unter Strafe gestellt und der Erhalt der föderativen Staatsordnung sowie von

wegs beendet, sondern kam erst richtig in Gang, da die Bundesregierung in dieser Sache das letzte Wort hatte und sich über das Urteil hinwegsetzen konnte.[369] Stjepan Bilandžić entwickelte sich in den folgenden Wochen – auch in der deutschen Presse – schnell zum Gesicht der Kontroverse und der Exilkroaten im Allgemeinen. Anhand seines Schicksals wurde einerseits die grundsätzliche Frage aufgeworfen, ob „für Emigranten, die in der Bundesrepublik Zuflucht gesucht [...] haben, andere Maßstäbe als für unsere eigenen Terroristen [gelten]".[370] Andererseits zeigte das Urteil von Köln deutlich die Probleme einer engen Auslegung der „politischen Tat": Insofern Personen wie Bilandžić der politische Aspekt ihrer Taten abgesprochen wurde, ging damit potenziell auch die Aushebelung des Rechts auf politisches Asyl nach Art. 16 GG einher.[371] Infolge dieser weitreichenden Implikationen überrascht es nicht, dass das Urteil nicht nur unter Exilkroaten einen Sturm der Entrüstung hervorrief. Zwar traten – wie dies bereits beim Mord am Frankfurter Konsul Zdovc zu beobachten war – Gastarbeiterklubs und andere jugoslawische Körperschaften zugunsten einer Auslieferung ein.[372] Abgesehen von letztlich marginalen Zwischenrufen aus den Reihen der dogmatischen Linken, die in der deutschen Rechtsprechung stets nur einen Schutz für „Faschisten" erkennen mochten,[373] war die Zahl derer, die aus einer prinzipiellen Vergleichbarkeit des deutschen und jugoslawischen Anliegens eine Rechtmäßigkeit der Auslieferung ableiteten, jedoch eher gering.[374] Weitaus größer war die Schar derjenigen, die die Auslieferung Bilandžićs klar ablehnten. Wie sich nicht zuletzt anhand von Leserbriefen zeigen lässt, spielten dabei sowohl antikommunistisch motivierte Vorbehalte gegenüber der Rechtsstaatlichkeit im ju-

---

„Brüderlichkeit und Einheit" als Rechtsgut behandelt. Zugleich waren diese Rechtsgüter sowohl im Gesetz als auch in den Kommentaren hierzu derart vage formuliert, dass ihre Verfolgung in der Praxis äußerst willkürlich scheint, vgl. Roggemann, Funktion, S. 321 f.

369 PA BT, 3109, Rechtsausschuss, 8. WP, Bd. 4., Stenographisches Protokoll über die 48. Sitzung des Rechtsausschusses (27.9.1978).

370 o. V., „Juristischer Seiltanz", in: Die Zeit, 1.9.1978.

371 Vgl. hierfür die souveräne Argumentation im Artikel des Juristen Friedrich Graf von Westphalen, „Terrorist oder politischer Täter?", in: Rheinischer Merkur, 25.8.1978.

372 Dies wurde in einer gemeinsamen Pressekonferenz der jugoslawischen Klubgemeinschaften von Bonn, Düsseldorf und Köln deutlich, vgl. o. V., „Jugoslawen beklagen sich", in: Die Welt, 18.10.1978; o. V., „Naši radnici oštro protiv terorizma", in: Vjesnik, 19.10.1978. Vgl. auch Zuschriften an die deutsche Botschaft Belgrad, in denen die Auslieferung Bilandžićs verlangt wurde, vgl. PA AA, B 83, 1258, Bilandzic, Botschaft an AA (16.10.1978).

373 Vgl. hier nur die Beispiele aus den Organen der Sozialistischen Einheitspartei Westberlins sowie der DKP: o. V., „Faschisten haben richterlichen Schutz", in: Die Wahrheit, 7.9.1978; o. V., „Bonn noch immer nicht zur Auslieferung bereit", in: Unsere Zeit, 13.7.1978.

374 So stellte etwa „Die Zeit" fest, dass „in dieser heiklen Sache nicht mit zweierlei Maß zu messen ist: Nicht nur deutsche Terroristen sind kriminell, auch Exilkroaten können es sein" (siehe Anm. 370).

goslawischen Einparteiensystem als auch eine eher menschenrechtsorientierte Kritik an der Auslieferung eine Rolle.[375]

Die eher skeptische Beurteilung des deutsch-jugoslawischen „Terroristenaustauschs" und die weitgehend „gute öffentliche Meinung für Bilandžić"[376] wurden erheblich getrübt von den schrillen Tönen gegen die Auslieferung und den zum Teil gewalttätigen Protestformen. Dies nahm seinen Anfang bereits im Juni, als zwei Teilnehmer einer Solidaritätsdemonstration drohten, „für jeden ausgelieferten Kroaten zwei deutsche Polizisten" erschießen zu wollen, und es damit bis ins Fernsehmagazin „Monitor" schafften, das von der Veranstaltung berichtete.[377] Für noch größeres Aufsehen sorgte ein Überfall auf das deutsche Generalkonsulat in Chicago. Am Nachmittag des 17. August 1978 hatten Božo Kelava und Mile Kodžoman das Gebäude gestürmt und acht der Anwesenden – darunter den Konsul und seine Tochter – als Geiseln genommen, mit der Forderung nach einer Freilassung Bilandžićs.[378] Nachdem in Bonn ein Krisenstab unter der Leitung von Außenminister Genscher eingerichtet worden war und Bilandžić aus der Haftanstalt heraus die Geiselnehmer telefonisch zur Aufgabe bewogen hatte, erklärten diese ihre Aktion nach 14 Stunden für beendet.[379]

Die Rolle von Bilandžić und seinen Anwälten bleibt in dieser Episode letztlich im Unklaren– sein Bruder Ivan und Anwalt Helmut Rosebrock befanden sich zum Zeitpunkt der Tat „zufällig" in Chicago und hatten den Kontakt zum Krisenstab vermittelt und die Beschwichtigungsaktion so erst möglich gemacht. Der Erfolg von „Interventionen" dieser Art war in jedem Fall ambivalent.[380] So bemühte sich auch Bi-

---

375 Vgl. etwa Leserbrief von Heinz Schwab, „Schamlosigkeit?!", in: Die Welt, 28.8.1976; Leserbrief von Brigitte Kettendörfer, „Keine Empfehlung", in: WAZ, 9.6.1978; Leserbrief von Wolfgang Strauss, in: Die Welt, 15.6.1978.

376 o. V., „Stimmen der Anderen: Belgrader Geheimdienstarbeit?", in: FAZ, 19.8.1978. Für diese Einschätzung vgl. auch Shonick, Yugoslav Migrants, S. 204 f.

377 Hierbei handelte es sich um Vlado Didak und Josip Jerković, die beide gemeinsam mit Bilandžić in der Kölner Gruppe des HNV aktiv waren und seit den frühen 1970er Jahren in unterschiedlichen Emigrantenverbänden in der Bundesrepublik involviert waren. Während der Auslandsreferent der CSU eine Verbindung der Täter zum SDB für „durchaus glaubhaft" hielt, sind angesichts dieser jahrelangen Aktivität in exilkroatischen Kreisen zumindest gewisse Zweifel angebracht, vgl. ACSP, 11453, Aktenvermerk von Dieter Huber (12.7.1978). Zur Biografie vgl. LAV NRW, NW 0308, Nr. 195: Innenministerium NRW, BMI an alle MI und AA, Betr.: Mögliche Gewaltaktionen durch kroatische Extremisten (30.4.1977). Zum Wortlaut der Sendung vgl. BArch, B 136/31669, Sendeprotokoll (20.6.1978).

378 Kelava hatte sich noch Ende der 1960er in der Bundesrepublik befunden und hier nach Auskunft des jugoslawischen Außenministeriums „Terroristen um sich versammelt", vgl. BArch, B 106/ 91105-91106, Aide-Mémoire (24.4.1968). Vgl. für den Überfall auch Tokić, Croatian Radical Separatism, S. 160 f.

379 Zum Tathergang vgl. detailliert BArch, B 136/32275, Bericht des BKA (29.9.1978).

380 Für Zitat vgl. o. V., „Terrorismus: Die Atempause geht zu Ende", in: Der Spiegel, 20.8.1978, S. 21–25. Dass Bilandžić die Tat zumindest guthieß, wenn nicht gar mitgeplant hatte, legen seine Auftritte in Chicago unmittelbar nach der Haftentlassung sowie entsprechende Äußerungen zu sei-

landžićs Frau Genoveva, die Äußerungen auf der Demonstration und die Chicagoer Geiselnahme als Taten des jugoslawischen Geheimdienstes zur Aufwieglung der deutschen Öffentlichkeit abzutun.[381] Dem Anwalt Schöttler entzog Bilandžić kurzerhand das Mandat, nachdem dieser im Kontext der Chicagoer Geiselnahme zitiert wurde, der Terror der RAF sei „nur das Husten einer Mücke“ im Vergleich zum Hass der Kroaten.[382] Unabhängig davon, dass Schöttler wenig später behauptete, falsch zitiert worden zu sein,[383] trugen Äußerungen wie diese nicht gerade zum Verständnis in der deutschen Bevölkerung bei und waren dazu geeignet, die Befürchtung vor einer Zunahme exilkroatischer Gewalt gegen deutsche Personen und Institutionen zu nähren.[384] Auch in der medialen Berichterstattung über die Exilkroaten wurde nach der Tat von Chicago die Sorge immer lauter, dass „Westdeutschland zum Schauplatz einer Terrorwelle von noch größerer Brutalität als bisher werden [könne]“. Diese im Rückblick einigermaßen übertrieben scheinende Annahme wirkte unmittelbar nach der Erstürmung des bundesdeutschen Konsulats und der anschließenden Geiselnahme weniger abwegig – ebenso wie die in diesem Zusammenhang aufgestellte Befürchtung, eine Auslieferung Bilandžićs käme angesichts der global organisierten kroatischen Emigration „einer Weltkriegserklärung“ gleich.[385] Es war erst dieser Kontext, durch den die Rede von „kroatischen Terroristen“ und deren prinzipieller Vergleichbarkeit mit den in Belgrad einsitzenden deutschen Gegenparts wirklich Eingang in die Bewertung der Agenda der Exilkroaten fand.[386]

Dessen ungeachtet und auch trotz des letztlich eindeutigen Zusammenhangs zwischen dem jugoslawischen und dem bundesdeutschen Auslieferungsanliegen überwog insgesamt die Sorge um die Aufgabe staatlicher Schutzversprechen für politisch – zumal von einer sozialistischen Regierung – Verfolgte gegenüber der Habhaftwerdung einheimischer Terroristen. Diesen Impuls illustrieren nicht nur die Eingaben an den Bundespräsidenten, den die „Gesellschaft für bedrohte Völker“

nen Intentionen gegenüber einem Informanten des jugoslawischen Geheimdienstes nahe, vgl. HDA, 1561, 157482P, SDS Novi Sad (27.9.1978); BArch, B 106/139037, BfV an BMI, MI NRW und BKA (15.2.1979).

381 Diese Vorwürfe wurden auch vonseiten exilkroatischer Organisationen erhoben, vgl. etwa Ante Vukić, „Leserbrief: Niemals gegen das deutsche Volk“, in: Westfälische Rundschau, 30.8.1978. Zu den Äußerungen auf der Demonstration vgl. ACSP, 11453, Rundschreiben des „Hrvatski Domobran“ (21.6.1978).

382 Stefan Klein, „Ein Klimawechsel, der tödlich sein kann“, in: SZ, 17.8.1978. Für Zitat, vgl. o. V., „Exilkroaten drohen mit Attentatswelle in deutschen Städten“, in: Westfälische Rundschau, 16.8.1978.

383 o. V., „Kroaten überfallen deutsches Konsulat“, in: Frankfurter Rundschau, 18.8.1978.

384 Vgl. hierzu auch: o. V., „Kommentar. Bilandžić macht uns zu schaffen“, in: SZ, 16.8.1978.

385 o. V., „Terrorismus: Die Atempause geht zu Ende“, Der Spiegel, 20.8.1978, S. 21–25, hier S. 22; o. V., „Kroaten: Erschlage jeden“, Der Spiegel, 20.8.1978, S. 25–26, hier S. 25.

386 Vgl. etwa Ilja Lüdtke, „Schutz vor den Terroristen“, SZ, 16.8.1978, S. 2; Volkmar Hoffmann, „Den Karlsruher Spruch wartete Bonn nicht ab. Bundesbürger wissen wenig über Ustascha-Terrorismus“, in: Frankfurter Rundschau, 15.9.1978, S. 3.

unmissverständlich darauf hinwies, dass im Zweifel die „Wahrung unserer Rechtstaatlichkeit" gegenüber der „Überwindung des internationalen Terrorismus" Vorrang besäße.[387] Schon zuvor hatte die Deutsche Bischofskonferenz an das „Gewissen" der Bundesregierung appelliert und daran erinnert, dass „Angehörige einer so schwachen Gruppe, in unserer Demokratie politisch nicht vertretenen Gruppe, wie es die Kroaten sind", nicht für innenpolitische Zwecke missbraucht werden dürften. Die Bundesrepublik „als Hort der Freiheit für Emigranten" dürfe deren Vertrauen nicht missbrauchen.[388] Angesichts der Taten, die den in Jugoslawien einsitzenden Mitgliedern der RAF vorgeworfen wurden und deren Auslieferung Jugoslawien nur bei einer entsprechenden Gegenleistung der deutschen Seite zustimmen würde, ist diese Rhetorik von Schutz und Humanität inmitten einer von Angst geprägten Jagd auf Terroristen und ihre vermeintlichen „Sympathisanten" einigermaßen überraschend.[389]

Zwar gab es weiterhin auch kritische Stimmen, die etwa in der „Kroaten-Frage" vor allem ein „importiertes Ärgernis" sahen, das den Deutschen über Gebühr Unannehmlichkeiten bereite.[390] Und wie schon in den Jahren zuvor nahm auch das bereits mehrfach zitierte Fernsehmagazin „Panorama" eine äußerst kritische Position gegenüber Bilandžić und den kroatischen Exilnationalisten ein, die pauschal als „Ustaša" bezeichnet wurden und deren Darstellung mit Bildern aus dem Konzentrationslager Jasenovac illustriert wurde. Selbst die „Panorama"-Redaktion sah sich jedoch genötigt, auf die prekäre Menschenrechtslage in Jugoslawien hinzuweisen und ließ einen Vertreter von AI zu Wort kommen. Dieser prognostizierte für den Fall der Auslieferung einen Schauprozess gegen Bilandžić, sodass der Tenor am Ende der Sendung eher zugunsten der Nichtauslieferung ausfiel.[391] Insgesamt sei aus den Auslieferungsanträgen, so die „Süddeutsche Zeitung" (SZ) bereits am Anfang der Affäre und wiederum mit Verweis auf die Erkenntnisse Amnesty Internationals, eine „humanitäre" Frage geworden.[392] Scharf kritisierte dabei etwa die FAZ, „daß die

387 Diese Eingabe vom 14.7.1978 und weitere Zuschriften finden sich in: BArch, B 122/20123, Eingaben an das Bundespräsidialamt bzgl. Auslieferung Bilandzic.

388 BArch, B 136/31668, Erklärung der Deutschen Bischofskonferenz zu jugoslawischen Auslieferungsersuchen (14.6.1978). Erwartungsgemäß heftig fiel die Kritik an dieser Äußerung der DBK in den jugoslawischen Medien aus, vgl. o. V., „Jugoslawen greifen Höffner an" [Kardinal Joseph Höffner war der Vorsitzende der DBK, MT], in: Kölnische Rundschau, 24.6.1978.

389 Zur Interpretation der Reaktionen auf den deutschen Terrorismus vor dem Hintergrund einer „Angstgeschichte der Bundesrepublik" vgl. Biess, Angst, S. 344 f.

390 Leserbrief von Erich Hauer, „Importiertes Ärgernis", in: Westfälische Rundschau Dortmund, 16.8.1978.

391 Vgl. Panorama vom 29.8.1978, https://daserste.ndr.de/panorama/archiv/1978/panorama1637.html (7.9.2021). Dennoch gab es in den KB Kritik an der Berichterstattung, da nicht auf die Geheimdienstaktivitäten eingegangen worden sei und abgesehen vom AI-Mitarbeiter „eine einzigartige Ansammlung von Schwarzbildern über die Exil-Kroaten und Kroaten überhaupt" zu sehen gewesen sei, vgl. Ernest Bauer, „Manipulationen mit den Kroaten", in: KB, H. 5, 1978, S. 4 f.

392 Stefan Klein, „Todesangst vor der Heimat", in: SZ, 9.6.1978.

Bundesrepublik ihre rechtsstaatliche Ordnung […] durch eine Auslieferung auf die Probe stellt“.[393] Auch der Ressortleiter für Innenpolitik bei der SZ plädierte für eine Nichtauslieferung der Exilkroaten. Hierin sah er keinesfalls eine Niederlage in der Terrorismusbekämpfung, sondern einen Sieg der Rechtsstaatlichkeit: „Die Bundesrepublik, die sich gerade als Rechtsstaat gegenüber den Terroristen verteidigt, kann sich nicht einmal den Anschein einer ‚flexiblen‘ Rechtsbeugung erlauben, selbst wenn dies der Auslieferung der Terroristen als förderlich erscheinen mag.“[394]

Die Betonung bundesdeutscher Rechtsstaatlichkeit wurde im Laufe der Auslieferungsaffäre umso emphatischer, je mehr sie sich im Gegensatz zu einer Willkürjustiz des jugoslawischen Staats zu befinden schien, der für seine Gegner nicht nur drakonische Strafen bis zur Hinrichtung bereithielt, sondern diesen offensichtlich bereits in der Bundesrepublik nach ihrem Leben trachtete. Während dieser Verdacht – wie weiter oben bereits diskutiert – bereits seit den mittleren 1960er Jahren immer wieder geäußert worden war, stellte die Auslieferungskontroverse auch in dieser Hinsicht eine Zäsur dar. Dies war umso mehr der Fall, da Bilandžić drei Jahre zuvor selbst Ziel eines Anschlags des jugoslawischen Geheimdienstes geworden war.[395] Rund zwei Jahre später wurde der SDB-Agent Ilija Svilar, der einen weiteren Anschlag auf Bilandžić vorbereitete, vom BKA gestellt.[396] Diese aktenkundig gewordenen Anschläge wurden im Kontext der Überstellungsdiskussion wieder aufgegriffen und mit einer grundlegenden Kritik an den jugoslawischen Geheimdienstpraktiken verbunden.[397] In letzter Konsequenz war es die gestiegene Aufmerksamkeit für die Repressionen des SDB, aufgrund derer die Bundesregierung – trotz des Kölner Urteils – die Auslieferung am Ende untersagte.

Auf die weiteren Folgen dieser neuen Aufmerksamkeitsökonomie werde ich weiter unten noch eingehen. Hier ist wichtig, dass Bilandžić und seine Anwälte sie effektiv für sich zu nutzen wussten, indem sie eine Verfassungsbeschwerde auf den Weg brachten. Sie gingen darin unter anderem auf den Fall Svilar ein, der die jugo-

---

393 o. V., „Drei Eckpunkte“, in: FAZ, 12.8.1978, S. 8.

394 Robert Leicht, „Zwiespältiges Belgrader Junktim“, in: SZ, 10.8.1978, S. 3.

395 Im Oktober 1975 wurde ein Pförtner des Kölner Resozialisierungsheims lebensgefährlich von Schüssen verletzt, die Bilandžić gegolten hatten. Dieser arbeitete dort, hatte sich jedoch zum Zeitpunkt im Nebenraum befunden, vgl. LAV NRW, NW 0308, Nr. 195: Innenministerium NRW, FS BKA an BMI und LKA NRW, Betr.: Aktivitäten gegen Exiljugoslawen auf dem Gebiet der Bundesrepublik (7.11.1975).

396 Später gelangte Svilar im Austausch gegen einen offenbar willkürlich festgesetzten Deutschen wieder nach Jugoslawien, vgl. hierzu BArch, B 136/31668, BMJ, Vermerk, Ermittlungsverfahren des GBA gegen den jugoslawischen Staatsangehörigen Ilija Svilar u. a. wegen Verdachts geheimdienstlicher Tätigkeit (15.6.1978). Zum Zusammenhang der beiden „Abschiebungen“ vgl. ebenda, Jenninger (CDU/CSU) an StM Wischnewski (12.3.1979). Mehr zu der mit diesem Schreiben verbundenen Anfrage von CDU/CSU weiter unten.

397 Vgl. etwa Stefan Klein, „Todesangst vor der Heimat“, in: SZ, 9.6.1978, S. 3; o. V., „Überlebender eines Kuhhandels“, in: Die Zeit, 22.9.1978; Beitrag im Magazin „Monitor“ (12.9.1978), der Wortlaut der Sendung ist archiviert in: BArch, B 136/31669.

slawischen Mordabsichten endgültig klar vor Augen geführt habe. Mit diesem Schritt zwangen sie die Bundesregierung zu einer Stellungnahme zu den Vorwürfen gegen die jugoslawische Staatssicherheit und zum diesbezüglichen Wissen deutscher Stellen.[398] Während sie bislang noch auf Gerichtsurteile verweisen und öffentliche Stellungnahmen vermeiden konnte, hätte sich die Bundesregierung im Falle eines Verfahrens in Karlsruhe zu den in der Beschwerde erwähnten Repressionen des jugoslawischen Geheimdienstes positionieren müssen. Diese waren intern seit Jahren bekannt und hätten in diesem seltenen Moment des öffentlichen Interesses entsprechend Aufmerksamkeit generiert.[399] Nach sorgfältiger Abwägung der jeweiligen Optionen und rund eine Woche nach Ablauf der vom Bundesverfassungsgericht gesetzten Frist entschloss man sich für die Flucht nach vorn.[400] Mit Verweis auf die Bilandžić zur Last gelegten Taten, die sich allesamt in Deutschland ereignet hätten, sowie auf bereits angelaufene Ermittlungen der deutschen Polizeibehörden in dieser Sache, empfahl das BMJ mit Zustimmung des AA, der Auslieferung nicht zuzustimmen – auch wenn dies eine „außenpolitische Belastung mit sich bringt, die wir hinnehmen werden müssen". Das Bundeskabinett stimmte dem am 13. September 1978 zu, ohne dass es in Karlsruhe zu einer Anhörung in dieser Sache kam.[401] Die Reaktion aus Belgrad entsprach den Befürchtungen.[402] Am 17. November 1978 entschied das Belgrader Kreisgericht, dass die von deutscher Seite gegen die vier mutmaßlichen RAF-Terroristen vorgebrachten Anschuldigungen für eine Auslieferung nicht ausreichend seien und setzte sie auf freien Fuß.[403]

---

398 BArch, B 106/139037, Verfassungsbeschwerde von Bilandžić gegen die Zulassung der Auslieferung durch das OLG Köln vom 11.8.1978 (14.8.1978). Zu dieser Interpretation vgl. auch den „Zwischenruf" in: Die Welt, 16.8.1978.

399 So wurde die von Jugoslawien gegen Bilandžić zugesicherte Spezialitätszusage aufgrund der von jugoslawischer Seite geplanten Mordanschläge im AA explizit als „nicht glaubwürdig" bezeichnet, vgl. PA AA, B 83, 1257, Abt. 5 an Herrn Minister (pers. vorzulegen), Äußerung der Bundesregierung gegenüber dem Bundesverfassungsgericht zur Verfassungsbeschwerde Bilandžić (30.8.1978). Dass die Bundesregierung mit dieser Entscheidung einem Eingeständnis jugoslawischer Repressionen vor dem BVerfG zuvorkam, stellte auch die Kölnische Rundschau fest, vgl. Peter Quay, „Zweierlei Maß bei den Terroristen?", in: Kölnische Rundschau, 16.9.1978.

400 BArch, B 106/78905, BMI, Referat PI 1 an BMI über StS F, AbtL P und UnterabtL PI (4.9.1978).

401 PA AA, B 83, 1257, Sprechzettel für Kabinett (12.9.1978); AA, Verbalnote an SFRJ (13.9.1978).

402 Zur jugoslawischen Presse vgl. etwa o. V., „Bonn se ne pridržava dogovorenih normi", in: Vjesnik, 20.10.1978, S. 1.

403 Sie wurden daraufhin unverzüglich in den Irak „abgeschoben", von wo sie offenbar in ein Waffenausbildungslager in den Libanon weiterreisten und anschließend in Aden (Südjemen) gesichtet wurden. Das AA erfuhr davon erst durch einen „zuverlässig erscheinenden Hinweis" vom BKA. Die jugoslawische Regierung hatte sich hierzu in Schweigen gehüllt, vgl. PA AA, B 83, 1469, Bilandzic, Stjepan, hier: Dt.-jugosl. Auslieferungsverkehr, BKA an AA (22.1.1979 & 1.3.1979).

3.2 Ein „Anschlag auf die Souveränität der Bundesrepublik". Facetten der Skandalisierung jugoslawischer Geheimdienstaktivitäten

Der Ausgang der Affäre führte in den entsprechenden parlamentarischen Gremien zu einem Sturm der Entrüstung und zu einer diplomatischen Krise zwischen der Bundesrepublik und Jugoslawien.[404] Angesichts der in den vorherigen Jahren mühsam etablierten sicherheitspolitischen Partnerschaft gab man sich beim BKA zerknirscht über die jugoslawische Entscheidung.[405] Zugleich brachten die Vorgänge um die Auslieferung die endgültige Erkenntnis, dass mit den exilkroatischen Aktivitäten insgesamt „Entwicklungen [einhergingen], die wir mit Sicherheit nicht gutheißen" und die weitaus entschiedener als bislang zu bekämpfen seien.[406] Während unter den außenpolitischen Akteuren hiermit noch gleichermaßen die Repressalien des jugoslawischen Staats auf deutschem Boden wie auch die Aktivitäten der kroatischen Emigration gemeint waren, lässt sich in der Affäre um den gescheiterten „Terroristenaustausch" darüber hinaus ein größerer Wandlungsprozess erkennen, was die öffentliche Aufmerksamkeit für die Tätigkeit jugoslawischer Geheimdienststellen auf deutschem Boden angeht. Zwar waren diese schon seit den frühen 1960er Jahren ein verlässlicher Bestandteil exilkroatischer Memoranden und Pamphlete gewesen und auch der HNV prangerte sie im Rahmen seines menschenrechtspolitischen Programms regelmäßig an.[407] Der Tenor in den bundesdeutschen Medien und parlamentarischen Gremien war dabei aber stets der eines „Kleinkriegs" zwischen Exilanten und jugoslawischem Staat gewesen. Dieser wurde zwar insgesamt als Ärgernis, die Geheimdienstoperationen gegen Regimegegner jedoch nicht als grundsätzliches Problem für den demokratischen Rechtsstaat gesehen.

Dies änderte sich mit der Affäre Bilandžić, nach der praktisch kein Presseartikel mehr ohne eine Schilderung der jugoslawischen Mordkommandos auskam. Hierbei spielten exilkroatische Initiativen eine nicht unwichtige Rolle. Mehrere Transparente auf einer Demonstration für die Freilassung Bilandžićs verwiesen auf die Aktivitäten

---

404 So wurde der Botschafter zurückbeordert und am jugoslawischen Staatsfeiertag nahm lediglich die Staatsministerin im AA Hildegard Hamm-Brücher teil. Zudem wurden die Reisen diplomatischer Delegationen ausgesetzt sowie einer deutschen Fürsprache für jugoslawische Interessen in der EG eine Absage erteilt, vgl. PA AA, B 83, 1258, Gesprächsvermerk über Staatssekretärsbesprechung (21.11.1978).

405 PA BT, 3114, Innenausschuss, 8. WP, Bd. 3, Kurzprotokoll, 58. Sitzung des Innenausschusses (29.11.1978).

406 So der FDP-Außenpolitiker Helmut Schäfer. Dies wurde von allen Vertretern (mit jeweiliger Akzentuierung zugunsten der einen oder anderen Seite) im Auswärtigen Ausschuss so gesehen und am klarsten – wenn auch etwas ratlos – von Horst Ehmke auf den Punkt gebracht: „Macht das zuhause, beide Seiten hören hier auf." Für beide Zitate vgl. Auswärtiger Ausschuss des Deutschen Bundestags (13.12.1978), in: Bracher/Morsey/Schwarz (Hrsg.), Quellen.

407 Besonders umfassend hatte dies zuletzt Damir Petrić Ende 1977 versucht, der eine Auflistung hierzu in Form eines Flugblatts herausgegeben hatte, vgl. apabiz, NL Richard Stöss, „Terror an Kroaten in der Bundesrepublik?". Zur Herkunft dieses Pamphlets vgl. KB, H. 1, 1980.

und Mordkommandos von „Titos Geheimpolizei" in der Bundesrepublik und klagten, dass „Kroaten sterben [müssen], damit Jugoslawien leben kann".[408] Auch Bilandžićs Anwälte hatten nach dem Urteil des OLG Köln eine Pressekonferenz eigens zu den Geheimdienstmorden anberaumt und Josef Müller und Branko Jurišić gewinnen können, die vom SDB angeblich als Auftragsmörder angeworben worden waren. Zusätzliche Publizität bekam das Thema noch dadurch, dass inmitten der ohnehin großen Aufmerksamkeit für die Exilkroaten in der Nacht zum 17. Oktober 1978 ihr wichtigster intellektueller Kopf und der enorm populäre *proljećar* Bruno Bušić in Paris ermordet worden war.[409]

Insgesamt bewirkten das erfolgreiche Lobbying für Bilandžić und der Tod Bušićs eine Fokussierung auf die jugoslawischen Geheimdienstaktivitäten und deren Repressalien gegen Exilanten im Ausland.[410] So nutzte etwa der HNV die Publizität, um in einer großen und mit Foto ausgestatteten Traueranzeige eine bundesweite Leserschaft auf das Schicksal Bušićs – und damit stellvertretend auf das Los der Exilkroaten insgesamt – aufmerksam zu machen.[411] Im intern zirkulierenden Organ des Verbands wurde hervorgehoben, dass 1978 das Jahr gewesen sei, in dem mehr Kroaten als jemals offen ihre Stimme erhoben und Jugoslawien damit beträchtlichen politischen Schaden zugefügt hätten, und sich der eingeschlagene Weg des „friedlichen Protests" insofern als erfolgreich herausgestellt habe.[412] Dies bestätigten offenbar die Reaktionen in der bundesdeutschen Presse. Die SDB-Tätigkeiten wurden hierin im Nachgang der Affäre Bilandžić und insbesondere nach der nicht erfolgten Auslieferung der deutschen Terroristen immer mehr kritisiert und die Emigranten ihnen als ihre Opfer gegenübergestellt. Eine Stärkung ihrer Agenda stellte dabei auch der Schulterschluss mit albanischen Exilanten dar, die sich den kroatischen Demonstrationen erstmals anlässlich der Auslieferungsaffäre angeschlossen hatten und die mit Erstarken der sozialen und nationalen Proteste im Kosovo zunehmend als eigenstän-

---

408 Ein zu dieser Zeit im Umfeld der Demonstrationen zirkulierender Aufkleber informierte deutsche Passanten zudem: „Ich bin Kroate – ich bin nicht frei", vgl. HDA, 1561, 10.6.29-30, RSUP SR Hrvatske, SDS, Aufnahmen des SDS von Demonstration in Frankfurt am Main (wahrsch. November 1978). Der Aufkleber ist archiviert in apabiz, RR, Internationaler Faschismus, Jugoslawien, Ex-Jugoslawien.

409 Zur Bedeutung Bušićs, dem nach der kroatischen Unabhängigkeit ein prestigeträchtiger Platz auf dem Zagreber Mirogoj-Friedhof gegeben wurde, u. a. für die später staatstragende Politik der nationalen Versöhnung (*pomirenje*), vgl. etwa Žižić, Emigracija, S. 63 f. Seine Ermordung wurde zum Anlass genommen, den Stand für kroatische Emigrantenliteratur auf der Frankfurter Buchmesse zum „Gedenk- und Informationsstand" für Bušić zu erklären, vgl. BayHStA, MInn, 98081, Sicherheitspolitischer Bericht des LfV Bayern (Oktober 1978).

410 Ersteres wurde sehr deutlich im Rahmen der Ermittlungen gegen eine exilkroatische Gruppe, die einen Anschlag auf ein Verlagshaus verübt hatte, das angeblich die Herausgabe einer Biografie Titos geplant hatte, vgl. PA AA, B 83, 1314, OStA beim LG München an GBA, Ermittlungsverfahren gegen Petar Penava wegen Herbeiführung einer Sprengstoffexplosion (14.8.1981).

411 Anzeige in: FAZ, 21.10.1978.

412 Zitat in: HDA, 1561, 10.22-1, Informativni Bilten Hrvatskog narodnog vijeća, 29.11.1978, o. P.

dige Akteure auftraten.[413] Ihre gemeinsame Angriffsfläche war ab sofort der jugoslawische Geheimdienst bzw. dessen Mordkommandos und Repressionsmaßnahmen, als deren gemeinsame Opfer sie sich fortan stilisieren konnten.[414]

Dass jene Aktionen des jugoslwaischen Staats nicht mehr – wie weiter oben für die 1960er Jahre skizziert – ausschließlich von Akteuren und Publikationen der äußersten Rechten aufgegriffen und kritisiert wurden,[415] zeigt die Ermordung des Exilkroaten Nikola Miličević im Januar 1980. Der in Frankfurt am Main lebende Maschinenschlosser, der seit 1963 politisches Asyl in der Bundesrepublik genoss, hatte die „Vereinigten Kroaten Europas“ (*Ujedinjeni Hrvati Europe*, UHE) als Abspaltung von den UHNj mitgegründet und war einer derjenigen, dessen Auslieferung Jugoslawien 1978 gefordert hatte.[416] Erstmals stellte das BKA im Nachgang der Tat eine Liste auf mit mutmaßlichen Mordanschlägen des jugoslawischen Geheimdienstes nebst Angaben zu den Tatwaffen und sonstigen Besonderheiten. In diesem Zusammenhang erging vom Leiter der Behörde Horst Herold persönlich die Information an den Bundesinnenminister, dass eine gemeinsame Urheberschaft in mindestens zehn Fällen naheliege.[417]

In einer an die Trauerfeier anschließenden Pressekonferenz agitierte der HNV-Pressesprecher Tomislav Mičić, unter anderem gemeinsam mit Stjepan Bilandžić, vor etwa zehn anwesenden Journalisten und einem Fernsehteam gegen die jugoslawischen Geheimdienstaktivitäten, die angeblich „Todeslisten“ führten. Zudem kritisierte er, dass in den Medien im Zusammenhang mit Exilkroaten nach wie vor zu oft von „Untergrundaktivitäten“ die Rede sei.[418] Dieser Appell zeigte offenbar eine gewisse Wirkung; auch medial wurde die Ermordung Miličevićs als eindeutige Tat ju-

---

413 Vgl. hierzu u. a. Sundhaussen, Jugoslawien, S. 227 f. Das erste Mal stellte der jugoslawische Auslandsgeheimdienst derartige gemeinsame Demonstrationstätigkeiten anlässlich einer Kundgebung in Frankfurt am Main fest, vgl. HDA, 1561, 10.6.29-30, Služba za istraživanje i dokumentaciju an Savezno sekretarijat za unutrašnje poslove, Antijugoslovenske demonstracije u Frankfurtu na Majni (25.11.1978).

414 Dass sie mit einer solch vermeintlich „übernationalen“ Agenda weitaus überzeugender an die oben erörterte Menschenrechtsthematik anknüpfen konnten, legen auch die zunehmenden Solidaritätsbekundungen in den „Kroatischen Berichten“ nahe, vgl. etwa KB, H. 4–5, 1979. Für eine ausführliche rückblickende Würdigung und Kritik dieser neuen Exilstrategien vgl. auch Kreso Spoletić, „Istočni izleti ekstremne emigracije“, Danas, 8.2.1982. Der HNV wertete diesen Artikel als Bestätigung dafür, dass man sich auf dem richtigen Weg befände, beides archiviert in: HDA, 1560, kutija 6.

415 Wenngleich diese dem Thema auch die Treue hielten, vgl. etwa den Artikel aus dem Organ der DVU o. V., „Tito mordet in der Bundesrepublik. Geheimdienstumtriebe im Zeichen der ‚Entspannung‘“, in: Deutscher Anzeiger, 13.1.1978.

416 PA BT, 3114, Innenausschuss, 8. WP, Bd. 6, Stenographisches Protokoll über die gemeinsame Sitzung des Innenausschusses und des Rechtsausschusses, TOP: Bericht der Bundesregierung zur Ermordung des Exilkroaten Nikola Miličević am 13.1.1980 in FFM (23.1.1980).

417 BArch, B 131/1995, BKA an BMI, Mord z. N. des Exiljugoslawen Nikola Miličević (22.1.1980); BKA (Herold), Eilige Information für Herrn Minister (18.1.1980).

418 Ebenda, PP Frankfurt am Main an alle LKAs, FS: Mord z. N. Nikola Miličević, Beisetzungsfeierlichkeiten (19.1.1980).

goslawischer Stellen kommuniziert.[419] In den Zeitungen war nun ganz offen vom Wirken „jugoslawischer Killer-Kommandos" die Rede, und es wurde die vermeintliche Existenz von „Todeslisten" aufgegriffen.[420] Das BKA bestätigte im Nachgang der Tat zum ersten Mal auch öffentlich die Involvierung jugoslawischer Stellen.[421] Als im Januar 1982 in Heilbronn drei albanische Nationalisten ermordet wurden, bezeichneten dies Tageszeitungen ganz offen als „Massaker" des Geheimdienstes.[422] Ausführlich war von der jugoslawischen Strategie zur Ausschaltung von Feinden die Rede, die „Emigranten-Killer im staatlichen Auftrag" in die Bundesrepublik schicke.[423] Nachdem der bayerische Verfassungsschutz bereits Ende 1978 vorgeschlagen hatte, „die immer wieder behauptete terroristische Tätigkeit des jugoslawischen Geheimdienstes außerhalb des Heimatlandes" gesondert in seinen Jahresbericht aufzunehmen,[424] wurde dieser ab den frühen 1980er Jahren nun auch in der bundesdeutschen Presse immer mehr als Urheber von „Methoden [kritisiert], für die in Deutschland und im freien Westen niemand Verständnis hat".[425] Auch wenn das Belgrader Außenministerium derartige Artikel als Teil einer antijugoslawischen „Pressekampagne" bezeichnete, konnte es nicht verhindern, dass die Auftragsmorde in der Bundesrepublik erstmals zum Gegenstand offener Kritik wurden.[426]

Zwar wurde von Regierungsseite immer wieder betont, dass endgültige Beweise nicht vorlägen. Wie anhand der Presseberichterstattung jedoch bereits gezeigt wurde, war die Beteiligung jugoslawischer Stellen an Mordattentaten in der Bundesrepublik letztlich ein offenes Geheimnis. Während noch in den 1960er Jahren ein weitgehender Konsens darüber geherrscht hatte, diese Taten in einem Atemzug mit den Exiltätigkeiten zu nennen und den hierdurch entstandenen „Untergrundkrieg" zu kritisieren, waren es nunmehr die Geheimdienstmorde, die vor allem Akteure aus CDU/CSU ans Licht der Öffentlichkeit zerren wollten. Explizit unterstellten sie der Bundesregierung deren Verschleierung. So mutmaßten der Vorsitzende des Rechts-

---

419 Allein die Überschriften sprechen in dieser Hinsicht Bände, vgl. Peter Quay/Georg Bönisch, „Jugoslawische Killerkommandos richten die Exilkroaten nach Todeslisten hin", in: Kölnische Rundschau, 15.1.1980; o. V., „Todesschüsse politisch motiviert", in: Allgäuer Zeitung, 15.1.1980; o. V., „Exil-Kroate offenbar aus politischen Gründen ermordet", in: Gießener Anzeiger, 15.1.1980.

420 o. V., „Meisterhaft verwischt", in: Der Spiegel, 21.1.1980.

421 o. V., „BKA hat Beweis für den Mordauftrag Belgrads", in: Bonner Rundschau, 8.3.1980.

422 Hierbei handelte es sich um den Sozialbetreuer bei der AWO Bardosh Gervalla, seinen Bruder Jusuf und den Freund Kadri Zeka, vgl. PA AA, B 83, 1314, Botschaft Belgrad über AA-Verteiler an BMI und BMJ, Tätigkeit des jugoslawischen Geheimdienstes in der BR Deutschland (20.1.1982); AdsD, 4/AWOA001676, Ermordung des SB Bardosh Gervalla, Vermerk, Ermordung von Bardosh Gervalla (21.1.1982).

423 o. V., „Das ganze sieht nach Hinrichtung aus", in: Der Spiegel, 25.1.1982; o. V., „Belgrads langer Arm", in: Die Zeit, 7.2.1982.

424 BayHStA, MInn, 98027, LfV Bayern an MI Bayern (21.11.1978).

425 o. V., „Killer und Kroaten", in: Kölnische Rundschau, 15.1.1980.

426 PA AA, B 83, 1314, Botschaft Belgrad über AA-Verteiler an BMI und BMJ, Tätigkeit des jugoslawischen Geheimdienstes in der BR Deutschland (20.1.1982).

ausschusses Carl Otto Lenz sowie dessen Mitglied Herbert Czaja (zurecht), dass die Nichtzustimmung zur Auslieferung Bilandžićs am Ende damit zusammenhänge, dass die Regierung vor dem Bundesverfassungsgericht keine Auskunft zu ihrem Wissen über die jugoslawischen Geheimdienstaktivitäten geben wolle und dass dies wohl kaum „mit normalen Beziehungen" zu Jugoslawien vereinbar sei.[427] Abgeordnete der Fraktion der Christsozialen nutzten in den folgenden vier Jahren insgesamt neun Mal das Plenum sowie mehrfach den rechts-, außen- und innenpolitischen Ausschuss des Bundestags, um die Aktivitäten jugoslawischer Stellen auf deutschem Boden zu erörtern und die Regierung hiermit unter Druck zu setzen.[428] Nachdem Bundesinnenminister Gerhart Baum zu der Sache vor dem Rechtsausschuss Stellung beziehen musste, einigte man sich auf sein Bitten darauf, diese Fragen unter Geheimhaltung zu verhandeln. Das entsprechende Dokument wurde der Akte entnommen und ist auch in der Überlieferung des parlamentarischen Kontrollgremiums nicht enthalten;[429] mit einiger Wahrscheinlichkeit räumte Baum hier aber die Kenntnisse der Bundesregierung ein. Dem Innenausschuss teilte er zwei Monate später jedenfalls mit, dass „unsere Aufmerksamkeit natürlich auch dem jugoslawischen Geheimdienst gilt, der mit einer Reihe von Aktionen immer wieder hervorgetreten ist, die ich Ihnen im Einzelnen nicht in Erinnerung zu rufen brauche".[430]

Ein öffentliches Eingeständnis, das zwangsläufig mit einer Verurteilung der Repressionen des SDB einhergegangen wäre, blieb jedoch weiterhin aus und wurde von der Opposition entsprechend hartnäckig zu erwirken versucht. Während das BMI im Juli 1979 zu dem Schluss kam, eine Reaktion auf die Anfrage nicht länger schuldig bleiben zu können, bestanden Kanzleramt und AA darauf, sie lediglich mündlich und im vertraulichen Kreis zu beantworten.[431] In Antwort auf die Kritik des CSU-Innenpolitikers Carl-Dieter Spranger verwies der federführende Referent im BMI Herbert Schmülling darauf, dass man an einer Verbesserung der kriminalpoli-

---

427 PA BT, 3109, Stenographisches Protokoll über die 48. Sitzung des Rechtsausschusses (27.9.1978).

428 Dies geschah insbesondere im Rahmen einer 1978 gestellten Anfrage, deren Beantwortung sich über Jahre hinzog. Während bei vergleichbaren Vorgängen zuvor in der Regel Vertreter der Vertriebenenlobby das Wort für die Exilkroaten ergriffen hatten, zeigt die archivalische Dokumentation der Anfrage, dass in diesem Fall der Anstoß von diesen selbst ausgegangen und die Initiative dann vom Chef der CSU-Landesgruppe Friedrich Zimmermann aufgegriffen worden war, vgl. ACSP, LG, 8. WP, 302, Jugoslawien, Ilinić an Zimmermann (20.1.1978). Vgl. zum Vorgang zusammenfassend PA AA, B 83, 1315, Terrorismus Jugoslawien (1982), AA, Referat P I1 an Kabinettsreferat, Antrag der Fraktion der CDU/CSU (19.3.1982).

429 Ebenda, Stenographisches Protokoll über die 50. Sitzung des Rechtsausschusses (18.10.1978). Über den Verbleib des Dokuments vgl. E-Mailverkehr zwischen Sekretariat für Parlamentarische Kontrolle Nachrichtendienste im Deutschen Bundestag und Matthias Thaden (19.1.2019).

430 PA BT, 3114, Kurzprotokoll, 58. Sitzung des Innenausschusses (29.11.1978).

431 PA AA, B 83, 1203, Emigranten- und Terroristentätigkeit von Jugoslawen in der BRD, Vermerk, Stellungnahme zum Schreiben des BMI (18.7.1979).

zeilichen Zusammenarbeit mit Jugoslawien interessiert sei und das Thema deshalb lieber „bei anderer Gelegenheit" besprochen werden solle.[432]

Die Annahme, dass die Bundesregierung zur Förderung dieser Zusammenarbeit die jugoslawischen Stellen sogar aktiv mit polizeilichen Informationen unterstütze und bei einem Treffen Baums mit seinem Amtskollegen Herljević in Belgrad ein „Stillhalteabkommen" zustandegekommen sei, wurde nicht nur in der Presseberichterstattung kolportiert, sondern fand im Anschluss daran auch Eingang in die parlamentarische Ausschussarbeit.[433] Auch wenn im Oktober 1980 die Innenminister beider Länder ein Protokoll unterzeichneten, in dem sie „alle kriminellen Handlungen und Gewalttätigkeiten" verurteilten, die den bilateralen Beziehungen abträglich sein könnten,[434] ebbten die Anschläge aus Jugoslawien nicht ab und wurden immer breiter rezipiert. Im BKA ging man ebenfalls davon aus, dass angesichts der unsicheren innenpolitischen Lage in Jugoslawien die Attentate auf dem Gebiet der Bundesrepublik keinesfalls ein Ende nehmen, sondern andauern würden. Auch wenn die jugoslawischen Partner dies klar von sich wiesen, sprachen die deutschen Teilnehmer bei einer gemeinsamen Polizeitagung im Juni 1981 erstmals die Geheimdiensttätigkeiten der Gegenseite explizit an.[435] Ein Dreivierteljahr später erinnerte der mittlerweile als bayerischer Ministerpräsident amtierende Franz Josef Strauß den Bundeskanzler daran, dass Attentate jugoslawischer Stellen seit dem „Massenmord an Kroaten vor einigen Jahren in München" [gemeint waren die Morde an Rukavina, Tolj und Maričić im Jahr 1968, MT] nicht abreißen wollten. Sie verstießen, so Strauß, eklatant gegen die „Souveränität der Bundesrepublik" und belasteten den inneren Frieden „in gefährlicher Weise", sodass er Schmidt eindringlich bat, in Jugoslawien persönlich darauf hinzuwirken, dass die Angriffe ein Ende hätten.[436]

Der weiter oben bereits erwähnte Mord an drei albanischen Exilpolitikern im Januar 1982 und das damit einhergehende öffentliche Interesse stellten für CDU/CSU ein Momentum dar und bildeten den Anlass für einen erneuten Antrag im Bundestag. Dieses Kalkül räumte der federführende Vorsitzende des Vermittlungsausschusses und spätere Staatsminister Friedrich Vogel (CDU) bei einem Treffen mit Ernest Bauer und Ivona Dončević von den „Kroatischen Berichten", dem vehement antijugoslawischen Journalisten Hans-Peter Rullmann und Ivan Lozo von den UHE frei-

---

432 PA BT, 3114, Kurzprotokoll, 84. Sitzung des Innenausschusses (14.11.1979). Schmüllings Parteifreund und Innenminister Baum hatte vor dem gleichen Gremium rund ein Jahr zuvor bereits das erhebliche Interesse an der Polizeikooperation betont, die v. a. das Gebiet der Rauschgiftkriminalität und Autoschieberei betreffe und nicht gefährdet werden dürfe, vgl. ebenda., Kurzprotokoll, 58. Sitzung des Innenausschusses (29.11.1978).

433 Ebenda, Stenographisches Protokoll über die gemeinsame Sitzung des Innenausschusses und des Rechtsausschusses (23.1.1980).

434 PA AA, B 83, 1314, Ergebnisvermerk über die Besprechungen und Abstimmung des Protokolltexts im jugoslawischen Bundessekretariat am 29./30.9.1980.

435 Ebenda, BMI, Sachstand: Zusammenarbeit mit Jugoslawien bei der Verbrechensbekämpfung (2.7.1981).

436 Ebenda, MP Bayern (FJS) an BK Schmidt (26.3.1982).

mütig ein. Entsprechend offen zeigte er sich denn auch für weitere Treffen mit Exilvertretern und offenbarte im anschließenden Gespräch mit Bauer zudem, dass sowohl er als auch der Fraktionsvorsitzende und spätere Kanzler Helmut Kohl privat großes Interesse an der „kroatischen Frage“ hätten.[437] Ob dies tatsächlich stimmte oder ob Bauer das angebliche Interesse für die Exilkroaten im Brief an den Organisationsvorsitzenden ein wenig hochspielte, ist im Nachhinein kaum nachzuvollziehen. In jedem Fall trat Vogel nach dem im Schreiben erwähnten Treffen vor den Bundestag und kritisierte die Anschläge auf die Exiljugoslawen aufs Schärfste. Dabei ging er nicht nur auf die Verletzung der staatlichen Souveränität und Integrität der Bundesrepublik ein, sondern protestierte zudem gegen „die Tötung von Menschen, die sich dem Schutz unseres Landes anvertraut haben“. Er erinnerte das Plenum daran, dass es „keine Gruppe politischer Asylanten [geben dürfe], die von anderen Staaten wie vogelfrei behandelt werden“, und dass dies klar gegen die KSZE-Schlussakte verstoße, die Jugoslawien mitunterzeichnet habe.[438]

Eine derartige Kritik an den jugoslawischen Geheimdienstoperationen und der Bezug auf die Schutzwürdigkeit der Exilanten und das Menschenrecht auf Asyl, unter Verweis auf die in Helsinki vereinbarten Grundsätze, waren bislang unerhört. Sie ist einerseits sicherlich als Beispiel für die weiter oben bereits angesprochene instrumentelle Aneignung des KSZE-Vokabulars zu sehen, mit dem konservative Akteure die Regierungskoalition unter Druck zu setzen versuchten. Andererseits zeigte die lange und sehr rege geführte Debatte im Bundestag, dass auch jenseits der politischen Rechten eingeschliffene und routinierte Argumentationsweisen Risse bekommen hatten. So kamen aus Reihen der Regierung nicht mehr nur beschwichtigende Worte und Hinweise auf die Taten der Exilkroaten sowie die bundesdeutsche Staatsraison, aufgrund derer sich eine öffentliche Behandlung des Themas verbiete. Auch der SPD-Innenpolitiker Günther Tietjen sprach sich dafür aus, die Sache effektiver im zuständigen Ausschuss erörtern zu können. Zugleich beklagte er die Morde an Exilkroaten als „schrecklichen Missstand“ und bekräftigte, dass „das Recht in der Bundesrepublik für jeden Bürger in dem Staat und für jeden Bürger, der sich in dem Staat aufhalten will“, gelten müsse.[439] Selbst vor Gericht wurde angemahnt, dass die jugoslawischen Interventionen auf bundesdeutschem Boden ein Ende haben müssten. In einem Urteil des Landgerichts Saarbrücken im Juni 1981, auf das sich auch CDU/CSU in ihrer Argumentation immer wieder bezogen und aus dem der „Spiegel“ wörtlich zitierte, wurden die „Killeraufträge“ jugoslawischer Stellen scharf kritisiert

---

437 Der Mann von Vogels Cousine, Hasan Šuljak, hatte während des NDH als Radiojournalist gearbeitet und war nach seiner Flucht über Syrien ab 1970 Korrespondent einer Kairoer Zeitung in Bonn, vgl. Stuparić, Tko je tko, S. 39. Kohl wiederum sei aufgrund eines längeren Aufenthalts am Bodensee mit einem dortigen kroatischen Emigrantenpriester sehr gut bekannt gewesen, vgl. HDA, 1560, kutija 5, Brief von Ernest Bauer (Europa-Chef des HNV) an Meštrović (4.6.1982).

438 Deutscher Bundestag, Stenographische Protokolle, 9. WP, 100. Sitzung, Bonn 13. Mai 1982, S. 6066.

439 Ebenda.

und angemahnt, dass jugoslawische Selbstjustiz auf deutschem Boden „nicht hingenommen werden" dürfe.[440] Auch der jährliche Verfassungsschutzbericht führte ab diesem Jahr die „Mordanschläge gegen Exilkroaten" erstmals als eigenständigen Unterpunkt auf.[441]

Es lässt sich auch insofern ein Wandlungsprozess in der Rezeption exilkroatischer Aktivitäten beobachten, als dass immer weniger von undifferenzierten Scharmützeln oder undurchsichtiger Bandenkriminalität die Rede war, deren Bekämpfung durch den jugoslawischen Staat entweder schulterzuckend oder gar wohlwollend begleitet wurde. Dass dieser vielmehr immer repressiver aufzutreten und seine Zugriffsmacht keinesfalls an seinen Grenzen zu enden schien, sondern sich auch auf die in der Bundesrepublik lebenden Gastarbeiter erstreckte, sahen auch Akteure aus dem Umfeld der Gewerkschaften immer kritischer. Während diese nicht einmal zehn Jahre zuvor jugoslawischen Stellen noch intensiven Gestaltungsspielraum bei der Betreuung „ihrer" Arbeiter im Ausland eingeräumt und dies mit der angestrebten Verhinderung von Integration begründet hatten, regte sich nun immer mehr Protest an den Überwachungs- und Indoktrinierungsversuchen der jugoslawischen Staatsbürger in der Bundesrepublik. So existierten Ende 1978 nach Aussage des jugoslawischen Büros der IG-Metall bereits über 600 Vereine, die vom jugoslawischen Staat weitgehend kontrolliert würden und mittlerweile „eine Parallelorganisation zum DGB" geworden seien.[442] Wurde bei einer gemeinsamen Kommissionssitzung im Jahr 1975 noch einem Beschluss zugestimmt, der die ausschließliche Zusammenarbeit der Gewerkschaften mit staatlichen jugoslawischen Stellen vorsah, äußerten die leitenden Gewerkschaftler nur vier Jahre später im gleichen Gremium ein klares Misstrauen angesichts des staatlichen Kontrollgebarens in den jugoslawischen Klubs. Bei ihnen handele es sich letztlich um einen verlängerten Arm des jugoslawischen Staats, über deren Aktivitäten der DGB gar nicht mehr informiert werde.[443] Schon Ende 1979 gab es auch innerhalb der AWO heftige Kritik am Monopol jugoslawischer Stellen bei der Ernennung von Sozialberatern und an dem offensichtlichen Bestreben, Kontrolle über sie auszuüben, sodass der Vertrag mit

---

440 Hierbei ging es um den versuchten Mord am bereits erwähnten Franjo Goreta. Revisionen gegen das Urteil wurden vom BGH sämtlich abgewiesen. Im Urteil hieß es, dass es „nicht hingenommen werden kann, daß auf unserem Boden Killeraufträge ausgeführt werden, die von fremden Staaten zur Lösung ihrer innerstaatlichen Probleme veranlaßt wurden", vgl. PA AA, B 83, 1315, Urteil des LG Saarbrücken (23.6.1981). Vgl. auch: o. V., „Mußt Du schießen", in: Der Spiegel, 8.3.1981.

441 Bundesministerium des Innern (Hrsg.), Verfassungsschutz 1980, S. 150 f.

442 AdsD, 5/IGMA071572, Tomislav Nezić an Ferdinand Koob, Aktennotiz im Haus (3.11.1978). Schon früher hatte es ob dieser Tatsache kritische Stimmen gegeben, vgl. AdsD, 5/DGAZ000566, DGB Bundesvorstand Abt. Ausl. Arbeitnehmer schreibt an die Landesvorsitzenden mit Bitte um Übersicht über alle jugoslawischen Klubs mit Anschrift (11.12.1974).

443 Ebenda, Protokoll Dt.-jugoslawische Gewerkschaftskommission (1975); Protokoll des DGB Bundesvorstand, Abt. Ausländische Arbeitnehmer: Sitzung der „Ständigen deutsch-jugoslawischen Gewerkschaftskommission" vom 21.–25. Mai 1979 in Hamburg (14.5.1979).

dem jugoslawischen Bundesbüro Mitte 1979 ausgesetzt und neu verhandelt wurde.[444]

Diese zunehmend kritische Sicht auf Jugoslawien wurde von kroatischen Emigranten und ihren deutschen Fürsprechern genährt. Sie bewirkte aufseiten eines großen Teils der politisch aktiven Emigration die nochmalige Intensivierung der schon beschriebenen gesellschaftlichen Öffnung. Hiervon zeugt etwa die Gründung der äußerst umtriebigen „Deutsch-kroatischen Gesellschaft“ (DKG) unter der Führung des Journalisten Hans-Peter Rullmann im Jahr 1983. In Form zahlreicher Publikationen, aber auch auf Demonstrationen, ging sie auf den Zusammenhang von Geheimdienstaktivitäten, Unterdrückung in Jugoslawien und Menschenrechten ein.[445] Wohl nicht zuletzt auch, da sie von einem Deutschen geleitet wurde, gelang dieser Organisation weitaus besser die Verbindung zu größeren Akteuren wie Parteien, Wohlfahrtsträgern oder der Internationalen Gesellschaft für Menschenrechte.[446] Sie sorgte so für eine gesteigerte Präsenz der exilkroatischen Agenda jenseits der klassischen exilpolitischen Foren, wie das kroatische Innenministerium besorgt feststellte.[447] Diese neuen Initiativen bezogen ihre Anschlussfähigkeit zuvörderst aus einem jugoslawischen Legitimitätsverlust nach dem Tod des langjährigen Staatsführers. Die politischen Eliten des Landes schienen sich als Weg in die Zukunft lediglich auf die nebulöse Losung „Nach Tito, Tito“ [*Poslje Tita, Tito*] verständigen zu können und stellten ansonsten auf einen zunehmend autoritären Krisenmodus um.[448]

Zugleich spielte auch die verstärkte gesellschaftliche Einbindung von Migranten in der Bundesrepublik unter dem ab den späten 1970er Jahren aufkommenden Konzept der „Integration“ eine wichtige Rolle dafür, dass die Akzeptanz eines fortgesetzten Zugriffs des jugoslawischen Staats auf „seine“ Bürger schwand.[449] Dessen Präsenz in der Bundesrepublik, etwa in Form der jugoslawischen Klubs, hatte im Laufe der Zeit zugenommen.[450] Der Ergänzungsunterricht oder das in der Bundesrepublik

---

444 AdsD, 4/AWOA001674, Vermerk über Besprechungen zwischen Bundesbüro und AWO vom 29. & 30.5.1979.

445 Die Titel seiner Publikationen sprechen für sich, vgl. etwa Rullmann, Mordauftrag; ders., Jugos. Ein wichtiger Meilenstein und „Erfolg“ der DKG waren die olympischen Winterspiele in Sarajevo, die ein günstiges Gelegenheitsfenster für die Skandalisierung der Menschenrechtssituation in Jugoslawien boten, vgl. für die Aktivitäten zusammenfassend KB, H. 1, 1984.

446 Für diese Allianzen der DKG vgl. den Bericht über die Jahrestagung am 13.10.1984 in Dortmund, in: KB, H. 4, 1984. Vgl. auch BArch, B 196/78715, Schutz der diplomatischen Vertretungen von Jugoslawien in der Bundesrepublik Deutschland, 1965–85, Referat PI3 an BMI (16.11.1984).

447 Hier war von einer „effektiven antijugoslawischen Propaganda“ durch die guten Pressekontakte Rullmanns die Rede, vgl. HDA, 1561, 4.1-222, SSUP Dossier über UHNj (1.10.1984).

448 Zu den repressiven Tendenzen in Jugoslawien (und den Reaktionen) vgl. u. a. Vladisavljević, Revolution, S. 39 f.

449 Zu konkurrierenden Vorstellungen von „Integration“ ab den mittleren 1970er Jahren vgl. grundlegend Herbert, Ausländerpolitik, S. 238 f.; Schönwälder/Oswald/Sonnenberger, Einwanderungsland.

450 Vgl. etwa Ivanović, Geburtstag, S. 243 f.

betriebene Pionierwesen, das vor allem der „Entfremdung" der Kinder von Gastarbeitern vorbeugen sollte, sorgten für immer mehr kritische Stimmen, die hierin ein Hemmnis für die bundesdeutschen „Integrationsbemühungen" sahen.[451] Im Sinne des neuen Integrationsparadigmas sollten Zugewanderte nicht mehr ausschließlich als Angehörige ihrer Herkunftsstaaten adressiert, sondern fortan auch die politische Repräsentation und gesellschaftliche Partizipation in der Bundesrepublik ermöglicht werden. Institutionell überführt wurde dies in verschiedene Inkorporationsregime, die migrantische Partizipationsmöglichkeiten in je unterschiedlicher Weise ermöglichten.[452]

In der Bundesrepublik hatte dies durchaus ambivalente Konsequenzen und führte ab den späten 1970er Jahren einerseits zu einer verstärkten Einbindung von Migranten in kommunale Beratungs- und Entscheidungsgremien. Andererseits privilegierte die föderale Struktur und dezentrale Mittelausschüttung die – häufig auch unter ethnonationalen Vorzeichen betriebene – migrantische Selbstorganisation.[453] Begünstigt wurde diese Entwicklung dadurch, dass der Integrationsdiskurs der frühen 1980er Jahre insgesamt mit einer emphatischen Affirmation kultureller Differenz im Zeichen multikulturalistischer Gesellschaftsentwürfe einherging.[454] Mit Blick auf Migranten aus Jugoslawien bedeutete das eine tendenzielle Bevorzugung von Vereinsgründungen auf nationaler bzw. ethnischer Basis, die zuvor von jugoslawischen Stellen systematisch zu verhindern versucht worden waren.[455] Vielerorts bildeten sich immer mehr solcher kroatischer, slowenischer oder albanischer Klubs, während die gesamt-jugoslawischen Organisationen verkümmerten und mit der Zeit immer mehr als „serbisch" dominiert galten.[456]

Im Diskurs nationalistischer kroatischer Akteure stellte sich die Stärkung „nationaler [i. e. kroatischer, MT] Identität" und „Integration" häufig als ein komplementä-

451 So explizit Buschfort von der Geschäftsstelle der AWO, AdsD, 4/AWOA001675, Jugoslawien, Handakte, Vermerk über Besuch des jugoslawischen Bundesministers für Arbeit und Soziales und des Botschafters Rozman in der Bundesgeschäftsstelle der AWO (22.6.1984). Zum jugoslawischen offiziellen Diskurs, der sich – analog zu deutschen Konservativen – jeglicher Vorstellung von „Integration" verschloss, vgl. Novinšćak, Gastarbeiter, S. 136 f. Vgl. zum Ergänzungsunterricht und seiner Rolle vor diesem Hintergrund auch Le Normand, Citizens, Kap. 9.

452 Für hieran anknüpfende Perspektiven vgl. die Fallbeispiele bei Pojmann (Hrsg.), Migration; Ramakrishnan/Bloemraad (Hrsg.), Civic Hopes. Für eine Kritik an der (vermeintlichen) Staatszentriertheit dieser Beiträge vgl. Però/Solomos, Politics.

453 Vgl. hierfür sowie für den Begriff des „Inkorporationsregimes" Soysal, Limits of Citizenship, S. 77–79, 36–39. Für eine regionalspezifische Ausdifferenzierung dieses Arguments vgl. Bommes, Verwaltung, S. 466–468.

454 Hess, Politiken, S. 53–56. Aus geschichtswissenschaftlicher Perspektive vgl. auch Chin, Guest Worker, S. 87–89.

455 Zum Entstehen nationaler Klubs generell vgl. Winterhagen, Katholizismus, S. 102 f. Für den Berliner Fall und den Positionenwandel auf institutioneller Ebene vgl. ausführlicher Thaden, Äther, S. 37 f.

456 Lipovčan, Kulturni rad, S. 149.

rer Prozess dar.[457] Es ist insofern nur ein scheinbares Paradox, dass der Integrationsdiskurs für Migranten aus Jugoslawien ein Vehikel darstellte, eine verstärkt nationale Identitätspolitik in den Vordergrund zu rücken und so den Repräsentationsanspruch des jugoslawischen Staats zu hintertreiben. Auch für klar irredentistische Organisationen wie die DKG gingen ein nationales Projekt und „Integration" scheinbar Hand in Hand.[458] Selbst radikal-nationalistische Akteure wie der Vorsitzende der UHE griffen diesen Diskurs auf. Analog zu den Koranschulen, die bereits Gegenstand der Kritik geworden waren, sei auch mit dem jugoslawischen Ergänzungsunterricht „Integration nicht möglich, [da] ausländische Konsulate über den von ihnen wesentlich beeinflußten muttersprachlichen Unterricht verhindern, daß die Kinder in freiheitlich-demokratischem Sinne erzogen werden".[459] Die Mordkommandos auf politische Gegner mussten in dieser Hinsicht geradezu als Antithese zu einem derartig gewandelten Verständnis migrantischer Teilhaberechte erscheinen. Sie stellten den Gipfel der Zudringlichkeiten eines ohnehin zunehmend kritisch gesehenen jugoslawischen Regimes dar und wurden ab 1980 auch in einer eigenen Sektion im Verfassungsschutzbericht behandelt.[460]

3.3 „Extremistische Ausländer" und wie sie zu stoppen sind. Zentralisierungsprozesse im Nachgang der „Causa Bilandžić"

Das Scheitern des „Terroristenaustauschs" war äußerst peinlich für die Bundesregierung und wurde von der Opposition in Form verschiedener Anfragen zu den deutsch-jugoslawischen Beziehungen vor dem Bundestag ausgebreitet.[461] Exilkroaten weltweit sahen hierin, wie auch im Freispruch Bilandžićs und seines Bruders Ivan von der Beteiligung am Mordanschlag auf den Konsul Topić in einem anschließendem Verfahren vor dem OLG Köln, eine Stärkung ihres Anliegens.[462] Auch die

457 Bei den kroatischen katholischen Missionen ist dies in Ansätzen bereits beobachtet worden, vgl. Goeke, Paradoxien.

458 Laut Selbstdarstellung beteiligten sie sich hieran durch die Gremienarbeit in Ausländerbeiräten oder der Angliederung an Wohlfahrtsverbände auch selbst aktiv, vgl. BArch, B 106/139037, Deutsch-kroatische Gesellschaft an BK Kohl (13.7.1987).

459 Bericht über eine Veranstaltung zu Fragen von Integration und Assimilation in Frankfurt, in: KB, H. 3, 1982.

460 Bundesministerium des Innern (Hrsg.), Verfassungsschutz 1980, S. 151.

461 Diese wurden gebündelt Ende November 1978 gestellt, vgl. Deutscher Bundestag, 8. WP, 120. Sitzung (30.11.1978), S. 9414 f.

462 So explizit auch der schon erwähnte Rullmann bei einer Sitzung des HNV im Stuttgarter Kolping Haus unter dem bezeichnenden Motto „II. Hrvatski dan ljudskih prava" (2. Kroatischer Tag der Menschenrechte), HDA, 1561, 10.22-1, HNV, Informativna zabeleska (30.6.1979). Die Aufmerksamkeit habe dem jugoslawischen Staat gezeigt, dass die Kroaten nicht nur ein Volk von „Tamburaši i plesaci" (also Tamburicaspielern und Tänzern), sondern auch zum Kämpfen bereit seien, vgl. o. V., „Nekoliko rjeci o hrvatskom terorizmu", in: Hrvatska Zora, H. 7–8, 1977, S. 3 f.

Tatsache, dass Bilandžić seine antijugoslawische Agitation nach der Freilassung praktisch nahtlos und zunächst sogar von den Behörden unbemerkt fortsetzen konnte, ließ die kroatische Emigration als Nutznießerin der Kontroverse erscheinen und legte zugleich Defizite in der Informationsgewinnung und Vernetzung der Innen- und Sicherheitsbehörden offen. Zwar lagen seit den 1960er Jahren ausländerrechtliche Auflagen gegen Bilandžić vor und die Bundesregierung hatte im Zusammenhang mit der Nichtauslieferung angekündigt, deren Einhaltung streng zu überwachen. Bilandžić ließ es sich dennoch nicht nehmen, unmittelbar nach der Haftentlassung öffentlich aufzutreten, und reiste nur kurze Zeit später in die USA, wo er bei exilkroatischen Veranstaltungen in Chicago und San Francisco unter anderem seine Solidarität mit den Konsulatsgeiselnehmern Kelava und Kodžoman betonte.[463]

Es überrascht nicht, dass dies vonseiten der jugoslawischen Diplomatie mit großer Empörung registriert wurde.[464] Auch politische Entscheidungsträger in der Bundesrepublik nahmen die fortgesetzten Tätigkeiten Bilandžićs verärgert zur Kenntnis. Innenminister Baum, dem aufgrund der Kriminalitätsbekämpfung an guten Beziehungen zu Jugoslawien gelegen und der auch weiterhin an einer Allianz bei der internationalen Terrorismusbekämpfung mit Belgrad als führende Kraft der Blockfreien interessiert war, sah erhebliche Versäumnisse bei der nordrhein-westfälischen Landesregierung.[465] Beim Antrittsbesuch Johannes Raus als Ministerpräsident des Landes in Bonn kritisierte auch Bundeskanzler Schmidt die Nichtüberwachung des Betätigungsverbots für Bilandžić und bezeichnete die „exiljugoslawischen Extremisten" als „Mörderbanden, die unter Ausschöpfung aller rechtlichen Möglichkeiten ruhiggestellt werden müssen".[466] In der Presse wurden Rufe nach einer besseren Kontrolle ebenfalls lauter. Bei aller weiter oben geschilderten Empathie aufgrund der Machenschaften des jugoslawischen Geheimdienstes fragte etwa die konservative „Welt", ob denn die Bundesrepublik ein „Zipfelmützenstaat" sei, der eigens verfügte Betätigungsverbote nicht durchzusetzen in der Lage sei.[467]

---

463 Die für die Einhaltung der Auflagen zuständige Ausländerbehörde Köln hatte hiervon offenbar nichts erfahren; zumindest erhielt die Bundesregierung erst durch Mitteilung aus Kalifornien Kenntnis, vgl. PA AA, B 83, 1258, Generalkonsulat der Bundesrepublik Los Angeles an AA (3.11.1978). Für seine Rede nach der Freilassung vgl. HDA, 1561, 157482P, Bericht des SDS Novi Sad (27.9.1978).

464 So beklagte sich der Botschafter Makić beim AA, dass die Exilpresse die Entwicklungen ungehindert als Fanal für das Ende Jugoslawiens feiern könne, vgl. BArch, B 106/111314, Vermerk AA, Unterredung StS van Well mit jugoslawischem Botschafter Makić betr. Auslieferungsersuche (9.11.1978).

465 o. V., „Unmut in Bonn wegen Freiraum für Exilkroaten", in: Frankfurter Rundschau, 25.11.1978.

466 BArch, B 136/17785, Vermerk über das Gespräch BK-MP Rau (20.10.1978). Dass auch das Auswärtige Amt sich sehr empfänglich für schärfere Maßnahmen gegen Exilkroaten zeigte, versteht sich angesichts der hier seit den 1950er Jahren vertretenen Haltung beinahe von selbst, vgl. PA AA, B 83, 1203, AA an BKAmt, BMI, BMJ und BPA, AG „Exiljugoslawische Extremisten" (31.10.1978).

467 Kommentar, in: Die Welt, 20.10.1978. Vgl. auch Harald Biskup, „Der Kampf ging trotz des Verbots weiter. Politische Betätigung untersagt, aber geduldet?", in: Kölner Stadt-Anzeiger, 19.10.1978.

Eine stärkere Überwachung schien umso mehr angezeigt, da nicht nur die Geiselnahme in Chicago das Gefährdungspotenzial demonstriert hatte, das von einigen radikalen Exilkroaten ausging. Im Nachgang der Auslieferungskontroverse drängte sich den Sicherheitsbehörden zudem der Eindruck auf, dass diese insgesamt zu einer Spaltung in der kroatischen Emigration geführt hatte. Zwar sah ein Großteil den erfolgreichen Ausgang der Causa Bilandžić als Beleg für den Erfolg eines zivilen Protests, der die Geheimdienstmorde und Menschenrechtssituation in Jugoslawien in den Vordergrund rückte. Eine durchaus einflussreiche Fraktion, zu der auch Bilandžić selbst gehören sollte, schien hiervon jedoch immer weniger überzeugt.[468] Vor allem die als Machtdemonstration wahrgenommene Geiselnahme sowie die Ermordung Bruno Bušićs und weiterer Exilanten durch den immer brutaler agierenden SDB nach dem Tod Titos stärkte sie in ihrer Überzeugung, dass nur ein gewaltsamer Widerstand langfristig die Unabhängigkeit Kroatiens bewirken könne.[469] Eine Spaltung des HNV war vor diesem Hintergrund nur eine Frage der Zeit und wurde mit der Gründung einer radikalen Konkurrenzorganisation im schwedischen Lund Ende 1981 auch vollzogen. Diese in offensichtlicher Anlehnung an Pavelić bezeichnete „Kroatische staatsbildende Bewegung" (*Hrvatski Državotvorni Pokret*, HDP) befürwortete offen Gewalt und wurde von moderaten Emigranten wie dem in London ansässigen Jakša Kušan entsprechend scharf verurteilt.[470]

Zwar war die HDP in der Bundesrepublik nicht sehr aktiv, sodass sie von den hiesigen Sicherheitsbehörden auch nicht viel Beachtung erfuhr,[471] jedoch gerieten die radikalen Kräfte der kroatischen Emigration im Nachgang der Auslieferungskontroverse immer mehr ins Fadenkreuz, was offenbar nicht nur mit der gestiegenen Aufmerksamkeit, sondern auch mit neuen Strategien zu tun hatte. Das bayerische LfV zitierte etwa aus einem Rundschreiben des HNV, in dem von Erpressungsversuchen der „Kroatischen bewaffneten Kräfte" die Rede war. Diese hätten in Drohbriefen von einzelnen Migranten Geld für den bewaffneten Kampf gefordert und sich dabei in expliziter Anlehnung an die IRA und PLO als nationale Befreiungsarmee

---

468 Besonders eindeutig vermittelt dies der Bericht über ein Treffen bei Ivan Jelić zwischen den Protagonisten der Exilverbände (Jelić, Skrbin, Vukić, Bauer, Gavranović) (29.10.1978), in: HDA, 1561, 10.22-1. Radikalisierung ist als Teil von Diversifizierungsprozessen innerhalb von Protestbewegungen und als Effekt der Herausbildung moderater Kräfte bereits andernorts beobachtet worden. Für eine Systematisierung vgl. Malthaner/Waldmann, Einleitung, S. 22 f.

469 Besonders deutlich wird diese Gesinnung in den Ausgaben der in Stuttgart erscheinenden „Hrvatska Revolucija", die dem 1980 in Augsburg gegründeten Geheimbund „Kroatische Revolutionäre Bewegung" (*Hrvatski revolucionarni pokret*, HRP) nahestand, vgl. hierfür Spasić, Lasica, S. 50 f.; LAV BW, HStAS: EA 2/303, Bü 837, Politische Ausländerorganisationen, Zusammenstellung des LKA BW (2.4.1980). Die Ausgaben der Zeitschrift finden sich in HDA, 1560, kutija 32, Hrvatski iseljenici.

470 Kušan, Bitka, S. 283 f.

471 Das LfV Bayern bezeichnete die Organisation im Jahr 1984 zugleich als die neben dem HNV einzig relevante verbliebene exilkroatische Organisation, vgl. BayHStA, MInn, 98047, Verfassungsschutzbericht 1984, Bayerisches Landesamt für Verfassungsschutz.

stilisiert.[472] Eine Organisation mit ähnlichem Namen hatte bereits Ende 1977 in Bezugnahme auf den langen Marsch Mao Tse-tungs zu „revolutionären Aktionen" und zum „Guerillakampf" aufgerufen.[473] Dieser umfasste immer mehr auch Orte des alltäglichen Lebens jugoslawischer Migranten: Allein in Baden-Württemberg wurden im November 1978 jugoslawische Klubs, Restaurants und Festivitäten mehrfach Ziel von Anschlägen kroatischer Nationalisten. So stürmten die Exilanten Ivan Andabak, Stjepan Vidović und Mladen Petrić mit Messern und Schusswaffen ausgestattet eine Gaststätte in Konstanz, schossen und stachen um sich und töteten so den jugoslawischen Touristen Radomir Gazija. Auch der zuständige Bearbeiter im BMI bemerkte hierzu, dass den Tätern immer weniger an dem konkreten Ergebnis als vielmehr daran gelegen sei, „Angst und Verwirrung" zu stiften.[474] Insgesamt stellten die Innenministerien Baden-Württembergs und Bayerns Anfang der 1980er Jahre eine signifikant gestiegene Zunahme an Angriffen auf Privatwohnungen und -personen fest sowie auf zum Teil gut gefüllte jugoslawische Restaurants, Imbisse, Kulturvereine und Buchhandlungen.[475] Verübt mit zuvor ungekannter Brutalität lassen sich diese Taten in ihren Methoden ohne Weiteres als „terroristisch" bezeichnen, insofern es offenbar nicht mehr um klar definierte Ziele, sondern vor allem um die kommunikative Wirkung – vor allem unter Gastarbeitern – ging.[476]

Dass im Nachgang der Affäre um Stjepan Bilandžić eine Radikalisierung eingesetzt hatte und sich ein Teil der kroatischen Exilgruppen in der Bundesrepublik keineswegs auf Agitation und die Verteilung von Flugblättern beschränkte, verdeutlichte auch ein vom schwedischen Fernsehen produzierter Dokumentarfilm über die Exilkroaten.[477] Zwar war die Reportage bereits Anfang des Jahres produziert worden,

---

472 BayHStA, MInn, 98081, Sicherheitspolitischer Bericht des LfV (August 1978).

473 Das Dokument der „Kroatischen Befreiungskräfte" (Hrvatske oslobodilačke snage) mit angeblichem Sitz in Zagreb interessierte das LfV Niedersachsen offenbar so sehr, dass es sich im Juni 1978 eine komplette Übersetzung des immerhin knapp 90-seitigen Buchs anfertigen ließ. Es enthält u. a. ein Glossar zum Umgang mit verschiedenen Waffen, zur Herstellung von Sprengstoff und mit Anleitungen zum Bombenbau, vgl. NLA, Nds. 105 Acc. 82/92, Nr. 2200, Jugoslawen.

474 BArch, B 196/78715, BMI an AA & nachrichtlich an Chef des Bundeskanzleramts und BMJ (1.3.1979).

475 Ebenda, Schöttler (BMI) an alle MI, BfV, BND, BKA und BKA Sicherungsgruppe (26.5.1982). Vgl. zu den Taten in Bayern v. a. im Oktober und November 1981 die diesbezüglichen Zusammenstellungen der OStA beim LG München, in: PA AA, B 83, 1314. Vgl. auch Auflistung in: Bundesministerium des Innern (Hrsg.), Verfassungsschutz 1981.

476 Vgl. zu dieser Annäherung an terroristische Gewaltpraktiken etwa Weinhauer/Requate, Terrorismus, S. 15.

477 Die Dokumentation mit dem Titel „Kroaten – Terroristen oder Freiheitskämpfer" wurde von der jugoslawischen Botschaft zwar zu verhindern versucht, dann aber im Februar 1978 doch ausgestrahlt. Sie bot u. a. auch Dissidenten wie Mikulić, Markus und dem späteren Präsidenten Tudjman Raum für direkte Kritik, vgl. hierzu u. a.: o. V., „Hrvati – teroristi ili borci za slobodu", in: Hrvatska Zora, H. 1–2, 1978, S. 2; Vukušić, HRB, S. 500 f.

wurde jedoch während und nach der Auslieferungsaffäre ausgiebig diskutiert.[478] Die darin gezeigten Aufnahmen von exilkroatischen Waffentrainings und Ausbildungslagern in der Bundesrepublik legten nahe, dass radikale und militante Strukturen nach wie vor existierten und hier der bewaffnete Aufstand geprobt wurde. Die konsequentere Verfolgung und Analyse exilkroatischer Strukturen schien auch deshalb immer mehr angezeigt, da diese ein zunehmend kompliziertes, den Globus überziehendes Geflecht offenbarten, das die Kompetenzen des BKA überstieg.[479] Ein Kommentator der „Süddeutschen Zeitung“ sah in den radikalen kroatischen Nationalisten gar „eine Bedrohung für die Sicherheit unseres Landes“ und forderte, dass „die Bundesregierung [...] nicht mit zweierlei Maß mißt und daß ihr Versprechen, den Terrorismus zu bekämpfen, nicht nur ein Lippenbekenntnis bleibt“.[480] In ähnlicher Hinsicht und im Anschluss an die Ausstrahlung der schwedischen Dokumentation forderte der SPD-Politiker Kurt Mattick im Auswärtigen Ausschuss des Bundestags, dass „einmal klargestellt werden“ müsse, inwieweit die dort gezeigten Aktivitäten mit Wissen der entsprechenden Behörden auf Landes- und Bundesebene stattfänden und was man dagegen tun könne. „Wir selbst müssen uns einmal darüber aussprechen, was hier geht und was nicht.“[481] „In Zukunft“, so formulierte es der ehemalige Kanzleramtschef Horst Ehmke in einem Interview, müsse „sehr viel genauer und sehr viel härter durchgegriffen werden“, und fügte hinzu, dass „dies im Übrigen nicht nur für die Exilkroaten, sondern für alle Ausländer [gelte]“.[482]

Die Grundlagen hierfür sollte eine interministerielle Arbeitsgruppe liefern, die im Oktober 1978, also noch vor der endgültigen Gewissheit über das Scheitern des „Terroristenaustauschs“, ins Leben gerufen wurde. Unter der Leitung der Abteilung Innere Sicherheit im BMI ging sie auf eine Initiative aus dem Bundeskanzleramt zu-

---

478 Vgl. etwa o. V., „Kämpfer im Sauerland ausgebildet“; o. V., „Ausbildungscamps auch in Australien?“, beide in: Westfälische Rundschau, 13.7. bzw. 21.7.1978.

479 Zwar war die kroatische Emigration in der Bundesrepublik seit jeher Teil transnationaler Strukturen gewesen, sie wurden jedoch offenbar zunehmend komplexer. So wurden ab 1978 aus der Bundesrepublik Erpresserbriefe im Namen eines zuvor unbekannten „Kroatischen Informationsdienstes“ (*Hrvatska informativna služba*, HIS) in die USA geschickt und auf deren Empfänger anschließend Sprengstoffanschläge verübt, deren Organisation die Ermittler wiederum auf exilkroatische Kreise in Paraguay zurückführten. Das BKA hatte in dieser Sache die Ermittlungen vom GBA übertragen bekommen. Sie wurden im Jahr 1983 aber zu den Akten gelegt, ohne dass die Vorfälle hätten aufgeklärt werden können, vgl. BArch, B 141/62551, Ermittlungsverfahren gegen die Mitglieder einer Vereinigung von Exilkroaten („HIS – Kroatischer Informationsdienst“), GBA, Vermerk: Ermittlungsverfahren gegen unbekannte Angehörige der exilkroatischen Vereinigung HIS/HOS, Einstellung des Verfahrens, Bericht an BMJ (19.7.1983); LAV BW, HStAS: EA 2/303, Bü 641, BKA an alle LKAs, BfV und BND, Betr.: Bekämpfung jugosl. Gewalttäter mit polit. Motivation, hier: Hinweis auf geplante Terroranschläge durch Exilkroaten in der BR Deutschland (4.3.1980). Vgl. zum HIS auch Ganović, Teroristi, S. 58 f. Zu den Morden in den USA vgl. Tokić, Croatian Radical Separatism, S. 163.

480 Ilja Lüdtke, Kommentar „Schutz vor den Terroristen“, in: Süddeutsche Zeitung, 16.8.1978, S. 2.

481 Protokoll der Sitzung des Auswärtigen Ausschusses (13.12.1978).

482 o. V., „Kein Pardon für Exilkroaten, die hier Terror und Gewalt predigen“, in: Westfälische Rundschau, 26.9.1978.

rück, wo „man Vorgängen im Bereich extremistischer Exiljugoslawen im Hinblick auf außen- und innenpolitische Belange große Bedeutung“ zumaß. Die Arbeit der Gruppe sollte vor allem sicherstellen, „daß die bisher vorliegenden Entscheidungen betreffend die Auslieferung von Exilkroaten [nicht] als Freibrief für rechtswidrige Betätigungen jugoslawischer Extremisten in der Bundesrepublik aufgefasst werden“.[483] Die in dieser Hinsicht erarbeiteten Vorschläge sollten einerseits in „ein operatives Konzept für die Behandlung des Problems exiljugoslawischer Extremisten“ münden, gingen jedoch zugleich darüber hinaus: Mit der Zeit wurden die von ihr erarbeiteten Vorschläge als eine Art Blaupause auch für andere migrantische Aktivistengruppen herangezogen.[484] In diesem Kontext fand auch der Begriff des „Ausländerextremismus“, der bereits weiter oben eingehend besprochen wurde, immer mehr Verwendung. Anders als noch zehn Jahre zuvor, als die Notwendigkeit einer weitreichenderen Überwachung der Aktivitäten von ausländischen Akteuren vor allem im Anschluss an die Anschläge von Palästinensern erkannt worden war, waren es nun zunächst die Aktivitäten von Exilkroaten, aufgrund derer sich die interministerielle AG gegründet hatte. Nicht nur kam aus deren Reihen die Forderung nach konkreten Maßnahmen gegen Stjepan Bilandžić; die AG sollte zudem grundlegende Arbeit leisten, was die Konkretisierung der vom BMI forcierten Möglichkeiten zu vertieften Maßnahmen gegen migrantische Aktivisten anging.[485]

Zunächst ging es dabei vor allem um die verstärkte Bündelung von Kompetenzen. Dies war vom BMI bereits auf einer Innenministerkonferenz im Jahr 1976 im Nachgang des Mordes am Frankfurter Konsul Zdovc vorgeschlagen worden, hatte zu diesem Zeitpunkt aber noch keine Zustimmung seitens der Länder gefunden. Der Fall Bilandžić brachte offenbar einen Sinneswandel und steigerte die Akzeptanz für eine stärkere Zentralisierung, die eine häufig als mangelhaft wahrgenommene Kommunikation und Kompetenzaufteilung der Behörden untereinander verbessern sollte.[486] So hob das BMI in Vorbereitung einer weiteren IMK im November 1978 erneut die Bedeutung einer möglichst engen Kommunikation zwischen den Sicherheits-, den Ausländer- und den Justizbehörden hervor. Die reibungslose Zusammenarbeit zwischen der Bundes- und Länderebene sei nötig, um die Einhaltung von Auflagen

---

483 Zitate in: PA AA, B 83, 1203. In dieser Akte finden sich darüber hinaus die gesammelten Protokolle der AG, Ergebnisse der konstituierenden Sitzung der interministeriellen Arbeitsgruppe, „Tätigkeit exiljugoslawischer Extremisten“ (4.10.1978).

484 Zum Charakter der Blaupause, v. a. gegen „persische und türkische Extremisten“, vgl. BArch, B 136/31451, Referat 131 (BMJ) Sachstand Ausländerextremismus (9.1.1979). Dies verdeutlicht v. a. der Titel ihres Abschlussberichts, vgl. BArch, B 136/17785, BMI, Exiljugoslawische Extremisten. Abschlussbericht der interministeriellen Arbeitsgruppe (zugleich Vorschläge zur Bekämpfung des Ausländerextremismus allgemein) (15.2.1979).

485 Vgl. etwa PA AA, B 83, 1203, Ergebnisprotokoll zur 3. Sitzung (3.11.1978).

486 So vermutete etwa das Bundeskanzleramt einen „Kompetenzkonflikt zwischen Ausländer- und Polizeibehörden“ als Grund für die mangelhafte Kontrolle der Auflagen, die seit den 1960er Jahren für Bilandžić bestanden hatten, vgl. BArch, B 136/31668, Referat 131 an BK, Ihr Gespräch mit MP Rau am 20.10.1978 (19.10.1978).

zur politischen Betätigung überhaupt prüfen bzw. durch Meldepflichten und Aufenthaltsbeschränkungen gegebenenfalls auch konkret umsetzen zu können. Derartige Sanktionen seien zudem von den lokalen Ausländerbehörden umgehend an das Ausländerzentralregister zu übermitteln.[487]

Die Verbesserung des Informationsflusses, die die Überprüfung von Verbotsverfügungen und anderen Einschränkungen ermöglichen sollte, wurde zugleich ergänzt durch harte Sanktionen im Falle ihrer Nichteinhaltung in Form von Zwangsgeldern und verkürzter Aufenthaltserlaubnisse. Diese Schritte, die alle auf die Einhaltung von Disziplinierungsmaßnahmen Einzelner abzielten, hielt das BMI in einem Vermerk für ungleich effektiver als das „schwerfällige Instrument des Vereinsverbots“, das für wenig nachhaltig gehalten wurde.[488] Um diese Maßnahmen fortan koordinieren zu können, beschloss die IMK einen stetigeren Informationsfluss vom BMI in Richtung der Länderinnenministerien hinsichtlich seiner Bewertung bestimmter Personen und Organisationen, sodass insgesamt der Weg einer stärkeren Zentralisierung vorgezeichnet schien.[489] Die IMK beschloss im Februar 1979 denn auch, „Nachrichten und Unterlagen, die für die Bekämpfung politisch motivierter Straftaten und Ordnungswidrigkeiten von Ausländern erheblich sind“, fortan koordiniert und regelmäßig von den Ländern an das BKA zu übermitteln, das sie in Absprache mit dem Bundesamt für Verfassungsschutz für den BMI zusammenführen und aufbereiten solle. Bei Bedarf solle dieser wiederum an die Innenminister der Länder herantreten und entsprechende Maßnahmen der örtlichen Ausländerämter und Polizeistellen veranlassen.[490] Mit diesem Verfahren sollten auch einer vom BMI auf den lokalen Ebenen konstatierten „gewissen Zurückhaltung bei der Ausschöpfung der rechtlichen Möglichkeiten“ vorgebeugt und vor allem Aufenthaltsauflagen und Betätigungsverbote leichter durchsetzbar werden.[491] Letztlich gingen diese Beschlüsse nicht über die bereits seit dem Ausländergesetz von 1965 bestehenden Möglichkeiten hinaus, die jedoch bislang eher selten Anwendung gefunden hatten. So verwies ein Mitarbeiter des Ministeriums darauf, dass in den bisherigen zwölf Jahren seit Inkrafttreten des Ausländergesetzes in nur 45 Fällen Personen mit einem Betätigungsverbot belegt worden seien.[492] Fortan sei dies sehr viel konsequenter und stets dann auszusprechen, wenn „Meinungsäußerungen zu Gewaltaktionen aufrufen“. So

---

487 BArch, B 106/111220, BMI, Vermerk: IMK Sitzung am 24.11.1978: Beschlußvorschlag zum TOP „Maßnahmen gegen extremistische Ausländer und ausländische Organisationen“ (15.11.1978).

488 BArch, B 136/31451, BMI, Vermerk Ausländerextremismus (31.1.1979).

489 Ebenda, Zusammenfassung der Beschlüsse, Referat 131, Maßnahmen gegen extremistische Ausländer (30.11.1978).

490 BArch, B 106/111220, BMI, Maßnahmen gegen extremistische Ausländer, Vorbereitung des Fragenkomplexes beim AK 2 der IMK (19.3.1979). Ausdrücklich wurde dabei betont, dass dies auch Erkenntnisse der Verfassungsschutzämter umfassen könne, vgl. ebenda, BMI, Vermerk, Maßnahmen gegen extr. Ausländer, Sitzung ad-hoc Ausschuss (18.5.1979).

491 So in einem Sprechzettel des BMI für die Vorbereitung einer Bund-Länderkonferenz (15.2.1979), in: ebenda.

492 BArch, B 106/138943, BMI VI 4 (Stöve) an MI der Länder (6.4.1979).

waren seit Februar 1979 im Laufe von sechs Monaten bei den Länderinnenministerien bereits bei 13 Exilkroaten Forderungen des BMI nach einem Betätigungsverbot eingegangen, wie das BMI den Innenausschuss des Bundestags informierte.[493]

Dass diesen nur in fünf Fällen entsprochen worden und es bei den restlichen Ende des Jahres noch immer nicht zum Abschluss der Prüfungen gekommen war, zeigt, dass sich die lokalen Behörden keineswegs als verlängerter Arm des BMI begriffen.[494] Auch die verbesserte Koordination, auf die man sich im Rahmen der Bund-Länder- bzw. der Innenministerkonferenzen Anfang 1979 geeinigt hatte und die insbesondere BMI und Kanzleramt forcierten, kam nur schleppend zugange.[495] Die uneinheitliche Handhabe sollte jedoch nicht darüber hinwegtäuschen, dass die anvisierte Zentralisierung der Meldewege durchaus in Gang kam. Eine Umfrage unter den einzelnen Länderbehörden offenbarte – bei kleineren Unzulänglichkeiten in Baden-Württemberg und Rheinland-Pfalz – einen insgesamt zufriedenstellenden Sachstand, was die Koordination zwischen den lokalen und Landesbehörden anging, bzw. einen sogar reibungslosen Verlauf bei der Top-down-Kommunikation zwischen Bundes- zu Landesbehörden.[496]

Bereits die interministerielle AG hatte in ihrem Abschlussbericht auf das altbekannte Problem mangelnder und föderal ungleich verteilter Ressourcen in den zuständigen Behörden hingewiesen und empfohlen, grundsätzlich mehr Expertise in den Polizei- und Verfassungsschutzbehörden auf Bundesebene zu sammeln und „mit Mentalität und Sprache der jeweiligen Volksgruppe vertraute Mitarbeiter bei den Sicherheitsbehörden" einzustellen.[497] Insbesondere „im Ausländersektor" und hier vor allem im „operativen Bereich", so ein Vertreter des BfV, seien die Ressourcen des Verfassungsschutzes nochmals auszubauen.[498] Auch beim BKA kam es zu einer Aufrüstung an dessen Bonner Standort. Noch im Jahr 1978 hatte die dortige

493 BArch, B 136/31452, Maßnahmen gegen extremistische Ausländer, Bericht des BMI über sicherheitsgefährdende und extremistische Bestrebungen von Ausländern in der Bundesrepublik Deutschland (24.8.1979).

494 Ebenda, BMI, Aktivitäten exiljugoslawischer Extremisten in der Bundesrepublik (7.11.1979). Im konkreten Fall wurde etwa die Ausländerbehörde Dortmund genannt, die die vom BMI angeregten Verbotsmaßnahmen nicht durchführte.

495 Hierfür wurden, wie ein Mitarbeiter des BMI „informell" mitteilte, vonseiten einzelner Behörden auch datenschutzrechtliche Bedenken angeführt. Die zuvor ungekannte Möglichkeit zur zentralen Speicherung von Daten wurde insofern offenbar auch hinsichtlich „extremistischer Ausländer" recht schnell von einem zeitgenössischen Überwachungsdiskurs herausgefordert, vgl. ebenda, Referat 131, Ausländerextremismus (23.1.1980). Zum Zusammenhang von EDV und Ängsten vor Überwachung vgl. u. a. Bergien, Computereinführung.

496 BArch, B 136/31452, BMI an MI Länder, Maßnahmen gegen extremistische Ausländer, Anlage I (11.3.1980).

497 BArch, B 136/17785, BMI, Exiljugoslawische Extremisten. Abschlussbericht der interministeriellen Arbeitsgruppe (zugleich Vorschläge zur Bekämpfung des Ausländerextremismus allgemein) (15.2.1979).

498 BArch, B 106/111220, BMI, Maßnahmen gegen extremistische Ausländer und ausländische Organisationen.

Abteilung „Staatsgefährdung“ in klassisch totalitarismustheoretischer Manier nur Vorgänge im Bereich des Rechts- bzw. Linksextremismus beobachtet und im Jahresbericht (wohl schon in Antizipation neuer Zuständigkeiten nach der medialen Aufmerksamkeit) vor einer drohenden Überlastung gewarnt, sollte eine Bearbeitung von Delikten mit vermutetem antijugoslawischem Hintergrund übernommen werden. Ein Jahr später war die Abteilung dann umstrukturiert worden und führte nun als dritte Unterkategorie auch die „insgesamt 19 Ermittlungsverfahren gegen Beschuldigte [auf], die exiljugoslawischen extremistischen bis terroristischen Täterkreisen zuzuordnen sind“.[499] Hierfür wurden die räumlichen und personellen Kapazitäten genutzt, die in Bonn nach dem Umzug des Arbeitsbereichs „Terrorismus“ nach Wiesbaden freigeworden waren. Zwar handelte es sich bei den Exilkroaten zunächst um die einzige „radikale Ausländergruppe“, bei der die Ermittlungs- und Auswertungskompetenzen beim BKA angesiedelt wurden, zugleich sollte die Abteilung „Staatsschutz“ fortan alle Nachrichten und Informationen über sämtliche exilpolitisch aktive Gruppierungen zentral bündeln, um den Nachrichtenaustausch im Sinne der Vorschläge des BMI zu verbessern.[500] Diese Maßnahmen hatten es insgesamt auf eine gezielte Schwächung vor allem der radikalen Akteure abgesehen. Deren Protagonisten, vor allem Bilandžić, aber auch weniger bekannte Personen wie der Leiter der UHNj in Dortmund Ante Broz, wurden in der Folge mit Betätigungsverboten belegt.[501] Nach dem Tod Titos ein gutes Jahr später wurden gegen insgesamt 31 Personen, darunter so gut wie jeden der im Verlauf dieser Arbeit erwähnten Exilakteure, mehrmonatige Meldeauflagen und Betätigungsverbote verhängt.[502]

Die Exilkroaten stellten zeitweise die Protagonisten der Debatte um den wachsenden „Ausländerextremismus“ und die entsprechenden Schritte zur Zentralisierung dar. Insgesamt blieben diese aber unverständlich, würde man nicht ihren Zusammenhang mit Problemen des Asyl- und Ausländerrechts betonen. Dabei spielten auch ein Überlastungsdiskurs und mit ihm die Tatsache eine Rolle, dass die Bundesrepublik zunehmend zum Ziel von Fluchtbewegungen aus unterschiedlichen Krisengebieten wurde und die Zahl der Asylberechtigten in den späten 1970er Jahren im-

---

499 BArch, B 131/1444, Jahresrückblick Arbeitsbereich „Staatsgefährdung“ (ST 2) 1978; Jahresrückblick Arbeitsbereich „Staatsgefährdung“ (ST 3) 1979.

500 o. V., „Bundeskriminalamt setzt Terrorfahnder auf radikale Kroaten an“, in: Münchner Merkur, 8.12.1978. Vgl. auch BArch, B 131/ORG, Organisationsübersicht des BKA (Stand: November 1980).

501 BArch, B 106/138943, MI NRW an BMI & MI der Länder, Betr.: Exiljugosl. Aktivitäten in der Bundesrepublik (7.8.1979). Für Bilandžić sollten die ausländerpolizeilichen Auflagen bis zu seiner Rückkehr nach Kroatien, wo unter Tudjman früh eine Amnestie für ehemalige Staatsfeinde ausgesprochen worden war, nicht aufgehoben werden, vgl. BArch, B 106/139037, Bilandžić an Ausländeramt Köln (16.7.1991).

502 BArch, B 136/30817, Arbeit bei der Terrorismusbekämpfung, BMI an MI der Länder, FS: Ausländerrechtliche Maßnahmen gegen extremistische Exiljugoslawen (6.5.1980).

mer mehr anstieg.[503] Dies führte nicht zuletzt zu einem deutlichen Anstieg der Ausländern zugewiesenen Fälle politischer Gewaltkriminalität.[504] Zur gleichen Zeit setzten angesichts einer über zwanzig Jahre andauernden offiziellen Zuwanderungspolitik Debatten über die Rolle von Migration und kultureller Differenz für Fragen von Zugehörigkeit und nationaler Identität ein. Dass diese vielfach von rassistischen Bezugnahmen und völkischen Untertönen geprägt waren, hat die Historikerin Maria Alexopolou kürzlich eindrucksvoll untermauert.[505] Die Migrations- und Flüchtlingspolitik erfuhr in diesem Zuge eine Transformation „von einem Experten- und Juristenthema zu einem zentralen Gegenstand der bundesdeutschen Innenpolitik".[506] Die neue Konjunktur des Begriffs des „Ausländerextremismus" und die hiermit verbundenen Schritte zu seiner zentralisierten behördlichen Bearbeitung sind ohne Kenntnisnahme dieser Konstellationen nicht verständlich. Der FDP-Innenpolitiker Burkhard Hirsch vertrat 1982 die Auffassung, dass die kroatische (aber auch türkische und iranische) Exilpolitik, insbesondere im Zusammenhang mit den geheimdienstlichen Reaktionen, geradewegs in eine Spirale des „politischen Extremismus" führe, welcher „die Integrationsprobleme, denen wir uns gegenübersehen, vergrößer[n]".[507] Auch vonseiten der in dieser Hinsicht zuvor gänzlich indifferenten AWO setzte eine Sorge wegen der nationalistischen Agitation unter den von ihr betreuten Migranten ein und es wurden Lehrgänge für Sozialberater angeboten, die die „extremistische[n] Gruppen und Aktivitäten bei den Türken und Jugoslawen" adressierten.[508]

In den späten 1970er und frühen 80er Jahren kann daher ein deutlicher Wandel im Umgang mit dem Komplex exilpolitischer Aktivitäten in der Bundesrepublik erkannt werden, der sich auch auf den Aktionsradius von Exilkroaten auswirkte. So ist es sicher kein Zufall, dass die Initiative der bereits erwähnten HDP im Jahr 1981 einerseits maßgeblich auf Personen zurückging, die seit vielen Jahren in der Bundesrepublik aktiv waren, ihre Gründung jedoch andererseits in Schweden erfolgte und die Organisation in der Bundesrepublik keinen Fuß auf den Boden bekommen sollte. Mehrere ihrer Protagonisten waren in Folge der ausgelobten kompromisslosen Haltung der deutschen Behörden zuvor mit Betätigungsverboten belegt worden und in konzertierten Hausdurchsuchungen von LKA, BKA und den örtlichen Polizeistellen

503 Vgl. hierzu u. a. Klusmeyer/Papademetriu, Immigrant Policy, S. 134 f. Zur Fluchtmigration ab den späten 1970er Jahren und ihrer Rezeption in der deutschen Gesellschaft vgl. jüngst auch Bösch, Zeitenwende, S. 280 f.

504 Im Jahr 1976 gab es hiervon insg. 33 Fälle, vier Jahre später waren es 280, vgl. die Statistiken in: BArch, B 106/126493, Strafrechtlich relevante politische Tätigkeiten von Ausländern in der BRD.

505 Sie spricht im Zuge dessen gar von einer „Normalisierung des Rassismus", vgl. Alexopoulou, Einwanderungsgesellschaft, S. 188. Vgl. auch u. a. Chin, Migration, S. 89 f.

506 Poutrus, Umkämpftes Asyl, S. 78.

507 Deutscher Bundestag, Stenographische Protokolle, 9. WP, 100. Sitzung, Bonn 13. Mai 1982, S. 6068.

508 LAV BW, HStAS: EA 2/303, Bü 840, Politische Ausländerorganisationen, Fachtagung der AWO Nordwürttemberg für türkische und jugoslawische Sozialberater (26./27.11.1980).

wurden in mehreren Bundesländern Waffen und Propagandamaterial sichergestellt.[509]

Es ist hier deshalb auch der andernorts vertretenen Einschätzung klar zu widersprechen, die Vereinsverbote von 1976 hätten eine Schwächung für die radikale Emigration bedeutet und die Bundespolitik habe sich hiermit von jenen eher gegen Individuen gerichteten Maßnahmen unterschieden, wie sie etwa in den USA vollzogen wurden.[510] Tatsächlich waren es auch in der Bundesrepublik genau jene Schritte gegen Einzelpersonen, die sich – unterstützt vom nötigen Behörden- und Kompetenzausbau – als probates Mittel erweisen sollten. Sie waren letztlich maßgeblich dafür, dass sich Akteure, die eine gewaltsame nationale Revolution beschworen, in den 1980er Jahren weitgehend aus der Bundesrepublik zurückzogen und ihre Aktivitäten nach Übersee verlagerten.[511] Zwar gab es nach wie vor Versuche, radikale exilkroatische Strukturen jenseits der großen Verbände aufzubauen, diese trafen jedoch insgesamt auf eine entschiedenere Abwehrhaltung der Sicherheitsbehörden, sodass der bayerische Verfassungsschutzbericht schon für das Jahr 1983 einen „Bedeutungsverlust jugoslawischer Extremisten" konstatierte.[512]

509 Bundesministerium des Innern (Hrsg.), Verfassungsschutz 1984, S. 199 f.

510 Tokić, Croatian Radical Separatism, S. 165 f. Von Mate Tokić werden diese ausländerrechtlichen Schritte schon allein deshalb nicht näher beleuchtet, da sie nach Ende seines Untersuchungszeitraums erst voll implementiert wurden.

511 In der bisherigen Forschungsliteratur wurde diese geografische Schwerpunktverschiebung bereits konstatiert, jedoch stets nur äußerst vage mit den jugoslawischen Geheimdienstaktivitäten begründet, vgl. etwa Cvetković, Terorizam, S. 190 f.; Pluchinsky, Terrorism, S. 59 f.

512 Bayerisches Staatsministerium des Innern (Hrsg.), Verfassungsschutzbericht Bayern 1983, S. 164.

V Fazit und Ausblick

„Es scheint fast immer das Schicksal politischer Emigrationen zu sein, daß ihre Existenz und Bedeutung nur allzu schnell aus dem öffentlichen Bewußtsein verschwindet.“[1]

Anhand der Beschäftigung mit den politischen Aktivitäten von Exilkroaten lassen sich Aspekte der bundesdeutschen Einwanderungsgesellschaft herausarbeiten, die bislang nur unzureichende Beachtung erfahren haben. Diese weisen über die kroatische Emigration als unmittelbaren Untersuchungsgegenstand der Arbeit hinaus. Das betrifft insbesondere die Genealogie einer sicherheitspolitischen Erschließung und Bearbeitung migrantischer Akteure, bei denen die Aktivitäten von Exilkroaten immer wieder eine wegweisende Rolle spielten. Zudem warfen kroatische Emigranten stets aufs Neue die Frage nach den Möglichkeiten und Grenzen der politischen Betätigung von Nichtdeutschen auf. Inwieweit staatliche und gesellschaftliche Akteure hierin ein Grundrecht unabhängig von nationalen Zugehörigkeiten und politischen Opportunitäten sahen, wurde immer wieder prominent anhand der kroatisch-nationalistischen Tätigkeiten und der antizipierten Reaktionen aus Jugoslawien verhandelt. Die Beschäftigung mit ihrem Wirken bietet somit auch neue Einblicke in den generellen Umgang mit bzw. in die Politisierung von migrantischen Politaktivisten in der Bundesrepublik.

1 Abschließende Bemerkungen. Exilkroaten-Westdeutschland-Jugoslawien – eine politische Dreiecksbeziehung

Zur Vermessung dieses Problemfeldes habe ich immer wieder die sicherheitspolitischen Dimensionen aufgegriffen und auf Debatten bezüglich der Möglichkeiten und Hürden für den Ausbau von Wissen und Kompetenzen der entsprechenden Behörden Bezug genommen. Der Untersuchungszeitraum der Arbeit erstreckte sich dabei vom Ende des Zweiten Weltkriegs bis in die frühen 1980er Jahre, in dem sich – grob gesagt – vier Paradigmen der Rezeption und politischen Bearbeitung exilkroatischer Aktivitäten in der Bundesrepublik identifizieren lassen.

In den frühen Nachkriegsjahren wurden diese, wenn überhaupt, als deutschlandpolitische Herausforderung gesehen und waren dabei vor allem Streitobjekt der differierenden Konzepte von AA und BMVt. Das ausbleibende Interesse jenseits der unmittelbar mit dem Thema befassten Akteure in den Ministerien sorgte letztlich dafür, dass der Kenntnisstand der Polizei- und Sicherheitsbehörden äußerst begrenzt blieb und die Wissensgenerierung, aber auch die Betreuung der kroatischen Emigranten vor allem dem HNO als ostentativ loyaler und zuverlässiger Dachorganisa-

1 Hahn, Möglichkeiten, S. 123.

tion übertragen wurde. Dass der Verband dabei *de facto* zunehmend an Rückhalt verlor und vielerorts radikalere Akteure in den Vordergrund rückten, blieb ob dieser einseitigen Förderpolitik quasi unbemerkt, sodass das detailliert geschilderte Attentat auf die jugoslawische Handelsmission in Bonn-Mehlem im November 1962 viele politische Entscheidungsträger in der Bundesrepublik überraschend traf und die meisten Medien in diesem Zusammenhang erstmals über Exilkroaten berichteten. Eine Politisierung der exilkroatischen Aktivitäten – verstanden als deren Überführung in den Bereich der politischen Kommunikation unter Beteiligung verschiedener staatlicher und gesellschaftlicher Akteure – kam erst im Laufe der 1960er Jahre nach dem Mehlemer Anschlag in Gang.

Die politische Betätigung kroatischer Exilanten wurde in den folgenden Jahren häufig als exemplarisch herangezogen, wenn es um die generelle Notwendigkeit einer Einschränkung und stärkeren Überwachung migrantischer Politaktivisten ging. Eine Kompetenzerweiterung für die sicherheitspolitischen Akteure war zwar auch schon davor immer wieder gefordert worden, hatte sich jedoch praktisch noch ausschließlich auf als „links" gelesene Akteure beschränkt. Der Anschlag von Mehlem stellte diese Aufmerksamkeitsökonomie erstmals infrage. In dieser „zweiten Phase" der politischen Auseinandersetzung wurden die politischen Freiräume für Exilpolitik und migrantischen Aktivismus in der Bundesrepublik generell zur Diskussion gestellt – und zwar unabhängig von der politischen Gesinnung der Akteure. Der Zäsurcharakter des Mehlemer Anschlags zeigte sich schon allein dadurch, dass sich erstmals auch das Bundesinnenministerium für ein repressiveres Auftreten gegenüber Exilkroaten stark machte. Die in der Folge erarbeiteten Schritte, die von ausländerrechtlichen Maßnahmen über Vereinsverbote unterschiedliche Einschreitmöglichkeiten beinhalteten, geschahen parallel zur Ausarbeitung des drei Jahre später verabschiedeten Ausländergesetzes. Dieses erhielt durch die exilkroatischen Taten eine zusätzliche Legitimation und brachte zudem neue Zugriffsmöglichkeiten unter dem dehnbaren Gebot des Schutzes „erheblicher Belange der Bundesrepublik". Ungeachtet der so geschaffenen Möglichkeiten repressiver Maßnahmen, die auch auf die exilpolitische Betätigung abzielten, zeigte die neue Aufmerksamkeit für die Aktivitäten der kroatischen Exilanten auch deutlich die äußerst beschränkten Kenntnisse der Behörden. Die daraus resultierenden Debatten um den sicherheitspolitischen Kompetenzausbau in der Polizei- und Verfassungsschutzarbeit betrafen in den folgenden Jahren deswegen auch die Frage, inwiefern die politischen Organisationen und Tätigkeiten von Migranten als Bedrohung der freiheitlich-demokratischen Grundordnung aufzufassen seien und ob insofern eine Vorfeldermittlung durch die Verfassungsschutzämter gerechtfertigt sei. Nachdem in dieser zunächst maßgeblich von Exilkroaten und ihren Anschlägen in den 1960er Jahren angestoßenen Debatte interministeriell keine Einigkeit erzielt werden konnte, waren es vor allem die Attentate von Palästinensern, infolge derer die Unterscheidung zwischen „innerer" und „äußerer Sicherheit" aufgegeben wurde, welche die alten Zuständigkeitsdebatten noch geprägt hatte. Vor dem Hintergrund eines breiteren Konzepts von „Innerer Sicherheit" wurden die Ermittlungskompetenzen der Sicherheitsbehörden in der Folge nachhaltig ausgebaut, sodass auch migrantische Akteure zum Gegenstand präventiver Maßnahmen werden konnten.

Hier ist festzuhalten, dass nun auch Exilaktivisten und andere Ausländer zum Bestandteil des Felds der Inneren Sicherheit avancierten. Die damit verbundenen Debatten um die Grenzen der politischen Meinungsfreiheit für Emigranten und die staatlichen Aufgaben der Vorfeldüberwachung waren ein Aspekt einer sukzessiven Anerkennung der Realität von Migrationsprozessen. Diese machten auch neue Formen bzw. eine Anpassung des Risikomanagements erforderlich.[2] Die bald unter dem Begriff des „Ausländerextremismus" subsummierten Aktivitäten, die auch exilpolitische Aktivitäten von Migranten umfassten, verwiesen auf eine Bedrohungslage, die scheinbar quer zu den althergebrachten Feindbildern der „wehrhaften Demokratie" stand, jedoch den Realitäten der Migrationsgesellschaft Rechnung trug. Der Kalte Krieg als allem übergeordneter Referenzrahmen hatte sicherheitspolitisch in gewisser Weise erste Risse erhalten.[3]

Die „Integration" migrantischer Gruppen in ein bundesdeutsches Sicherheitsverständnis führte im weiteren Verlauf zwar zur Etablierung entsprechender Abteilungen und Ressourcen bei Polizei und Verfassungsschutz; die Bedrohungsszenarien für Staat und Gesellschaft blieben jedoch weitgehend von linken Akteuren dominiert. Dies brachte auch für Exilkroaten eine strukturelle Unterbelichtung mit sich. So kann festgehalten werden, dass die jugoslawischen Stellen zu praktisch jedem Zeitpunkt besser als ihre bundesdeutschen Kollegen über die kroatischen Emigranten und ihre Strukturen informiert waren.[4] Deren schon zuvor defizitäre Kenntnisse waren dabei auch Resultat einer ausgeprägten Föderalisierung sicherheitspolitischer Kompetenzen, die Wissensaustausch und Strafverfolgung über Landesgrenzen hinweg häufig erschwerte.

Letztlich lässt sich beobachten, dass Exilkroaten zwar durchaus Eingang in das konzeptionelle Arsenal des bundesdeutschen Verfassungsschutzes und der Polizeiarbeit fanden; diese blieben zugleich jedoch noch stark von einem antitotalitären Weltbild des Kalten Krieges geprägt, das sich bezüglich der institutionellen und personalpolitischen Ausrichtung erst langsam wandeln sollte. Exilkroaten wurden dementsprechend nicht als wirkliche Gefahr für die bundesdeutsche Demokratie und ihre Institutionen, geschweige denn für die Bevölkerung gesehen. Eine Folge dieser

---

2 Für grundlegende Überlegungen zum Verhältnis von Regieren und Risikomanagement, das wesentlicher Teil des modernen staatlichen Sicherheitsdispositivs ist, der damit über eine reine Disziplinarmacht hinausgeht, vgl. Foucault, Sicherheit, S. 112–116.

3 Vgl. zu dieser Konstatierung grundsätzlich auch Doering-Manteuffel, Gewaltdiskurs, S. 277 f. Zur Porösität des auf binären Kategorien aufbauenden Weltbilds des Kalten Kriegs vgl. auch die Beiträge bei Hansen/Droit/Reichherzer (Hrsg.), Den Kalten Krieg vermessen.

4 So war in einem internen Schreiben mit Bezug auf die Ermordung des Konsuls Zdovc gar wörtlich von einer „Lenkung" der deutschen Behörden die Rede, vgl. HDA, 1561, 10.0-17, SSUP, 2. Uprava SDB an alle RSUP (19.2.1976).

sicherheitspolitischen „Externalisierung“ war, dass die Rekrutierung und Radikalisierung von Gastarbeitern durch die politisch aktive Emigration und deren Bedingungen letztlich nicht adressiert und untersucht wurden. Weder die Exilkroaten noch deren potenziell vor allem aus dem Kreis der jugoslawischen Gastarbeiter stammende Opfer waren diesem Verständnis nach Teil der Gesellschaft.

In dieser Sicht auf die deutsche Gesellschaft, in der Einwanderer ein Fremdkörper blieben, waren sich deutsche wie auch jugoslawische politische Entscheidungsträger grundsätzlich einig. Ein Zugriff jugoslawischer Stellen auf „ihre Arbeiter im Ausland“, wie es in der offiziellen jugoslawischen Terminologie hieß, wurde insofern nicht weiter problematisiert, sondern etwa im Rahmen der Gewerkschaftsarbeit sogar aktiv unterstützt. Da die Betätigung der Emigration von jugoslawischer Seite insbesondere als Angriff auf die Loyalität der Gastarbeiter gesehen wurde, der maßgeblich zur Destabilisierung der jungen Föderation hätte beitragen können, kam es im Laufe der 1970er Jahre zu einer immer tiefergehenden Kooperation beider Staaten, die als wesentliches Charakteristikum einer „dritten Phase“ der Auseinandersetzung verstanden werden kann. Vor allem was den Austausch polizeilichen Wissens anging, aber auch hinsichtlich diplomatischer Schritte wie dem Auslieferungsabkommen, sahen beide Staaten die Zusammenarbeit stets auch gegen die Exilgruppen gerichtet. Diese sollten in den folgenden Jahren denn auch nicht mehr vor allem symbolisch geschwächt werden; vielmehr sollten nun nachhaltiger auch ihre Protagonisten getroffen werden. Gleichwohl bestand nach wie vor ein grundlegendes Defizit hinsichtlich der hierfür nötigen Kenntnisse der Sicherheitsbehörden. Bestrebungen des BMI, diese stärker zu zentralisieren, trafen dabei immer wieder auf Widerstände seitens der einzelnen Länderbehörden. In Jugoslawien wurde dies vielfach als nicht hinnehmbare Untätigkeit, wenn nicht gar als Provokation empfunden. In diesem Sinne forderte im Februar 1976 das deutschsprachige Programm von Radio Belgrad nach der Ermordung des jugoslawischen Konsuls Zdovc, dass „die eigenartigen Auslegungen von Demokratie in einigen westeuropäischen Ländern [beendet werden müssten]“.[5] Brachial wurde diese Losung vonseiten der jugoslawischen Staatssicherheitsdienste umgesetzt. Gleich mehrere Exilakteure der ersten und zweiten Reihe kroatischer Emigrantenorganisationen fielen deren Mordkommandos zum Opfer. Dass dies letztlich ein offenes Geheimnis war und sogar unter implizitem Wissen der Bundesbehörden geschah, zeigt die medial häufig aufgegriffene Bezeichnung vom „Kleinkrieg“ zwischen Exilkroaten und ihren jugoslawischen Widersachern und verdeutlicht auch, wie wenig der Schutz des Lebens von Exilaktivisten für das Rechtsstaatsempfinden von Belang zu sein schien.

Die offensichtliche Untätigkeit der bundesdeutschen Behörden wurde ab den mittleren 1970er Jahren nicht nur zum Gegenstand exilkroatischer Kritik, sondern immer mehr auch vonseiten zivilgesellschaftlicher Akteure aufgegriffen. Die ab den

5 BArch, B 106/111045, BPA/Ostinformationen, Jugoslawische Regierungserklärung & Presseschau über deutsche Zeitungen von Tanjug (10.2.1976).

späten 1970er Jahren zu konstatierende Rezeptivität für die Agenda der Exilkroaten läutete eine „vierte Phase" der Auseinandersetzung ein und war insbesondere verbunden mit der Kontroverse um den Austausch mehrerer Exiljugoslawen gegen die in Jugoslawien festgesetzten RAF-Mitglieder. In der Folge kam es erstmals zu einer tatsächlichen Politisierung der jugoslawischen Geheimdienstpraktiken und der Aktivitäten von Exilkroaten bzw. zu einem medialen Aushandlungsprozess über deren Grenzen. Diesen Prozess habe ich weiter oben als „doppelte Integration in eine Politik der inneren Sicherheit" bezeichnet: Die zuständigen Institutionen befassten sich zunehmend und nicht nur exklamatorisch sowohl mit exilkroatischen Aktivisten als auch mit den Repressalien jugoslawischer Stellen in der Bundesrepublik. Erst vor diesem Hintergrund setzte sich eine Auffassung vom „Ausländerextremismus" als einem genuin innenpolitischen Problemfeld durch. Dies umfasste keineswegs nur die Tätigkeit von Exilkroaten, die im Laufe der Zeit für die entsprechenden sicherheitspolitischen Schritte sogar eine immer geringere Rolle spielten. Gleichwohl stellten diese – wie schon nach dem Anschlag von Bonn-Mehlem – einen zentralen Bezugspunkt für den Kompetenzausbau und für ein energischeres Vorgehen der Sicherheitsbehörden bzw. ihren Austausch untereinander dar. Eine Mischung aus besser informierten und vernetzten Institutionen zwischen Bund und Ländern, zentral koordinierten und überwachten Verbotsmaßnahmen konfigurierte die politischen Handlungsoptionen für Exilkroaten in der Folge in grundlegender Weise neu. Die fortgesetzte (und berechtigte) Furcht vor dem jugoslawischen Geheimdienst, der in den 1980er Jahren nach wie vor auf dem Bundesgebiet aktiv war, tat ihr Übriges.[6] Hinzu kam ein gewandeltes diskursives Umfeld, das rezeptiver gegenüber menschenrechtspolitischen Forderungen geworden war und Kritik am jugoslawischen Staat jenseits ideologischer Präferenzen zuließ.[7] Diese Kombination sorgte letztlich für eine weitgehende Pazifizierung der kroatischen Exilgruppen in der Bundesrepublik.[8] Diese verlegten in der Folge ihr Engagement vor allem auf die bereits eingehend skizzierten Initiativen, die deutsche Mehrheitsgesellschaft für die Menschen-

6 Ein letzter dem SDB zugeschriebener Mord wurde im Juni 1989 in Nürnberg am Exilkroaten Anto Đapić verübt, vgl. Tokić, Croatian Radical Separatism, S. 170.

7 Unverhoffte Hilfe sollten sie dabei von den 1982 in den Bundestag eingezogenen Grünen erhalten, die scheinbar ohne ideologische Scheuklappen und mit explizitem Bezug auf das in den sozialen Bewegungen eingeübte menschenrechtspolitische Vokabular die Behandlung von Dissidenten in Jugoslawien und den Zustand der dortigen Justiz anprangerten, vgl. Kleine Anfrage der Abgeordneten Frau Kelly und der Fraktion Die Grünen: Der sogenannte Belgrader „Dissidenten-Prozeß", Deutscher Bundestag, 10. WP (22.11.1984). Zur Reaktion, die auch die eingehende Kritik an der interessensgeleiteten Politik der „Altparteien" seitens Petra Kellys zitiert, vgl. KB, H. 4, 1984, S. 6 f. Für Kellys Kontakte zu bzw. ihrem Engagement für osteuropäische Dissidentengruppen vgl. u. a. Wentker, Die Grünen.

8 So stellte ein Flugblatt des HNV rückblickend fest, dass die politische Gewalt am Ende „dem Ansehen der Kroaten weltweit geschadet und am meisten Jugoslawien und seinen repressiven Organen genutzt" habe, vgl. HDA, 1560, kutija 3, Hrvatski Iseljenici, Flugblatt „Obavijest Hrvatima u dijaspori" (1986).

rechtssituation in Jugoslawien zu sensibilisieren und auf das vermeintlich „großserbische Hegemoniestreben" aufmerksam zu machen.[9]

Die Rolle, welche die kroatische Emigration in den folgenden Jahren für die politischen Entscheidungsprozesse in der Bundesrepublik spielte, insbesondere was den Niedergang des jugoslawischen Staatengebildes und die schnelle diplomatische Anerkennung der kroatischen Unabhängigkeit durch die Bundesrepublik anbetrifft, ist mit äußerster Vorsicht zu bewerten.[10] Zwar wurde verschiedenerseits behauptet, dass exilpolitische Akteure effektiv Lobbyarbeit in dieser Sache betreiben konnten und von den bereits aufgebauten Kontakten zu gesellschaftlichen Akteuren in der Bundesrepublik profitiert oder dass Exilkreise in Bonn mediale Kampagnenarbeit für die kroatische Unabhängigkeit betrieben hätten.[11] Während für die USA sehr überzeugend nachgezeichnet wurde, wie kroatische Exilanten als eine Art *pressure group* auftraten und so Politik beeinflussen und auch humanitäre Hilfe organisieren konnten, sind derartige Aktivitäten für die Bundesrepublik jedoch nicht belegt.[12] Zwar hat es auch hier Versuche politischer Einflussnahme gegeben. So gab es etwa Gespräche zwischen einem Gesandten Tudjmans und dem einflussreichen CDU-Außenpolitiker Horst Teltschik, die aus kroatischen Exilkreisen heraus lanciert worden waren. Auf die Haltung zur Unabhängigkeit Kroatiens aufseiten der deutschen Regierungspartei, die erst zu einem späteren Zeitpunkt auf den bekannten Anerkennungskurs umschwenkte, hatten diese aber anscheinend keinen Einfluss. Weitaus stärker spielten hierfür die medialen Diskurse eine Rolle, die Aggressor und Opfer im jugoslawischen Zerfallsprozess schnell ausgemacht hatten und die die öffentliche Meinung bestimmten.[13] Ungeachtet solcher Beobachtungen sind genaue Analysen der Kontexte und Konstellationen, in denen Exilkroaten versuchten, auf den verschiedenen Ebenen medial und gesellschaftlich Einfluss zu nehmen, bislang ausgeblieben.[14]

Dass in dieser Hinsicht noch viele offene Fragen bestehen, zeigt nicht zuletzt die Tatsache, dass sich bereits ab dem Jahr 1989 im ganzen Bundesgebiet Ortsgruppen der späteren kroatischen Regierungspartei HDZ gründeten.[15] Diese entstanden offenbar vor allem im Umfeld der kroatischen katholischen Missionen bzw. aus den ihnen

---

9 Vgl. für Losungen dieser Art u. a. die gesammelten Flugblätter der DKG, in: apabiz, NL Richard Stöss, Ostdienst (früher Jugoslawien-Dienst). Zu der v. a. unter Slobodan Milošević angestrebten Vormachtstellung Serbiens innerhalb Jugoslawiens, die eng mit einer Beschneidung der Autonomierechte des Kosovo und der Vojvodina zusammenhing, vgl. u. a. Sundhaussen, Jugoslawien, S. 252–261.

10 Für diplomatiegeschichtliche Aspekte der Anerkennungspolitik vgl. grundlegend Libal, Limits, S. 73–87.

11 Zeitler, Rolle, S. 244 f.; Schiller, Deutschland, S. 148 f.

12 Für Nordamerika vgl. Ragazzi, Governing Diasporas, S. 98–104; Winland, Nation.

13 Crawford, Explaining, S. 502–507.

14 Für überzeugende Ausführungen zum Lobbying slowenischer Exilakteure in Österreich vgl. jedoch Radeljić, Europe, S. 110–116.

15 Knežević, Zajednica, S. 218.

angeschlossenen kroatischen Kulturvereinen heraus, die sich seit den frühen 1980er Jahren in den meisten deutschen Städten gegründet hatten.[16] Die HDZ konnte somit einerseits auf etablierte Strukturen zurückgreifen und ihre nationale Agenda andererseits auch innerhalb der deutschen katholischen Kirchengemeinden bewerben.[17] Derartige Initiativen in Richtung der deutschen Zivilgesellschaft, aber auch die Zusammensetzung jener neuen kroatisch-nationalistischen Akteure und ihre Bezüge zu älteren Exilstrukturen sind bislang gänzlich unerforscht. Sie scheinen zugleich ein vielversprechendes Forschungsdesiderat zu sein, das der Analyse der Rolle von Diasporagruppen für Konflikte und ihre Austragung im Herkunftsland wichtige Impulse geben könnte.[18]

Ein ähnliches Desiderat besteht auch hinsichtlich der Verbindungen zwischen Exilkroaten und Akteuren der extremen Rechten. Zwar waren direkte Kontakte zwischen Rechtsradikalen und kroatischen Nationalisten in den vergangenen Jahrzehnten insgesamt selten geblieben.[19] Vor allem Personen wie der im Laufe der Arbeit mehrfach erwähnte Rechtsanwalt Wilhelm Schöttler sowie die immer wieder auftauchenden wohlwollenden Bezugnahmen in der rechtsradikalen DSNZ zeigen jedoch, dass es durchaus Berührungspunkte zwischen den Milieus gab.[20] Im Zuge der Konfrontation in Kroatien Anfang der 1990er Jahre versuchten einige Akteure aus dem Umfeld der Emigration diese Kontakte für sich zu nutzen. Personeller Knotenpunkt war hierbei mit Hans-Peter Rullmann ein weiterer jahrelanger Fürsprecher der Exilkroaten. So wusste etwa das Antifa-Infoblatt zu berichten, dass dessen „Deutsch-kroatische Gesellschaft“ eine „zentrale Schaltstelle in Sachen Solidarität mit Kroatien“ sei. Nicht nur schaltete die DKG seit Beginn des Krieges Ende 1991 regelmäßig Anzeigen in diversen Magazinen aus dem Neonazi-Milieu, sondern sie war auch ein wichtiger Akteur bei der Gründung der beinahe namensgleichen „Gesellschaft für kroatisch-deutsche Freundschaft“ in Zagreb, die von Mitgliedern der regierenden

16 Für erste Annäherungen an dieses Thema vgl. Winterhagen, Katholizismus, S. 118–121.

17 Shonick, Yugoslav Migrants, Kap. 5.

18 Vgl. hierfür v. a. die Beiträge bei Checkel (Hrsg.), Dynamics.

19 Initiativen dieser Art gab es jedoch innerhalb des „Bunds freies Europa“ oder im „Stahlhelm“, vgl. hierfür den Hinweis in: o. V., „Kamerad Bilić zu Gast beim Stahlhelm e. V.“, in: Die Tat, 15.12.1978. Zum Stahlhelm vgl. Dudek/Jaschke, Entstehung und Entwicklung, S. 123 f. Der BFE war eine der Organisationen, in denen sich nach dem Verbot im Jahr 1976 Mitglieder des Vereins Drina wieder zusammengefunden hatten, vgl. BArch, B 106/111220, BMI an BKA, Aktivitäten jugoslawischer Extremisten in der Bundesrepublik, hier „Bund freies Europa“ (8.8.1979).

20 Schöttler betätigte sich nicht nur als Strafverteidiger für Exilkroaten, sondern auch für Personen aus den „Wehrsportgruppen“ und hatte auch einen der Attentäter des Münchener Olympiaanschlags verteidigt. In den späten 1970er Jahren war er zudem zum Ehrenprofessor an der Universität Beirut ernannt worden, vgl. Deutsch-Ausländische Freundschafts-Initiative, Borussenfront; Fromm, Wehrsportgruppe Hoffmann, S. 102, 199.

HDZ getragen wurde und Verbindungen zur DVU und anderen rechtsradikalen Gruppen und Parteien in der Bundesrepublik unterhielt.[21]

Medial gerieten derartige Kontakte vor allem dann in den Blick, wenn es um die Rekrutierung deutscher (und anderer westeuropäischer) Neonazis für kroatische paramilitärische Verbände ging.[22] Dass die Bezüge zwischen dem kroatischen Exilmilieu und der deutschen Rechten von der deutschen Presse überhaupt erst im Kontext des Kroatienkrieges thematisiert wurden, zeugt auch von einer eklatanten Unterbelichtung rechter Akteure und Strukturen, die sich seit den späten 1960er Jahren immer mehr radikalisiert und die auch Kontakte zu Akteuren aus den Exilorganisationen aufgebaut hatten.[23] Angesichts der scheinbar größeren Bedrohung vonseiten linker Gewaltakteure wurde die von Rechtsradikalen ausgehende Gefahr letztlich nur unzureichend gesehen, was sich auch auf die institutionellen Prioritäten sowie die zusammenhängende Ressourcenverteilung niederschlug.[24] Über diese blinden Flecken der bundesdeutschen Sicherheitsarchitektur hinaus, war die Unterbelichtung der Verbindungen zwischen der deutschen extremen Rechten und kroatischen Nationalisten jedoch wohl vor allem der Tatsache geschuldet, dass bei Letzteren im Zuge der 1980er Jahre ein Wandlungsprozess eingesetzt hatte und sich ihre radikalen Vertreter zunehmend isoliert sahen. Es spricht vieles dafür, dass kroatische Emigranten infolge der turbulenten Entwicklungen in Jugoslawien den in den 1970er Jahren eingeschlagenen dissidenten- und menschenrechtspolitischen Kurs immer überzeugender bespielen konnten. Ein hieraus resultierender Glaubwürdigkeitsgewinn sorgte dafür, dass für Fragen und Kontroversen hinsichtlich des migrantischen Politaktivismus bzw. seiner Einschränkung und sicherheitspolitischen Relevanz die exilkroatischen Akteure eine immer geringere Rolle spielten und in der Problemwahrnehmung insgesamt zurücktraten.[25]

Ungeachtet jener sich in den 1980er Jahren wandelnden Aufmerksamkeitsökonomie, hatten kroatische Emigranten in den Jahrzehnten zuvor eine prägende Rolle hinsichtlich der Adressierung und Problematisierung des migrantischen Politaktivis-

---

21 o. V., Antifaschistisches Infoblatt, H. 6, 1992, S. 24 f. Zur „Gesellschaft für kroatisch-deutsche Freundschaft" vgl. auch die Angaben in Rullmanns Ostdienst, Dezember 1991. Für die Involvierung unterschiedlicher rechtsradikaler und zum Teil paramilitärisch ausgebildeter Gruppierungen im Kroatienkrieg vgl. auch Burke, Revolutionaries, S. 215 f.

22 Vgl. etwa o. V., „‚Und morgen schon tot'. Spiegel-Redakteur Clemens Höges über Neonazis, Abenteurer und Verrückte im kroatischen Heer", in: Der Spiegel, 21.9.1992. Freiwillige für serbische Einheiten konnten v. a. in orthodoxen Staaten rekrutiert werden. Vgl. hierfür neuerdings Fotiadis, Freundschaftsbande, Kap. IV.2.2. Für das Phänomen ausländischer Freiwilliger im Zeitalter moderner Nationalstaaten vgl. die Beiträge in: Krüger/Levsen (Hrsg.), War Volunteering.

23 Zur strukturellen Unterbelichtung der rechten Szene vgl. früh und grundlegend Stoss, Rechte, S. 39.

24 Zur diesbezüglichen Haltung deutscher Sicherheitsbehörden vgl. auch Dietze, Fleck, S. 198 f.

25 Vor allem die politische Gewalt von Anhängern der kurdischen PKK sowie ihre Auseinandersetzungen mit türkischen Nationalisten spielten hingegen eine immer größere Rolle, vgl. hierfür u. a. Castles/Miller, Age of Migration, S. 208 f.

mus gespielt. Dabei wurde im Verlauf dieser Arbeit deutlich, dass hinsichtlich der Rezeption und politischen Bearbeitung exilkroatischer Akteure eine idealtypische Trennung von Außen- und Innenpolitik als voneinander unterschiedener Entscheidungssphären problematisch ist. So versuchte die „jugoslawische Politik" – insbesondere aufgrund der befürchteten Indoktrinierung der Gastarbeiter durch die hier lebenden Exilanten – spätestens ab den 1960er Jahren, immer auch auf dem Gebiet der Bundesrepublik zu wirken. Politische Akteure und Entscheidungen in der Bundesrepublik zeitigten umgekehrt auch Folgen in Jugoslawien bzw. mussten ihrerseits auf die dortige Rezeption reagieren. Es waren die Radikalisierungsbewegungen innerhalb der Emigration, welche mit der einsetzenden Arbeitsmigration und bundesdeutschen Anerkennungspolitik korrespondierten und die eine große Besorgnis der staatlichen jugoslawischen Akteure angesichts der exilkroatischen Rekrutierungsversuche unter den „Gastarbeitern" auslösten. Die hieraus resultierenden jugoslawischen Überwachungspraktiken beschleunigten die Radikalisierungstendenzen zusätzlich, die in der Bundesrepublik mediale Diskussionen und deren Zurückweisung mit sich brachten. Dies war wiederum ein wichtiger Faktor dafür, dass die deutsche Bundes- und Landespolitik sich systematischer dem Verhältnis zwischen dem politischen Aktivismus von Ausländern und innen- und sicherheitspolitischen Erwägungen widmete, aber auch den jugoslawischen Mordkommandos auf deutschem Boden. Diese Verflechtungen zeitigten nachhaltige Konsequenzen für den jugoslawischen Staat. Insbesondere nach dem Tod Titos trugen die Praktiken der Kontrolle von Gastarbeitern und vor allem die öffentlich gemachten Auftragsmorde an Emigrationsvertretern in den Augen vieler Bundesbürger zu dessen schleichender Diskreditierung bei.[26]

Diese durch das kroatische Exil maßgeblich mitbeeinflussten bundesdeutsch-jugoslawischen Verflechtungen auf dem Gebiet der Sicherheitspolitik legen es nahe, das politische Handeln in beiden Staaten nicht als national abgeschlossenes, sondern eher als gemeinsames politisches Feld zu konzipieren. Während dies womöglich für den Umgang mit politisch aktiven Emigranten im Kontext moderner Nationalstaatsbildung generell gilt, haben der Ausbau von Kommunikationsmöglichkeiten und die nach dem Zweiten Weltkrieg präzedenzlosen Migrationsbewegungen diese Tendenz nochmals verstärkt und dazu geführt, dass das „Innen" und „Außen" von Gesellschaften immer schwerer voneinander zu trennen sind. Zunehmend geriet hierüber der nationale Rahmen als vormals vermeintlich klar definierter „Entscheidungsraum" (*decision space*) ins Wanken.[27] Dieser Prozess ging notwendig mit einer Neuaushandlung von einem als politischen *claim* auf einen Raum und seine Bewoh-

26 Ein ähnliches Geflecht mit Blick auf die interimperialen Überwachungspraktiken antikolonialer Emigranten hat Brückenhaus konstatiert, dabei jedoch die Strategien der migrantischen Akteure nicht wirklich einbezogen, vgl. Brückenhaus, Policing.

27 Maier, Borders, S. 3.

ner verstandenen Prinzip von Territorialität einher.[28] So sahen staatliche Akteure in Jugoslawien die in der Bundesrepublik lebenden jugoslawischen Migranten primär als „jugoslawische Arbeiter im Ausland", was ihre fortgesetzte Kontrolle und Überwachung folgerichtig und auch unproblematisch erscheinen ließ. Dass diese auch symbolisch in den jugoslawischen Staat integriert bleiben sollten, wurde von deutschen Akteuren lange Zeit weitgehend gutgeheißen und entsprach dem Diktum, „keine Einwanderungsgesellschaft" zu sein.

Als der jugoslawische Staat diese politische Loyalität auch durch Mordaufträge gegen Regimekritiker sichern wollte, regte sich unter deutschen politischen Akteuren und auch seitens der Medien insofern auch zunächst kaum Widerstand. Erst als immer mehr Schritte und Maßnahmen zur Förderung gesellschaftlicher Teilhabe von Migranten unternommen wurden und die Vorstellung von allein durch Staatsangehörigkeit verbriefter Teilhabeprinzipien und Bürgerrechte zunehmend an Boden verlor,[29] regte sich auch die Kritik an den jugoslawischen Zudringlichkeiten. Während in Jugoslawien die Gastarbeiter weiterhin klar als konstitutiver Teil der eigenen Bevölkerung galten und jeglicher Anpassung an die westdeutsche Gesellschaft eine Absage erteilt wurde, kam es in der Bundesrepublik zu jener erwähnten sicherheitspolitischen „Integration" von Exilkroaten und den jugoslawischen Geheimdienstpraktiken.

In diesem Prozess lässt sich mithin eine Neuaushandlung staatlicher Souveränität beobachten, hin zur Zuständigkeit des Gastlandes und zunehmend unabhängig von den Erwartungshaltungen des Herkunftslandes.[30] Ähnlich wie es für die USA als klassischem Einwanderungsland schon für das mittlere 20. Jahrhundert festgestellt wurde, kam es ab den späten 1970er Jahren in der Bundesrepublik insofern zu einem Wandel, bei dem Migration aus primär außenpolitischen Beurteilungszusammenhängen herausgelöst wurde und immer mehr zu einem Gegenstand der Innenpolitik avancierte.[31] Es wäre insofern verfehlt, würde man die Reaktionen auf die exilkroatischen Aktivitäten ausschließlich auf außenpolitische Rationalitäten reduzieren. Hiervon unbenommen ist die Relevanz einschneidender Ereignisse, wie etwa des sozialliberalen Regierungswechsels im Jahr 1969. Die schon zuvor unter Brandt als Außenminister vorangetriebene Neue Ostpolitik markierte einen zentralen Wandlungsprozess bundesdeutscher Außenpolitik, der auch den Umgang mit Exilkroaten und deren Aktionsradius nachhaltig prägte. Es war jedoch ihre sukzessive Einbindung in

28 Ebenda, S. 294.
29 Für diesen Prozess vgl. grundlegend Soysal, Limits.
30 Dass in Einwanderungsgesellschaften der staatliche Schutzauftrag für alle hier lebenden Bürger, unabhängig von ihrer nationalen Zugehörigkeit, zu gelten habe und Migranten nicht mehr dem Zugriff des Herkunftslandes und dessen eventuell nicht rechtsstaatskonformer Jurisdiktion überlassen werden dürfen, war auch Gegenstand rechtswissenschaftlicher Debatten, vgl. Gusy, Politische Betätigung. Für die Rolle des Heimatlandes vgl. insb. ebenda, S. 27 f. Etwas früher wurde dieses Thema in den USA ebenfalls erörtert, vgl. Garvey, Repression.
31 Poutrus, Umkämpftes Asyl, S. 78. Für die USA vgl. Gabaccia, Relations, S. 133 f.

die ebenfalls unter der sozialliberalen Koalition verabschiedeten Maßnahmen zur Inneren Sicherheit, die sich hinsichtlich der staatlichen Wissensgenerierung und damit auch der effektiven Verfolgung als folgenreicher erwies.

Über derart offensichtliche politische Weichenstellungen hinaus hat sich zudem gezeigt, dass ein wirklicher innenpolitischer Wandel bzw. die tatsächliche Anerkennung der Zuständigkeit deutscher Polizei- und Verfassungsschutzbehörden weniger auf außenpolitische Erwägungen als vielmehr auf einen Wandel des öffentlichen Interesses zurückzuführen war. Die bereits angesprochene, in Einwanderungsgesellschaften ohnehin fragwürdige Trennung exklusiv innen- bzw. außenpolitischer Entscheidungssphären wurde dabei umso prekärer, je mehr auch infolge von Konzepten universeller Menschenrechte gesellschaftliche Ein- und Ausgrenzungen zur Disposition gestellt wurden. Der exilkroatische Aktivismus und seine Möglichkeitsbedingungen erfuhren dabei ab den späten 1970er Jahren erstmals eine wirklich nachhaltige Politisierung, infolge derer einerseits verstärkt der Schutz der Exilanten (vor ihrem Herkunftsstaat), andererseits aber auch eine verbesserte Kontrolle ihrer radikalen Auswüchse im Sinne einer Politik der Inneren Sicherheit eingefordert wurde.

Die gesellschaftliche „Realisierung der Migrationstatsache", wie es der Wissenshistoriker Kijan Espahangizi formuliert hat,[32] hatte insofern nicht nur identitäts- und migrationspolitische Komponenten, sondern vollzog sich ab den späten 1970er Jahren auch auf der Ebene der Sicherheits- und Innenpolitik. Dass für diese „Integrationsleistung" letztlich auch der externalisierende und bis heute verwendete Sammelbegriff des „Ausländerextremismus" charakteristisch war, gehört dabei wohl zu jenen Ambivalenzen von in- und exkludierenden Diskursen und Praktiken in den 1980er Jahren, die den Umgang mit Migration in der Bundesrepublik noch lange Zeit prägen sollten.[33]

2 Was bleibt? Die kroatische Emigration – Vergangenheitspolitik und Historizität

Zwar konnten Vertreter kroatisch-nationalistischer Vereinigungen im Kontext des kroatischen Sezessionsgeschehens nochmals gewissen Einfluss gewinnen; spätestens mit der kroatischen Unabhängigkeitserklärung war jedoch ihr wesentliches Anliegen erfüllt. Die Existenz einer nationalistischen kroatischen Emigration war zu

32 Espahangizi, Gesellschaften, S. 40 f.

33 Eine zentrale Zäsur stellte dabei die Reform des Staatsbürgerrechts im Jahr 2000 dar, das das Abstammungs- neben das Geburtsortsprinzip stellte (*ius sanguinis* bzw. *ius soli*), vgl. hierfür Jarausch/Geyer, Zerbrochener Spiegel, S. 248. Für diese Staatsbürgerschaftsprinzipien in ihrer historischen Genese und europäisch vergleichend vgl. Gosewinkel, Schutz und Freiheit?, S. 504–514.

diesem Zeitpunkt obsolet geworden.[34] Die entsprechenden Gruppierungen lösten sich entweder auf oder bemühten sich um die Integration in die neuentstehende kroatische Parteienlandschaft.

Hinsichtlich der Frage, was jenseits dessen von der kroatischen Emigration „geblieben" ist bzw. inwiefern die Exilverbände Prozesse geprägt haben, die ihre eigene Existenz überdauerten, lässt sich ihr Einfluss für den kroatischen Staat recht eindeutig anhand der vergleichsweise starken Rolle erkennen, die die Diaspora nach der Unabhängigkeit des Landes spielte. Wenngleich auch Bestimmungen wie ein umfangreicher Proporz in parlamentarischen und parteipolitischen Gremien mit der Zeit zunehmend in die Kritik gerieten und immer mehr abgeschwächt wurden, ist für die 1990er Jahre durchaus ein gewisser Einfluss ehemaliger Exilanten und ihrer Netzwerke für die Politik des Landes zu konstatieren.[35] Über die unmittelbare Einflussnahme auf die Geschicke des Landes hinaus hat die politische Emigration vor allem in symbolischer bzw. vergangenheitspolitischer Hinsicht Spuren hinterlassen. So ist etwa in der politischen Rechten ein Aufwertungsprozess des politischen Exils als Fackelträger eines „freien Kroatiens" im Ausland zu beobachten.[36] Erinnerungspolitisch beinahe noch stärker aufgeladen sind in Kroatien jene Versuche des jugoslawischen Staats, dem Wirken der kroatischen Emigration – unter anderem durch Mordkommandos – Einhalt zu gebieten. Bis heute wird dies in den dortigen vergangenheitspolitischen Debatten immer wieder zur ultimativen Delegitimierung des sozialistischen Jugoslawiens und als Beleg für dessen vermeintlich „totalitären" Charakter herangezogen.

Die Antwort auf die Frage nach dem Erbe der kroatischen Emigration fällt für die Bundesrepublik Deutschland ambivalent aus. Wie auch bei anderen ost- und südosteuropäischen Emigrantengruppen, die nach Ende des Zweiten Weltkriegs in die Bundesrepublik flüchteten und sich vor dem Hintergrund des Ost-West-Antagonismus exilpolitisch betätigten, sind die Aktivitäten hierzulande praktisch in Vergessenheit geraten. Ein Grund dürfte vor allem darin liegen, dass sie sich einer Indienstnahme für anachronistische Kontinuitätspostulate gänzlich entziehen. Während etwa die politische Gewalt von Palästinensern in Westeuropa ab den späten 1960er Jahren als Aspekt andauernder Konflikte im Nahen Osten und vor diesem Hintergrund auch als eine Vorgeschichte aktueller Sicherheitsdebatten in Westeuropa ge-

---

34 Diese Feststellung wurde für osteuropäische Exilgruppen generell getroffen, vgl. Dufoix, Politiques d'exil, S. 201.

35 Vgl. hierfür Ragazzi, Diaspora; Laguerre, Parliament, Kap. 4.

36 Prominent lassen sich in dieser Hinsicht etwa die Äußerungen der damaligen Staatspräsidentin Kolinda Grabar-Kitarović anführen, die bei einem Staatsbesuch in Argentinien im März 2018 die kroatischen Emigranten sinngemäß als „Patrioten" und „Freiheitskämpfer" bezeichnete und hiermit eine entsprechende Kontroverse unter führenden kroatischen Historikern und Publizisten auslöste. Eine Zusammenstellung der diesbezüglichen Positionen findet sich auf dem Portal historiografija.hr, Povjesničari o izjavama predsjednice u Argentini, http://www.historiografija.hr/?p=8840 (15.3.2022).

deutet und erinnert werden kann, lässt sich der Aktivismus von Exilkroaten nicht in derartige Kontinuitätslinien einfügen.[37] Für die Entwicklung der staatlichen Kontrolle migrantischer Politaktivisten spielten sie dennoch eine zum Teil maßgebliche Rolle und trugen zur Genese des migrations-sicherheitspolitischen Nexus in der Bundesrepublik entscheidend bei. Auch die ausführlich geschilderten Kontrollpraktiken des jugoslawischen Staats, die bis hin zu Auftragsmorden gegen Exilanten reichten und ab Ende der 1970er Jahre zunehmend Empörung hervorriefen, haben mit dem Ende der kroatischen Emigration nicht ihre Relevanz verloren. Die immer wieder skandalisierten Tätigkeiten des türkischen Geheimdienstes gegen Regimegegner in der Bundesrepublik oder die von russischen Agenten ausgehenden Anschläge auf Kritiker des Staats zeigen vielmehr, dass Fragen nach dem Schutz von Migranten vor den Zudringlichkeiten der Stellen des „Heimatstaats" bis heute virulent sind.[38]

Es wäre sicherlich vermessen, würde man es allein auf die Aktivitäten von Exilkroaten und ihren jugoslawischen Kontrahenten zurückführen, dass das geheimdienstliche Wirken von Herkunftsländern in der Bundesrepublik mittlerweile medial und auch vonseiten politischer Akteure sowie justiziell eine äußerst kritische Bewertung erfährt. Es ist jedoch wichtig zu wissen, dass derartige Konfliktlinien eine bis weit ins 20. Jahrhundert hineinreichende Vorgeschichte haben. Sie sind charakteristisch für Einwanderungsgesellschaften, in denen territoriale Souveränität und staatliches Schutzversprechen verstärkt zur Disposition stehen und neu ausgehandelt werden müssen. Die kroatischen Exilgruppen und ihre jugoslawischen Widersacher spielten hierbei lange Zeit eine äußerst prominente Rolle. Ihre Aktivitäten verdienen insofern eine weitaus größere Beachtung – sowohl für die Geschichte des sozialistischen Jugoslawiens als auch was den Wandel bundesdeutscher Migrations- und Sicherheitspolitik betrifft.

---

37 In der Tat erkennen die wenigen Autoren, die zumindest ansatzweise an einer Historisierung von Auseinandersetzungen um Sicherheits- und Migrationspolitik interessiert sind, einen Nexus dieser Themen allenfalls mit Blick auf einen ab den 1980er Jahren erstarkenden politischen Islam, vgl. u. a. Bigo, Sicherheit. Für erste Ergebnisse einer quellengestützten Erforschung des palästinensischen Aktivismus in der Bundesrepublik vgl. Prestel, Heidelberg.

38 Für Fälle aktuelleren Datums vgl. etwa den Film von Simone Müller und Susana Santina, „Im Dienste Erdogans – Türkische Spitzel in Deutschland", https://www.zdf.de/dokumentation/zdfzoom/zdfzoom-im-dienste-erdogans-100.html (15.3.2022); o. V., „Schattenkrieger des Kreml", in: Der Spiegel, 7.12.2019.

Anhang

1 Danksagung

Die diesem Buch zugrundeliegende Dissertation wurde im Wintersemester 2020/21 an der Humboldt-Universität zu Berlin verteidigt. Die Arbeit daran ermöglichten mir Stipendien der Landesgraduiertenförderung Berlin, der Deutschen Historischen Institute in Paris und Washington, DC und der FAZIT Stiftung. Für die Aufnahme der Arbeit in die Schriftenreihe des Instituts für Zeitgeschichte bedanke ich mich herzlich bei Johannes Hürter und Thomas Raithel. Von ihrem Lektorat und den vielen Hinweisen habe ich im Laufe des Überarbeitungsprozesses enorm profitiert. Vielen Dank zudem an Angelika Reizle für stilistische Hinweise und die Zusammenarbeit bei der Drucklegung.

Eine wissenschaftliche Unternehmung dieser Art wäre ohne den Rat und die fachliche Unterstützung verschiedener Menschen nicht möglich gewesen. Vor allem möchte ich hier meine wissenschaftlichen Betreuer:innen Gabriele Metzler und Hannes Grandits hervorheben. Sie haben mich zu jeder Phase des Projekts unterstützt, gefördert und durch zahlreiche Empfehlungsschreiben den Weg für mehrere Forschungsaufenthalte und für die finanzielle Förderung der Arbeit geebnet. Ihre Lehrstuhlkolloquien boten darüber hinaus ein exzellentes Forum zum Austausch und zur Diskussion eigener Thesen. Mit Lars Lehmann, Kevin Lenk, Tommy Stöckel, Sara Weydner und Andrew Tompkins verband mich die zeitweilige Freude der Büronachbarschaft. Mein Dank gilt zudem Phillip Wagner, der das Projekt gerade am Anfang begleitet und unterstützt hat.

Besonders in den Geschichtswissenschaften ist eine Promotion immer auch das Werk kompetenter und hilfsbereiter Archivar:innen und Bibliothekar:innen. Ich hatte das Glück, diese in mehreren Ländern und Städten zu finden. Im Laufe der Arbeit konnte ich darüber hinaus immer wieder auf die Expertise und Kritik kompetenter und erfahrener Kolleg:innen zurückgreifen, die ihr Fachwissen mit mir teilten oder mir ihre hierzulande nicht verfügbaren Forschungsergebnisse unkompliziert zur Verfügung stellten. Erwähnen möchte ich besonders Keith Allen, Petar Dragišić, Alexander Korb, Wollfy Krašić, Michael Mayer, Christopher Molnar, Christian Axboe Nielsen, Brigitte Le Normand, Thomas Porena, Werner Schiffauer, Bill Sharman, Mate Tokić und Jakov Žižić. Ihnen allen danke ich für Austausch, Zuspruch und Ratschläge. Für wertvolle Hinweise und insbesondere für die Lektüre eines Dissertationsmanuskripts im Hitzesommer 2020 bin ich zudem meinen Freunden Ralf Jansing und Robert Lučić zu großem Dank verpflichtet.

Den allergrößten Anteil zum Gelingen dieser Arbeit hatte jedoch meine Familie, die mir auch über manchen Moment des Zweifels hinweggeholfen hat. Mein Vater Manfred Thaden-Endjer konnte die Fertigstellung der Dissertation leider nicht mehr erleben. Ihm und meiner Mutter Waltraud Thaden danke ich von ganzem Herzen für das Vertrauen und ihren steten Zuspruch. Meine Frau Antje hat die Arbeit wie kein anderer Mensch in ihren verschiedenen Stadien begleitet. Sie war mehrfache Korrekturleserin, Reisegefährtin an zahlreiche Archivstandorte und meine wichtigste Unterstützerin. Ohne sie gäbe es dieses Buch nicht.

Berlin, im Januar 2022

2 Abkürzungen

AA	Auswärtiges Amt
ACSP	Archiv für Christlich-Soziale Politik
ADCV	Archiv des deutschen Caritasverbands
AdsD	Archiv der sozialen Demokratie
ÄfV	Ämter für Verfassungsschutz
AG	Arbeitsgruppe
AI	Amnesty International
AK	Arbeitskreis
AN	Archives nationales
apabiz	antifaschistisches pressearchiv und bildungszentrum
APVO	Ausländerpolizeiverordnung
ARD	Arbeitsgemeinschaft der öffentlich-rechtlichen Rundfunkanstalten der Bundesrepublik Deutschland
AuslG	Ausländergesetz
AWO	Arbeiterwohlfahrt
BArch	Bundesarchiv
BayHStA	Bayerisches Hauptstaatsarchiv
BayStaM	Bayerisches Staatsarchiv München
BdV	Bund der Vertriebenen
BEFA	Beobachtende Fahndung
BfV	Bundesamt für Verfassungsschutz
BHA	Büro für heimatvertriebene Ausländer
BHE	Bund der Heimatvertriebenen und Entrechteten
BK	Bundeskanzler
BKA	Bundeskriminalamt
BKA/SG	Sicherungsgruppe des BKA
BKAmt	Bundeskanzleramt
BM	Bundesministerium/Bundesminister
BMA	Bundesministerium für Arbeit und Soziales
BMGF	Bundesministerium für Gesamtdeutsche Fragen
BMI	Bundesministerium des Innern
BMJ	Bundesministerium für Justiz
BMVt	Bundesministerium für Vertriebene, Flüchtlinge und Kriegsgeschädigte
BND	Bundesnachrichtendienst
BPA	Bundespresseamt
BRD	Bundesrepublik Deutschland
BV	Bundesvorstand
BVerfG	Bundesverfassungsgesetz
BZ	Berliner Zeitung
CDU	Christlich Demokratische Union Deutschlands
CIA	Central Intelligence Agency
CIC	Counter Intelligence Corps
ČSSR	Československá socialistická republika (Tschechoslowakische Sozialistische Republik)
CSU	Christlich-Soziale Union in Bayern
DCV	Deutscher Caritasverband

DDR	Deutsche Demokratische Republik
DGB	Deutscher Gewerkschaftsbund
DKG	Deutsch-kroatische Gesellschaft
DKP	Deutsche Kommunistische Partei
DP	Displaced Person
DSNZ/DNZ	Deutsche Soldaten-Zeitung und National-Zeitung (ab Mitte der 1960er Jahre Deutsche National-Zeitung)
DVU	Deutsche Volksunion
FAZ	Frankfurter Allgemeine Zeitung
FDP	Freie Demokratische Partei
FS	Fernschreiben
GBA	Generalbundesanwaltschaft
GFK	Genfer Flüchtlingskonvention
GG	Grundgesetz
HDA	Hrvatski državni arhiv (Kroatisches Staatsarchiv)
HDO	Hrvatski demokratski odbor (Kroatisches demokratisches Komitee)
HDP	Hrvatski državotvorni pokret (Kroatische staatsbildende Bewegung, siehe Glossar)
HDZ	Hrvatska demokratska zajednica (Kroatische Demokratische Union)
HIS	Hrvatska informativna služba (Kroatischer Informationsdienst)
HKB	Hrvatsko križarsko bratstvo (Kroatische Kreuzerbruderschaft, siehe Glossar)
HKM	Hrvatske katoličke misije bzw. sog. Hrvatska katolička misija (Kroatische katholische Mission[en], siehe Glossar)
HNO	Hrvatski narodni odbor (Kroatisches Nationalkomitee, siehe Glossar)
HNOdpor	Hrvatski narodni odpor (Kroatischer Volkswiderstand, siehe Glossar)
HNOtpor	Hrvatski narodni otpor (Kroatischer Volkswiderstand, siehe Glossar)
HNV	Hrvatsko narodno vijeće (Kroatischer Nationalrat, siehe Glossar)
HOP	Hrvatski oslobodilački pokret (Kroatische Unabhängigkeitsbewegung, siehe Glossar)
HRS	Hrvatski radnički savez (Kroatischer Arbeiterbund, siehe Glossar)
HRB	Hrvatsko revolucionarno bratstvo (Kroatische revolutionäre Bruderschaft, siehe Glossar)
HSS	Hrvatska seljačka stranka (Kroatische Bauernpartei)
HStAS	Hauptstaatsarchiv Stuttgart
IG	Industriegewerkschaft
IGCR	Intergovernmental Committee on Refugees
IM	Inoffizieller Mitarbeiter
IMK	Innenministerkonferenz
INCORPORE	International Committee of Political Refugees and Displaced Persons in Germany
IRA	Irish Republican Army
IRO	International Refugee Organisation
ITS	International Tracing Service
KB	Kroatische Berichte (siehe Glossar)
KSZE	Konferenz über Sicherheit und Zusammenarbeit in Europa
LAB	Landesarchiv Berlin
LAV BW	Landesarchiv Baden-Württemberg
LAV NRW	Landesarchiv Nordrhein-Westfalen
LfV	Landesamt für Verfassungsschutz
LG	Landgericht
LKA/LKAs	Landeskriminalamt/Landeskriminalämter
MASPOK	Masovni pokret (siehe Glossar)

MdB	Mitglied des Deutschen Bundestags
MI	Ministerium des Innern
MJ	Ministerium der Justiz
MP	Ministerpräsident
NARA	National Archives & Records Administration
NDH	Nezavisna Država Hrvatska (Unabhängiger Staat Kroatien, siehe Glossar)
NGO	Nichtregierungsorganisation
NL	Nachlass
NLA	Niedersächsisches Landesarchiv
NMT	Nürnberger Militärtribunale
NPD	Nationaldemokratische Partei Deutschlands
NRW	Nordrhein-Westfalen
NS	Nationalsozialismus
NSDAP	Nationalsozialistische Deutsche Arbeiterpartei
NTS	Narodno-Trudowoj Sojus rossijskich solidaristow (Bund der russischen Solidaristen)
OLG	Oberlandesgericht
ÖS	Öffentliche Sicherheit
OStA	Oberstaatsanwalt
OUN	Organisation Ukrainischer Nationalisten
PA AA	Politisches Archiv des Auswärtigen Amts
PA BT	Parlamentsarchiv des Deutschen Bundestags
PKK	Partiya Karkerên Kurdistanê (Arbeiterpartei Kurdistans)
PLO	Palestine Liberation Organization
PP	Polizeipräsidium
RAF	Rote Armee Fraktion
RIAS	Rundfunk im amerikanischen Sektor
SDB	Služba državne bezbednosi (Staatssicherheitsdienst, seit 1966, ehem. UDBA, siehe Glossar)
SDS	Služba državne sigurnosti (Staatssicherheitsdienst, siehe Glossar)
SFRJ	Sozialistische Föderative Republik Jugoslawien
SG	Sicherungsgruppe
SOHPI	Središnji odbor hrvatskih političkih izbeglica i D. P. (Zentralkomitee der kroatischen politischen Flüchtlinge und DPs, siehe Glossar)
SPD	Sozialdemokratische Partei Deutschlands
SS	Schutzstaffel
SSUP	Savezni Sekretarijat unutrašnjih poslova (Bundessekretariat für innere Angelegenheiten)
StGB	Strafgesetzbuch
StK	Staatskanzlei
StS	Staatssekretär
SZ	Süddeutsche Zeitung
TOP	Tagesordnungspunkt
TRUP	Tajne revolucionarne ustaške postrojbe (Geheime revolutionäre Ustaša-Truppe, siehe Glossar)
TUP	Tajni ustaški pokret (Geheime Ustaša-Bewegung, siehe Glossar)
UDBA	Uprava državne bezbednosti (Behörde für Staatssicherheit, siehe Glossar)
UdSSR	Union der Sozialistischen Sowjetrepubliken
UHE	Ujedinjeni Hrvati Europe (Vereinigte Kroaten Europas, siehe Glossar)
UHNj	Ujedinjeni Hrvati Njemačke (Vereinigte Kroaten Deutschlands, siehe Glossar)

UN	United Nations
UNA	United Nations Archives
UNHCR	United Nations High Commissioner for Refugees
UNO	United Nations Organization
UNRRA	United Nations Relief and Rehabilitation Administration
UNWCC	United Nations War Crimes Commission
USA	United States of America
VereinsG	Vereinsgesetz
WAZ	Westdeutsche Allgemeine Zeitung
WDR	Westdeutscher Rundfunk
WP	Wahlperiode
ZK	Zentralkomitee

3 Glossar zu kroatischen und jugoslawischen Organisationen und Bewegungen

Freunde der Drina: Der Verein „Freunde der Drina“ war der offizielle, im Vereinsregister eingetragene Vertreter des HNOdpor in der Bundesrepublik.

HDP, Hrvatski državotvorni pokret: Kroatische staatsbildende Bewegung, im Juni 1981 von ehemaligen *proljećari* als radikaler Flügel des HNV gegründet, zählte in den 1980er Jahren zu den radikalsten exilkroatischen Organisationen.

HKB, Hrvatsko križarsko bratstvo: Kroatische Kreuzerbruderschaft, wirkte als eine Art Rekrutierungsorganisation für das im Untergrund operierende TUP. Ihre Mitglieder überfielen im November 1962 die jugoslawische Handelsmission im Bonner Stadtteil Mehlem.

HKM, Hrvatske katoličke misije bzw. sog. Hrvatska katolička misija: Kroatische katholische Mission(en), wichtige Orte im Alltag kroatischer Migranten und immer wieder auch Ausgangs- und Knotenpunkt kroatisch-nationalistischer Aktivitäten.

HNO, Hrvatski narodni odbor: Kroatisches Nationalkomitee, bis zum Tod seines Vorsitzenden im Mai 1972 eine der wichtigsten kroatischen Exilvereinigungen in der Bundesrepublik.

HNOdpor, Hrvatski narodni odpor: Kroatischer Volkswiderstand, eine von zwei Konkurrenzorganisationen, die nach der Ermordung von Maks Luburić die Führung des HNOtpor für sich reklamierten; ihr Hauptsitz war in Valencia; in der Bundesrepublik wurde sie seit September 1967 repräsentiert von „Drina“.

HNOtpor, Hrvatski narodni otpor: Kroatischer Volkswiderstand, eine von zwei Konkurrenzorganisationen, die nach der Ermordung von Maks Luburić dessen Nachfolge für sich reklamierten; 1974 wird in Toronto der deutsche Exilkroate Stjepan Bilandžić an die Spitze der Organisation gewählt.

HNV, Hrvatsko narodno vijeće: Kroatischer Nationalrat; im Februar 1974 in Toronto gegründet, prägte als exilkroatischer Dachverband die exilpolitische Ausrichtung kroatischer Emigrantenorganisationen bis zur Unabhängigkeit von Jugoslawien mit.

HOP, Hrvatski oslobodilački pokret: Kroatische Unabhängigkeitsbewegung, 1959 auf den Vorschlag Ante Pavelićs im Jahr 1959 gegründet, sollte zu einer besseren Vernetzung globaler Ustaša-Verbände beitragen; in der Bundesrepublik durch die UHNj repräsentiert.

HRB, Hrvatsko revolucionarno bratstvo: Kroatische revolutionäre Bruderschaft, gründete sich 1961 im Umfeld der australischen HOP-Strukturen; mit ihrer konspirativen Troika-Struktur und einem globalen Netzwerk war sie die wichtigste militante kroatische Vereinigung der 1960er und 1970er Jahre.

HRS, Hrvatski radnički savez: Kroatischer Arbeiterbund, im Jahr 1959 in Dortmund als Ustaša-naher Gewerkschaftsbund gegründet.

KB, Kroatische Berichte: inoffizielles Organ des HNV in Deutschland.

Križari: Sammelbezeichnung für ehemalige NDH-Truppenverbände und Ustaša-Milizen, die nach der kroatischen Kriegsniederlage Anschläge, u. a. auf jugoslawische Infrastrukturen unternahmen.

MASPOK, Masovni pokret: pejorative Bezeichnung des sogenannten Kroatischen Frühlings als „masovni pokret“ (Massenbewegung), die sich Anfang der 1970er Jahre für stärkere wirtschaftliche und kulturelle Unabhängigkeit und entsprechende Verfassungsreformen stark machte.

NDH, Nezavisna Država Hrvatska: Unabhängiger Staat Kroatien.

Pasošari: umgangssprachliche Bezeichnung für Inhaber eines jugoslawischen Passes, in der Regel sogenannter Gastarbeiter.

Proljećari: umgangssprachliche Bezeichnung für Anhänger des „Kroatischen Frühlings“.

SDB, Služba državne bezbednosi: Staatssicherheitsdienst, seit 1966 die Bezeichnung des ehemaligen und fortan stärker dezentralisierten Geheimdienstes auf der jugoslawischen Bundesebene, ehem. UDBA.

SDS, Služba državne sigurnosti: Staatssicherheitsdienst, war der Ableger des SDB in der Republik Kroatien.

SOHPI, Središnji odbor hrvatskih političkih izbeglica i D. P.: Zentralkomitee der kroatischen politischen Flüchtlinge und DPs, 1948 als erster Versuch eines exilkroatischen Dachverbands in München gegründet.

TRUP, Tajne revolucionarne ustaške postrojbe: Geheime revolutionäre Ustaša-Truppe, Anfang der 1960er Jahre als radikale Untergruppe im Umfeld der UHNj gegründet.

TUP, Tajni ustaški pokret: Geheime Ustaša-Bewegung, gründete sich Anfang der 1960er Jahre im Großraum Dortmund als Resultat von Spaltungsprozessen innerhalb der UHNj.

UDBA, Uprava državne bezbednosti: Behörde für Staatssicherheit, bis zum Sturz des Geheimdienstchefs Aleksandar Ranković und ihrer Umbenennung im Jahr 1966 der Name der jugoslawischen Geheimpolizei, der informell bis heute gebräuchlich ist.

UHE, Ujedinjeni Hrvati Europe: Vereinigte Kroaten Europas, war eine Abspaltung von den UHNj, die sich im November 1975 in Frankfurt am Main gegründet hatte.

UHNj, Ujedinjeni Hrvati Njemačke: Vereinigte Kroaten Deutschlands, bis in die 1960er Jahre der offiziell anerkannte Zweig von Pavelićs HOP und eine der wichtigsten kroatischen Exilorganisationen in der Bundesrepublik.

4 Quellen und Literatur

4.1 Archivalien

Archiv für Christlich-Soziale Politik, München (ACSP)

11453, NL Franz Josef Strauß
5302, NL Franz Josef Strauß
6332, NL Franz Josef Strauß
7858, NL Franz Josef Strauß
8008, NL Franz Josef Strauß
LG, 5. WP, 146, Südosteuropa
LG, 6. WP, 202, Kroatien
LG, 8. WP, 302, Jugoslawien

Archiv des deutschen Caritasverbands, Freiburg i. Br. (ADCV)

114.054 1973–1976, Fasz.01, Geschäftsführender Vorstand (Direktion), Sitzungs-Unterlagen
124.030 Fasz.07, Hauptvertretung München des DCV/Landesverb. Bayern, Vermischtes
380.20.030, Fasz.02, Sozialdienst des DCV für ausländische Mitbürger, vermischtes Schriftgut
380.20.056, Sozialdienst des DCV für ausländische Mitbürger, Betreuung
380.24+172 Fasz.01, Sozialdienst für Jugoslawen, Referat Jugendsozialarbeit

Archiv der Münchener Caritas, München

II/ZTR-EINGL/2 96, Informationen für Mitarbeiter (1969–1993)
Diverse Akten

Archiv der sozialen Demokratie, Bonn (AdsD)

2/BTFF000395, SPD-Bundestagsfraktion, 6. WP.
2/EOAA000334, Bestand Erich Ollenhauer: Allgemeine Korrespondenz Ausland
4/AWOA001608, Jug. Vereine
4/AWOA001674, Verhandlungen mit dem Bundesbüro Belgrad
4/AWOA001675, Jugoslawien, Handakte
4/AWOA001676, Ermordung des SB Bardosh Gervalla
5/DGA222A223, DGB-Archiv, Ausländische Arbeitnehmer
5/DGA2297, DGB-Archiv, DGB BV, Abt. Ausländische Arbeitnehmer
5/DGAZ000566, DGB-Archiv, Ausländische Arbeitnehmer
5/DGAZ000642, DGB-Archiv, Ausländische Arbeitnehmer
5/DGAZ001017, DGB-Archiv, Ausländische Arbeitnehmer
5/DGAZ001049, DGB-Archiv, Ausländische Arbeitnehmer
5/DGCR000092, DGB-Archiv, DGB-Bundesvorstand, Sekretariat Karl Schwab
5/IGMA071571, IG Metall, Bundesvorstand
5/IGMA071572, IG Metall, Bundesvorstand
5/IGMZ930083 bis 5/IGMZ930102, IG Metall, Lehrgänge YU

Archives nationales, Paris/Frankreich (AN)

AJ/43/141, Décisions du Conseil de Recours. Zone américaine d'Allemagne. Feuilles personnelles classées par ordre alphabétique, lettres H, I, J, Q, R, S, réunies en 6 cahiers
AJ/43/142-143, Décisions du Conseil de Recours, Autriche
AJ/43/144, Conseil de Recours. Politique et procédure

AJ/43/146, Conseil de Recours. Notes diverses: réfugiés revenus du pays de réinstalla-tion; Volksdeutsche 1; extension de l'éligibilité des femmes juives persécutées à leurs maris non juifs; extension des critères d'éligibilité
AJ/43/147, Questions diverses concernant la détermination de l'éligibilité
AJ/43/148, Manuels d'éligibilité
AJ/43/149, Eligibilité
AJ/43/477, Jeunes Croates enrôlés dans la „Division bleue", Croates enrôlés dans la Division du Diable, Musulmans enrôlés dans la Division Handjaï & Membres de l'organisation croate „Krizaris"
AJ/43/610, Yougoslavie
AJ/43/194, 99, Accords avec la Yougoslavie
AJ/43/20, 1755, Provisional Central Committee for Protection and Welfare of Croatian Political Refugees
AJ/43/26, 163, Réfugiés en Italie. Généralités
AJ/43/407, 50, Réfugiés yougoslaves
AJ/43/46, 1484, Statistiques
AJ/43/566, 1109-86, Eligibilité des Croates en Italie, octobre
AJ/43/807, 31, Dissidents politiques: généralités; relations avec les comités nationaux; groupes nationaux; conférences des officiers de liaison des comités nationaux
AJ/43/978, 31, Eligibility Yugoslavs

Antifaschistisches Pressearchiv und Bildungszentrum, Berlin (apabiz)

NL Richard Stöss, Ostdienst (früher Jugoslawien-Dienst)
NL Richard Stöss, RR, Internationaler Faschismus, Jugoslawien, Ex-Jugoslawien

Archiv des Erzbistums München und Freising, München

Generalvikariat, Kasten 0741/4, Kroatenseelsorge 1945–1988

Bundesarchiv, Koblenz (BArch)

B 443/2370 & 2371, Zuständigkeit des BfV für die Beobachtung radikaler Ausländer Verfassungsschutzänderungsgesetz
B 106/102048, Gesetz über die Zusammenarbeit des Bundes und der Länder in Angelegenheiten des Verfassungsschutzes – Zuständigkeit der VS-Behörden von Bund und Ländern für die Beobachtung verfassungsfeindlicher Bestrebungen unter Ausländern
B 106/102049, Gesetz über die Zusammenarbeit des Bundes und der Länder in Angelegenheiten des Verfassungsschutzes
B 106/111045, Ermordung des jugosl. Konsul Zdovc (2 Bände)
B 106/111220, Maßnahmen gegen Exilkroaten
B 106/111221, Terroristenlisten (Bd.1), Anleitungsschreiben Gewalttaten (Bd. 2) (1976)
B 106/111222, BEFA – Jugoslawien und Grenzfahndung – Jugoslawen (allg.)
B 106/111314, Auslieferungsersuche
B 106/115765, Alternativentwurf zum Ausländergesetz und Kritik an Verfassungsschutzänderungsgesetz
B 106/126493, Strafrechtlich relevante politische Tätigkeiten von Ausländern in der BRD
B 106/138943, Einschränkung oder Untersagung der politischen Betätigung von Ausländern
B 106/139037, Josip Stjepan Bilandzic
B 106/28217, Hrvatski Narodni Odbor
B 106/31349, Einreise jugoslawischer Staatsangehöriger
B 106/38057, Konferenzen der Innenminister

B 106/39959, Entwurf eines Ausländergesetzes
B 106/45244, Aufnahme und Anerkennung jugoslawischer Staatsangehöriger
B 106/47450, Jugoslawen, u. a. Überfall auf die jugosl. Handelsvertretung in Mehlem
B 106/63086, Jugoslawien (Mehlem)
B 106/78903, Kroatischer Nationaler Widerstand (HNOTPOR) Verbot, 2 Bände
B 106/78904, Verbotsverfügungen (1976)
B 106/78905, Bilandzic
B 106/78908, Flugzeugentführung in den USA
B 106/78913, Kroatischer Verein Drina Verbot, u. a. Vorbereitung des Verbots und Eingaben
B 106/78914, Verbot DRINA, Berichtsammlung BfV & BMI
B 106/78916, Verbot HNO Drina
B 106/81227, Beobachtung radikaler Ausländergruppen durch die Behörden des Verfassungsschutzes
B 106/91105-91106, Bekämpfung der terroristischen Tätigkeit jugoslawischer Personengruppen und Emigranten
B 122/20116, Zdovc
B 122/20123, Eingaben an das Bundespräsidialamt bzgl. Auslieferung Bilandzic
B 131/1377, Organisation bzw. Umorganisation der Abteilung Sicherungsgruppe
B 131/1385, Jahresbericht & Personalsituation der Sicherungsgruppe
B 131/1444, Staatsgefährdung
B 131/212, Wochenberichte der Sicherungsgruppe
B 131/ORG
B 131/1995, Jugoslawen in der BRD – politisch motivierte Gewaltkriminalität
B 136/17785, Auslieferung von 4 deutschen Staatsangehörigen aus Jugoslawien
B 136/30817, Arbeit bei der Terrorismusbekämpfung
B 136/31451, Maßnahmen gegen extremistische Ausländer
B 136/31452, Maßnahmen gegen extremistische Ausländer
B 136/31668, Jugoslawische Extremisten in der BRD (1978–1980)
B 136/31669, Jugoslawische Extremisten in der Bundesrepublik Deutschland
B 136/32275, Auslieferungsverfahren betr. Exilkroaten
B 136/3831, Beobachtung radikaler und terroristischer Ausländergruppen durch die Behörden des Verfassungsschutzes
B 136/6491, Exilgruppe Jugoslawien und Kroaten
B 136/6492, Exilgruppe Jugoslawien und Kroaten
B 136/6493, Exilgruppen Jugoslawien und Kroaten (1963–71)
B 136/6494, Exilgruppen Jugoslawien und Kroaten (1963–71)
B 141/30834, Sprengstoffdelikte Einzelsachen
B 141/30835, Sprengstoffdelikte Einzelsachen; Ermittlungsverfahren Überfall auf die jugoslawische Handelsmission in Mehlem
B 141/30836, Sprengstoffdelikte Einzelsachen; Ermittlungsverfahren Überfall auf die jugoslawische Handelsmission in Mehlem
B 141/30837, Sprengstoffdelikte Einzelsachen; Ermittlungsverfahren Überfall auf die jugoslawische Handelsmission in Mehlem
B 141/62551, Ermittlungsverfahren gegen die Mitglieder einer Vereinigung von Exilkroaten („HIS" – Kroatischer Informationsdienst)
B 141/83650, Hochverrat & staatsgefährdende Straftaten von und gegen Exilkroaten in der Bundesrepublik Deutschland
B 141/92498-92502, Jugoslawien, Auslieferungsvertrag, Bde. 1–5
B 145/6333, Jugoslawische und kroatische Emigranten

B 145/6336, Jugoslawische Exilpresse
B 150/3138, Studientagungen des Ost-Kollegs der Bundeszentrale für Heimatdienst
B 150/3682, Statistik über Zu- und Abgänge im Sammellager Zirndorf
B 150/3684, Verteilung ausländischer Flüchtlinge auf die Länder
B 196/78715, Schutz der diplomatischen Vertretungen von Jugoslawien in der Bundesrepublik Deutschland, 1965–85
B 206/1105, Kroatische Emigration
B 206/3950, Überprüfung des in Köln lebenden jugoslawischen Dissidenten Bocidar Ocko-Forcan (sic)
B 237/90003, Beschwerde Stjepan Kirinic vor BverfG gegen Auslieferung
B 443/23366, Koordinierung und Protokolle von Fachtagungen
B 443/902, Abgrenzung der Zusammenarbeit zwischen BKA (SG) und BfV
B 443/736, Geschäftsverteilungspläne
B 443/733, Geschäftsverteilungspläne
B 443/734, Geschäftsverteilungspläne
B 443/577, Aufstellung und Überarbeitung der Organisations- und Geschäftsverteilungspläne
B 443/724, Allgemeine und abteilungsübergreifende Organisationsangelegenheiten
B 443/727, Allgemeine und abteilungsübergreifende Organisationsangelegenheiten
N 1267/50, NL Waldemar Kraft

Bayerisches Hauptstaatsarchiv, München (BayHStA)

Bayerisches Landesamt für Verfassungsschutz, 35, Beweismittelsammlung des Bundesamts für Verfassungsschutz zum „Kroatischen Nationalen Widerstand" (HNO)
MInn, 97595, Infiltration und politische Betätigung von Ausländern; Beobachtung radikaler und terroristischer Ausländergruppen, 1962–74
MInn, 98027, Innere Sicherheit, u. a. sicherheitsgefährdende Bestrebungen von Ausländern, 1979
MInn, 98047, Verfassungsschutzbericht 1984
MInn, 98081, Innere Sicherheit, u. a. sicherheitsgefährdende Bestrebungen von Ausländern, 1976–78
StK, 13324
StK, 17067, Tätigkeit jugoslawischer Emigranten-Organisationen

Bayerisches Staatsarchiv München, München (BayStaM)

Polizeidirektion München, 544: Kroatischer Verein Dirna [sic!] e. V.

Bibliothek des Bundeskriminalamts, Wiesbaden

12576, KRILOG 06.26-0008 LVS

Hrvatski državni arhiv, Zagreb/Kroatien (HDA)

1409, kutija 106, Savjet za odnose s inozemstvom Izvršnog vijeća Sabora Socijalističke Republike Hrvatske
1409, kutija 107, Savjet za odnose s inozemstvom Izvršnog vijeća Sabora Socijalističke Republike Hrvatske
1409, kutija 108, Savjet za odnose s inozemstvom Izvršnog vijeća Sabora Socijalističke Republike Hrvatske
1409, kutija 110, Savjet za odnose s inozemstvom Izvršnog vijeća Sabora Socijalističke Republike Hrvatske
1560, kutija 10, Hrvatski iseljenici
1560, kutija 11, Hrvatski iseljenici

1560, kutija 12, Hrvatski iseljenici
1560, kutija 13, Hrvatski iseljenici
1560, kutija 14, Hrvatski iseljenici
1560, kutija 16, Hrvatski iseljenici
1560, kutija 23, Hrvatski iseljenici
1560, kutija 3, Hrvatski iseljenici
1560, kutija 32, Hrvatski iseljenici
1560, kutija 33, Hrvatski iseljenici
1560, kutija 5., Hrvatski Iseljenici
1560, kutija 6., Hrvatski Iseljenici
1561, 1.1-2, RSUP SR Hrvatske, SDS
1561, 1.13, Zapisi Dr. Vladimira Židovca o ustaškoj emigraciji neposredno poslije Drugog svjetskog rata
1561, 1.14-2, RSUP SR Hrvatske, SDS
1561, 1.14-4, RSUP SR Hrvatske, SDS
1561, 1.14-6, RSUP SR Hrvatske, SDS
1561, 1.14-7, RSUP SR Hrvatske, SDS
1561, 1.14-8, RSUP SR Hrvatske, SDS
1561, 1.14-9, RSUP SR Hrvatske, SDS
1561, 1.1-I, RSUP SR Hrvatske, SDS
1561, 1.3, RSUP SR Hrvatske, SDS
1561, 1.6, RSUP SR Hrvatske, SDS
1561, 1.9-5, RSUP SR Hrvatske, SDS
1561, 10.0.44-V, RSUP SR Hrvatske, SDS
1561, 10.0.44-VI, RSUP SR Hrvatske, SDS
1561, 10.0-17, RSUP SR Hrvatske, SDS
1561, 10.0-5, RSUP SR Hrvatske, SDS
1561, 10.10-1, RSUP SR Hrvatske, SDS
1561, 10.10-6, Ujedinjeni Hrvati u Zapadnoj Njemačkoj
1561, 10.10-7, RSUP SR Hrvatske, SDS
1561, 10.10-8, RSUP SR Hrvatske, SDS
1561, 10.11-1-3, RSUP SR Hrvatske, SDS
1561, 10.11-1-6, RSUP SR Hrvatske, SDS
1561, 10.11-1-7, RSUP SR Hrvatske, SDS
1561, 10.1-19, RSUP SR Hrvatske, SDS
1561, 10.1-46, RSUP SR Hrvatske, SDS
1561, 10.22-1, RSUP SR Hrvatske, SDS
1561, 10.2-22, RSUP SR Hrvatske, SDS
1561, 10.2-67, RSUP SR Hrvatske, SDS
1561, 10.6.29-30, RSUP SR Hrvatske, SDS
1561, 10.7-1, Hrvatski narodni odbor (HNO)
1561, 10.7-2, Hrvatski narodni odbor – Sjećanja Dr. Krunoslava Draganovića
1561, 10.7-4, Informacije o smrti Branka Jelića
1561, 10.7-5, RSUP SR Hrvatske, SDS
1561, 10.7-8, Prepiska Branka Jelića sa svojim istomišljenicima i drugim osobama
1561, 157482P, RSUP SR Hrvatske, SDS
1561, 4.0-67, RSUP SR Hrvatske, SDS
1561, 4.1-19, RSUP SR Hrvatske, SDS
1561, 4.1-222, RSUP SR Hrvatske, SDS

1561, 4.1-23, RSUP SR Hrvatske, SDS
1561, 4.1-41, RSUP SR Hrvatske, SDS
1561, 4.1-59, RSUP SR Hrvatske, SDS
1616, kutija 280, Predsjedništvo Socijalističke Republike Hrvatske

International Tracing Service, Bad Arolsen (ITS), Digital Archive (online)

Arolsen Archives: 3. Registrierungen und Akten von Displaced Persons, Kindern und Vermissten, 3.2.1.1 CM/1 Akten aus Deutschland
Arolsen Archives: 3. Registrierungen und Akten von Displaced Persons, Kindern und Vermissten, 3.2.1.3 CM/1 Akten aus Österreich

Landesarchiv Berlin (LAB)

B Rep. 002, 21042, Jugoslawische Gastarbeiter in Berlin I
B Rep. 002, 21770-21772, Exilkroaten in Berlin I-III
B Rep. 002, 21043, Jugoslawische Gastarbeiter in Berlin II
B Rep. 006, 2645, Attentat auf den Chef der Jugoslawischen Militärmission
B Rep. 002, 21044, Jugoslawische Büros und Kooperationen in Berlin
B Rep. 058, 11681, Ermittlungssache gegen unbekannt (Gesch.: Jugoslawische Militärmission)

Landesarchiv Baden-Württemberg, Hauptstaatsarchiv Stuttgart (LAV BW, HStAS)

EA 1/106, Bü 1411, Beziehungen zu Jugoslawien
EA 1/107, Bü 351, Ausländerwesen
EA 2/203, Bü 126, Politische Betätigung von Ausländern
EA 2/303, Bü 236, Duldung von Ausländern
EA 2/303, Bü 624, Regelung des Vereins- und Versammlungswesens
EA 2/303, Bü 634, Vereine: Einzelfälle
EA 2/303, Bü 635, Vereine: Einzelfälle
EA 2/303, Bü 641, Ausländervereine: Anmeldepflicht und Überwachung
EA 2/303, Bü 643, Versammlungen und Aufzüge: Einzelfälle
EA 2/303, Bü 645, Überwachung von Versammlungen und Aufzügen: Einzelfälle
EA 2/303, Bü 821, Kroatischer Demokratischer Ausschuss (HDO)
EA 2/303, Bü 835, Politische Ausländerorganisationen
EA 2/303, Bü 837, Politische Ausländerorganisationen
EA 2/303, Bü 838, Politische Ausländerorganisationen
EA 2/303, Bü 840, Politische Ausländerorganisationen

Landesarchiv Nordrhein-Westfalen, Duisburg (LAV NRW)

Gerichte Rep. 195, Nr. 1103, Mehlem
Gerichte Rep. 195, Nr. 1104, Mehlem, Handakten
Gerichte Rep. 195, Nr. 1122, Korrespondenz Jilk
Gerichte Rep. 195, Nr. 1123, Gefängniskorrespondenz Percic
Gerichte Rep. 195, Nr. 1097, Ermittlungsakten Mehlem
Gerichte Rep. 195, Nr. 1106, Erkenntnisse vom Auswärtigen Amt an StA Horn
Gerichte Rep. 195, Nr. 1107, Mehlem, Beiakten
Gerichte Rep. 195, Nr. 112, Akte Medic-Škoko
Gerichte Rep. 195, Nr. 1105, Mehlem
Gerichte Rep. 195, Nr. 1099, Ermittlungen Mehlem
Gerichte Rep. 409, Nr. 104, Korrespondenz Jilk HKB
Gerichte Rep. 409, Nr. 33, Mehlem, Ermittlungen

Gerichte Rep. 409, Nr. 57, Mehlem
Gerichte Rep. 409, Nr. 64, Murat
Gerichte Rep. 409, Nr. 65, Vladimir Murat, Briefe von Schöttler
Gerichte Rep. 409, Nr. 78, Bilandzic, Stjepan
Gerichte Rep. 409, Nr. 89, Mehlem, Miroslav Peran
Gerichte Rep. 409, Nr. 93, Staatsanwaltschaft Bonn: Verfahren gegen Franjo Percic u. a.
NW 0308, Nr. 163, Innenministerium NRW, Polizei (Verfassungs-/Staatsschutz): Aktivitäten jugoslawischer Emigranten in Deutschland (1972–1974)
NW 0308, Nr. 195, Innenministerium NRW, Polizei (Verfassungs-/Staatsschutz): Kroaten
NW 0308, Nr. 196, Innenministerium NRW, Polizei (Verfassungs-/Staatsschutz): Kroaten
NW 0760, Nr. 141, Innenministerium NRW, Ausländer-/Asylwesen: Kroatischer Sozialdienst, enthält: Berichte über die Tätigkeit in Düsseldorf (1971–1974)
NW 0760, Nr. 144, Innenministerium NRW, Ausländer-/Asylwesen: Extremistische Exiljugoslawen, enthält: ausländerrechtliche Maßnahmen; mögliche Aktionen von Exilkroaten (1980)
NW 377, Nr. 6987, Innenministerium NRW, Verfahren gegen Gladic & Orlovic (HDO)

National Archives & Records Administration, College Park, MD/USA (NARA)

RG 263, ZZ 19, CIA Subject Files, Box 63, Ustasha Activities
RG 319, A1 134, Intelligence and Investigative Dossiers, Box 108, Ustashi
RG 319, A1 134, Intelligence and Investigative Dossiers, Box 67, Ustasha Project
RG 319, A1 134, IRR Impersonal Name Files, Box 169, Draganovic
RG 319, ZZ 6, IRR Selected Impersonal Files, Box 19, Ustashi Movement in Italy
RG 65, A1 136A3, HQ Files from Classification 105, Box 131: Omrcanin
RG 65, A1 136AB, FBI HQ Files from Classification 105, Box 175, Vukic

Niedersächsisches Landesarchiv, Hannover (NLA)

Nds. 105 Acc. 82/92, Nr. 1709, Zeitschriften, Flugblätter
Nds. 105 Acc. 82/92, Nr. 2200, Jugoslawen
Nds. 105 Acc. 82/92, Nr. 7663, Jugoslawen, enthält: Dokument: Anleitungen zur Befreiungstätigkeit, Hauptquartier der kroatischen Befreiungskräfte, 1978
Nds. 105 Acc. 82/92, Nr.403 & 404, Kroatischer Nationalrat
Nds. 105 Hannover Acc. 82/92, Nr. 1270, Kroaten
Nds. 721 Hannover Acc. 61/83, Nr. 383, Geplanter Mordanschlag auf F. B.

Parlamentsarchiv des Deutschen Bundestags, Berlin (PA BT)

3109, Rechtsausschuss, 8. WP, Bd. 4
3114, Innenausschuss, 8. WP, Bd. 2
3114, Innenausschuss, 8. WP, Bd. 3
3114, Innenausschuss, 8. WP, Bd. 5
3114, Innenausschuss, 8. WP, Bd. 6

Politisches Archiv des Auswärtigen Amts, Berlin (PA AA)

B 130, 3064A, Emigranten
B 130, 3075A, Jugoslawien
B 130, 3094A, Nichtdeutsche Heimatvertriebene
B 130, 3127A, Emigranten und Exilanten Jugoslawien (1964)
B 130, 3213A, Bericht des BfV über Ostemigration (1954)
B 130, 3959A, Forschungsdienst Osteuropa
B 130, 4653A, Emigration aus Jugoslawien

B 130, 4682A, Flüchtlings- und Vertriebenenfragen
B 130, 5735A, Kroatische Emigration in der BRD
B 42, 100, Kroatische und serbische Emigratenorganisationen
B 42, 165, Jugoslawische Gastarbeiter in der Bundesrepublik Deutschland
B 42, 167, Attentat Klaric, Attentat Milovanovic/Goreta, Anschlag auf Sprechstundenräume, Draganovic, Emigranten, Attentate etc.
B 42, 233, Jugoslawische Emigranten und Exilorganisationen
B 42, 299, Jugoslawische Emigrantenorganisationen
B 42, 98, Emigranten (1955–1963)
B 42, 99, Emigranten (1963)
B 82, 723, Einzelfälle (Percic)
B 82, 780, Fremdenpolizei, Asylrecht, Emigranten, nur Jugoslawen (1970–1972)
B 82, 779, Fremdenpolizei, hier: Asylrecht Emigranten, nur Jugoslawen
B 82, 1004, Jugoslawien
B 83, 1031, Emigranten- und Terroristentätigkeit von Jugoslawen in der BRD (1976)
B 83, 1203, Emigranten- und Terroristentätigkeit von Jugoslawen in der BRD
B 83, 1257, Bilandzic
B 83, 1258, Bilandzic
B 83, 1314, Terrorismus Jugoslawien (1980–1982)
B 83, 1315, Terrorismus Jugoslawien (1982)
B 83, 1469, Bilandzic, Stjepan, hier: Dt.-jugosl. Auslieferungsverkehr
B 83, 845, Terrorismus Emigranten Jugoslawien (1972–1975)
B 85, 1267, Jugoslawien
B 85, 243, Heimatlose Ausländer und ausländische Flüchtlinge
B 85, 259, Heimatlose Ausländer und ausländische Flüchtlinge
S 20, 105709, Forschungsdienst Osteuropa
S 20, 105729, Forschungsdienst Osteuropa, Schriftwechsel Prof. Mende G-Z
S 20, 105750, Forschungsdienst Osteuropa, Schriftwechsel mit dem Auswärtigen Amt
S 20, 105765, Forschungsdienst Osteuropa, Schriftwechsel mit dem Bundesministerium für Gesamtdeutsche Fragen
S 20, 105766, Forschungsdienst Osteuropa: Schriftwechsel mit dem BMI

United Nations Archives, New York/USA (UNA)

S-0400-0002-32 013.1, Displaced Persons – Correspondence on Eligibility for UNRRA Assistance 23/10/1945 19/03/1946
S-0412-0011-0004, Central HQ – Yugoslavia Displaced Persons
S-0416-0006-0003, Yugoslav Red Cross Correspondence
S-0425-0006-17, Administrative – US Zone Germany – History Reports – N.30 – Histories of Individual Camps
S-0436-0014-02, Bad Aibling Camp – Team 188 – AT 1069
S-0436-0026-06, US-Zone-Team 77-Miscellaneous
S-0437-0022-31, Field Operations – DP-Racial-Yugoslavs
S-1415-0000-0049, Repatriation Files – Jugoslav Government – Information for DPs
S-1481-0000-0032, Fermo
S-1492-0000-0058, DP-Enemy and Ex-Enemy Displaced Persons In UNRRA Camps British Zone

4.2 Publizierte Quellen

Baučić, Ivo, Radnici u inozemstvu prema popisu stanovništva Jugoslavije, Zagreb 1973.
Bauer, Ernest, Život je kratak san. Uspomene, 1910–1985, Barcelona 1986.
Bayerisches Staatsministerium des Innern, Verfassungsschutzbericht Bayern 1978, München 1979.
Bayerisches Staatsministerium des Innern, Verfassungsschutzbericht Bayern 1983, München 1984.
Becker, Winfried (Hrsg.), Quellen zur Geschichte des Parlamentarismus und der politischen Parteien. Deutschland seit 1945: Der Auswärtige Ausschuss des Deutschen Bundestages. Sitzungsprotokolle 1972–1976, Düsseldorf 2010.
Borić, Gojko, Hrvat izvan domovine. Sjećanja političkog emigranta, Zagreb 2007.
Bracher, Karl Dietrich/Wintzer, Joachim (Hrsg.), Quellen zur Geschichte des Parlamentarismus und der politischen Parteien. Deutschland seit 1945: Der Auswärtige Ausschuss des Deutschen Bundestages. Sitzungsprotokolle 1965–1969, Düsseldorf 2006.
Bracher, Karl Dietrich/Morsey, Rudolf/Schwarz, Hans-Peter (Hrsg.), Quellen zur Geschichte des Parlamentarismus und der politischen Parteien. Deutschland seit 1945: Der Auswärtige Ausschuss des Deutschen Bundestages. Sitzungsprotokolle 1976–1980, Düsseldorf 2013.
Bundesministerium des Innern (Hrsg.), Zum Thema. Erfahrungsbericht über die Beobachtungen der Ämter für Verfassungsschutz im Jahre 1968, Bonn: BMI, 1969.
Bundesministerium des Innern (Hrsg.), Betrifft: Verfassungsschutz 1969/70, Bonn 1971.
Bundesministerium des Innern (Hrsg.), Betrifft: Verfassungsschutz 1972, Bonn 1973.
Bundesministerium des Innern (Hrsg.), Betrifft: Verfassungsschutz 1975, Bonn 1976.
Bundesministerium des Innern (Hrsg.), Betrifft: Verfassungsschutz 1980, Bonn 1981.
Bundesministerium des Innern (Hrsg.), Betrifft: Verfassungsschutz 1984, Bonn 1985.
Deutscher Bundestag, Stenographische Protokolle, 4. WP, 81. Sitzung, Bonn 26. Juni 1963.
Deutscher Bundestag, Stenographische Protokolle, 5. WP, 113. Sitzung, Bonn 9. Juni 1967.
Deutscher Bundestag, Stenographische Protokolle, 6. WP, 124. Sitzung, Bonn, 14. Mai 1971.
Deutscher Bundestag, Stenographische Protokolle, 9. WP, 100. Sitzung, Bonn 13. Mai 1982.
Đorđević, Obren, Leksikon bezbednosti, Belgrad 1986.
Ernsthausen, Adolf von, Die Wölfe der Lika. Mit Legionären, Ustaschi, Domobranen und Tschetniks gegen Titos Partisanen, Neckargemünd 1959.
Institut für Demoskopie Allensbach, Jahrbuch der öffentlichen Meinung 1957, Bonn 1957.
Jareb, Jere/Jelić, Branimir, Političke uspomene i rad dra Branimira Jelića, Cleveland 1982.
Katalinić, Kazimir, Od poraza do pobjede. Povijest hrvatske političke emigracije, Bd. 1, Zagreb 2017.
Katalinić, Kazimir, Od poraza do pobjede. Povijest hrvatske političke emigracije, Bd. 2, Zagreb 2017.
Kiszling, Rudolf, Die Kroaten. Der Schicksalsweg eines Südslawenvolkes, Graz 1956.
Kolendić, Anton, Iza jednog atentata. Dokumentarna proza, Zagreb 1977.
Kušan, Jakša, Bitka za novu Hrvatsku, Rijeka 2000.
Marx, Reinhard, Asylrecht. Rechtsprechungssammlung mit Erläuterungen, Baden-Baden 1984.
Prčela, John, Operation slaughterhouse, Pittsburgh, PA 1995 [1970].
Rebić, Djuro, Teror crne internationale, Belgrad 1979.
Rover, Srećko, Svjedočanstva i sjećanja. Memoari, Zagreb 1995.
Rullmann, Hans-Peter. Mordauftrag aus Belgrad. Dokumentation über die Belgrader Mordmaschine, Hamburg 1980.
Rullmann, Hans-Peter. Warum die Jugos nicht nach Hause gehen? Probleme der Gastarbeiter aus Jugoslawien, vor allem der Kroaten, in der Bundesrepublik Deutschland und mit dem ungeliebten Heimatstaat Jugoslawien, Hamburg 1985.

Smoydzin, Werner, Hitler lebt! Vom internationalen Faschismus zur Internationalen des Hakenkreuzes, Pfaffenhofen 1966.
Spasić, Božidar, Lasica koja govori. Osnovne pretpostavke borbe protiv terorizma, Belgrad 2000.

4.3 Presse, Fernsehen und Internetquellen

Antifaschistisches Infoblatt
Berliner Zeitung (BZ)
Bild-Zeitung
Blinkfüer. Unabhängige Wochenzeitung for de Waterkant
Bonner General-Anzeiger
Bonner Rundschau
Borba
Danas
Deutsche National- und Soldatenzeitung
Deutscher Anzeiger
Frankfurter Allgemeine Zeitung (FAZ)
Frankfurter Rundschau
Das freie Wort. Eine Wochenzeitung für freiheitliche Politik
General Anzeiger
Historiografija.hr
HNV-Vjesnik
Hrvatska Država
Hrvatska Sloboda
Hrvatska Zora
Informativni bilten hrvatskog narodnog vijeća
Kölner Stadt-Anzeiger
Kölnische Rundschau
Kroatische Berichte (KB)
Münchner Merkur
Naš put
Neue Rheinzeitung
Neue Zürcher Zeitung (NZZ)
Neues Deutschland
Nova Hrvatska
Novosti
Panorama (ARD)
Politika
Report München (ZDF)
Rheinischer Merkur
Schwäbische Zeitung
Schwäbisches Tagblatt
Der Spiegel
Der Standard
Der Stern
Stuttgarter Nachrichten
Stuttgarter Zeitung
Süddeutsche Zeitung (SZ)

Der Tagesspiegel
Die Tat. Wochenzeitung für Demokratie und Frieden
Unsere Zeit
Vjesnik
Vjesnik u srijedu
Die Wahrheit
Die Welt
Westdeutsche Allgemeine Zeitung (WAZ)
Westfälische Rundschau
ZDF-Online
Die Zeit

4.4 Literatur

Aarons, Mark, War Criminals Welcome. Australia, a Sanctuary for Fugitive War Criminals since 1945, Melbourne 2001.
Abbühl, Anicee, Der Aufgabenwandel des Bundeskriminalamtes. Von der Zentralstelle zur multifunktionalen Intelligence-Behörde des Bundes, Stuttgart 2010.
Ackermann, Jan, u. a. (Hrsg.), Metamorphosen des Extremismusbegriffes. Diskursanalytische Untersuchungen zur Dynamik einer funktionalen Unzulänglichkeit, Wiesbaden 2015.
Ackermann, Volker, Politische Flüchtlinge oder unpolitische Zuwanderer aus der DDR? Die Debatte um den echten Flüchtling in Westdeutschland von 1945 bis 1961, in: Motte, Jan/Ohliger, Rainer/Oswald, Anne von (Hrsg.), 50 Jahre Bundesrepublik, 50 Jahre Einwanderung. Nachkriegsgeschichte als Migrationsgeschichte, Frankfurt am Main 1999, S. 76–87.
Ahonen, Pertti, After the Expulsion. West Germany and Eastern Europe, 1945–1990, Oxford 2003.
Ahonen, Pertti, The Dynamics of Expellee Integration in Post-1945 Europe, in: Jansen, Jan C./Lässig, Simone (Hrsg.), Refugee Crises, 1945–2000. Political and Societal Responses in International Comparison, Cambridge 2020, S. 29–54.
Albrecht, Horst, Im Dienst der inneren Sicherheit. Die Geschichte des Bundeskriminalamtes, Wiesbaden 1988.
Alcalde, Ángel, The World Veterans Federation. Cold War Politics and Globalization, in: Alcalde, Ángel/Núñez Seixas, Xosé M. (Hrsg.), War Veterans and the World after 1945. Cold War Politics, Decolonization, London 2018, S. 33–50.
Alcalde, Ángel/Núñez Seixas, Xosé M. (Hrsg.), War Veterans and the World after 1945. Cold War Politics, Decolonization, London 2018.
Alexander, Yonah/Myers, Kenneth A. (Hrsg.), Terrorism in Europe, London 1982.
Alexopoulou, Maria, Vom Nationalen zum Lokalen und zurück? Zur Geschichtsschreibung in der Einwanderungsgesellschaft Deutschland, in: Archiv für Sozialgeschichte 56 (2016), S. 463–484.
Alexopulou, Maria, Deutschland und die Migration. Geschichte einer Einwanderungsgesellschaft wider Willen, Stuttgart 2020.
Allcock, John B./Horton, John J./Milivojevic, Marko (Hrsg.), Yugoslavia in Transition. Choices and Constraints, Leamington Spa 1992.
Allen, Keith R., Interrogation Nation. Refugees and Spies in Cold War Germany, Lanham, MD 2017.
Amelang, Katrin/Binder, Beate/Färber, Alexa (Hrsg.), Vom Rand ins Zentrum. Perspektiven einer kritischen Migrationsforschung, Berlin 2014.
Anderson, Benedict, Imagined Communities. Reflections on the Origin and Spread of Nationalism, London 1991.

Anić de Osona, Marija, Die erste Anerkennung der DDR. Der Bruch der deutsch-jugoslawischen Beziehungen 1957, Baden-Baden 1990.
Antić, Ana, Living in the Age of Axis Internationalism. Imagining Europe in Serbia before and during the Second World War, in: European History Quarterly 48 (2018), H. 1, S. 61–91.
Antonijević, Dragana, Stranac ovde, stranac tamo. Antropološko istraživanje kulturnog identiteta gastarbajtera, Belgrad 2013.
Antonijević, Dragana/Banić-Grubišić, Ana/Krstić, Marija, Gastarbajteri – iz svog ugla. Kazivanja o životu i socioekonomskom položaju gastarbajtera, in: Etnoantropološki problemi 6 (2011), H. 4, S. 983–1011.
Antons, Jan-Hinnerk, Displaced Persons in Postwar Germany. Parallel Societies in a Hostile Environment, in: Journal of Contemporary History 49 (2014), H. 1, S. 92–114.
Antons, Jan-Hinnerk, Ukrainische Displaced Persons in der britischen Zone. Lagerleben zwischen nationaler Fixierung und pragmatischen Zukunftsentwürfen, Essen 2014.
Antons, Jan-Hinnerk, Britischer Umgang mit militanten Antikommunisten, Kollaborateuren und mutmaßlichen Kriegsverbrechern unter osteuropäischen DPs, in: Defrance, Corine/Denis, Juliette/Maspero, Julia (Hrsg.), Personnes déplacées et guerre froide en Allemagne occupée, Brüssel 2015, S. 61–75.
Archer, Rory/Duda, Igor/Stubbs, Paul (Hrsg.), Social Inequalities and Discontent in Yugoslav Socialism, London 2016.
Backes, Uwe/Heydemann, Günther/Vollnhals, Clemens (Hrsg.), Staatssozialismen im Vergleich. Staatspartei – Sozialpolitik – Opposition, Göttingen 2019.
Backes, Uwe/Jesse, Eckhard, Politischer Extremismus in der Bundesrepublik Deutschland, Bonn 1996.
Bade, Klaus J./Emmer, Pieter C./Lucassen, Leo (Hrsg.), Enzyklopädie Migration in Europa. Vom 17. Jahrhundert bis zur Gegenwart, Paderborn 2008.
Baković, Nikola, Hapšenje pripadnika terorističke organizacije Frakcija crvene armije u Jugoslaviji 1978. godine, in: Godišnjak za društvenu istoriju, H. 1, 2011, S. 31–48.
Baković, Nikola, Socialist „Oasis" in a Capitalist „Desert". Yugoslav State Propaganda for Economic Emigrants in FR Germany (1966–1975), Budapest 2012.
Ballinger, Pamela, Entangled or „Extruded" Histories? Displacement, National Refugees, and Repatriation after the Second World War, in: Journal of Refugee Studies 25 (2012), H. 3, S. 366–386.
Balz, Hanno, Von Terroristen, Sympathisanten und dem starken Staat. Die öffentliche Debatte über die RAF in den 70er Jahren, Frankfurt am Main 2008.
Baser, Bahar, Diasporas and Homeland Conflicts. A Comparative Perspective, Burlington, VT 2015.
Batović, Ante, The Croatian Spring. Nationalism, Repression and Foreign Policy under Tito, London 2017.
Baumann, Imanuel/Reinke, Herbert/Stephan, Andrej/Wagner, Patrick, Schatten der Vergangenheit. Das BKA und seine Gründungsgeneration in der frühen Bundesrepublik, Köln 2011.
Bayrak, Sercan/Vidinlioglu, Ilker, „Ausländerextremismus" im Wandel, in: Spielberg, Georg (Hrsg.), Verfassungsschutz 1952–2012. Festschrift zum 60. Jubiläum des Landesamts für Verfassungsschutz Baden-Württemberg, Stuttgart 2012, S. 267–281.
Bech, Rüdiger/Faust, Renate, Die sogenannten Gastarbeiter. Ausländische Beschäftigte in der BRD, Frankfurt am Main 1981.
Becker, Frank (Hrsg.), Politische Gewalt in der Moderne. Festschrift für Hans-Ulrich Thamer, Münster 2003.
Beer, Mathias, Symbolische Politik? Entstehung, Aufgaben und Funktion des Bundesministeriums für Vertriebene, Flüchtlinge und Kriegsgeschädigte, in: Oltmer, Jochen (Hrsg.), Migration steuern und verwalten. Deutschland vom späten 19. Jahrhundert bis zur Gegenwart, Göttingen 2003, S. 295–322.

Beer, Mathias (Hrsg.), Baden-Württemberg – eine Zuwanderungsgeschichte, Stuttgart 2014.
Beer, Mathias, Die deutsche Südosteuropa-Forschung zwischen Nationalsozialismus und Bundesrepublik. Kontinuität – Bruch – Neubeginn, in: Südosteuropa Mitteilungen, H. 4, 2014, S. 28–45.
Beitz, Wolfgang G. (Hrsg.), Politische Betätigung von Ausländern in der Bundesrepublik Deutschland. Referate anläßlich eines Expertengespräches für Asylrichter, 13./14. Oktober 1986 in Bonn, Baden-Baden 1987.
Benninghaus, Christina/Haupt, Heinz-Gerhard (Hrsg.), Unterwegs in Europa. Beiträge zu einer vergleichenden Sozial- und Kulturgeschichte, Frankfurt am Main 2008.
Benz, Wolfgang, Die Gründung der Bundesrepublik. Von der Bizone zum souveränen Staat, München 1999.
Berger, Stefan/Nehring, Holger, Introduction. Towards a Global History of Social Movements, in: Berger, Stefan/Nehring, Holger (Hrsg.), The History of Social Movements in Global Perspective. A Survey, London 2017, S. 1–35.
Berger, Stefan/Nehring, Holger (Hrsg.), The History of Social Movements in Global Perspective. A Survey, London 2017.
Bergholz, Max, Violence as a Generative Force. Identity, Nationalism, and Memory in a Balkan Community, Ithaca, NY 2016.
Bergien, Rüdiger, „Big Data" als Vision. Computereinführung und Organisationswandel in BKA und Staatssicherheit (1967–1989), in: Zeithistorische Forschungen 14 (2017), H. 2, S. 258–285.
Bergien, Rüdiger, Geschichte der Nachrichtendienste/Intelligence History, Version: 1.0, in: Docupedia-Zeitgeschichte, 5.1.2021, http://docupedia.de/zg/Bergien_geschichte_der_nachrichtendienste_v1_de_2021 (10.9.2021).
Berlinghoff, Marcel, Das Ende der „Gastarbeit". Europäische Anwerbestopps 1970–1974, Paderborn 2013.
Bernard, Sara, Deutsch Marks in the Head, Shovel in the Hands and Yugoslavia in the Heart. The Gastarbeiter Return to Yugoslavia, 1965–1991, Wiesbaden 2019.
Bernwald, Zvonimir, Muslime in der Waffen-SS. Erinnerungen an die bosnische Division Handžar (1943–1945), Graz 2012.
Bešlić, Ivan, Čuvari Jugoslavije. Suradnici Udbe u Bosni i Hercegovini, 4 Bände, Zagreb 2003.
Betts, Alexander/Jones, Will, Mobilising the Diaspora. How Refugees Challenge Authoritarianism, Cambridge 2016.
Beyer, Heiko/Schnabel, Annette, Theorien Sozialer Bewegungen. Eine Einführung, Frankfurt am Main 2017.
Biber, Dusan, Ustaše i Treći Reich, in: Jugoslavenski historijski časopis 3 (1964), H. 2, S. 37–56.
Bieber, Florian, Introduction, in: Bieber, Florian/Galijaš, Armina/Archer, Rory (Hrsg.), Debating the End of Yugoslavia, Farnham, MD 2014, S. 1–9.
Bieber, Florian/Galijaš, Armina/Archer, Rory (Hrsg.), Debating the End of Yugoslavia, Farnham, MD 2014.
Biess, Frank, Republik der Angst. Eine andere Geschichte der Bundesrepublik, Reinbek 2019.
Biess, Frank/Moeller, Robert G. (Hrsg.), Histories of the Aftermath. The Legacies of the Second World War in Europe, New York 2010.
Bigo, Didier, Sicherheit und Immigration. Zu einer Kritik der Gouvernmentalität des Unbehagens, in: Misselwitz, Margarete (Hrsg.), Politik der Unentschiedenheit. Die internationale Politik und ihr Umgang mit Kriegsflüchtlingen, Bielefeld 2010, S. 39–75.
Biondich, Mark, „We Were Defending the State". Nationalism, Myth, and Memory in Twentieth-Century Croatia, in: Lampe, John R./Mazower, Mark (Hrsg.), Ideologies and National Identities. The Case of Twentieth-Century Southeastern Europe, Budapest 2004, S. 54–81.

Bleich, Erik/Bloemraad, Irene/Graauw, Els de, Migrants, Minorities and the Media. Information, Representations and Participation in the Public Sphere, in: Journal of Ethnic and Migration Studies 41 (2015), H. 6, S. 857–873.
Bloxham, Donald/Gerwarth, Robert (Hrsg.), Political Violence in Twentieth-Century Europe, Cambridge 2011.
Blumenau, Bernhard, The United Nations and Terrorism. Germany, Multilateralism, and Antiterrorism Efforts in the 1970s, Basingstoke 2014.
Blumenau, Bernhard, Einsam oder doch gemeinsam? Bundesdeutsche und westeuropäische Anti-Terrorismus-Politik in den Vereinten Nationen, in: Hürter, Johannes (Hrsg.), Terrorismusbekämpfung in Westeuropa. Demokratie und Sicherheit in den 1970er und 1980er Jahren, Berlin u. a. 2015, S. 239–258.
Boehling, Rebecca L./Urban, Susanne/Bienert, René (Hrsg.), Displaced Persons. Leben im Transit: Überlebende zwischen Repatriierung, Rehabilitation und Neuanfang, Göttingen 2014.
Böhm, Johann, Die deutschen Volksgruppen im Unabhängigen Staat Kroatien und im serbischen Banat. Ihr Verhältnis zum dritten Reich 1941–1944, Frankfurt am Main 2012.
Bojadžijev, Manuela, Die windige Internationale. Rassismus und Kämpfe der Migration, Münster 2012.
Bojadžijev, Manuela/Karakayali, Serhat, Autonomie der Migration. 10 Thesen zu einer Methode, in: (Hrsg.), Turbulente Ränder. Neue Perspektiven auf Migration an den Grenzen Europas, Bielefeld 2007, S. 203–221.
Bojadžijev, Manuela/Perinelli, Massimo, Die Herausforderung der Migration. Migrantische Lebenswelten in der Bundesrepublik in den siebziger Jahren, in: Reichardt, Sven/Siegfried, Detlef (Hrsg.), Das alternative Milieu. Antibürgerlicher Lebensstil und linke Politik in der Bundesrepublik Deutschland und Europa 1968–1983, Göttingen 2010, S. 131–145.
Bojadžijev, Manuela/Römhild, Regina, Was kommt nach dem „transnational turn"? Perspektiven für eine kritische Migrationsforschung, in: Amelang, Katrin/Binder, Beate/Färber, Alexa (Hrsg.), Vom Rand ins Zentrum. Perspektiven einer kritischen Migrationsforschung, Berlin 2014, S. 10–24.
Bömelburg, Hans-Jürgen, Der Dissens im östlichen Europa und die alte Bundesrepublik. Exilautoren, Bürgerrechtler und die Öffnung der westdeutschen Gesellschaft, in: Schildt, Axel (Hrsg.), Von draußen. Ausländische intellektuelle Einflüsse in der Bundesrepublik bis 1990, Göttingen 2016, S. 271–287.
Bommes, Michael, Die politische „Verwaltung" von Migration in Gemeinden, in: Oltmer, Jochen (Hrsg.), Migration steuern und verwalten. Deutschland vom späten 19. Jahrhundert bis zur Gegenwart, Göttingen 2003, S. 459–480.
Bon Tempo, Carl J., Americans at the Gate. The United States and Refugees during the Cold War, Princeton, N. J. 2008.
Bösch, Frank, Zeitenwende 1979. Als die Welt von heute begann, München 2019.
Bösch, Frank/Wirsching, Andreas, Erfahrene Männer. Das Personal der Innenministerien in Bonn und Ost-Berlin, in: Creuzberger, Stefan/Geppert, Dominik (Hrsg.), Die Ämter und ihre Vergangenheit. Ministerien und Behörden im geteilten Deutschland, 1949–1972, Paderborn 2018, S. 163–181.
Bösch, Frank/Wirsching, Andreas (Hrsg.), Hüter der Ordnung. Die Innenministerien in Bonn und Ost-Berlin nach dem Nationalsozialismus, Göttingen 2018.
Botsch, Gideon, Was ist Rechtsterrorismus?, in: Aus Politik und Zeitgeschichte 69 (2019), H. 49–50, S. 9–14.
Bötticher, Astrid, Extremismus, in: Hansen, Jan/Droit, Emmanuel/Reichherzer, Frank (Hrsg.), Den Kalten Krieg vermessen. Über Reichweite und Alternativen einer binären Ordnungsvorstellung, Berlin 2018, S. 107–124.

Bougarel, Xavier, Islam, a „Convenient Religion“? The Case of the 13th SS Division Handschar. Combatants of Muslim Origin, in: Drieu, Cloé/Branche, Raphaëlle/Bougarel, Xavier (Hrsg.), Combatants of Muslim Origin in European Armies in the Twentieth Century. Far from Jihad, London, New York 2017, S. 137–160.
Bougarel, Xavier, La division Handschar. Waffen-SS de Bosnie, 1943–1945, Paris 2020.
Bougarel, Xavier/Grandits, Hannes/Vulesica, Marija (Hrsg.), Local Dimensions of the Second World War in Southeastern Europe, New York 2019.
Bourdieu, Pierre (Hrsg.), Politik. Schriften zur politischen Ökonomie 2, Berlin 2013.
Bourdieu, Pierre/Raphael, Lutz, Über die Beziehungen zwischen Geschichte und Soziologie in Frankreich und Deutschland, in: Geschichte und Gesellschaft 22 (1996), H. 1, S. 62–89.
Bowyer Bell, J., A Time of Terror. How Democratic Societies Respond to Revolutionary Violence, New York 1978.
Brettell, Caroline, Theorizing Migration in Anthropology. The Social Construction of Networks, Identities, Communities, and Globalscapes, in: Brettell, Caroline B./Hollifield James F. (Hrsg.), Migration Theory. Talking Across Disciplines, New York 2015, S. 148–197.
Brettell, Caroline B./Hollifield James F. (Hrsg.), Migration Theory. Talking across Disciplines, New York 2015.
Brier, Robert (Hrsg.), Entangled Protest. Transnational Approaches to the History of Dissent in Eastern Europe and the Soviet Union, Osnabrück 2013.
Brier, Robert, Beyond the „Helsinki Effect“. East European Dissent and the Western Left in the „Long 1970s“, in: Villaume, Poul/Mariager, Rasmus/Porsdam, Helle (Hrsg.), The „Long 1970s“. Human Rights, East-West Détente and Transnational Relations, New York 2016, S. 71–86.
Bröker, Astrid/Rautenberg, Jens, Die Asylpolitik in der Bundesrepublik Deutschland. Unter besonderer Berücksichtigung des sogenannten Asylmißbrauchs, Berlin 1986.
Broszat, Martin/Hory, Ladislaus, Der kroatische Ustascha-Staat, 1941–1945, München 1964.
Broucek, Peter, Ein General im Zwielicht. Die Erinnerungen Edmund Glaises von Horstenau, Wien 1988.
Brubaker, Rogers, The ‚Diaspora‘ Diaspora, in: Ethnic and Racial Studies 28 (2005), S. 1–19.
Brückenhaus, Daniel, Policing Transnational Protest. Liberal Imperialism and the Surveillance of Anticolonialists in Europe, 1905–1945, Oxford 2017.
Brunnbauer, Ulf, Labour Emigration from the Yugoslav Region from the late 19th Century until the End of Socialism. Continuities and Changes, in: Ders. (Hrsg.), Transnational Societies, Transterritorial Politics. Migrations in the (Post-)Yugoslav Region, 19th–21th century, München 2009, S. 17–50.
Brunnbauer, Ulf (Hrsg.), Transnational Societies, Transterritorial Politics. Migrations in the (Post-) Yugoslav Region, 19th–21th century, München 2009.
Brunnbauer, Ulf, Globalizing Southeastern Europe. Emigrants, America, and the State since the Late Nineteenth Century, Lanham, MD 2016.
Brunnbauer, Ulf/Buchenau, Klaus, Geschichte Südosteuropas, Ditzingen 2018.
Brunner, Otto/Conze, Werner/Koselleck, Reinhart (Hrsg.), Geschichtliche Grundbegriffe. Historisches Lexikon zur politisch-sozialen Sprache in Deutschland, Stuttgart 1994.
Bryan, Dominic, A Landscape of Meaning. Constructing Understandings of Political Violence from the Broken Paradigm of „Terrorism“, in: Jackson, Richard/Sinclair, Samuel Justin (Hrsg.), Contemporary Debates on Terrorism, London 2012, S. 17–24.
Buchenau, Klaus, Kämpfende Kirchen. Jugoslawiens religiöse Hypothek, Frankfurt am Main 2006.
Bulatović, Ljiljana/Spasić, Božidar, Smrt je njihov zanat. Dokumenti ustaškog terorizma, Belgrad 1993.
Bülow, Mathilde von, West Germany, Cold War Europe and the Algerian War, Cambridge 2016.

Bundesministerium des Innern, Erfahrungen in der Beobachtung und Abwehr rechtsradikaler und antisemitischer Tendenzen im Jahre 1965, in: Aus Politik und Zeitgeschichte 11 (1966), S. 3–38.
Bürgisser, Thomas, Wahlverwandtschaft zweier Sonderfälle im Kalten Krieg. Schweizerische Perspektiven auf das sozialistische Jugoslawien 1943–1991, Bern 2017.
Burke, Kyle, Revolutionaries for the Right. Anticommunist Internationalism and Paramilitary Warfare in the Cold War, Chapel Hill 2018.
Busch, Heiner/Funk, Albrecht/Kauß, Udo, Die Polizei in der Bundesrepublik, Frankfurt am Main 1988.
Buschmann, Maximilian, Hungerstreiks. Notizen zur trans-nationalen Geschichte einer Protestform im 20. Jahrhundert, in: Aus Politik und Zeitgeschichte 49 (2015), S. 34–40.
Bušić, Julienne, Lovers and Madmen. A True Story of Passion, Politics, and Air Piracy, Vancouver, WA 1995.
Calic, Marie-Janine, Geschichte Jugoslawiens im 20. Jahrhundert, München 2010.
Caruso, Clelia, Inclusion Opportunities and Exclusion risks. Mediterranean Labour Migration and European Migration Policies, in: Dies./Pleinen, Jenny/Raphael, Lutz (Hrsg.), Postwar Mediterranean Migration to Western Europe. Legal and Political Frameworks, Sociability and Memory Cultures, Frankfurt am Main 2008, S. 9–36.
Caruso, Clelia/Pleinen, Jenny/Raphael, Lutz (Hrsg.), Postwar Mediterranean Migration to Western Europe. Legal and Political Frameworks, Sociability and Memory Cultures, Frankfurt am Main 2008.
Castles, Stephen/Miller, Mark J., The Age of Migration. International Population Movements in the Modern World, Basingstoke 2010.
Charters, David A. (Hrsg.), The Deadly Sin of Terrorism. Its Effect on Democracy and Civil Liberty in Six Countries, Westport, Conn. 1994.
Checkel, Jeffrey T. (Hrsg.), Transnational Dynamics of Civil War, Cambridge 2013.
Chin, Rita, Guest Worker Migration and the Unexpected Return of Race, in: Dies./Fehrenbach, Heike (Hrsg.), After the Nazi Racial State. Difference and Democracy in Germany and Europe, Ann Arbor, MI 2009, S. 80–101.
Chin, Rita/Fehrenbach, Heike (Hrsg.), After the Nazi Racial State. Difference and Democracy in Germany and Europe, Ann Arbor, MI 2009.
Cingolani, Giorgio/Adriano, Pino, Nationalism and Terror. Ante Pavelić and Ustasha Terrorism from Fascism to the Cold War, Budapest 2018.
Čizmić, Ivan/Sopta, Marin/Šakić, Vlado, Iseljena Hrvatska, Zagreb 2005.
Clarkson, Alexander, Fragmented Fatherland. Immigration and Cold War Conflict in the Federal Republic of Germany, 1945–1980, New York 2013.
Clissold, Stephen, Croat Separatism. Nationalism, Dissidence and Terrorism, in: Conflict Studies 69 (1978), S. 3–21.
Cohen, Gerard Daniel, In War's Wake. Europe's Displaced Persons in the Postwar Order, Oxford 2012.
Cohen, Lenard J./Dragović-Soso, Jasna (Hrsg.), State Collapse in South-Eastern Europe. New Perspectives on Yugoslavia's Disintegration, West Lafayette, IN 2008.
Collin, Peter/Horstmann, Thomas (Hrsg.), Das Wissen des Staates. Zugänge zu einem Forschungsthema, Baden-Baden 2004.
Collin, Peter/Horstmann, Thomas, Einleitung, in: Dies. (Hrsg.), Das Wissen des Staates. Zugänge zu einem Forschungsthema, Baden-Baden 2004, S. 9–38.
Conway, Martin, Legacies of Exile. The Exile Governments in London during the Second World War and the Politics of Post-War Europe, in: Ders./Gotovitch, José (Hrsg.), Europe in Exile. European Exile Communities in Britain, 1940–1945, New York 2001, S. 255–274.

Conway, Martin/Gotovitch, José (Hrsg.), Europe in Exile. European Exile Communities in Britain, 1940–1945, New York 2001.
Conze, Eckart, Die Suche nach Sicherheit. Eine Geschichte der Bundesrepublik Deutschland von 1949 bis in die Gegenwart, München 2009.
Conze, Eckart, Geschichte der Sicherheit. Entwicklung – Themen – Perspektiven, Göttingen 2018.
Conze, Eckart/Frei, Norbert/Hayes, Peter/Zimmermann, Moshe, Das Amt und die Vergangenheit. Deutsche Diplomaten im Dritten Reich und in der Bundesrepublik, München 2010.
Cotey Morgan, Michael, The Final Act. The Helsinki Accords and the Transformation of the Cold War, Princeton, N. J. 2018.
Čovo, Stjepan, Dominik Šušnjara. Život i djelo, Makarska 1998.
Cowgill, Anthony/Brimelow, Thomas/Booker, Christopher, The Repatriations from Austria in 1945. Cowgill Inquiry, London 1990.
Coy, Jason Philip/Poley, Jared/Schunka, Alexander (Hrsg.), Migrations in the German lands, 1500–2000, Oxford/New York 2016.
Crawford, Beverly, Explaining Defection from International Cooperation. Germany's Unilateral Recognition of Croatia, in: World Politics 48 (1996), H. 4, S. 482–521.
Creuzberger, Stefan/Geppert, Dominik (Hrsg.), Die Ämter und ihre Vergangenheit. Ministerien und Behörden im geteilten Deutschland, 1949–1972, Paderborn 2018.
Creuzberger, Stefan/Hoffmann, Dierk (Hrsg.), „Geistige Gefahr" und „Immunisierung der Gesellschaft". Antikommunismus und politische Kultur in der frühen Bundesrepublik, München 2014.
Čulo, Ivan, Ljudska prava u hrvatskoj emigrantskoj misli (1945–1990), in: Prilozi za istraživanje hrvatske filozofske baštine 46 (2020), S. 439–643.
Cvetković, Srđan, Metode i oblici rada službi državne bezbednosti u socijalističkoj Jugoslaviji, in: Istorija 20. Veka 27 (2009), H. 2, S. 131–144.
Cvetković, Srđan, Političkopropagandno delovanje jugoslovenske političke emigracije na Zapadu 1945–1985, in: Hereticus – Časopis za preispitivanje prošlosti, H. 4, 2009, S. 41–68.
Cvetković, Srđan, Terorizam i jugoslovenska politička emigracija, in: Istorija 20. Veka 32 (2014), H. 2, S. 171–197.
Cvetković, Srđan, Uhapsite Đilasa! Plan o hapšenju Milovana Đilasa 1981. u kontekstu ukupne politike prema disidentima u socijalističkoj Jugoslaviji, in: Istorija 20. Veka 33 (2015), H. 2, S. 9–26.
Czyhcoll, Claudia Valeska, Bilder des Fremden. Visuelle Fremd- und Selbstkonstruktionen von Migrant*innen in der BRD (1960–1982), Bielefeld 2020.
Daase, Christopher, Die RAF und der internationale Terrorismus. Zur transnationalen Kooperation klandestiner Organisationen, in: Kraushaar, Wolfgang (Hrsg.), Die RAF und der linke Terrorismus, Hamburg 2006, S. 905–929.
Daase, Christopher/Offermann, Philipp/Rauer, Valentin, Einleitung, in: Dies. (Hrsg.), Sicherheitskultur. Soziale und politische Praktiken der Gefahrenabwehr, Frankfurt am Main 2012, S. 23–43.
Daase, Christopher/Offermann, Philipp/Rauer, Valentin (Hrsg.), Sicherheitskultur. Soziale und politische Praktiken der Gefahrenabwehr, Frankfurt am Main 2012.
Dahinden, Janine, A Plea for the ‚De-Migranticization' of Research on Migration and Integration, in: Ethnic and Racial Studies 39 (2016), H. 13, S. 2207–2225.
Dahlke, Matthias, Demokratischer Staat und transnationaler Terrorismus. Drei Wege zur Unnachgiebigkeit in Westeuropa 1972–1975, München 2011.
Dahlmann, Dittmar (Hrsg.), Unfreiwilliger Aufbruch. Migration und Revolution von der Französischen Revolution bis zum Prager Frühling, Essen 2007.
Daniel, Ute, Beziehungsgeschichten. Politik und Medien im 20. Jahrhundert, Hamburg 2018.

Das Gupta, Amit, The Non-Aligned and the German Question, in: Mišković, Nataša/Fischer-Tiné, Harald (Hrsg.), The Non-Aligned Movement and the Cold War. Delhi – Bandung – Belgrade, London 2017, S. 143–160.
Dedieu, Jean-Philippe/Mbodj-Pouye, Aïssatou, The Fabric of Transnational Political Activism. „Révolution Afrique“ and West African Radical Militants in France in the 1970s, in: Comparative Studies in Society and History 60 (2018), H. 4, S. 1172–1208.
Defrance, Corine/Denis, Juliette/Maspero, Julia (Hrsg.), Personnes déplacées et guerre froide en Allemagne occupée, Brüssel 2015.
Delić, Ante, On the Concealment of Ante Pavelić in Austria in 1945–1946, in: Review of Croatian History 7 (2011), H. 1, S. 293–313.
Delić, Ante, Djelovanje Ante Pavelića 1945.–1953. godine, Zadar 2016.
Della Porta, Donatella, Clandestine Political Violence, Cambridge 2013.
Della Porta, Donatella, Political Opportunity Structure, in: Dies./Diani, Mario (Hrsg.), The Oxford Handbook of Social Movements, Oxford 2015, S. 956–961.
Della Porta, Donatella/Diani, Mario (Hrsg.), The Oxford Handbook of Social Movements, Oxford 2015.
Denninger, Erhard/Böhme, Gerhard (Hrsg.), Freiheitliche demokratische Grundordnung I. Materialien zum Staatsverständnis und zur Verfassungswirklichkeit in der Bundesrepublik Deutschland, Frankfurt am Main 1977.
Denninger, Erhard/Böhme, Gerhard (Hrsg.), Freiheitliche demokratische Grundordnung II. Materialien zum Staatsverständnis und zur Verfassungswirklichkeit in der Bundesrepublik Deutschland, Frankfurt am Main 1977.
Deutsch-Ausländische Freundschafts-Initiative, Borussenfront. Dokumentation, Dortmund 1984.
Deutsche Nansen-Gesellschaft (Hrsg.), 2. Internationales Asyl-Colloquium. Garmisch-Partenkirchen, Köln 1965.
Di Fabio, Laura, Counterterrorism Cooperation Policy between the Federal Republic of Germany and Italy in the 1970s, in: Universität Leipzig (Hrsg.), SFB 1199 Working Paper Series 2017.
Dierl, Florian/Stiller, Alexa, Von Generälen und Partisanen. Die Verbrechen der Wehrmacht in Südosteuropa und der „Geiselmord-Prozess“ im Kontext des Kalten Krieges, in: Priemel, Kim Christian/Stiller, Alexa (Hrsg.), NMT. Die Nürnberger Militärtribunale zwischen Geschichte, Gerechtigkeit und Rechtschöpfung, Hamburg 2013, S. 230–254.
Dietze, Carola, Die Erfindung des Terrorismus in Europa, Russland und den USA 1858–1866, Hamburg 2016.
Dietze, Carola, Ein blinder Fleck? Zur relativen Vernachlässigung des Rechtsterrorismus in den Geschichtswissenschaften, in: Freimüller, Tobias/Schanetzky, Tim/Steinbacher, Sybille/Süß, Dietmar/Weinke, Anette (Hrsg.), Demokratisierung der Deutschen. Errungenschaften und Anfechtungen eines Projekts, Göttingen 2020, S. 189–205.
Dimić, Natalja, Connecting Trade and Politics. Negotiations on the Release of the German Prisoners of War in Yugoslavia and the First West German-Yugoslav Trade Agreement of 1949/1950, in: Istorija 20. veka, 39 (2021), H. 2, S. 333–352.
Dimitrijević, Bojan, Intelligence and Security Services in Tito's Yugoslavia 1944–1966, in: Istorija 20. veka 37 (2019), H. 2, S. 9–28.
Dinkel, Jürgen, Die Bewegung Bündnisfreier Staaten. Genese, Organisation und Politik (1927–1992), Berlin 2015.
Ditrych, Ondrej, ‚International Terrorism' as Conspiracy. Debating Terrorism in the League of Nations, in: Historical Social Research 38 (2013), H. 1, S. 200–210.
Djokić, Dejan (Hrsg.), Yugoslavism. Histories of a Failed Idea, 1918–1992, London 2003.
Djokić, Dejan/Ker-Lindsay, James (Hrsg.), New Perspectives on Yugoslavia. Key Issues and Controversies, London 2011.

Doerdelmann, Bernhard (Hrsg.), Minderheiten in der Bundesrepublik, München 1969.
Doering-Manteuffel, Anselm, Freiheitliche demokratische Grundordnung und Gewaltdiskurs. Überlegungen zur „streitbaren Demokratie“ in der politischen Kultur der Bundesrepublik, in: Becker, Frank (Hrsg.), Politische Gewalt in der Moderne. Festschrift für Hans-Ulrich Thamer, Münster 2003, S. 269–284.
Doering-Manteuffel, Anselm, Der Antikommunismus in seiner Epoche, in: Frei, Norbert/Rigoll, Dominik (Hrsg.), Der Antikommunismus in seiner Epoche. Weltanschauung und Politik in Deutschland, Europa und den USA, Göttingen 2017, S. 11–29.
Doering-Manteuffel, Anselm/Leonhard, Jörn (Hrsg.), Liberalismus im 20. Jahrhundert, Stuttgart 2015.
Dolde, Klaus-Peter, Die politischen Rechte der Ausländer in der Bundesrepublik, Berlin 1972.
Dölemeyer, Anne/Mehrer, Anne, Einleitung. Ordnung.Macht.Extremismus, in: Forum für Kritische Rechtsextremismusforschung (Hrsg.), Ordnung. Macht. Extremismus. Effekte und Alternativen des Extremismus-Modells, Wiesbaden 2011, S. 7–32.
Dragišić, Petar, Operation Phoenix in Yugoslavia in the Summer of 1972 and Yugoslav-Austrian Relations, in: Tokovi istorije 26 (2018), H. 3, S. 87–106.
Dragišić, Petar, Ko je pucao u Jugoslaviju? Jugoslovenska politička emigracija na zapadu, 1968–1980, Belgrad 2019.
Dragovič-Soso, Jasna, „Saviours of the Nation“. Serbia's Intellectual Opposition and the Revival of Nationalism, London 2002.
Drieu, Cloé/Branche, Raphaëlle/Bougarel, Xavier (Hrsg.), Combatants of Muslim Origin in European Armies in the Twentieth Century. Far from Jihad, London/New York 2017.
Dudek, Peter/Jaschke, Hans-Gerd, Entstehung und Entwicklung des Rechtsextremismus in der Bundesrepublik. Zur Tradition einer besonderen politischen Kultur, Bd. 1, Wiesbaden 1984.
Dufoix, Stéphane, Politiques d'exil. Hongrois, Polonais et Tchécoslovaques en France après 1945, Paris 2002.
Dülffer, Jost, Geheimdienst in der Krise. Der BND in den 1960er-Jahren, Berlin 2018.
Dulić, Tomislav, Utopias of Nation. Local Mass Killing in Bosnia and Herzegovina, 1941–42, Uppsala 2005.
Dunkel, Barbara/Gollasch, Christoph/Padberg, Kai (Hrsg.), Nicht zu fassen. Das Extremismuskonzept und neue rechte Konstellationen, Berlin 2019.
Dunkel, Franziska/Stramaglia-Faggion, Gabriella, „Für 50 Mark einen Italiener“. Zur Geschichte der Gastarbeiter in München, München 2000.
Eckel, Jan, Die Ambivalenz des Guten. Menschenrechte in der internationalen Politik seit den 1940ern, Göttingen 2014.
Eckel, Jan, Menschenrechte und Wandel der Außenpolitik in den 1970er Jahren. Die Bundesrepublik im internationalen Vergleich, in: Levsen, Sonja/Torp, Cornelius (Hrsg.), Wo liegt die Bundesrepublik? Vergleichende Perspektiven auf die westdeutsche Geschichte, Göttingen 2016, S. 185–203.
Eckert, Julia M., Laws for Enemies, in: Dies. (Hrsg.), The Social Life of Anti-Terrorism Laws. The War on Terror and the Classifications of the „Dangerous Other“, Bielefeld 2008, S. 7–31.
Eckert, Julia M. (Hrsg.), The Social Life of Anti-Terrorism Laws. The War on Terror and the Classifications of the „Dangerous Other“, Bielefeld 2008.
Eder, Jacob S./Stahl, Daniel, „In Deutschland herrscht Apartheid“. Solingen, Mölln und der Kampf um politische Partizipation, in: Freimüller, Tobias/Schanetzky, Tim/Steinbacher, Sybille/Süß, Dietmar/Weinke, Anette (Hrsg.), Demokratisierung der Deutschen. Errungenschaften und Anfechtungen eines Projekts, Göttingen 2020, S. 318–333.
Eichenhofer, Johannes, Begriff und Konzept der Integration im Aufenthaltsgesetz, Baden-Baden 2013.

Eley, Geoff, How and Where is German History Centered?, in: Roseman, Mark/Gregor, Neil/Roemer, Nils H. (Hrsg.), German History from the Margins, Bloomington 2006, S. 268–286.
Eley, Geoff, A Disorder of Peoples. The Uncertain Ground of Reconstruction in 1945, in: Reinisch Jessica/White, Elizabeth (Hrsg.), The Disentanglement of Populations. Migration, Expulsion and Displacement in Post-War Europe, 1944–9, Basingstoke 2011, S. 291–313.
Elste, Alfred/Wadl, Wilhelm, Titos langer Schatten. Bomben- und Geheimdienstterror im Kärnten der 1970er Jahre, Klagenfurt 2015.
Elvert, Jürgen, The „New European Order" of National Socialism. Some Remarks on its Sources, Genesis and Nature, in: Gosewinkel, Dieter (Hrsg.), Anti-Liberal Europe. A Neglected Story of Europeanization, New York 2015, S. 105–127.
Erlichman, Camilo/Knowles, Christopher, Introduction, in: Dies. (Hrsg.), Transforming Occupation in the Western Zones of Germany. Politics, Everyday Life and Social Interactions, 1945–55, London 2018, S. 3–24.
Erlichman, Camilo/Knowles, Christopher (Hrsg.), Transforming Occupation in the Western Zones of Germany. Politics, Everyday Life and Social Interactions, 1945–55, London 2018.
Espahangizi, Kijan Malte, Ab wann sind Gesellschaften postmigrantisch? Wissenshistorische Überlegungen ausgehend von der Schweiz, in: Foroutan, Naika/Karakayali, Juliane/Spielhaus, Riem (Hrsg.), Postmigrantische Perspektiven. Ordnungssysteme, Repräsentationen, Kritik, Frankfurt am Main 2018, S. 35–56.
Etzold, Raphaela/Löhnig, Martin/Schlemmer, Thomas (Hrsg.), Migration und Integration in Deutschland nach 1945, Berlin 2019.
Fahlbusch, Michael/Haar, Ingo/Pinwinkler, Alexander (Hrsg.), Handbuch der völkischen Wissenschaften. Akteure, Netzwerke, Forschungsprogramme, Berlin 2017.
Fahrmeir, Andreas/Hellman, Gunther/Vec, Miloš, Introduction, in: Dies. (Hrsg.), The Transformation of Foreign Policy. Drawing and Managing Boundaries from Antiquity to the Present, Oxford 2016, S. 1–9.
Fahrmeir, Andreas/Hellman, Gunther/Vec, Miloš (Hrsg.), The Transformation of Foreign Policy. Drawing and Managing Boundaries from Antiquity to the Present, Oxford 2016.
Falk, Francesca, Wir brauchen eine Migrantisierung der Geschichtsschreibung – und eine Mobilitätskritik, in: Schweizerische Zeitschrift für Geschichte 69 (2019), H. 1, S. 146–163.
Farthofer, Hilde, Neuausrichtung des Staatsschutzes nach 1945? Die Beispiele Bundesrepublik Deutschland, Italien und Österreich, Göttingen 2019.
Feindt, Gregor, Auf der Suche nach politischer Gemeinschaft. Oppositionelles Denken zur Nation im ostmitteleuropäischen Samizdat, 1976–1992, Berlin 2015.
Feldman, Lily Gardner, Germany's Foreign Policy of Reconciliation. From Enmity to Amity, Lanham, MD 2012.
Ferhadbegović, Sabina, Vor Gericht. Die Soldaten der Handschar-Division im Nachkriegsjugoslawien, in: Südost-Forschungen 69/70 (2010/2011), S. 228–251.
Ferhadbegović, Sabina, Die verschwiegene Division. Die Kontroverse um die 13. Waffen-SS-Division (Handschar) in Bosnien-Herzegowina, in: Schulte, Jan Erik/Wildt, Michael (Hrsg.), Die SS nach 1945. Entschuldungsnarrative, populäre Mythen, europäische Erinnerungsdiskurse, Göttingen 2018, S. 360–380.
Fichter, Madigan, Yugoslav Protest. Student Rebellion in Belgrade, Zagreb, and Sarajevo in 1968, in: Slavic Review 75 (2016), H. 1, S. 99–121.
Fisch, Jörg, Das Selbstbestimmungsrecht der Völker. Die Domestizierung einer Illusion, München 2010.
Fischer, Wolfgang, Heimat-Politiker. Selbstverständnis und politisches Handeln von Vertriebenen als Abgeordnete im Deutschen Bundestag, 1949 bis 1974, Düsseldorf 2010.

Forlenza, Rosario, The Politics of the Abendland. Christian Democracy and the Idea of Europe after the Second World War, in: Contemporary European History 26 (2017), H. 2, S. 261–286.

Foroutan, Naika, Die postmigrantische Gesellschaft. Ein Versprechen der pluralen Demokratie, Bielefeld 2019.

Foroutan, Naika/Karakayali, Juliane/Spielhaus, Riem (Hrsg.), Postmigrantische Perspektiven. Ordnungssysteme, Repräsentationen, Kritik, Frankfurt am Main 2018.

Forum für Kritische Rechtsextremismusforschung (Hrsg.), Ordnung. Macht. Extremismus. Effekte und Alternativen des Extremismus-Modells, Wiesbaden 2011.

Fotiadis, Ruža, Freundschaftsbande. Griechisch-serbische Geschichts- und Gegenwartsdeutungen vor dem Hintergrund der Jugoslawienkriege 1991–1999, Göttingen 2021.

Foucault, Michel, Sicherheit, Territorium, Bevölkerung. Vorlesungen am Collège de France 1977–1978, Frankfurt am Main 2004.

Frei, Norbert, 1945 und wir. Das Dritte Reich im Bewußtsein der Deutschen, München 2005.

Frei, Norbert/Rigoll, Dominik (Hrsg.), Der Antikommunismus in seiner Epoche. Weltanschauung und Politik in Deutschland, Europa und den USA, Göttingen 2017.

Frei, Norbert/Weinke, Annette (Hrsg.), Toward a New Moral World Order? Menschenrechtspolitik und Völkerrecht seit 1945, Göttingen 2013.

Freimüller, Tobias/Schanetzky, Tim/Steinbacher, Sybille/Süß, Dietmar/Weinke, Anette (Hrsg.). Demokratisierung der Deutschen. Errungenschaften und Anfechtungen eines Projekts, Göttingen 2020.

Frevert, Ute, Neue Politikgeschichte. Konzepte und Herausforderungen, in: Dies./Heinz-Gerhard Haupt (Hrsg.), Neue Politikgeschichte. Perspektiven einer historischen Politikforschung, Frankfurt am Main 2005, S. 7–26.

Frevert, Ute/Haupt, Heinz-Gerhard (Hrsg.), Neue Politikgeschichte. Perspektiven einer historischen Politikforschung, Frankfurt am Main 2005.

Fromm, Rainer, Die „Wehrsportgruppe Hoffmann“. Darstellung, Analyse und Einordnung. Ein Beitrag zur Geschichte des deutschen und europäischen Rechtsextremismus, Frankfurt am Main 1998.

Funk, Albrecht/Werkentin, Falko, Materialien zur Entwicklung des innerstaatlichen Gewaltapparats, Polizei Bundesgrenzschutz, Bundeskriminalamt u. a., in: Denninger/Erhard/Böhme, Gerhard (Hrsg.), Freiheitliche demokratische Grundordnung II. Materialien zum Staatsverständnis und zur Verfassungswirklichkeit in der Bundesrepublik Deutschland, Frankfurt am Main 1977, S. 703–715.

G. B., Einleitung. Zur juristischen Dogmatik der freiheitlichen demokratischen Grundordnung, in: Denninger, Erhard/Böhme, Gerhard (Hrsg.), Freiheitliche demokratische Grundordnung I. Materialien zum Staatsverständnis und zur Verfassungswirklichkeit in der Bundesrepublik Deutschland, Frankfurt am Main 1977, S. 67–75.

Gabaccia, Donna R., Foreign Relations. American Immigration in Global Perspective, Princeton, NJ 2012.

Gagnon, Valère Philip, The Myth of Ethnic War. Serbia and Croatia in the 1990s, Ithaca, NY 2004.

Ganović, Dragan, Teroristi iz „šeste kolone“. Dokumentarna hronika o terorističkoj aktivnosti protiv Jugoslavije, Belgrad 1979.

Garvey, Jack I., Repression of the Political Emigré – The Underground to International Law. A Proposal for Remedy, in: The Yale Law Journal 90 (1980), S. 78–120.

Gassert, Philipp, Bewegte Gesellschaft. Deutsche Protestgeschichte seit 1945, Stuttgart 2018.

Gatrell, Peter, Free World? The Campaign to Save the World's Refugees, 1956–1963, Cambridge 2011.

Gatrell, Peter, The Making of the Modern Refugee, Oxford 2015.

Gatrell, Peter, Refugees. What's Wrong with History?, in: Journal of Refugee Studies 30 (2016), H. 2, S. 170–189.
Geiger, Vladimir, Tito i likvidacija hrvatskih zarobljenika u Bleiburgu 1945, in: Istorija 20. Veka, H. 2, 2010, S. 29–52.
Geiselberger, Siegmar, Schwarzbuch ausländische Arbeiter, Frankfurt am Main 1972.
Geisen, Thomas (Hrsg.), Arbeitsmigration. WanderarbeiterInnen auf dem Weltmarkt für Arbeitskraft, Frankfurt am Main 2005.
Geisen, Thomas, Migration als Vergesellschaftungsprozess. Zur Konstruktion von Arbeitsmigration als Sonderfall, in: Ders. (Hrsg.), Arbeitsmigration. WanderarbeiterInnen auf dem Weltmarkt für Arbeitskraft, Frankfurt am Main 2005, S. 19–36.
Gensler, Luke John, Pots, Putty, and Wires. Croatian Separatist Terrorism and the Hijacking of TWA 355, Chapel Hill 2014.
Gieseke, Jens, Intelligence History und ihre Quellen. Beobachtungen aus einer Studie über das Ministerium für Staatssicherheit der DDR und die westdeutschen Grünen, in: Großbölting, Thomas/Kittel, Sabine (Hrsg.), Welche „Wirklichkeit" und wessen „Wahrheit"? Das Geheimdienstarchiv als Quelle und Medium der Wissensproduktion, Göttingen 2019, S. 83–105.
Glick Schiller, Nina, Das transnationale Migrationsparadigma. Globale Perspektiven auf die Migrationsforschung, in: Nieswand, Boris/Drotbohm, Heike (Hrsg.), Kultur, Gesellschaft, Migration. Die reflexive Wende in der Migrationsforschung, Wiesbaden 2014, S. 153–178.
Glienke, Stephan Alexander (Hrsg.), Erfolgsgeschichte Bundesrepublik? Die Nachkriegsgesellschaft im langen Schatten des Nationalsozialismus, Göttingen 2008.
Goddeeris, Idesbald, The Temptation of Legitimacy. Exile Politics from a Comparative Perspective, in: Contemporary European History 16 (2007), H. 3, S. 395–405.
Goeke, Pascal, Paradoxien in Migrantenorganisationen. Über die unversöhnlichen Missionen der Kroatischen Mission, in: Erdkunde 61 (2007), S. 248–257.
Goeke, Pascal, Transnationale Migrationen. Post-jugoslawische Biografien in der Weltgesellschaft, Bielefeld 2007.
Goeke, Pascal, Jugoslawische Arbeitswanderer in West-, Mittel- und Nordeuropa seit dem Ende des Zweiten Weltkriegs, in: Bade, Klaus J./Emmer, Pieter C./Lucassen, Leo (Hrsg.), Enzyklopädie Migration in Europa. Vom 17. Jahrhundert bis zur Gegenwart, Paderborn 2008, S. 731–735.
Goeke, Simon, The Multinational Working Class? Political Activism and Labour Migration in West Germany during the 1960s and 1970s, in: Journal of Contemporary History (2014), S. 160–182.
Goeke, Simon, „Wir sind alle Fremdarbeiter!". Gewerkschaften, migrantische Kämpfe und soziale Bewegungen in der Bundesrepublik Deutschland der 1960er und 1970er Jahre, Paderborn 2020.
Goldstein, Ivo/Goldstein, Slavko, The Holocaust in Croatia, Pittsburgh, PA 2016.
Goldstein, Slavko, 1941 – Das Jahr, das nicht vergeht. Die Saat des Hasses auf dem Balkan, Frankfurt am Main 2018.
Gollasch, Christoph, Das Extremismuskonzept und neue rechte Konstellationen. Eine Einleitung, in: Dunkel, Barbara/Gollasch, Christoph/Padberg, Kai (Hrsg.), Nicht zu fassen. Das Extremismuskonzept und neue rechte Konstellationen, Berlin 2019, S. 11–39.
Goodlett, David E., Yugoslav Worker Emigration, 1963–1973. Government Policy and Press Coverage, Lewiston, NY 2007.
Goral, Pawel, Cold War Rivalry and the Perception of the American West, Basingstoke 2014.
Goschler, Constantin, Schuld und Schulden. Die Politik der Wiedergutmachung für NS-Verfolgte seit 1945, Göttingen 2005.
Goschler, Constantin/Wala, Michael, „Keine neue Gestapo". Das Bundesamt für Verfassungsschutz und die NS-Vergangenheit, Reinbek 2015.

Gosewinkel, Dieter (Hrsg.), Anti-liberal Europe. A Neglected Story of Europeanization, New York 2015.
Gosewinkel, Dieter, Schutz und Freiheit? Staatsbürgerschaft in Europa im 20. und 21. Jahrhundert, Berlin 2016.
Gotto, Bernhard/Möller, Horst/Mondot, Jean/Pelletier, Nicole (Hrsg.), Nach „Achtundsechzig". Krisen und Krisenbewusstsein in Deutschland und Frankreich in den 1970er Jahren, München 2013.
Graaf, Beatrice de, Introduction. A Performative Perspective on Terrorism Trials, in: Dies./Schmid, Alex P. (Hrsg.), Terrorists on Trial. A Performative Perspective, Leiden 2016, S. 9–22.
Graaf, Beatrice de/Schmid, Alex P. (Hrsg.), Terrorists on Trial. A Performative Perspective, Leiden 2016.
Graaf, Beatrice de/Zwierlein, Cornel, Historicizing Security. Entering the Conspiracy Dispositive, in: Historical Social Research 38 (2013), H. 1, S. 46–64.
Grandits, Hannes, Herzegowina, in: Schmitt, Oliver Jens/Metzeltin, Michael (Hrsg.), Das Südosteuropa der Regionen, Wien 2015, S. 133–175.
Grandits, Hannes, Titoismus. Ein wandelbares Gesellschaftssystem in Zeiten des Kalten Kriegs, in: Docupedia-Zeitgeschichte (2015).
Grandits, Hannes/Sundhaussen, Holm (Hrsg.), Jugoslawien in den 1960er Jahren. Auf dem Weg zu einem (a)normalen Staat?, Wiesbaden 2013.
Grandits, Hannes/Taylor, Karin (Hrsg.), Yugoslavia's Sunny Side. A History of Tourism in Socialism (1950s-1980s), Budapest 2010.
Green, Nancy L./Waldinger, Roger David (Hrsg.), A Century of Transnationalism. Immigrants and their Homeland Connections, Urbana, IL 2016.
Green, Nancy L./Waldinger, Roger David, Introduction, in: Dies. (Hrsg.), A Century of Transnationalism. Immigrants and their Homeland Connections, Urbana, IL 2016, S. 1–31.
Griesser-Pecar, Tamara, Fear as an Instrument of Repression in Communist Regimes. „Udba" and „Stasi" – A Comparision, in: Juhant, Janez/Zalex, Bojan (Hrsg.), From Culture of Fear to Society of Trust, Berlin 2013, S. 167–174.
Großbölting, Thomas/Kittel, Sabine (Hrsg.), Welche „Wirklichkeit" und wessen „Wahrheit"? Das Geheimdienstarchiv als Quelle und Medium der Wissensproduktion, Göttingen 2019.
Großbölting, Thomas/Kittel, Sabine, Welche „Wirklichkeit" und wessen „Wahrheit"? Methodische und quellenkritische Überlegungen zur Geheimdienst- und Repressionsforschung, in: Dies. (Hrsg.), Welche „Wirklichkeit" und wessen „Wahrheit"? Das Geheimdienstarchiv als Quelle und Medium der Wissensproduktion, Göttingen 2019, S. 7–16.
Großmann, Johannes, Die Internationale der Konservativen. Transnationale Elitenzirkel und private Außenpolitik in Westeuropa seit 1945, München 2014.
Großmann, Sonja, Falsche Freunde im Kalten Krieg? Sowjetische Freundschaftsgesellschaften in Westeuropa als Instrumente und Akteure der Cultural Diplomacy, München 2019.
Grothusen, Klaus-Detlev (Hrsg.), Jugoslawien. Integrationsproblem in Geschichte und Gegenwart, Göttingen 1984.
Grünfelder, Anna Maria, Arbeitseinsatz für die Neuordnung Europas. Zivil- und ZwangsarbeiterInnen aus Jugoslawien in der Ostmark 1938/41–1945, Wien 2010.
Gussone, Clemens, Reden über Rechtsradikalismus, Göttingen 2020.
Gusy, Christoph, Kann Ausländern bzw. Asylbewerbern eine politische Betätigung im Bundesgebiet untersagt werden?, in: Beitz, Wolfgang G. (Hrsg.), Politische Betätigung von Ausländern in der Bundesrepublik Deutschland. Referate anläßlich eines Expertengespräches für Asylrichter, 13./14. Oktober 1986 in Bonn, Baden-Baden 1987, S. 15–37.

Gusy, Christoph, Laws as the Basis and Object of Political Communication, in: Steinmetz, Willibald/ Gilcher-Holtey, Ingrid/Haupt, Heinz-Gerhard (Hrsg.), Writing Political History Today, Frankfurt am Main 2013, S. 191–296.

Haberl, Othmar Nikola, Die Abwanderung von Arbeitskräften aus Jugoslawien. Zur Problematik ihrer Auslandsbeschäftigung und Rückführung, München 1978.

Hackl, Andreas, Key Figure of Mobility. The Exile, in: Social Anthropology 25 (2017), H. 1, S. 55–68.

Hahn, Hans Henning, Möglichkeiten und Formen politischen Handelns in der Emigration. Ein historisch-systematischer Deutungsversuch am Beispiel des Exils in Europa nach 1830 und ein Plädoyer für eine internationale vergleichende Exilforschung, in: Archiv für Sozialgeschichte 23 (1983), S. 123–161.

Hahn, Hans Peter/Neumann, Friedemann (Hrsg.), Das neue Zuhause. Haushalt und Alltag nach der Migration, Frankfurt am Main 2020.

Hänni, Adrian, Terrorismus als Konstrukt. Schwarze Propaganda, politische Bedrohungsängste und der Krieg gegen den Terrorismus in Reagans Amerika, Essen 2018.

Hänni, Adrian, Einleitung, in: Ders./Rickenbacher, Daniel/Schmutz, Thomas (Hrsg.), Über Grenzen hinweg. Transnationale politische Gewalt im 20. Jahrhundert, Frankfurt am Main 2020, S. 7–63.

Hänni, Adrian/Rickenbacher, Daniel/Schmutz, Thomas (Hrsg.), Über Grenzen hinweg. Transnationale politische Gewalt im 20. Jahrhundert, Frankfurt am Main 2020.

Hansen, Jan, Abschied vom Kalten Krieg? Die Sozialdemokraten und der Nachrüstungsstreit (1977–1987), Berlin 2016.

Hansen, Jan/Droit, Emmanuel/Reichherzer, Frank (Hrsg.), Den Kalten Krieg vermessen. Über Reichweite und Alternativen einer binären Ordnungsvorstellung, Berlin 2018.

Hansén, Dan, Crisis and Perspectives on Policy Change. Swedish Counter-Terrorism Policymaking, Stockholm 2007.

Hanshew, Karrin, Terror and Democracy in West Germany, Cambridge 2012.

Hanshew, Karrin, Beyond Friend or Foe? Terrorism, Counterterrorism and a (Transnational) Gesellschaftsgeschichte of the 1970s, in: Geschichte und Gesellschaft 42 (2016), H. 2, S. 377–404.

Hardt, Lucas, Flüchtlinge, Terroristen, Freiheitskämpfer? Algerische Migranten und die Bundesrepublik Deutschland 1954 bis 1962, in: Vierteljahrshefte für Zeitgeschichte 67 (2019), H. 3, S. 377–408.

Hardt, Lucas, Zwischen Räumen und Fronten. Algerische Migranten im lothringischen Grenzgebiet, 1945–1954, Berlin 2020.

Härter, Karl, Legal Responses to Violent Political Crimes in 19th century Central Europe, in: Ders./ de Graaf, Beatrice/Sälter, Gerhard/Wiebel, Eva (Hrsg.), Vom Majestätsverbrechen zum Terrorismus. Politische Kriminalität, Recht, Justiz und Polizei zwischen Früher Neuzeit und 20. Jahrhundert, Frankfurt am Main 2012, S. 161–178.

Härter, Karl/de Graaf, Beatrice/Sälter, Gerhard/Wiebel, Eva (Hrsg.), Vom Majestätsverbrechen zum Terrorismus. Politische Kriminalität, Recht, Justiz und Polizei zwischen Früher Neuzeit und 20. Jahrhundert, Frankfurt am Main 2012.

Härter, Karl/Hannappel, Tina/Tyrichter, Conrad/Walter, Thomas, Terrorismus für die Rechtsgeschichte? Neuerscheinungen zur Geschichte politischer Gewalt im 19. und 20. Jahrhundert, in: Rechtsgeschichte. Zeitschrift des Max-Planck-Instituts für europäische Rechtsgeschichte 22 (2014), S. 374–385.

Haug, Hilde Katrine, Creating a Socialist Yugoslavia. Tito, Communist Leadership and the National Question, London 2012.

Haupt, Heinz-Gerhard/Weinhauer, Klaus, Terrorism and the State, in: Donald Bloxham/Robert Gerwarth (Hrsg.), Political Violence in Twentieth-Century Europe, Cambridge 2011, S. 176–209.

Heitmeyer, Wilhelm (Hrsg.), Control of Violence. Historical and International Perspectives on Violence in Modern Societies, New York 2011.
Henke, Klaus-Dietmar/Woller, Hans (Hrsg.), Politische Säuberung in Europa. Die Abrechnung mit Faschismus und Kollaboration nach dem Zweiten Weltkrieg, München 1991.
Hentges, Gudrun, Staat und politische Bildung. Von der „Zentrale für Heimatdienst" zur „Bundeszentrale für politische Bildung", Wiesbaden 2013.
Herbert, Ulrich, Geschichte der Ausländerpolitik in Deutschland. Saisonarbeiter, Zwangsarbeiter, Gastarbeiter, Flüchtlinge, München 2001.
Herbert, Ulrich, Liberalisierung als Lernprozeß. Die Bundesrepublik in der deutschen Geschichte – eine Skizze, in: Ders. (Hrsg.), Wandlungsprozesse in Westdeutschland. Belastung, Integration, Liberalisierung; 1945–1980, Göttingen 2002, S. 7–51.
Herbert, Ulrich (Hrsg.), Wandlungsprozesse in Westdeutschland. Belastung, Integration, Liberalisierung; 1945–1980, Göttingen 2002.
Herbert, Ulrich, Geschichte Deutschlands im 20. Jahrhundert, München 2014.
Herman, Michael, Intelligence Power in Peace and War, Cambridge 1996.
Hess, Sabine, Politiken der (Un-)Sichtbarmachung. Eine Kritik der Wissens- und Bilderproduktionen zu Migration, in: Yildiz, Erol/Hill, Marc (Hrsg.), Nach der Migration. Postmigrantische Perspektiven jenseits der Parallelgesellschaft, Bielefeld 2015, S. 49–64.
Heuer, Gerhard, Politische Betätigung von Ausländern und ihre Grenzen, Köln 1970.
Hikel, Christine/Schraut, Sylvia (Hrsg.), Terrorismus und Geschlecht. Politische Gewalt in Europa seit dem 19. Jahrhundert, Frankfurt am Main 2012.
Hoare, Marko Attila, Genocide and Resistance in Hitler's Bosnia. The Partisans and the Chetniks, 1941–1943, Oxford 2006.
Hockenos, Paul, Homeland Calling. Exile Patriotism and the Balkan Wars, Ithaca, NY 2003.
Hockerts, Hans Günter (Hrsg.), Grenzen der Wiedergutmachung. Die Entschädigung für NS-Verfolgte in West- und Osteuropa 1945–2000, Göttingen 2006.
Hoerder, Dirk, Arbeitsmigration und Flucht vom 19. bis ins 21. Jahrhundert, in: Mittelweg 36, H. 1, 2016, S. 3–32.
Hoeres, Peter, Außenpolitik und Öffentlichkeit. Massenmedien, Meinungsforschung und Arkanpolitik in den deutsch-amerikanischen Beziehungen von Erhard bis Brandt, München 2013.
Hof, Tobias, Rechtsextremer Terrorismus in der Bundesrepublik Deutschland, in: Löhnig, Martin/Preisner, Mareike/Schlemmer, Thomas (Hrsg.), Ordnung und Protest. Eine gesamtdeutsche Protestgeschichte von 1949 bis heute, Tübingen 2015, S. 215–236.
Hoffmann, Stanley (Hrsg.), Judith N. Shklar. Political Thought and Political Thinkers, Chicago 1998.
Hoffmann, Stefan-Ludwig, Genealogies of Human Rights, in: Ders. (Hrsg.), Human Rights in the Twentieth Century, Cambridge 2011, S. 1–26.
Hoffmann, Stefan-Ludwig (Hrsg.), Human Rights in the Twentieth Century, Cambridge 2011.
Hofmann, Reto, The Fascist New–Old Order, in: Journal of Global History 12 (2017), H. 2, S. 166–183.
Holborn, Louise W., The International Refugee Organization. A Specialized Agency of the United Nations, its History and Work, 1946–1952, Oxford 1956.
Holian, Anna Marta, Between National Socialism and Soviet Communism. Displaced Persons in Postwar Germany, Ann Arbor, MI 2011.
Höpken, Wolfgang, Jasenovac – Bleiburg – Kočevski rog. Erinnerungsorte als Identitätssymbole in (Post-)Jugoslavien, in: Richter, Angela/Beyer, Barbara (Hrsg.), Geschichte (ge-)brauchen. Literatur und Geschichtskultur im Staatssozialismus, Berlin 2006, S. 401–432.
Höpken, Wolfgang, „Durchherrschte Freiheit". Wie „autoritär" (oder wie „liberal") war Titos Jugoslawien?, in: Grandits, Hannes/Sundhaussen, Holm (Hrsg.), Jugoslawien in den 1960er Jahren. Auf dem Weg zu einem (a)normalen Staat?, Wiesbaden 2013, S. 39–65.

Höpken, Wolfgang, Vor- und Gründungsgeschichte der Südosteuropa-Gesellschaft. Kritische Fragen zu Kontexten und Kontinuitäten – Zur Einführung, in: Südosteuropa-Mitteilungen 54 (2014), H. 4, S. 4–15.
Höpken, Wolfgang, Jugoslawien 1970–1989. „Pfadbesonderheiten" und allgemeine Krise des Sozialismus, in: Backes, Uwe/Heydemann, Günther/Vollnhals, Clemens (Hrsg.), Staatssozialismen im Vergleich. Staatspartei – Sozialpolitik – Opposition, Göttingen 2019, S. 469–523.
Hornstein Tomić, Caroline (Hrsg.), Hrvatsko iseljeništvo i domovina. Razvojne perspektive, Zagreb 2014.
Höschler, Christian, Von der Selbstverwaltung zum Repatriierungsstillstand. Ehemalige Soldaten der königlich-jugoslawischen Armee als Displaced Persons in Bad Aibling, 1946–1947, in: Pletzing, Christian/Velke, Marcus (Hrsg.), Lager – Repatriierung – Integration. Beiträge zur Displaced Persons-Forschung, Leipzig 2016, S. 19–46.
Hrstić, Ivan/Marinović Golubić, Marica, Od kronologije prema teorijskim konceptima. Iseljenička problematika u hrvatskoj historiografiji na uzorku radova objavljenih u Časopisu za suvremenu povijest, in: Časopis za suvremenu povijest 51 (2019), H. 2, S. 361–386.
Hürter, Johannes, Anti-Terrorismus-Politik. Ein deutsch-italienischer Vergleich 1969–1982, in: Vierteljahrshefte für Zeitgeschichte 57 (2009), H. 3, S. 329–348.
Hürter, Johannes (Hrsg.), Terrorismusbekämpfung in Westeuropa. Demokratie und Sicherheit in den 1970er und 1980er Jahren, Berlin 2015.
Innes, Alexandria J., Migration, Citizenship and the Challenge for Security. An Ethnographic Approach, Basingstoke 2015.
Iriye, Akira/Goedde, Petra/Hitchcock, William I. (Hrsg.), The Human Rights Revolution. An International History, Oxford 2012.
Irmberger, Harald, Die Terrormultis, Wien 1976.
Irvine, Jill, The Croatian Spring and the Dissolution of Yugoslavia, in: Cohen, Lenard J./Dragović-Soso, Jasna (Hrsg.), State Collapse in South-Eastern Europe. New Perspectives on Yugoslavia's Disintegration, West Lafayette, IN 2008, S. 149–170.
Ivanda, Katica, Die kroatische Zuwanderung in die Bundesrepublik Deutschland. Eine Fallstudie unter besonderer Berücksichtigung von Phänomenen und Problemen der Akkulturation und Integration, Bremen 2007.
Ivanović, Vladimir, Ekstremna emigracija u SR Nemačkoj i Jugoslavija, in: Istorija 20. Veka, H. 1, 2009, S. 139–147.
Ivanović, Vladimir, Jugoslavija i SR Nemacka, 1967–1973. Izmedju ideologije i pragmatizma, Belgrad 2009.
Ivanović, Vladimir, Geburtstag pišeš normalno. Jugoslovenski gastarbajteri u SR Nemačkoj i Austriji; 1965 -1973, Belgrad 2012.
Ivanović, Vladimir, „Nostalgija za prugom". Das Freizeitverhalten jugoslawischer Gastarbeiter in der BRD und in Österreich, in: Grandits, Hannes/Sundhaussen, Holm (Hrsg.), Jugoslawien in den 1960er Jahren. Auf dem Weg zu einem (a)normalen Staat?, Wiesbaden 2013, S. 135–155.
Ivurek, Mijo, Život i djelo Krunoslava Draganovića (1903.–1983.), Zagreb 2013.
Jackson, Richard/Sinclair, Samuel Justin (Hrsg.), Contemporary Debates on Terrorism, London 2012.
Jacobmeyer, Wolfgang, Vom Zwangsarbeiter zum heimatlosen Ausländer. Die Displaced Persons in Westdeutschland 1945–1951, Göttingen 1985.
Jahn, Eberhard, Das DP-Problem im Rahmen des gesamteuropäischen Flüchtlingsproblems, in: Ziegfeld, Arnold Hillen (Hrsg.), Das deutsche Flüchtlingsproblem, Bielefeld 1950, S. 108–109.
Jahn, Peter/Wieler, Florian/Ziemer, Daniel (Hrsg.), Der deutsche Krieg um „Lebensraum im Osten" 1939–1945. Ereignisse und Erinnerung, Berlin 2017.
Jähner, Harald, Wolfszeit. Deutschland und die Deutschen 1945–1955, Berlin 2019.
Jakovina, Tvrtko (Hrsg.), Hrvatsko proljeće 40 godina poslije, Zagreb 2012.

Jakovljević, Branislav, Alienation Effects. Performance and Self-Management in Yugoslavia, 1945–91, Ann Arbor, MI 2016.
Jandrić, Berislav, Prijepori saveznika oko zahtjeva Jugoslavije za izručenjem, in: Časopis za suvremenu povijest 38 (2006), H. 2, S. 457–498.
Jandrić, Berislav, Hrvatska politička emigracija u Njemačkoj 1946.–1956. godine, Dijalog Povjesničara/Istoričara 10 (2008), H. 2, S. 64–79.
Janjetović, Zoran, Devisen statt Entschädigung. Die Wiedergutmachungsverhandlungen zwischen der Bundesrepublik und Jugoslawien, in: Hockerts, Hans Günter (Hrsg.), Grenzen der Wiedergutmachung. Die Entschädigung für NS-Verfolgte in West- und Osteuropa 1945–2000, Göttingen 2006, S. 633–666.
Janjetović, Zoran (Hrsg.), 1945. Kraj ili novi početak?, Belgrad 2016.
Janjetović, Zoran, An Oppressive Liberation: Yugoslavia, 1944–1948, in: Lampe, John R./Brunnbauer, Ulf (Hrsg.), The Routledge Handbook of Balkan and Southeast European History, London 2020, S. 401–408.
Jansen, Jan C./Lässig, Simone (Hrsg.), Refugee Crises, 1945–2000. Political and Societal Responses in International Comparison, Cambridge 2020.
Janz, Oliver (Hrsg.), Dolce Vita? Das Bild der italienischen Migranten in Deutschland, Frankfurt am Main 2011.
Jarausch, Konrad/Geyer, Michael, Zerbrochener Spiegel. Deutsche Geschichten im 20. Jahrhundert, München 2005.
Jarausch, Konrad H. (Hrsg.), Das Ende der Zuversicht? Die siebziger Jahre als Geschichte, Göttingen 2008.
Jareb, Jere, Svjedočanstvo Janka Tortića o Hrvatskoj seljačkoj stranci i o travanjskim događajima 1941, in: Časopis za suvremenu povijest 29 (1997), H. 2, S. 325–367.
Jareb, Mario, Ustaško-domobranski pokret. Od nastanka do travnja 1941. godine, Zagreb 2007.
Jareb, Mario, Mediji i promidžba u Nezavisnoj Državi Hrvatskoj, Zagreb 2016.
Jaschke, Hans-Gerd, Streitbare Demokratie und Innere Sicherheit. Grundlagen, Praxis und Kritik, Wiesbaden 1991.
Jašek, Peter Zostavil (Hrsg.), Protikomunistický odboj v srednej a východnej Európe, Bratislava 2012.
Jašek, Peter Zostavil (Hrsg.), Politický exil z krajín strednej a východnej Európy. Motívy, stratégie, aktivity a perspektívy na Východe a Západe, 1945–1989, Bratislava 2017.
Jelić-Butić, Fikreta, Ustaše i nezavisna država Hrvatska, 1941–1945, Zagreb 1978.
Johansson, Rune, The Refugee Experience in Europe after World War II. Some Theoretical and Empirical Considerations, in: Rystad, Göran (Hrsg.), The Uprooted. Forced Migration as an International Problem in the Post-War Era, Lund 1990, S. 227–269.
Johler, Reinhard/Lange, Jan (Hrsg.), Konfliktfeld Fluchtmigration. Historische und ethnographische Perspektiven, Bielefeld 2019.
Johnson, Ian, Die vierte Moschee. Nazis, CIA und der islamische Fundamentalismus, Stuttgart 2011.
Joly, Daniele, Haven or Hell? Asylum Policies and Refugees in Europe, Basingstoke 1996.
Jonjić, Tomislav, Organised Resistance to the Yugoslav Communist Regime in Croatia in 1945–1953, in: Review of Croatian History 3 (2007), H. 1, S. 109–145.
Jović, Dejan, Reassessing Socialist Yugoslavia, 1945–1990. The Case of Croatia, in: Djokić, Dejan/Ker-Lindsay, James (Hrsg.), New Perspectives on Yugoslavia. Key Issues and Controversies, London 2011, S. 117–142.
Joyce, Patrick, What is the Social in Social History?, in: Past & Present 206 (2010), S. 213–248.
Judt, Tony, Postwar. A History of Europe since 1945, London 2005.
Juhant, Janez; Zalex, Bojan (Hrsg.), From Culture of Fear to Society of Trust, Berlin 2013.

Jurčević, Josip, Politička koncepcija i djelovanje Hrvatskoga narodnog odbora pod vodstvom Branimira Jelića, in: HUM. Časopis Filozofskog fakulteta Sveučilišta u Mostaru 9 (2012), S. 170–195.
Jureit, Ulrike, Hoffnung auf Erfolg. Akteurszentrierte Handlungskonzepte in der Migrations- und Flüchtlingsforschung, in: Zeithistorische Forschungen/Studies in Contemporary History 15 (2018), H. 3, S. 509–522.
Kailitz, Steffen, Politischer Extremismus in der Bundesrepublik Deutschland. Eine Einführung, Wiesbaden 2004.
Kamberović, Husnija, HOD po trnju. Iz bosanskohercegovačke historije 20. stoljeća, Sarajevo 2011.
Kami, Hideaki, Diplomacy Meets Migration. US Relations with Cuba during the Cold War, Cambridge 2018.
Karakaš Obradov, Marica, Novi mozaici u „novim poredcima“, Zagreb 2014.
Karakaš Obradov, Marica, „Depoi špijuna i terorista“. Saveznički logori za „raseljene osobe“ u Italiji, Austriji i Njemačkoj, in: Janjetović, Zoran (Hrsg.), 1945. Kraj ili novi početak?, Belgrad 2016, S. 309–337.
Karakayali, Serhat, Gespenster der Migration. Zur Genealogie illegaler Einwanderung in der Bundesrepublik Deutschland, Bielefeld 2008.
Kasapović, Marijana, Genocid u NDH. Umanjivanje, banaliziranje i poricanje zločina, in: Politička misao 55 (2018), H. 1, S. 7–33.
Kee, Robert, Refugee World, London 1961.
Keys, Barbara J., Reclaiming American Virtue. The Human Rights Revolution of the 1970s, Cambridge, MA 2014.
Kiani, Shida, Zum politischen Umgang mit Antisemitismus in der Bundesrepublik. Die Schmierwelle im Winter 1959/1960, in: Glienke, Stephan Alexander (Hrsg.), Erfolgsgeschichte Bundesrepublik? Die Nachkriegsgesellschaft im langen Schatten des Nationalsozialismus, Göttingen 2008, S. 115–145.
Kießling, Friedrich/Safferling, Christoph, Staatsschutz im Kalten Krieg. Die Bundesanwaltschaft zwischen NS-Vergangenheit, Spiegel-Affäre und RAF, München 2021.
Kimminich, Otto, Völkerrechtsfragen der exilpolitischen Betätigung, in: Archiv des Völkerrechts 10 (1962), H. 2, S. 132–165.
Kisić Kolanović, Nada, Vrijeme političke represije. Veliki sudski procesi u Hrvatskoj 1945–1948, in: Časopis za suvremenu povijest 25 (1993), H. 1, S. 1–23.
Kisić Kolanović, Nada, Muslimani i hrvatski nacionalizam. 1941–1945, Zagreb 2009.
Kittel, Manfred, Eine Zentralstelle zur Verfolgung von Vertreibungsverbrechen? Rückseiten der Verjährungsdebatte in den Jahren 1964 bis 1966, in: Vierteljahrshefte für Zeitgeschichte 54 (2006), H. 2, S. 173–208.
Klasić, Hrvoje, Jugoslavija i svijet 1968, Zagreb 2012.
Klemp, Stefan, NS-Kollaborateure als Displaced Persons (DPs), in: Boehling, Rebecca L./Urban, Susanne/Bienert, René (Hrsg.), Displaced Persons. Leben im Transit: Überlebende zwischen Repatriierung, Rehabilitation und Neuanfang, Göttingen 2014, S. 255–262.
Kleßmann, Christoph, Die doppelte Staatsgründung. Deutsche Geschichte 1945–1955, Göttingen 1991.
Kleßmann, Christoph, Spaltung und Verflechtung. Ein Konzept zur integrierten Nachkriegsgeschichte 1945 bis 1990, in: Ders. (Hrsg.), Teilung und Integration. Die doppelte deutsche Nachkriegsgeschichte als wissenschaftliches und didaktisches Phänomen, Schwalbach 2006, S. 20–37.
Kleßmann, Christoph (Hrsg.), Teilung und Integration. Die doppelte deutsche Nachkriegsgeschichte als wissenschaftliches und didaktisches Phänomen, Schwalbach 2006.
Kletzin, Birgit, Europa aus Rasse und Raum. Die nationalsozialistische Idee der Neuen Ordnung, Münster/Hamburg 2002.

Klusmeyer, Douglas B./Papademetriou, Demetrios G., Immigration Policy in the Federal Republic of Germany. Negotiating Membership and Remaking the Nation, New York 2009.
Knežević, Domagoj, Hrvatska demokratska zajednica od osnivanja do raskida s Jugoslavijom, Zagreb 2020.
Knoch, Habbo, Der späte Sieg des Landsers. Populäre Kriegserinnerung der fünfziger Jahre als visuelle Geschichtspolitik, in: Wohlfeil, Rainer (Hrsg.), Der Krieg im Bild – Bilder vom Krieg. Hamburger Beiträge zur historischen Bildforschung, Fraunkfurt am Main 2003, S. 163–186.
Kolstø, Pål, Bleiburg. The Creation of a National Martyrology, in: Europe-Asia Studies 62 (2010), H. 7, S. 1153–1174.
Kolstø, Pål, The Serbian-Croatian Controversy over Jasenovac, in: Ramet, Sabrina P./Listhaug, Ola (Hrsg.), Serbia and the Serbs in World War Two, London 2011, S. 224–246.
Korb, Alexander, Im Schatten des Weltkriegs. Massengewalt der Ustasa gegen Serben, Juden und Roma in Kroatien 1941–1945, Hamburg 2013.
Korb, Alexander, Mass Violence against Gypsies in Croatia, 1941–1942, in: Weiss-Wendt, Anton (Hrsg.), Nazi Genocide of the Roma. The Reassessment and Commemoration, New York/Oxford 2013, S. 72–95.
Korb, Alexander, Von der Ustaša zur SOG. Die Südosteuropa-Gesellschaft und ihr Geschäftsführer Theodor von Uzorinac-Koháry (1958–1967), in: Südosteuropa Mitteilungen, H. 4, 2014, S. 74–91.
Korb, Alexander, Eintrag: Deutsche Studentenschaft, in: Fahlbusch, Michael/Haar, Ingo/Pinwinkler, Alexander (Hrsg.), Handbuch der völkischen Wissenschaften. Akteure, Netzwerke, Forschungsprogramme, Berlin 2017, S. 1811–1816.
Korb, Alexander, From the Balkans to Germany and Back. The Croatian Labour Service, 1941–1945, in: Kott, Sandrine/Patel, Kiran Klaus (Hrsg.), Nazism Across Borders. The Social Policies of the Third Reich and their Global Appeal, Oxford 2018.
Kossert, Andreas, Flucht. Eine Menschheitsgeschichte, München 2020.
Kott, Sandrine/Patel, Kiran Klaus (Hrsg.), Nazism Across Borders. The Social Policies of the Third Reich and their Global Appeal, Oxford/New York 2018.
Kovacević, Philip, Der Balkan aus der Sicht der SS. Rezeption und Konstruktion des Balkanraumes in der SS-Zeitschrift „Das Schwarze Korps“, München 2009.
Krašić, Wollfy, Hrvatsko Proljeće i Hrvatska Politička Emigracija, Zagreb 2016.
Krašić, Wollfy, Hrvatski pokret otpora. Hrvatske državotvorne organizacije i skupine 1945.–1966., Zagreb 2018.
Krašić, Wollfy, Sjećanja Franje Mikulića na Hrvatsko proljeće, in: Radovi – Zavod za hrvatsku povijest 50 (2018), H. 2, S. 209–241.
Krašić, Wollfy, Služba državne sigurnosti Socijalističke Republike Hrvatske potkraj 1970-ih i početkom 1980-ih, in: Zbornik Janković 3 (2018), H. 3, S. 355–387.
Kraushaar, Wolfgang (Hrsg.), Die RAF und der linke Terrorismus, Hamburg 2006.
Kraushaar, Wolfgang, Entschlossenheit: Dezisionismus als Denkfigur. Von der antiautoritären Bewegung zum bewaffneten Kampf, in: Ders. (Hrsg.), Die RAF und der linke Terrorismus, Hamburg 2006, S. 140–156.
Krišto, Jure, Zagrebačka Židovka Heda Stern u lovu na Pavelića, Časopis za suvremenu povijest 42 (2010), H. 1, S. 55–72.
Krišto, Jure, Bishop Hudal, the „Rat-Line“, and the „Croatian Connection“, in: Review of Croatian History 9 (2013), H. 1, S. 189–208.
Krizman, Bogdan, Ante Pavelić i ustaše, Zagreb 1978.
Krizman, Bogdan, Pavelić u bjekstvu, Zagreb 1986.
Krüger, Christine G./Levsen, Sonja (Hrsg.), War Volunteering in Modern Times. From the French Revolution to the Second World War, Basingstoke 2011.

Kuljić, Todor, Umkämpfte Vergangenheiten. Die Kultur der Erinnerung im postjugoslawischen Raum, Berlin 2010.
Kullaa, Rinna Elina, US Intelligence Estimates of the „Crises in Croatia“ and its Relationship to Détente in East-West Relations across Europe, 1971–1972, in: Jakovina, Tvrtko (Hrsg.), Hrvatsko proljeće 40 godina poslije, Zagreb 2012, S. 93–109.
Kunz, Thomas, Der Sicherheitsdiskurs. Die innere Sicherheitspolitik und ihre Kritik, Bielefeld 2005.
Kuschewitz, Henning, Das Bundesverfassungsgericht und die neue „Sicherheitsarchitektur“, Göttingen 2014.
Laguerre, Michel S., Parliament and Diaspora in Europe, New York 2013.
Lampe, John R./Brunnbauer, Ulf (Hrsg.), The Routledge Handbook of Balkan and Southeast European History, London 2020.
Lampe, John R./Mazower, Mark (Hrsg.), Ideologies and National Identities. The Case of Twentieth-Century Southeastern Europe, Budapest 2004.
Landwehr, Achim, Diskurs – Macht – Wissen. Perspektiven einer Kulturgeschichte des Politischen, in: Archiv für Kulturgeschichte 85 (2003), S. 71–117.
Landwehr, Achim, Historische Diskursanalyse, Frankfurt am Main 2009.
Lane, Ann, Britain, the Cold War and Yugoslav Unity, 1941–1949, Brighton 1996.
Lappenküper, Ulrich, Die Außenpolitik der Bundesrepublik Deutschland 1949 bis 1990, Berlin 2008.
Lässig, Simone/Steinberg, Swen, Knowledge on the Move. New Approaches Toward a History of Migrant Knowledge, in: Geschichte und Gesellschaft 43 (2017), H. 2, S. 313–346.
Le Normand, Brigitte, The Gastarbajteri as a Transnational Yugoslav Working Class, in: Archer, Rory/Duda, Igor/Stubbs, Paul (Hrsg.), Social Inequalities and Discontent in Yugoslav socialism, London 2016, S. 38–57.
Le Normand, Brigitte, Yugoslavia, in: Mazurkiewicz, Anna (Hrsg.), East Central European Migrations during the Cold War. A Handbook, Berlin 2019, S. 368–395.
Le Normand, Brigitte, Citizens Without Borders. Yugoslavia and its Migrant Workers in Western Europe, Toronto 2021.
Lederer, Harald W., Migration und Integration in Zahlen, Nürnberg 1997.
Leggewie, Claus, Kofferträger. Das Algerien-Projekt in den 50er und 60er Jahren und die Ursprünge des „Internationalismus“ in der Bundesrepublik, in: Politische Vierteljahresschrift 25 (1984), H. 2, S. 169–187.
Leggewie, Claus/Meier, Horst, Nach dem Verfassungsschutz. Plädoyer für eine neue Sicherheitsarchitektur der Berliner Republik, Berlin 2012.
Lehners, Jean-Paul, Pleading for a New History of Human Rights, in: Mihr, Anja/Gibney, Mark (Hrsg.), The Sage Handbook of Human Rights, Aldershot 2014.
Lemić, Vlatka (Hrsg.), Iseljeništvo. Vodič kroz fondove i zbirke Hrvatskoga državnog arhiva, Zagreb 2015.
Levsen, Sonja/Torp, Cornelius (Hrsg.), Wo liegt die Bundesrepublik? Vergleichende Perspektiven auf die westdeutsche Geschichte, Göttingen 2016.
Lewis, Alison/Petrescu, Corina L./Glajar, Valentina (Hrsg.), Secret Police Files from the Eastern Bloc. Between Surveillance and Life Writing, Rochester/New York 2016.
Lewis, Mark, The Failure of the Austrian and Yugoslav Police to Repress the Croatian Ustaša in Austria, 1929–1934, in: Austrian History Yearbook 45 (2014), S. 186–212.
Lex, Hans Ritter von, Die innere Sicherheit in der Bundesrepublik, Bonn 1958.
Libal, Michal, Limits of Persuasion. Germany and the Yugoslav Crisis, 1991–1992, London 1997.
Lipovčan, Srećko, Kulturni rad Hrvata u Berlinu, in: Društvena istraživanja 7 (1998), H. 1–2, S. 147–169.

Lommatzsch, Erik, Hans Globke (1898–1973). Beamter im Dritten Reich und Staatssekretär Adenauers, Frankfurt am Main 2009.
Lowe, Keith, Der wilde Kontinent. Europa in den Jahren der Anarchie 1943–1950, Stuttgart 2016.
Luhmann, Niklas, Politische Soziologie, Berlin 2010.
Maier, Charles S. (Hrsg.), Changing Boundaries of the Political. Essays on the Evolving balance between the State and Society, Public and Private in Europe, Cambridge 1987.
Maier, Charles S., Introduction, in: Ders. (Hrsg.), Changing Boundaries of the Political. Essays on the Evolving Balance between the State and Society, Public and Private in Europe, Cambridge 1987, S. 1–24.
Maier, Charles S., Once within Borders. Territories of Power, Wealth, and Belonging since 1500, Cambridge, MA 2016.
Malthaner, Stefan/Waldmann, Peter, Einleitung, in: Ders./Waldmann, Peter (Hrsg.), Radikale Milieus. Das soziale Umfeld terroristischer Gruppen, Frankfurt am Main 2012.
Malthaner, Stefan/Waldmann, Peter (Hrsg.), Radikale Milieus. Das soziale Umfeld terroristischer Gruppen, Frankfurt am Main 2012.
Manela, Erez, The Wilsonian Moment. Self-Determination and the International Origins of Anticolonial Nationalism, Oxford/New York 2007.
Mangold, Hannes, Fahndung nach dem Raster. Informationsverarbeitung bei der bundesdeutschen Kriminalpolizei, 1965–1984, Zürich 2017.
Manthe, Barbara, Rechtsterroristische Gewalt in den 1970er Jahren. Die Kühnen-Schulte-Wegener-Gruppe und der Bückeburger Prozess 1979, in: Vierteljahrshefte für Zeitgeschichte 68 (2020), H. 1, S. 63–94.
Marchart, Oliver, Die politische Differenz. Zum Denken des Politischen bei Nancy, Lefort, Badiou, Laclau und Agamben, Berlin 2010.
Marrus, Michael Robert, The Unwanted. European Refugees in the 20th Century, New York 1985.
Martinez, Matias, Der trivialisierte Krieg. Die „Landser"-Hefte zwischen Erlebnisbericht und Schemaliteratur, in: Westemeier, Jens (Hrsg.), So war der deutsche Landser – Wehrmachtsbilder von 1945 bis heute, Paderborn 2019, S. 101–123.
Maslić, Andjelko, Pregled terorističkih akata koje je izvršila fašistička kvislinska emigracija porijeklom iz Jugoslavije izmedju 1945. i 1988. godine, in: Simeunović, Dragan (Hrsg.), Savremeni terorizam. Jugoslovenski pogled, Belgrad 1989, S. 133–155.
Maslić, Andjelko, Terorizam fasisticke kvislinske emigracije porijeklom iz Jugoslavije, in: Simeunović, Dragan (Hrsg.), Savremeni terorizam. Jugoslovenski pogled, Belgrad 1989, S. 87–129.
Mayer, Günter, Das deutsche Ausländerrecht für Flüchtlinge, in: Deutsche Nansen-Gesellschaft (Hrsg.), 2. Internationales Asyl-Colloquium. Garmisch-Partenkirchen/Köln 1965, S. 81–86.
Mazower, Mark, Hitlers Imperium. Europa unter der Herrschaft des Nationalsozialismus, München 2009.
Mazurkiewicz, Anna (Hrsg.), East Central European Migrations during the Cold War. A Handbook, Berlin 2019.
McConnell, Fiona, Rehearsing the State. The Political Practices of the Tibetan Government-in-Exile, Malden, MA 2016.
McDermott, Kevin/Stibbe, Matthew (Hrsg.), Eastern Europe in 1968, Cham 2018.
McRae, Verena, Die Gastarbeiter, Freiburg 1972.
Mecking, Sabine, Mehr als Knüppel und Knöllchen: Polizeigeschichte als Gesellschaftsgeschichte, in: Dies. (Hrsg.), Polizei und Protest in der Bundesrepublik Deutschland, Wiesbaden 2020, S. 1–25.
Meining, Stefan, Eine Moschee in Deutschland. Nazis, Geheimdienste und der Aufstieg des politischen Islam im Westen, München 2011.

Merl, Heinrich Joseph, Das Asylrecht politisch Verfolgter nach Artikel 16 (2) Grundgesetz, München 1968.

Mesner, Maria/Heiss, Gernot/Manasek, Jared (Hrsg.), Asyl. Das lange 20. Jahrhundert, Wien 2012.

Metzler, Gabriele, Konzeptionen politischen Handelns von Adenauer bis Brandt. Politische Planung in der pluralistischen Gesellschaft, Paderborn 2005.

Metzler, Gabriele, Konfrontation und Kommunikation. Demokratischer Staat und linke Gewalt in der Bundesrepublik und den USA in den 1970er Jahren, in: Vierteljahrshefte für Zeitgeschichte 60 (2012), H. 2, S. 249–277.

Metzler, Gabriele (Hrsg.), Das Andere denken. Repräsentationen von Migration in Westeuropa und den USA im 20. Jahrhundert, Frankfurt am Main 2013.

Metzler, Gabriele, Einleitung, in: Gabriele Metzler (Hrsg.), Das Andere denken. Repräsentationen von Migration in Westeuropa und den USA im 20. Jahrhundert, Frankfurt am Main 2013, S. 9–15.

Metzler, Gabriele, Erzählen, Aufführen, Widerstehen. Westliche Terrorismusbekämpfung in Politik, Gesellschaft und Kultur der 1970er Jahre, in: Hürter, Johannes (Hrsg.), Terrorismusbekämpfung in Westeuropa. Demokratie und Sicherheit in den 1970er und 1980er Jahren, Berlin 2015, S. 117–136.

Metzler, Gabriele, Der Staat der Historiker. Staatsvorstellungen deutscher Historiker seit 1945, Berlin 2018.

Miedema, Christie, Not a Movement of Dissidents. Amnesty International beyond the Iron Curtain, Göttingen 2019.

Mihr, Anja, Amnesty International, die Menschenrechte und der KSZE-Prozess. Der Fall der DDR, in: Peter, Matthias/Wentker, Hermann (Hrsg.), Die KSZE im Ost-West-Konflikt. Internationale Politik und gesellschaftliche Transformation 1975–1990, München 2012, S. 233–248.

Mihr, Anja/Gibney, Mark (Hrsg.), The Sage Handbook of Human Rights, Aldershot 2014.

Mijatović, Anđelko, Bruno Bušić. Prilog istraživanju života i djelovanja, 1939–1978, Zagreb 2010.

Milivojević, Marko, The Role of the Yugoslav Intelligence and Security Community, in: Allcock, John B./Horton, John J./Milivojević, Marko (Hrsg.), Yugoslavia in Transition. Choices and Constraints, Leamington Spa 1992, S. 199–237.

Mišković, Nataša/Fischer-Tiné, Harald (Hrsg.), The Non-Aligned Movement and the Cold War. Delhi – Bandung – Belgrade, London 2017.

Misselwitz, Margarete (Hrsg.), Politik der Unentschiedenheit. Die internationale Politik und ihr Umgang mit Kriegsflüchtlingen, Bielefeld 2010.

Mittag, Jürgen/Stadtland, Helke, Soziale Bewegungsforschung im Spannungsfeld von Theorie und Empirie. Einleitende Bemerkungen zu Potentialen disziplinärer Brückenschläge zwischen Geschichts- und Sozialwissenschaft, in: Mittag, Jürgen/Stadtland, Helke (Hrsg.), Theoretische Ansätze und Konzepte der Forschung über soziale Bewegungen in der Geschichtswissenschaft, Essen 2014, S. 13–59.

Mittag, Jürgen/Stadtland, Helke (Hrsg.), Theoretische Ansätze und Konzepte der Forschung über soziale Bewegungen in der Geschichtswissenschaft, Essen 2014.

Moeller, Robert G., Remembering the War in a Nation of Victims. West German Pasts in the 1950s, in: Schissler, Hanna (Hrsg.), The Miracle Years. A Cultural History of West Germany, 1949–1968, Princeton, NJ 2001, S. 83–109.

Möhring, Maren, Fremdes Essen. Die Geschichte der ausländischen Gastronomie in der Bundesrepublik Deutschland, München 2012.

Möhring, Maren, Jenseits des Integrationsparadigmas? Aktuelle Konzepte und Ansätze in der Migrationsforschung, in: Archiv für Sozialgeschichte 58 (2018), S. 305–330.

Molnar, Christopher A., The Radicalisation of the Croatian Émigré Community in West Germany, 1955–1970, in: Zostavil, Peter Jašek (Hrsg.), Protikomunistický odboj v srednej a východnej Európe, Bratislava 2012, S. 784–794.
Molnar, Christopher A., Imagining Yugoslavs. Migration and the Cold War in Postwar West Germany, in: Central European History 47 (2014), H. 1, S. 138–169.
Molnar, Christopher A., Memory, Politics, and Yugoslav Migrations to Postwar Germany, Bloomington, IN 2019.
Molnar, Christopher A., Croatian Émigrés, Political Violence, and Coming to Terms with the Past in 1960s West Germany, in: Zakić, Mirna/Ders. (Hrsg.), German-Balkan Entangled Histories in the Twentieth Century, Pittsburgh, PA 2020, S. 216–230.
Morrison, Kenneth, The „June Events". The 1968 Student Protests in Yugoslavia, in: McDermott, Kevin/Stibbe, Matthew (Hrsg.), Eastern Europe in 1968, Cham 2018, S. 215–234.
Motte, Jan/Ohliger, Rainer/Oswald, Anne von (Hrsg.), 50 Jahre Bundesrepublik, 50 Jahre Einwanderung. Nachkriegsgeschichte als Migrationsgeschichte, Frankfurt am Main 1999.
Moyn, Samuel, The Last Utopia. Human Rights in History, Cambridge, MA 2010.
Mueller, Wolfgang/Ruzicić-Kessler, Karlo/Greilinger, Philipp (Hrsg.), The Alps-Adriatic Region 1945–1955. International and Transnational Perspectives on a Conflicted European Region, Wien 2018, S. 211–245.
Müller, Jan-Werner, Militant Democracy, in: Michel Rosenfeld/András Sajó (Hrsg.), The Oxford Handbook of Comparative Constitutional Law, Oxford 2012, S. 1253–1269.
Müller, Jan-Werner, Das demokratische Zeitalter. Eine politische Ideengeschichte Europas im 20. Jahrhundert, Berlin 2013.
Müller, Rolf-Dieter, An der Seite der Wehrmacht. Hitlers ausländische Helfer beim „Kreuzzug gegen den Bolschewismus", 1941–1945, Berlin 2007.
Münch, Ursula, Asylpolitik in der Bundesrepublik Deutschland. Entwicklung und Alternativen, Opladen 1992.
Narr, Wolf-Dieter, Terror breitgewalzt. Kritischer Literaturbericht zum Abschluß einer Buchserie in Sachen Terrorismus in der Bundesrepublik Deutschland, in: Leviathan 17 (1989), H. 1, S. 15–45.
Nećak, Dušan, „Ostpolitik" Willyja Brandta i Jugoslavija (1963.–1969.), Zagreb 2015.
Nielsen, Christian Axboe, The Yugoslav State Security Service and the Bleiburg Commemorations, in: Politička misao 55 (2018), H. 2, S. 50–70.
Nielsen, Christian Axboe, Yugoslavia and Political Assassinations. The History and Legacy of Tito's Campaign Against the Émigrés, London 2020.
Nieswand, Boris/Drotbohm, Heike (Hrsg.), Kultur, Gesellschaft, Migration. Die reflexive Wende in der Migrationsforschung, Wiesbaden 2014.
Nikolić, Vinko, Pred vratima domovine. Susret s hrvatskom emigracijom 1965. Dojmovi i razgovori. Knjiga druga: Europa, Zagreb 1995 [1966].
Noiriel, Gérard, Die Tyrannei des Nationalen. Sozialgeschichte des Asylrechts in Europa, Lüneburg 1994.
Novinšćak, Karolina, From „Yugoslav Gastarbeiter" to „Diaspora-Croats". Policies and Attitudes toward Emigration in the Socialist Federal Republic of Yugoslavia and the Republic of Croatia, in: Caruso, Clelia/Pleinen, Jenny/Raphael, Lutz (Hrsg.), Postwar Mediterranean Migration to Western Europe. Legal and Political Frameworks, Sociability and Memory Cultures, Frankfurt am Main 2008, S. 125–143.
Novinšćak, Karolina, Vom „Gastarbajter" zum EU-Bürger im „Svaba-Land". Zuwanderung aus Ex-Jugoslawien in den deutschen Südwesten, in: Beer, Mathias (Hrsg.), Baden-Württemberg – eine Zuwanderungsgeschichte, Stuttgart 2014, S. 155–174.

Oberloskamp, Eva, Das Olympia-Attentat 1972. Politische Lernprozesse im Umgang mit dem transnationalen Terrorismus, in: Vierteljahrshefte für Zeitgeschichte 60 (2012), H. 3, S. 321–352.

Oberloskamp, Eva, Terrorismusbekämpfung und Immigrationskontrolle. Zur deutsch-französischen Zusammenarbeit der Innenministerien in den 1970er Jahren, in: Gotto, Bernhard/Möller, Horst/Mondot, Jean/Pelletier, Nicole (Hrsg.), Nach „Achtundsechzig". Krisen und Krisenbewusstsein in Deutschland und Frankreich in den 1970er Jahren, München 2013, S. 161–175.

Oberloskamp, Eva, Codename TREVI. Terrorismusbekämpfung und die Anfänge einer europäischen Innenpolitik in den 1970er Jahren, Berlin 2017.

Oltmer, Jochen (Hrsg.), Migration steuern und verwalten. Deutschland vom späten 19. Jahrhundert bis zur Gegenwart, Göttingen 2003.

Oltmer, Jochen (Hrsg.), Handbuch Staat und Migration in Deutschland seit dem 17. Jahrhundert, Berlin 2015.

Oltmer, Jochen, Kleine Globalgeschichte der Flucht im 20. Jahrhundert, in: Aus Politik und Zeitgeschichte 66 (2016), H. 26–27, S. 18–25.

Oltmer, Jochen, Einführung. Migrationsregime vor Ort und lokales Aushandeln von Migration, in: Ders. (Hrsg.), Migrationsregime vor Ort und lokales Aushandeln von Migration, Wiesbaden 2018, S. 1–12.

Oltmer, Jochen (Hrsg.), Migrationsregime vor Ort und lokales Aushandeln von Migration, Wiesbaden 2018.

Oltmer, Jochen, Flucht, Zwangsmigration, Gewaltmigration. Begriffe und Konzepte der Forschung, in: Johler, Reinhard/Lange, Jan (Hrsg.), Konfliktfeld Fluchtmigration. Historische und ethnographische Perspektiven, Bielefeld 2019, S. 49–64.

Oltmer, Jochen/Kreienbrink, Axel/Sanz Díaz, Carlos (Hrsg.), Das „Gastarbeiter"-System. Arbeitsmigration und ihre Folgen in der Bundesrepublik Deutschland und Westeuropa, München 2012.

Oppenhäuser, Holger, Das Extremismus-Konzept und die Produktion von politischer Normalität, in: Forum für Kritische Rechtsextremismusforschung (Hrsg.), Ordnung. Macht. Extremismus. Effekte und Alternativen des Extremismus-Modells, Wiesbaden 2011, S. 35–58.

Østergaard-Nielsen, Eva, Transnational Politics. Turks and Kurds in Germany, London 2003.

Overland, Orm, Visions of Home. Exiles and Immigrants, in: Rose, Peter Isaac (Hrsg.), The Dispossessed. An Anatomy of Exile, Amherst, MA 2005, S. 7–26.

Palm, Stefanie/Stange, Irina, Vergangenheiten und Prägungen des Personals des Bundesinnenministeriums, in: Bösch, Frank/Wirsching, Andreas (Hrsg.), Hüter der Ordnung. Die Innenministerien in Bonn und Ost-Berlin nach dem Nationalsozialismus, Göttingen 2018, S. 122–181.

Panagiotidis, Janis, Sifting Germans from Yugoslavs. Co-Ethnic Selection, Danube Swabian Migrants, and the Contestation of Aussiedler Immigration in West Germany in the 1950s and 1960s, in: Coy, Philip/Poley, Jared/Schunka, Alexander (Hrsg.), Migrations in the German Lands, 1500–2000, New York 2016, S. 209–226.

Papadogianis, Nikolaos, A (Trans-)National Emotional Community? Greek Political Songs and the Politicisation of Greek Migrants in West Germany in the 1960s and Early 1970s, in: Contemporary European History 23 (2014), H. 4, S. 589–614.

Paris, Edmond, Genocide in Satellite Croatia. 1941–1945, Chicago 1961.

Patterson, Patrick Hyder, Bought & Sold. Living and Losing the Good Life in Socialist Yugoslavia, Ithaca, NY 2012.

Patyk, Lynn, Gefallene Mädchen. Die Terroristin und/als Prostituierte im ausgehenden zaristischen Russland, in: Hikel, Christine/Schraut, Sylvia (Hrsg.), Terrorismus und Geschlecht. Politische Gewalt in Europa seit dem 19. Jahrhundert, Frankfurt am Main 2012, S. 233–255.

Pavlaković, Vjeran/Brentin, Dario/Pauković, Davor, The Controversial Commemoration: Transnational Approaches to Remembering Bleiburg, in: Politička misao 55 (2018), H. 2, S. 7–32.

Pavlaković, Vjeran/Pauković, Davor (Hrsg.), Framing the Nation and Collective Identities. Political Rituals and Cultural Memory of the Twentieth-Century Traumas in Croatia, London 2019.
Pendas, Devin O., Der Auschwitz-Prozess. Völkermord vor Gericht, München 2013.
Pernes, Jiři, Das tschechoslowakische Exil nach 1968. Exilanten, Emigranten, Landsleute: Diskussion über Begriffe, in: Dahlmann, Dittmar (Hrsg.), Unfreiwilliger Aufbruch. Migration und Revolution von der Französischen Revolution bis zum Prager Frühling, Essen 2007, S. 187–196.
Però, Davide/Solomos, John, Migrant Politics and Mobilization. Exclusion, Engagements, Incorporation, in: Ethnic and Racial Studies 33 (2010), H. 1, S. 1–18.
Pero, Davide/Solomos, John (Hrsg.), Migrant Politics and Mobilisation. Exclusion, Engagements, Incorporation, London 2011.
Peter, Matthias/Wentker, Hermann (Hrsg.), Die KSZE im Ost-West-Konflikt. Internationale Politik und gesellschaftliche Transformation 1975–1990, München 2012.
Petke, Stefan, Militärische Vergemeinschaftungsversuche muslimischer Soldaten in der Waffen-SS. Die Beispiele der Division „Handschar“ und des „Osttürkischen Waffenverbands der SS“, in: Schulte, Jan Erik (Hrsg.), Die Waffen-SS. Neue Forschungen, Paderborn 2014, S. 248–266.
Petrenko, Olena, Unter Männern. Frauen im ukrainischen nationalistischen Untergrund 1944–1954, Paderborn 2018.
Petrović, Vladimir, The Emergence of Historical Forensic Expertise. Clio Takes the Stand, New York, London 2017.
Pfahl-Traughber, Armin/Rose-Stahl, Monika (Hrsg.), Festschrift zum 25-jährigen Bestehen der Schule für Verfassungsschutz und für Andreas Hübsch, Brühl 2007.
Pirjevec, Jože, Tito and his comrades, Madison, WI 2018.
Plamper, Jan, Das neue Wir. Warum Migration dazugehört – Eine andere Geschichte der Deutschen, Frankfurt am Main 2019.
Pleinen, Jenny, Die Migrationsregime Belgiens und der Bundesrepublik seit dem Zweiten Weltkrieg, Göttingen 2012.
Pleinen, Jenny, Ein Europa von Sonderfällen? Überlegungen zu einer Migrationsgeschichte der Bundesrepublik in europäischer Perspektive, in: Levsen, Sonja/Torp, Cornelius (Hrsg.), Wo liegt die Bundesrepublik? Vergleichende Perspektiven auf die westdeutsche Geschichte, Göttingen 2016, S. 255–273.
Pletzing, Christian/Velke, Marcus (Hrsg.), Lager – Repatriierung – Integration. Beiträge zur Displaced Persons-Forschung, Leipzig 2016.
Pluchinsky, Dennis, Political Terrorism in Western Europe. Some Themes and Variations, in: Alexander, Yonah/Myers, Kenneth A. (Hrsg.), Terrorism in Europe, London 1982, S. 40–77.
Pojmann, Wendy Ann (Hrsg.), Migration and Activism in Europe since 1945, Basingstoke 2008.
Poutrus, Patrice, Migrationen. Wandel des Wanderungsgeschehens in Europa und die Illusionen staatlicher Regulierung in der Bundesrepublik, in: Jarausch, Konrad H. (Hrsg.), Das Ende der Zuversicht? Die siebziger Jahre als Geschichte, Göttingen 2008, S. 157–173.
Poutrus, Patrice, Zuflucht im Nachkriegsdeutschland. Politik und Praxis der Flüchtlingsaufnahme in Bundesrepublik und DDR von den späten 1940er bis zu den 1970er Jahren, in: Geschichte und Gesellschaft 35 (2009), H. 1, S. 135–175.
Poutrus, Patrice, Spannungen und Dynamiken. Asylgewährung in der Bundesrepublik Deutschland von den frühen 1950ern bis zur Mitte der 1970er Jahre, in: Mesner, Konrad H./Heiss, Gernot/ Manasek, Jared (Hrsg.), Asyl. Das lange 20. Jahrhundert, Wien 2012, S. 126–145.
Poutrus, Patrice, Asylum in Postwar Germany. Refugee Admission Policies and Their Practical Implementation in the Federal Republic and the GDR between the Late 1940s and the Mid-1970s, in: Journal of Contemporary History 49 (2014), H. 1, S. 115–133.
Poutrus, Patrice, Zuflucht im Nachkriegsdeutschland. Politik und Praxis der Flüchtlingsaufnahme in Bundesrepublik und DDR von den späten 1940er Jahren bis zur Grundgesetzänderung im

vereinten Deutschland von 1993, in: Oltmer, Jochen (Hrsg.), Handbuch Staat und Migration in Deutschland seit dem 17. Jahrhundert, Berlin 2015, S. 853–894.
Poutrus, Patrice, Umkämpftes Asyl. Vom Nachkriegsdeutschland bis in die Gegenwart, Berlin 2019.
Praetz, Alexander, Das erste Jahr ohne Tito. Jugoslawien-Repräsentationen in der westdeutschen Presselandschaft zu Beginn der 1980er Jahre, Berlin 2016.
Prashad, Vijay, The Darker Nations. A People's History of the Third World, New York 2007.
Prestel, Joseph Ben, Heidelberg, Beirut und die „Dritte Welt". Palästinensische Gruppen in der Bundesrepublik Deutschland (1956–1972), in: Zeithistorische Forschungen 16 (2019), H. 3, S. 442–466.
Priemel, Kim Christian/Stiller, Alexa (Hrsg.), NMT. Die Nürnberger Militärtribunale zwischen Geschichte, Gerechtigkeit und Rechtschöpfung, Hamburg 2013.
Pries, Ludger, Einleitung. Migrantenorganisationen als Grenzüberschreiter – ein (wieder)erstarkendes Forschungsfeld, in: Pries, Ludger/Sezgin, Zeynep (Hrsg.), Jenseits von „Identitä" oder „Integration". Grenzen überspannende Migrantenorganisationen, Wiesbaden 2010, S. 7–13.
Pries, Ludger/Sezgin, Zeynep (Hrsg.), Jenseits von „Identität" oder „Integration". Grenzen überspannende Migrantenorganisationen, Wiesbaden 2010.
Proudfoot, Malcolm J., European Refugees: 1939–52. A Study in Forced Population Movement, London 1956.
Radelić, Zdenko, Krizari. Gerila u Hrvatskoj 1945–1950, Zagreb 2002.
Radelić, Zdenko, Hrvatska u Jugoslaviji 1945–1991. Od zajedništva do razlaza, Zagreb 2006.
Radelić, Zdenko, OZNA/UDBA – Drastičan obračun s neprijateljima. Primjer Hrvatske (1940-ih i 1950-ih), in: Historijski Zbornik 70 (2017), H. 1, S. 97–136.
Radeljić, Branislav, Europe and the Collapse of Yugoslavia: The Role of Non-State Actors and European Diplomacy, London 2012.
Radonić, Ljiljana, Krieg um die Erinnerung, Frankfurt am Main 2010.
Ragazzi, Francesco, The Croatian ‚Diaspora Politics' of the 1990s. Nationalism Unbound?, in: Brunnbauer, Ulf (Hrsg.), Transnational Societies, Transterritorial Politics. Migrations in the (Post-) Yugoslav Region 19th–21th century, München 2009, S. 145–168.
Ragazzi, Francesco, Governing Diasporas in International Relations. The Transnational Politics of Croatia and Former Yugoslavia, London 2017.
Ramakrishnan, S. Karthick/Bloemraad, Irene (Hrsg.), Civic Hopes and Political Realities. Immigrants, Community Organizations, and Political Engagement, New York 2008.
Ramet, Sabrina P., Die drei Jugoslawien. Eine Geschichte der Staatsbildungen und ihrer Probleme, München 2011.
Ramet, Sabrina P./Listhaug Ola (Hrsg.), Serbia and the Serbs in World War Two, London 2011.
Rashke, Richard L., Useful Enemies. America's Open-Door Policy for Nazi War Criminals, New York 2013.
Reichardt, Sven/Siegfried, Detlef (Hrsg.), Das alternative Milieu. Antibürgerlicher Lebensstil und linke Politik in der Bundesrepublik Deutschland und Europa/1968–1983, Göttingen 2010.
Reinisch, Jessica, Introduction, in: Dies./White, Elizabeth (Hrsg.), The Disentanglement of Populations. Migration, Expulsion and Displacement in Post-War Europe, 1944–9, Basingstoke 2011, S. 3–26.
Reinisch, Jessica, Old Wine in New Bottles? UNRRA and the Mid-Century World of Refugees, in: Dies./Frank, Matthew James (Hrsg.), Refugees in Europe, 1919–1959. A Forty Years' Crisis?, London 2017, S. 147–175.
Reinisch, Jessica/Frank, Matthew James (Hrsg.), Refugees in Europe, 1919–1959. A Forty Years' Crisis?, London 2017.

Reinisch, Jessica/Frank, Matthew James, „The Story Stays the Same". Refugees in Europe from the „Forty Years' Crisis" to the Present, in: Dies./Frank, Matthew James (Hrsg.), Refugees in Europe, 1919–1959. A Forty Years' Crisis?, London 2017, S. 1–19.
Reinisch, Jessica/White, Elizabeth (Hrsg.), The Disentanglement of Populations. Migration, Expulsion and Displacement in Post-War Europe, 1944–1949, Basingstoke 2011.
Reisman, Michael, Governments-in-Exile. Notes Toward a Theory of Formation and Operation, in: Shain, Yossi (Hrsg.), Governments-in-Exile in Contemporary World Politics, New York 1991, S. 238–248.
Richardson, Louise, Was Terroristen wollen. Die Ursachen der Gewalt und wie wir sie bekämpfen können, Frankfurt am Main 2007.
Richter, Angela/Beyer, Barbara (Hrsg.), Geschichte (ge-)brauchen. Literatur und Geschichtskultur im Staatssozialismus, Berlin 2006.
Richter, Hedwig/Richter, Ralf, Der Opfer-Plot. Probleme und neue Felder der deutschen Arbeitsmigrationsforschung, in: Vierteljahrshefte für Zeitgeschichte 57 (2009), H. 1, S. 61–97.
Rigoll, Dominik, Staatsschutz in Westdeutschland. Von der Entnazifizierung zur Extremistenabwehr, Göttingen 2013.
Rigoll, Dominik, Liberalisierung und Illiberalisierung. Innere Sicherheit in den 1970er und 1980er Jahren, in: Jahrbuch zur Liberalismus-Forschung 29 (2017), S. 41–64.
Rigoll, Dominik, Kampf um die innere Sicherheit. Schutz des Staates oder der Demokratie?, in: Bösch, Frank/Wirsching, Andreas (Hrsg.), Hüter der Ordnung. Die Innenministerien in Bonn und Ost-Berlin nach dem Nationalsozialismus, Göttingen 2018, S. 454–497.
Risse, Thomas, The Political, the State, and Governance. Reflections on Essentially Contested Concepts, in: Steinmetz, Willibald/Gilcher-Holtey, Ingrid/Haupt, Heinz-Gerhard (Hrsg.), Writing Political History Today, Frankfurt am Main 2013, S. 359–367.
Robionek, Bernd, Croatian Political Refugees and the Western Allies. A Documented Survey from the Second World War to the Year 1948, Berlin 2009.
Robionek, Bernd, „Bleiburg" and the British Treatment of Croatian Collaborators 1945–48, in: Janjetović, Zoran (Hrsg.), 1945. Kraj ili novi početak?, Belgrad 2016, S. 277–306.
Robionek, Bernd, Outsiders of the Cold War? Changing Attitudes Towards Anti-Communism within the Croatian Political Emigration (1945–80s), in: Jašek, Peter Zostavil (Hrsg.), Politický exil z krajín strednej a východnej Európy. Motívy, stratégie, aktivity a perspektívy na Východe a Západe, 1945–1989, Bratislava 2017, S. 84–94.
Robionek, Bernd, State Security out of Control? The Influence of Yugoslavia's Political Leadership on Targeted Killings Abroad (1967–84), in: OEZB Working Paper, Osteuropa Zentrum Berlin e. V. (2020).
Rodatz, Mathias/Scheuring, Jana, „Integration als Extremismusprävention". Rassistische Effekte der „wehrhaften Demokratie" bei der Konstruktion eines „islamischen Extremismus", in: Forum für Kritische Rechtsextremismusforschung (Hrsg.), Ordnung. Macht. Extremismus. Effekte und Alternativen des Extremismus-Modells, Wiesbaden 2011, S. 163–190.
Rödder, Andreas, Klios neue Kleider. Theoriedebatten um eine Kulturgeschichte der Politik in der Moderne, in: Historische Zeitschrift 283 (2006), H. 1, S. 657–832.
Roggemann, Herwig, Zur Funktion des Staatsschutzrechts bei der bundesstaatlichen Integration der Sozialistischen Föderativen Republik Jugoslawien, in: Grothusen, Klaus-Detlev (Hrsg.), Jugoslawien. Integrationsproblem in Geschichte und Gegenwart, Göttingen 1984, S. 309–325.
Roksandić, Drago, Spatial and Temporal Logics of Violence. The Independent State of Croatia in the Districts of Glina and Vrginmost (April 1941 – January 1942), in: Bougarel, Xavier/Grandits, Hannes/Vulesica, Marija (Hrsg.), Local Dimensions of the Second World War in Southeastern Europe, New York 2019, S. 106–140.

Rolandi, Francesca, Escaping Yugoslavia. Italian and Austrian Refugee Policy toward Yugoslav Asylum Seekers after World War II, in: Mueller, Wolfgang/Ruzicić-Kessler, Karlo/Greilinger, Philipp (Hrsg.), The Alps-Adriatic Region 1945–1955. International and Transnational Perspectives on a Conflicted European Region, Wien 2018, S. 18–45.
Rondholz, Eberhard, Nach deutscher Art und Sitte... Anmerkung zu einigen Ausländerrechtskommentaren, in: Vorgänge 4 (1970), S. 128–130.
Rose, Peter Isaac (Hrsg.), The Dispossessed. An Anatomy of Exile, Amherst, MA 2005.
Roseman, Mark/Gregor, Neil/Roemer, Nils H. (Hrsg.), German History from the Margins, Bloomington 2006.
Rosenfeld, Michel/Sajó, András (Hrsg.), The Oxford Handbook of Comparative Constitutional Law, Oxford 2012.
Rucht, Dieter, Zum Stand der Forschung zu sozialen Bewegungen, in: Forschungsjournal Soziale Bewegungen 24 (2011), H. 3, S. 20–47.
Rulitz, Florian Thomas, Die Tragödie von Bleiburg und Viktring. Partisanengewalt in Kärnten am Beispiel der antikommunistischen Flüchtlinge im Mai 1945, Klagenfurt 2012.
Rürup, Miriam, Einleitung, in: Dies. (Hrsg.), Praktiken der Differenz. Diasporakulturen in der Zeitgeschichte, Göttingen 2009, S. 9–41.
Rürup, Miriam (Hrsg.), Praktiken der Differenz. Diasporakulturen in der Zeitgeschichte, Göttingen 2009.
Rystad, Göran (Hrsg.), The Uprooted. Forced Migration as an International Problem in the Post-War Era, Lund 1990.
Salomon, Kim, Refugees in the Cold War. Towards a New International Refugee Regime in the Early Postwar Era, Lund 1991.
Salzborn, Samuel, Ethnisierung der Politik. Theorie und Geschichte des Volksgruppenrechts in Europa, Frankfurt am Main 2005.
Sanz Díaz, Carlos, „Illegale", „Halblegale", „Gastarbeiter". Die irreguläre Migration aus Spanien in die Bundesrepublik Deutschland im Kontext der deutsch-spanischen Beziehungen 1960–1973, Berlin 2010.
Šarac, Ivica, Kultura selektivnog sjećanja. Hrvati Hercegovine i Nezavisna Država Hrvatska, Mostar 2012.
Šarac, Ivica, MetaStaze jedne revolucije. Uspostava komunističko-partizanske vlasti u zapadnim dijelovima Hercegovine, Mostar 2019.
Šarić, Tatjana, Bijeg iz socijalističke Jugoslavije – ilegalna emigracija iz Hrvatske od 1945. do početka šezdesetih godina 20. stoljeća, in: Migracijske i etničke teme 31 (2015), H. 2, S. 195–220.
Šarić, Tatjana, Hrvatske u Jugoslaviji i kulturno djelovanje prema iseljeništvu, in: Časopis za suvremenu povijest 53 (2021), H. 1, S. 69–99.
Saupe, Achim, Von „Ruhe und Ordnung" zur „inneren Sicherheit". Eine Historisierung gesellschaftlicher Dispositive, in: Zeithistorische Forschungen/Studies in Contemporary History 9 (2010), H. 2, S. 170–187.
Scheel, Stephan, Rethinking the Autonomy of Migration. On the Appropriation of Mobility within Biometric Border Regimes, London 2019.
Scheiper, Stephan, Innere Sicherheit. Politische Anti-Terror-Konzepte in der Bundesrepublik Deutschland während der 1970er Jahre, Paderborn 2010.
Schenk, Dieter, Auf dem rechten Auge blind. Die braunen Wurzeln des BKA, Köln 2001.
Schiessl, Christoph, Alleged Nazi Collaborators in the United States after World War II, Lanham, MD 2016.
Schildt, Axel, „Die Kräfte der Gegenreform sind auf breiter Front angetreten". Zur konservativen Tendenzwende in den Siebzigerjahren, in: Archiv für Sozialgeschichte 44 (2004), S. 449–478.

Schildt, Axel, Annäherungen an die Westdeutschen. Sozial- und kulturgeschichtliche Perspektiven auf die Bundesrepublik, Göttingen 2011.
Schildt, Axel (Hrsg.), Von draußen. Ausländische intellektuelle Einflüsse in der Bundesrepublik bis 1990, Göttingen 2016.
Schildt, Axel, Kriegserinnerung im Kalten Krieg. Antikommunismus und die Auseinandersetzung mit dem Krieg im Osten in der frühen Bundesrepublik, in: Jahn, Peter/Wieler, Florian/Ziemer, Daniel (Hrsg.), Der deutsche Krieg um „Lebensraum im Osten" 1939–1945. Ereignisse und Erinnerung, Berlin 2017, S. 137–158.
Schiller, Ulrich, Deutschland und „seine" Kroaten. Vom Ustaša-Faschismus zu Tudjmans Nationalismus, Bremen 2010.
Schindler, John R., Defeating the Sixth Column. Intelligence and Strategy in the War on Islamist Terrorism, in: Orbis (2005), S. 695–712.
Schissler, Hanna (Hrsg.), The Miracle Years. A Cultural History of West Germany, 1949–1968, Princeton, NJ 2001.
Schmid, Sanela, Deutsche und italienische Besatzung im Unabhängigen Staat Kroatien. 1941 bis 1943/45, Berlin 2020.
Schmider, Klaus, Partisanenkrieg in Jugoslawien 1941–1944, Hamburg 2002.
Schmitt, Oliver Jens, Der Balkan im 20. Jahrhundert. Eine postimperiale Geschichte, Stuttgart 2019.
Schmitt, Oliver Jens/Metzeltin, Michael (Hrsg.), Das Südosteuropa der Regionen, Wien 2015.
Schoeppe, Günter, Die „Wirtschaftsflüchtlinge" im deutschen Asylverfahren, in: Deutsche Nansen-Gesellschaft (Hrsg.), 2. Internationales Asyl-Colloquium, Garmisch-Partenkirchen 1965, S. 87–108.
Schönwälder, Karen, „Ist nur Liberalisierung Fortschritt?". Zur Entstehung des ersten Ausländergesetzes der Bundesrepublik, in: Motte, Jan/Ohliger, Rainer/Oswald, Anne von (Hrsg.), 50 Jahre Bundesrepublik, 50 Jahre Einwanderung. Nachkriegsgeschichte als Migrationsgeschichte, Frankfurt am Main 1999, S. 127–144.
Schönwälder, Karen, Einwanderung und ethnische Pluralität. Politische Entscheidungen und öffentliche Debatten in Grossbritannien und der Bundesrepublik von den 1950er bis zu den 1970er Jahren, Essen 2001.
Schönwälder, Karen/Ohliger, Rainer/Triadafilopoulos, Triadafilos (Hrsg.), European Encounters. Migrants, Migration, and European Societies since 1945, Burlington, VT 2003.
Schönwälder, Karen/Oswald, Anne von/Sonnenberger, Barbara, Einwanderungsland Deutschland. A New Look at its Post-War History, in: Schönwälder, Karen/Ohliger, Rainer/Triadafilopoulos, Triadafilos (Hrsg.), European Encounters. Migrants, Migration, and European Societies since 1945, Burlington, VT 2003, S. 19–37.
Schraml, Franz, Kriegsschauplatz Kroatien. Die deutsch-kroatische Legions-Divisionen – 369., 373., 392. Inf.-Div.(kroat.) – ihre Ausbildungs- u. Ersatzformationen, Neckargemünd 1962.
Schraut, Sylvia, Terrorismus und politische Gewalt, Göttingen 2018.
Schulte, Jan Erik (Hrsg.), Die Waffen-SS. Neue Forschungen, Paderborn 2014.
Schulte, Jan Erik/Wildt, Michael (Hrsg.), Die SS nach 1945. Entschuldungsnarrative, populäre Mythen, europäische Erinnerungsdiskurse, Göttingen 2018.
Schulz, Sarah, Die freiheitlich demokratische Grundordnung. Ergebnis und Folgen eines historisch-politischen Prozesses, Weilerwist 2019.
Schulz, Sarah, Wehrhafte Demokratie. Eine Zeitreise, in: Dunkel, Barbara/Gollasch, Christoph/Padberg, Kai (Hrsg.), Nicht zu fassen. Das Extremismuskonzept und neue rechte Konstellationen, Berlin 2019, S. 61–80.
Schunka, Alexander, Migrations in the German Lands. An Introduction, in: Ders./Coy, Jason Philip/Poley, Jared (Hrsg.), Migrations in the German lands, 1500–2000, New York 2016, S. 1–34.

Schwan, Siegfried, Beobachtung des Ausländerextremismus in der Bundesrepublik Deutschland unter sich verändernden globalpolitischen Rahmenbedingungen, in: Pfahl-Traughber, Armin/ Rose-Stahl, Monika (Hrsg.), Festschrift zum 25-jährigen Bestehen der Schule für Verfassungsschutz und für Andreas Hübsch, Brühl 2007, S. 552–558.

Schwartz, Michael, Funktionäre mit Vergangenheit. Das Gründungspräsidium des Bundes der Vertriebenen und das „Dritte Reich", München 2013.

Schwartz, Michael, Antikommunismus und Vertriebenenverbände. Ein differenzierter Blick auf ein scheinbar Eindeutiges in der frühen Bundesrepublik Deutschland, in: Creuzberger, Stefan/ Hoffmann, Dierk (Hrsg.), „Geistige Gefahr" und „Immunisierung der Gesellschaft". Antikommunismus und politische Kultur in der frühen Bundesrepublik, München 2014, S. 161–176.

Schweppe, Reinhard, FBI und BKA. Federal Bureau of Investigation und Bundeskriminalamt/ein Vergleich von Organisation und Kompetenzen, Stuttgart 1974.

Seewann, Gerhard, Von der Arbeit am Deutschtum zur Südosteuropa-Forschung, in: Südosteuropa-Gesellschaft (Hrsg.), Internationales Symposion: Vor- und Gründungsgeschichte der Südosteuropa-Gesellschaft. Kritische Fragen zu Kontexten und Kontinuitäten 16./17. Dezember 2013 Carl Friedrich von Siemens Stiftung, München 2014, S. 1–12.

Seibel, Wolfgang, Verwaltung verstehen. Eine theoriegeschichtliche Einführung, Berlin 2016.

Seibert, Niels, Vergessene Proteste, Münster 2008.

Seipp, Adam R., Strangers in the Wild Place. Refugees, Americans, and a German Town, 1945–1952, Bloomington 2013.

Selak, Ante, Hrvatska zauvijek. Prilozi hrvatskoj državotvornoj misli, Zagreb 1996.

Severin-Barboutie, Bettina, Die Fremdwahrnehmung von Italienern und Türken in der Bundesrepublik, in: Janz, Oliver (Hrsg.), Dolce Vita? Das Bild der italienischen Migranten in Deutschland, Frankfurt am Main 2011, S. 116–135.

Shain, Yossi, The Frontier of Loyalty. Political Exiles in the Age of the Nation-State, Ann Arbor, MI 2005.

Shepherd, Ben, Terror in the Balkans. German Armies and Partisan Warfare, Cambridge, MA 2012.

Shklar, Judith N., The Bonds of Exile, in: Hoffmann, Stanley (Hrsg.), Judith N. Shklar. Political Thought and Political Thinkers, Chicago 1998, S. 56–72.

Shonick, Kaja, Émigrés, Guest Workers, and Refugees. Yugoslav Migrants in the Federal Republic of Germany, 1945–1995, Seattle 2008.

Shonick, Kaja, Politics, Culture, and Economics: Reassessing the West German Guest Worker Agreement with Yugoslavia, in: Journal of Contemporary History 44 (2009), H. 4, S. 719–736.

Shore, Cris/Wright, Susan, Conceptualising Policy. Technologies of Governance and the Politics of Visibility, in: Shore, Cris/Wright, Susan/Però, Davide (Hrsg.), Policy Worlds. Anthropology and the Analysis of Contemporary Power, New York 2011, S. 1–25.

Shore, Cris/Wright, Susan/Però, Davide (Hrsg.), Policy Worlds. Anthropology and the Analysis of Contemporary Power, New York 2011.

Simeunović, Dragan (Hrsg.), Savremeni terorizam. Jugoslovenski pogled, Belgrad 1989.

Sjoberg, Tommie, The Powers and the Persecuted. The Refugee Problem and the Intergovernmental Committee on Refugees (IGCR), 1938–1947, Lund 1991.

Sleiman, Hana, The Paper Trail of a Liberation Movement, in: The Arab Studies Journal 24 (2016), H. 1, S. 42–67.

Slobodian, Quinn, Foreign Front. Third World Politics in Sixties West Germany, Durham, NC 2012.

Slobodian, Quinn, The Borders of the Rechtsstaat in the Arab Autumn Deportation and Law in West Germany, 1972/73, in: German History 31 (2013), H. 2, S. 204–224.

Snyder, Sarah B., Principles Overwhelming Tanks. Human Rights and the End of the Cold War, in: Iriye, Akira/Goedde, Petra/Hitchcock, William I. (Hrsg.), The Human Rights Revolution. An International History, Oxford 2012, S. 265–283.

Sobieck, Stephen M., Democratic Responses to International Terrorism in Germany, in: Charters, David A. (Hrsg.), The Deadly Sin of Terrorism. Its Effect on Democracy and Civil Liberty in Six Countries, Westport, CN 1994, S. 43–71.
Soysal, Yasemin Nuhoğlu, Limits of Citizenship. Migrants and Postnational Membership in Europe, Chicago 1994.
Spaskovska, Ljubica/Mark, James/Bieber, Florian, Introduction. Internationalism in Times of Nationalism: Yugoslavia, Nonalignment, and the Cold War, in: Nationalities Papers 49 (2021), H. 3, S. 409–412.
Spehnjak, Katarina, Britanski pogled na Hrvatsku, 1945–1948, Zagreb 2006.
Spehnjak, Katarina/Cipek, Tihomir, Disidenti, opozicija i otpor. Hrvatska i Jugoslavija 1945–1990, in: Časopis za suvremenu povijest 39 (2007), H. 2, S. 255–297.
Spielberg, Georg (Hrsg.), Verfassungsschutz 1952–2012. Festschrift zum 60. Jubiläum des Landesamts für Verfassungsschutz Baden-Württemberg, Stuttgart 2012.
Stahl, Daniel, Nazi-Jagd. Südamerikas Diktaturen und die Ahndung von NS-Verbrechen, Göttingen 2013.
Stanković, Vladimir, Crkva i hrvatsko iseljeništvo, Zagreb 1982.
Stefanov, Nenad, „Message in a Bottle“. Yugoslav Praxis Philosophy, Critical Theory of Society and the Transfer of Ideas between East and West, in: Brier, Robert (Hrsg.), Entangled Protest. Transnational Approaches to the History of Dissent in Eastern Europe and the Soviet Union, Osnabrück 2013, S. 109–128.
Stein, Mathias, Der Konflikt um Alleinvertretung und Anerkennung in der UNO. Die deutsch-deutschen Beziehungen zu den Vereinten Nationen von 1949 bis 1973, Göttingen 2011.
Steinacher, Gerald, Nazis auf der Flucht. Wie Kriegsverbrecher über Italien nach Übersee entkamen, Innsbruck 2008.
Steinert, Johannes-Dieter, Migration and Migration Policy. West Germany and the Recruitment of Foreign Labour, 1945–61, in: Journal of Contemporary History 49 (2014), H. 1, S. 9–27.
Steinmetz, Willibald, Introduction, in: Ders./Gilcher-Holtey, Ingrid/Haupt, Heinz-Gerhard (Hrsg.), Writing Political History Today, Frankfurt am Main 2013, S. 37–43.
Steinmetz, Willibald/Gilcher-Holtey, Ingrid/Haupt, Heinz-Gerhard (Hrsg.), Writing Political History Today, Frankfurt/New York 2013.
Steinmetz, Willibald/Haupt, Heinz-Gerhard, The Political as a Communicative Space in History. The Bielefeld Approach, in: Dies./Gilcher-Holtey, Ingirid (Hrsg.), Writing Political History Today, Frankfurt am Main 2013, S. 11–33.
Stöcker, Lars Fredrik, Bridging the Baltic Sea. Networks of Resistance and Opposition during the Cold War Era, Lanham, MD 2018.
Stokes, Lauren, The Permanent Refugee Crisis in the Federal Republic of Germany, 1949–, in: Central European History 52 (2019), H. 1, S. 19–44.
Stollberg-Rillinger, Barbara, Was heißt Kulturgeschichte des Politischen, in: Dies. (Hrsg.), Was heißt Kulturgeschichte des Politischen?, Berlin 2005, S. 9–24.
Stollberg-Rillinger, Barbara (Hrsg.), Was heißt Kulturgeschichte des Politischen?, Berlin 2005.
Stöss, Richard, Die extreme Rechte in der Bundesrepublik. Entwicklung – Ursachen – Gegenmaßnahmen, Wiesbaden 1989.
Stöver, Bernd, Die Befreiung vom Kommunismus. Amerikanische Liberation Policy im Kalten Krieg 1947–1991, Köln 2002.
Stuparić, Darko (Hrsg.), Tko je tko u NDH. Hrvatska 1941–1945, Zagreb 1997.
Südosteuropa-Gesellschaft (Hrsg.), Internationales Symposion: Vor- und Gründungsgeschichte der Südosteuropa-Gesellschaft. Kritische Fragen zu Kontexten und Kontinuitäten 16./17. Dezember 2013 Carl Friedrich von Siemens Stiftung, München 2014.

Sulek, Stjepan, Slobodna rijec u hrvatskom egzilu s osvrtom na casopis Kroatische Berichte (1976.–1990.), in: Tomić, Caroline Hornstein (Hrsg.), Hrvatsko iseljeništvo i domovina. Razvojne perspektive, Zagreb 2014, S. 165–170.
Sundhaussen, Holm, Das Konzentrationslager Jasenovac (1941–1945). Konstruktion und Dekonstruktion eines Kriegsverbrechens und Weltkriegsmythos, in: Wette, Wolfram (Hrsg.), Kriegsverbrechen im 20. Jahrhundert, Darmstadt 2001, S. 370–381.
Sundhaussen, Holm, Jugoslawien und seine Nachfolgestaaten 1943–2011. Eine ungewöhnliche Geschichte des Gewöhnlichen, Wien 2012.
Terhoeven, Petra, Deutscher Herbst in Europa. Der Linksterrorismus der siebziger Jahre als transnationales Phänomen, München 2014.
Thadden, Marielisa von, Die Welt ist weit, und ich bin jung. Das Leben des Franz-Lorenz v. Thadden, Bonn 2015.
Thaden, Matthias, Jugoslawien im Äther? Repräsentationen von Zugehörigkeiten in der „Sendung für unsere Mitbürger aus Jugoslawien" des Senders Freies Berlin (SFB), 1988–1991, Berlin 2015.
Thaden, Matthias, „Brotherhood and Unity" Dissolved. Yugoslav Radio Broadcasting in (West) Berlin and the Changing Politics of Representation, 1988–95, in: Südosteuropa 64 (2016), H. 2, S. 142–166.
Thaden, Matthias, Radikal und transnational. Politische Gewalt von Exilkroaten in der Bundesrepublik Deutschland in den 1960er Jahren, in: Hänni, Adrian/Rickenbacher, Daniel/Schmutz, Thomas (Hrsg.), Über Grenzen hinweg. Transnationale politische Gewalt im 20. Jahrhundert, Frankfurt am Main 2020, S. 205–232.
Thaden, Matthias, Trade Union Knowledge and Educational Programs for Yugoslavian Workers in West Germany, 1970s–1980s, in: Migrant Knowledge Blog (2021).
Ther, Philipp, Die dunkle Seite der Nationalstaaten. „Ethnische Säuberungen" im modernen Europa, Göttingen 2011.
Ther, Philipp, Die Außenseiter. Flucht, Flüchtlinge und Integration im modernen Europa, Berlin 2017.
Theurer, Marc Christian, Bonn – Belgrad – Ost-Berlin. Die Beziehungen der beiden deutschen Staaten zu Jugoslawien im Vergleich, 1957–1968, Berlin 2008.
Thomas, Daniel C., The Helsinki Effect. International Norms, Human Rights, and the Demise of Communism, Princeton, NJ 2001.
Thomsen Vierra, Sarah, Turkish Germans in the Federal Republic of Germany 2018.
Thränhardt, Dietrich/Winterhagen, Jenni, Der Einfluss der katholischen Migrantengemeinden auf die Integration südeuropäischer Einwanderergruppen in Deutschland, in: Oltmer, Jochen/Kreienbrink, Axel/Sanz Díaz, Carlos (Hrsg.), Das „Gastarbeiter"-System. Arbeitsmigration und ihre Folgen in der Bundesrepublik Deutschland und Westeuropa, München 2012, S. 199–215.
Tilly, Charles, Stories, Identities, and Political Change, Lanham, MD 2002.
Tilly, Charles, Terror, Terrorism, Terrorists, in: Sociological Theory 21 (2004), H. 1, S. 5–13.
Todorova, Marija, Imagining the Balkans, Oxford 2009.
Tokić, Mate Nikola, Landscapes of Conflict. Unity and Disunity in Post-Second World War Croatian Emigré Separatism, in: European Review of History 16 (2009), H. 5, S. 739–753.
Tokić, Mate Nikola, Party Politics, National Security, and Émigré Political Violence in Australia, 1949–1973, in: Heitmeyer, Wilhelm/Haupt, Heinz-Gerhard/Malthaner, Stefan/Kirschner, Andrea (Hrsg.), Control of Violence. Historical and International Perspectives on Violence in Modern Societies, New York 2011, S. 395–414.
Tokić, Mate Nikola, The End of „Historical-Ideological Bedazzlement". Cold War Politics and Emigre Croatian Separatist Violence, 1950–1980, in: Social Science History 36 (2012), H. 3, S. 421–445.

Tokić, Mate Nikola, Avengers of Bleiburg: Émigré Politics, Discourses of Victimhood and Radical Separatism during the Cold War, in: Politička misao 55 (2018), H. 2, S. 71–88.

Tokić, Mate Nikola, Twentieth Century West Balkan Terrorism, from Sarajevo to the End of State Socialism, in: Dietze, Carola/Verhoeven, Claudia (Hrsg.), The Oxford Handbook of the History of Terrorism, Oxford 2020.

Tokić, Mate Nikola, Croatian Radical Separatism and Diaspora Terrorism during the Cold War, West Lafayette, IN: Purdue University Press 2020.

Tomasevich, Jozo, War and Revolution in Yugoslavia, 1941–1945. The Chetniks, Stanford, CA 1975.

Tomasevich, Jozo, War and Revolution in Yugoslavia, 1941–1945. Occupation and Collaboration, Stanford, CA 2001.

Tomuschat, Christian, Zur politischen Betätigung des Ausländers in der Bundesrepublik Deutschland, Bad Homburg 1968.

Tönsmeyer, Tatjana, Besatzungsgesellschaften. Begriffliche und konzeptionelle Überlegungen zur Erfahrungsgeschichte des Alltags unter deutscher Besatzung im Zweiten Weltkrieg, Version: 1.0, in: Docupedia-Zeitgeschichte, 18.12.2015, http://docupedia.de/zg/Besatzungsgesellschaften (28.1.2022).

Topf, Hartmut, Jugoslawen in Berlin. Neu-Berliner mit Liebe zur alten Heimat, Berlin 1987.

Tosić, Desimir, The Democratic Alternative, in: Dejan Djokić (Hrsg.), Yugoslavism. Histories of a Failed Idea, 1918–1992, London 2003, S. 286–297.

Transit Migration Forschungsgruppe (Hrsg.), Turbulente Ränder. Neue Perspektiven auf Migration an den Grenzen Europas, Bielefeld 2007.

Trede, Oliver, Zwischen Misstrauen, Regulation und Integration. Gewerkschaften und Arbeitsmigration in der Bundesrepublik und in Großbritannien in den 1960er und 70er Jahren, Paderborn 2015.

Tromly, Benjamin, Cold War Exiles and the CIA. Plotting to Free Russia, Oxford 2019.

Tromly, Benjamin, Émigré Politics and the Cold War: The National Labor Alliance (NTS), United States Intelligence Agencies and Post-War Europe, in: Contemporary European History 29 (2020), H. 1, S. 44–59.

Unger, Corinna R., Ostforschung in Westdeutschland. Die Erforschung des europäischen Ostens und die Deutsche Forschungsgemeinschaft, 1945–1975, Stuttgart 2007.

Unkovski-Korica, Vladimir, Yugoslavia's Third Way. The Rise and Fall of Self-Management, in: Lampe, John R./Brunnbauer, Ulf (Hrsg.), The Routledge Handbook of Balkan and Southeast European History, London 2020.

van Dongen, Luc/Roulin, Stéphanie/Scott-Smith, Giles (Hrsg.), Transnational Anti-Communism and the Cold War. Agents, Activities, and Networks, Basingstoke 2014.

Verovšek, Peter J., Screening Migrants in the Early Cold War. The Geopolitics of U. S. Immigration Policy, in: Journal of Cold War Studies 20 (2018), H. 4, S. 154–179.

Villaume, Poul/Mariager, Rasmus/Porsdam, Helle (Hrsg.), The „Long 1970s". Human Rights, East-West Détente and Transnational Relations, London 2016.

Vladisavljević, Nejboša, Serbia's Antibureaucratic Revolution. Milošević, the Fall of Communism and Nationalist Mobilization, Basingstoke 2008.

Vojtěchovský, Ondřej, Iz Praga protiv Tita. Jugoslavenska informbiroovska emigracija u Čehoslovačkoj, Zagreb 2016.

Völkl, Ekkehard, Abrechnungsfuror in Kroatien, in: Henke, Klaus-Dietmar/Woller, Hans (Hrsg.), Politische Säuberung in Europa. Die Abrechnung mit Faschismus und Kollaboration nach dem Zweiten Weltkrieg, München 1991, S. 358–394.

Vollmer, Bastian A., Policy Discourses on Irregular Migration in Germany and the United Kingdom, Basingstoke 2014.

Voß, Silke, Parlamentarische Menschenrechtspolitik. Die Behandlung internationaler Menschenrechtsfragen im Deutschen Bundestag unter besonderer Berücksichtigung des Unterausschusses für Menschenrechte und humanitäre Hilfe/(1972–1998), Düsseldorf 2000.

Vowinckel, Annette, Flugzeugentführungen. Eine Kulturgeschichte, Göttingen 2011.

Vučetić, Radina, Coca-Cola Socialism. Americanization of Yugoslav Culture in the Sixties, Budapest 2018.

Vukušić, Bože, Tajni rat Udbe protiv hrvatskoga iseljeništva, Zagreb 2002.

Vukušić, Bože, HRB – Hrvatsko revolucionarno bratstvo. Rat prije rata, Zagreb 2010.

Waldinger, Roger David, The Cross-Border Connection. Immigrants, Emigrants, and their Homelands, Cambridge, MA 2015.

Waldmann, Jochen, Exilkroaten in der Bundesrepublik. Die Gäste mit den Plastikbomben, in: Doerdelmann, Bernhard (Hrsg.), Minderheiten in der Bundesrepublik, München 1969, S. 203–230.

Waldmann, Peter, Terrorismus. Provokation der Macht, Hamburg 2011.

Weber, Petra, Getrennt und doch vereint. Deutsch-deutsche Geschichte 1945–1989/90, Berlin 2020.

Weidner, Tobias, Die Geschichte des Politischen in der Diskussion, Göttingen 2012.

Weiner, Myron (Hrsg.), International Migration and Security, Boulder, CO 1993.

Weiner, Myron, Security, Stability and International Migration, in: Dies. (Hrsg.), International Migration and Security, Boulder, CO 1993, S. 1–35.

Weinhauer, Klaus, Terrorismus in der Bundesrepublik der Siebzigerjahre. Aspekte einer Sozial- und Kulturgeschichte der inneren Sicherheit, in: Archiv für Sozialgeschichte 44 (2004), S. 219–242.

Weinhauer, Klaus, Polizeikultur und Polizeipraxis in den 1960er und 1970er Jahren. Ein (bundes-) deutsch-englischer Vergleich, in: Benninghaus, Christina/Haupt, Heinz-Gerhard (Hrsg.), Unterwegs in Europa. Beiträge zu einer vergleichenden Sozial- und Kulturgeschichte, Frankfurt am Main 2008, S. 202–216.

Weinhauer, Klaus/Requate, Jörg (Hrsg.), Gewalt ohne Ausweg? Terrorismus als Kommunikationsprozess in Europa seit dem 19. Jahrhundert, Frankfurt am Main 2012.

Weinhauer, Klaus/Requate, Jörg, Terrorismus als Kommunikationsprozess. Eskalation und Deeskalation politischer Gewalt in Europa seit dem 19. Jahrhundert, in: Dies. (Hrsg.), Gewalt ohne Ausweg? Terrorismus als Kommunikationsprozess in Europa seit dem 19. Jahrhundert, Frankfurt am Main 2012, S. 11–48.

Weinke, Annette, Vom „Nie wieder" zur diskursiven Ressource. Menschenrechte als Strukturprinzip internationaler Politik seit 1945, in: Frei, Norbert/Weinke, Annette (Hrsg.), Toward a new moral world order? Menschenrechtspolitik und Völkerrecht seit 1945, Göttingen 2013, S. 12–39.

Weiss-Wendt, Anton (Hrsg.), Nazi Genocide of the Roma. The Reassessment and Commemoration, New York/Oxford 2013.

Weldes, Jutta/Laffey, Mark/Gusterson, Hugh/Duvall, Raymond, Introduction. Constructing Insecurity, in: Weldes, Jutta/Marcus, George (Hrsg.), Cultures of Insecurity. States, Communities, and the Production of Danger, Minneapolis 1999, S. 1–33.

Weldes, Jutta/Marcus, George (Hrsg.), Cultures of Insecurity. States, Communities, and the Production of Danger, Minneapolis, 1999.

Wende, Peter, Radikalismus, in: Brunner, Otto/Conze, Werner/Koselleck, Reinhart (Hrsg.), Geschichtliche Grundbegriffe. Historisches Lexikon zur politisch-sozialen Sprache in Deutschland, Stuttgart 1994, S. 113–134.

Wentker, Hermann, Die Grünen und Gorbatschow, in: Vierteljahrshefte für Zeitgeschichte 62 (2014), H. 4, S. 481–514.

West, Nigel, Encyclopedia of Political Assassinations, Lanham, MD 2017.

Westad, Odd Arne, Der Kalte Krieg. Eine Weltgeschichte, Stuttgart 2019.

Westemeier, Jens (Hrsg.), So war der deutsche Landser – Wehrmachtsbilder von 1945 bis heute, Paderborn 2019.
Wette, Wolfram (Hrsg.), Kriegsverbrechen im 20. Jahrhundert, Darmstadt 2001.
Wiaderny, Bernard, „Schule des politischen Denkens“. Die Exilzeitschrift „Kultura“ im Kampf um die Unabhängigkeit Polens 1947–1991, Paderborn 2018.
Wildenthal, Lora, The Language of Human Rights in West Germany, Philadelphia 2013.
Williams, Heather, Partisans and Chetniks in Occupied Yugoslavia, in: Brunnbauer, Ulf/Lampe, John R. (Hrsg.), The Routledge Handbook of Balkan and Southeast European History, London 2020, S. 392–400.
Winland, Daphne, We Are Now a Nation. Croats Between „Home“ and „Homeland“, Toronto 2007.
Winterhagen, Jenni, Transnationaler Katholizismus. Die kroatischen Migrantengemeinden in Deutschland zwischen nationalem Engagement und funktionaler Integration, Berlin 2013.
Wirsching, Andreas, Abschied vom Provisorium. 1982–1990, München 2006.
Wohlfeil, Rainer (Hrsg.), Der Krieg im Bild – Bilder vom Krieg. Hamburger Beiträge zur historischen Bildforschung, Frankfurt am Main 2003.
Wöhrle, Patrick/Heim, Tino, Politische Grenzmarkierungen im flexiblen Normalismus, in: Ackermann, Jan/Behne, Katharina/Buchta, Felix/Drobot, Marc/Knopp, Philipp (Hrsg.), Metamorphosen des Extremismusbegriffes. Diskursanalytische Untersuchungen zur Dynamik einer funktionalen Unzulänglichkeit, Wiesbaden 2015, S. 13–68.
Wolfrum, Edgar, Geschichtspolitik in der Bundesrepublik Deutschland. Der Weg zur bundesrepublikanischen Erinnerung/1948–1990, Darmstadt 1999.
Woodbridge, George, UNRRA. The History of the United Nations Relief and Rehabilitation Administration, New York 1950.
Wyman, Mark, DP. Europe's Displaced Persons, 1945–1951, Philadephia 1989.
Yeomans, Rory, Introduction. Utopia, Terror, and Everyday Experience in the Ustasha State, in: Ders. (Hrsg.), The Utopia of Terror. Life and Death in Wartime Croatia, Rochester, NY 2015, S. 1–40.
Yeomans, Rory (Hrsg.), The Utopia of Terror. Life and Death in Wartime Croatia, Rochester, NY 2015.
Yildiz, Erol/Hill, Marc, Einleitung, in: Dies. (Hrsg.), Nach der Migration. Postmigrantische Perspektiven jenseits der Parallelgesellschaft, Bielefeld 2015, S. 9–16.
Yildiz, Erol/Hill, Marc (Hrsg.), Nach der Migration. Postmigrantische Perspektiven jenseits der Parallelgesellschaft, Bielefeld 2015.
Zahra, Tara, „Prisoners of the Postwar“. Expellees, Displaced Persons, and Jews in Austria after World War II, in: Austrian History Yearbook 41 (2010), S. 191–215.
Zakić, Mirna/Molnar Christopher A. (Hrsg.), German-Balkan Entangled Histories in the Twentieth Century, Pittsburgh, PA 2020.
Zanki, Angelika, The Construction of a Political Community. Croatian Political Emigrants After 1945 as Performative Actors, in: Slavia Meridionalis 19 (2019), S. 1–17.
Zaradić, Radoslav, Arhivski izvori za proučavanje povijesti hrvatskoga iseljeništva u hrvatskom državnom arhivu u Zagrebu, in: Arhivski vjesnik 57 (2014), S. 159–167.
Zeitler, Klaus Peter, Deutschlands Rolle bei der völkerrechtlichen Anerkennung der Republik Kroatien unter besonderer Berücksichtigung des deutschen Außenministers Genscher, Marburg 2000.
Zidek, Nikolina, Homeland Celebrations Far Away from Home. The Case of the Croatian Diaspora in Argentina, in: Pavlaković, Vjeran/Pauković, Davor (Hrsg.), Framing the Nation and Collective Identities. Political Rituals and Cultural Memory of the Twentieth-Century Traumas in Croatia, London 2019, S. 211–224.

Zimmerman, William, Migration and Security in Yugoslavia, in: Myron Weiner (Hrsg.), International Migration and Security, Boulder, CO 1993, S. 65–81.
Žižić, Jakov, Što je hrvatska politička emigracija?, in: Političke analize 16 (2013), S. 61–64.

Personenregister

Kursiv gesetzte Zahlen verweisen auf Namen in den Anmerkungen.